Herman Grimm, Gustav Hinrichs

# Briefwechsel zwischen Jacob und Wilhelm Grimm aus der Jugendzeit

SEVERUS

**Grimm, Herman. Hinrichs, Gustav:** Briefwechsel zwischen Jacob und
Wilhelm Grimm aus der Jugendzeit
**Hamburg, SEVERUS Verlag 2013**
Nachdruck der Originalausgabe von 1881

ISBN: 978-3-86347-262-7
Druck: SEVERUS Verlag, Hamburg, 2013

Der SEVERUS Verlag ist ein Imprint der Diplomica Verlag GmbH.

**Bibliografische Information der Deutschen Nationalbibliothek:**
Die Deutsche Nationalbibliothek verzeichnet diese Publikation in der
Deutschen Nationalbibliografie; detaillierte bibliografische Daten sind
im Internet über http://dnb.d-nb.de abrufbar.

# Briefwechsel

zwischen

# Jacob und Wilhelm Grimm

## aus der Jugendzeit

SEVERUS

# Vorrede.

Aus der überreichen Fülle ungedruckter Briefe, welche der
Grimm'sche Eichschrank auf der Königlichen Bibliothek in sich birgt,
hatte Herr Regierungsrath Rudolf Grimm als die interessantesten
mit Recht diejenigen zur Veröffentlichung bestimmt und vorbereitet,
welche Jacob und Wilhelm in den frühesten Jahren ihrer zeitweiligen
Trennung gewechselt haben. Die Vertraulichkeit, die unter so
geistesverwandten Brüdern natürlich war, muß nothwendig den Reiz
bedeutend erhöhen, welchen nachgelassene Briefe hervorragender Männer
auf die Gebildeten unseres Volkes überhaupt ausüben. Diese Briefe
aus der Jugendzeit eröffnen uns den Einblick in die reinen, flecken=
losen Seelen und schlichten, liebenswürdigen Charaktere zweier Männer
von deutscher Art, auf deren Besitz unsere Nation stolz ist. Vor
allem aber stellen diese Briefe die herrlichsten Beweisstücke für das
Verhältnis inniger brüderlicher Liebe und geistigen Zusammenlebens
dar, welches zwischen Jacob und Wilhelm Grimm seit ihrer frühesten
Kindheit das ganze Leben hindurch obwaltete und welches einzig in
der Geschichte bedeutender Männer dasteht. Im Interesse der Nach=
welt ist es für eine gute Schickung zu erachten, daß dann und wann
eine Trennung beider Brüder eintrat, die ja sonst immer zusammen=
wohnten; denn aus diesen Trennungszeiten, so schmerzlich sie von

beiden empfunden wurden, ist für uns die Frucht dieser Briefe hervor=
gegangen.

Mit dem rein menschlichen Interesse wetteifert der reiche Ertrag,
welchen die Geschichte unserer deutschen Alterthumswissenschaft für die
wichtige Epoche ihrer eigenen Werbezeit aus den Jugendbriefen zu
ziehen vermag. Sind sie doch fast die einzige Quelle, aus welcher
der älteste Aufschluß über das innerste Wesen ihrer Begründer ent=
nommen werden muß. Wir sehen die Brüder zu Marburg noch ganz
in juristische Studien vertieft und nebenbei bestrebt, sich auf dem
Gebiet der schönen Künste und der verschiedenartigsten Zweige der
Litteratur einen Überblick zu verschaffen und ihr Urtheil zu bilden.
Da lenkt Wilhelm Jacobs Blick anfangs in einer scheinbar ganz
zufälligen Bemerkung auf die alten deutschen Gedichte und Poesieen
in Paris hin, und in ergreifender Weise geloben sich beide, in engster
Verbrüderung während des ganzen Lebens sich der gemeinsamen Arbeit
zu widmen.

Demnach bedarf diese Publikation, obwohl sie in einer mit
Briefwechseln reich bedachten Zeit ans Licht tritt, kaum ernstlich der
Worte, welche sie rechtfertigen möchten. Herr R. Grimm war ver=
hindert, die Drucklegung zu beginnen, und nachdem ich zur Heraus=
gabe im Frühling dieses Jahres hinzugezogen worden war, über=
nahm Herr Professor Herman Grimm die Sorge, welche seiner
Familie diesem Briefwechsel gegenüber gebührt, und unterzog die
Fahnen des Drucks einer genauen Durchsicht.

Der Wunsch, denselben nicht als eine rein historische, sondern auf
eine größere Menge Gebildeter berechnete Publikation angesehen zu
wissen, war bestimmend, ein gelehrtes Gewand thunlichst zu vermeiden.
Damit also nicht eine allzu häufige unschöne Anwendung der eckigen
Klammer Platz greife, sind sichere Abkürzungen fast überall aufgelöst,
leichte Schreibfehler stillschweigend gebessert und wenige selbstverständ=
liche Ergänzungen, welche ich im Interesse der Genauigkeit am Schluß

besonders aufgeführt habe, ohne Weiteres in den Text gesetzt worden. Lateinisch geschriebene Namen wurden der Gleichförmigkeit wegen meist durch deutschen Druck ersetzt. Unterstrichenes ist gesperrt, zwei wichtige Stellen auf S. 30 und 59 sind erst hier hervorgehoben worden. Die Orthographie der Originale ist, was hoffentlich gebilligt wird, geregelt, nur bei Eigennamen wurde freilich nicht überall Consequenz erreicht. Dagegen mußte in Jacobs ältestem Brief aus dem Jahre 1798, welcher ganz für sich steht, die ursprüngliche Schreibart festgehalten werden; als weitere Schriftprobe kann der Abdruck der Briefstellen aus Nr. 150. 155. 157 im Goethe-Jahrbuch I, S. 338 bis 341 gelten.

Die 160 Briefe sind in genauer chronologischer Folge vollständig wiedergegeben worden bis auf eine Anzahl im Druck bezeichneter Stellen, wo die Rücksicht auf Personen und Familien die Tilgung verletzender Urtheile erheischte oder der Umfang des Buches eine Streichung von ganz nebensächlichen oder wiederholten Dingen wünschenswerth erscheinen ließ. Ihre Anordnung in sechs Abtheilungen war von selbst gegeben. Zum Verständnisse der Zeitabschnitte hatte bereits R. Grimm einzelne Stücke der Selbstbiographieen, welche den geschichtlichen Hintergrund dem Leser am lebendigsten vor Augen stellen, aus K. Justis Grundlage zu einer Hessischen Gelehrten-, Schriftsteller- und Künstlergeschichte, Marburg 1831, S. 148—164. 164—183 (Jacobs Kl. Schr. I, S. 1—20, Wilhelms I, S. 3—25) vorangesetzt; ich habe dieselben zum Theil erweitert mit Hinzuziehung zweier Stellen aus den von Professor Alexander Reifferscheid herausgegebenen Freundesbriefen. Für die beigefügten Anmerkungen bin ich allein verantwortlich. Sie beschränken sich zumeist auf die litterarischen Nachweise und erheben keineswegs den Anspruch, die große Fülle von Details, wenn es überhaupt möglich ist, genügend erläutern zu wollen. Das vollständige Personenregister gehört nur zu den Briefen, nicht auch zu den Anmerkungen.

Als Ergänzung eines Theils dieser Correspondenz mögen die Briefe von Achim v. Arnim an Jacob und Wilhelm Grimm angesehen werden, welche in kurzem in demselben Verlag nachfolgen werden.

Zum Schluß liegt mir noch die angenehme Pflicht ob, denen, welche mich durch einzelne Mittheilungen gütigst unterstützt haben, und vor allem meinem Herrn Mitherausgeber und Herrn Verleger für mannigfachen Rath und freundliche Mühe herzlich zu danken.

Berlin, am 18. October 1880.

Gustav Hinrichs.

# Inhaltsverzeichnis.

# Aus Jacobs Selbstbiographie.

„Wir wurden bei einem Stadtpräceptor Zinkhahn unterrichtet, von dem
wenig zu lernen war, außer Fleiß und strenge Aufmerksamkeit, aber aus dessen
charakteristischem Benehmen uns eine Menge ergötzlicher Späße, Redensarten und
Manieren zurückgeblieben ist. Den Zeiger auf dem weißen Zifferblatt der näm-
lichen Wanduhr, die schon damals in der elterlichen Stube stand und noch jetzt
in meiner Wohnung geht, sehe ich mir manchmal darauf an, ob er mir die An-
kunft oder das ersehnte Weggehen des Schulmeisters in dem himmelblauen Rock
mit schwarzer Hose und Weste ankündigte. Bald wurde es nothwendig, auf
unsere gründlichere Unterweisung Bedacht zu nehmen. Das Vermögen der
Mutter war schmal und sie hätte uns sechs Kinder schwer auferziehen können,
wenn nicht eine ihrer Schwestern, Henriette Philippine Zimmer, die bei der
höchstsel. Kurfürstin oder damaligen Landgräfin von Hessen, erste Kammerfrau
und von der reinsten, aufopfernden Liebe zu uns beseelt war, sie treulich unter-
stützt hätte. Diese ließ mich und meinen Bruder Wilhelm also im Jahre 1798
nach Cassel kommen und in Kost geben, damit wir uns auf dem dortigen Lyceum
ausbilden sollten. Ich konnte erst in Unterquarta gesetzt werden, so sehr war ich
noch zurück, aber nicht durch meine Schuld, sondern durch bloßen Mangel an
Unterricht, denn ich hatte von Jugend auf eine ungeduldige, anhaltende Lern-
begierde.“

[Der älteste Brief Jacobs an seine Mutter, welcher die Ankunft in Cassel
meldet, hat sich erhalten und mag hier an der Spitze dieser Sammlung füglich
einen Platz finden.]

## Aeltester Brief Jacobs an seine Mutter.

Kassel den 30<sup>ten</sup> Septembr. 1798.

### Liebe Mutter!

Gestern Mittag um 12 Uhr sind wir glücklich hier angekommen.
ich muß Ihnen doch ein wenig unsre Reise erzehlen. von Hanau aus
kamen wir in Frankfurt vorigen Dienstag gegen 10 Uhr an, wir
sahen uns dort ein wenig um und giengen hernach nach dem Hainer-
hoff, wo Hr. Oberpostmeister Rüppel wohnte er war aber nicht zu
haus wir kamen aber um 12 Uhr wieder hin und sezten uns ein
wenig vor das Posthaus. er kam hernach selbst und nahm uns mit
hinauf um mit Ihm zu essen und war recht höflich, dann trunken

wir mit Ihm Caffe und er nahm uns nach diesem mit und ließ uns allerhand wilde Thiere, Elephanten, Tiger, Papageyen, Affen und noch viele andere, die damals just in Frankfurt waren sehen es kostete auch Geld, er bezahlte aber vor uns; auch ließ er uns etliche 50 Wachsfiguren, die ganz natürlich waren, und Kleider anhatten, sehen es waren die jezige Kaiser, Könige Generale und noch andere, es war recht schön. des Abends musten wir wieder mit Ihm essen wir giengen hernach in ein Wirthshaus um uns schlafen zu legen weil er uns nicht logiren konnte. Den Morgen um 6 Uhr gieng | der Postwagen fort er gabe uns auch ein Billet mit an die Postmeister um uns auf Befehl des Hrn. Vizekanzler Kunckel zu recommandiren aber sie waren allemal auf jeder Station nicht, und wir konnten es also nicht brauchen, auch den Paß forderten uns die Franzosen nicht ab. wir haben nur ein einzigmahl zu Mittag gegessen weil es so theuer war nehmlich vor die Person 48 xr. wir hatten meist Kauf= leute zu Reisegefährten. Hier gefällt mir es recht gut und die Tante ist auch Sie hat uns schon seidne Geldbeutel 4 schöne Kalenderchen und sonst noch allerhand gegeben. Sie will uns auch Nachtcamisoelen machen lassen wir haben auf der Reise ausgegeben 7 f. 42 xr. und haben über 14 f. 18 xr. Das andere wird der Wilhelm wohl ge= schrieben haben.

    die Frau Volbrecht, der Hr. Stroh, die Wilhelmine Hr. und Frau Sauer lassen sich Ihnen bestens empfhelen. Was machen dann die Brüder und die gute Pänny? strickt sie mir denn bald einen Strumpf? die Lichterformen werden Sie wohl von dem Kreuz bekommen haben Grüßen Sie doch alle Bekannte und behalten Sie lieb

Ihren
gehorsamsten Sohn
Jakob Ludwig Karl
Grimm.

N. S.
Ich habe mein Blatt
nicht ganz voll geschrieben
wie der Wilhelm aber ich
schreibe viel enger. Der
Wilhelm hat mir einen Fleken [Klex über der ersten Zeile]
drauf gemacht. o! — —

# I.

# Jacobs erste Reise nach Paris zu Savigny

## Januar bis September 1805.

# Aus Jacobs Selbstbiographie.

„Januar 1805 traf durch Weiß ein unerwartetes Anerbieten ein. Savigny schlug mir vor, ungesäumt nach Paris zu kommen, um ihm dort bei seinen literarischen Arbeiten zu helfen. Wiewohl ich in meinem letzten halben Jahre studirte und gedachte auf Ostern oder im Sommer abzugehn, so war doch die Aussicht einer näheren Verbindung mit Savigny selbst und die Reise nach Frankreich reizend genug, daß ich mich gleich entschied und nichts eilenderes zu thun hatte, als Briefe an Mutter und Tante abzusenden, die mir ihre Einwilligung erbitten sollten. Wenige Wochen darauf saß ich schon im Postwagen und traf über Mainz, Metz und Chalons Anfangs Februar glücklich zu Paris ein. Die liebe Mutter war jede Nacht aus dem Bett aufgestanden, um nach dem kalten Wetter zu schauen, was mir später einmal die Schwester erzählte; Frankreich schien ihr ganz aus dem Bereich, und sie hatte nur mit heimlicher Angst ihren Willen zu der Reise gegeben. Ich befand mich aber vortrefflich aufgehoben und verlebte das Frühjahr und den Sommer auf die angenehmste und lehrreichste Weise. Was ich von Savigny empfieng, überwog bei weitem die Dienste, die ich ihm leisten konnte, durch eine öffentliche Anerkennung derselben in der Vorrede zum ersten Bande der Geschichte des römischen Rechts hat er mir viele Jahre nachher die größte Freude zubereitet. Auch ist ein ununterbrochen fortgesetzter Briefwechsel die Folge unserer näheren Bekanntschaft gewesen. September 1805 wurde die Heimreise angetreten und Ende des Monats traf ich mit Wilhelm, den ich zu Marburg mitgenommen hatte, gesund und vergnügt bei der Mutter in Cassel ein, die unterdessen, damit sie ihr Alter in ihrer Kinder Mitte ruhig verleben könnte, aus Steinau nach Cassel gezogen war.“

## 1.
## Jacob an seine Mutter.

Marburg, 20. Jan. 805.

Liebe Mutter!

Noch niemals schrieb ich Ihnen vielleicht einen Brief in größerer
Ungewißheit, als diesen. Der Herr von Savigny nämlich hat mir
aus Paris, wo er sich jetzo aufhält, sehr annehmliche Vorschläge
gethan, auf ein halbes Jahr dorthin zu kommen und ihm in juristi-
schen Sachen zu helfen. Ich bekomme 10 Karolin zur Hinreise, dort
freies Logis und Kost und freie Rückreise.

Die Bedingungen sind sehr vortheilhaft, und werde künftigen Herbst
vielleicht um so leichter bei meiner Zurückkunft angestellt. Ich habe der
Tante sogleich davon geschrieben und auf den Fall, daß sie es für gut
hält, hoffe auch ich Ihre Einwilligung, theuerste Mutter, zu erhalten.
Unsere Plane werden freilich dadurch etwas verrückt; vielleicht aber
ist es vortheilhafter. Ich bitte Sie gleich mit nächster Post zu
schreiben und auf dem Brief baldige Besorgung anzuempfehlen. Denn
in acht Tagen muß ich vielleicht schon abreisen.

In größter Eile

Ihr gehors. Sohn bis in den Tod
Jacob Grimm.

[Nachträgliche Bemerkung von der Hand Wilhelms.]

Als die liebe Mutter diesen Brief erhielt, war sie sehr krank und nah am
Tod gewesen. Der Doktor der sah, daß er etwas Wichtiges enthielt, weil er so
dringend empfohlen war, wußte lange nicht, was er thun sollte, geben wollte er
ihn nicht und aufzubrechen getraute er sich nicht gleich. Endlich aber entschloß
er sich dazu und erzählte dann der Mutter den Inhalt. Das hat sie oft erzählt.

---

## 2.
## Wilhelm an Jacob.

[Marburg,] 2. Febr. [1805.]

Guter Jacob, ich fange hiermit an Dir das Wichtige von jeder
Woche zu erzählen, und wenn es auch nicht wichtig ist, so willst Du es
doch gerne lesen, hast Du gesagt. — Von den ersten Tagen weiß ich Dir
nichts zu sagen, als daß ich sehr traurig war, und noch jetzt bin ich
wehmüthig und möchte weinen, wenn ich daran denke, daß Du fort
bist. Wie Du weggingst, da glaubte ich, es würde mein Herz zer-
reißen, ich konnte es nicht ausstehen, gewiß Du weißt nicht, wie lieb

ich Dich habe. Wenn ich Abends allein war, meinte ich, müßtest Du aus jeder Ecke hervorkommen. Doch still. — Der Wigand ward den Dienstag krank und will übermorgen erst wieder ausgehen. Am Mittwoch Morgen erhielt ich Deinen lieben Brief von Nauheim, der mich recht erfreut hat, aber vom Heyer habe ich nichts erhalten. — Zu den literärischen Neuigkeiten gehört, daß Spazier, der Heraus= geber der Zeitung für die elegante Welt am 19. Januar gestorben ist. Mahlmann kündigte es im Blatt selbst an und hat einstweilen die Redaction übernommen. Er ist mit dem Jean Paul Schwager des Spaziers, und wenn der noch hinzutritt, so dürfte die Zeitung wohl noch gewinnen. Ich denke, Du hast unser Projekt für die Büchersammlung nicht vergessen, und sobald Du mir etwas schickst, will ich es anfangen. Noch ein Paar Worte vom Anton. Ich ging am Dienstag hin, um mir das Gedicht wiederzuholen, traf aber niemand an, ich wollte nun heute Mittag hingehen, aber kaum war ich diesen Morgen aufgestanden, siehe da trat sein Herr Sohn herein und brachte mir benebst einer Empfehlung die mundirte Abschrift sowie mein Original, ich möchte sehen, ob es richtig? Wer war froher als ich, beides wieder in Händen zu haben, und schickte es natürlich nicht wieder zurück. In den Kriminalprozeß ging ich erst lange, wie es 1. geschlagen, damit er mich nicht anhalten möchte, aber mein Unglück wollte, daß er mich auf der Treppe, eben wie er hinauf= wollte, ertappte. Er hielt mich sogleich an und stellte mich zu Rede, ganz nach seiner Manier, ich versire in mala fide 2c., ich sagte es immer ab, und nun drohte er sogleich nach beendigter Stunde mit mir zu gehen. Ich eilte gleich, daß ich fort kam, wie die Stunde herum war, warf nur meine Mappe in die Stube und wollte zum Wigand, als er gerade in der Thüre mir wieder entgegen kam und ich ihn hinauf= führen mußte. Er setzte abermalen heftig zu, aber ich blieb standhaft, und so mußte er abziehen. Ich thät ihm noch den Vorschlag, eins von den schon gehabten Liedern wieder drucken zu lassen als zweite Auflage, wozu er aber nichts sagte. Ich muß noch lachen, wenn ich daran denke, es ist so rein und zierlich abgeschrieben mit einem un= geheuern Titel „zur Feier der pp." Morgen mache ich ihm eine Staatsvisite und bringe es ihm, wo dann freilich das Fest schon vorbei ist, damit er sein Eigenthum wieder erhalte, denn natürlich sprach er bei mir viel vom Vindiciren und wühlte beinahe die Hälfte von meinen Heften um. Aber es war wohl verschlossen. Etliches hatte er nicht verstanden und einmal eine Silbe ganz gegen das

Silbenmaß eingeflickt, das habe ich mit dicken Strichen corrigirt.
O Corydon ꝛc.

3. Febr.

Damit ich's nicht vergesse, ein Paar Worte vom Neuber: Eben
kommt ein Brief von ihm an den Wigand (in einem Stil, der wie
er selbst geht, wunderbar schlecht), worin er meldet, daß er noch
nicht aus der Stube dürfe ꝛc.

10. Febr.

Wieder eine Woche herum! Die Zeit läuft mir entsetzlich ge-
schwind, es sind 14 Tage, daß Du weg bist, aber ich kann, ohne
zu affektiren, sagen, mein Herz blutet noch. Äußerlich bin ich es
wohl gewohnt worden, bald, aber innerlich nicht, da wird's noch lange
dauern. Ich schreibe jetzt immer bogenlange Briefe an die Tante
und suche eine Art von Trost darin, denn hier kann ich mich doch
an niemand halten, der Wigand bleibt — der Wigand. Seine Liebe
zu uns weiß ich zu schätzen und habe ihn deshalb auch recht lieb,
eigentlich sprechen kann man mit ihm nicht und was er auch gelesen
hat, ich glaube behaupten zu dürfen: er hat es nicht verstanden; hat
sich das Bischen Renommistische, wozu er sich hinneigt und das bei
ihm doch nur Form ist, verloren, so wird er trocken werden; aber
wie gesagt, sein gutes Herz schätze ich. Zu mir ist er noch nicht
gezogen, doch muß es sich diesen Monat entscheiden, da er ausziehen
muß, noch vor den Ferien, er sprach einmal von einem größeren
Logis, das ich mit ihm miethen möchte, aber dazu habe ich keine
Lust und habe ihm auch gesagt, er möge ja nicht mir zu Gefallen
zu mir ziehen. Auf jeden Fall werde ich ihm nicht anliegen, und
er muß mich nun darum bitten, denn das könnte üble Folgen haben,
da ich es im Grunde nur aus ökonomischer Hinsicht thue. Aber ich
gerathe in kleinliche Dinge und, wenn ich daran denke, wie Du die
große Welt vor Dir hast und große Blicke hineinwerfen kannst, dann
ist es mir unmöglich etwas zu schreiben und ich weiß dann gar
nichts. Ich muß nur an Dich denken, wie Du bei mir in der Stube
bist, aber dann sehe ich Dich immer, wie Du auf= und abgingst um
11 Uhr und ich daran nur dachte, daß Du in einer Stunde weg=
wolltest, wenn Du herunterkamst, sah ich Dich immer an, weil ich
glaubte, es wäre das letztemal; damals habe ich Dein Bild so in
mein Herz gefaßt, daß ich es nie vergessen werde — doch ich gerathe
immer in den Ton, aber Gott weiß, er ist nicht angenommen, aber

eben jetzt möchte ich wieder weinen. — Ich will nun von den Büchern anfangen. Am Mittwochen erhielt ich erst die Propyläen, wobei jedoch ein Stück fehlte, das nachgeschickt werden sollte. Zugleich kam das Tempe mit, wie es in der Note hieß, auf Deinen Befehl. Es ist sehr schön gedruckt und correkt, ich habe es einbinden lassen und zwar einmal wieder beschneiden, weil das Papier gegen das Ende außerordentlich dünn ist und sich zusammenrollt, auch schon etwas schmutzig war, hierzu kommt, daß es sonst ein sehr häßliches Format gegeben hätte, da es auf diese Art recht niedlich geworden ist. Übrigens ist es theuer (5 f. 24) und hätte die Kasse längst überstiegen, wenn ich nicht zum Glück das Heft verkauft hätte. Gestern ist der zweite Band abgeholt und das Pretium zugleich in Gold: 2 Karolinen, wie ich es bestimmt hatte, geschickt worden. Er ließ auch fragen, ob er nicht das Eherecht erhalten könnte, aber zum Unglück hast Du das Deinige mit und Wigand sein Exemplar ist nicht zu gebrauchen. Hättest Du mir doch Dein Excerpt dagelassen, denn diesen Sommer muß ich es haben. Bestellt habe ich 1) Goethes Werke 1. 2. B., 2) Charakteristen, 3) Poetisches Journal, 4) Heinrich von Ofterdingen. Ich hoffe Deine Beistimmung zu erhalten, denn wegen N. 1. und 2. bist Du einig, statt 3 und 4 den Benvenuto zu kaufen war nicht möglich, da er mehr kostet und diese offenbar vorzuziehen sind. Ob ich aber nicht statt 4 den Calderon hätte sollen kommen lassen? Ich war zweifelhaft, endlich aber bestimmte ich mich zu 4, da es als deutsches Original und auch objectiv betrachtet origineller vorzuziehen. Hierzu kommt, wenn der Calderon nicht fortgesetzt werden sollte, was man nicht weiß, der eine Band schon viel von seinem Werth verlieren würde, wenn es aber vollständig, das ganze Werk äußerst hoch kommen wird; das man demohngeachtet noch immer kaufen kann. Es aber noch mit den andern zu bestellen ging nicht, weil das Tempe auch von dem Gelde zu bezahlen ist. Also muß noch gewartet werden.

Garves Briefe, die ich zufällig in die Hände bekam, habe ich durchgeblättert in einer Stunde und den Mann sehr lieb gewonnen. Er spricht sehr sanftmüthig und gesteht alle seine Schwächen aufrichtig, mir war es interessant, die litterarische Welt der 70ger Jahre, mit der er in der genausten Verbindung stand, recht genau kennen zu lernen. Die Namen derer, die damals berühmt waren, sind jetzt beinahe vergessen. Nur Goethe und Herder sind bisweilen genannt. Von der jetzigen Epoche spricht er zum Theil auch, da die Briefe

bis 1798, glaube ich, gehen, sein Urtheil über Goethe hast du, wenn
ich nicht irre, in der Recension schon gelesen, vom Meister sagt er
nicht viel Gutes, er wundere sich, wie ein Mann von solchem Geist
das Leben von Schauspielern und Gauklern habe beschreiben können,
es sei ein gar zu abgenutztes Thema. Bei seiner Ansicht, da er nicht
das Vortreffliche der Form einsehen konnte und mithin das ganze
Buch nicht verstand, war es natürlich, daß er sich an die Materie
halten mußte; dann ist ihm zuviel gegen die Wahrscheinlichkeit ge=
fehlt. Goethe sei ein Sonderling und manchmal schaffe er Miß=
geburten. Von den beiden Schlegeln und dem Athenäum findet er
sich nicht erbaut und des bekannten Aufsatzes darin gegen ihn er=
wähnt er ganz gelassen und gutmüthig, sie möchten immerhin gegen
ihn schreiben, sein Gutes werde doch bleiben. Der Mann muß
übrigens entsetzlich viel geschrieben haben, da er in jedem Brief einer
Übersetzung aus dem Englischen eines Aufsatzes, z. B. über die Ge=
duld und dergl., erwähnt. — Nun von hier einige litterarische Neuig=
keiten, die vielleicht auch den Savigny interessiren. Anton Bauer
P. P. O. giebt ein Opus heraus, — den Kriminalproceß. Nun, ich
kenne das triviale Zeug schon, denn langweiliger habe ich kein Colleg
das halbe Jahr; das ist viel gesagt. Darum hat er eine so über=
schwengliche Suada dabei, und neulich bemerkte ich schon, daß sein
Heft rein geschrieben und das Papier neu und weiß war. Hierauf
folgt der Herr Prorector mit einem Staatsrecht. Aber das wird
zum Erbarmen gründlich sein. Beide Nachrichten sind von Wachler,
der es dem Wigand gesagt hat. Vorigen Sonntag war ich auch
einmal bei ihm, er war sehr artig, sprach viel von Dir und sagte:
die Kerle, die Dir hätten abrathen können, die wären nicht werth,
daß man mit ihnen darüber spräche. Wie ich wegging, bat er mich
noch ihm Deine Neuigkeiten 2c. aus Paris zu communiciren.

Eben habe ich einen Brief von der lieben Tante erhalten und
mit ihm den Deinigen an die gute Mutter. Ich habe mich sehr ge=
freut, wenn auch für mich nicht viel Interessantes darinnen war, und
mehr als einmal schon gelesen. Aber gleich darauf kam der Wigand
mit zerstörtem Gesichte und geberdete sich ganz wunderlich. Ich glaubte,
es sei ihm ein Unglück passirt, endlich kam es heraus; es ist bekannt
geworden, daß er der Verfasser des Gedichts, indem sein Vater es
selbst ausgesagt hat, und zwar aus hoher Freude, weil es überall
äußerst gnädig aufgenommen, selbst Serenissimus, dem er auch so=
gleich ein Exemplar überschickt hat. Nun kann ich es dem W. nicht

übelnehmen, als der Urheber so schlecht gerathener Verse bekannt zu sein, inzwischen versteht doch dort niemand, was schlecht daran ist, sein Vater vermuthlich auch nicht, und mithin kann er noch Ehre und Vortheil einernten, denn jetzt wird es erst recht gekauft. Er ist aber so unartig gewesen, seinem Vater einen impertinenten Brief zu schreiben, worin er ihm bedeutet hat, alle noch vorräthige Exemplare sogleich, sowie seine Aussage zurückzunehmen, was nun freilich nicht gehen wird. Er will nun sogar nicht in die Ferien nach Cassel, doch wird er sich noch besinnen, und mit mir nach Steinau, wenn ich dahin reise, denn auf jeden Fall zieht die Mutter, nach den Vorschlägen, die ich gemacht, diesen Sommer nach Cassel, und da helfe ich vielleicht in den Osterferien ihre Sachen ordnen, doch weiß ich es noch nicht gewiß. Wie froh bin ich, daß die Mutter endlich einmal aus ihrer traurigen Lage kommt.

12. Febr.

Ich wollte vorgestern den Brief noch nicht schließen, da ich hoffte, gestern Zeitungen zu erhalten, um Dir dann die literarischen Neuigkeiten zu schreiben, allein sie sind wieder ausgeblieben. Denk, von der Abendzeitung ist bis jetzt noch nichts angekommen, als was Du gesehen hast, und die Zeitung für die elegante Welt fehlt auch seit 14 Tagen, und das ist noch das Frühste, und Literaturzeitungen sind gar keine gekommen. Jedennoch kann ich Dir aus der Casseler politischen Zeitung sagen, daß Fr. Schlegel ein Werk über die Sanskrit-Sprache herauszugeben gesonnen ist.

Im Kanonikum giebt's noch tausend Späße; „eine Belege" davon. Heute sagte er: „Die Katholiken waren den Herrn Protestanten ansinnend, ein Bild zu veneriren, rücksichtlich desselben sie antworteten, sie anerkännten eine solche Kopei in alle Wege nicht und würden eine Nichtachtung desselben nicht einmal für eine Pekkatille halten, geschweige denn daß von Wegen derselben die Sakramentssperre Platz greifen könne, Eikel [?] T. 4. P. 2. dig. 14. 15. 16." Gestern sind sie ihm gar aus dem Eherecht, wie sie schon alle versammelt waren, weggegangen, wie nun der arme Mann hinaufkommt, ist kein Mensch da. Darauf ist er spazieren gegangen, er hat mich doch gedauert.

Ich bin recht begierig auf einen Brief von Dir und Deine Reisehistorie. Hast du den kleinen Malsburg noch nicht gesehen, gesprochen? Ich zweifle, ob er Frühjahr wieder zurückkommt, es wundert mich sehr, daß er nicht einmal geschrieben. Von Deinen Arbeiten und dem, was Du gesehen, wirst Du mir auch schreiben, alles, auch das Unbedeutende, ist mir lieb und bedeutend. Ich habe jetzt gar zu viel zu thun, wenn ich aufwache, präparire ich mich zum Examinatorium, dann bis 12. Colleg, um 1. in den Kriminalprozeß, 2—3. Examinatorium mit dem Wigand, 3—6. Colleg. Dazu die Praktikumsarbeiten.

Gestern hatte ich einen Brief gelesen, der noch die Nouvelle übertrifft: vom Wigand seinem Onkel. Es war eine förmliche Sollicitation um Marburger Milchbrote, die noch nicht abgeschickt waren. Er schreibt so ängstlich darum und führt an, daß er mehrere dafür interessirt habe. Nun schickt der Wigand einen kleinen Verschlag voll ab und läßt in die Wurstzeitung rücken in C., bei N. N. wären frische Marburger Milchbrote zum Besehen angekommen, worauf ihm die ganze Bäckerzunft auf den Hals rücken wird.

13. Febr.

Ich muß den Brief schließen, heute schicke ich ihn der lieben Tante. Ich habe ihn durchgelesen, es ist so leer, und doch ist mein Herz so voll. Neuigkeiten kann ich Dir nur wenig schreiben und wenn ich auf mich selbst zurückkomme, so wird's traurig, und das will ich nicht.

Dein treuer Bruder bis in den Tod<br>W.

3.

Jacob an Wilhelm.

Paris, 10. Febr. 1805. praes. 20. Febr.

Allerliebstes Wilhelmchen!

Du wirst vieles, was mich angeht, in dem Briefe finden, den ich an die Tante und Mutter geschrieben habe. Ich füge also nur noch das hinzu, was uns beide besonders angeht. Von der Reise mag ich Dir auch nichts [am Rande: doch ein Bischen] schreiben, im Ganzen habe ich nie eine Gegend gefunden, die der Marburger gleich käme, das Schönste ist der Rhein bei Mainz und dann ein Thal, nicht weit von Chalons, welches durch die durchfließende Marne sehr schön wird. Die Kathedrale zu Metz ist eine herrliche Kirche, die schönste, die ich je sah, ganz hohe Fenster von gemaltem Glas in den reinsten Farben. Hier in Paris ist keine, die ihr gleichkommt. Savigny sagt auch, er habe nie eine schönere gesehn, also muß sie auch schöner sein, als die Straßburger und Mannheimer, die man sonst sehr rühmt, da er diese gesehn hat. Ich bin durch ziemlich viel zum Theil schöne Städte gekommen, außer Mainz und Metz durch Worms, Frankenthal, Kaiserslautern, Saarbrück, Verdün, Epernai, Chalons s. M., Meaux u. v. a.

Savigny ist noch ganz wie sonst und erstaunlich gelehrt. Er hat mir seine Papiere, unter andern auch die Hefte über seine Marburger Vorlesungen zur Benutzung versprochen, worüber ich mich sehr freue. Sehr viel Seltenes hat er schon gesammelt und gekauft. Ich hoffe Dir in Zukunft Mehreres mittheilen zu können; jetzt bin ich noch nicht recht in Ordnung. Bisher habe ich recht leichte Arbeit, Excerpte aus Glossatoren. Nun soll es aber an Manuscripte gehen.

Ich glaube, ich koste den S. im Ganzen recht viel, denn Holz, Essen ꝛc. ist hier erschrecklich theuer.

Der Malsburg war recht froh, er wohnt nicht so weit von mir (d. h. relativ, man muß an Paris denken). Stell Dir einmal vor, er hat für uns die französischen Tragiker in beinahe 10—12 Bänden in 12 nach den Didotschen Stereotypausgaben gekauft. Er hat mich ja gebeten, Dir nichts davon zu sagen; ich habe es aber nicht übers Herz bringen können. Wenn er aber in 6 Wochen kommt, so mußt Du natürlich den Unwissenden spielen. Bedenk Dich indessen auf hübsche Gegengeschenke, welches ich Dir jetzt ganz überlasse. Indes kann es auch ganz unterbleiben, er möchte sonst doch meinen, ich hätte etwas geschrieben — wie Du meinst. Die Stereotypausgaben sind übrigens erstaunlich wohlfeil, z. B. der Cornelius Nepos kostet ungefähr 14 Kreuzer und wenn man eine gewisse Anzahl nimmt, sogar nur 10 x.

An den guten Wigand sag doch 1000 Grüße. Ist er denn bei Dir eingezogen? Ich wünsche es. Auf Briefe bin ich recht begierig. Mach doch wo es nöthig ist viele Empfehlungen, z. B. an Weiß, Bauer, sag Ihnen aber weiter nichts, z. B. nichts von dem, was ich arbeite beim Savigny.

An Cäsar viele Grüße. Auch an den Brentano, und ich hätte ihm meines Versprechens ungeachtet nicht schreiben können, indem ich nicht gewußt hätte, wie lang mein Aufenthalt an jedem Ort wäre, auch hätte mich das, was er nachschicken wollte, unmöglich erreichen können.

An Rudolphs auch meine Komplimente (u.b. dies gilt für mehrmale). Von Neuigkeiten wüßte ich nichts, als daß der Fr. Schlegel wieder hier ist. Der August Wilhelm ist in der Schweiz.

Ich umarme Dich in Gedanken gar vielmal und bitte Dich ja nicht traurig zu sein.

Dein treuer Bruder J.

Des Nachts bin ich noch immer in Deutschland. Sehr oft träumt mir's auch, ich sollte jetzt weggehn nach Paris und hätte Abschied zu nehmen. So habe ich mich sogar einmal vor die Bibliothek gestellt, um sie vor meiner Abreise nochmals zu sehn. — Schone sie ja und besonders Deinen Kragen!

Ist Neuber wieder da?

Und hat Bentheim das Heft tanti gekauft?

4.

Wilhelm an Jacob.

[Marburg,] 20. Febr. [1805.]

Heute erhielt ich Deinen lieben Brief (vom 10.), wornach ich mich schon lange gesehnt hatte. Du kannst leicht denken, wie sehr ich mich gefreut habe und noch mehr, wenn ich auch den großen bekommen hätte, worauf Du Dich beziehst, der ist an die liebe Mutter geschickt worden und dann soll ich ihn erst bekommen. Ich bin recht begierig darauf, denn ich möchte Dein Verhältnis, Deinen Status kennen, wovon in meinem nichts steht; auch von Paris selbst gar nichts.

Meinen langen Brief wirst Du schon bekommen haben und Dich gefreut, wenn auch nicht alles interessant war. Aber so wird es mehr werden; denn ich weiß wenig von außen zu sagen, der Kreis meines äußern Lebens ist gar eng, und wenn ich die Banden, die es um mein Inneres schlingt, lösen wollte, da würden nur wehmüthige Klagen hervordringen, und die will ich Dir nicht schreiben.

Was Du mir vom Malsburg schreibst, freut mich recht sehr. Er ist gewiß gut und ob ich gleich ihm geschrieben hatte, ich erwarte keine Briefe von ihm, so war ich doch innerlich ein Bischen bös, daß er gar nichts von sich hören ließ. Frag' ihn doch einmal, ob er meinen zweiten Brief, den ich in den Weihnachtsferien an ihn schrieb, bekommen habe. Du kannst ihm auch sagen, er könne sichere Rechnung darauf machen, daß ich wöchentlich zweimal an ihn denke, nämlich wenn ich in den Kriminalprozeß an seiner ehemaligen Thüre gehe. Die Zeit kannst Du ihm genau sagen, und wenn er dann auch hierher denken will, so wird allemal die Diele knarren. Übrigens hab' ich jetzt vor diesem Omen wahrhaft einen Respect bekommen, denn während Deiner Reise (und auch noch seltener jetzt) Abends, wenn es ganz still und ich allein war, hat es in der Stube so laut geknarrt, daß ich furchtsam zusammengefahren bin, und das Wunderbarste dabei, daß es neben meinem Sitz allzeit vor der Bibliothek geschah, wovor auch in der That alle Dielen gesprungen sind, einmal so gar am hellen Mittag riß eine bis obenhin, daß ich es sehen konnte. — Deine Fragen in Rücksicht der Bibliothek habe ich schon im letzten Brief vorausbeantwortet, ich warte nun täglich auf die Bücher, die ich bestellt.

21. Febr.

Ich weiß nicht, ob Du lit. Zeitungen hältst und die Zeitung für die elegante Welt ꝛc. liesest, auf den Fall schreibe ich Dir die literarischen Neuigkeiten. Doch ist es billig zuerst von hier. A. Bauer Kriminalprozeß kommt unter dem Titel Lehrbuch des K.-P. heraus, der Krieger soll sich geäußert haben, er gebe 48 Karolinen Honorar für 24 Bogen, was ich jedoch nicht glaube, und der Bucher hat es schon als Dekan zur Censur erhalten. Ihn selbst habe ich noch nicht darum gefragt. Seine Vorlesungen darüber, hat er sich geäußert, wolle er nicht beendigen, weil das nicht möglich sei, also bekommen wir nur ein Stück, was doch sehr unartig ist. Daß er einen nöthigen wolle dadurch, das Buch zu kaufen, wie einige glauben, will ich doch nicht behaupten. Zu den allgemeinen lit. Bemerkungen kann ich wenig finden.

Schillers dramatische Werke werden jetzt neu bei Cotta gedruckt. Der erste Band wird das Stück enthalten, das bei der Vermählung des Erbprinzen aufgeführt wurde, und von dem man soviel Rühmens macht. Auch übersetzt ist aus dem Französischen; Phädra, wenn ich nicht irre, ist schon aufgeführt. Goethe wird Winckelmannische Briefe herausgeben. — Kotzebue rückt jetzt in den Freimüthigen entsetzlich vieles aus Italien und so abscheulich schlecht geschriebene Fragmente, daß die Achtung, die ich allenfalls für seine Gewandtheit und Stil noch hatte, völlig verschwinden muß. Er betrachtet Italien ganz nüchtern und die Alterthümer nennt er Steinhaufen, nur in Rom findet er es schicklich, begeistert zu sein. Einen Orangenwald hält er für Ciceros Landgut und sagt: „Diesen frommen (?) Glauben werde „ich mir nicht nehmen lassen. Hier stand vielleicht der Held (?)

„auch, wo ich jetzt stehe an ˗inem Bade; dort schrieb er einen Theil
„seiner Schrift de officiis, die ihn unsterblich macht. Man ver-
„zeihe mir meine Begeisterung, aber wer sollte hier nicht zum
„Dichter werden!" — Zum Koliseum ließ er sich fahren, blickte aber
nicht eher auf, bis er ganz nahe davorstand, aber nun sagt er:
„Hier wurden mir, man verzeihe mir den dichterischen Ausdruck,
die Augen in den Kopf zurückgedrückt."

23.

Was die Zeitung für die elegante Welt betrifft, so glaube ich eher,
daß sie besser wird, wenigstens freier, denn so lange Spazier redigirte,
konnte man es ihr ansehen, daß er sehr streng zu Werke ging und
sich ziemlich feste Bande anlegte, wenigstens änderte er oft die Auf-
sätze, die er erhielt. Seine Biographie in der Zeitung selbst ist eben
nicht schmeichelnd, sondern scheint die gerade Wahrheit sagen zu wollen,
seine Verdienste würdigend. In der Hall. L. Z. findet sich eine
schlechte Recension des Jon, auf jeden Tadel ein Lob und so umge-
kehrt. Vom Malsburg habe ich gestern Briefe bekommen, worin auch
noch einer an Dich lag, recht freundschaftlich geschrieben. Ich habe
ihm geantwortet. Sag ihm, ich bäte ihn sogleich zu antworten,
ob er nach Cassel kommt durch Marburg, wann? vielleicht kann ich
da mit. Vergiß es nicht. — Wenn die Stereotypausgaben so wohl-
feil sind, so kauf doch von irgend einem französischen Autor, z. B.
Florian, ein wohlfeiles Buch und gieb es dem Malsburg mit hierher,
um dem Herrn Stöhr ein Präsent zu machen. Das freut ihn mehr
als das große Loos. — Gestern Abend hat mir der Wigand gesagt,
er wolle einziehen, und ich konnte natürlich mein Wort nicht zurück-
nehmen, es ist ein Unglück, sein mürrisches Wesen nimmt täglich zu;
er ennuyirt sich selbst und somit auch andere in einem fort entsetzlich.
— Behalte mich recht herzlich lieb.

W.

Es hat hier wieder Zulagen gegeben: Bauer 100 Th., Münscher
und Wachler jeder 200 Th., damit letzterer nicht weggeht, da er nach
Heidelberg glaub' ich wollte.

5.

**Jacob an Wilhelm.**

Paris, 1ten März 1805.

Lieber Wilhelm!

Du bist mir so sehr ans Herz gewachsen, und schon bin ich beinahe 5 Wochen von Dir weg, ohne etwas von Dir gehört zu haben. Freilich wirst Du erst auf Briefe von mir gewartet haben, und die Briefe laufen gar lange, insofern kann ich Dir's nicht übel nehmen. Der liebe Gott gebe, daß Du noch recht gesund bist und Dich über meine Abwesenheit jetzt nicht mehr zu sehr betrübst, denn wenn ich nach mir schließe, so muß ich es Dir noch recht sehr leid thun, und noch leider als mir muß es Dir sein, da mich noch eher Zerstreuungen nicht stets daran denken lassen. Ich hoffe, daß Du mit dem Wigand jetzt zusammen bist, ich bin wirklich recht begierig auf Nachricht von Dir und überhaupt aus Deutschland — schreibe mir ja alle Kleinigkeiten, denn was einem zu Haus noch so klein und trivial schien, wird in der Fremde lieb und bedeutend, weil man sich da so gern nach Haus versetzt und bei diesem Versetzen Nebendinge gerade die Täuschung täuschender machen. So gäbe ich z. B. etwas darum, einmal den Vorhang sehen zu können, der in Deiner Stube hängt, oder Dich einmal singen zu hören, so schlecht Du mitunter wohl auch gesungen haben magst, (wobei gut ist, daß Deine Lage der meinigen nicht ganz ähnlich ist, sonst würdest Du mir hier wohl etwas von Pfeifen antworten) —. Daß ich Dir zu Deinem Geburtstag, als der Tag war, recht innerlich gratulirt habe, kannst Du leichter denken, als ich es schreiben mag und kann.

Gesund bin ich noch und habe auch ziemlich viel zu thun. Alle Tage außer Sonntag von 10—2 auf der Bibliothek (ein sehr langes Gebäude, an Anzahl der Bände mag sie wohl mit der Göttinger gleich stehn, die sie indes an Plan, Einrichtung und Ordnung weit übertrifft. Manuscr. sollen allein 160 000 hier sein). Hier habe ich Manuscripte, besonders das Digestum, Codex, Instit. Volumen, Codex Theodosianus, Decretum etc. zu vergleichen, welches eine recht interessante Arbeit ist, indem sie auf Varianten von der Florentina führt, welche theils an sich sehr viel Aufschluß geben, theils mit zur Entscheidung des bekannten Streits über die Originalität oder Nicht-Originalität andrer Handschriften dienen können. Sodann excerpire ich Schriften und Handschriften der Glossatoren. Zu Haus haben wir die übrige Zeit sehr viele Präparate zu allen diesen Arbeiten machen müssen, sodann muß ich ein wenig Diplomatik treiben x. — Savignys Verlust durch seinen Koffer habe ich mir doch ärger vorgestellt, als er zum Glück nicht ist. Zwar sind Sachen von beträchtlichem Werth verloren gegangen und sehr viele Literalien (er hat dem Entdecker 100 Karolin versprochen und doch nichts ausgemacht), allein von erstern abgesehen, so waren letztere doch meist nur Reisepräparate und solche Sachen, die er diesen letzten Sommer in Franken und Schwaben gesammelt hat und mit geringem Aufwand von Zeit und Mühe wieder erhalten kann, freilich waren darunter auch verschiedene Aufsätze, besonders Vergleichungen vieler Ausgaben, die er in seinem Leben nie wieder haben wird, — allein was ihn doch noch weit mehr würde geschmerzt haben zu verlieren, seine meisten Aufsätze und Hefte über durchdachte Materien sind ihm geblieben, so hatte er namentlich über das römische Staatsrecht vielleicht 100 Schriften durchgelesen und sich daraus und aus den Quellen Resultate gemacht — diese Arbeit würde gewiß ewig verloren gewesen sein, wenn sie einmal verloren gewesen wäre. — Den Savigny kennst Du, ich brauche Dir also von seinen Eigenschaften nichts erst zu sagen, aber das muß ich Dir doch vor allem sagen, daß seine Frau eine der liebenswürdigsten Weiber ist, die ich — ich will nicht sagen kenne, denn wo kenne ich viele? — mir selbst oder in den Beschreibungen anderer gedacht habe. — Daß sie gescheidt ist, darf ich Dir nicht erst sagen, da sie eine Brentano ist und dies schon alles sagt,*) aber sie ist uns so wenig das, was wir uns vielleicht sonst unter ihr dachten, daß man gerade das Gegentheil davon annehmen kann. Schön ist sie nicht, aber sehr interessant, die schönsten Augen, die man sich denken kann. In kurzer Zeit wird sie wahrscheinlich niederkommen, welches eine große Freude sein wird.

Meinen letzten Brief wirst Du gewiß schon erhalten haben, vielleicht wirst Du mehr von der Reise darin erwartet haben, als darin war, wie gesagt, ich habe wenig andere Empfindung gehabt, als an Euch in Deutschland zu denken, alles Andre war mir gleichgültig, nur wie ich über den Rhein kam, war mein Herz so bedrückt und wußte nicht, ob es bloßer Schmerz der Trennung war oder auch Deutschland einigen Antheil daran hatte. — In Paris gefällt es mir weiter gar nicht und ich möchte nicht für lange Zeit hier wohnen.

---

*) [Anmerkung von Wilhelm:] 5mal dies Wort — bloße große Nachlässigkeit.

Einmal ist die Stadt nicht schön zu nennen, denn nur ein Ganzes ist schön und Vieles ist hier häßlich, wofür manche einzelne Theile nicht entschädigen; die meisten Häuser sind zwar von Stein, oft 7—8 Stockwerke hoch (und stets mit sehr hohen Zimmern), in edlem Stil habe ich nur wenige gesehn, die Straßen sind beständig schmutzig, sehr oft eng und krumm; ebenso fehlt es an öffentlichen schönen Plätzen in Rücksicht der sonstigen Immensität der Stadt. Dann aber stößt man hier bei jedem Schritt beinahe auf Örter, welche entweder die alte oder die neue Geschichte bezeichnet hat. Es schaudert mir immer über einen solchen Platz zu gehen, besonders möchte ich nicht stets da wohnen, und es gehört wirklich die leichtsinnige französische Nation dazu, um dies alles den andern Tag zu vergessen. Übrigens wirst Du hier kein Urtheil von mir über den Charakter der Franzosen er= warten, ob ich wohl nach Herrn von Kotzebue, der da sagt, daß man die Menschen nicht besser kennen lerne, als wenn man in einem Wagen mit ihnen reiste, dazu aufgefordert werden könnte; um doch eins anzuführen, so finde ich darin einen Unterschied von uns Deutschen, nicht daß sie viel triviale Sachen sprechen, was wir wohl auch thun, sondern, daß sie stets mit der allerwichtigsten Miene davon sprechen, so daß man Wunder meinen sollte. Mitunter sind sie indes gar nicht unwitzig, zum Beleg hierbei ein Urtheil über mehrgedachten Herrn von Kozelbuzel vom Abbé Geoffroi, der nachgerade als recht artig schreibt und das Journal des débats redigirt, als die Quelle meines Belegs, den ich also hiermit auch belegt habe. — Gelehrsamkeit findet sich nach Proportion in Frankreich weit weniger als in Deutsch= land, besonders in Paris ist dies sichtbar, wo man sehr gereizt wird nichts zu thun, was man auch sehr befolgt. Sprachen werden noch am besten getrieben, besonders gut orientalische. Übrigens laufen hier allerhand Menschen herum, Mohren und Türken und Griechen sind mir gar nichts Neues, und ich sehe sie gar nicht mehr an als andere. Vorige Woche war hier mardi gras, wo alle Straßen voller Masken und Kavalkaden waren, dabei aber eine große Einförmigkeit. Man sieht, daß so etwas nicht am rechten Platz ist, sondern nach Italien gehört.

Die Gemälde und Antiken habe ich wegen des dunkeln Wetters nur einmal flüchtig durchlaufen, d. h. in 3 Stunden. Ich sage daher gar nichts davon, am wenigsten, welches mir ganz unerträglich klingt, etwas Generelles (z. B. sie sind vortrefflich — u. h. dies habe ich nur zur Erklärung des letzten Worts geschrieben, denn sonst wider=

spräche ich mir) — ich wünschte nur Europa und Propyläen bei der Hand zu haben. Leider ist es indes wahr, daß man den Laokoon und den Apoll in Nischen gestellt hat, sodaß man sie nicht von hinten und der Seite sehn kann! Der Torso steht so, daß ihn jeder Neugierige angreift, und da meist Leute dieser Qualität da sind, so ist zu befürchten, daß er bald vergriffen sein wird, wobei sich die französische Nation nicht in der Lage eines in diesem Fall sehr erfreuten Verlegers befinden wird. — Wenn ich jetzt wieder einmal hingehe, so thue ich nichts, als vor Rafael und Laokoon und Apoll zu stehn und im Herzen niederzuknieen.

Ins Theater hat mich Savigny schon einigemal mitgenommen und einigemal habe ich es abgelehnt, da er beinahe stets auf den ersten Platz geht, wo es immer 9—11 liv. für die Person kostet. Es dauert von 7—11 oder 12 Uhr; jedesmal werden drei Stücke gegeben und dabei zwischen den Acten gar nicht gewartet. Ich war au français und feydeau. Das Publikum, besonders das Parterre, hat sehr viel zu sagen und dominirt gänzlich — vor dem Anfang, der sehr präcis ist, wogt es wie ein unruhiges Meer, laute Stimmen, Pfeifen, Trommeln, Rufen 2c., daß man nichts weiter hört. Sobald indes der Vorhang aufgeht, herrscht allgemeine Ruhe und Aufmerksamkeit. Die Schauspieler executiren mit einer solcher Präcision, von der wir in Deutschland vielleicht keinen Begriff haben, der Souffleur, der auf einigen Theatern gänzlich fehlt, ist, wo er noch da ist, eine sehr unnütze Person. Übrigens wird auf jedem Theater, deren jetzt 18 hier sind (cfr. die Beilage), jeden Tag gespielt, indessen herrscht eben nicht viel Abwechselung in den Stücken, einige sind, so lange ich hier bin, auf einem Theater gewiß 15mal gegeben. Wir wollen nun aber auch die Kehrseite betrachten, d. h. die welche noch zu kehren ist, die gekehrte haben wir gesehn — so herrschen hier theils im Publikum solche Ideen von Theaterdecenz und -natürlichkeit, welche nie überschritten werden dürfen und denen auch die meisten Stücke accommodirt sind, besonders sichtbar in den Tragödien, wo z. B. nie die Decoration wechseln darf, nie Einheit der Zeit verletzt werden, nie eine Ermordung vor den Zuschauern vorfallen darf, sie muß hinten vorfallen und nachher erzählt werden. — Die Komödien sind sehr platt, die Tragödien gefallen mir noch weniger, ich habe stets lachen müssen. Die von Corneille und Racine sind unstreitig die besten, aber doch, von den sehr polirten, oft wohlklingenden Versen abgesehn, äußerst langweilig. Die Action der meisten Schauspieler ist schlecht, oft wird sehr langsam declamirt und dabei erschrecklich geschrieen, und dann auf einmal abgebrochen, kalt, gleichgültig und geschwind erzählt. Das häufige Applaudiren stört sehr, jeder Acteur wird beklatscht, wenn er kommt und weggeht, wenn er gleich noch nichts gesprochen hat, kurz, es vergehn nie 5 Minuten, ohne daß applaudirt wird, bei jedem starken Schrei ganz sicher. Es mag sein, daß man sich mit der Zeit ganz oder etwas daran gewöhnen kann, wenn auch letzteres bei mir möglich ist, so bleibt es doch stets eine üble Gewohnheit. Ich habe in Corneilles Horaziern die Duquesnoi und Georges zusammenspielen sehn, erstere hat ein sehr melodisches Stimmorgan, letztere hat indes außer ihrer Schönheit noch einige andere Vorzüge, weshalb ich sie auch lieber mag, beide haben eine höchst gemeine und fatale Action. Talma ist sicher der beste, der sehr viel sein würde, wenn nicht die französische Schule die seine wäre. Vom severum imperium des Parterre habe ich im seydeau ein hier nicht seltnes Beispiel erlebt, wo ein sehr beliebter Acteur (Ellevion) auf der Affiche angekündigt war —, als ein anderer (da dieser Liebling weiß, daß er beliebt ist, und daher sehr träge sich lieber in Gesellschaft herumtreibt und oft lange nicht aufs Theater kommt) — nun auftrat, der eben auch nicht schlecht spielt, so rief man ganz laut jenes Namen, ließ diesen nicht zum Wort kommen, und der Arme mußte ganz beschämt die Bühne verlassen. Ellevion war gar nicht da, konnte also nicht kommen, die Acteurs schickten einen Abgeordneten, mit dem das Parterre ganz laut sprach, — nun wollte man wieder den andern, der aber auch nicht wollte, und mit Recht, — endlich mußte ein dritter die Rolle über- nehmen, und das Stück, wovon schon ein Act fast gespielt war, fing wieder von vorn an. Ich dachte dabei an Tiecks Zerbino, wo auch einmal so zurückgedreht wird.

Ich erinnere mich noch recht gut vielleicht meines Versprechens, ge- wiß aber Deines Ersuchens wegen allerhand Nachrichten für die Zeitung für die elegante Welt. Indessen sehe ich ein, daß es nicht geht. 1. Wie sollen die dicken Briefe hinkommen, da Malsburg bald weggeht. So ein Brief würde 6—8 liv. bis zu Euch kosten. 2. (Hauptpunkt) kann ich nichts liefern. Beschreibung von Theatern? Dazu komme ich doch zu wenig hinein und verstehe mich nicht genug auf die fran- zösische Bühne. Von Gemälden, Statuen? Hierüber ist schon so viel Vortreffliches und Schlechtes gesagt worden, daß dem Spazier nichts daran liegen wird, wenn er nichts hat. Hofsachen höre ich nicht, die ihm wohl am liebsten wären. Modesachen verstehe ich nicht.

Anekdoten? Die müßte ich aus Zeitungen nehmen, also fließt meine
Quelle selbst nach Deutschland. Also etwas Ordentliches entsteht doch
nicht daraus, etwas Unordentliches mag ich nicht. 3. (ein Neben-
punkt, der aber so wichtig ist, daß ich ihm seine Benennung abbitte,
und daß er den Hauptpunkt wohl zum Nebenpunkt machen wird)
wird Spazier für solche Fragmente auch etwas geben wollen, da
er das, was ich allenfalls noch liefern könnte, besser umsonst haben
kann?

Laß Dir lieber etwas von unserer vortrefflichen Bibliothek vor-
sagen! Hast du von Goethes neuen Schriften den ersten und zweiten
Band bestellt und erhalten und welche Gedichte stehen im zweiten?
Ich bin nun so ziemlich mit den Ausgaben im Reinen, beim Unger
sind 7 Bände erschienen, die wir nun alle kennen, beim Göschen 8.
Den achten (s. Beilage) hat gerade der S. hier, weiter keinen, die unter-
strichenen Sachen gefallen mir besonders, vielleicht sind im zweiten
Ungerschen einige davon, da sich im siebenten Ungerschen auch einige
finden, die darin stehen. Die 7 ersten enthalten also außer den
Sachen, die wir einzeln haben (Tasso, Iphigenie, Faust, Egmont),
die ersten Sachen Goethes: Werther, Berlichingen, Klaudine 2c. —
Wenn jetzt noch Fond da ist, so dringt meine Meinung besonders auf
folgende zwei: Benvenuto Cellini und Alemannische Lieder (Karlsruhe
1803 oder 4), vermuthlich wohlfeil, welche beide auch Savigny für
vortrefflich hält, worauf ich wieder viel halte. — Was uns Malsburg
gekauft hat, sind fables de Lafontaine, Oeuvres de Boileau, Corneille,
Racine, Molière, zusammen 21 Bände in 12, indessen mußt Du Dir's
nicht zu arg vorstellen, sondern wissen, da ich die Preise der Stereotyp-
ausgaben kenne, daß diese 21 Bände nur 11 francs 65 cent (wird
sein 6 f. 38 xr.) kosten. Ich begreife nicht die Wohlfeilheit der
meisten neuen Bücher in Frankreich, besonders der stereotypes, welche
auf weißes Papier sehr nett gedruckt sind. So kostet ein Stereotyp-
Cornelius Nepos 40 cent, d. s. 9 xr. (es giebt von jedem Autor
4 Stereotypausgaben: pap. ordinaire, fin, velin, grand velin; auf
grand velin kostet der Cornelius Nepos 3 fr. d. h. 1 f. 22 xr. Wer
eine bestimmte Anzahl nimmt, bekommt noch ansehnlichen Rabatt.) In
Deutschland hat man schlechteren Druck und Papier theuerer zu be-
zahlen, dafür ist denn aber auch, woran ich vorhin nicht dachte, der
Inhalt besser. Man kauft also doch wohlfeiler. — Ich habe diese
Woche die beste Ausgabe des glossirten corpus iuris — welche S. in
Deutschland mit 4 Karolin bezahlt hat und in mehreren Journalen

weitläufig beschrieben ist — edid. Contius, Paris 1576 in 5 Folianten für 5½ Lbthlr. erkauft und dazu noch einen andern Folianten=Index zu der Glosse, der gar nicht dazu gehört, — obendrein erhalten. Wäre sie nur schon — die centnerschwere — in Deutschland. — Andere Bücher sind hier, wenn sie gerade gebraucht werden, entsetzlich theuer, z. B. unglossirte corp. iuris, derselbe libraire, bei dem ich gekauft habe, hatte eine gothofredische Edition, wofür er 4½ Karolin foderte, — wenn nämlich solche Kauflustige die glossirte sehn, so meinen sie, es sei nicht das rechte Buch. — Vom code civil sind über 2 Millionen Exemplare abgesetzt. Die Stereotypausgabe, die der Malsburg in Marburg hatte, kostete 30 xr. — Von der deutschen Literatur höre ich wenig, da S. keine Zeitung hält und ich keine auftreiben kann. Ich hoffe daher von Dir das Beste zu hören. (Wie geht's denn mit Eurem Leseinstitut und wie sind die Zeitungen jetzt?)

Ich hatte Dir noch allerhand zu sagen und abzufragen und wußte es vor einiger Zeit auch, habe es aber alles vergessen. Doch noch eins. Fr. Schlegel ist hier und sollicitirt, wie man sagt, um eine Professur in Köln. Savigny kennt ihn noch aus Jena her, sieht ihn aber weiter nicht, indem er selbst und seine Schriften ihm jetzt nicht mehr so sehr gefielen, wobei wohl etwas Parteilichkeit für Cl. Brentano zum Grunde liegen mag, mit dem Schlegel auf eine eclatante Art (seit einem Jahr vielleicht) brouillirt ist. — Ferner sollen in einiger Zeit die beiden Tieck und S. Bernhardi, ihre Schwester, hierherkommen, welche wir wohl auch kennen lernen werden, da S. recht begierig ist, diese Bekanntschaft zu machen.

Den 6ten März.

Am Sonntag endlich als den 3ten habe ich Deinen Brief, der den 13. geschlossen ist, erhalten. Er hat mich unaussprechlich gefreut, und ich danke Dir tausendmal für Deine Liebe und Deine Nachrichten. Da der Malsburg schon heute Briefe wegschickt, so bin ich pressirt. Auch hast Du für diesmal wohl genug. Nichts Neues ist mir seitdem passirt, in einigen Tagen ziehen wir aus in das Hôtel du Nord, rue de la loi cidev. Richelieu, wo gerade der Malsburg wohnt. Es ist doch wohl recht zufällig, daß wir beide in dieser Stadt so zusammenkommen. Übrigens bin ich auch aus andern Hinsichten über diese Veränderungen erfreut, weil wir z. B. näher zur Bibliothek haben.

Ich will nun Deinen Brief durchgehen und über Mehreres Einiges antworten: Spaziers Tod hat mich recht frappirt, nicht daß ich seinen Verlust für die Literatur bedauere, sondern weil er ein recht lebendiges Beispiel der Nichtigkeit der Welt abgiebt, was helfen ihm nun seine Zänkereien, seine Siege über den Gegner, was kümmert's ihn nun, daß er bisweilen im Zank besiegt wurde. Alles vergebne Mühe. Der ist so recht im Steit und Zank gestorben. Merkel wird ihm wohl Leichenreden halten. Übrigens ist es für Euer Leseinstitut traurig und mit der Abendzeitung scheint mir's auch bedenklich.

Da Du andere Bücher gekauft hast, so modificirt sich mein obiges. Doch laß nun diese die nächsten sein. Ich bin so recht damit zufrieden.

Über die Literatoren, die in Marburg auferstehen wollen, habe ich mich sehr gewundert. Ich fürchte, daß beide dadurch nicht berühmt werden. Wachler hat eine Vokation nach Heidelberg erhalten, es wäre für M. ein Verlust. Es ist ein emsiger Mann, der was leisten würde, wenn er sich bloß auf eins legte.

Dem Malsburg thust Du Unrecht. Er hat schon lange dicke Briefe an uns geschrieben, sie aber einem Privatmann mitgegeben, der sie wahrscheinlich verloren oder nicht bestellt hat, oder dem sie abgenommen worden sind. Er wird in vier Wochen von hier weggehn.

In den Ferien wünsche ich Dir recht viel Vergnügen. Gehst Du nach Cassel, viele Grüße an Itzig, Hummel &c. Ich glaube nicht, daß ich so lange hier bleiben werde, als wir dachten, denn Savigny sucht soviel möglich bald von Paris wegzukommen, wo es sehr theuer ist und weder ihm noch seinem Frauenzimmer eigentlich gefällt. Du wirst ein Paar Zeilen durch Brentano erhalten haben.

Ich verbleibe Dein treuer Bruder            J. Grimm.

Nachschrift an Paul Wigand.

### An Paul Wigand!

Lieber Freund, Du wirst meine Liebe zu Dir vorzüglich daraus erkennen, daß ich Dir nicht besonders schreibe, sondern vorstehenden Brief auch an Dich geschrieben haben will, denn wie könnte ich dasselbe zweimal sagen? Doch müßt Ihr's mit den Antworten ja nicht so einrichten wollen. Daß Deine Autorschaft so früh bekannt worden ist, darf Dich ja nicht schmerzen, besonders wenn Du auf die Ursache dieses Bekanntwerdens siehst. Dieser Beweis von Liebe und Zufriedenheit, den Dein Vater dadurch gegen Dich abgelegt hat, indem er deswegen so gar Deine Prohibition bei Seite setzen zu müssen

glaubte — würde mich an Deiner Stelle mehr gerührt haben, als
es mir vielleicht sonst unangenehm gewesen wäre. Wenn Du an
Neuber schreibst, so explicire es ihm doch, wie es kommt, daß ich
nicht mehr in Marburg bin. Daß Du Deinen Onkel mit Nahrungs=
mitteln 18 Stunden weit versehn hast oder willst, ist ein Beweis
Deines guten Herzens, nur hättest Du ihn nicht so lange darauf
sollen warten lassen.

Dein treuer Freund<br>J. Grimm.

Hierbei kommt auch etwas in unsere Ausgabe der Minnelieder
zu legen. — — Die Complimente sind diesmal die gewöhnlichen.

6.

## Wilhelm an Jacob.

### Liebster, bester Jacob!

Die Worte sind recht wenig und doch auch recht viel, wenn Du
sie in ihrer eigentlichsten Bedeutung nimmst, und so sind sie gewiß
von mir genommen, ich möchte so herzlich mit den besten Worten
Dich anreden, und hernach sind sie immer so gemein und trivial, daß
mich nur die Bemerkung tröstet, daß alles Höchste zugleich auch trivial
ist; wahrhaftig, man sündigt, wenn man die Worte so ordinär weg=
braucht, wie ich wohl selbst gethan habe, und auch damals nicht ganz
leer. Aber manches Wort fällt mir oft in einer Bedeutung als wunder=
sam und voll großer Beziehung auf, was ich vorher schon manchmal
ausgesprochen hatte und im gewöhnlichen Sinn sehr gewöhnlich auch
ist. Doch ich muß aufhören, sonst sieht es aus, als wollte ich Dir
zuvörderst in jedem Brief ein Compliment machen und mir zugleich,
daß ich Dich noch so lieb hätte wie Du mich. — Ich könnte wohl
jetzt im übrigen zufrieden sein, wenn mich nicht eine beständige Un=
ruhe quälte darüber, daß ich eben nicht ruhig bin. Es hilft nichts
als über alles mich lustig zu machen, wobei mir doch vieles Ernst,
heiliger Ernst ist. Hernach habe ich so viele Besorgnisse ohne allen
weitern Grund, so ist mir z. B. jetzt beständig angst, wenn ich an
die liebe Mutter denke; ich wollte nur, sie wär erst aus Steinau
heraus. Ich fürchte, sie lebt nicht lange mehr, und in einem Brief
von ihr, worin sie sich so sehr auf Cassel freut, rührte mich das

unbegreiflich. Ich glaube, es ist Schuld, daß eben der Frohnschreiber gestorben ist, was mich als unerwartet frappirte. Vielleicht habe ich Dir schon geschrieben, daß die gute Mutter ihr Haus für 825 f. verkauft hat, und ich werde nun in den Ferien ein Logis für sie miethen, am besten, denke ich, wird es in der Nähe des Schlosses sein. — Doch von dergleichen genug. —

Das Programm des Brentano konnte die Tante unmöglich Dir schicken, da es allzuviel war, Du wirst mich daher beim Savigny entschuldigen, indem eine andere Gelegenheit abzuwarten; ich habe es gelesen, und soviel ich verstehe, dünkt es mir recht witzig und scharfsinnig.

Was unsere liebe Bibliothek, lieber Jacob, betrifft, so steht es also damit:

1. Goethes Werke 1. 2. T., sowie Ofterdingen habe ich noch nicht erhalten und erwarte sie stündlich.

2. Die Charakteristen sind angekommen, allein der Buchbinder benachrichtigte mich, daß 6—7 Bogen fehlten; zum Unglück war das Ganze schon zusammengelegt, gefalzt, glaube ich, heißt es, deshalb konnte ich es nicht zurückschicken, gab aber denselben Tag dem Karl einen Zettel nach Gießen mit, enthaltend die Nachricht, daß ich das Fehlende verlange (genau beschrieben), weil sonst das Buch durchaus unnütz sei, — kommt es nicht, so werde ich es nicht bezahlen. — Das Poetische Journal. 2 St. sind ebenfalls gekommen. Schlechter Druck und Papier, aber vortrefflicher Inhalt, besonders gilt dies vom ersten Heft. Du kennst ihn summarisch schon, die Worte aus der neuen Zeit, die Dir bekannt, sind der Schluß. Die Briefe über Shakespeare sind sehr schön, vielleicht in strenger wissenschaftlicher Hinsicht ein wenig gedehnt, wenn in den ersten, die im 1. H. stehen, kommt über ihn eigentlich noch nichts vor. Übrigens in Tiecks schönem herzlichem Ton und Stil geschrieben. Der neue Herkules am Scheidewege, eine Parodie, ist der Autor selbst, zu dem die verschiedenen Menschen kommen, die an seinen Gedichten Antheil nehmen, vom Recensenten an bis zum falschen Bewunderer und endlich dem wahren und der Göttin des wahren Ruhms (in Knittelversen). Da keine Handlung, als daß einer nach dem andern auftritt, darin ist, so muß man das Interesse an dem Autor haben, das ich an ihm habe, um es nicht (von S. 82—164) ein Bischen langweilig zu finden. Man wird ein wenig an den Anfang des Faust erinnert, wozu auch das gleiche Silbenmaß beitragen mag. Das Ende ist sehr schön.

Was dann folgt über indische Mythologie von F. Majer, ist be-
lehrend und interessant. Hierauf ein klein Gedicht von Fr. Schlegel,
endlich das jüngste Gericht, eine Vision (in Prosa), worin man auch
indirect einigen Aufschluß noch über den Zerbino bekommt. Das
zweite Heft ist nicht so reich. Von einem Lustspiel: Epicoene oder das
stumme Mädchen des Ben Jonson weiß ich nicht, ob es übersetzt aus
dem Englischen ist,*) da es auch in England spielt, oder nicht. Es ist
ein bloßes Intriguenstück, das aber den größeren Theil einnimmt,
und recht lustig. Zuletzt folgen noch ein Paar Briefe über Shakespeare
und 20 sehr schöne Sonette an Novalis S. 3 ꝛc. Mit dem Aus-
sehen (grünes Papier und etwas befleckt) muß man Einsehn haben.
Man kann beide Stücke einmal zusammenbinden lassen, da die Ziffern
fortlaufen (S. 492). —

Von dem sehr schönen Tempe werde ich Dir schon geschrieben
haben.

Ich sammle jetzt mit allem Fleiß auf den Benvenuto Cellini
und die alemannischen Lieder, obgleich auch nun der Shakespeare zu
kaufen sein wird, da Schlegel hat bekannt machen lassen, es würde
die Fortsetzung erscheinen. Eine neue Aussicht hat sich für den Fond
eröffnet, indem eifrige Nachfrage nach meiner Reichsgeschichte ge-
schehen und ich hoffentlich einen Laubthaler erhalten werde, dann aber
ist auch noch ein Gulden aus dem Rabatt übrig.

Mit der Lesegesellschaft geht es ganz gut, wie mit der Abend-
zeitung **), und die Zeitung für die elegante Welt hat nun gerade
auch nicht verloren. Ich wollte Dir wohl einen Auszug aus den
Notizen der Literaturzeitungen, die in Jurisprudenz oder belles lettres
einschlagen, besorgen, aber in beiden ist es sehr leer. Eben in der
Poesie herrscht eine Art von Justitium, man weiß nicht mehr, was
man will, die neue Schule ist schon jetzt zu alt geworden, um mit
Enthusiasmus und Eifer für sie zu sprechen, die Gegner sagen ganz
laut, sie werde zu Grabe getragen, wie auch eine (sehr schlechte)
Brochüre so betitelt erschienen ist. Schellings nimmt sich namentlich
niemand mehr an, so läßt die Zeitung für die elegante Welt abdrucken,
man sähe ein, es sei Wortkrämerei (vivo Spazifero). Und die Schlegels
schweigen auch ganz still. Sonderbar ist es übrigens, daß diese Anarchie

---

*) Allerdings. Ben Jonson lebte zu Zeiten des Shakespeare.
**) Neulich hatte sie auch 2 Kupfer, eine Idee zu Luthers Denkmal. Brentano
sagte, es sähe aus wie ein neumodischer Ofen.

nicht durch eine neue Erscheinung und Revolution, sondern lediglich
dadurch bewirkt zu sein scheint, daß es nicht mehr ganz neu ist und
anfängt, gewöhnlich zu werden. Desto fester muß man an dem
wahrhaft Guten hangen. — Ich habe alles durchgesehen eben, was
nur einigermaßen Dich interessiren könnte, allein die Resultate sind
sehr gering. Die Trennung der Herderschen Schriften ist nun auch
angezeigt in drei Abtheilungen, die belletristische wird 15 Thlr. kosten.
Zu Ostern wird ein Schauspiel (versteht sich in Jamben) heraus-
kommen, Gabrièle d'Estrées. Von den Proben, die in der Abend-
zeitung standen, kann man nicht urtheilen, das ist ganz hübsch, schillert
ein wenig, was mir ein übeles Zeichen, weil dem seine Manier in
der Nachahmung gewiß verdirbt. Die Jamben sind wohl auch nicht
die besten, doch wie gesagt, es läßt sich noch nicht recht urtheilen. Zu
verkaufen ist zu Stettin: La Galerie Electorale de Dusseldorf avec
30 Planches contenant 365 petites Estampes par Chr. de Mechel
2 Voll. Basle 1778, ein räsonnirender Katalog, soll kosten 40 f. Ich
weiß eine Zeit, wo wir den Besitz sehr gewünscht hätten. Gesneri
thesaurus linguae latinae 4 Tomi Lps. 1749. 15 f. 2c. Recen-
sionen in dem ersten Monat Januar der Jenaischen L. Z. (denn
weiter ist jetzt im März noch nichts kommen!) sind alle, die
uns angehen, ziemlich unbedeutend. Reitemeiers Schriften haben eine
ziemlich lange Abhandlung erhalten, da er glaub' ich die Idee hat,
aus dem jetzt geltenden Recht, wie es vorliegt, ein praktisches Gesetz-
buch zu errichten, so habe ich es uninteressant und langweilig ge-
funden. Albrecht Hummels Encyklopädie des gesammten Rechts 1 B.
6 f. 34. Gießen b. [?] M. ist nochmals angezeigt worden. Voyage
sur la scène de six derniers livres de l'Eneide par Charles Victor de
Bonstetten, Geneve An. XIII., recensirt von A. W. S. und recht gut,
bezieht sich größtentheils auf alte Geographie. Charlotte Corday,
Tragödie in 5 Acten mit Chören 1804. 235. Hamb. H. [?] (1 Thlr.)
war, wie Du Dich erinnern wirst, schon vom A. Kl. in der E.
Zeitung angekündigt. Spaldings Lebensbeschreibung von seinem
Sohne. Über Bewaffnung von J. G. Seume, Leipzig, Hartk[noch]
(124) wird gerissen. — Von dem Umrisse zur Hölle nach Flaxmann
von Hummel in Querfolio sind schon 39 heraus, die 5 Thlr. kosten,
im Ganzen werden 68 erscheinen, auch besonders zu haben. Bodes
Übersetzung im Versmaß des Originals wird Dir als angekündigt
auch schon bekannt sein. — Salomon Geßners Gouache-Gemälde,
Landschaften, werden in einer Suite von 30—40 Blättern von Kolbe

rabirt. Ich möchte sie wohl haben. — Hier bin ich schon fertig, also noch etwas vom hiesigen.

Anton hat aufgehört zu lesen den K. P., aber ihn nicht geschlossen. — Wir könnten uns trösten, sagte er, da sein Handbuch — mithin Tröster — erscheinen werde. Er selbst ist auch die Zeit her nicht wohl gewesen und sieht auch eben nicht sonderlich aus. Bei dem finale waren nur 5 auditores gegenwärtig. Er spielt bei mir immer aufs Examinatorium: aber 20 Thlr.? nein. — Das hiesige Schauspiel, um doch dem Deinigen eins entgegenzustellen, ist noch in gutem Zustand. Kotzebue hat darin recht seinen Sitz aufgeschlagen, denn von niemand anderem ist etwas gegeben. Jetzt sind sie am Epigramm, worauf man wohl selbst eins machen könnte. Ich habe dem Schmerfeld, der darin den sentimentalen Epigrammatiker macht, die Indianer in England vorgeschlagen und die Frau Hofräthin Gr. zur Gurli und ich denke, es soll noch geschehen. Dann werde ich hineingehen, auch wenn die Entree noch theurer wäre. Ich glaube fast, es würde noch besser als die Ehrenpforte sein. — Da ich die Madam erwähnte, fällt mir ein Spaß ein, den mir neulich der Brentano erzählte. Sie wohnt jetzt da, wo Clemens B. gewohnt hat, und bedient sich oft der Treppe, die zu dem Hof des Christian führt. Dies genirte ihn, weil er beständig jetzt vor der Thüre arbeitete, weshalb er inwendig hinschrieb mit Kreide: „man wird gebeten zurückzukehren, weil die Thür zugemacht ist," worauf er sie zunagelte. Kaum ist er fertig, so erscheint sie von einem Spaziergang an seinem rothen Thor und will durch seinen Hof wieder die Treppe zurück in ihr Logis. Er springt aber sogleich auf und ruft ihr zu, sich den Weg zu sparen, nämlich von seinem Thor bis zu der Treppe. „Das hatte ich nicht von Ihnen erwartet." — „Desto angenehmer wird Sie es überraschen." — „Es war mir ein Soulagement." — „Es ist nicht alles auf der Welt Soulagement." — „Das ist recht Brentanoisch." — „Ja, es steckt im Blut." — Hierauf will sie zur Thüre und aufschließen, ohne sich abhalten zu lassen. Br. sagt aber: „Madam, wenn sie keine Beißzange sind, so bleiben sie weg, denn die Thür ist vernagelt." Worauf sie erbost abgegangen. —

Eben jetzt habe ich das poetische Journal ausgelesen und nehme mein Urtheil in Ansehung der Briefe über Shakespeare zurück, als wären sie zu weitläuftig. Es entstand nur aus einem flüchtigen Durchblättern, und nun glaube ich mit Recht behaupten zu dürfen, daß sie das Vorzüglichste sind in dem ganzen Buch. Es finden sich

schon hier Ansichten, die wir in den Vorlesungen des Schlegels be=
wunderten, über Aufklärung und Toleranz, vielleicht noch witziger und
treffender ausgesprochen. — Hier sind 2 literarische Produkte erschienen:
1. Memoria Moenchii, die wenigstens den Vorzug hat nur 3 Bogen
stark zu sein, der Bücherkatalog, d. h. was er geschrieben, fällt gut
aus. 2. über Philologie und philologische Erklärung von demselben
Verfasser (Christ. Rommel) zur Ankündigung der Collegien, die er
anschlagen werde, obgleich zu befürchten steht, daß sie dennoch nicht
anschlagen werden. Consistorialrath Wachler hat ein Latinum,
Münscher (dem vorgestern, wie ich gehört, ein junger Sohn geboren)
ein Graecum angeschlagen, um den Herrn Rommel lahm zu legen.
Er soll sehr bestürzt gewesen sein bei der Nachricht und nun kündigt
er als Repressalie Universalgeschichte an. Um auf die Abhandlung
selbst zu kommen, so ist sie erbärmlich und, obgleich von schöner Sprache
gesagt darin wird, in abscheulichen Perioden. Da hat der Herr etwas
gehört, die Klassiker als ein lebendiges organisches Kunstwerk anzu=
sehen, und spricht nun von eleganter Bearbeitung, man müsse den
Homer aus dem Homer, Horaz aus H., Virgil aus V. ꝛc. (und nun
werden alle durchgegangen) erklären, dabei schimpft er auf Grammatik
und Wortkrämerei, wie er es zu nennen beliebt, ohne zu bedenken,
daß er damit bloß seine Ungründlichkeit und Oberflächlichkeit bedecken
will. Bei allem dem weiß er nicht zu sagen, warum man die Klas=
siker als ein belebtes Ganzes ansehen müsse, und das zu entwickeln,
sondern nachdem er es nudis verbis gesagt, ist er fertig und froh
gezeigt zu haben, daß er es doch gewußt habe. — — —

    Ich habe zufällig drei Lebensbeschreibungen von Kant in die Hände
bekommen und durchgeblättert. In allen herrscht mehr oder weniger
ein großer Kleinigkeitsgeist und eine platte Sanftheit. Wer Kant
nicht persönlich gekannt hat, den kann das nicht sehr interessiren, denn
in keiner Schrift geht man davon aus, eine Charakteristik von ihm
als Schriftsteller zu liefern: in einem sind chronologisch seine Schriften
aufgezählt. Wär ich ein großer Mann, so müßte mir jeder ver=
sprechen, der mit mir bekannt würde, mich nicht zu beobachten und
nach meinem Tod es drucken zu lassen, was er von mir gesehen ꝛc.,
da ist nichts vergessen, z. B. daß Kant keine Strumpfbänder trug,
das Fleisch bei Tisch kaute und wieder auf den Teller legte, aber mit
Brodkrusten zu bedecken suchte, im letzten Jahre viel ausspeite ꝛc.
Kant hat mich ordentlich gedauert: bei seinem Theetrinken ist niemand
zugegen je gewesen, aber der eine weiß es einzurichten und nun wird

das all hererzählt. Diese Schriften sind so recht dem Zeitalter an=
gemessen, das solche kleine Anekdotenkrämerei liebt; übrigens könnte
das größtentheils alles einem ordinären Menschen begegnet sein; nur
hin und wieder kommt etwas Merkwürdiges, z. B als Kant nichts mehr
fassen und behalten konnte, augenblicklich alles vergaß, wußte er, so=
bald man auf einen gelehrten Gegenstand kam, sogleich genau, ja
Kleinigkeiten anzuführen. Ich glaube, das Buch von Wasiomsky soll
das beste sein und ist auch insofern am interessantesten, weil jene
Kleinheit darin am besten durchgeführt ist.

Soeben bekomme ich den Heinrich von Ofterdingen. Es ist
weiter nichts dabei, und er wird sich recht füglich in einen Band
binden lassen. Die Lettern sind die Ungerischen, das Format wie
bei dem Sternbald und sonst auch Papier und das Äußere. Deine
Nachricht von den Ausgaben Goethes war mir recht lieb, und ich werde
Dir Nachricht geben, sobald die zwei ersten Bände ankommen. Den
Zettel habe ich bei die Minnelieder gelegt, demnach zu urtheilen hat
Tieck nicht viel verändert, was auch hübsch. Ich weiß nicht, ob ich
Dir schon geschrieben habe, daß der bekannte von Münchhausen jetzt
eine Ausgabe veranstalten will, versteht sich um= und verarbeitet. Eine
Probe stand neulich in der Zeitung für die elegante Welt (mit der Be=
merkung, Tiecks Bearbeitung scheine keinen Beifall gefunden zu haben!)
worin ich nach der Vergleichung fand, daß vieles vorzüglich ausgelassen
und zusammengezogen, auch modernisirt war. Das alte Silbenmaß bei=
zubehalten, daran ist bei dem natürlich nicht zu denken, wo ich nicht
irre, hatte er für das Gedicht Trochäen gewählt, was mir nicht ge=
fallen wollte; es gab einen zu geschwinden, raschen Gang. Ich habe
daran gedacht, ob Du nicht in Paris einmal unter den
Manuss. nach alten deutschen Gedichten und Poesieen
suchen könntest, vielleicht fändest Du etwas, das merk=
würdig und unbekannt. — Bei unserer Bibliothek wüßte ich
sonst nichts zu erinnern; nur ist ein neuer Stauffacher nöthig, Pal=
materchen, Koridon und Taborettchen lassen sich empfehlen. Koridon
fängt an alt zu werden und leidet an den Beinen.

Wigand will Dir in einem recht sehr langen Briefe die hiesigen
nova erzählen, kann ihn aber jetzt noch nicht anfangen und scheint
Dich damit bis auf die Ferien trösten zu wollen; er hilft eben dem
Apotheker Rüde die Bücher des sel. Mönch ordnen und katalogisiren;
ich dachte erst mit dem nach Cassel fahren zu können, allein seine
Abreise ist mir zu früh. Der Mann ist so sanft wie Rosensalbe und

macht aus der christlichen Liebe ein sanftes Pflaster, womit er alles
zuklebt, er sagt in einem Tag mehr „mein Lieber“ als der Wigand
in einer Woche flucht, was nicht wenig, da er sich darin sehr per-
fectionirt hat, wenigstens sagt er zum Bettler: „mein Lieber, geh er
hinaus.“ —

Ich weiß, da ich schließen muß, es eben jetzt nicht besser zu
thun als mich Deinen                    treuen Bruder zu nennen.

M[arburg] am 24. März 1805.

In dem eben erhaltenen Lectionskatalog ist nichts Neues.

7.
### Jacob an Wilhelm.

Paris 2ten April [1805].

Lieber Wilhelm! *)

Ich habe wieder einmal recht lang auf Briefe gewartet, Dein
letzter war vom 21. Februar; endlich habe ich heute zwei auf einmal
bekommen. Vielleicht muß ich nun wieder lang warten, denn Ihr
werdet denken, der Malsburg sei schon lange weg, indem er als noch
hier ist. Nämlich der alte M. hat sich verkältet und ist krank
worden, und für sein Alter nicht unbedeutend, ich glaube nicht,
daß es ihm viel so kommen dürfte. Dadurch verzögert sich natür-
licherweise die Abreise, und er wird schwerlich vor Ende April nach
Cassel kommen, vielleicht dauert’s bis in den Mai. Der junge wird
sich bei Dir wohl viel über mich beklagen, ich muß Dir gestehn, ich
gehe immer schwer dran, wenn ich zu ihm gehe, ich sehe, daß er ein
sehr guter, aber schwacher und kindischer Mensch ist, der eigentlich gar
nichts weiß und bei dem man viel Langeweile empfindet. Ich fürchte,
das Kindische wird ihm sein ganzes Leben anhängen.

Was Du mir über die gute Mutter geschrieben, macht mich sehr
unruhig, und ich wollte, Du hättest mir’s nicht geschrieben, dieselbe
Idee hat mich schon lange verfolgt, und ich habe daher immer auf
Veränderung des Aufenthalts gedrungen. Ich hoffe zu Gott, daß er
meine Gebete erhören wird. Wie wird es aber mit dem Ziehen
gehen, die Mutter hat dort keine Helfer.

Du wirst Dich wundern, und es kommt mir selbst wundersam vor,
daß Du von hier aus Briefe erhältst, die Du ebenso gut von jedem

---

*) [Oben darüber steht:] Vom Savigny soll ich Dich grüßen.

andern Ort bekommen könntest. Ich gebe mir auch gar keine Mühe,
in dieser großen Stadt recht bekannt zu werden, denn wozu kann mir
dies groß nützen, indes kenne ich doch die alte Stadt (eigentlich
cité) so ziemlich, die Vorstädte wenig oder gar nicht. Am Sonntag
war ich in dem weit von uns entlegenen (im Faubourg St. Germain)
Palais Luxembourg, welches an sich ein sehr schönes Gebäude, beson=
ders aber dadurch merkwürdig ist, daß in ihm sich eine Gemälde=
gallerie befindet, die nicht unbeträchtlich ist, nämlich ein Rafael, (der
indes nicht so schön als die andern hiesigen, auch von einigen dem
Andrea del Sarto zugeschrieben wird, was ich aber nicht glaube), dann
sehr viele große Gemälde von Rubens, die eine historische Suite aus=
machen (einige sind herrlich, besonders in der Composition, das Fleisch
an den nackten Weibern ist abscheulich), Horatier und Brutus von
David (gemalte Statüen, sehr dünn, mager und leer — er hat kürzlich
auch ein Porträt des Papstes gemalt) — sodann das Leben eines
Heiligen von Le Sueur in ungefähr 16 Bildern und Landschaften
von Vernet (sowohl die Le Sueurs wie Vernets gefallen mir wegen
ihrer Flachheit nicht im geringsten). —

Daß der Bucher auf den unseligen Gedanken gekommen, sich
poetisches Genie zuzuschreiben, da er im Gegentheil höchstens ver=
prosairte Reminiscenzen zu Markte bringen wird —, ist an und für
sich schon traurig; daß er sie aber drucken läßt, kommt mir recht ekel=
haft vor, und ich finde nichts miserabeler, als den Deutschen jetzt mit
vielem Mittelmäßigen zu kommen, damit sich das Gute wieder unter
der Menge verliere. Ich glaube überhaupt, daß nichts nöthiger ist,
als behutsam mit dem, was man drucken läßt, und ja erst seiner
Sache gewiß zu sein. Die Probe, die Du mir schicktest, enthielt
übrigens einen fünffüßigen Hexameter, vielleicht hast Du ein Wort
ausgelassen, vielleicht ist ein Wort in der Kälte, die darin geschildert
wird, erfroren. Es wäre meine größte Freude, wenn ich ihn so derb
abführen könnte, — thu' das doch einmal durch Parodieen ꝛc. —,
daß er seine prosaischen Ideen selbst in Prosa denken, geschweige
schreiben müßte. —

Der Savigny hat hier eine Sammlung von Briefen (die er nach
den Originalen, in Deutschland noch, hat abschreiben lassen) von A. W.
Schlegel, Schelling, Fichte, Schleiermacher, Eschemaier ꝛc., sämmtlich
an den Redacteur der ehemaligen Literaturzeitung von Erlangen, den
bekannten Professor Mehmel, welche traurig und lustig zu lesen sind.
Lustig, indem man sieht, wie sie diesem M., den sie sicher alle für

den einfältigsten Kerl auf der Welt halten, schmeicheln, freundschaft=
liche Namen und gleich darauf ungeheuere Grobheiten geben; Fichte
sagt ihm einmal, er habe einen Monat der Zeitung gelesen, aber
lauter Recensionen darin gefunden, die der erste beste Lakai besser ge=
macht haben würde, indessen hoffe er Besserung ꝛc. Eine Probe von
Schlegel folgt hierbei, woraus Du genugsam sehen wirst, in welchem
Ton sie mit dem M. sprechen. Traurig, indem man sieht, wie es
unehrlich dabei hergeht, sie sich Recensenten für ihre Schriften be=
stellen und verwerfen ꝛc. Die meisten sind schlecht stilisirt, die von
Schleiermacher und Schlegel ausgenommen. Ich dürfte sie wohl ab=
schreiben, allein dazu sind sie zu uninteressant. Du behältst dies alles
für Dich, noch mehr aber das, was ich Dir jetzt schreibe, was näm=
lich ein förmliches Geheimnis ist und das ich nur Dir zu Liebe
verletze. S. hat eine Sammlung von Originalbriefen von Goethe,
Wieland, Herzog und Herzogin von Weimar, Nikolai, Boie, Wille
(Kupferstecher) und mehreren anderen zur Hälfte an sich gekauft für
eine beträchtliche Summe, die wir jetzt meist in den Abenden ab=
schreiben, hernach werden sie gleich wieder verschlossen, und ich habe
heilig versprochen, es nicht zu entdecken. Sie sind aus den letzten 70.
und ersten 80. Jahren und lange nicht so interessant, als ich zuerst
dachte, indem sie vorzüglich Familienhändel betreffen, und man würde sie
gar nicht lesen mögen, wenn sie nicht von berühmten Leuten wären.
Die von Wieland sind die meisten, auch wohl unterhaltendsten, er spricht
sehr viel von seinem Merkur, beständig mit lateinischen, französischen,
griechischen und italienischen ꝛc. Brocken vermengt, mitunter einfältig,
mitunter gemein, im Ganzen aber immer ehrlich, und er dauert mich
wirklich recht — als Mensch, nicht als Schriftsteller —, wenn ich
daran denke, wie vieles er in unseren Tagen hat erfahren und dulden
müssen, der damals alles galt und auf dessen Ton jedermann Acht
gab. Wie sehr irrt er sich, wenn er z. B. sagt, da schon damals
einige allerhand am Oberon auszusetzen fanden, er wünsche ihn erst
später herausgegeben zu haben oder erst nach seinem Tod erscheinen
zu lassen, da man jetzt seine Mühe und Arbeit nicht zu schätzen wisse.
Dies möchte ihm wohl sehr versalzen worden sein.

Schreib mir doch als die Marburger Universitätssachen weit=
läufiger, namentlich wie es kommt, daß Justi den Wachler verklagt
hat ꝛc. Hast Du den Münscher seitdem nicht gesprochen, auch nicht
den Assessor Ries, der damals da war, wie ich wegging, es wäre
doch ungezogen von ihm gewesen, wenn er nicht bei Dir war.

Karl ist also in Frankfurt? Ich hoffe bald nähere Umstände zu vernehmen?

Hast Du denn die kleinen Bücher Genoveva 2c. binden lassen. Die beschädigten kannst Du ja wohl in Cassel jetzt durch neue ersetzen. Ich habe hier neulich in einer deutschen Lesebibliothek eine Partie derselben in den gemeinen deutschen neuen Ausgaben schön eingebunden gesehn, mit dem Titel: Pöbelromane. Wie sich der Ofterdingen in einen Band binden läßt, begreife ich kaum; das muß ja wohl 800 Seiten geben und bei dem kleinen Format unförmlich werden.

Daß man die neue Schule mit aller Gewalt zu Grabe läuten will, rührt wohl größtentheils aus Parteierbitterung, Einfalt und Nachbeterei her; einestheils liegt aber etwas darin, was mir gefällt; es weht nämlich in der deutschen Litteratur — d. h. solange sie existiert, wie mir däucht, ein Geist von Republikanismus, der keine Schule oder Clique aufkommen läßt, und gewiß ist dies der einzige Weg, der zum Ziele führt und das Vortreffliche allgemein anerkennen macht, indem eine Schule in einzelnen wenngleich Nebenpunkten immer einseitig bleibt. Diese Schule war zur Revolution durchaus nöthig, nachdem sie aber diese glücklich herbeigeführt hatte, muß sie keine Monarchie errichten wollen (obgleich man gegen das Schlechte und Mittelmäßige stets nie despotisch genug wird verfahren können, wovon ich aber nichts rede), und vielleicht ist dies die e i n z i g e Seite, von der die Schlegels 2c. und ihre Schriften in keinem guten Licht erscheinen mögen, was ihrem Werth indes nur sehr relativ, und wenn man diese Relation weiß, gar nicht schadet. Meinst nicht?

Grüß Dich Gott!                          Dein lieber Jacob.

— — — — — — — — —

8.

### Jacob an Wilhelm.

Paris den 11. April 805.

Lieber Wilhelm!

Heute Morgen ist die Frau von Savigny sehr glücklich von einem gesunden Mädchen entbunden worden. Es war mir immer sehr bang vor diesem Moment, da sie keine der stärksten Personen ist, allen war bang, um so größer die Freude. Vermuthlich wird es den Namen Bettine erhalten, Du kannst Dir also die Goth schon vorstellen.

Auch der alte Malsburg ist wieder auf gutem Weg, kann aber doch sobald noch nicht weg von hier, seine Krankheit mag ihn indes ziemlich viel zu stehen kommen, er hat zwei Ärzte, die ihn täglich zweimal besuchen, und keiner thut hier einen Gang unter 1 Karolin. Savignys haben ihm sehr viel Freundschaft erzeigt, und er wird sicher gut auf sie zu sprechen sein.

Du wirst doch darauf Verzicht thun müssen, von mir andere Briefe zu bekommen, als die bisherigen, daher will ich auch jetzt gleich schreiben, wie mir's einkommt.

Meine Neuigkeiten aus Deutschland kommen fast alle aus Heidelberg, und ich schreibe sie Dir mitunter bloß, damit Du mir sie nicht zu schreiben brauchst und also was anderes schreiben kannst, kurz damit Du weißt, daß ich sie weiß. Also dieses Heidelberg scheint mit Macht aufgehen zu wollen. Es ist gewiß, daß Voß, der, seitdem er einmal aus Eutin weg, nun keine Ruhe zu haben scheint, dorthin geht, nicht als Professor, sondern er erhält von Baden eine ähnliche Pension wie der Jung.

Ferner etwas, was ich Dir schon mehrmals zu schreiben vergessen hatte. Der Savigny hat mir neulich sehr viel Schönes von einem alten deutschen Buche erzählt, welches nämlich aus dem Anfang des 16. Jahrhundert und Lebensgeschichte eines Philologen Platner aus Basel, glaub' ich, von ihm selbst geschrieben und von seinem Sohne Felix Platner, einem Arzte, bekannt gemacht ist. Es soll recht deutsch, d. h. treuherzig, ehrlich und gescheidt sein. Thomasius hat es zuerst aus dem Manuscript abdrucken lassen, also im Anfang des 18. Jahrhunderts — dies ist ziemlich selten — nachher hat es aber auch Baldinger in seinen Schriften einmal drucken lassen, wahrscheinlich beim Krieger, es kann nicht stark und wird nicht sonderlich abgegangen sein, daher kostet es wahrscheinlich blutwenig, ich wollte, Du erkundigtest Dich in Marburg danach und nähmest es. Sollte es Krieger nicht verlegt haben, so wird Dir Conradi Nachricht geben können, der es gewiß wissen wird. Wahrscheinlich hat es Baldinger unverändert abdrucken lassen. Es ist mir lieb, daß ich das Ganze erfahren habe, und man muß so etwas kaufen, ehe man's vergißt. Ich wollte, man hätte einmal über die deutsche Literatur (ich meine hier bloß schöne Künste 2c.) ein recht gelehrtes, complettes Werk, man kennt so manches nicht und lernt es auch nicht kennen. Wachlers Compendium hält Savigny für sehr schlecht und den Meusel für viel besser.

Für diesmal gute Nacht! Gott erhalte Dich gesund, doch geschwind noch eins. Savignys Besitz wird doch vor August nicht gedruckt werden können, indes in Marburg wieder gedruckt werden; da der Bequemlichkeit wegen der Druck dort corrigirt werden muß, so habe ich ihm Dich dazu angeboten, und ich hoffe, daß Dir's ganz lieb sein wird, die Arbeit ist freilich unangenehm, da Du besonders in Ansehung der Punkte, Komma ꝛc. eben nicht gewissenhaft bist, doch glaube ich, wirst Du dies leicht auch sein können, und von einer andern Seite ist es Dir, besonders bei diesem Buch, gewiß angenehm. Es versteht sich, daß Du niemand davon sagst.

Wahrscheinlich werde ich Ende Juli oder im August zurückkommen, und dann laß ich mich nach einigen Wochen examiniren. Meinst Du wohl, daß ich auch in Marburg dran muß? Ich bitte Dich recht inständig und aus reiner Absicht, daß Du diesen Sommer nicht so viel arbeitest, Du hast schon diesen Winter, wo es auf jeden Fall noch eher angeht, zu viel gehabt, den Sommer kannst Du so nicht recht vertragen, und was hat die liebe Mutter und Tante davon, daß Du ein halb Jahr früher fertig wirst, wenn Du nachher krank bist. Studir lieber ein halb Jahr oder ein Jahr länger und mach Dir's recht bequem, oder wenn Du von Marburg weg sein willst, für Dich in Cassel nach unsern Heften, die so gut wie die Marburger Vorlesungen sind, und Du hast Assiduität genug, um nicht erst durch die Vorlesungen selbst zum Bearbeiten derselben angetrieben werden zu müssen, worin ich Dir nicht ähnlich bin, wie Du weißt. — Ich schreibe Dir dies wahrlich aus keiner andern Absicht, denn sie würde auf jeden Fall albern sein, und ich Ursache haben, mich ihrer zu schämen. Doch ich habe Dir soviel nicht schreiben wollen.

Ich sehne mich sehr zu hören, wie es mit dem Karl geht — valdeque habeo, cur, ut in vitae genere, quod instituendum elegit, aliquando excellat, vereor, idque maxime ea de causa, quoniam destitutus videtur ingenii sagacitate, quae est pernecessaria mercatoribus (si numi desint), quo prospere cadant res eorum, quod perdoleo propter animi eius miram bonitatem eamque meliori fortuna dignissimam. Neque ipsum sua conditione contentum existimo. At huic cogitationi impono finem, quae mentem meam, si subierit, summa afficit tristitia. — — —

Nun aber auch kein Wort mehr und wenn's Gift wär!

Den 12. April.

Ich habe Dir vergessen zu schreiben, daß ich neulich zweimal im italienischen Theater (opera buffa) war. Ich habe mich an der Musik einmal erquickt, welche recht italienisch war und von der matten französischen sehr abstach. Es wurde gegeben, das erstemal il matrimonio secreto, Musik von Sarti (in welchem Stück zugleich das lächerlichste Mißverhältnis zwischen den Personen der Actricen und dem, was sie vorstellen sollen, stattfand, wie mir's noch nicht vorgekommen ist, nämlich eine alte, sehr dicke und häßliche Actrice machte die jüngste schöne Tochter, weil diese am meisten zu singen hat und sie wirklich schön singt — die älteste Tochter wurde gerade von der jüngsten und angenehmsten Schauspielerin gespielt — dies ist recht drauf abgelegt, die Leute zu nöthigen, nicht zu sehn, sondern bloß zu hören) das Stück selbst ist sehr simpel —, das zweitemal zweierlei, la passione von Paesiello, ziemlich ermüdend, und das Stabat Mater von Pergolese, welches mir einiges ausgenommen sehr gefallen hat, Du mußt Dir eine im Ganzen dunkle und dumpfe Instrumentalmusik vorstellen und dann zwei weibliche zarte Stimmen, ich wollte um alles nicht, daß eine männliche Stimme dabei gewesen wäre, die würde alles verdorben haben. Du kennst die unlateinischen, aber herrlich lautenden Verse: stabat mater dolorosa, iuxta crucem lacrymosa, dum pendebat filius, cuius animam dolentem, contristatam et gementem, pertransivit gladius. O quam tristis et afflicta fuit illa benedicta etc. etc.

Au français wird heute la prise de Jericho gegeben, wo zwar vermuthlich nur die Mauern von J. einstürzen, aber die andern Mauern in der Gegend aus Sympathie und der bessern Täuschung zu Gefallen auch mitschüttern werden, übrigens giebt es hier noch andere Spektakelstücke, z. B. le vaisseau amiral, mit einer förmlichen Seebataille verziert, und wo man durch den dicken Pulverdampf die Erbärmlichkeit des Dings nicht erkennen kann, und wobei die Musik viel Effect machen soll, wenn man nämlich so nah beim Orchester steht, daß man sie hören kann, — dann le tremblement de Lisbonne. — Ganz das Gegentheil davon ist z. B. das häufig wiederholte: l'intérieur d'une famille ou le tyran domestique, wo alles noch mehr als iffländisch der Beschreibung nach zugehn muß, auf einem andern Theater giebt man jetzt eine Parodie dazu, sie mag sein, wie sie will, der Gedanke, daß hier eine Parodie nöthig sei, erhebt sie schon über das andere. Ein französischer Journalist meint

indes, es solle in ihr ein feines Lob des Stücks liegen. Wie un=
edel! er nimmt ihr vielleicht so das einzig Gute, die Idee. In den
Horaces, die hier au français wenigstens 50mal jährlich ge=
geben werden, haben Mlles Georges et Duchesnois mit ihren Rollen
getauscht, ich will hoffen darum, weil es ihnen langweilig war, das=
selbe so oft zu sagen, man spricht sehr viel über Gewinn und Ver=
lust der Zuschauer bei diesem Changement, meiner Meinung nach ist
der einzige Gewinn, daß man nichts verloren, der einzige Verlust,
daß man nichts gewonnen hat — und sieht, daß man nichts gewin=
nen kann. Der Verlust ist also bei weitem größer. Kürzlich ist hier
im Institut ein éloge de Klopstoc vorgelesen und nachher gedruckt
worden (weil er Mitglied desselben war), es ist recht fein, eloquent
und nicht uneben, übrigens versteht der Verfasser kein Wort Deutsch.

Jacob Grimm.

Ich grüße den Wigand und wünsche Dir in Cassel viel Vergnügen,
denn wenn je ein Wunsch nöthig ist, so ist es hier, cf. die von mir
alldort gefeierten Weihnachtsferien.

---

9.

**Wilhelm an Jacob.**
[Das Vorhergehende fehlt.]

[Vermuthlich Cassel am 18. April 1805.]

Der vorige Brief ist eigentlich geschlossen, und ich fange hiermit
eine Erzählung an, die Dich freuen wird und das bethätigen, was
ich Dir sagte, welchen großen und bedeutenden Einfluß Deine Reise
nach Paris auf Dein Glück und Deine Anstellung hat. Vorher er=
innere ich nur, daß, was Du alles wissen mußt, ich nicht berühre
und auch nicht sage, daß Du es wissest, z. B. Du habest einen Brief
an den G. Rath v. B. [?] geschrieben.

Gestern kam Ihro Hoheit zu der Tante und sagte: Z[immern],
ich habe viel mit dem Kurfürsten wegen ihrer Neveus gesprochen.
Er kam zu mir und sagte: „ich habe einen Brief von dem jungen
Grimm in Paris gelesen, der sehr schön geschrieben war," und hierauf
soll er noch Mehreres zu unserem Lobe gesagt haben. (Er hat auf
diese Art zuerst gewiß vortheilhaft erfahren, daß Du in Paris.) Ihro
Hoheit hat darauf geantwortet: sie hoffe, er werde uns placiren, und
er gesagt, er werde so geschickte Leute nicht weglassen. Die Tante

hat das natürlich sehr gefreut, nur hat sie geglaubt, die Hoheit habe sich verhört, der Brief werde vom jungen Malsburg sein. Nach einer Stunde kam aber der G. R. v. B. und erzählte der Tante: Du habest, beauftragt vom Minister v. M[alsburg], einen Brief an ihn geschrieben, den er sogleich Serenissimus gebracht, welcher ihn zwei= mal gelesen, sehr schön gefunden und sich sogleich nach uns erkundigt habe: er werde für Anstellung sorgen ꝛc. Hierauf hat er noch Mehreres gesagt, Deine Anstellung werde keine Schwierigkeiten haben. Die Tante hat sich den Brief ausgebeten, allein er geantwortet: die drei Minister müßten ihn erst lesen, hernach wolle er ihn bringen. Er selbst ist wieder beauftragt, an Dich zu schreiben. Doch das werden die Briefe sein, mit denen Du diesen bekömmst. Da nur einer von uns an die Regierung kommen kann als Affessor, so meinte die Tante, ob einer nicht das Secretariat beim Oberappellationsgericht bekommen könnte, und da hat er es bejaht und geantwortet, er denke, daß es gehen werde. Überhaupt stehst Du jetzt in dem besten Ansehen, und das schönste Testimonium eines Marburger Examens würde das günstige Urtheil nicht bewirkt haben, das man jetzt allenthalben von Dir hegt.

Da Ihro Hoheit geglaubt, die Tante schreibe an Dich, was ihr aber jetzt gewiß unmöglich, so hat sie folgendes an Dich aufgetragen: Du solltest dem kranken Herrn v. Malsburg von ihr ein Compliment sagen, und Ihre Hoheit nähmen den wärmsten und aufrichtigsten An= theil an seiner Besserung, wie sie hofften, er werde wieder hergestellt werden. Auch von der Tante sollst Du ihren Respect versichern und ihre Theilnahme. (So eben kommt Nachricht vom 10. April, daß der Malsburg besser.)

Es ist soviel darüber gesprochen worden von dem, was ich Dir darüber schreiben sollte, und nun bin ich schon fertig. Du kannst denken, wie gut die Tante ist, gewiß ich schäme mich oft ihr zu danken in Worten. Bei Vollbrechts hat die Erzählung eine merkwürdig ver= schiedene Sensation gemacht, die lächerlich und rührend zugleich ist. Die Frau Sauer versichert, daß es ihr kalt über den Leib dabei ge= laufen sei, der Herr Vollbrecht dagegen: warm. Die Jungfer Zeise erzählte es mit Eifer und Interesse, und Frau V. brach in Lobeserhebungen aus. Was mir rührend, daß diesen Morgen der Herr V. versicherte, es sei ihm die ganze Nacht nicht aus den Ge= danken gekommen, so sehr habe er sich gefreut, daß er nicht schlafen gekonnt. — Wigand scheint seine Feindseligkeit auch auf Dich aus=

dehnen zu wollen, indem er Dir schreiben sollte, aber ich oder die Tante keinen Brief erhalten. Er war Dir Willens ausführlich zu schreiben, daß diesen Winter Untersuchungen gewesen, ein gewisser Orden entdeckt und Wetzel, Wangemann, Koch 2c., kurz die Göttinger sämmtlich dem Vermuthen nach relegirt werden. Robert hat streng untersucht. —

Complimente von Hummel, Itzig, H. und Fr. Vollbrecht, Fr. Sauer, Jfr. Zeise und Merlise [?] 2c.          Dein W.

---

## 10.
### Jacob an Wilhelm.
[Das erste Blatt dieses Briefes fehlt.]

[Paris, Sonntag 19. ? Mai 1805.]

Sag mir um Gotteswillen, was ist das für ein Buch, was in Cassel beim Kramer — von dem mehreres im Katalog steht — herausgekommen ist, ich weiß den lateinischen Titel nicht, es ist aber so viel als eine Quellen= und Bücherkenntnis des römischen Rechts. Das Ding kommt mir sehr verdächtig vor.

Eine sehr traurige Nachricht erhalte ich gestern, nämlich daß in Hessen ein Gesetzbuch erscheinen soll, unter dem Triumvirat eines Ledderhose, Schmerfeld und noch eines Dritten. Muß denn alles, was aus dem flachen preußischen Sand herauskeimt, nachgeahmt werden! Die Nachricht hat mich recht sehr angegriffen, und es ist als ob ich's geahnt hätte, noch einige Tage vorher äußerte ich meinen Wunsch fürs Gegentheil. Vielleicht wird es noch gehindert und bleibt stecken, wenn leider nicht der Weg zu gut wäre, so daß man ihn bald zurückgelegt hat.

Die neusten Nachrichten aus Heidelberg sind, daß Clemens eine junge Tochter ebenfalls bekommen hat. Der Prof. Heise hat 50 Zuhörer, was bei den bis jetzt wenigen Studenten sehr viel sagen will.

Ich komme jetzt auf einige hiesige Sachen: Bei einem hiesigen Bilderhändler habe ich 16 Blätter von Dürer und 8 von Lucas von Leyden entdeckt. Beide sind unstreitig echt, und die von Dürer so wunderschön, daß ich die größte Lust dazu habe. Die von Dürer sind eine Suite und werden daher nicht getrennt, sie stellen die Passion vor, sind alle so groß wie Tarokkarten, einige davon sind die, welche ich bei Clemens einmal gesehn habe. Der Mann fodert für die 16 zusammen 30 L., das sind 5 Lbthr., ich könnte sie aber für 20 oder 24 vielleicht bekommen. Man muß rechnen, daß die Suite, welche complett ist, den Preis natürlich erhöht. Was meinst?

Wir wollten schon lange einmal eine première représentation sehen, weil es dabei gewöhnlich sehr durcheinander und im höchsten Grad unruhig zugeht und es im Grunde nicht auf die Beschaffenheit des Stücks ankommt, sondern bloß auf Parteien und Kabale. Am schlimmsten ist es, wenn die Parteien gleich sind, einige nehmen sich vor, das Stück fallen zu lassen, andere wollen es aufkommen lassen. Auf einem andern Theater wurde neulich aus dem Parterre beständig geklatscht und aus dem Paradies gepfiffen und geschrieen, da man besser schreien als klatschen kann, so sank das Stück mit Macht. — Ist eine Partei viel stärker, so muß die andere einstimmen oder sie wird hinaus= geworfen. Wir wollten also au français die nouvelle tragédie: les templiers sehen; da ins Parterre erst denselben Tag Billets aus= getheilt wurden, so schickten wir schon um 2 Uhr einen Commissionär vor die Kasse. Wie wir hinkamen, war die Straße ganz gedrängt voll Menschen, ein Mensch soll dabei erdrückt worden sein, die Chas= seurs mit ihren Pferden und Säbeln konnten mit Mühe Ordnung erhalten, viele Leute, welche die ersten Billets ins Parterre bekamen, verkauften sie an andere, manche für 1 Karolin, da sonst das B. nur 40 sol., also keinen Gulden kostet. Vielleicht hatte es auch unserer so gemacht, denn er kam ohne Billets, er hätte keine bekommen können 2c. Kurz, wir kamen wieder nach Haus, ohne diese Vorstellung sehen zu können. Man hatte sich fast allgemein vorgenommen, das Stück gehen zu machen, ob es gleich wohl kein Mensch kannte, es hat auch den glänzendsten Succes erhalten und heute ist die 7. représen= tation. — Dies ist eine Art von Mode — eine sonderbarere ist viel= leicht die, daß es elegant ist, in demselben Garten (jardin des thuil= leries) gewisse Alleen zum Spaziergang zu wählen, vorige Woche war jedermann in einer Allee, die jetzt ganz leer ist, und alle Menschen drängen sich in einer andern zusammen. Dies ist mitunter recht dumm und einfältig, und ebenso vielleicht, daß ich Dir solche Dinge schreibe, wenn ich nicht recht ängstlich allerhand zusammensuchte, um Dir doch etwas von Paris schreiben zu können.

Dein letzter Brief ist vom 18. April und am Freitag vor drei Wochen angelangt, heut ist Sonntag, und wann werde ich wieder einen bekommen? Du hast doch meinen durch den Weiß erhalten?

Schließlich eine Commiſſion. Savigny läßt Dich grüßen und bittet Dich über folgende Bücher nähere Nachrichten zu liefern. Du kannſt Dir ſie ja wohl von Krieger oder Heier zum Durchlaufen geben laſſen und dann leicht über ihren Inhalt berichten:

1. bibl. nova iuris selecta vol. 1. continens pandectarum T. 1mum. gr. 8. Casseliae (sic), Cramer.

2. Diderots Vetter Rameau überſ. von Goethe. Was das eigentlich iſt?

3. Goethes Winckelmann. Was? Briefe? welche? ꝛc.

4. Hugos R[echts]=G[eſchichte], 4. Auflage. Viel Neues?

5. Hummels verſchiedene Schriften (ſ. Lp. Meßkat. p. 104) ob darin viel Dummes?

6. Große Mag. fürs Kriminal=Recht. St. 1. Marburg bei Krieger.

7. Neubert die juriſtiſchen Klaſſiker. 1 Th. Berlin, Lange.

8. Jean Paul Richters Freiheitsbüchlein ꝛc. Tübingen, Cotta.

9. Theophilus aus dem Gr. überſetzt von Finke, Göttingen, Ruprecht.

10. Zachariä Hermeneutik des Rechts. Meißen, Erbſtein.

11. — eiusdem opuscula acad. — liber quaestionum.

Indeſſen mußt Du Dir dies alles recht leicht machen, nur ungefähr den Inhalt und das, was Dir von Dummem und Geſcheidtem auffällt, angeben, Dir Zeit dazu nehmen und, wenn Du einige nicht bekommen kannſt, ſo thut es nichts, und wenn Du einige zwar bekommen kannſt, aber nicht durchſehen magſt, ſo kann man ſagen, Du habeſt ſie nicht bekommen können ꝛc.

In Hugos R.=G. wird vermuthlich bei Gelegenheit des Civil= geſetzes eine bittere Anmerkung gegen Hufeland ſtehen.

Zum Schluß noch viele Grüße an den Malsburg, ich weiß nun nichts mehr und ich muß nun ſchließen. An die Mutter habe ich mit Gelegenheit geſchrieben. An die liebe Tante weiß ich nichts zu ſchreiben, als daß ich mich ihrer Liebe empfehle, an Herrn Vollbrecht will ich nächſtens ſchreiben.

Dein getreuer Bruder<br>
Jacob Grimm.

## 11.
## Jacob an Wilhelm.

Paris, 27. Mai 1805.

Lieber Schatz! Auf Herzeleid und Traurigkeit folgt Lustigkeit und Freudigkeit. Am Donnerstag bekam ich Deinen Brief vom letzten April, der also sehr lang gelaufen ist, am Samstag zwei, einen vom 22. April, worin einer vom Weiß, welcher eine merkwürdige Tour gemacht hat, von Marburg nach Cassel, von da nach Paris, retour nach Cassel und wieder nach Paris, den andern vom 12. Mai.

Hierbei ein Brieflein an Wigand, wobei ich ihm meine Meinung gesagt habe, daß Du in allem völlig unschuldig, er aber schuldig, wenngleich ohne böse Absicht sei. Auch folgt ein Schreiben an den Denhard, der mich in seiner jetzigen Lage dauert, er verdiente doch einen bessern Platz in der Welt.

Eine Nachricht, die mich sehr niedergeschlagen hat, ist die vom Tode des lieben Schillers (am 9. d. nach einem hiesigen Journal), mit dem gewiß manches Gedicht eigentlich nicht untergegangen ist, aber nicht aufgehen wird. Und von Goethe ist leider auch kein langes Leben zu hoffen. Warum ist ihnen nicht Martin Wielands Alter gegönnt? — Vielleicht ist die Nachricht falsch.

Fr. Schlegel ist wieder in Köln, wie ich aus einer Kölner Zeitung, die mir weiß nicht wie zu Handen gekommen, entnehme, worin er immer noch als Dr. philos. Vorlesungen über die deutsche Literatur und Sprache ankündigt, so über ihre Geschichte von älterer Zeit bis jetzt, als über die Praxis, d. h. Deklamiren 2c.; der Preis von 4 Kronenthalern für 2 Stunden wöchentlich ist nicht gering, indes möchte ich's gern hören.

Denke, der Zimmermann, der nach Freiburg ging und den Du kennst, ist jetzt in Heidelberg Privatdocent und liest reine Mathematik 2c.

Warum hast Du denn den Rudolf zu der Ausgabe mit dem Glasschrank verleitet? Wird nicht der Schatz zu sehr neugierigen Augen exponirt, und wäre stille Eingezogenheit nicht besser gewesen? Ich hoffe, daß Du meinen Auszug aus dem Lp. Meßkatalog erhalten und den Laokoon bestellt haben wirst? Ich habe Herders zerstreute Blätter, 6 Bde. im Wiener Nachdruck, eigentlich nur durchlaufen, denn zum ordentlichen Lesen gefielen sie mir nicht, weniger als etwas, das ich von ihm kenne, mitunter herrliche Gedanken, oft aber mittelmäßige und unneue, und fast immer breit ausgeführt. Viele Gedichte, ge=

wöhnlich Hexameter, worunter nicht selten sehr schlechte, nach der griechischen und orientalischen Anthologie. Es däucht mir, als ob Herder doch zuviel hätte drucken lassen — oder habe ich dies alles vielleicht schon einmal geschrieben.

Villers, bekannt durch seine Schriften über die Reformation, ist so für die deutsche Literatur eingenommen, daß er wieder nach Deutschland zurückgekehrt ist, ich glaube nach Bremen. Dabei fällt mir bei, daß Reineke Fuchs eigentlich französisches Original, das Deutsche also Nachahmung ist, was man bisher bezweifelte, weil kein Mensch vom französischen Original wußte, aber hier auf der Bibliothek finden sich einige Mss.

Nun noch ein Paar Fragen. Ist denn der Meisterlin jetzt in Marburg? — Hat Wigand mit seinem Ding viel Geld verdient? — Warum ist denn Karl so herumgezogen und nicht vielmehr bei der Mutter geblieben? weil er doch in Hanau bleibt?

Da der Savigny eben etwas an Weiß geschickt, so lege ich diesen Brief bei, den an den Denhard will ich in einigen Tagen durch Karcher an die Tante schicken und dabei dieser und der Mutter schreiben. Wenn Briefe an mich einkommen, die des Schickens nicht werth sind, so sieh sie doch durch und excerpire ihren Inhalt, damit ich mich wegen der Antwort danach richten kann.

Hierbei ein Blättchen an Karl.

Gott lasse Dich gesund und lieb

Dein
treuer Bruder
Jacob.

Vom Platner hattest Du mir positiv nie geschrieben. Unter dem Papier finde ich das rothe sehr schön.

Ich glaube, die Briefe durch Karcher laufen sehr lange, hier mag wohl die Schuld nicht liegen, sondern in Frankfurt.

Noch eins, warum schriebst Du mir schon 4 oder 5 mal von Goethes Recitiv, anstatt Recidiv. So eine Erinnerung ist im Grunde einfältig, ob ich gleich die Gewohnheit an mir habe, — zufällig sah aber der Savigny einmal die Stelle und ich habe ihn wirklich überredet, daß es ein weiches d sei.

12.

### Wilhelm an Jacob.

[Marburg,] Dienstag 28. Mai. Wilhelmstag [1805.]

Ich fange schon wieder einen Brief an, von dem Gott weiß, wann er abgehen wird; ich schäme mich, die gute Tante so oft zu plagen, die jeden Augenblick einen Brief besorgen muß. Ich hoffe morgen einen von Dir zu bekommen und da muß ich eilen, das Wenige auf=zuschreiben, sonst wird es nachher vergessen. — Gegenwärtig habe ich einen kleinen versteckten Schnupfen, der übrigens so sichtbar ist, daß mir die Augen übergehen. (In Cassel machte ich die Madam Sauer damit recht böse, daß ich einmal, als mein rechter Fuß mir weh that, behauptete, es sei versteckter Schnupfen, kurz alles so nannte, auch die Krankheit des Herrn Schwagers, diese Parenthese wird sehr lang werden, da ich nicht umhin kann, was mir beim Herrn Schwager einfällt, die Geschichte Deines französischen Briefes zu erzählen, wie sie mir der Ferdinand — aber sehr vortrefflich erzählt hat. Die Jungfer Zeise bringt den Brief, den er sogleich nimmt; der Louis will ihn sehen, den Augenblick aber fragt Noville [?]: wo hat er dann seinen (sc. Brief), steckt ihn darauf ein und bringt ihn erst nach dem Essen hervor. Hier wird er förmlich aufgemacht, er ganz still, hält ihn ans Licht und liest ihn so mit seiner Manier, die Augen darnach zu richten, wie es scheint, durch. Sie hatten alle sich herzugedrängt; aber er sagt nichts als: „no, was drängt Ihr Kinder, Jesus komm, das ist 'ne Ungezogenheit!" — „No, Vollbrecht, was schreibt er denn?" — „Äh, ja, da kann sich die Marielies recomman=diren, die hat er grüßen lassen!" — Das war nämlich das Einzige, was er verstanden hatte. „No, Herr Schwager, was hat er dann geschrieben?" Er schweigt dazu ganz still, rückt ans Licht und liest den Brief Gott weiß mit welchen Böcken vor und schweigt wieder. „Ja, sehen Sie, Herr Schwager, das verstehen wir nicht!" Er immer still, endlich kommt heraus: „Äh, fragen Sie einmal Den (auf den Louis deutend), ob's Der weiß." Alles still, die Jungfer Zeise geht fort. Den andern Morgen schon früh steigt er auf, wo es hinter dem französischen Lexikon hergeht, jedes Wort wird aufgesucht, auf einen Zettel geschrieben, aber natürlich kann er nicht alles finden, z. B. die conjugirten Wörter, am wenigsten den Sinn herausbringen. Darüber ist nun eine Woche vergangen, nun wird der Küchenmeister 2c. wegen einiger Wörter consultirt, aber es wird doch nichts. Endlich nach drei Wochen — denn den ganzen Brief hat er doch sonst niemand zeigen

wollen — geht er zum Herrn Hofmeister, der ihm eine förmliche Über=
setzung dictirt. Der Rand kommt dazu, merkt das, geht also gleich
auf ihn zu; er steckt aber alles geschwind ein: „Jesus komm, was
die Kinder eine Neugierde haben, pfui, ich schämt mich." — Den
Abend erscheint die Jungfer Zeise. „Mein, hab' ich Ihr den Brief schon
vorgelesen?" — „Ei nee" — „No, wart Sie." — Hierauf holt er
den Brief, legt die Übersetzung hinein, liest nun ein Stück französisch
und dann deutsch, soll aber, wie der Rand sagt, mit dem Deutschen
zu früh ausgekommen sein. Nun liest er ihn denselben Abend noch
dreimal vor. — Schon den ersten Tag sagte sie zu mir: „Ja, mein
Vollbrecht hat einen französischen Brief vom Jacob bekommen und
denken Sie einmal an, er hat ihm auch wieder französisch geantwortet." —
Jesus komm", sagte er, „der Herr Grimm muß so zufrieden sein,
aber ich rühm mich's nicht, mit der Feder such' ich in der ganzen
Dienerschaft meines gleichen." —)

Ich gehe zu meinen übergehenden Augen wieder über, aber die
Geschichte hat mich traurig gemacht, denn ich fürchte, der gute Mann
lebt nicht länger als zum Herbst, wo er mit den Blättern fallen wird,
sagen die gemeinen Leute. Ich lebe jetzt einsam und vielleicht traurig,
wenigstens seitdem der Karl wieder weg ist, wo mir Dein Abschied so
in den Sinn kam, wie er wegging, daß ich weinen mußte, weil es
gerade ebenso war, er wird's nicht übel nehmen, wenn ihm die Thränen
nur zur Hälfte galten. Er schrieb mir noch zum Abschied ein Paar
Worte auf einen Zettel, die mich sehr rührten und die ein neuer
Beweis seines sehr guten Herzens waren. — Ich wollte nur, daß
Du diesen Abend bei mir gewesen wärest, es war so schön, still und
heiter in der Stube und ich überlegte, wie die neuangekommenen Bücher
(vom Buchbinder) zu rangiren sind. Es sieht jetzt recht zierlich in
der Stube aus, reinlich und ordentlich, weil sehr selten jemand zu mir
kommt. Das Bett steht wie beim Schraidt mit einem Vorhang, unten
an den Fenstern ein neuer ganz hübscher, dunkel gefirnißter Tisch mit
einer Schublade, die verschlossen werden kann, die Stühle all an ihrem
Ort, und oben ein blühender Lack auf dem Tisch. Es wartet alles
auf Dich und dann, wenn Du die Bibliothek aufschließest, wirst Du
mich loben. Ich habe auch eine Separation der Kupferstiche vor,
wozu mich Hummel verleitet hat. Die vor einem Jahr aus Hanau mit=
gebrachten alten hält er für sehr gut. —

Von dem Monat April der beiden Lit.=Z. weiß ich Dir wenig
zu sagen. Voß geht in der Jenaer entsetzlich gegen den Lehrplan des

Herrn Wismayr für Pfalzbaiern los, gänzlich unter die Recension seinen Namen schreibend. Gegen den Hermes vermuthlich hat er folgendes Epigramm in die Intelligenz setzen lassen:

Hermes, ein Block mit Haupt, wies Wege zu gehn den Achaiern,
Hermes, ein Block ohn Haupt, weiset uns Wege zu schau'n.

In der Hallischen L.-Z. findet sich auch eine Recension der alemannischen Gedichte, lobend, und des Ariost von Gries, auch lobend alles, was in der Jenaer getadelt wurde, und umgekehrt, selbst dem A. W. Schlegel ein Compliment machend in Ansehung des 11. Gesanges, der im Athenäum steht. Bald wird's gleicher Weg werden. Christian Schreiber schreibt auch in die Zeitung für die elegante Welt 2c. — Die lustigen Musikanten vom Brentano sind von einer sehr schlechten Truppe in Warschau gespielt, so stand in der Zeitung für die elegante Welt nebst einem großen Lobe derselben. — In Bremen ist eine Bücherauction einer Bibliothek, die nur 3300 B. deutsche Romane, 660 B. Gedichte enthält. Sie gehörte einem gewissen J. A. Engelbrecht. — Ist Heinse, Verfasser des Ardinghello, nicht lange todt? Dennoch kündet Varrentrapp und Wenner in Frankfurt an unter neuen Büchern: Anastasia und das Schachspiel, Briefe aus Italien vom Verfasser des Ardinghello, 2 Th. 1 R. 16. — In der Hallischen L.-Z. ist ein Aufsatz angefangen: Romanenliteratur (vielleicht Bearbeitung der bekannten Aufgabe), flach, beinah wie aus der Leipziger L.-Z. genommen; es werden dabei Klingers Romane ganz entsetzlich gepriesen. — Münscher hat eine 2. Auflage der Dogmengeschichte besorgt, das erzähl' ich bloß eines Streichs des Kriegers halber, der als er beim Druck des letzten Bandes die Nothwendigkeit derselben merkte, bei diesem, der natürlich nicht verbessert wurde, eine doppelte Anzahl abdrucken ließ und so die Kosten des Setzerlohns für den letzten Theil sparte, was bedeutend sein soll. Er will nun in seinen alten Tagen, nach einer Bücherlotterie, ein recht solides Waarenlager anfangen. — Reitemeier geht von Frankfurt a. O. nach Kiel, berufen. — Dillingen ist auf ein Lyceum reducirt.

Mittwoch, 29.

Eben erhalte ich Deinen auf der vorigen Seite noch gehofften Brief und will ihn gleich durchgehen, um hernach nichts unbeantwortet zu lassen. — Vorerst liegt die Schuld, daß Du so wenig Briefe erhalten, wirklich in der Post, indem ich mir bewußt bin, fast alle 10 (höchstens 14) Tage abgeschicket zu haben; wahr ist es übrigens, was Du vermuthet, daß die Briefe zurückgelaufen sind, wie mir der

Malsburg erzählt hat, Du auch jetzt wissen wirst, da sie wieder zu=
rück sind. So mußt Du einen Einschluß des Wigands noch während
der Ferien erhalten haben. Was den Meßkatalog angeht, so freute
es mich, daß ich Dir beinahe dieselben Bücher herausgehoben habe,
weil schon gleichsam eine Antwort damit gegeben ist. Meine?? bei
der nova bibl. iuris selecta 2c. wirst Du bemerkt haben, in Cassel der
Krämer Kramer ist es unmöglich, weil der seine Existenz einzig von
der Leihbibliothek leiht. Ich vermuthe, es ist ein Bajazzostreich, wie
ihn bekanntlich der Krieger mit der sogen. philosoph. iuridica (Fellen=
berg) gemacht hat. Ich schämte mich wegen des Casseline zu fragen,
da ich kein lateinisches Lexikon habe und gar nicht wußte, was es
für ein Ort sein sollte, Kastel bei Mainz doch auch nicht; endlich
schämte ich mich meiner Scham und fragte gelegentlich den Conradi, der
aber auch den Ort nicht kannte. Morgen will ich zum Krieger, auch
die übrigen Bücher mir bringen lassen, um dann die Commission aus=
zurichten. Was die zu bestellenden juristischen betrifft, so habe ich
Dir neulich schon geschrieben, warum ich jetzt mit meinem Gelde zurück=
halten muß, willst Du, daß sie aus der belletristischen Kasse ange=
schafft werden sollen? so schreibe mir deshalb; sonst Gott weiß, wollte
ich es recht gerne thun. — — Es wundert mich, daß Dir die Huldigung
der Künste unbekannt dem Namen nach; ich habe Dir schon lange
geschrieben, daß es das Gelegenheitsstück war, womit die Erbprinzeß
von Weimar Großfürstin empfangen wurde, oder Du hast den Brief
auch nicht bekommen. Übrigens soll es sehr schön sein. — Schwerlich
haben Novalis' Schriften schöner Format, Druck und Papier, was
alles bei unserer Ausgabe sehr nett und schön ist. — Die Dürer wären
hübsch — zu haben. — Dabei fällt mir ein, was mir der Hummel
erzählt hat: in Frankfurt besitzt ein gewisser Eichmann, ein Kaufmann,
nicht weit von dem Thore hierherzu, mehrere gute Gemälde, unter
andern einen Tizian, von dem mir H—l versicherte, daß er echt sei.
Versäum' es doch ja nicht, wenn Du hinkommst, sie zu sehen, den
Tizian giebt er für eine Venus aus, H. hält ihn aber wegen eines
Individuellen für ein Porträt. Er will wohl alles verkaufen, wirft
aber fürchterlich mit Karolinen um sich. (In London ist neulich ein
Poussin für 1500 Pfund verkauft worden.) Herr Prof. Wurzer hat
ein Programm über Annehmlichkeit der Chemie geschrieben, worüber
Hauf arg räsonniren soll, und Herr Prof. Rommel zu den Nata=
lizien Serenissimi etwas über den Tacitus, de fide et auctoritate etc.,
was ich nur tacite berühre. —

30.

Ich habe ein Paar Leipziger L.=Z. beim Malsburg durchge=
blättert, aber außer einer Recension von Pfeifers Abhandlung, die
ich nicht lesen konnte, mir aber nur ein Auszug und Anführung seiner
Meinung, noch gefunden: Gedichte von Karl Gustav von Brinkmann, 1 B.
Berlin, S. 332 (8) 1 Th. 16 gr. ganz außerordentlich gelobt, be=
sonders in Ansehung der Distichen. Wie's einem geht, den habe ich
nicht einmal dem Namen nach gekannt. Ferner: Versuch einer Theorie
über die Auslegungskunst des römischen Rechts zum Gebrauch seiner
Vorlesungen von K. P. T. R. Halle, Schimmelpfennig. 1804.
164 S. 8 (12 gr.). Bekannte Eintheilung in grammaticam, logicam,
nur hat er letztere wieder ganz neu und zuerst in abrogantem et
obrogantem eingetheilt, worüber er sich, um mit Weiß zu reden, recht
mag gefreut haben. (Damit ich es nicht vergesse: Ist dann der Brief
desselben, worin er dem Savigny Nachricht über das Manuscript zu
Metz gegeben, angekommen? er wartet auf Antwort). Endlich Ver=
such einer Einrichtung der Universitäten von D. Fr. Benedikt Weber.
Frankf. a. O. Berlin. Fröhlich 1805. 174 S. 8. (14 gr.)

Ich will diesen Brief dem Malsburg mitgeben, der übermorgen
weggeht, damit der durch seinen Onkel abgeschickt werde, denn die
Tante kann so oft nicht kommen, und jetzt kann ich Dir doch wegen
der Bücher keine nähere Nachricht geben (Weiß tritt meiner Meinung
wegen der bibl. nova Casseliae bei und glaubt, es sei wieder ein
Streich vom Krieger wie auch ein Titel. Das »Casseliae« in specie
habe der Kempf beim Krieger gemacht. Hierzu kommt, daß Krieger,
wie mir Weiß sagte, eine Anzahl Bücher dem Kramer überlassen hat,
hier wird er die Schande hernach auf den schieben wollen) weil mir
der Krieger auf meine Anfrage sagte, daß sie noch nicht da wären,
er mir sie aber schicken wolle. Als ich nach der bibl. nova Casseliae
fragte, sprach er erst vom Hofacker, hierauf sagte er, es wäre noch
nicht da, und er wollte es schicken, auch das däucht mir verdächtig.
Das Einzige, was er mir mitgeben konnte, ist das Magazin des
Kriminalrechts von Große, erstes Heft, nun schon gerade ein Jahr alt,
das zweite ist noch nicht erschienen. Ich weiß nicht, mir steht, als hätte
ich eine Ankündigung von ihm gelesen, worin er das Magazin nur
aufs hessische Kriminalrecht beschränken will, doch weiß ich nichts
gewiß; daß ihn inzwischen derlei Geist beseelt, zeigt ja seine In=
auguraldissertation. Bekannt wird es Dir sein, daß er ein Kriminal=

recht nach den Prinzipien der Wissenschaftslehre angekündigt, das aber bis jetzt noch nicht erschienen ist. — — — — —

31.

— — — Ich weiß nicht, ob der Wigand einen Brief schicken wird, da ich ihm auf seine Anfrage, wenn er schreiben könne, sagte, daß er heute den Brief mir übersenden solle, denn darin besteht unsere Unterhaltung im Colleg gewöhnlich, indem er mir das gewöhnliche Nickcompliment macht benebst einem Guten Tag oder Wie geht's? und mir eine solche Frage vorlegt. Er und Bucher haben endlich das non plus ultra des Intimen erreicht, man sieht sie beständig wie Inseparationsvögel zusammen, wozu die grünen Kappen, so beide tragen, nicht wenig beitragen, daran zu erinnern. Neulich sind sie beide Abends in der Krone gewesen, wie ich gehört habe, woselbst der Bucher, betrunken, curioses Zeug soll gemacht haben, doch kann ich's nicht für wahr behaupten. Das Unglück hat ihm im Colleg wieder einen Platz neben mir gegeben, und da schwätzt er beständig von seicht, erbärmlich, trist zc. und weiß dazu einen solch fürchterlichen Mund zu machen, daß mir angst wird und ich schon deshalb schweigen würde. —

Ich sehne mich sehr nach einem ruhigen Umgang, komm recht bald.

W.

Mutter und Tante sind gottlob noch wohl.
Gruß an Savigny und Empfehlung.

- - - - - -

13.
## Wilhelm an Jacob.
[Marburg,] 16. Junius [1805]. arr. 12. Juill.
Geschichte der bibliotheca iuris selecta.

Der Professor Böttcher aus Herborn (der als Justizrath jetzt von dort wegkommt) ging damit um, Supplemente zum Lipenius zu liefern oder ihn ganz umgearbeitet herauszugeben; Savigny wird das am besten wissen. In der Hoffnung, den Verlag zu erhalten, leiht ihm Krieger in einem unbegreiflichen Anfall von Freigebigkeit 500 f., um nach Göttingen zc. reisen zu können und die Bibliothek zc. zu benutzen. Böttcher reist auch wirklich hin, consumirt das Geld, aber der Lipen kommt nicht zu Stande. Nun erbietet sich B., zur Entschädigung dem Krieger den Hofacker zu übersetzen, was der auch annimmt, ohne noch einmal die Druckerkosten zu berechnen zu diesem gewiß äußerst gekauft werdenden Buche. Hernach hat er ihm noch etwas gegeben, das in das Dillenburger Recht einschlägt, wovon mir der Titel entfallen. —

In dem Leipziger Meßkatalog wird Dir gewiß ein groß griechisch gedruckter Titel aufgefallen sein: Κυλληνιον, Ein Jahr in Arkadien. Dieses Buch ist auch vom Herzog von Gotha, aber unendlich schlechter als die Briefe in dem Freiheitsbüchlein von Jean Paul. Nun bin ich sicher überzeugt, daß er das goldene Kalb nicht geschrieben hat, denn selbst dessen ist er unfähig. Der Wachler hat mir das Buch geliehen und machte viel Gewäsch, als ob etwas dahinter wäre. Es sind zwölf Idyllen, voran steht der griechische Namen des Monats (daher auch ein Jahr in Arkadien) und dann folgt die weder im Geßnerschen, noch in einem andern, sondern in gar keinem Geschmack sehr langweilige, mit dem schrecklichsten Wortbombast überladene Idylle. Es wird entsetzlich viel darin gräcisirt, z. B. majaporisches Haupt, Eburgestalt ꝛc., und es ist deshalb hinten ein Register beigefügt, worin die vielen griechischen, oft unbekannten Worte erklärt sind. Merkwürdig ist, daß der Herzog kein Griechisch kann, aber er läßt sich vorlesen — denn da er obersichtig ist, kann er mechanisch weder lesen noch schreiben, muß alles dictiren — prägt sich die unbekanntesten, seltensten Formen ein, läßt sich die Namen von Blumen bemerken, die im Griechischen vielleicht nur einmal vorkommen, lernt sie auswendig und bringt das Alles hernach vor. Das Äußere ist sehr elegant. Er hat den Ertrag einer Mademoiselle Ettinger in Gotha geschenkt, der es auch dedicirt ist. — Wie Wachler so etwas nur zu berücksichtigen für werth hält, begreif ich nicht, da doch in der That nicht die geringste Phantasie ist, alles überladenes Wortgeklingel, und ich kann es mir nur aus seiner übergroßen Achtung, die er jetzt für den Jean Paul hegt, erklären, der freilich dem Herzoge Complimente macht, ihn geistreich, witzig ꝛc. nennt. — Übrigens werden in Kurzem mehrere lobende Recensionen erscheinen, wie sich denn von selbst versteht.

17.

Heute hab ich etwas ganz Köstliches gelesen: Diderots Vetter Rameau, von Goethe übersetzt. Klar, hoher Verstand, witzig, ich weiß nicht, wie ich es anfangen soll, um es recht loben zu können. Es ist ein Dialog zwischen einem edlen, rechtlichen Mann und einem Menschen von der höchsten Gemeinheit und höchsten Größe des Geistes, unsinnig,

4*

bis auf die allerniedrigste Art gemein, unverschämt, nichtswürdig, ein wahrer Schuft, und auf der andern Seite sehr verständig, erhaben, vortrefflich, den man gleich bewundern und verachten muß. Diderot schrieb das Buch hauptsächlich, um Palissot herunterzumachen, der auch hier wie der schlechteste Mensch dargestellt wird, hernach um seine Gedanken über die französische Musik zu sagen ꝛc. Alles ist sehr klug und verständig angelegt und bildet das feinste Gewebe; ich erinnere mich nie irgend etwas Ähnliches gelesen zu haben, Engels Lorenz Stark ist erbärmlich dagegen. Das beste Urtheil hat Goethe selbst darüber gesagt in einem Anhang, der äußerst interessant ist und herrliche Gedanken sagt, treffende für das jetzige Zeitalter. In eben diesem Anhang, der ein Drittel des Buchs ausmacht, giebt er zugleich Notiz von allen in dem Buch vorkommenden Schriftstellern, d. h. eine Übersicht der damaligen französischen Literatur, z. B. Urtheile über Voltaire ꝛc. Du kannst leicht denken, daß das alles sehr vortrefflich ist. Goethe hat das Manuskript — wie ich gehört — aus dem Nachlaß des Prinzen Heinrich von Preußen erhalten, und das Werk wird also zuerst deutsch gedruckt (er soll es höher setzen als Jacques le fataliste.) Ich glaube, daß niemand ein solches Werk von der Gediegenheit, Festigkeit und der eben daraus entspringenden Leichtigkeit, Klarheit schreiben könnte, als eben Goethe und es mußte ihm deshalb nothwendig zusagen. Wenn man so etwas liest, kann man sich eigentlich erst einen Begriff machen von dem, was Stil heißt, und das Buch ist recht eigentlich dazu gemacht, es, je mehr man es liest, je mehr zu bewundern. (Es ist bei Göschen gedruckt und kostet 2 fl. 48 kr., ich habe es behalten.)

18. Abends.

Ich bin sehr traurig, denk einmal, dem Wigand sein Vater ist gestorben. Heut Nachmittag erhalte ich mit der ungewöhnlichen Post — Dienstag — einen Brief von der Tante, worin sie mir es schreibt. Wie ich ins Lehnrecht kam, war er schon da und wußte noch nichts davon; es ward mir erstaunlich ängstlich und ich konnte ihn nicht ansehen, wie er ganz lustig war und nun, wenn er nach Hause kommt, die Nachricht erhält. Ich bat den Bucher, es erst allmählich zu sagen, aber er hat gleich zu Hause die Trauerbriefe angetroffen. Er that mir unendlich leid, ich ging hinauf, wozu mich mein Herz drang und was ich auch würde gethan haben, selbst wenn mich die Tante nicht darum gebeten hätte — reichte ihm meine Hand und habe ihm alles verziehen. Er war ganz untröstlich und wollte gleich fort. Ich ließ ihn gehen und besorgte ihm noch eilig die Anstalten, denn was hilft's, mit gemeinen Trostworten ihn zu ängstigen. Um 7 ritt er fort und will die Nacht über reiten, wenn er nur glücklich ankommt, denn es ist dunkel und regnet. — Der Mann ist nur ein Paar Tage krank gewesen und hat ein Geschwür in der Brust gehabt. — Ich bin noch ganz verwirrt und muß aufhören.

24.

Heute erst komm' ich zur Fortsetzung meines Briefes, der morgen weg soll. Ich habe Dir viel zu schreiben, aber ich weiß nicht, ob es mir all wieder einfallen wird. Gestern ist der Wigand zurückgekommen; ich gebe mir alle Mühe, so traurig mir auch das Geschäft ist und soviel ich dabei ausstehe, ihn aufzuheitern, er ist sehr betrübt, was auch größtentheils von seiner Lage herrühren wird, die in der That nicht die beste ist. Sein Vater hat kein Vermögen hinterlassen, wenigstens nicht viel, und 70 Thlr. aus der Wittwenkasse, die seine Mutter zu erwarten hat, wollen nichts sagen. Die hessische Zeitung hofft er zu bekommen, wie man ihm überhaupt viel versprochen hat, und ich denke, daß er reussirt. Sie ist inzwischen seit dem Tode seines Vaters glaßisch geworden, was besser lautet als ist, d. h. der Rath Glaß hat die Interimsverwaltung, der ihm jedoch versichert, daß sie ihm sehr lästig, weil sich so was für einen Gelehrten (ipsissima verba) wie er sei nicht schicke. —

Von dem Schauplatz*) der Welt sind ferner abgetreten und Todes verblichen Herr Fecht- und Tanzmeister Wenderoth und Herr Doctor Große, zu dessen Begräbnis in Treysa, wo er sich aufhielt, collektirt wurde und der seine Frau ihre Niederkunft erwartend hinterläßt, in den allerbetrübtesten Umständen. —

Schiller ist an einer Lungenverknorpelung gestorben. Man hat sonderbar genug einen Trost darin gefunden, daß deshalb sein Leben länger physisch unmöglich gewesen wäre; Goethe ordnet seine Papiere, und es hat sich fertig gefunden: der Zug des Bakchos nach Indien, dann aber unvollendet: König Attila, woran er eben arbeitete, weshalb er auch in seiner Krankheit beständig von Schlacht und Krieg phantasirte.

Von dem herrlichen Buch, von dem ich Dir neulich schrieb, Goethes Vetter Rameau steht im Freimüthigen eine erbärmliche Anzeige von Merkel. Er nennt es das Charakterisiren eines stinkenden, zerfließenden Leichnams 2c., und es fänden sich nur dann und wann gute Bemerkungen

*) [Darüber steht das Wort: Bühne.]

mit Lebhaftigkeit c. Wenn es nicht gar zu schlecht wär, so könnte man sich über diesen arroganten Kerl noch ärgern. —

Goethes Winckelmann c. soll ein in seiner Art einziges Werk sein. Nach einer Recension von F(ernow?), die mir sehr verständig schien, enthält es 17 Originalbriefe von W., die die Herzogin Amalia von Weimar besessen hat und von der sie Goethe erhielt, mit der Erlaubnis der Bekanntmachung. G. hält sie für die wichtigsten, die von ihm existiren, merkwürdig ist unter andern seine (des W.) Erklärung über seinen Übertritt zur katholischen Religion. Er bekennt ohne Scheu, sie nur als Mittel zur Erlangung seiner Zwecke betrachtet zu haben: als ein Heide sei er geboren und werde so sterben. — Dann folgt von Goethe: Skizze zu einer Charakteristik von W., die die köstlichsten und geistigsten Resultate zusammengedrängt in seinem herrlichen Stil enthält, dann folgt eine Kunstgeschichte des 18. Jh., worin die Verdienste der Produkte dieser Zeit gewürdigt werden. Von Mengs wird gesagt, daß er nur Sinn für das Liebliche und Anmuthige gehabt, durchaus nicht für Größe, Erhabenheit und Einheit. Seine Anordnungen fehlerhaft deshalb, wenn gleich studirt. Der so gepriesene, jetzt lebende Canova, ein Bildhauer, hat denselben Charakter. Hierauf wird die Frage beantwortet, warum die Kunst verfalle, die schon in den Propyläen berührt wurde. Zuletzt ist noch ein sehr nützliches Register als jetzt von Winckelmann existirender Briefe angehängt. — Ich habe das Buch für unsere Bibliothek behalten. Noch fällt mir ein, daß das Buch der verwittweten Herzogin von Weimar dedicirt ist, in der Recension wurde es als merkwürdig angeführt, weil es die erste Dedication sei, die Goethe je geschrieben. —

Zachariae' opuscula sind schon einzeln gedruckte Dissertationen, wobei er Präses gewesen und vermuthlich also auch Verfasser. Eiusdem liber quaestionum ist ein dünnes Buch von 8—10 Bogen, das einzelne Erörterungen nach vier Abschnitten (zu Personen, Sachen, Obligationen und Erbrecht) enthält, z. B. de vi legum in territorio alieno. Es kostet nur 1 fl. 12 kr. Der Malsburg hat es gekauft, wenn es gebunden ist, werde ich es lesen.

Wigand hatte mir vor 10 Tagen einen Brief an Dich geschickt als Antwort auf den Deinigen. Er enthält auf den ersten 2 Seiten Vertheidigung c., was nun wegfällt und weshalb ich ihn zurückbehalte. Das Übrige will ich excerpiren. „Brede ist kein Zwerg, sondern ein galant homme." „Neuber ist in Göttingen." „Unser Zeitungsinstitut ist in floribus." „Die Göttinger Studenten haben auf Pfingsten

mit der Wache und den Kutschern zu Wilhelmshöhe Spectakel ange-
fangen." „Robert lebt in einem Federkrieg mit einem der Herrn
Praktikanten und hat ihm in edlem Eifer auf die Arbeit geschrieben:
Wenn Sie sich nicht nach meiner Orthographie richten wollen, so kann
ich Ihre Arbeit nicht corrigiren." „Zu Ebsdorf hat Wigand mit
Bucher ein interessantes Mädchen, Gotteswort auf dem Lande, besucht."
(Es ist eine Pfarrerstochter.) „Das Urtheil ist den Studenten gefällt.
Sie sind sämmtlich begnadigt und indistincte mit 8 Tagen Carcer
loskommen, Walper ist allein relegirt, warum, weiß man nicht." Letz-
terer ist wahr, völlig unerwartet, da man als das Allergelindeste
fast unmöglich das Consilium erwartete. Da jetzt diese schon fertigen
Candidaten zum Examen sich von neuem melden werden und überdies
hier eine große Anzahl fertig wird, z. B. Duysing, Engelhart, so
bitte ich Dich darauf zu denken, Dich noch eher examiniren zu lassen,
da Du doch einmal schriebst, daß Du zu Anfang August herauskommen
werdest, weil sonst immer doch mehr Schwierigkeiten zur Anstellung
wegen dieser starken Konkurrenz entstehen. Schreib doch einmal des-
halb der Tante und entschließe Dich, denn die liebe Mutter wird auch
darauf hoffen. Ich will nun warten, bis Du examinirt bist.

Hugos Civil-Magazin sah ich neulich, ich meine das neu erschie-
nene Heft — beim Krieger liegen und wollte es mitnehmen, aber
es war bestellt. Es wundert mich, daß es nicht im Leipziger Meß-
katalog gestanden. Den Aufsatz von Savigny habe ich sogleich ge-
funden, von dem Du mir geschrieben. — Ich werde es nun nächstens
bekommen. —

Der Bauer dauert mich. Ich habe gehört, daß der Grolmann
den Kriminalprozeß fast nicht erwarten kann, um darüber herzufallen,
da er schon im voraus gesagt, es werde eine schlechte Compilation
sein. Weiß Gott, wenn eine arge Recension erscheint und nirgends
eine erträgliche, der Mann ärgert sich zu Tod. Ich stehe mich eben
nicht sonderlich mit ihm, weil ich nicht, wie er erwartet, das Examina-
torium gehört hab, und dann bin ich erst einmal in diesem halben
Jahr bei ihm gewesen.

Schelling hat eine Erklärung an das Publikum in die Intel-
ligenz der Jenaer L.-Z. einrücken lassen, worin er seine Feinde, die
ihn zu verkleinern suchen und schlechte Dinge von ihm aussprengen,
z. B. er bediene sich der Studentenorden, um sich Zuhörer zu ver-
schaffen, beschreibt, ohne sie jedoch zu nennen. — Der Suabedissen
in Hanau hat Ruf nach Lübeck. —

25.

Ich will den Brief heut nach Cassel senden und muß also die Seite noch voll schreiben. Wie man aber, so manches ich auch noch wohl weiß, wieder vergißt, wenn man es nicht sogleich aufschreibt, so soll es mir nun gerade einfallen und es will nicht.

— — — Wachler hat das Zeitungscolleg am Freitag wieder angefangen. Es war sehr langweilig, außer daß er selbst gestand, es sei dies der Fall, und die Einleitung die ennüyanteste Partie. Er bediente sich wieder wie sonst des ungebundenen Stils. —

Weißt Du etwas Näheres von den „Studien", die Creuzer und Daub in Heidelberg herausgeben wollen? Ich habe noch nichts davon erhalten können. Die Tian soll auch Gedichte dazu liefern. Ist Thibaut schon in Heidelberg, in der L. Z. steht, er gehe erst Michael dahin. Aber Malsburg hat ihn in den Pfingstferien gesehen, wo er mit ihm im hessischen Hof gegessen, und zu weit von ihm gewesen, um mit ihm sprechen zu können. Er meint, Thibaut habe einige entfernte Ähnlichkeit mit Savigny.

Schiller hat gar wenig Vermögen hinterlassen. Man spricht von einer Todtenfeier, die Goethe anordnen werde, auf dem Theater zu Weimar und dessen Ertrag seiner Familie bestimmt sei, d. h. es wird gedruckt, denn sonst möchte es nicht gar bedeutend sein. Auch hat jemand den Vorschlag gethan, daß jedes Theater eine Vorstellung zu dem Besten seiner Familie geben möge, und das Berliner Nationaltheater hat schon erklärt, daß es sich damit beschäftige und eine würdige Feier veranstalten werde. Hierdurch könnte etwas Beträchtliches zusammenkommen.

Ich grüße Dich brüderlich<br>W.

Jedermann, an den Du hierbei denkst, läßt Dich grüßen. — — —

---

14.

Jacob an seine Tante.

Paris, 13ten Juli 1805.<br>[oder 12? d. h. vor dem folgenden Brief.]

Liebe Tante!

Ihren Brief vom 27. v. M., der also ziemlich lange gelaufen ist, eile ich deswegen gleich zu beantworten. Ich soll Ihnen recht viel schreiben, wollen Sie, es würde mir ziemlich an Stoff fehlen —

denn von Ihrer Liebe und meiner Dankbarkeit scheue ich mich beinahe noch etwas zu sagen, weil alles, geschrieben, sich doch nur gemein und gewöhnlich ausnimmt, — wenn mir nicht gerade der Wilhelm durch seinen vorigen Brief Gelegenheit gäbe, über einen Punkt mit Ihnen zu sprechen, was ich auch recht aufrichtig thun will.

Meine innern Neigungen, d. h. die Studien, die ich mit Lust und Liebe ergreifen könnte, stehen mit meinen äußern Verbindungen, Familien- und andern Verhältnissen in ziemlichem Widerspruch, meine Verwandten fesseln mich an mein Vaterland, ohne sie würde ich im Ausland nicht glücklich sein können; auf der andern Seite sind aber in Hessen so wenig Aussichten für ein gelehrtes und eigentliches juristisches Studium (das neue Gesetzbuch vernichtet alle meine Hoffnungen), man unterscheidet gelehrte Leute von ungelehrten und unwissenden so wenig, daß man sich an ordinären Geschäften todt arbeiten kann, ohne daß man Gelegenheit hat, seine Kenntnisse zu zeigen. In andern, z. B. Baiern, Baden ist dies jetzt viel besser. Es scheint mir nun hier schwer zu rathen, allein mein Entschluß ist fest, ich bleibe in Hessen und wünsche da meine Anstellung, weil alle meine äußern Verhältnisse in Hessen liegen. Da praktische Geschäfte meinen Neigungen ziemlich entgegen sind (ich würde gewiß mehr Lust am Professorfach haben, wenn mir nicht dabei die äußere Lage sehr mißfiele, abgesehen, daß die Universität auch nicht in Cassel, sondern in Marburg ist, also immer in Entfernung von den Meinigen), — so wünsche ich nichts mehr als einen Dienst zu haben, der mir nicht den ganzen Tag wegnimmt, sondern Zeit läßt, meine Lieblingsstudien fortzusetzen, denn ich gestehe es, ohne dieses würde ich ziemlich unglücklich sein. Dies, hoffe ich, ist nun bei einem Assessorat oder ähnlicher Stelle der Fall, und Advokat möchte ich schon um deswillen nicht sein, weil die Arbeiten dabei so unbestimmt sind, — Gott gebe, daß ich einen solchen Platz erhalte, und ich wünsche, daß mir mein hiesiger Aufenthalt zu Empfehlungen gereichen möge, so daß ich bei der großen Menge von Candidaten doch noch eine Stelle erhalte. Ich kann natürlich den Savigny nicht verlassen, bis er fertig ist, und vor Mitte September werde ich schwerlich bei Ihnen sein können und dann geht mir natürlich noch 14 Tage bis 3 Wochen Zeit darauf, mich zu meinem Examen vorzubereiten, denn ich habe hierher meine Hefte nicht können mitnehmen.

Meine Hauptabsicht ist es, der guten lieben Mutter und meinen Geschwistern nützlich zu sein, und ich hoffe, daß mir Gott beistehen wird. Gott gebe, daß die Mutter eine glückliche Reise hat, ich bin in

Gedanken gewiß bei ihr unterwegs und empfange und umarme sie in Gedanken bei ihrer Ankunft. An Herrn Vollbrecht, Jungfer Zeise, die Brüder 1000 Grüße und hoffe auf baldige gute Nachricht.

Ihr gehorsamer Neffe<br>Jacob.

Es heißt, Herr von Malsburg käme bald wieder hierher. — Zerreißen Sie doch diesen Brief.

* * *

15.<br>Jacob an Wilhelm.

Paris, 12ten Juli 1805.

Lieber, lieber Wilhelm!

Ich habe Deinen am 24. [25.] v. geschlossenen Brief erst heute vor einigen Stunden erhalten und die Zeit her ziemlich auf Briefe gewartet. Indessen war er so reichhaltig, als Du schwerlich einen von mir bekommen dürftest.

Der Tod von Wigands Vater hat mich recht bestürzt, seine Lage rührt mich unendlich, mehr als ich sagen kann. Hierbei kommen ein Paar Worte an ihn; ich glaube, er sieht, daß es hier am wenigsten auf Worte ankommt.

Die liebe Mutter wird, wenn Du den Brief erhältst, bald in Cassel sein, es kommt mir so lieb vor, daß sie mit der Schwester allein diese Reise macht, um zu ihren andern Kindern zu kommen. Wie gern wäre ich da in Cassel, wie wünsche ich, daß sie nun noch recht lang und vergnügt bei uns leben möge! Gott segne sie und die Tante für ihre Liebe zu uns; unsre Liebe kommt mir schwach gegen diese vor, ob ich gleich weiß, daß die meinige nicht stärker sein kann.

Meine Gedanken über mein Examen, Anstellung 2c. habe ich eben der Tante geschrieben, mag's also hier nicht noch einmal. Ich weiß nicht, ich habe in manchen Dingen einen Leichtsinn, der unrecht ist, den ich aber durchaus nicht besiegen kann, so könnte ich mich jetzt nicht mit Staats-, Privatrecht 2c. abgeben, und zu solchen Sachen muß mir das Wasser bis an den Hals gehen, ehe ich sie angreife.

Was mich am meisten in Deinem Brief gefreut, das sind die Goethischen Sachen. Diese drei: Cellini, Winckelmann und Rameau scheinen mir insofern eine Tendenz zu haben, als sie alle fremden (aber auch vortrefflichen) Stoff in sich führen, worüber aber Goethische Form verbreitet ist, mit köstlichen Anhängen und eignen Gedanken über diese verschiedenen Künstler. Auf Rameau und auf die Urtheile über die Franzosen bin ich jetzt doppelt begierig, es freut mich, daß wir das Buch eines Franzosen eher haben, als seine Nation, und sie es vielleicht nie so bekommen wird. Ich habe hier natürlich weiter nichts herausbringen können, als daß Rameau ein hiesiger Compositeur war, der so ziemlich jetzt vergessen wird. — Freilich wäre es gut, ja nöthig, daß wir auch die übrigen Winckelmannischen Briefe u. a. S. bekämen. Im Buchhandel wird wenig mehr sein, die Geschichte der Kunst ist 1764 in zwei Quartanten (der zweite sehr schwach) in Dresden bei Walther gedruckt, die Hauptbriefsammlung ist von Daßdorf. Man muß sich dabei auf Auctionen verlassen. Ich denke, wenn wir auf diese Art fortfahren (denn daß es auf einen Plan ankommt, ist gewiß wahr und Savigny hat es schon längst gesagt), so werden wir einmal hübsche Werke sammeln, es versteht sich, daß wir in Zukunft etwas mehr dran wenden können und immer zusammenvereinigt, — denn, lieber Wilhelm, wir wollen uns einmal nie trennen, und gesetzt, man wollte einen anderswohin thun, so müßte der andere gleich aufsagen. Wir sind nun diese Gemeinschaft so gewohnt, daß mich schon das Vereinzeln zum Tode betrüben könnte. — Doch damit das nicht zu rührend wird, will ich Dir nur sagen, daß wir uns rasch um Auctionskataloge bemühen wollen, denn ohne das ist es unmöglich, mit wenigem etwas zu leisten. Wäre hier der Transport nicht, so könnte man in einigen Fächern sich eine herrliche Bibliothek um ein Spottgeld anschaffen, aber der Centner kostet bis Frankfurt wenigstens 1 Carolin. So habe ich gestern Petrarchs lateinische Schriften (ein dicker Foliant), alte Venediger Ausgabe von 1502 oder 3, mit gemalten Unzialen, gut gehalten, — gesehn, wofür man 5 livres fodert, — so ein Buch ist geschenkt, wenn ich hier bliebe, und mein Herz blutet mir oft dabei. Inzwischen ist's in Deutschland oft nicht viel anders. Viele von des Vaters Büchern muß man aus der Hand zu verkaufen suchen, ja nicht verauctioniren.

Wie wir's mit Goethes älteren Sachen anfangen, darüber will ich mit Dir in Deutschland sprechen. Der Goethe ist ein Mann, wofür wir Deutsche Gott genug nicht danken können, er kommt mir gerade wie Rafael vor, ohne daß ich deshalb Schlegel und Tieck mit Dürer, Eyk, Bellini ꝛc. vergleichen will.

Nun auch Neuigkeiten von hier. Etwas sehr Trauriges ist, daß das Kind vom Clemens schon wieder gestorben ist. Am meisten betrübt, beinahe schrecklich ist die Lage und das sonderbare Verhältnis der Frau, die fast schon zu alt ist, um noch viel Kinder bekommen zu können.

Der Tiedemann ist — durch Sömmerings Recommandation — ordentlicher Prof. in Landshut, mit ungefähr 1000 bis 1200 f. Gehalt. Ausnehmendes Glück, das er wegen seiner Kenntnisse auch verdient, die vielleicht selten sind, weil in seinem Fach (vergleichende Anatomie) wenig geschehn ist, indessen, däucht es mir, waren diese Kenntnisse ohne viel Genie schon mit bloßem Fleiß zu zwingen, um mit Robert zu reden — doch versteh ich das genau genommen nicht und bin bloß in der Meinung. Das bairische Prinzip: geschickte Leute nicht lang auf gute Besoldung warten zu lassen, gefällt mir übrigens sehr.

Über Großes Tod, Gott wird mir's verzeihen, hab ich mich ordentlich gefreut, es muß der Welt wohl thun, daß sie von dieser literärischen Mißgestalt purgirt ist.

Wachlers Enthusiasmus erklärt sich wahrscheinlich dadurch, daß er ein Gothaner ist.

Hast Du denn die letzten Sachen nicht vom Heier genommen? Denn Du sprichst von sehen und behalten 2c. Den Winckelmann, mein ich, hattest Du bestellt, überhaupt habe ich auf vieles nicht Antwort bekommen.

Dein Bruder J. Grimm.

———

16.

## Jacob an Wilhelm.

Paris, Sonntag 4. August 05.

Ich glaube gewiß, daß ein Drittel der beiderseitigen Briefe verloren geht. Dein letzter war vom 24. [25] Juni, den ich den 18. [12] Juli erhielt, endlich kommt gestern wieder ein Zettelchen vom 13. Juli durch Weiß, der selbst erst den 24. abgeschickt hat. Die Banquiers besorgen immer sehr nachlässig, wenn sie keine Vortheile weiter von einem haben. Da ich nicht vermuthe, daß du meine letzten Briefe bekommst, so schreibe ich Dir gleich auf der Post, indem mir daran liegt. Die Hauptsache ist, daß ich um 6 bis 8 Carolin Geld gebeten hatte, warum? ist in den andern Briefen zu lesen. Ich kann so ziemlich bestimmt sagen, daß ich Mitte Sept. dort zu sein hoffe, allein Ende August gehn wir von hier weg, und dann nach Tours, und dann über Metz, Koblenz und Mainz (Straßburg, Schwaben 2c. sind aufgegeben). Heute ist 4., wenn der Brief vernünftig läuft, so kannst Du ihn bis Sonntag (11.) haben, höchstens dauert's bis 14., wenn dann das Geld noch abgeht, so kann ich es zeitlich bekommen, d. h. nach dem 20. oder 22. ist keine Ordre mehr abzuschicken, auf jeden Fall schreib Du mir gleich nach Empfang dieses, damit ich weiß, wie ich stehe. Bekomme ich nichts, so muß ich mir leihen, was ich natürlich nicht gern thue. — Ich weiß nicht, was Ihr für Leute seid. Nach der Tante letztem Brief müßte die liebe Mutter gegen 25. Juli nach Cassel gekommen sein, es war schlechtes Wind- und Regenwetter, ich habe sehr viel daran gedacht, Du schreibst wieder kein Wort von dem, worauf ich am meisten begierig war. Sollte es sich wegen der Tante Reisen verzögern? Noch eins, in einem meiner Briefe habe ich über Kölner Bücher geschrieben. Du erwähnst dessen nicht, in dieser Ungewißheit schreibe ich noch einmal die Preise, damit Du weißt, ob der Mann die Kommission überschritten hat oder nicht, auch müssen es dieselben Ausgaben oder bessere sein: Cuiac. opp. Hanov. 1602. fol. 2 Thlr. Uzo comm. ad Codic. Lugd. 1596. 4. mai. 1 Thlr. Donelli comm. Hanov. ungefähr 1612. fol. 2½ Thlr. Birkhaim. opera cum fig. Dureri ff. 1610 fol. 1 Thlr. Geiler von Kaisersberg, Straßburg 1520. 20 Stüber. Kraus Bilderbibel (mit den herrlichen Landschaften) 1 Thlr. Mohns 7. B. [18]03. 40 Stüber. Die Reduction des Kölnischen Geldes ist leicht, Thlr. == 90 xr. == 60 Stüber; 1 Stüber == 1½ xr. Dazu noch Provision und Transport, was Du alles dem Hansen schicken mußt. Meine Kommissionen sind mager gewesen, indessen fehlen in Köln ziemlich Käufer zu solchen Sachen. — Der Weiß schreibt, ein Stud. Müller habe sich erschossen, sollte das unser Jurist sein? Es wäre schrecklich, der hat es gewiß nur in der Überzeugung gethan, daß nichts anders in seinen Kopf gehen würde, als die Kugel. Wenn der Wetzel promoviren will, so ist es nunmehr ehrenvoller, sich pro advocatura examiniren zu lassen. Den mußte man recht aus seinen theses herausopponiren können, aber ich glaube, kein Student darf opponiren, nisi specialiter rogatus, i. post praeparationes communicationesque utrinque factas. Des Buchers Unternehmungen zeugen natürlich am wenigsten von seinem Genie und seiner Fähigkeit, einst etwas zu leisten. Ich möchte nie etwas drucken lassen, wozu mir die Hauptideen von einem andern gegeben sind, ob ich schon durch eignes Nachdenken selbst auf einige davon gekommen sein würde. Ich fürchte sehr, es wird nicht einmal ein Almendingen oder Grolmann aus ihm, und deren haben wir schon zuviel. — Vermuthlich werden wir in Cassel einmal recht eingezogen und einsam leben, denn wir werden nicht viel Freunde haben und Bekannte mag ich nicht. Wir wollen recht gemeinschaftlich arbeiten und alle andern Verhältnisse abschneiden. Der Malsburg wird sich nie aus diesem Nichtsthun herausziehen können. — Von hier weiß wenig. Die Hagemannische Geschichte hat sich schlecht geendigt. Er hat ordentlich wie ein Kind Abbitte gethan, im Herzen gewiß erbost, er mußte aber den herben Apfel anbeißen, wenn er weiter arbeiten wollte, und seine Lust zu arbeiten, womit es ihm überhaupt Ernst zu sein scheint, hat diesen Schimpf besiegt. Ich glaube immer, daß er einmal was Gutes leisten wird. Auf die Galerie gehe ich jetzt oft. An Dürers ist sie eigentlich sehr arm. Sehr schöne Eyks und Bellinis aber. Neben Rafael betrachte ich jetzt fast nur die Leonardo da Vincis und Tiziane, viel weniger die Correggios. Das Bild von Tizians Geliebter ist unbeschreiblich schön, Leonardos Madam Lis mir so lieb als Rafaels Porträte. Der schönste Madonnenkopf ist unstreitig der der Sedia, der zweite der der Madonna del Foligni [di F…o] (oder vierge au donataire, meiner Meinung nach das schönste Bild, was ich von Rafael kenne). Die Jardinière ist die schönste Madonnen= gestalt, wie ein zartes Kind von zwölf Jahren, blonder Haare, bleich und schmächtig, als wenn die Mutter vor lauter Liebe zum Jesus krank geworden wäre. Auf derselben Jardinière ist auch der schönste Jesus, hingegen der schönste Johannes auf der Madonna della Sedia. Die Cäcilia ist ein trunkenes Bild; die Transfiguration die schönste Composition (für solche, die nicht die mystische Symmetrie in heiligen Gemälden lieber haben, wozu ich gehöre; Goethe mag alles dagegen sagen) und Farbeneintracht und =austheilung, die ich kenne. Ich schreibe bloß solche Sachen, weil sie allein es sind, was sich davon schreiben läßt. Die Peruginos sind sehr lieb. An Landschaften große Armuth, einen Ruisdal ausgenommen. Die Casselschen Lorrains sind viel schöner, als die hiesigen. Die Transfiguration ist kürzlich von einem Polen copirt und ausgestellt und wird allge= mein bewundert, mir gefällt sie so wenig, daß sie einen widrigen Eindruck mir erregt hat, obgleich das Mechanische und die Zeichnung sehr gut ist. Meiner Idee nach werden Meisterwerke durch jede Copie entweiht, und man sollte sie allgemein verbieten. Der Besessene wird auf jeder Copie zur Carikatur. — Die Franzosen erhalten bald wieder ein klassisches Werk, Delille sur l'imagination, worin gewiß alle Imagination aufgeboten ist, die ihm nach seinem Gärtner und erbärmlichen Gedicht zu Gebot war. Die Feuilletons von Geoffroi lese ich sehr gern, er paßt recht dazu und ist ohne Streit ein sehr witziger Mensch, der aber meistentheils schlechte Sachen gegen schlechtere, schlechte und bessere — vortrefflich vertheidigt. Er kann es gar nicht lassen, alles anzugreifen, was er selbst vorher gelobt hat und ist daher fast allgemein verhaßt, aber sehr gelesen. Neulich hat er mit Lalande, Delille und nun gar mit der académie française angebunden, welche in Frankreich das Höchste ist. Er läßt gar nicht los, so hat es ihm müssen verboten werden, gegen Villers wieder zu schreiben. Ein neues Stück, die Templiers, hat er zuvor gelobt, ein anderes Blatt sagt zufällig, er habe es sehr kühl gethan, nun ist er schon in 20, 30 Kritiken dagegen und tritt es mit Füßen. Neulich war ich in einer Versammlung der académie française, die unbeschreiblich langweilig ausfiel. Den Ramdohr habe ich vor einiger Zeit zufällig kennen gelernt. So dumm hätte ich mir ihn doch nicht gedacht. Er hat sich gegen Savigny sehr naiv dahin geäußert, daß er im Studium der Philosophie nur bis auf Garve gekommen und bei diesem stehen geblieben sei. Er sei noch von der alten Art und verstehe die Neueren nicht, da er nicht einmal Kant kennt, so ist es ihm nicht übel zu nehmen, daß er Schlegels und Tieck nicht mag. Er ist das rechte Bild eines unterdrückten Schriftstellers. — Voß lebt in Heidelberg sehr für sich, Creuzer sein einziger Umgang. Mit Wolf soll er selbst kalt stehn und hat gesagt, dessen Meinungen seien alle umzustoßen, dem Goethe könne er es nie vergessen, daß er je aus Schlegels etwas habe machen können. Dies alles abgerechnet, gefällt mir sein stiller Gang sehr, der so sicher und gelehrt ist. Das andere ist leicht erklärbar, auch schon aus seiner Bildungsschule. An Tante und Mutter und Brüder 1000 Grüße. Auch an Wigand. Dabei fällt mir der Wunsch ein, daß die Tante dem Hufnagel in Hanau recht sagen möge, was ihm gehört, ohne sich von ihm irre machen zu lassen. — Von unserer Bibliothek hab ich lange nichts gehört, schreib mir doch, ob und welches Papier ich noch mitbringen soll? Den Brief hätte frankirt, wenn Geld hätte, die Affaire wird nicht leicht über 40—50 xr. sein. Schreib ja gleich Deinem lieben Bruder                                        Jacob Grimm.

Man spricht hier von Restitution des alten Kalenders.

[Adresse:] A Monsieur Monsieur Guillaume Grimm étudiant en droit en l'université Marbourg, pais de Hesse. [Rückseite:] Paris, 4. Août 1805.

---

## 17.
### Wilhelm an Jacob.
[Marburg,] 10. August 1805.

Lieber Jacob! Überreicher dieses ist ein junger Bildhauer Henschel aus Cassel, von dem ich Dir schon einmal geschrieben und auch, daß er mich um einen Brief an Dich gebeten. Gestern ist er hier durchgekommen, hat mich aber, ohngeachtet er sich große Mühe gegeben, nicht sprechen können, da man mich aus dem Colleg zu rufen nicht gewagt hat. Nun hat er die Bitte nachgelassen, ihm einen Brief nachzuschicken, und das ist dieser. Wo es Dir möglich, erzeige ihm doch Gefälligkeiten. — Ich selbst habe ihn nur einmal gesehen und gesprochen, aber der Hummel hat mir viel Gutes von ihm erzählt.

Soviel voran, damit Du gleich weißt, woran Du bist beim Empfang des Briefs.

Dein lieber Brief vom 12. Juli hat mich um so mehr gefreut, als ich in langer Zeit, 8—12 Wochen, keine Nachricht von Dir, ja von niemand erhalten hatte, die Tante war zu Wallenstädt, die Mutter mit Ausziehen beschäftigt und deshalb verhindert zu schreiben.

Es ist gut, daß Du meinen letzten Brief reichhaltig gefunden, denn dieser wird es schwerlich werden, auf jeden Fall ein rechtes Quodlibet. — Du wirst unterdessen durch den Weiß einen kleinen Brief erhalten haben. —

Vorerst: Die Tante ist wieder gesund in Cassel angekommen, ob die Mutter schon dort, weiß ich nicht, aber auf der Reise ist sie, denn gestern erhielt ich einen aus Mecklar datirten Brief. Gottlob, daß sie einmal aus dem Steinau heraus. — —

Hier hat sich eine schreckliche Geschichte zugetragen. Der Müller, oder wenn Du besser es verstehst, der Herr Müller, dieser leiden=schaftslose, beschränkte Mensch hat sich erschossen, wie man behauptet, aus Furcht vor dem nahen Examen. Tags vorher war er noch im Examinatorium beim Weiß, — worin er wie natürlich antwortend bestanden — auch beim Bauer, hatte sich Sonntags bei beiden nach ihrer Meinung, wie es gehen werde, erkundigt und recht tröstende Antwort empfangen. Den folgenden Montag besteht er aber nicht sonderlich und Dienstag Morgen um $^1\!/_2 8$ erschießt er sich auf des Schlarbanins Stube. Die Pistole hatte er nur mit Pulver geladen in den Mund gehalten und sich so das ganze Gesicht geschmettert, daß alles zerrissen und unkenntlich war. Das Hirn lag weit in der Stube. Ich selbst habe es nicht gesehen, aber der Wigand. Morgens um 7, also eine halbe Stunde vorher, war noch jemand bei ihm, um ihn auf die Reitbahn abzuholen, wo er ungewöhnlich zitterte, auch an einem Finger blutete, vermuthlich hatte er sich beim Laden der Pistole verletzt. Bei seiner Öffnung hat sich gefunden, daß er eine Lungenentzündung gehabt und kaum noch für ein Jahr lebensfähig; dies giebt man für einen Trost aus. Wenn ich es so betrachte, so glaube ich, daß er einen partiellen Wahnsinn gehabt, auch streitet sehr gegen die andere Meinung, daß er erst den Examen habe abwarten können. —

Bucher wird bis Sonnabend promoviren, Wigand muß ihm, wie sehr er sich auch opponirt, dabei doch opponiren. Die Dissertation habe ich noch nicht gesehen; ich prophezeie in ihm einen literarischen Charlatan. — Vielleicht interessirt's den Savigny — den ich recht vielmal zu grüßen bitte — zu wissen, daß der Archivar Pfeifer in Cassel die Stelle des verstorbenen Wigands als Hofarchivar erhalten hat. —

Von literärischen Neuigkeiten kann ich Dir wenig schreiben, eigentlich nichts, denn nun nach der Leipziger Messe muß erst wieder gedruckt werden. Voß' Recension des Wysmairschen Lehrplans ꝛc. hat viel Aufsehen gemacht und ist in München besonders mit Noten gedruckt und häufig verkauft worden. Ich lese jetzt die Vorschule von Jean Paul, die mir recht viel Vergnügen macht. Im Großen und Ganzen giebt er der neuen Schule Recht. Ich betrachte das Werk als eine subjective Meinung, als eine Art literärische Confession, und insofern ist es vortrefflich und sehr interessant. Du kannst leicht denken, daß herrliche Bemerkungen vorkommen. Zu dieser Ansicht paßt auch vollkommen, daß er nur sich, d. h. seine zahlreichen Schriften allegirt, und man kann wohl sagen, daß diese Vorschule so der Eingang als auch das Resultat aller seiner Werke ist. Seinen Stil wird man endlich müd, es ist mir immer dabei, als ob ich auf einem steinigten Weg ginge, die Blumen dazwischen, die auch nicht immer

schön sind, abzubrechen, und nun gern auch einmal auf einer frischen,
grünen Wiese wandeln möchte, wo man besser fortkann, als auf diesen
Spitzen.    Seine seltsamen Vergleichungen und Wortspiele sind zu=
weilen unglücklich, und mit der Gelehrsamkeit aus allen Fächern des
Wissens kokettirt er eigentlich, was sich noch deutlicher dadurch zeigt,
daß manches nicht wahr ist, z. B. in der Medizin.

Goethes ältere Schriften habe ich hier zufällig bekommen. Es
sind vier Bände bei Göschen nicht sonderlich gedruckt. Was der
erste Band enthält, weißt Du. Im zweiten: 1. die Mitschuldigen,
ein Lustspiel, wobei die Intrigue recht verworren und unterhaltend,
in Alexandrinern, 2. Iphigenie, 3. Clavigo, 4. die Geschwister, ein
Lustspiel in einem Akt, 5. Stella, wobei jedoch die Verhaftnehmung
des Fernando fehlt, die auch vermuthlich ein fremder Zusatz ist, um
die liebe Moralität zu retten, 6. der Triumph der Empfindsamkeit,
eine dramatische Grille, sehr schön, es hat die Idee eine entfernte
Ähnlichkeit mit der im Zerbino, 7. die Vögel, nach Aristophanes.
Der dritte Band enthält lauter Sachen, die wir haben. Der vierte
1. Faust, 2. Jery und Bätely, ein Singspiel, 3. Scherz, List und
Rache, ein Singspiel: ein geiziger Doctor wird auf eine herrliche
Art geprellt, 4. das Jahrmarktsfest zu Plundersweilen, ein Schön=
bartspiel, 5. ein Fastnachtsspiel vom Pater Brey, 6. Prolog zu den
neusten Offenbarungen Gottes, verdeutscht durch Dr K. F. Bahrdt.
Gießen 1774, 7. vermischte Gedichte, zwei Sammlungen, worunter auch:
Heidenröslein, Geistesgruß, das du mir geschickt, der Erlkönig, der
Fischer 2c., 8. Erklärung eines alten Holzschnittes, vorstellend Hans
Sachsens poetische Sendung, 9. auf Miedings Tod, 9 [10]. Künst=
lers Erdenwallen und Künstlers Apotheose, ähnliche Idee hat Tieck
bei seinem Herkules am Scheidewege gehabt, 10 [11]. die Geheimnisse,
Fragment, kennst Du.

Was unsere Bibliothek betrifft, so habe ich allerdings den
Rameau vom Krieger genommen, weil er ihn gerade bekommen, ich
auch gerne etwas nehmen wollte, da er mir die vielen Bücher zur
Durchsicht geschickt hatte. Der Cellini hat, da es dünnes Papier ist,
einen gar nicht dicken Band gegeben, der Druck ist hübsch, wie ohnge=
fähr in den Horen, das Format groß und schön und voran nebst einem
gestochenen Titelblatt der Kopf des Cellini, recht gut in Lipsischer
Manier. Ich habe das Buch müssen beschneiden lassen, weil das Papier
zu dünn sich vorne rollte. Heyer ist auch etwas saumselig, denn die
alemannischen Gedichte und Goethes Werke 1. Bd. habe ich noch

nicht bekommen, wie lang sie auch schon bestellt sind. — Du wünschest
vom Rameau Nachricht zu haben, eine vollständige davon, von seinem
Einfluß auf die Musik, findet sich hinten im Anhang. Der Dialog
selbst ist nicht zwischen diesem, sondern einem Vetter des Rameau
und dem Diderot. —

Der Freimüthige fährt noch auf die erbärmlichste Art fort, an
Goethe zu zupfen, es ist gut, daß er zu hoch steht und der Freimüth.
so niedrig, denn wenn er nur von einiger Bedeutung wäre, so müßte
ein solches Betragen empörend sein. Jetzt ist es nur verächtlich.
Neulich ließ Merkel groß drucken: ein lächerlicher Fehler in der
Übersetzung Rameaus Neffe von Goethe, sagte darin, „wenn die
Leser der französischen Sprache so wenig kundig, als der berühmte
Herr Übersetzer es schien" 2c., etwas, was er hernach zurücknehmen
mußte. Goethe hat natürlich richtig übersetzt. Ein andermal heißt
es: es werde ihm leicht sein, über den Mann — einen englischen
Schriftsteller Murphey glaub' ich — ein Buch zu schreiben: M. und
sein Jahrhundert, und darin unwahre und wahre, dumme, einfältige
und witzige Stellen hinzuwerfen und alles drucken zu lassen 2c. —
Der Merkel hat doch noch nie die Ehre gehabt, daß ihm Goethe nur
ein Wort geantwortet hätte. — Bauers Kriminalprozeß wird nun
nächstens im Publikum erscheinen. — Wachler hat wieder ein
neues Genie gefunden in einem schweizerischen Apotheker. Vor
acht Tagen introducirte er ihn im Zeitungscolleg. „Es sind zwei
Genies aufgetreten in unserer Literatur, der Herzog von Gotha und
ein Apotheker in der Schweiz." Nun lobte er den ersten über
alle Maßen als einen der belesensten in allen lateinischen, eng=
lischen, spanischen, italienischen und — griechischen Schriftstellern,
namentlich sei er in der letzten Sprache stark 2c., ob dem Mann
wohl nicht eingefallen ist, was er mir sagte, daß er nicht mehr als
ein Tertianer verstehe? und daß ich nun dieses hören könne? Nun
etwas von dem Apotheker=Genie (es treibt sein Wesen in der Isis,
einer Zeitschrift, die in der Schweiz herauskommt, worin nämlich ein
Aufsatz stand über Toleranz in der schönen Literatur, man solle
jeden schreiben lassen, denn jeder finde sein Publikum, sich freuen
und stolz darauf sein, einen Mann, wie Kotzebue zu haben, dessen
Schauspiele am Ganges und der Donau, Themse 2c., mit allgemeinem
Beifall aufgenommen würden, einen solchen Mann habe keine andere
Nation 2c. — und diesen sehr schlechten Aufsatz hat W. bis zum
Himmel erhoben) oder eigentlich von seinem Humor: „in Indien

(oder wo? ich hab' es vergessen) zeichnet und malt man sich aufs Sorgfältigste den Hinteren aus, wornach sich der Stand bestimmt, der Vornehmste hat den am zierlichsten und schönsten gezeichneten Hinteren ꝛc." Das ist mehr als Jean Paul, sagt Wachler, — und als ich aus dem Colleg ging, sagte ein Handwerksbursch zu einem andern: „Hör', das war aber höllischer Witz." Ich mag nun nicht mehr hingehen. —

Daß Du vieles nicht kaufen kannst, muß freilich recht weh thun, aber kannst Du's nicht mit Savignys Sachen herausbringen? Sonst aber hast Du Recht, in Auctionen kann man noch etwas bekommen, und ich werde mir alle Mühe geben, viele Kataloge zu erhalten. Neulich habe ich mich recht geärgert, ich weiß nicht, ob ich Dir's schon erzählt. Zufällig bekam ich einen Katalog von vielen schlechten und einigen guten Büchern, die in Cassel verkauft würden, unter anderen waren da: die Schillerschen Musenalmanache von 1796 und 1797 (von denen Du mir eben geschrieben hattest und ihrem schönen Inhalt), dann Ardinghello ꝛc. Ich schrieb sogleich an den Itzig und gab ihm Commission, aber nach acht Tagen bekam ich die Antwort, daß sie schon vor meinem Briefe und zwar um ein Spottgeld verkauft wären. Und rathe von wem? Vom Bucher, das hörte ich ihn denselben Tag zufällig jemand erzählen. Ich ging sogleich auf ihn zu, sagte, ich habe auch Commission gegeben, da er aber das auch habe — daß er sie schon gekauft, wußte er nicht —, so wollte ich meine aufgeben unter der Bedingung, daß er mir die Almanache leihe (denn ich möchte ihm gerne keine Verbindlichkeiten schuldig sein), welches er auch zusagte. Unterdessen habe ich nichts gehört, zweifle auch, ob ich etwas bekommen werde, denn wir stehen gar nicht sonderlich. — — —

Wann Du kommen wirst, davon wieder kein Wort. Gehst Du wohl mit Savigny nach Heidelberg, d. h. um es einmal zu sehen? oder wird er selbst nicht hingehen? Heidelberg kommt sehr in Aufnahme, Michaeli werden viele von hier dahin gehen, auch aus Göttingen Martins halber. Würzburg nimmt sehr ab.

Ich wüßte nicht, daß ich eine von Deinen Anfragen unbeantwortet gelassen, worüber Du klagst. Beziffere sie doch ins Künftige, so geht's am sichersten ad 1. ꝛc.

Sonst, lieber Jacob, was Du schreibst von Zusammenbleiben, ist alles recht schön und hat mich gerührt. Das ist immer mein Wunsch gewesen, denn ich fühle, daß mich niemand so lieb hat als Du, und ich liebe Dich gewiß ebenso herzlich.

Dein W.

---

18.

Jacob an seine Tante und seine Mutter.

Paris 7. September 805.

Liebe Tante und liebe Mutter!

Mit recht kindischer und zugleich kindlicher Freude habe ich die vorige Woche Ihre Briefe bekommen. Was hätte mich mehr vergnügen können, als daß die gute Mutter mit Malchen die Reise glücklich überstanden hat und sich gesund in Cassel befindet. Dies war der einzige Punkt, der mir bis jetzt oft schon am Herzen lag und nach dessen Beseitigung ich mich viel leichter und froher fühle. Ich werde fast zu der nämlichen Zeit in Cassel eintreffen, wo ich sonst bei Ihnen, liebe Mutter, in Steinau ankam, wenn es möglich ist, so erhöht die weitere Entfernung diesmal noch die Freude des Wiedersehns. Ich weiß eigentlich nichts mehr zu schreiben, und vermuthlich erwarteten Sie auch keinen Brief mehr von mir. Indessen schien es mir nothwendig, wenn auch bloß, um für den richtigen Empfang des Geldes zu danken, über dessen nicht unnöthige Anwendung ich Sie gewiß mündlich überzeugen werde. Mit unsrer Abreise von hier ist noch nichts Gewisses, nur so viel, daß wir uns nicht, wie bisher geschehen sollte, in einigen Provinzialstädten aufhalten, sondern gerade nach Deutschland reisen werden. Ob über Metz, Straßburg oder Brüssel, hängt von verschiedenen Umständen ab, da die Weite des Wegs in diesen drei verschiedenen Richtungen nicht viel abweicht. Mein Koffer ist schon mit Rouilliers oder Fuhrleuten abgereist, hat aber einen Weg von 30 Tagen zu machen. Vor Anfang Oktober werde ich wahrscheinlich nicht bei Ihnen sein, aber auch dann gewiß. Und nun 100 Grüße an jedermann, der mich lieb hat. Ich denke, meine Schwester Malchen als ein Frauenzimmer zu finden, an dem man nicht viel Spuren mehr Steinauischen Umgangs erblickt, so sehr ich auch wünsche, daß sie stets von der Lebensweise der Casselischen Mädchen entfernt sich halten möge, die sehr auf Einfältigkeit und Gemeinheit hinausläuft. Von Ferdinand und Louis habe ich sehr lange weder Böses noch Gutes gehört, und hoffe letzteres zu finden. Hiermit, liebe Tante und Mutter, umarme ich Sie beide, als Ihr ewig gehorsamer Sohn       Jacob.

### Nachschrift an Wilhelm.

Lieber Wilhelm! So wie ich Deine zwei Briefe kurz hinter-
einander erhalten, so wird Dir auch der Tiedemann ein Blättchen
von mir gebracht haben. Es ist dies ein recht lieber Mensch, der
von seiner Mutter nicht viel an sich hat, vermuthlich mehr von seinem
Vater, von dem er nie ohne die größte Rührung sprach, und des-
wegen schon schätze ich ihn. Wenn er noch in Marburg ist, so grüß
ihn vielmals. Am Sonntag ist denn auch der Henschel angekommen.

Da Du vermuthlich von Marburg abziehst, so wäre es wohl gut,
wenn Du die Bücher schön und gut einpacktest und mit nach Cassel
nähmest. Von nun an hörst Du erst wieder mündlich von mir und
ich glaube Dich in Cassel zu treffen, werde folglich in Marburg gar
nicht verweilen.

J. Grimm.

Neulich habe ich zufällig in Clément bibliothèque curieuse ge-
funden, daß ein Buch, was wir haben: Der Mönche Alkoran. gedr.
Wittenberg 1542. durch Hans Lufft, unter die livres fort rares ge-
hört. Daher ist darauf zu achten und es gelegentlich an seinen
Mann zu bringen, nämlich hier macht das Geld den Mann.

Adresse: A Mademoiselle Mademoiselle Zimmer. Cassel, elec-
torat de Hesse. Rückseite: Paris ce 7. sept. 05.

## II.

# Wilhelms Aufenthalt in Halle

April bis September 1809.

# Aus Jacobs Selbstbiographie.

„Um meine Anstellung wurde sich nun gleich noch denselben Winter [1805] beworben. Ich wünschte Assessor oder Secretär bei der Regierung zu werden, aber alles war versperrt, und mit genauer Noth erlangte ich endlich den Acceß beim Secretariat des Kriegscollegiums und 100 Rthlr. Gehalt (ohngefähr Jan. 1806). Die viele und geistlose Arbeit wollte mir wenig schmecken, wenn ich sie mit der verglich, die ich ein Vierteljahr vorher zu Paris verrichtete, und gegen die neumodische Pariser Kleidung mußte ich in steifer Uniform mit Puder und Zopf stecken. Dennoch war ich zufrieden und suchte alle meine Muße dem Studium der Literatur und Dichtkunst des Mittelalters zuzuwenden, wozu die Neigung auch in Paris durch Benutzung und Ansicht einiger Handschriften, sowie durch den Ankauf seltner Bücher angefacht worden war.

Auf diese Weise verstrich nicht völlig ein Jahr ... Gleich nach der feindlichen Occupation verwandelte sich das Departement des Kriegscollegiums, wobei ich den Dienst zu versehen hatte, in eine fürs ganze Land errichtete Truppenverpflegungscommission ... Fest entschlossen, bei der neubevorstehenden Organisation um keinen Preis in diesem Fach angestellt zu bleiben, nahm ich, sobald es anging, meine Entlassung, fand mich nun aber eine Zeit lang wieder außer Diensten und unfähiger als vorher, zur Erleichterung der Mutter und der Geschwister beizutragen. Ich glaubte um einen Posten bei der öffentlichen Bibliothek in Cassel werben zu können ... Allein die gewünschte Stelle wurde einem andern zu Theil, und nachdem das kummervolle Jahr 1807 vergangen und das neue mit stets getäuschten Aussichten begonnen war, hatte ich bald den tiefsten Schmerz zu empfinden, der mich in meinem ganzen Leben betroffen hat. Den 27. Mai 1808 starb, erst 52 Jahr alt, die beste Mutter, an der wir alle mit warmer Liebe hingen, und nicht einmal mit dem Trost, eins ihrer sechs Kinder, die traurig ihr Sterbebett umstanden, versorgt zu wissen. Hätte sie nur noch wenige Monate gelebt, wie innig würde sie sich meiner verbesserten Lage erfreut haben!*)

Ich war durch Johannes von Müllers Empfehlung dem damaligen Cabinetssecretär des Königs Cousin de Marinville bekannt und als tauglich zur Verwaltung der Privatbibliothek, die in Wilhelmshöhe aufgestellt war, vorgeschlagen worden. Es muß an andern begünstigten Mitbewerbern gefehlt haben, sonst wäre mir schwerlich eine solche Stelle  wie es am 5. Juli 1808 wirklich geschah, zu Theil geworden. Meine Fähigkeit dazu war von niemand geprüft. Die ganze Instruction des kgl. Cabinetssecretärs bestand in den Worten:

*) Die Geschwister, fünf Brüder und eine Schwester, Jacob, Wilhelm, Lotte, Ferdinand, Carl, Ludwig, unter denen Jacob als der älteste eine Art väterlicher Gewalt hatte, blieben zusammen wohnen.

Vous ferez mettre en grands caractères sur la porte: »Bibliothèque particulière du Roi.« Ich hatte nun alsbald 2000 Franken Gehalt, der sich nach einigen Monaten, vermuthlich, weil man mit mir zufrieden war, auf 3000 erhöhte. Nachdem wieder einige Zeit verflossen war, kündigte mir eines Morgens der König selbst an, daß er mich zum auditeur au conseil d'Etat ernannt habe, doch solle ich die Bibliotheksstelle daneben und hauptsächlich bekleiden (17. Febr. 1809). Das Amt eines Auditors beim Staatsrathe galt damals für ein besonderes Glück und führte leicht zu höheren Stufen. Da es überdem meine Besoldung um 1000 Fr. mehrte, so genoß ich nun ein Gehalt von über 1000 Rthlr., der ich ein Jahr zuvor keinen Pfennig bezogen hatte, und alle Nahrungssorgen verschwanden.

Dabei war mein Amt als Bibliothekar keineswegs lästig, ich hatte mich bloß einige Stunden in der Bibliothek oder im Cabinet aufzuhalten, konnte auch während diesen nach Besorgung des neu Einzutragenden ruhig für mich lesen oder excerpieren. Bücher oder Nachsuchungen in Büchern wurden vom König nur selten verlangt, an andere wurde gar nichts ausgeliehen. Die ganze übrige Zeit war mein, ich verwandte sie fast unverkümmert auf das Studium der altdeutschen Poesie und Sprache. Denn der Staatsrath machte mir, außer daß ich in gestickter Prachtuniform den Sitzungen beiwohnen mußte, wenig zu schaffen und bald merkte ich, daß, wenigstens wenn der König nicht persönlich den Vorsitz hatte, ich auch in den Sitzungen nicht immer zu erscheinen nöthig hatte. Von allen Gesellschaften wußte ich mich auszuschließen und lebte, wenn man hinzurechnet, daß der König oft Monate lang abwesend war, dann das ungestörteste Leben. Von dem König kann ich nicht übel reden; er benahm sich gegen mich immer freundlich und anständig, er schien, besonders in den letzten Jahren, zu mir, als dem einzigen Deutschen im Cabinet, weniger Zutrauen zu haben, als zu den übrigen Angestellten, die sämmtlich Franzosen waren; und ich finde das natürlich. Vielleicht wäre ich doch von der Stelle entfernt worden, wenn mich nicht der Cabinetssecretär Bruguiere (nachmals Baron von Sorsum), der bald jenem Cousin de Marinville nachfolgte, gehalten hätte. Dieser war ein gebildeter Mann, selbst Schriftsteller und in der englischen Literatur, auch in der orientalischen, soweit man es aus Übersetzungen sein kann, gut belesen; gegen mich bewies er sich besonders freundschaftlich und ich habe ihn später zu Paris wieder gesehen."

# Aus Wilhelms Selbstbiographie.

„Im Frühjahr 1807 [1806] wurde ich examinirt, und wahrscheinlich hätte ich im Laufe des Jahrs eine Anstellung erhalten, wenn nicht das Vaterland von den Franzosen wäre überzogen worden . . .

Das Drückende jener Zeiten zu überwinden half denn auch der Eifer, womit die altdeutschen Studien getrieben wurden . . . Was Bodmer früher angeregt hatte, war längst erstorben, dieses Gebiet konnte für ein eben entdecktes gelten, auch schien sich, wo man den Blick hinwendete, dem Auge etwas Neues darzubieten. Dazu kam die Zufriedenheit, die mit den ersten Versuchen verbunden zu sein pflegt, wo man die Schwierigkeiten noch nicht kennt und alles aufs Beste gemacht zu haben glaubt . . .

Meine Kränklichkeit hatte nach dem Tode der Mutter (1808) immer zugenommen; zu dem beengten Athem, der mir das Ersteigen weniger Stufen zu einer großen Last machte, und den fortwährenden stechenden Schmerzen in der Brust gesellte sich noch eine Herzkrankheit. Der Schmerz, den ich mit nichts vergleichen konnte, als dem Gefühl, es fahre von Zeit zu Zeit ein glühender Pfeil durch das Herz, war mit beständiger Beängstigung verbunden. Manchmal brach er in ein heftiges Herzklopfen aus, das ohne äußere Veranlassung auf einmal kam und eben so mit einem Schlage endigte . . . Im Frühjahr 1809 reiste ich nach Halle, wo ich Gelegenheit hatte, den berühmten Reil über meine Krankheit um Rath zu fragen. Ich sehe ihn noch, wie er, den Bericht anhörend, die großen blauen Augen unverwandt auf mich richtete. Er war eine große Gestalt und in den festen, fast scharfen Gesichtszügen lag zugleich etwas Mildes, in seinem ganzen Wesen aber die Sicherheit und volle Überzeugung, die bei einem Arzte so sehr das Zutrauen erregt. Er legte die Hand lange auf mein Herz, um die Bewegung desselben zu beobachten, endlich äußerte er, daß bei einem so anomalen Zustande nichts übrig bleibe, als Versuche . . . Ob nun die gebrauchten Mittel: Einreibungen starker Essenzen, Eisen- und Soolbäder, Elektrisieren von Wirkung waren, oder ob der Rath, den mir Reil ertheilte, eine Veränderung in den Gewohnheiten des äußeren Lebens anzufangen und regelmäßig eine Zeit lang durchzusetzen, oder das Fernhalten jeder Arbeit und Anstrengung und die Spaziergänge in den reizenden Gegenden von Giebichenstein das Wohlthätigste waren, weiß ich nicht, aber ich mußte doch am Ende der Kur eine Besserung meines Zustandes anerkennen. Ich blieb bis zum Herbst in Halle und erfuhr von der Familie des Capellmeisters Reichardt, die mich eigentlich zu der Reise dorthin bestimmt hatte, die herzlichste Freundschaft. Reichardt war bei manchen Eigenheiten und einem starken Selbstgefühl ein Mann von leicht bewegtem, edlem Herzen. Unter seinen musikalischen Erzeugnissen stelle ich die Compositionen zu Goethes Liedern oben an. Wer sie von den Gliedern seiner Familie hat vortragen hören, hat sie vielleicht erst in ihrem ganzen Werthe kennen gelernt . . .

Die Theilnahme an den großen Ereignissen jenes Sommers war allgemein: es war in jener Periode das letztemal, wo die Hoffnung einer Befreiung aufleuchtete. Der Kriegsschauplatz war nicht so fern, das Corps des Herzogs von Braunschweig-Oels und eine Abtheilung der Schill'schen Husaren zogen nach einander durch Halle. Ich sah den Herzog auf dem Markt halten und seine ernsten, von den weißen Augenbraunen beschatteten Züge sich ein wenig erheitern, als er einem Bürger, den er von seinem früheren Aufenthalt in Halle her kennen mochte, die Hand vom Pferde herab reichte. Damals schien er bei seinem Abzuge uns allen verloren, aber er hatte Recht gehabt, dem Glücke zu vertrauen, und er glich dem Muthigen, der bei dem Sturm sich aus dem Schiff herab ins Meer wirft und von den Wellen glücklich ans Ufer getragen wird. Nachdem der unglückliche Friede abgeschlossen war, schien Alles verloren und die französische Gewalt das feste Land von Europa auf eine Weise zu umstricken, daß man glauben mußte, es dürfe ohne ihren Willen fortan kein Glied mehr frei bewegen. Allein mitten in solchem Zustande völliger Hoffnungslosigkeit, der, gewöhnlicher Ansicht nach, keinen Zweig mehr darbietet, nach dem der Herabstürzende greifen kann, ersteht in dem menschlichen Herzen das Vertrauen auf Gottes Beistand: das Aeußerste, das eingetreten ist, scheint zugleich der Anfang einer besseren Zeit, und man fühlt sich von der Sorge befreit, nachzusinnen, auf welchem Wege die Hülfe kommen werde."

19.

## Wilhelm an Jacob.

[Halle, Sonnabend, 1. April 1809.]

Liebster Jacob!

Heute ist Sonnabend, gestern, also Freitags Nachmittag um 4 Uhr sind wir glücklich hier in Halle angekommen. Ich habe mich auf der ganzen Reise recht wohl befunden, ohne daß wir eine einzige Nacht schliefen, darum wir auch in so kurzer Zeit anlangen konnten. Am Mittwoch [29. März] Morgen um 6 Uhr kamen wir nach Gotha, nach langem Suchen fand ich die liebe Tante, noch im Bett, gesund und gar erfreut und überrascht mich zu sehen. Ohngeachtet ich nur eine Stunde bei ihr sein konnte, so mußte doch von Allem gesprochen werden, erstlich von Krieg und Frieden, dann daß sie nicht den Durchgang habe ꝛc., durch alles aber ist eine so herzliche Liebe gebrochen, daß es mich nur rühren konnte. Sie freut sich jetzt auf meine Retour, wiewohl ich nicht so lange werde bei ihr bleiben können, als ich dachte. Sie wohnt recht sehr schön, hell, niedlich, fast elegant, das Genähte von der Lotte machte ihr viel Freude. Sie hat sich einen Christuskopf in Öl gekauft, der in ihrer Schlafkammer hängt, ein schlecht Bild, aber schön durch ihre fromme Gesinnung. Die Zeise war auch da, noch recht treu, sonst habe ich niemand dort gesehen. — Von Gotha nach Erfurt, wo kein Soldat mehr war, die Stadt hat, wie alle sächsische, auch Halle, ein gewisses dünnes, bretternes, weiß angestrichenes und auf diese Art reinliches Ansehen. In Weimar waren wir schon um 3 Uhr. Wir gingen zur Jagemann, die eine recht angenehme, feine Comödiantin ist, wo der Werner auch war, der etwas bestimmt Widerliches hat. Von seiner Reise nach Italien, von Genua und dem großen Meer hat er nichts als ein Paar Sonette, worin der Mond als Hostie vorkommt. Als er Goethe diese vorgelesen, hat dieser gesagt, er solle ihm fortan mit dergleichen vom Hals bleiben, sonst sei es aus mit ihnen beiden. Goethe konnten wir nicht sehen, weil er gerade ausgefahren. Der Park ist auch so ohne Laub sehr schön. — Um 10 Uhr fuhren wir ab von Weimar, über das Schlachtfeld von Auerstädt um Mitternacht, wo mehr als 20,000 ruhen. Der Mond schien ganz hell auf die Gegend, und es machte einen ganz eigenen Eindruck. Der Postmeister in Auerstädt hat mir mancherlei erzählt von der Schlacht. — Dann durch Naumburg, Merseburg, dessen berühmtes Bier ganz schändlich wie matter Rhabarber schmeckt.

Hier in Halle ist es leer, und ich habe bis jetzt noch keinen einzigen Studenten gesehen. Wir logiren bei Steffens, von dem ich Dir nächstens, wie von der ganzen Reichardtschen Familie schreiben werde, der überaus freundlich ist. Mit der Universität sieht's schlecht aus, vom Bucher erzählte Steffens als einem höchst faden, albernen Jungen, der bloß durch das läppische, schlechte Wesen von Müller hier angekommen, gegen welchen Steffens nicht wenig aufgebracht ist. Man hat ihm dagegen Vorstellungen gemacht, da hat er geantwortet, er wolle ihn recht gern wieder absetzen, es gehe aber nicht, da er einmal da sei, und dergl. Schwaches mehr. Morgen werde ich Reil sprechen wegen meiner Gesundheit, die Bibliothek sehn durch Steffens' Hilfe, da sie eigentlich verschlossen, und sonst noch alles Interessante, worüber ich Dir dann schreiben werde. Heute wollte ich Dir bloß meine glück= liche Ankunft melden.

Auf der Reise war es mir nach meiner ganzen Natur nicht anders möglich, als mancherlei Unkosten zu tragen, die wohl 10 Thlr. betragen, ich werde mich dafür hier einschränken wie ich kann. — Wenn Du den Brief von Reichardt erhältst, so sende ihn gleich, oder wenn er binnen acht Tagen nicht kommt, schreibe dies, damit des= wegen Sorge kann getragen werden. —

Schreibe mir auch bald, lieber Jacob, ich denke jeden Augen= blick, den ich allein bin, an Euch und Dich zurück mit herzlicher Sehnsucht.

Wilhelm.

Adieu, behalt mich lieb. Schreib auch von Clemens und Arnim.

Adresse: Monsieur Grimm, Auditeur au Conseil d'Etat. Cassel en Vestphalie. Empfangsstempel: 4. Avri 1809.

20.

## Wilhelm an Jacob.

[Halle,] am 10. April 9.

Ich erwarte schon seit ein Paar Tagen Nachricht von Dir und es wird mir jeden Abend schwerer, daß ich nichts von Euch höre.

Vor einigen Tagen habe ich den Reil gesprochen, er kam zu mir auf meine Stube, ich mußte ihm meine ganze Brust und den Leib zeigen, welche er lang beobachtete. Er sagte, es sei ein seltsamer, anomaler Zustand des Herzens, und es arbeite und schlage unter einem schweren Druck. Es sei nun die Frage, wie diese äußeren Erscheinungen könnten erklärt werden innerlich. Conradis Arzneien fand er gut, aber zu allgemein, weil die Pillen mir gut bekämen, so sollte ich sie fortnehmen, darauf verschrieb er einen Balsam, womit ich Papier beständig tränken und auf dem Herzen tragen sollte. Auch ein Pulver muß ich gebrauchen und noch etwas sehr Starkes zum Einreiben. Er meint auch, es mit warmen Bädern einmal zu versuchen, und dann gebe es auch noch einige Arzneien, die eine ganz bestimmte Wirkung aufs Herz hätten. Die Brustkrankheit müßte man vorerst ruhen lassen.

Reil scheint ein sehr vortrefflicher Mann zu sein, von deutschem tüchtigem Ansehen und doch mit milden, freundlichen, hellblauen Augen. Er sagt, wenn ich mich in seine Cur begeben wolle, so müsse er wenigstens ein paar Monate haben, denn es müsse sehr leise versucht werden, weil das Gegentheil allzugefährlich. — Ich bin nun Willens, auch dieses noch zu versuchen, nicht daß ich glaube, ich könne meine Gesundheit wieder erlangen, allein ich hoffe, daß er mir Besserung und Erleichterung verschaffen kann, und ich bin es jenen schrecklichen Augenblicken meines Herzklopfens schuldig, wo ich mir es ewig vorwerfen würde, nicht alles versucht zu haben, mich von dieser wirklichen Todesangst zu erlösen. Die Kosten meines hiesigen Aufenthalts werden nicht viel bedeutend sein, höchstens 50 Thaler, ich werde darum der Tante schreiben, die mir schon bei der Durchreise ihre Unterstützung angeboten hat. Die Reisekosten sind eigentlich die Hauptsache, hier brauche ich wenig, ich habe sehr billig in demselben Haus, wo Reichardts und Steffens wohnen, eine Studentenstube gemiethet und ich brauche nur den Zucker zu dem Thee zu bezahlen, da ich auch diesen habe. Bei Reichardt und Steffens, die gemeinschaftlich sind, esse ich bisher und werde wohl da bleiben, es ist ein frugaler Tisch, allein längerhin werde ich es nicht annehmen können, da beide, auch Steffens, in so bedrängter Lage sind. — Übrigens ist der Brief von Reichardt mit dem Wechsel angekommen.

Ich bin den ganzen Tag auf meiner Stube und arbeite, nur Mittags zum Essen und Abends zum Thee bin ich unten. Steffens ist ein geistreicher Mensch, der aber gern von sich spricht, sehr heftig ist, vielleicht mehr als er durchsetzt. Gegen mich ist er sehr artig, hilft mir gern bei den dänischen Volksliedern aus und ist überhaupt gefällig. Wir waren auf der Bibliothek, wo ich aber nichts gefunden, als ein seltsames Buch von einem gespenstigen Geist, der Katzenveit heißt und wie der Rübezahl neckt und Possen treibt. Es ist eine Volkssage auch, wie von diesem, doch hab' ich noch nie etwas davon gehört. Bei Antiquaren habe ich 5 Romane für 10 Groschen preuß. gekauft, worunter ein guter: Der Leipziger Avanturier, der das ganze Leipziger Studenten- und Magisterleben enthält, von den Schulstreichen an, und dem gewiß Wahrheit zu Grund liegt. — Steffens läßt diese Messe zwei Bücher erscheinen, worunter eins „Über die Idee der deutschen Universitäten." Es sind gehaltene Vorlesungen, die manches berühren, was Schleiermacher übergangen. Ich glaube, daß es etwas Gutes sein wird, da er gerade zu denen gehört, die durch eine lebendige Rede anregen, diese Vorlesungen aber von ihm dictirt sind, nicht aufgeschrieben. Mach doch Savigny aufmerksam darauf. Steffens' Frau ist ungleich die schönste und lebendigste von Reichardts und überhaupt recht liebenswürdig. Die andere verheirathete Schwester hat ein gutes, freundliches Gesicht, aber etwas Trauerndes in ihrem Wesen.

Vom Genialen hört man, daß er nach Dresden kommen wird. Friedrich Schlegel, Collin, Hormayr sind sämmtlich mit in den Krieg, um ihre Federn zu ziehen, wenn andere den Säbel. Ob er hierher kommen wird, überhaupt ist sehr zweifelhaftig.

Öhlenschlägers Gedichte hab' ich auf Dänisch gelesen. Es ist merkwürdig, wie einiges sehr Herrliches mitten in einer Menge ganz schlechtem ordinärem Zeug stehen kann, und ich glaube nicht, daß die Poesie bei ihm so ein reiches Quellen ist (wie etwa bei Arnim), wie Steffens glaubt.

Sobald Du etwas von Clemens hörst, schreibst Du es gewiß. Hier in dem Hause genießt er eine reine Verehrung, Louise hat an ihn geschrieben und ihn in ihrem und aller Namen hierher einladen sollen.

Lieber Jacob, ich denke täglich an Dich und weiß, daß mich niemand aufrichtiger liebt als Du. Am traurigsten ist mir das einsame Aufstehn und Schlafengehn. Behalt mich lieb und glaube nicht, daß ich mir ein Vergnügen machen will durch mein Hiersein, während=

dem Du Last davon hast, denn Du schreibst nun auch die Briefe. Schreib recht bald und von Euch allen.

Adr. H. Prof. Steffens.                                        W.

Adresse: Monsieur Grimm etc. C. en Vestphalie. Empfangs=stempel: 14. Avri 1809.

<hr>

### 21.
### Wilhelm an Jacob.

[Halle, Freitag den 14. April 1809.]

Heute bin ich nun schon 14 Tage hier und heute hab' ich die erste Nachricht von Dir, lieber Jacob, erhalten, auf die ich recht sehn=lich gewartet. Es geht mir hier noch gut. Steffens gefällt mir viel besser, es ist ein gescheidter Mensch, mit dem man ein vernünftiges und erbauliches Gespräch halten kann. Er weiß auch einiges von der deutschen Poesie, hat die Müllerische Sammlung und dergl. gelesen und freut sich über manches, was ich ihm von dem frühen Leben der Sagen und ihren Wandrungen gesagt, weil dies mit seiner Ansicht übereinstimmend. Er meint, daß auch so die Poesie, wie Mythologie, zuletzt auf eine unmittelbare göttliche Offenbarung zurückgeführt werden könne und aus dieser ausgegangen. So sei die tiefe Naturbedeutung mancher Sage unverkennbar, z. B. des gefesselten Prometheus, wie sie sich noch in Aeschylus erhalten und noch hell in der gewiß sehr merkwürdigen Melusina. In den Bergen habe ihr Vater gewohnt, aus denen sie, selbst das Wasser bedeutend, hervorgegangen und sich nun mit dem Licht verbunden, aus welcher Verbindung die mannig=fachen Gestaltungen der Erde hervorgegangen, wie in den so seltsam gebildeten Söhnen zc., denn die ganze Erde hat sich als Niederschlag aus dem Wasser ohne Zweifel gebildet. Merkwürdig ist, wie die alte Sage oft auch den frühen Zustand der Welt darstellt, wo noch fast alles Insel (wie ganz alte Landkarten) erscheint, so im Zug der Argo=nauten. Es versteht sich, daß diese Bedeutung unschuldig und bewußt=los darin ist, wie auch in der Mythologie. Steffens sagt, es sei wahr=haft zum Erschrecken, wie, was er durch anhaltendes Studium und Speculation gefunden, schon einfältig und klar in der Mythologie gesagt werde. Ein merkwürdiges Beispiel ist dieses: Das Weltmeer und das Gestein ist entstanden, indem beide bei gewaltsamer Er=schütterung und innerlicher Bewegung der Erde sich abgesondert, gerade wie beim Weinen des Menschen (denn überall, auch im Kleinsten, bildet das Ganze sich wieder ab) die Thränen hervorkommen, die genau in ihren bitteren und salzigen Theilen mit dem Meerwasser übereinstimmen. Nun enthält aber die griechische Mythologie die Sage öfter, wie aus großem Schmerz und Weinen die Menschen versteinert worden sind. Steffens hält es übrigens für unrecht, nun a priori aus der Mythologie die innere Geschichte der Erde zu deduciren, es sei Pflicht, auf anderm Wege durch treues, anhaltendes Studiren der Erfahrungen und durch Erforschung der Natur dies aufzusuchen und dann erst die Übereinstimmung nachzuweisen. Diesen Fehler habe zum Theil Schubarts sonst gutes Buch, überhaupt aber Görres, dessen Manier ihm deshalb zuwider sei. Steffens erkennt auch nicht, wie Schelling, die Philosophie als eine Besonderheit, und nur zweierlei an, Geschichte und Natur, die beide innig zusammenhängen.

Von Reil habe ich Dir schon neulich geschrieben. Er hat einen durchdringenden Verstand, und seine Rede krystallhell und fest, eine Tiefe der Speculation, die man selten so mit Verstand vereinigt findet. Er spricht langsam, aber ungemein scharf und klar. Mit großem Vergnügen hört' ich ihn neulich über die Epochen in der Lebenszeit reden und von dem Stillstand der Mitternacht, von einer ehernen erschrecklichen Stille, die er von 12—2 in einsamen Gegenden beobachtet. Dabei ist seine Stimme sehr mild und freundlich. — Ich muß seine Arzneien noch fortbrauchen, wenn ich mich nicht täusche, so meine ich zuweilen, es sei etwas besser. Eine seltsame Erfahrung habe ich gemacht, er legte seine eine Hand auf das bloße Herz, die andere auf den Rücken, so wie er nun, nachdem er das Schlagen beobachtet, anhub, ein klein wenig zu drücken, empfand ich große Angst und konnte es durchaus nicht vertragen, daß er sich selbst wunderte. — — —

Einen Brief von Arnim erhielt ich eben, wie mein letzter an Dich fort war, demnach müßte meine Recension von Hagen schon abgedruckt sein, ich schicke ihn hier mit. Wenn Du ihm schreibst, kannst Du den Brief an mich schicken, und ich kann dann hinzuthun, was ich ihm zu sagen habe, und ihn absenden.

Neulich hat mich der Steffens in den Professorclubb geführt. Ein höchst lächerlicher Mensch ist der Prof. Voß, der über Staatswirthschaft liest und das Journal, die Zeiten, schreibt. Er gleicht dem Jericho und spricht im hochtrabenden, eingebildeten Ton lauter ganz ordinäre Dinge. Steffens hatte ihn beständig zum Besten, ohne daß er das Geringste merkte. — — —

Steffens ist ein sehr vertrauter Freund vom Runge. Vor einiger Zeit hat er ihm ein höchst originelles Werk über die Farben geschickt im Mf.; in Goethes Werk über die Farben, an dem schon (aber langsam) gedruckt wird und noch geschrieben, wird auch ein Brief von Runge stehn, den Goethe zu seinen Beobachtungen nach Weimar eingeladen hat. Steffens weiß nicht genug zu sagen, was für ein herrlicher Mensch dieser Runge sei. —

Ich muß hier aufhören, werde aber bald wieder schreiben. Ich denke recht oft an Dich, lieber Jacob, und habe Dich lieber als alles Andere auf der Welt.                                        W.

Adresse: A monsieur G. etc.  Empfangsstempel: 18. Avri 1809.


22.

### Jacob an Wilhelm.

[Cassel,] Samstag am 15. April 9.

Liebster Bruder,

soeben erhalte ich Deinen Brief vom 10. und antworte Dir gleich. Ich werfe mir hart meine Schuld vor, daß ich jemals gegen Deine Reise gesprochen, Gott gebe, daß Dir der Reil hilft und Du zu ihm vertraust; es ist mir bang, daß seine Genauigkeit, womit er zu Werke geht, Dich ängstlich machen könnte. Ich hatte an Reil nicht so lebhaft gedacht, weil mich Conradis Verfahren mit Dir sehr beruhigte. Von Geld, was es kosten kann, ist gar keine Rede, ich bitte Dich um alles, daß Du Deiner Gewohnheit und Bequemlichkeit nichts abziehst und Dir Wein und alles kaufst, was Du vielleicht vermissest, wenn ich Dir Geld schicken soll, so schreib mir nur oder laß Dir dort das den Reichardts geliehene geben. Deine längere Abwesenheit thut mir freilich gar leid, ich lebe hier viel stiller und trauriger, als Du in Halle.

Auch außer Deinen Briefen ist sonst nur ein einziger gekommen, gestern von Creuzer, sehr verbindlich. Die Recension soll bald abgedruckt werden, etwas gedrängter, glaube ich, wäre sie ihm lieber gewesen. Es scheint, daß er bald nach Holland abgeht, denn er hofft mich einmal auf einer Kunstreise in Leiden zu sprechen, worüber wir wohl beide vergessen werden, was wir uns sprechen wollen. Böckh ist sein Nachfolger in Heidelberg geworden und redigirt mit Wilken die Jahrbücher für Philologie, Geschichte und Poesie, die also nichts leiden werden. Von Brentano und Arnim weiß er auch nichts, ersterm hat er auch Recensionen abgefodert, aber keine erhalten, wohl aber von letzterem. Görres wäre in Coblenz nun recht vergnügt. Voß hat sich einen Polyp in der Nase und einen alten Schaden an der Hand heilen lassen und ist vertraut mit Baggesen, der sich dort herumtreibt und bei Cotta gegen die Romantiker heftig schreiben wird. — An Savigny habe ich gestern das Lehengesetz geschickt und kurz geschrieben.

Deine Abhandlung in die Studien würde doch nach Ostern erscheinen, der Druck wäre durch die eigentlichen Meßartikel aufgehalten worden. In dem elften Hefte steht nur der Eingang zur Nibelungenrecension. Ich wünsche manches daraus weg, vor allem das Urtheil über Parzival und Tristan. Wir hatten beide wohl zu flüchtig gelesen, ich habe sie nun wieder gelesen, der Parzival steht weit über dem Tristan in Sprache und Poesie, worin der Wolfram auch einzig steht und noch gar nicht erkannt wird, die Sage im Parzival ist auch nicht verwickelt, aber der Inhalt schwerer, ernsthafter. Die Geschichte ist im Tristan viel freier, lieblicher, scheint aber auch unwahr und lügenhafter, und der Parzival viel älter und historischer. Dabei ist vorzüglich der Gottfried breit und geschwätzig, gewandt aber selten tief, ja geneigt, wunderbare alte Sagen, die in Tristans Geschichte vorkommen, daraus auszulassen. Deine Urtheile über Tiecks Octavian, über Schlegels Octaventristan sind nicht die meinen, und das über Hebels Übertragung ins Hochdeutsche wenigstens Deinen Übersetzungen aus dem Dänischen entgegen, denn alte Sprachen und Dialecte sind ganz einerlei. Da ich nicht weiß, ob Du den Meßkatalog schon gesehen hast, so schreibe ich Dir die vielen Neuigkeiten daraus und erspare Dir die Mühe. [Es folgt ein Verzeichnis von 27 Büchern, das hier fehlen darf.]

Deine Nachsuchungen in Halle auf der Bibliothek freuen mich, wir können jetzt doch wenig Bücher übergehen und finden allerwärts. Im Nitzsch habe ich schon sehr viel angetroffen, es ist ein sehr behilfliches, gutes Buch. Kannst Du dort was über Grubers mythologisches Lexikon erfahren? es ist derselbe, der in Elysium und Tartarus zuweilen schrieb. Weimar, Industriecomptoir. Ich hätte Lust, einen Abdruck der alten spanischen Romanzen zu veranstalten, das scheint jetzt abzugehen, wenn ich nur Zeit und Bücher dazu hätte, in Göttingen wären die wohl — ich will die altdeutschen Romane nach und nach durchlesen und ausziehen. Suhms Einleitung über die drei Odine ꝛc. gefällt mir gar nicht, überhaupt ist das Ganze so, daß man deutlich sieht, er würde keine Sagen darein aufgenommen haben, wenn die nordische Literatur nicht so reich davon wäre oder etwas anders hätte. Der Stil ist miserabel.

Sind dort keine neue Kindermärchen? Die von Grimm habe ich immer noch nicht, den Stilling aber endlich bekommen.

Die beiden Murhards fragen einen bis aufs Blut aus. Neulich ging ich wegen der Uniform hin, die ich mir noch nicht machen lassen, da erschrack ich mehr, wie er wohl erschrocken war, als er mir sagte, daß eben sein Vater gestorben wäre, er sprach aber kalt und, wie er meinte, als Philosoph über das Ableben der Menschen hinausgesetzt. Dann fragen sie einen aus über alles, was man vorhat und liebt, ohne sich durch irgend eine Antwort abbringen zu lassen, daß ich jedesmal hernach bereue, wenn ich einen gesprochen, daß ich etwas Unbesorgtes gesagt, oder daß ich ihm meine Meinung bloßgegeben habe, weil ich leicht mich und alle Verhältnisse vergesse. Das schadet nun wohl nichts, ich will es aber in Zukunft vermeiden. Beide sind mir uninteressant und trocken, ihre Neigungen und Studien liegen weit von unsern ab und scheinen mir nicht von Belang. — — —

Man sagt bestimmt, Marburg, Rinteln, Helmstädt sollten aufhören.

Die andern grüßen Dich, ich bin ewig Dein treuer Bruder Jacob.

Frag doch Reil auch um meinetwegen bei Gelegenheit. Conradis Tropfen helfen nichts und machen mir Kopfweh, wie es scheint.

— — —

Adresse: An Herrn Wilhelm Carl Grimm, Halle a. d. Saale, bei H. Prof. Steffens. franco.

---

## 23.
## Wilhelm an Jacob.

Halle am 21./4. 9.

Liebster Jacob! Dein Brief hat mir große Freude gemacht und Deine Liebe darin, wie ich nicht sagen kann, und ich fühle wohl, wie sie der einzige Grund meines Lebens ist und ich sie beständig in meinen Gedanken trage.

Mit meiner Gesundheit ist es so, ich könnte wohl sagen besser, wenn ich solche 14 leidlich beruhigte Tage nicht auch sonst gehabt hätte, doch will ich Hoffnung fassen. Ich muß nun auch für meinen Hals zweierlei brauchen, weil zwei Nerven daliegen, die mit dem Herzen in Verbindung stehn und die gedrückt sein können. Ich dufte ordentlich von Melissenbalsam, dann von Kampfer, Salmiak und dgl., als wenn ich bei lebendigem Leibe sollte einbalsamirt werden, um nicht sterben zu können. Reil habe ich seit einigen Tagen nicht gesehn, da er, wie ich eben gehört, krank geworden, hoffentlich nicht bedeutend. Ich werde ihm nächstens von Deinem Zustand reden, neulich waren wir sämmtlich zum Thee invitirt (welcher nach hiesiger Sitte bis 11 Uhr dauert, indem Kaltes und dergl. servirt wird später), es war aber etwas steif, da es sehr vornehm bei ihm ist, Kron= und Arm= leuchter 2c. — — —

Zu Giebichenstein bin ich gewesen. Es ist in der That eine herrliche Gegend, mitten durch schöne Felsen schwimmt der helle Fluß, die Höhen sind nun zu lauter Gärten gemacht, aus welchen man die reizende Aussicht hat auf den Fluß und die weiten Tiefen. Das Ganze hat einen unbeschreiblich heiteren, wohlthätigen Charakter. In Reichards Garten war ich noch nicht, nur in dem Bartels (den Du auch kennst) seinem. Dieser hat jetzt auf den Ruinen der alten Burg Giebichenstein eine wunderbare Anlage gemacht, die ich mit nichts zu vergleichen weiß. —

Deine literarischen Nachrichten sind mir sehr angenehm, ich sehe hier nichts als vierteljahralte dumme Journale. Ich werde also eine Menge neuer schöner Bücher finden, so reich ist die Messe gewesen!

Warum kannst Du Dir die spanischen Bücher nicht von Göttingen kommen lassen, hier ist durchaus nichts davon, in Gotha werde ich nachsehn, ich hatte vergessen, Dir zu antworten, daß ich dort nicht lang bleiben kann, weil die Tante so eingeschränkt wird, daß ich nicht einmal bei ihr essen kann, mithin der Aufenthalt zu kostspielig sein würde. Nach Kindermärchen habe ich mich hier längst erkundigt, man hat mich aber mit der 1001 Nacht befriedigen wollen und Echtes nichts gewußt. — Daß ich in einer fast vor einem Jahr geschriebenen Recension jetzt manches Andere und anders sagen würde, begreift sich, nur weiß ich nicht, ob ich größeres Lob gegen die romantischen Ge= dichte spenden würde. Einmal hab ich wirklich damals eine bessere Meinung davon gehabt, als Du, denn Du wirst Dich erinnern, was ich gesagt, wenn Du gar nichts hast darauf geben wollen, und dies auch ausgedrückt, indem ich meist gegen das Zerfließen des Ganzen und [von] dem freiheitslosen Anfassen, nicht von den Einzelheiten geredet, die Grundlage habe ich herrlich genannt. Daß dieses von allem Rhythmus entblößte Silbenmaß nicht zuwider und eine prosaische Auflösung nicht lieblicher sein sollte, kann ich noch nicht glauben. Ich zweifle nicht, daß der Parzival einen genauen Zusammenhang hat, und nachdem Du diesen durch einen Auszug völlig begriffen, scheint er weniger verwirrt, wie er bei einem einfachen Lesen gewiß ist. Der Tristan ist doch eben bei dem Leben in der Grotte von großer Anmuth. — Der alte Tristan ist ein Produkt der Kunst, d. h. der Besonnenheit, der Bewußtheit in einer durchaus nicht unschuldigen, sondern relativ sehr gewandten, kunstreichen Sprache, Schlegels Bearbeitung würde dasselbe sein. Wenn Du sie nun so schlechthin verwirfst, so sprichst Du ihm entweder Poesie ab, d. h. er ist unfähig, das Gedicht zu ergreifen oder zu denken, oder Du geräthst in eine Einseitigkeit, in die ich niemals eingehen kann, zu glauben, diese wunderbare Gewalt einer gänzlich frei gewordenen, in höchster Grazie sich bewegenden Sprache, wie sie im Octavreim erscheint, sei vernichtend für die Poesie. Ich weiß zwar auch, daß die Poesie eine solch ausgebildete Sprache nicht nöthig hat, um sich auszusprechen, ich glaube aber auch, daß sie es kann, ja weil sie ursprünglich und in ihrer Idee nur eins ist, immer dahin ringen wird. Wir ehren und lieben die Herrlichkeit altdeutscher Malerei wegen des großen Geists, in diesen Formen ausgedrückt, demungeachtet wird mir ein Bild noch lieber sein, wo auch die Härte der Formen verschwunden und derselbige tiefe Geist in freier Anmuth sich entfaltet. Überall in allen Anfängen hat die Kunst, die Seele, mit der harten Form ringen müssen, bis sie gesiegt, wie in Rafael. Daß man in moderner Gesinnung eine bloß äußerliche Schönheit der Worte oder Gestalten für Poesie und Malerei ausgegeben, ist kein Einwurf. Bist Du consequent, so mußt Du Romanzen wie die Braut von Korinth mit allem Zauber der Sprache nicht lieben. Ich schätze aber sehr die moderne Poesie, Tiecks Genoveva, Octavian sind nicht die alten, aber doch ungemein vortrefflich. — Ob es sich mit meiner Übersetzung der dänischen Lieder wie mit den Hebelschen Übertragungen verhält, sollst Du dann sagen, wenn Du sie einmal recht ordentlich und ohne Vorurtheil gelesen hast. — Über Suhms Buch habe ich dasselbe Urtheil, wir arbeiten noch nicht unnöthig dasselbe, wenn ich von dem Zeichen an es durchlese zum Excerpiren?

Wie man immer von fremden Anregungen sich ein wenig leiten läßt, so habe ich mir von Steffens auch den Jacob Böhm und den Paracelsus und dergl. geben lassen. Die Morgenröthe des ersten ist von wunderbarer Tiefe und Göttlichkeit und auch ganz verständlich. Merkwürdig ist, wie er und auch Paracelsus die Sprache fast gewaltsam durchbrochen. Einen Tauler bei dem Antiquar hab ich von Steffens nicht erhalten können, welches mir leid thut. —

An die Brüder denke ich mit Leidwesen. Es ist mir so klar, als irgend etwas, daß Strenge, ja gewissermaßen Gewalt bei dem Ferdinand Pflicht ist; wenn er etwas hätte, ein Streben, das Achtung verdiente, so müßte ihm die Freiheit dazu bleiben, so aber geht er gerade ins Verderben. Ob ein solch Leben noch zehn Jahre fortgeführt ihn nicht zu einem Blödsinnigen machen muß, kann leider keine Frage sein. Am Karl wird sich der innerliche Mangel an Trost immer auf eine solche Art offenbaren, weil er an nichts festhält, greift er fast blind nach allem, wo er Stütze hoffen kann. Aber Du hast Recht dabei, er ist so rechtschaffen und ehrlich, daß ich ihn auch herzlich liebe. — — —

Lieber Jacob, schreibe mir recht oft, Deine Briefe sind mir ein Trost und in der Zeit, wo ich sie lese, wie Deine Gegenwart.

W.

Von R. habe ich alles Geliehene zurückerhalten, also Geld genug. — — —

Adresse: A monsieur G. etc. Empfangsstempel: 26. Avri 1809.

Nachschrift auf einem Zettel.

den 22<u>ten</u>.

Eben war Reil da, ich habe ihm Deine Sache vorgetragen. — — —

Ich hab heute ein kleines gewöhnliches Katarrhfieber und werde ein Paar Tage zu Haus bleiben. Das Wetter ist so abscheulich. Ich habe mir Quintus Fixlein von Jean Paul in einer Lesebibliothek dazu holen lassen und kann mir nicht helfen, es ist doch etwas sehr Herrliches in ihm. Es ist das Leben eines armen Schulmannes und bis S. 115, so weit bin ich, gar schön. Voran steht der Tod eines Engels.

24.

**Jacob an Wilhelm.**

Caffel, 26. April 9.

Liebster Wilhelm,

ich fürchte, es ist die Angst gewesen um mich, weil Du von den hiesigen Unruhen gehört haben wirst. Sie haben mich wirklich verhindert, Dir mit letzter Post zu schreiben, in Gefahr bin ich dabei nicht gewesen, ich danke Gott, daß Du nicht hier warst, von den Auftritten sebst erwähne ich nichts weiter, es scheint fast beigelegt, die erlassenen Proklamationen kannst Du bei Deiner Zurückkunft einmal lesen. Österreichs wahrscheinliche Vernichtung wirst Du dort ebenso bald erfahren haben, wie wir hier.

Deinen lieben Brief vom 21. habe ich heute bekommen, und ich bitte Dich, mir von Deiner Gesundheit immer solche weitläufige Nachricht zu geben. Ich bin seit einigen Tagen öfter in Wilds gewesen, die Lisette gefällt mir besser als je und ist von Herzen brav. Ihr Bräutigam wohnt jetzt in unserer gelben Stube und wird einige Wochen darin bleiben, ich habe auch nichts an ihm auszusetzen, sie werden gewiß glücklich leben.

Du kannst denken, daß ich meine Arbeiten seit der Zeit liegen gelassen, und es geht noch nicht recht. Neues habe ich wenig gehört. Der Roquefort hat mir aus Paris sehr artig geantwortet, jedoch mir mehr von seiner Lebensgeschichte, als den gewünschten Nachrichten geschrieben. Ich will doch, wenn ich Zeit habe, die Correspondenz fortführen.

Den Trott habe ich heute im Staatsrath gesehen, er ist von Wien hier und will mich besuchen.

Stell' Dir vor, gestern ist der gute Schüler ganz plötzlich gestorben, sein alter Vater hat laut geweint, daß er jetzt außer Brod wäre. Das wird Reichardts auch leid thun. Von der Capelle kann ich ihnen nichts melden, ich erfahre gar nichts.

Ich breche diesmal ab, schreibe Dir aber bald wieder und bin Dein getreuer Bruder

J.

Von Louis bin ich auf Briefe begierig.

Adresse: An Herrn Wilhelm Grimm, Halle. Saaldepartem. Abr. H. Prof. Steffens.

25.

## Wilhelm an Jacob.

Halle, Sonnabend [29. April 1809].

Meine Arznei wird immer stärker, ich habe jetzt ein Wasser, womit ich das Herz wasche, das gewiß spirituöser ist als das beste eau de Cologne, nur auf eine andere Art. Wenn ich mich nur nicht täusche, wenn ich es für etwas besser halte, denn wie leicht ist das möglich, und nun Reil bei dieser Cur, da er gewiß Versuche macht, bleibt, währenddem eine andere besser ist. Diesen Sommer errichtet Reil hier eine Badeanstalt, die Lauchstädt legen soll; es wird eine Kirche zu einem Comödienhaus eingerichtet, und die Truppe von Weimar kommt vielleicht hierher. — Die Arznei kostet übrigens viel.

Meine Recension habe ich endlich in zwei Heften gelesen; ich muß mir doch darin Recht geben, ich hatte sie so sehr vergessen, daß sie mir halb als fremde Arbeit vorkam. Von Hebels Gedichten steht gar nichts darin. [Es folgt ein Druckfehlerverzeichnis.]

Mein dummes Katarrhfieber hat mir doch 8 Tage weggenommen. Den Quintus Fixlein müssen wir durchaus haben. Nirgends ist das Leben eines dummen, armen, redlichen Landpfarrers herrlicher und poetischer dargestellt. Es macht Dir gewiß viel Freude. Ganz köstlich ist der Anfang, eine Reise eines aufgeklärten Schullehrers, und die Geschichte von einem Zerstreuten.

Görres' Recension vom Wunderhorn ist so hell und anmuthig gehalten, wie weniges von ihm. Arnims von Wagner bringt mild und freundlich und anerkennend, wie läuternd durch. — Kannst Du bei der zweiten Edition von Docen Deine Recension nun nicht brauchen?

Von Gruber habe ich nichts erfahren können. — Wenn Du etwas von Clemens oder Savigny hörst, vergiß nicht zu schreiben. Adieu, liebster Jacob, behalt mich lieb.

W. G.

Adresse: A monsieur G. etc. Empfangsstempel: 3. Mai 1809.

---

26.

## Jacob an Wilhelm.

Cassel, Mittwoche, 3. Mai 9.

Lieber Wilhelm,

ich bin jetzt wieder ruhiger und in alles getroster. Es hat mich gewundert, daß Du in Deinem Brief vom Sonnabend nicht daran

zu denken scheinst, da gewöhnlich in der Entfernung die Sache durch
Lügen viel größer gemacht wird. Auf Nachricht von Savigny,
Clemens und Louis bin ich täglich begierig, aber kein Brief will
daher kommen. Du sollst sogleich davon Wissenschaft erhalten.

Du hast doch nicht dem Reil gesagt, daß Dein Aufenthalt in
Halle auf eine bestimmte Zeit, etwa einige Monate, eingeschränkt
sein müßte, es wäre mir sonst angst, daß er sich mit seinen Mitteln
zu sehr concentriren, d. h. eilen wollte, weil Du schon so starke
Sachen anwendest, denn Deine Krankheit ist doch, wenigstens meisten-
theils schwach. Doch habe ich natürlich viel Vertrauen auf ihn, was
wäre das für eine Freude, wenn Du gesund zurückkämest! — Ich
danke Dir für die Vorschriften für mein Übel, weil sie so weit her-
kommen, scheinen sie mir noch weitläufiger als sie schon sind. Bewegung
aber mache ich mir jetzt genug, ich fange an, an die Nothwendig-
keit dieser zu glauben, denn meine Natur hat sie mir deutlich genug
selber verordnet dadurch, daß ich aufhören muß zu arbeiten, weil
mich die Augen immer mehr schmerzen. Wenn der Reil dafür etwas
wüßte!

Ich habe gestern auch den Schluß Deiner Recension gelesen und
Du weißt längst, daß das ganz meine Meinung ist. Arnims Grund
beweist zu viel, denn auch Tiecks Minnelieder haben sich vergriffen,
und zu wenig, denn wenn Tieck die Minnelieder unverändert und
Hagen die Nibelungen unverändert hatte abdrucken lassen, so würden
sie ebenso auf alle Tische liegen gekommen sein [sic]. Görres'
Recension ist herrlich, eine Abhandlung über die Volkspoesie, worin
freilich nicht alles auf das Wunderhorn und seine Herausgabe paßt.
Besonders hat mir der Anfang gefallen, denn man könnte in dem
Folgenden fast nur Wiederholungen desselben Thema finden; aber
wie reich und tief sind auch diese nicht! Die Recension der Wagneri-
schen Bücher ist mir weniger lieb, weil ich sie zum Theil für unge-
recht halte, so wenig und so ungern ich auch vom Wagner gelesen
habe, und also mehr aus meinem Gefühl urtheile. Viel begieriger
bin ich auf die Recension des Stilling, den ich nunmehr aus habe, und
dessen erster Theil, d. h. das von Ahnungen, Vorhersagungen 2c. mich
unendlich mehr ergriffen hat, als der zweite von den Erscheinungen.
Es hat mich in diesem Buch fast erschrocken, daß ich eine für wahrhaft
vorgegebene neue Geschichte schon im Vincent. bellovac. gelesen
hatte. Das macht nun im Ganzen nichts, aber es ist mir doch
ein Anstoß.

Ich glaube, daß ich über den Fixlein mit Dir übereinstimmen werde, denn er scheint mir in die Art des Siebenkäs zu hören, der mir immer noch bei weitem das Liebste ist. Im Titan bin ich erst noch am dritten Band, so wenig kann ich daran fort, keine einzige Figur ist wahrhaft lebendig und hält fest, weder Roquairol noch Liane, noch weniger Albano, Schoppe kommt bis jetzt wenig oder nicht vor. In den Hundsposttagen ist doch der Emanuel, der das Ganze hält. Die Naturbeschreibungen sind mir oft unangenehm im Titan, nicht immer. Das Beste, was ich darin gefunden, ist Albanos erster herrlicher Brief an Roquairol. An einen lebendigen Gang und Fortgang der Geschichte ist bei Jean Paul überhaupt nicht zu denken, es sind durchaus nur einzelne Punkte, manchmal in lebendiger Verbindung ergriffen, der sogenannte Plan des Ganzen ist immer das Schwächste an seinen Schriften. Ich habe Hoffnung, mehrere bald in einer Auction zu kaufen, darunter auch den Fixlein. Auch sein neues Buch ist bestellt.

Der Trott hat mir vom Malsburg erzählt, daß er anfinge kleiner zu werden und wäre schon beträchtlich zusammengegangen. Da der Trott mehrere Monate hier bleiben wird, siehst Du ihn wohl auch noch. Seine Geschäfte in Wien wären sehr lästig gewesen. Dort hat er auch den Reichardt gesehen und gesprochen, ja auf der Rückreise denselben in Prag angetroffen, man hätte ihn aber unter den damaligen Umständen nicht durch Sachsen reisen lassen, sondern den Weg über Breslau vorgeschrieben. Das werdet Ihr alles dort genauer wissen.

— — —

In unsere Stube habe ich nun Rouleaux machen lassen, die gut aussehen, ihre andern Eigenschaften aber zur Zeit noch nicht bewähren können. Auch habe ich einen Schlüssel zur Stubenthür machen lassen und einen zur Kammerthür. Der große Teppich ist verschnitten worden und liegt halb unter meinem und halb unter Deinem Tisch.

Stell' Dir vor, die Wilhelmine Denhardin ist seit einiger Zeit hier und hat uns besucht, die Gegenhöflichkeit wird mir aber sehr schwer, weil sie über Maßen langweilig ist, die Lotte kommt mir in ihrer Umgebung recht angenehm vor. Sie hat aus Allendorf von Mannels, welches liebe Leute wären, besondere Grüße an Dich mitgebracht, und auch die Brentanon öfters gesehen oder von ihr Besuch erhalten, scheint aber weiter wenig zu wissen.

Der Esel von Klopstock hat mir 60 Gulden fürs erste Quartal geschickt, nachdem ich ihm darum geschrieben, ich finde jetzt fast immer, daß die andere Hamburger Zeitung die Nachrichten früher hat, indessen ist das seine Sache. Übrigens ist die Correspondenz jetzt viel länger und lästiger, als zu Deiner Zeit, so daß ich seitdem wohl ebenso viel geschrieben habe, als Du bisher.

Deine Druckfehler, die ich nicht bemerkt hatte, schicke ich heute an Zimmer, ich weiß nicht, die Recension kommt mir so kurz vor. An die versprochene und acceptirte Anzeige der Fabliaux kann ich noch gar nicht denken. Die alte Recension von Docen wird mir doch zu einer der neuen Ausgabe wenig bathen, ich erhalte übrigens gar keine der erwarteten Bücher.

600 Thlr. und kein Heller mehr sind mir endlich bezahlt worden, weswegen ich doch nun wieder frei bin. Mit der Conscription habe ich immer noch viel Noth, ich soll nun Lebensscheine der Geschwister, Todesschein von Vater und Mutter, Geburtsscheine der Geschwister einbringen, auch Quittungen über bezahlte Steuer, so bricht vielleicht alles zusammen und ich muß beim König um Dispensation einkommen, was ich ungern thue.

Das Wetter ist die ganze Zeit so miserabel, daß man gar keine Freude daran hat. Mit dem Briefpapier brauchst Du Dich übrigens nicht zu geniren, ich habe gemerkt, daß jeder Brief siebenzig Centimen kostet, es mögen 1 Octavblatt oder 2 oder 4 sein, das ist immer ein einfacher Brief, versteht sich fein Papier.

Ich grüße Dich aus ganzem Herzen und bin Dein getreuer Bruder                                            Jacob.

Von Goethe sind nun auch die übrigen Dürerischen Handzeichnungen in der Jenaer recensirt.

Adresse: An Herrn Wilhelm Carl Grimm in Halle, Saalbepart.

---

## 27.
### Wilhelm an Jacob.

Halle, 6. Mai 9.

In so großer Noth habt Ihr gelebt! Ich hatte einiges von dem Aufstand in Hessen gehört, es aber wie ein leeres Gerücht betrachtet, bis die Proklamation des Königs hierher kam. Von den hiesigen Auftritten hast Du vielleicht schon gehört. Am Mittwochen Abend

rückt eine Escadron preußischer Husaren von Schill hier ein, zog
aber am andern Morgen wieder ab. Der Pöbel war einigermaßen,
meist aus Neugierde, zusammengelaufen, einige Gassenjungen schrieen
ein wenig, damit hörte es auf und ich denke, in ein Paar Tagen
hat es jeder vergessen. —

Ich hatte Dir geschrieben, daß es mit meiner Gesundheit vier=
zehn Tage lang recht gut gegangen war; nach dem Katarrhfieber, das
zwar gänzlich vorbei, neigt es sich wieder etwas zum Alten, doch mag
das so grell abwechselnde Wetter Einfluß haben. Reil errichtet hier,
da gute mineralische Quellen vorhanden, eine Badeanstalt, die Lauch=
städt legen soll und die Stadt aufrichten. Eine Kirche wird für die
Weimarische Truppe eingerichtet zum Komödienhaus. Reil will nun,
sobald es heiter und sommerlich geworden, daß ich warme Bäder ge=
brauche. — Oft gedenke ich, daß doch alles umsonst und ich nur die
unnöthigen Kosten mache, denn ob ich gleich weder Wein noch Kaffee
trinke, noch sonst Aufwand mache, kostet der Monat bei 20 Thaler,
dann aber zeigen sich auch nur ein Paar grüne Spitzen von Hoffnung,
daß ich alle Betrachtung wegwerfe. Lieber Guter, wie oft gedenk' ich
an Dich und wäre gern bei Dir. Hier die Leute sind recht freund=
lich und gut gegen mich, daß ich sie darum liebe, dennoch aber ist mir
oft zu Muthe, wie einem, der Abends kein Bett hat, in das er sich
legen könnte. Schreib mir doch alle Woche, auch wenn es nur
Zeilen sind. Von der Tante hab ich einen sehr liebreichen Brief er=
halten, ich solle mich nur an sie wenden, wenn es mir fehle.

Wie es Savigny und Clemens ergangen, ist mir so oft im
Sinn, und an den letztern wird überhaupt so viel gedacht, daß alle
Nachricht von ihm willkommen sein wird. In Frankfurt und Heidel=
berg ist er nicht gern, und nach Cassel kommt er vielleicht nicht, weil
er dann der Auguste wieder zu nah. Vielleicht ist er zu Trages.
Savigny ist doch gewiß nicht in Landshut geblieben.

Es freut mich sehr, daß Du öfter zu Wilds gehst. Ihre
Bravheit und Tüchtigkeit ist es immer werth, daß man vieles über=
sieht. — — — Wenn die Lotte mit dem Gretchen nach Marburg
will, so laß das immer zu. — — — Grüß sie alle von mir.

Alle literarischen Nachrichten werden mir sehr lieb sein, da ich
nichts zu sehen kriege. Nur in der Jenaischen Literaturzeitung
habe ich Goethes Recension von den Dürerischen Zeichnungen ge=
sehen. Schreib mir recht bald.

Dein getreuer W.

In dem Augenblick, wo ich den Brief abschicken will, erhalt' ich Deinen lieben Brief, der mich recht erfreut hat. Gottlob, daß Du gesund und wohl bist. Nächstens schreib ich Dir ausführlicher. Sonntag Morgen 10 Uhr.

Adresse: An Herrn Bibliothekar Grimm, Cassel in Westphalen. Marktstraße bei H. Simon Wille. Empfangsstempel: 10. Mai 1809.

28.

## Wilhelm an Jacob.

Halle, Sonnabend [13. Mai 1809.]

Lieber Jacob!

Meine Briefe kommen oft und wöchentlich zu Euch und doch nicht so oft wie meine Gedanken an Euch, die täglich sind. Ein Datum kann ich nicht mehr erlangen und ich lebe so recht in die Zeit hinein, aber ich habe es nicht vergessen können, daß gestern der lieben seligen Mutter ihr Sterbe= und Himmelfahrtstag gewesen. Es kam mir alles wieder recht lebhaft vor und ich war recht traurig, aber nicht gequält, so kann man auch über den Schmerz Freude empfinden, wenn er rein und lauter geworden. Am Abend ging ich spazieren, es war so frühlingsgrün und es war mir, als seien die Blumen, die ihre geliebte Leiche bedeckt, hervorgebrochen durch die Erde und verbärgen das Grab, und alles Irdische sei zernichtet. —

Ich will in meinem Gesundheits= oder Krankheitsbericht fort= fahren. — — —

Vorgestern hat Arnim zwei Exemplare des Wintergartens durch einen Buchhändler hierher geschickt, wovon eins an uns adressirt mit ein Paar Worten, es als ein freundschaftliches Andenken zu nehmen. Ich habe große Freude an dem Buche gehabt, und obgleich viel Be= kanntes darin, so ist es doch so geistreich verknüpft und eingeleitet, daß man alles gern darin sieht. Einige schöne Gedichte von ihm sind darin, das schönste von Nelson und Meduse, einer Opernsängerin, die Zaubereien treibt und eine Schlange angekettet um den Leib trägt. Ich will Dir den Inhalt abschreiben: Nach einer schönen Einführung 1. die zwei Liebhabenden, 2. von dem General von Schaffgotsch und Albrechts Geschichte aus der Felsenburg, 3. Arbogast von Andelon und Elisa von Portugal, Albrecht von Werdenberg und Amisa von

Ponazari. Eine kleine schöne altdeutsche Geschichte, die ich nicht kannte.
4. Aus dem Philander von Sittewald: das Soldatenleben. 5. Miſtreß
Lee, eine seltsame originelle englische Geschichte, die im Meiſter stehen
könnte. — Nelson und Meduse in acht Romanzen. 6. Olivier Cliſſon
aus Froiſſart. 7. Ein Stück aus dem Schelmuffsky, aber auch dies
sehr beschnitten und anständig gemacht. 8. Aus Jacob Böhm. Was
ich eben auch gelesen, gar herrlich. 9. Die Abenteuer des Prinzen
Karl Stuart. Iſt mir noch übrig. Es thut mir recht leid, daß ich
Dir das Buch nicht geben kann, wie ich es aus habe, Du kannſt es
wohl leihen.

Jungs Buch iſt durchaus originell und hat gewiß im Großen
Recht. Steffens wird in die Jenaische L.-Z. eine Abhandlung über
den Siderismus schicken, wo seiner in Ehren wird gedacht werden.
Die Kraft des magnetisch Schlafenden, das Lesen der Briefe durch
die Herzgrube liegt außer allem Zweifel. Der verständige Reil iſt durch
mannigfache eigene Versuche völlig davon überzeugt, es iſt ein Auf-
gehn und Aufblühen des Lebens nach innen, wie bei den Blumen, die
sich erſt und bloß in der Nacht entfalten können. — Mit Steffens bin
ich nicht so recht, d. h. wir stehen recht gut und freundschaftlich, allein
ich bin nicht gern mit ihm. Es iſt kein Gleichgewicht und etwas Zer-
störendes und gewaltsam Heftiges in ihm, die Speculation und sein
Geiſt iſt ihm über den Kopf gewachsen, er hat nicht Kraft genug
ihr nachzukommen und so iſt er denn stets außer sich, und noch nie-
mals hab' ich ihn still und friedlich in sich gesehn. Vor Freude weint
er gleich und vor der geringsten Nichtfreude möcht' er gern toben.
Er hat eine Art von bösem Geiſt in sich, der, wie er nur zwei Gläser
Wein getrunken, los wird. Eine unglückliche Disputirwuth hat er
und quält meist die arme ... Frau damit, die in dem jetzigen
schönen Sonnenschein so gerne ruhig ihren Fächer entfalten möchte. —
Sonst iſt er brav und meint es gut. — Der Geniale sitzt in Schlesien.

Etwas Schönes hat mir Steffens gezeigt, eine saubere Zeichnung
von Runge, worin der Morgen aufs neue und verbessert bearbeitet iſt.
Es iſt voll neuer herrlicher Züge, eine Beschreibung würdeſt Du nicht
verstehn, und vielleicht wird es gestochen. Kinder sitzen in den Wurzeln
von Pflanzen, heben sich aus der Blüthe und schweben oben. Die
Lilie iſt um ein schönes nacktes Weib geschlungen, die über der Welt
schwebt und die Blätter der Blüthe hält, aus welcher die Kinder
steigen, ihre lange Haare senken sich unter ihre Füße und werden zu
Meereswellen. Unter ihr auf der Erde liegt ein kleines Kind auf

dem Rücken und streckt Händchen und Füßchen zum Himmel. Dennoch
thut mir manches leid, was in diesem fehlt und im andern so schön ist.

— — —

Schreibe mir recht bald Nachricht, daß Du von der Conscription
los, es ängstigt mich immer. Behalt mich lieb.

Dein treuer W.

Adresse: A monsieur Grimm etc. Empfangsstempel: 17. Mai 1809.

— — —

29.<br>Jacob an Wilhelm.

[Cassel,] den 17. Mai [1809].

Lieber Wilhelm!

Vom Louis ist ein Brief angekommen, daß er noch wohlauf ist.
Savignys mögen aber viel ausgestanden haben, weil in der Straße,
wo sie zu Landshut wohnen, die Kaiserlichen und Franzosen sich be=
schossen haben. Ich erwarte nun täglich nähere Briefe, vom Clemens
ist es recht garstig, daß er nicht schreibt, schreibt er denn auch dort=
hin nicht? Von Creuzer habe ich neulich einen angenehmen Brief
erhalten, bei Gelegenheit eines Auftrags für den D. Zimmermann,
welcher gern in Göttingen angestellt zu sein wünscht.

— — —

Die erwarteten Bücher kommen gar nicht an, das und die enorme
Hitze macht, daß ich in der letzten Zeit weniger gearbeitet habe. Die
Nordiska Kämpa Dater sind nun bald fertig abgeschrieben, d. h. bloß
der Originaltext, ich weiß nicht, was ich hernach dem Jericho geben
soll, fällt Dir nichts bei? Ich finde doch, daß der Stil der meisten
dieser Sagen zwar einfach, aber nicht selten steif und trocken ist, das
verleidet mir an eine Übersetzung zu denken, denn Zusammenziehen
und Ändern auf der andern Seite wäre mir widrig. Mit Hilfe
eines ganz ordinären Lexikons wären sie übrigens gar leicht zu ver=
stehen, d. h. ohne die schwedische und lateinische Version, die Ortho=
graphie weicht unaufhörlich von einander ab. Gräters nordische Kennt=
nisse erscheinen mir nun auch zweideutig, z. B. die Übersetzung von
Lothbroks Sterbelied ist erbärmlich, ich halte die skaldischen Redens=
arten und Constructionen lange nicht für so verwickelt, als man sie
machen will.

Im Morgenblatt steht soeben der Anfang eines unbedeutenden Aufsatzes über deutsche Volkslieder, gewiß von Docen, wie ich daraus nehme, daß eine seit 1803 bereitete Sammlung nunmehr erscheinen soll. Diese vielen Modesammlungen müssen sich unter einander natürlich schaden, hoffentlich hebt der Überfluß und das Überbieten wenigstens die Mode auf, was mich freuen sollte. In dem zweiten Band von Schlegels Calderone steht ein Stück, welches aus dem Fierabras entlehnt worden, weshalb ich darauf begierig bin, um es mit der neuen Hagenschen Ausgabe vergleichen zu können. Den verwünschten Meistersängeraufsatz kann ich noch nicht bekommen, doch meine Antwort hat ja auch Zeit, neulich finde ich zufällig einige interessante Beweisstellen.

Auf Arnims Buch werde ich wohl so lange warten müssen, als auf Dich selber. Gieb Acht, der Clemens schickt den Goldfaden nicht, und ich werde ihn kaufen.

Auf Deine Gesundheitsberichte werde ich nun noch begieriger, um die Wirkung der neuen Kur zu erfahren. — — — Mit meiner Gesundheit geht es seit einiger Zeit, da ich gar nichts brauche, besser.

Ich gehe als noch in Wilds. — — — Rath einmal, wo ich noch gewesen bin? Bei Landrés, d. h. bei der Sandrine und Fanny (die dritte, Nette, ist jetzt nicht hier), welche offene, gute Mädchen sind und sonderbar genug die einzigen waren, mit denen ich über das Elend in Deutschland sprechen mochte, es freut einen, in der Noth seine Stimme wohin zu richten, die Verständlichkeit ist von selber da. In der Lisette und in dem ganzen Haus wohnt bei aller Gutmüthigkeit und Bravheit ein kränklicher, verdrießender und ängstlicher Geist, so können sie keine rechte Freude haben, ohne daß eine sich andern Tags übergiebt oder sonst was davon trägt. Dies ist unschuldig, aber in der That auffallend. Die Hochzeit soll ungefähr in fünf Wochen sein. — — —

Ich begreife nicht, daß ich auf die Briefe an die Tante lange keine Antwort erhalten habe.

Wie stehst Du dann jetzt mit den drei Reichardts, die hier waren, und sind sie dort ebenso? Was ist denn das dort für ein Theater? Ich gehe hier nicht hinein. Die Mlle. Moliere ist nun da, auch eine Mlle. Deletre und mehrere neue Herrn. Hast Du Vatern gesehen? Ich meine den Linguist, wenigstens sieh doch den zweiten Theil des Mithridates durch, ob ich ihn kaufen soll. Und Lafontaine und die Wolfin? Und nichts von Körte gehört? Arnim läßt den Streit mit Voß gewiß nun liegen. In Görres' Recension waren gute Stiche und Anspielungen. Dieser Geist von Sammeln und Herausgeben alter Sachen ist es doch, was mir bei Brentano und Arnim am wenigsten gefällt, bei letzterm noch weniger, Clemens' anregende Bibliothek hat wohl alles das hervorgebracht. Die Auswahl ist gewiß vortrefflich, die Verknüpfung geistreich, die Erscheinung für das Publikum angenehm und willkommen, aber warum mögen sie fast nichts thun als compiliren und die alten Sachen zurecht machen. Sie wollen nichts von einer historischen genauen Untersuchung wissen, sie lassen das Alte nicht als Altes stehen, sondern wollen es durchaus in unsere Zeit verpflanzen, wohin es an sich nicht mehr gehört, nur von einer bald ermüdeten Zahl von Liebhabern wird es aufgenommen. Sowenig sich fremde edele Thiere aus einem natürlichen Boden in einen andern verbreiten lassen, ohne zu leiden und zu sterben, so wenig kann die Herrlichkeit alter Poesie wieder allgemein aufleben, d. h. poetisch; allein historisch kann sie unberührt genossen werden, und wer die unglückseligen Känguruhs kennen lernen will, der muß zu ihnen nach Australien reisen, die gefangenen Löwen und Tigerthiere müssen immer vergittert sein und gehen ewig in einem traurigen 8 herum. Die nützlichen Hausthiere mag man allenthalben hin übersetzen und nach dem besondern Be= dürfnis zurichten. Ich weiß, daß Du zum Theil anders denkst und dafür hältst, jeder Dichter müsse nur in seiner Zeit und für sie sein, das ist gut, paßt aber nicht hierher, wie es mir scheint.

Was ich Dir noch alles schreiben wollte! Dem Roquefort habe ich noch nicht geantwortet, ich hatte ihm Berichtigungen zu dem Glossar versprochen, ohne daran zu denken, daß er die vor allen Dingen be= gehren würde. Nicht als wenn sie nicht gemacht werden könnten, aber die Arbeit ist mir zu langweilig, daß ich hart daran gehe.

Was Du mir über Steffens schreibst, ist mir unerwartet, ich hatte der Reichardts ähnliche Äußerungen immer einem Mißverständnis zugeschrieben. Hast Du denn nichts von ihm gelesen, ich meine, er hätte ein System der Physik oder etwas Ähnliches herausgegeben. Was will denn der Schleiermacher unter den jetzigen Aussichten immer noch in Berlin machen?

Lieber Wilhelm, ich grüße Dich von Herzen. Mit den andern Geschwistern stehe ich täglich schlechter und ich habe gar keine Schuld daran. Der Todestag der Mutter ist erst den 27., heut vor einem Jahr war sie noch gesund, der Louis schreibt mir auch davon, ich denke doch, daß ich ihr will einen einfachen Leichenstein setzen lassen, damit man etwa das Grab nicht verlieren könnte, da es niemand als ich weiß. Pfingsten will ich einmal zum Abendmahl gehen. Gott befohlen und vergieb, daß ich mit voriger Post nicht geschrieben habe, ich konnte nicht. J.

In des Karls Brief sind die & wieder lächerlich. Lisette grüßt Dich vielmals.

Adresse: Herrn Wilhelm Grimm, Halle an der Saale, bei Prof. Steffens zu erfragen.


### 30.
### Wilhelm an Jacob.

[Halle, am 20. ? Mai 1809.]

Lieber Jacob!

So sehr mich Dein Brief erfreut, so hat er mich doch betrübt, weil er traurig geschrieben und Du so einsam und ungesellig sein mußt. In solchen Augenblicken, wo ich das lese, möcht ich alles aufgeben und gleich zu Dir reisen. —

Am 21.

Gebadet habe ich noch nicht, Reil hat in den letzten Tagen davon geschwiegen. Vielleicht, weil die Anstalten noch nicht fertig sind. Arznei muß ich recht viel nehmen, Morgens, wenn ich aufstehe, um ½8 reibe ich den Hals ein, jetzt mit einer schwarzen, starken Mercurialsalbe, darnach wasch ich das Herz mit Spiritus. Um 9 Uhr nehm ich ein Pulver, das mir äußerst zuwider und das ich alle Monate bei abnehmendem Mond erhalte; weil es mir sehr übel darauf wird, eine halbe Stunde später bittere Essenz, um den Magen und Eßlust wieder herzustellen, um 11 Uhr Conradis Pillen, um 12—2 wieder Herzwaschen, Pulver und Essenz, die mir nun einen heftigen, zitternden Hunger macht, der aber durch weniges Essen bald gestillt wird; um 4 Pillen und Waschen und vor Bettgehen noch einmal Pulver und Waschen. Diese Arznei kostet mich sehr viel, schon an 25—30 Thaler, da das spiritüöse Wasser so theuer und ein Verschreiben oft ½ Louisdor kommt. Reil giebt sich übrigens viel Mühe, vor ein Paar Tagen schickte er mir ein Buch über den Einfluß des Magnets auf das Herz, das sollte ich mir excerpiren, heute Morgen war ich bei ihm, und da meinte er, wenn man's erhalten könnte, einen Versuch zu machen mit dem Tragen eines magnetischen Amulets auf dem Herzen. Er unterscheide zweierlei

7*

außer dem Einfluß der Brust: 1) den Einfluß der geschwollenen Halsdrüsen, indem alle blutbildende Gefäße am Hals herliefen, die gedrückt sein könnten und unregelmäßige Bewegungen verursachen — dafür brauche ich; 2) eine Erschlaffung des Herzmuskels, wodurch jener Paroxismus des Herzklopfens zuweilen erzeugt werde — dagegen das Waschen, und wenn es geschehe, der Magnet.

Reichardts sind alle sehr freundlich gegen mich. Louise habe ich nun in so manchen Lagen gesehen und recht lieb. Es ist vieles Vortreffliches an ihr, ihr Talent, ihr Verstand und ihr wirklich sehr liebreiches Gemüth. Du weißt von ihrem Plan, durch Unterricht Geld zu verdienen, um Giebichenstein frei machen zu können, der doch sehr respectabel ist und den ich wohl begreife, nachdem ich den Ort gesehen, leider scheint er nicht zu glücken, da es allen eingezogenen Erkundigungen nach in Frankfurt, auf das sie am meisten rechnete, nichts ist und nur Hamburg übrig bleibt, wohin sie ungern geht. — — — Der Fritz geht in die Schule und ist viel besser geworden, nachdem er aus der Unthätigkeit und Langeweile gekommen. — Von der Steffens habe ich Dir schon geschrieben, daß sie sehr schön ist und früher (sie ist 22, 23 Jahr alt) recht wunderbar schön gewesen sein muß. Sie hat eine große Freundlichkeit, Heiterkeit und Liebenswürdigkeit und nimmt das Leben leichter [als] all die andern Schwestern, schön ist ihre große Liebe und Verehrung zu ihrem Mann, und diese Gesinnung macht es auch schön, wenn sie einiges von ihm angenommen, was es an sich nicht ist, weil es einer Frau nicht ansteht. Sie hat zwei Kinder, wovon das jüngste, das andere gar nicht, ein gar schönes, liebes ist, an dem ich viel Freude habe, es ist noch nicht zwei Jahr alt und fängt eben an zu sprechen. Über Steffens den Mann kann ich Dir nicht anders schreiben, Du wirst ihn genau kennen lernen aus seinem Buch über Universitäten, das er mir geschenkt. Es ist viel Gutes darin, nur keine rechte Klarheit und kein rechter Grund, er wird niemals ganz durchdringen, zuweilen musicirt er mit den Worten. Er hat hier keine Freunde, eigentlich nur Anhänger, jenen muß sein Umgang endlich beschwerlich sein, wegen seiner allzugroßen Eitelkeit, die ihn nur beständig und bei jeder Gelegenheit nennt, diese schmeicheln ihm, daß ich's nicht so leiden möchte an seiner Stelle. — Eine andere Schwester ist an einen gewissen Stelzer verheirathet. Sie gleicht Louise sehr, mit der sie eine Mutter gehabt, nur daß sie glätter und schöner. Sie äußert sich wenig, und es ist etwas Leidendes, Unterdrücktes an ihr, daß ich sie niemals ohne Mitleiden ansehen kann.

Ihr Mann ist ein gutmüthiger, aber gemeiner, lapsiger Kerl, der dem alten Meisterlin an Charakter, auch äußerlich, vollkommen gleicht und der wie dieser zu nichts gut ist als zu einer peinlichen Inquisition. Er ist procureur royal mit dreitausend Thaler Einkünfte und hat nichts zu thun, wie er selbst sagt, daß er täglich nur zwei Stunden brauche zu seiner Arbeit. —

Mine Wolf habe ich hier im Anfang gesehen. — — —

Lafontaine begegnete mir neulich. Louise fragte ihn, wie es gehe. „Dick und kupfrig," war die Antwort. So mußt Du Dir einen dickbäuchigen, großen Mann vorstellen mit hochrothem Angesicht, grauem Haar und schneeweißem Backenbart, in dem eine volle Freude leuchtet, daß er da ist, und an welchem ein echter Landpfarrer verdorben. Sein Gesicht hat eine runde, unbestimmte Gutmüthigkeit. Er klagte, daß ihm alle Kleider zu eng würden. Er bat sehr, ihn in seinem Garten zu besuchen, was auch geschehn soll, da Steffens mit ihm bekannt ist. Er hat vor der Stadt ein schönes, großes Haus, woran dieser Garten liegt, der unten an schöne Ufer der Saale stößt und in welchen ich schon von der andern Seite des Flusses mit Vergnügen gesehn habe. Er hat hier erzählt und verbirgt es gar nicht, daß er mit seinen Schriften schon sechzigtausend pr. Thaler verdient habe. Vieles sei ihm in jetzigem Krieg darauf gegangen, jetzt müsse er noch 30000 verdienen, um wieder in Ordnung zu kommen. Er thut viel Gutes.

Vater habe ich vor einigen Tagen bei Steffens Abends mit seiner Frau gesehn. Es ist ein kleiner, lebhafter, gescheuter Mann, der auch darin ein guter Linguist, daß er viel und fast beständig spricht. Den Mithridates habe ich noch nicht gesehn. Er brachte von Villers ein neues Buch: coup d'oeil über die jetzige deutsche historische und philologische Literatur. Der Villers thut doch nichts wie blinzeln und die Augen nie ordentlich und lang auf, damit er etwas recht sehe. Lächerlich sind die mannigfach zusammengetragenen Urtheile.

Weiter habe ich gesehen den Buchhändler Perthes von Hamburg. — Ferner die Realschulbuchhandlung Reimer. — Steffens rühmt ihn als tüchtigen und verständigen Buchhändler, was ich wohl glaube. Hagen hat ihm den Urtext der Nibelungen angetragen; seine Bearbeitung ist so sehr nicht gegangen und von einer neuen Auflage keine Rede. An der Fortsetzung der Sammlung wird noch nicht gedruckt. Tieck hat das altenglische Theater ihm immer noch nicht zugeschickt, wie er versprochen, daher es noch ausbleiben wird. Es ist eine Übersetzung aus den old plays, woran auch ein Freund von T. gearbeitet. Die Minnelieder sind leidlich gegangen, aber doch nicht, daß an eine zweite Edition zu denken ist, wie wir glaubten oder gehört hatten. Tieck hätte ihm freilich darum geschrieben und wolle es. —

27<sup>ten</sup>.

Von Brentano hören wir auch hier nicht das Geringste. Mich wundert, daß der Pfarrer von Allendorf oder seine Tochter nicht einmal an mich geschrieben, vielleicht schreib ich dieser einmal von hier, die kann durch die Auguste etwas erfahren haben. — Ich muß Dir auch sagen, daß ich Suhms nordische Fabelzeit zurückgelegt und die Heimskringla davor mir geholt habe, die ich jetzt excerpire. Darum weil jene Compilation uns doch nicht überhebt, die Quellen zu lesen, dann ist auch das Sachregister schon darin.

[den 28. Mai.]

Gestern war der lieben Mutter Sterbtag. So hab' ich ihn zweimal gefeiert. Mir träumte wieder, wie so oft, ihr Tod. Laß ja den Stein setzen. Von Dir hatt ich einen wunderlichen Traum an demselben Tag. Was vorhergegangen, weiß ich nur dunkel und verwirrt, ich irrte durch viele Stuben, deren Thüre all aufstanden. Ich nahm die Sachen aus Kommoden und Schränken und wollte sie einpacken wie zu einer Reise. Und wenn ich sie aus einer all heraus gethan hatte, so lagen sie immer wieder in einer andern in seltsamer Ordnung über einander gelegt, jemand Unbekanntes half mir dabei, wobei ich mich immer fürchtete, dessen Hände zu berühren. Auf einmal war ich weg und auf dem Weg nach einem hohen Berg. Nun weißt Du, daß auf dem Gotthard in der Schweiz ein vergittertes Behälter ist, in welches die Erfrorenen neben einander gestellt werden und so lange erstarrt dastehn. Nun war ich vor einer solchen vergitterten Höhle, darin saßest Du und stütztest Dich auf den Kopf. Wie ich neben Dir stand, richtest Du Dich leis auf, Deine Augen waren blutroth und Du sagtest mit schwacher Stimme: „Warum bist Du nicht früher gekommen, ich habe schon zwei Nächte hier gefroren.“ Darüber mußte ich entsetzlich weinen in unbeschreiblicher Angst und wachte auf, und mein ganzes Gesicht war verzogen, aber äußerlich hatte ich nicht geweint.

Der liebe Gott behüte Dich und behalt mich lieb.

Dein treuer W.

Grüß den Karl, ich werde ihm nächstens schriftlich danken für seinen Brief.

Adresse: A monsieur Grimm, Auditeur au Conseil d'Etat, Bibliothécaire du Roi. Cassel en Vestphalie. Empfangsstempel: 31 Mai 1809.

31.
### Wilhelm an seine Tante.

Halle, 29. Mai 1809.

Liebste Tante!

Es sind so viele Wochen vergangen, seit ich keinen Brief von Ihnen erhalten, und da mir der Jacob schreibt, daß auch er lange nichts gehört, so fange ich an, um Ihre theure Gesundheit besorgt zu werden. Sein sie so gütig, mich nur mit ein Paar Zeilen zu erfreuen und beruhigen.

Ich brauche hier noch beständig fort, und es scheint wohl etwas besser werden zu wollen. Gebadet habe ich noch nicht, weil die Anstalt noch nicht vollendet ist. Ich habe Ihnen schon geschrieben, daß ich für den Hals brauchen muß und das Herz mit starkem spirituösem Wasser einreiben muß. Alles so oft, daß ich fast jede Stunde Arznei einnehme.

Wie sehr freue ich mich darauf, liebe Tante, Sie auf meiner Rückreise zu sehn und kräftig sprechen zu können.

Hier ist gottlob alles still und ruhig. — Wenn Sie nur gesund sind, liebste Tante, der Himmel behüte Sie.

Ihr getreuer<br>Wilhelm.

Adresse: An Mademoiselle Zimmer, Erste Kammerfrau bei Ihro königl. Hoheit der Kurfürstin von Hessen in Sachsen-Gotha.

32.
### Jacob an Wilhelm.

[Cassel,] am 31. Mai 9. Mittwochen.

Lieber Wilhelm!

Soeben kommt Dein Brief vom 27., worauf ich sogleich einiges antworten will, weil morgen früh die beste Post abgeht.

Johannes Müller ist nach wenig Tagen Krankheit am Montag früh gestorben, nur 57 Jahr alt, ob er gleich an die 70 aussah.

Es hat mir geahndet und thut mir sehr leid, vielleicht am leidsten mit unter denen hier, ich meine, er ist wie unter Heiden gestorben, ein anderer Ort wäre der vielen Jahre würdiger gewesen, wo er so fleißig und so herzlich gearbeitet. Heute von 10 bis ½12 Uhr war der Leichenzug, für mich sehr unfeierlich, weil ich in großen Kleidern mitgehen mußte, auf dem Grab weinten seine drei Bedienten in lauten Thränen; wie aber die Soldaten einzeln ins Grab schießen mußten und aus Ungeschicklichkeit häufig fehlten, so lachten die Leute darüber. Minister Simeon hielt eine kurze französische Rede, die wohl in den Moniteur kommen wird. Nächstens mehr hiervon; Müllers Vermögensumstände sollen schlecht sein, die Bibliothek wird vielleicht verkauft, sonst ist, soviel ich weiß, der Bruder der einzige Erbe, und das ist auch für die Benutzung der vielen Papiere recht gut, weil es ein gescheidter Mann ist, ich wüßte nicht, wer es sonst übernehmen könnte.

Ich danke Dir für die Nachricht von Deiner Krankheit, aber Du schreibst nicht, was eigentlich aus dem Gebrauch dieser vielen Arznei hervorgeht, so weit man es wissen kann. Hast Du denn das Herzklopfen schon einmal oder mehrmal dort gehabt? Auch schreib mir doch ungefähr, wie viel Zeit Du vermuthest, daß Du noch dort in der Kur bleiben mußt, es würde mich sehr freuen, das bestimmter zu wissen, auch selbst wenn es länger hinaus währen sollte, als ich dachte. Denn es versteht sich nun, daß Du diesmal recht aushalten mußt. Weißt Du wie mir ist? Als wenn Du im Anfang August wiederkämest, also ist schon über die Hälfte.

Ich habe nun die Geburtsscheine der Geschwister eingereicht und lebendige Zeugen über ihr Leben vorgeführt, und nun werden sie mich wohl in Ruhe lassen, dies zu Deiner Beruhigung über die Conscriptionsgeschichte, wobei ich wieder eine Menge Gänge hatte und für die Atteste viel Porto bezahlt habe. Ich kann die Dummheit dem Wigand nicht vergessen, der an allem dem schuld ist.

Das Lied für die Reichardtin kommt hier einliegend, aus dem Godwi abgeschrieben, warum aber, da es in den lustigen Musikanten selber steht? die sie noch von uns haben muß, denn ich finde sie nicht. Stell Dir vor, wir haben den Jericho verloren, was mir in mehrerm Betracht recht leid thut, denn er hat mir alles immer gut gethan. Er ist in Wolfhagen Consumtionssteueraufsichter geworden und steht sich vielleicht doch 200 Thlr., aber es that ihm doch weh, als er wegging, wie ich ihm angesehen habe. Ich habe nun einen dummen Jungen angenommen für 6 Thlr. monatlich, ohne weiteres, der so schreibt, wie der Anfang des Liebs ist. Ich bekomme nun keine Vergütung mehr dafür, aber es ist doch nothwendig, einen Bedienten zu halten, theils der Gewohnheit wegen, theils wirklich meiner Stelle zu Gefallen. Mit der Cathrine steht es auch wieder so halb und halb, den Vortheil haben wir bestimmt von jeder neuen, daß sich die Lotte mehr zum Haushalt schicken lernt, denn mit der Cathrine kann sie sich nie stehen. Ich habe mir und dem Ferdinand einige Kleider kaufen müssen, und endlich mir auch die große Uniform bei Legendre bestellen, welches alles ziemlich kostet, indessen habe ich jetzt hinreichend dazu. Wenn Du der Tante etwa nicht schreiben wolltest, so kann ich Dir gleich Geld schicken.

Das Buch der Liebe habe ich endlich bekommen, enthält Abbruck von Tristan, Fierabras und Pontus, lasse es jetzt erst binden, die Einleitung ist ziemlich dünn, obwohl wortreich genug. Villers' coup d'oeil gefällt mir auch nicht, ich weiß nicht, was er damit will, die Idee, mit drei Jahren abzubrechen, ist ohnedem geschmacklos und schlecht. Von Jean Paul habe ich Katzenbergers Reise erhalten. Dabei sind einzelne in den Zeitungen gestandene Aufsätze abgedruckt und gesammelt, z. B. auch der von Charlotte Corday. Das nimmt ein Drittel der zwei Bände weg. Im andern steht die neue Geschichte, und es ist die allererste, wo mir bei Jean Paul auffällt, daß er sie ungemein flüchtig, um Geld zu verdienen, niedergeschrieben, so gar nichts ist daran, aber viel darin. Zwar bin ich noch nicht aus, bis jetzt aber ist es, als ob es nach aufgegebenen Wörtern gemacht wäre. Der Feldprediger Schmelzle, den ich auch bestellt, ist sicherlich viel mehr werth, nach den Proben, die ich daraus kenne.

Von Allendorf ist kein Brief an Dich gekommen, die Jordissin hat mir nun einige Umstände über die letzten Begebenheiten erzählt, die ich aber so nicht recht verstehe, wenigstens nicht von Clemens' und Savignys Seite, daher mag ich sie auch nicht schreiben. — — —

Leb wohl, lieber Wilhelm, und vergiß nicht, Dir ein Magnetenamulet zu kaufen, Reil oder Steffens müssen das ja am ersten auskundschaften können. Darüber fällt mir noch ein, ich weiß nicht, ob Du damals zu den Anmerkungen zum Ernst über Pygmäen das benutzt hattest, was Creuzer in seinem Dionysus gesagt, was ich freilich nur aus seiner eigenen Anzeige in den Jahrbüchern kenne.†) Die Studien hat er mir versprochen zu schicken, es aber noch nicht gethan.

Verbleibe Dein treuer Jacob.

Schreibt denn der Arnim nichts? Die Erzählung von dem schottischen Prinzen muß wohl die aus dem kleinen Büchelchen sein, was ich bei seinem Hiersein durchgesehen, er streift mit Kühnheit nach England, muß aber zurück und endlich auf die Flucht und irrt auf dem Meer herum. Die Hinrichtung seiner Anhänger war schön beschrieben.

†) Das Buch kostet gar zu viel zu kaufen, wohl der Kupfer wegen.

Ich habe mich eben sehr in den Finger geschnitten.

Adresse wie bei Brief 29.

---

33.

### Wilhelm an Jacob.

Halle, [6. Juni 1809] Dienstags
Morgen um 8 Uhr im kleinen kühlen
Hausgarten, da es drückend heiß auf
meiner Stube.

### Liebster Jacob!

Gottlob daß Du gesund bist, Du hast gleich auf meinen letzten Brief geantwortet, und doch ist mir die Zeit so lang geworden, bis der Deinige ankam. Joh. Müllers Tod kam recht unerwartet, mir ist, als ob dieser alles Schlechte von ihm genommen, sodaß ich nichts mehr gegen ihn sagen möchte. Den andern Tag las ich eine höchst lächerliche Nachricht von seinem Leben und Tod in der Hamburger Zeitung, daß er tugendhaft gewesen und den Haß nur aus einer Beschreibung einmal kennen gelernt. —

Hab' ich Dir nicht gesagt, wozu meine Arzneien? Einmal gegen den Hals, dann gegen die erschlaffte Herzmuskel? Und daß der erste über die Hälfte weit abgenommen? Was das Herz betrifft, so ist es ohne Zweifel besser, d. h. ich habe in dieser ganzen Zeit kein außerordentliches Herzklopfen gehabt und keine Disposition dazu, (es ist wunderlich, daß ich mich ordentlich scheue, dies zu sagen, um es nicht zu provociren) und habe auch das wunderliche Aufschlagen bei weitem nicht so oft, oft in drei Wochen nicht empfunden. Das ist nun wahr und gut, aber wie es auch einmal nur wieder kommt, schlägt es eine langsam erwachsene Hoffnung zu Boden. Ich hab' nicht gedacht so lang hier zu bleiben, wie Du gemeint, höchstens noch diesen Monat, allein ich kann darüber nichts Bestimmtes geben, Reil meint je früher je besser. Man sagt, ich sei augenscheinlich besser auch nach dem Aussehn als beim Herkommen, ich halt aber davon nichts, weil ich diesen Trost von jedem bekommen habe zu jeder Zeit.

Reichardts gedrückte Lage nimmt täglich zu, daß sie fast beständig traurig und niedergeschlagen sind. Weil es ihnen hier zu theuer, ziehen sie hinaus nach Giebichenstein, nicht in ihr ehemaliges Haus, sondern in einem andern haben sie ein Paar Stuben gemiethet, wo sie nun wahrscheinlich durch Arbeit etwas verdienen wollen. Er ist in Schlesien und wird da bleiben und kann sie nicht unterstützen. Steffens hat bei einem guten Gehalt doch Schulden, weil er wohl zu gut lebt, und kann nichts thun. Du glaubst nicht, wie es mich gejammert, daß sie nun das Haus und den schönen Garten ansehn müssen, wo sie so vergnügt gelebt, und nun daneben in einem schlechten wohnen. — Louise ist respectabel durch die Festigkeit, womit sie das alles durchgesetzt, das nicht so leicht ist, weil die Steffens empfindlich dagegen, die sie sehr liebt, aber gern leichter und reichlich leben mag, nicht für sich, sondern für andere, mit einer wirklich schönen Gesinnung.

Arnim hat die Zeit über nichts hören lassen. Die schottische Geschichte ist freilich dieselbe. In einer Erzählung von Mistreß Lee scheint eine Anspielung auf Clemens' und Augustens Begebenheit zu liegen, wobei auch der Christian vorkommt. Die Zueignung scheint an Clemens und am Ende ist eine schöne Stelle an ihn gerichtet. Hier möchte man gar zu gern von letzterm etwas wissen, weshalb ich die Einlage geschrieben, die Du besorgst.

Den Goldfaden hab' ich mir hier aus einer Lesebibliothek holen lassen, es ist wenig verändert und ein angenehmes Buch, die Kupfer von Louis sind aber zwei Drittel schlecht. Den dänischen Robinson hab ich gelesen und vier Groschen dafür geboten, weil er sich nicht auszeichnet, ob er gleich nicht ganz schlecht. Friedrich Schlegels Werke, Gedichte, hab' ich durchgeblättert und nun, nachdem alles zusammen ist, recht gesehen, daß er kein Dichter. Es ist nichts geradzu Ansprechendes, Erquickliches darin, und ich mag das Buch nicht haben. — Von Jean Paul hab' ich die Biographischen Belustigungen unter der Gehirnschale einer Riesin gelesen, ganz köstlich ist im Anhang ein Rechtsstreit, wo er beide Parteien und der Richter alles in einer Person ist, und die Beschreibung von einer Salatkirchweihe.

Wie Du diesem höchst scharfsinnigen Kopfe eine ordinäre Planlosigkeit im Titan vorwerfen kannst, begreif ich nicht.

Von der Tante hab' ich einen Brief erhalten, sie ist gottlob gesund. Sie schreibt, daß Du den Ferdinand zu einem Jäger thun wollest, ich fürchte nur, es ist nicht wahr, weil Du mir von diesem glücklichen Gedanken nichts gesagt, sollte denn durch den Eschwege, wenn er verheirathet und angestellt ist, nichts zu bewirken sein, oder daß der sich seiner geradezu annehme, zu dem er ja Neigung zu haben scheint. Nachdem der Karl einmal so bestimmt gegen Jordis sich geäußert, so stellt er sich schlecht zu ihm, wenn er nun schwankt und nicht bestimmt annimmt oder absagt. — Vergiß doch nicht der Lulu Grüße von mir zu sagen, ich hoffe sie noch zu sehen, wo ist jetzt die Bettina?

Täglich gehn mir Dinge durch den Kopf, die ich Dir gewiß schreiben wollte, und die ich nun nicht beisammen habe. Sie kommen aber sicherlich noch.

Gott grüße Dich und behüte mich.

Dein getreuer W.

Schleiermacher ist auf der Insel Rügen gegenwärtig, wo er eine reiche Wittwe heirathet, und geht dann nach Berlin zurück, wo er eine gute Predigerstelle hat. Fragtest Du nicht einmal?

Adresse: A monsieur Grimm etc. Empfangsstempel: 10. Juin 1809.

* * *

34.

## Jacob an Wilhelm.

Cassel, Freitag, 16. Juni [1809].

Mein Schreiben ist verzögert worden um des Pugge willen, welcher mir endlich sagen läßt, daß er noch keinen guten Fuhrmann weder nach Halle noch Leipzig erlangen können. Ich habe ihm Deinen Brief wörtlich abgeschrieben und zugestellt, sodaß also keine nöthige Vorsicht versäumt werden wird.

Morgen früh um vier Uhr reist die Lotte nebst dem Ferdinand und Mariechen Wild nach Marburg, die zwei letzten kommen aber schon bis Dienstag wieder und bringen die Dortchen mit zurück. Ich werde also einige Tage ganz allein im Haus sein. Wegen Ferdinands hatte ich wohl das der Tante geschrieben, und es gründete sich auf das mit der Lisette einmal darüber Abgesprochene, sie meint, wenn ihr Mann Oberförster würde, so ginge das an, und er würde sich gern dazu erbieten. Karl bleibt nun bei Jordis mit 10 Carolins Zulage, ein neuer employé scheint aber den Rang vor ihm erhalten zu haben. Die Jordis ist noch hier und ging wohl gern wieder nach Frankfurt, ich war einigemal in Schön=feld, welches gar nicht zu verachten ist, allein ich wollte mehr Freude an einem ihrer schön eingerichteten Zimmer haben als sie am Ganzen. Den neuen Bedienten habe ich gestern wieder abgeschafft, dafür auch einen andern angenommen, bloß für Schuhputzen und Commissionen, der kriegt auch nur zwei Thlr. Die Denhardin ist noch als hier und wartet auf tägliche Abreise, sie hat wohl wenig Spaß in Cassel, und wir haben auch dazu nicht beigetragen. Die Comödie hatte ich denn doch offerirt, weil aber fast gar nicht deutsch gespielt wird und französisch auch nur zweimal, so mußten wir ins französische, wovon sie nichts verstanden hat.

Ich merke deutlich, daß ich darum in der letzten Zeit nicht so fleißig arbeite, weil ich allein bin, d. h. Dein Platz leer steht; und doch wieder so, daß ich nicht recht allein bin, wegen meiner Stellen, die mir seither Zerstreuungen und einige Besuche zuziehen, und wegen meiner mehrern Bekanntschaft mit Wilds, welcher ich nichts zu leide thun möchte, und die mich dann doch auch hinhält. Das alles wird sich bei Deiner Zurückkunft auflösen und wieder vergleichen, sodaß ich nach und nach in den alten Zustand gerathe.

Endlich das Magazin für altdeutsche Literatur 1. Heft. Zu meinem größten Verdruß ist der Aufsatz über Meistersänger ab=gebrochen und kann noch durch ein Paar Stücke gehen, denn er hat die Geschmacklosigkeit gehabt, seinen frühern, doch gewiß schlechten Aufsatz aus dem Neuen literarischen Anzeiger ganz einzurücken. Die Beweise seiner Meinung müssen also noch folgen, und ich kann bis jetzt nichts dagegen machen. Seine Mittheilung ist aber keine andre als die: Meistersänger und Minnesänger sind wohl einerlei, d. h. sehr viele der letzten und zwar die ältesten mit darunter sind schon ersteres gewesen, aber — Meistergesang und Minnegesang sind durch=aus verschieden. Findest Du aber nicht eine schlechte Inconsequenz darin, zu sagen: die alten Meistersänger (denn dies ist erweislich und wird von Docen leider zugegeben) sind alsdann, wo sie Minnelieder gedichtet haben, keine Meistersänger! welches Docen bestimmt dafür hält. Ich hoffe, daß ihn dies noch in mehr Dummheiten verleiten wird,

wie er sich schon den Fall mit Reinmar von Brennenberg nicht anders
erklären kann, als daß er einen Zufall annimmt, oder daß die Grenzen
beider Arten immer in einander stoßen und von einander heben. Du
siehst, daß also von dem bei weitem wohl bedeutendsten Einwurf
gegen meine Ansicht, dem, daß keine Spur von frühern Tabulaturen
existire und mit diesen erst der Orden anheben könne, keine Rede
ist. Das ganze Zeug ist mir widrig; sieh doch ja in Gotha zu,
ob keine Handschriften von Meisterliedern irgend wo sind? (War
denn in der Gothaer Hdschr. vom Herzog Ernst hinten noch die Reise
des Montevilla in deutscher Prosa? Das sagt Hagen. Den werthen
Mann Apollonius haben sie jetzt in Berlin, und Büsching ist darüber
her.) Ferner steht in diesem Magazin über Wolframs von Eschen=
bach Leben und Schriften, von Büsching, auch abgebrochen und
noch sehr trocken und unbedeutend. Titurel und Parzival fleißig ex=
cerpirt. Unter dem fatalen Titel: Gallerie altdeutscher Dichter,
von Docen, über Conrad von Würzburg, Rudolf von Montfort und
Gottfried von Straßburg (wird auch fortgesetzt), weder warm noch
heiß, was er über den Tristan sagt, ist das Beste, was ich von ihm
noch gelesen habe. Ferner Docens Literatur der altdeutschen Dichter,
das bekannte alphabetische Verzeichnis, doch der beste Aufsatz
im ganzen Heft. Dein Name kommt einigemal als Gewährsmann vor.
Es soll nur Vorarbeit einer altdeutschen Bibliothek sein, welche er vorhat.
Übrigens erscheint seine Rhodonie bald, und darin wird, stell' Dir
vor, der ganze Wilhelm von Orlenz abgedruckt erscheinen. Endlich:
Noten zu Görres, von Hagen, bloß über Montevilla und Herzog
Ernst, fleißig und interessant. Es ist manches beigebracht, was Du
in der Recension nicht wußtest, ich habe damals gleich gesagt, daß
die bestimmte gelehrte Auseinandersetzung dieser alten Ländersagen
außer der Recension lag, (obwohl nicht außer Hagens Einleitung
zum Ernst), so kommt es, daß alles, was nun an drei Orten steht,
immer noch nichts Rechtes ist. Ärgerlich mit darum ist es, daß die
Recension immer noch nicht abgedruckt ist. Ein Brief von Böckh in
Heidelberg bemerkt, es müsse bloß ihrer Länge halber geschehen, um
nicht so oft abzubrechen, und bittet um weitere Anzeigen des Buchs
der Liebe und des Magazins. Ich will ihm antworten, das solle
geschehen, würde aber eben wegen jenes aufgehaltenen Abdrucks nicht
so eilig sein.

Von Clemens, Arnim, noch Savigny keine Silbe, auch vom
Louis nicht, noch von der Mannelin.

Neulich habe ich Chateaubriands Genie du christianisme zu lesen angefangen, welches mir wohlgefällt, daß ich es gern für uns behalte. Vieles ist wunderbar schön, die daraus bekanntesten Romane (Atala und René) gefallen mir am wenigsten, so wie sein neuestes Werk: Les Martyrs auch nicht. Gelehrt halte ich das Werk nicht, aber für recht innig und herzlich; nicht immer, aber sehr oft unfranzösisch. Stolberg möchte ich nun gerne daneben lesen.

Dem Jean Paul eine gewöhnliche Planlosigkeit zuzuschreiben, ist mir nie in den Sinn gekommen, gerade meine ich, ob er wohl durchaus bewußt, planvoll (manchmal kalt in sein Werk hineintretend, was vielen weh thut, wenn auch nur beim ersten Lesen), so ergreift er doch nie ein lebendiges Leben, nie einen fortschreitenden Plan, der halb so lebendig wäre, als es seine einzelnen Reflexionen immerfort sind. Von Witz und Humor ist nun hier gar nicht die Rede, der sich auch natürlich in Katzenbergers Reise findet, welche ich sonst für sein schlechtstes mir bekanntes Buch erkläre. Unter den mitabgedruckten, wie er sagt, einem Nachdrucker nachgedruckten kleinen Aufsätzen ist der über Luthers Monument ohne Zweifel der beste und ganz herrlich, wogegen ich den: über das Glück der Einhörigkeit ziemlich langweilig finde. Von ihm erscheint (nach dem Morgenblatt) Dämmerungen für Deutschland, worauf wir uns billig freuen dürfen.

Im Morgenblatt ist eben eine interessante Stelle, wonach Goethe den Stoff zu Hermann und Dorothea aus den Reisen der Salzburger Emigranten genommen hat, jedoch habe ich davon schon mehr gehört, wenn ich nicht irre.

Der Wigand war gestern hier und ein Paar Stunden bei mir und läßt Dich vielmal grüßen. Wie er sagt, steht er 80—90 Thlr. monatlich und hat sich durch einige gelungene Prozesse gute Reputation erworben.

Sonnabend [17. Juni] um ½ 2.

Eben ist die Einlage gekommen, ich hatte um Deinen Brief noch umgelegt, daß sie vorher an mich adressiren möchte, um das Porto zu vermeiden, und weil ich selbst auf Nachrichten begierig war. Die gegebenen freuen mich herzlich für die guten Leute, sonst sind sie unbefriedigend. Ein beigefügtes Märchen muß ich hier lassen, schon wegen des dicken Papiers. Adieu von Herzen, ich muß in Staatsrath.

Jacob.

Adresse: An Herrn Wilhelm Grimm, Halle an der Saale, bei H. Prof. Steffens.

35.

### Wilhelm an Jacob.

Halle am Sonntag [18. Juni 1809].

Die Badeanstalt ist nun fertig, und 7—9 Familien sind auch schon angekommen, indes zweifle ich, ob es etwas Rechtes werden wird. An sich hat Reil gewißlich alles gut eingerichtet, nur daß Halle nie ein Bade=, d. h. Belustigungsort werden wird, daran hat er nicht gedacht. Es ist durchaus kein amüsanter Ort für einen Fremden, mit dem Theater ist nichts, geschickte englische Bereiter, Declamatoren, die sich eingefunden, wollen nichts thun, ein großer Garten, der zum Spaziergang dienen soll, ist sehr geschmacklos ein= gerichtet, und es bleibt ihm nur, was er von Natur hat, der Gang an der schönen Saale. Mein Baden war schon vor 14 Tagen be= stimmt und mußte leider wegen des eingefallenen kühlen Wetters auf= geschoben werden. Ich soll in einer Wanne mit warmem Wasser sitzen, nur bis an den Leib darin, um das Herz zugleich einen großen Schwamm mit kaltem legen und in diesem Sitzen zugleich elektrisirt werden, indem mir die Kette um den Hals gelegt wird. Gott weiß, wie es werden wird. Einen Magnet trag ich nun auch in ein schwarzes Band eingenäht über dem Herzen, als ich ihn zum ersten= mal umband, hatte er seltsame Wirkungen. Das Herz ging un= ordentlich, es ward mir schwindlig, übel, im Mund ein Metall= geschmack, und der Schweiß brach hervor. Ich mußte ihn abnehmen und den andern Tag von neuem umthun, wo das alles schwächer kam und ich mich gewöhnte. Eine besondere Wirkung hab ich sonst noch nicht empfunden, nur im Schlaf, däucht mir, habe es mich einigemal geschmerzt. — Abscheuliche Arzneien nehme ich noch fort.

Sonst muß ich aufrichtig sagen, daß es sich etwas gebessert. Ich habe wieder einmal empfunden, was ich seit zwei Jahren nicht empfunden, Einschlafen ohne Angst und ununterbrochen, zu Haus legte ich mich jeden Abend ins Bett, wie zur Qual, wo ich in der Stille und in langem Wachen all die seltsamen Gänge des Bluts fühlen und die Angst zum Herzen kommen sah. So, unbeweglich liegend, fielen mir erst nach ein Paar Stunden die Augen zu. Wie ich mich nun hier mit Müdigkeit niederlegen konnte und den Schlaf bald empfand, mich auch einmal auf die Seite legen, kam mir's so wunderbar angenehm vor, und ich dachte an meine Kinderzeit, wo es auch so gewesen. Ich träume hier viel und große seltsame, zusammenhängende Träume, die

ich Dir einmal erzählen will, und die fast all einen traurigen Aus-
gang haben.

Reichardts sind nun draußen in Giebichenstein. In einem für
18 Groschen gelb angestrichenen Stübchen sitzen sie und sticken. Sie
in einem einfenstrigen, aber ebenso graziös auf einem schwarzen Sopha,
wie in Cassel in der schönen Stube. Sogar ihr Liebstes, den Thee,
haben sie abschaffen müssen und sie trinkt nur allein. Wie ich das
zum erstenmal sah, kann ich Dir nicht sagen, wie rührend und
traurig es mir vorkam, es war als wie ich zum erstenmal zur
lieben Mutter nach Haus kam und sie in dem armen Haus fand.
Doch ist der Trost, daß es andern trauriger vorkommt, als ihnen
selbst, sie sind heiter und vergnügt, so gut es geht, und jede Entsagung
belohnt sich selbst. Der Geniale schweift in Schlesien herum und schreibt
wöchentlich ein paarmal, dies ist Sitte zwischen ihm und ihr, da er nun
natürlich wenig wissen kann und das Papier doch voll sein soll, so
giebt das die lächerlichsten Briefe von der Welt. Wohin er jeden
Tag gegangen, auf welchen Gängen, was er gefrühstückt und gegessen,
welche Menschen er all gesehen, wird weitläuftig berichtet, dazwischen
nun Redensarten: „auf diesem Gange umschwebte mich Dein Geist 2c."
Ich mußte mich ernstlich zurückhalten, sonst hätt' ich lachen müssen,
als sie neulich einen solchen Brief vorlas. Sie liest all diese Briefe
mit einer Andacht und Verehrung, die wirklich schön ist, und täglich
die alten wieder. — Reichardts wollen, daß ich auch hinauszöge, was
wohl angegangen und mir recht angenehm gewesen wäre, allein wegen
des bevorstehenden Badens geht es nicht. Reils wegen übrigens gut,
da der bei Giebichenstein eine große Gartenanlage und ein großes
Haus hat, wo er jeden Abend ist. — Ich gehe täglich hinaus, das
und daß Steffens viel bei mir ist, und überhaupt dergleichen nimmt
mir mehr Zeit weg, als ich wünsche, und ich sehne mich nach einem
ruhigen, ordentlichen Arbeiten. Für die, welche mir übrig bleibt,
könnte ich wohl fleißig genannt werden, das altdeutsche Museum hat
mir Steffens zum Durchlesen von Hemmerde und Sch[wetschke] holen
lassen, da ist nun Docens Aufsatz gegen Dich darin. Verwirrt bleibt
er auch, was das (wenige) neu Hinzugekommene betrifft. Dies ist
kürzlich meine Meinung: Deine Behauptung enthielt zweierlei,
1) daß die Meistersänger ihr Alter bis ins 12. 13. Jahrhundert
zurückführen. Das giebt Docen zu (Hagen nicht, gegen welchen
dies polemisch auszuführen wäre), 2) daß Minne- und Meister-
gesang identisch. Dies leugnet Docen und behauptet einen materiellen

Unterschied, daß nämlich kein Meistersänger Minnelieder geschrieben. Meines Ansehns hat er dies aber nicht bewiesen, was er muß, und es ist ein schlechter Zirkel, wenn er gegen die Meistergesänge dieses Inhalts (Bremberger) behauptet, es seien keine. Doch Du wirst das bedächtlicher lesen, als ich konnte. Am interessantesten waren mir Hagens Zusätze zu Görres, wiewohl, was er gegen dessen Stil sagt, gewaltig albern. Der einfältigste ist aber der Büsching mit seiner über= ausführlichkeit, den Aufsatz über Eschenbach beginnt er mit der naiven Bemerkung, daß er gewiß nichts sagen werde von diesem, was er nicht wisse. Docens Gallerie ist schlecht, eine und dieselbe Lobpreisung für alle, und wie übermäßig. Das Dichterverzeichnis gut, wiewohl ich mehr benutzt als genannt bin. Wenn wir das Buch zu recensiren kriegen, so möcht' ich gern etwas dazu thun (das Geschlecht Magog wird schon bei Moses genannt), namentlich etwas sagen gegen die ganze Manier darin, die so breit (bei Büsching) und böttchermäßig ist (besonders bei Hagen). — Schelling hat seine sämmtlichen Werke in Landshut drucken lassen, wovon ich den ersten Band bei Steffens gesehn, ich wünschte, daß wir es kauften, es ist manches Schöne darin und manche historische Idee.

Ich mache eilig den Brief zu, weil ich fürchte, daß er sonst nicht fort kommt.

Dein getreuer W.

Adresse: An Herrn Staats=Raths=Auditor Grimm in Cassel in Westfalen.

------

36.

## Jacob an Wilhelm.

[Cassel,] Sonntag, den 25. Juni 1809.

Liebster Wilhelm! Ich hatte gestern vergeblich einen Brief von Dir erwartet. Soeben bringt mir Herr Keferstein einen von der Louise, (wofür ihr doch vielmal danke), datirt vom 20., und einen von Dir vom Sonntag, also dem 18ten, dessen Eile am Schluß ich mir daher nicht zu erklären weiß, oder hat er mit einer andern Gelegenheit ab= gehen sollen und ist nachher liegen geblieben? Mein Brief, welcher gestern vor acht Tagen abging, muß nun auch längst bei Dir sein.

Herzlich freut mich das Gute, was ich über Deine Gesundheit höre, und was auch die Louise bestätigt, es thut mir ordentlich leid, daß Dir das alles von fremden Leuten gethan wird und daß wir Dich nicht selber gesund machen und kein Verdienst dabei haben, da wir Dich doch lieber haben als die andern alle. Du mußt dadurch eine Art Heimath zu Halle kriegen und eine Liebe zu dem Ort, ich ginge gar zu gern von Cassel weg, das ich nur deswegen lieb habe, weil die Mutter hier begraben liegt.

Eine kleine Stadt von 2000, 3000 Menschen wünsche ich mir und uns zum Aufenthalt, ich möchte wissen, wie es mir noch geht, denn vieles ist mir jetzt so zuwider, daß ich nicht dabei bleiben werde, das weiß ich, auch wenn ich meinerseits ganz ruhig dabei bin; wenn uns Gott soviel gäbe, daß wir ein äußerlich mittelmäßiges Leben, aber unabhängig von dem geldverdienenden Dienen führen könnten! Denn ich glaube, man kann an ein feineres äußeres Leben nach und nach gewohnt werden, wogegen man alsdann sonst nicht mehr so rein lebt. Und alles, was aus einer gewissen Stille, Häuslichkeit herausgeht, ist im Grund ein Verderbnis — ich meine kein immer Zuhausebleiben, das Ausreisen steht ihm nicht entgegen, weil ein Zurück- oder lieber ein Heimkehren ist. Obgleich auch der Reiselust so vieler Menschen etwas Blindes, Unklares zum Grund liegen mag, denn was heißt das: eng an einer Gegend haften und in ihr beschlossen sein, da sie doch eigentlich so weit ist, und 100 Meilen geben am Ende dasselbe relative Verhältnis, als 100 Schritte ab. Es steht damit wie mit dem Bücherlesen, da ein Unersättlicher (lieber ein anderes Wort) durch 100 Bücher durchaus nicht mehr wird befriedigt werden, als durch das erste, was er gelesen, und wenn er alle modernen lesen könnte, so kann er die alten nicht lesen, weil er die Sprachen nicht wissen kann, und weil sie verloren sind, und die zukünftigen kann er ohnedem gar nicht. Ich möchte von Herzen gern reisen, einige Jahre, weil ich weiß, wie erstaunlich weiter das unser Studiren bringen wird, ist der Savigny nicht darum auch gereist? Und für die alte Poesie sind hundert Gründe mehr da, und zu wie vielem werden wir nie auf andere Art gelangen! Vielleicht kannst Du das eher ausführen, auf den Fall, daß Deine Gesundheit so her= gestellt wird, daß Dir die Reisen nicht kostspieliger und gefährlicher werden, als einem andern. Auf allen Fall muß erst in Deutsch= land Ruhe werden, ach, Gott gebe gute Ruhe, ich glaube gewiß, daß nie in Deutschland einstimmiger und edler darum gebetet worden ist, ich könnte darüber alles andere aufgeben und liegen lassen und denke oft, wie es möglich ist, daran nicht immer zu denken und sündlich, daß man daneben noch etwas anderes mit Liebe treibt; wenn doch das Unglück nur einmal aufhörte, wie müßte uns dann geschehen!

Die Lotte ist nun weg und der Ferdinand schon am Dienstag wiederkommen, ich habe ihn jetzt gar zu lieb, weil er mir so verlassen scheint, und brav ist er durchaus. Der Louis hat mir eben große Freude gemacht durch Übersendung des beikommenden Briefes und der beiden Bilder, die er gestochen hat und die mir ausnehmend gefallen. Ich zeige das alles fast dem Ferdinand nicht gern, weil es ihn schmerzen muß, wie es dem Louis gelingt, ich hab' es ihm aber doch gewiesen, denn das wäre noch viel härter, es nicht zu thun.

Über das Magazin hab' ich Dir gerade auch geschrieben, und es freut mich, daß Du über Docens Aufsatz nicht anders gesinnt bist. Das Beispiel mit dem Brenberger, welches er nicht anders als durch Zufall erklären kann, ist freilich das auffallendste, eine zufällige Dummheit von ihm ist es aber auch, daß er hintennach zwei Minnelieder der spätern Meistersänger abdrucken läßt, er nennt sie indessen erotische Gesänge. In dem Docen steckt durchaus eine Sucht, so zu schreiben, wie man vor zehn (oder etwas länger) Jahren pflegte, daher die widrigen Rubriken an Gallerien, Spicilegien und dabei seine unklare Weitschweifigkeit, das Geschwätz über Rudolf von Montfort und besonders über Conrad von Würzburg ist auch gar nichts nutz, dahingegen ist er in den Tristan wahrhaft und ernstlich verliebt und hat daher auch einiges Wahre davon erkannt, den schlechten Schluß von Pastoralpoesie besonders abgerechnet. Büsching ist unbedeutend, und seine weitläufige Untersuchung der Müllerschen Zweifel gegen Eschenbachs Baierheit fast lächerlich, da die Sache durchaus unbestreitbar war. Hagen ist ohne Frage der beste darunter und weiß viel Nothwendiges, ob Du gleich mit seiner Manier Recht hast, deswegen wollt' ich eben, daß man in der Recension über keinen Punkt dieser Reisesagen ausführlich einginge. Denn was veranlaßt gerade diese unangenehme Art? Der Umstand, daß man über die Sache noch nicht recht weit ist, da will man denn alle zerstreut gesammelten Notizen anbringen und sie thunlich verbinden, die eigentliche Verbindung fehlt aber. So könnte zu Deinen Bemerkungen zu Hagens seinen zu Görres' seinen ein vierter wieder neue Bemerkungen liefern, und das Verhältnis einer Recension zc. würde bei keiner eintreten. Ich halte dafür, sie sind nur dann an ihrem Ort, wenn eine Sache schon feststeht, oder wenn sie nicht interessant genug ist, um noch besonders abgemacht zu werden. So würde ich ohne Anstand alle Kleinigkeiten mittheilen, die ich noch über Wolferams Leben wüßte, auch alle Zusätze zu dem Dichterverzeichnis, falls letztere nicht zu weitläufig würden. Was nun den Glauben des Mittelalters an die Wunder der Erde und der Natur betrifft, so ist es vor allem nothwendig, daß wir die ältern Reisebeschreibungen gebrauchen und alle Stellen der älteren Dichter, namentlich des Eschenbachs, welchen die späteren vielleicht bloß ausgeschrieben haben, über die Heidenschaft excerpieren und in Ordnung bringen. Ich hatte unlängst mit dem zweiten Theil des Oranse den Anfang gemacht. Wenn nur der Titurel einmal gedruckt wäre, bei weitem das Hauptwerk hierüber, aber auch einige andere möchte ich kennen, wie den Lapidarius oder den französischen Bestiaire. So ist es meiner Ansicht nach durchaus fehlerhaft, daß Hagen mit dem Herzog Ernst absolut den Sindbad in eine Kette bringen will und wiederum diesen mit der Odyssee, wo uns nur einige Mittelglieder fehlen sollen. Eine Recension hat mich neulich wieder von neuem auf Hartmanns Buch über den Orient aufmerksam gemacht, worin die geographischen Stellen aus dem Moses untersucht werden, welche er indessen für später interpolirt hält. Darin kommt auch über Gog und Magog vor. Ich habe indessen Hartmanns Buch, auch wegen anderer interessanter Dinge, verschrieben, sowie Beckmanns Magazin älterer Reisebeschreibungen, ferner existirt auch von Buttmann eine kleine Schrift über die älteste Erdkunde.

Ich kann nicht anders sagen, die beiden Stücke in dem neuen Band von Schlegels Calderone sind viel schlechter, als die im ersten stehen. Besonders gilt das von der Brücke zu Mantible, worin die Intrigue durchaus null ist, so daß ich froh war, wie es zu Ende ging, es ist gewiß ganz flüchtig gemacht. Der Principe constante ist doch besser. Einzelne Stellen sind voll Poesie (manchmal etwas steif übersetzt); so die Beschreibung eines weißen Pferds außerordentlich gut, daß es von lauter Schnee wäre, der an Schweif und Mähnen anfing zu schmelzen. Eine fast ähnliche Stelle kommt in Oranse vor. — Hast Du jemals die wunderbare herrliche Sage gehört: wie Artus in der letzten Schlacht mit seinem verrätherischen Sohn Mordrec streitet, so scheint die Sonne, und als ihn Artus niederstößt, so ist die Wunde so groß, daß, wie er den Spieß aus Mordrecs Leib herauszieht, ein Sonnenstrahl dadurchfällt.

Fernows Leben des Göttlichen Ariosto ist hölzern und schlecht, wie aus dem Italienischen übersetzt. Gar kein Aufschluß über die Quellen, die er zum Orlando furioso gebraucht hat. Vergiß doch nicht in Gotha nachzuforschen, ob daselbst die Reali di Francia sind, ein äußerst wichtiges Werk, das man in keiner andern Sprache mehr hat. Ich habe neulich gefunden, daß danach der Pipin auch von Constantin abstammt, wie im Rother, welches ich gern in der Recension angebracht hätte. Dann such' es doch zu lesen. — Ich lese jetzt fast kein Buch mehr, ohne etwas darin zu finden.

Adieu. Dein treuer J.

―――――

### 37.
### Wilhelm an Jacob.

Halle am 1. Juli 9.

Lieber Jacob! In dem Augenblick, wo ich mich hinsetzen will, Dir zu schreiben, erhalte ich Deinen lieben Brief, der mir eine rechte Freude und Erfrischung gewesen. Freilich sollte mein letzter durch Kesterstein früher abgehn und konnte nicht. Die Kriegsflamme leckt hier herum, oft näher, oft entfernter, in diesem Augenblick scheint es ruhiger.

Mein Baden war schon vor drei Wochen angesetzt. Abwechselnd (nach Tagen) in heißem Sool= und Seifenbad sitzend bis an den Leib, soll ich einen lauen, immer kältern Schwamm auf das Herz halten und dies Verhältnis steigern, so sehr ich kann. Dadurch soll der nach dem Herz gewöhnte Blutstrom eine andere Richtung nehmen. — Der Zettel dazu war schon von Reil geschrieben, als kühles Wetter eintrat, bei welchem er anzufangen verbot; dies hat abwechselnd mit schwülem die ganze Zeit her gedauert, und ich mußte beständig zurücksetzen. Nun bekam ich vor acht Tagen eine Art von Katarrhfieber, das aber jetzt gottlob fast ganz vorbei, auch das hält mich auf.

Oft bin ich recht betrübt darüber, und es ist mir ängstlich, daß ich so lang von Dir weg bin. Mein Geld geht mir hin, und das Baden wird auch viel kosten, da jedes einzelne 12—16 Gr. beträgt. Du kannst gewiß sein, daß ich nicht das Geringste, das ich nicht Noth oder Anstands halber thun muß, ausgebe. Eine Fahrt nach dem Petersberg, einer herrlichen Ruine in einer reichen Landschaft, nach dem benachbarten Lauchstädt, alle Gesellschaften für Badegäste, zu denen ich besonders invitirt werde, habe ich abgelehnt. Steffens hat mich zum Mitglied eines Clubbs gemacht, in den ich unter mancher-

lei Vorwänden noch nicht gegangen (einmal als sein Gast), weil es
1 Gulden kostet. Steffens sind außerordentlich freundschaftlich gegen
mich. Ich hatte Dir geschrieben, daß ich eine Stube um ein Ge=
ringes gemiethet (Steffens nämlich hatte es gethan und die Haus=
wirthin gesagt, es werde sich leicht machen) und glaubte für 6—
8 Thaler das ¼ Jahr höchstens, denn sie war schlecht. Nun ver=
langt sie 18, die ich leider geben muß. Steffens haben mir aber
gleich ihre noch übrige sehr schöne Stube gegeben, damit es mich
nichts kosten soll. — Gott weiß, wie lang ich noch bleiben soll (einen
Monat gewiß noch), ich kann es doch nicht ändern, und es kommt mir
wie meine Pflicht vor, Reil genau zu folgen.

Was Du geschrieben, ist recht in meinem Sinn, ich freue mich
sehr darauf, fleißig mit Dir zu arbeiten. Wenn es mir nicht wieder
schlechter wird, so könnte ich wohl eine Reise aushalten und würde
gewiß etwas thun. Könnte ich denn nicht einmal eine Hofmeister=
stelle bei einem reichen Grafen erhalten, ohne Unterricht geben zu
müssen, und durchaus zu nichts vorhanden als etwa zum Staat?

Das Buch der Liebe habe ich auf zwei Tage gehabt. Dabei
wäre vorerst nichts zu thun, als es recht zu loben (die Vorrede habe
ich nicht gelesen) und sich für die Zukunft alles Schlechte zu ver=
bitten, das ungefähr unter dem Pontus stände. Über das Magazin
können wir nicht gleichmäßiger denken. Geradezu lächerlich sind die
Citate über Eschilbachs Namen, zwei wären genung, weil bei dem
Wappen etwas darauf ankommt. Eschilbach ist die bairische Provinzial=
endigung und Eschenbach die fränkische. Demnach ist wohl beides
recht, aber Eschilbach richtiger gerade als das andere, weil es ein
Baier war.

Mit dem Ankauf des Stolbergischen Buches eile nicht zu sehr.
Steffens meint, daß der grell darin erscheinende Gegensatz von
gläubiger Frömmigkeit und kritischer Freiheit in Betrachtung der
Geschichte durchaus zernichtend sei. Steffens kennt selbst Stolberg
und seine Familie. Er ist ein herrlicher, stiller, schlichter, innerlich
frommer Mensch, der ganz einfach lebt mit seiner Frau und seiner
Familie, fern von allem gräflichen Prunk, und den größten Theil
seines Vermögens den Armen giebt. So schön diese Frömmigkeit an
ihm, so wenig an seinen ziemlich häufigen Anhängern, bei denen es
gemacht und widerlich erscheint. Das Manuscript von seinem Buch
hatte er an Perthes geschenkt, der damit ein Beträchtliches gewonnen,
weil es droben ungemein gekauft worden.

Von einigen Kindermärchen habe ich wieder gehört, allein es waren schon bekannte. Überhaupt fang' ich an zu glauben, daß ihr Kreis nicht sehr groß ist, und daß wir die meisten kennen, daß aber diese allgemein verbreitet sind. Denn auch Runge kennt nicht mehr, wie mir Steffens erzählt hat, der sie öfter von ihm gehört. Denk, Runge wollte hierherkommen; es ist aber nichts daraus geworden.

Auf Friederikens Geburtstag, der vor etlichen Tagen gefeiert wurde, kam denn ihr Bräutigam Raumer ganz unerwartet an, blieb aber nur einen Tag, um dann zu seinen Eltern nach Dessau zu gehn. Wahrscheinlich aber kommt er wieder. Es ist ein gescheidter Mensch, der mir recht gut gefallen. Er will nach Pestalozzi und bei dessen Institut Lehrer werden. — — —

Louis' Bilder und sein unschuldiger Brief, der sich nach dem Blutfink und den Kanarienvögeln erkundigt, hat mir große Freude gemacht. Ordentlich meisterhaft sind sie und in dem Frauenkopf ist Wärme und ein ungemein lieblicher Ausdruck. Wenn er so fortfährt, so wird er ein braver Kupferstecher; die Manier des Heß ist übrigens nicht zu verkennen.

Louise hat mir zwei Einlagen zuschicken wollen, eine an Brentano, die Du wohl durch Franz Brentano besorgen kannst.

Grüß den Karl vielmal von mir und den Ferdinand auch, ist er denn so gleichgültig gegen mich, daß er nicht einmal nach mir fragt und mich grüßen läßt, in der Entfernung kränkt es einen doppelt.

Lieber, guter Jacob, leb wohl und behalt mich lieb. Wie oft, wenn ich allein bin, mach' ich die Augen zu und stelle mir die Stube genau vor, jedes, auch das Geringste, wie es darin steht, und wie Du auf Deinem Stuhle sitzest und arbeitest; das kann mich ordentlich bis zum Weinen rühren.

Dein ewig treuer Wilhelm.

Eben höre ich, daß die Universität ihren Vater verlieren wird, der als Prof. L. L. nach Königsberg mit 1100 Thlr. geht, die Waise kann nun in das ungeheure Waisenhaus ziehen.

Wie geht's Wilds? Ist denn die Lisette verheirathet und seid Ihr auf der Hochzeit gewesen? Grüß doch auch einmal den Itzig, er ist doch gar zu gefällig immer gewesen.

Du möchtest doch dem Pugge den richtigen Empfang der beiden Kisten durch K. ansagen lassen.

Adresse wie bei Brief 35. Empfangsstempel: 6. Juli 1809.

38.

### Jacob an Wilhelm.

Cassel, 10. Juli 9.

Ob ich Dir gleich lange nicht geschrieben habe, weil ich auf Deinen Brief vergeblich wartete, der endlich am Mittwochen eintraf, so muß es heut doch wenig werden. Ich weiß auch wenig. Siehst Du aber, daß ich recht ahndete, daß Du erst im August kommen würdest. Da das Wetter warm ist, so wirst Du nunmehr das Bad brauchen, über dessen Wirkung ja nicht vergiß zu schreiben.

Vom Karl kommt hierbei eine Einlage, mit dem Ferdinand bin ich jetzt sehr gut, seitdem er von Marburg da ist, auch die Lotte schreibt mir Briefe. Der Lisette Hochzeit ist freilich vor 8—10 Tagen gewesen, und ich und Ferdinand waren dazu eingeladen, der ist aber nicht hingegangen, weil es ihm wirklich an Kleidern fehlte. Sie wohnen nun zusammen in Wolfsanger und sind recht vergnügt und brav, welches viel gelten muß. Die Hochzeit war im Garten von Abends 6 bis 10, also ist außer Copuliren, Essen und Trinken und einigen Gesellschaftsspielen wenig gemacht worden, keine Musik. Der Alte weinte, machte aber den andern Tag die alten Scherze . . . . , er ist aber doch jetzt mehr verdrießlich über die Zeit und alles; es kommt mir vor, als ob er bald stirbt. Vor einigen Tagen ist die Hannchen angekommen, allein ich habe sie noch nicht gesehen, nach dem Ferdinand ist sie die kleinste und höflichste, sie ist noch von der ältern Erziehung, die jetzigen regen sich etwas mehr, es ist aber im Grund einerlei. Mit dem Eschwege habe ich von Herzen gern Brüderschaft getrunken, welches Du demnächst auch nachzuholen hast.

Einige Gesellschaften und Partien, worin ich durch Wilds und dadurch durch Landrés gerathen war, werden mir nach diesen einigen Versuchen herzlich zuwider, ich habe erst immer große Lust, unter die Leute zu kommen, und denke aus Ursache meiner vorigen Abgeschieden=

heit anfangs nicht an die Einförmigkeit, ja Leerheit, die einem her-
nach auffallen muß, also endige ich damit, daß ich aus eigener Gut-
müthigkeit und, da ich sehe, wie die Leute selber gutmüthig sind, mir
Zwang anthue, bis zuletzt dieser ebenfalls wegfällt und alles wieder
beim Alten ist. Etwas Unrechtes steckt darin, und es wird auf jeden
Fall noch Menschen geben, die mir recht sind, weil ich mir keines
Fehlers dabei bewußt bin, es fragt sich nur, sie zu finden, vielleicht
an einem andern Ort. Zur Jordis gehe ich deswegen nicht gern,
weil immerfort Franzosen da sind.

Ich habe in zwei Göttinger Auctionen viel Bücher gekauft,
darunter: Schneiders großes griechisches Lexikon, 2 Quartanten, gut
gebunden für 7 Thlr. — Nyerups Symbolae, nebst einem andern
Quartanten Knochenzugabe drein, 19 Gr. — Velasquez spanische
Poesie 6 Gr. — la farce de Pathelin 5 Gr. — Herders Werke zur
Philosophie und Poesie, neue Cottaer Ausg. 16 Bände gebunden
10 Thlr. — Hagens Nibelungen 1 Thlr. 2 Gr. Wunderhorn 1.
für 1 Thlr. 6 Gr. und die ganze arme Einsiedlerzeitung für 7 Gr.
Die letztern zu Präsenten; die Nibelungen will ich dem Wigand auf
seinen Geburtstag schicken, sie kosten sonst 3 Thlr. Der Ferdinand
hat seine Bücher bei der Gelegenheit auch mit wenigstens 12 Bänden
vermehrt.

Müllers Bücher werden wohl hier verkauft .... 5—6000 Bände
etwa, aber herrliche Sachen, worunter ich doch manches kaufen
möchte, schon der zu vermuthenden Wohlfeilheit halber. Daß ich
nicht vergesse zu schreiben, gestern kommt der St.-R. von Leist, der
an Müllers Stelle Generalstudiendirector geworden, zu mir und trägt
mir die Generalsecretärstelle dabei an, ich hatte aber innerlich keine
Lust dazu (wovon mündlich), und es war mir lieb, daß ich an dem
damit verbundenen, vielleicht auch complicirten Rechnungswesen einen
Anstand nehmen konnte, un[ge]achtet der Posten meinen Gehalt an-
sehnlich vermehrt haben würde, vielleicht um 2000 fr. Es ist aber
so damit.

Sprich doch einmal mit der Louise darüber, ob sie von Folgendem
etwas weiß und hält, oder wo man etwas davon lesen könnte. Der
Alte müßte das freilich eher angeben. Wie erklärt sich das meiner
Meinung nach sehr tief liegende Gesetz in der Musik, daß auf zwei
gleiche Theile ein abweichendes Trio folgt? Worin besteht der
eigentliche Unterschied zwischen Dur und Moll, verständlich, d. h.
unmusikalisch, etwa durch ein Gleichnis ausgedrückt? Ich glaube der-

gleichen Sachen gut bei der Meistersängergeschichte brauchen zu können, die ich doch nicht weiß, weil ich keine Musik studirt habe. Ist etwa im Forkel etwas darüber und ähnliche Dinge zu suchen, ich glaube nicht.

Wegen der Kindermärchen hast Du insofern nicht Recht, als wir von den wenigsten das rechte Detail wissen, und dieses ist es, was eben herauszubringen und aufzuschreiben wäre. Die von Grimm in Heidelberg schlecht.

Leb von Herzen wohl —                                    J.

Von Jean Paul eine Recension in den Heidelbergern, worin der Öhlenschläger über Maß gelobt wird.

Von Kopp eine über Roquefort, eine gelehrte Beurtheilung, jedoch sehr einseitig, weil ihn das spätere Französisch weniger angeht, und dieses könnte auch tüchtig getadelt werden.

Einen Brief von der Lotte schicke ich hierbei, wenn es auch etwas mehr Porto macht, es fällt mir sehr auf, wenn ich von meinen Geschwistern Briefe bekomme, sie kommen einem ganz anders vor, sie sind aber doch natürlich, es macht nur, daß sie sich in der Gegenwart etwa scheuen, es fällt mir ein, daß Du des Louis' erste Briefe mit Unrecht für dictirt oder geholfen hieltest. Es war mir, als ob ich die Lotte nach einigen Jahren wieder sähe, weil ich soviel auf einmal und im Zusammenhang von ihr erfuhr. Der Ton bezieht sich zum Theil auf Narrenspossen, die ich ihr geschrieben, und die Farben im Nachsatz auf ein Kleid, das des Prof. Tennemanns Schwester trägt, welches mir die Dortchen erklärt hat, sonst wußt' ich es eben so wenig.

Der versl. Klopstock macht mir viele Mühe, seit 6 Wochen nun alle Woch zweimal und immer viel.

Adresse: Herrn Wilhelm Grimm, Halle im Saaldep. bei H. Prof. Steffens.

---

39.

**Wilhelm an Jacob.**

[Halle, den 15 ? Juli 1809.]

Gestern war eine große Fete, welche die Vornehmsten der Stadt den Badegästen gaben. Weil hier wenig Leute sind, die ein Haus machen, und man ihnen doch Hospitalität schuldig zu sein glaubte, so ward es so von Reil und dem Präfecten eingerichtet, daß die sämmtlichen reichern Einwohner sich zu den Kosten unterzeichneten. Es war ein sehr schönes Locale, alles splendid und sehr langweilig. Ich war natürlich eingeladen und konnte nichts thun als auf die Kosten der guten Stadt Halle es mir wohlschmecken lassen und von dem vortrefflichen Wein, den Reil, der mir gegenüber, bei sich stehn hatte, trinken, Nierensteiner, Champagner u. s. w. Neben mir saß ein alter Oberst, der lang in Hanau in den 90ger Jahren in Garnison gelegen, und den ich mit einigen Specialien von dieser Stadt erfreute, meine Dame, eine Demoiselle Kayser aus Magdeburg, wie ich ihren Namen von dem auf dem Teller liegenden Zettel weiß, war zu krank und konnte nicht kommen. Reichardts waren auch da, von dem buckeligen Annalisten Gilbert, den Du in Cassel wohl gesehen, eingeladen, der bei sieben Damen hingeführt hatte und den seine Galanterie leicht 50 Thaler kosten konnte, Steffens mit seiner Frau hatte es ebenfalls für seine Schuldigkeit gehalten da zu sein. Diese waren aber an einer andern Tafel, weil die Badegäste an einer besondern saßen. Nachher wurde getanzt, wo Sophie, die schon eine ordentliche große Mamsell ist, ihre ersten Sprünge machte, ich mußte das mit Theetrinken abwarten, es kam mir recht wie Marburg vor, auch eine Schlägerei ward glücklich etablirt.

Du siehst also, daß ich gebadet habe, es ist schon die zweite Woche. Erst zwei Seifenbäder, die angenehmer sind, darauf Eisen- und Soolbad. Wie ich das erstemal einstieg, konnte ich sitzend kaum die Füße mit Wasser bedeckt haben, darauf allmählich höher bis zur Herzgrube, weiter aber kann ich nicht. Reil hat die Idee, eh ich den kalten Aufschlag übers Herz lege, durch den Gebrauch der reizenden Eisen- und Soolbäder einen Ausschlag über den Körper zu erregen. Eigentlich bekommt mir das Bad wohl, das Herz wird calmirt und schlägt ruhiger, allein kurirt kann ich doch nicht recht werden. Ich bin nun überzeugt, daß der Hals Einfluß gehabt hat, denn es gehen drei der größten Nerven, mit denen es verbunden ist, dadurch und die sind gedrückt worden, darauf hat nun Reil gewirkt, und er ist sehr verschwunden, und daher kommt die Erleichterung, denn es ist mir wirklich besser; aber eine andere Ursache ist die Brust, und dafür ist eigentlich kein Mittel, keine Radicalkur, das hat mir auch neulich Reil zugestanden, nachdem ich ganz gerad mit ihm darüber sprach, sonst schwieg er beständig darauf still. Ich weiß also genau, wie es mit mir ist, im Bade habe ich recht die Empfindung, daß es nicht recht durchdringen könne bei mir, und daß es bloß erleichtert. — Um eins will ich Dich hier bitten, laß Dir einmal ein solches Bad zurichten, es ist ganz einfach, warm Wasser, so sehr Du es vertragen kannst, worin ein Stück Seife aufgelöst ist, Du wirst empfinden, wie angenehm es ist, und wie ich Deine ganze Constitution ansehe, wird es Dir äußerst heilsam sein, es macht leicht, das Blut dünn und zehrt, daher man so starken Appetit bekommt, nachher trinke eine Tasse Kaffee. Des Morgens nüchtern mußt Du es thun und bei keinem kühlen Wetter anfangen. Ich bitt Dich recht sehr, es nur acht Tage zu probiren. Kaltes Bad ist damit nicht zu vergleichen und oft schädlich. — Hab' ich Dir schon gesagt, daß ich die starken spirituösen Wasser nicht mehr einreibe, weil ich sie nicht mehr vertragen kann; jetzt nehm' ich Pillen, die eine Knallkraft haben, denn sie zerspringen, wie ein wenig Hitze daran kommt. — Nach dem Bade geh ich auf das Klinikum, wo ich elektrisirt werde, eine prächtige, große Maschine von Mahagoniholz wird da gedreht, auf einen Tisch mit Glasbeinen, worauf ein Armensünderstühlchen, muß ich mich setzen, und mit Ketten werd' ich dann in Verbindung gebracht, und die Elektricität strömt durch mich. Ich empfinde davon nichts als ein Mißbehagen, rührt mich aber jemand oder auch nur meinen Rock an, so fahren starke Funken heraus, die knistern und durch mich schlagen, es dauert etwa zehn Minuten. Es sind gewöhnlich viele Leute da, die sich elektrisiren lassen. Gestern brachte Reil ein blindes Mädchen herein, deren Anblick mir rührend war. Wie der Mangel an Licht die Farben wegnimmt an den Pflanzen, so hatte er alle Beweglichkeit weggenommen, alle Züge waren starr auf dem blassen Gesicht wie bei einem Todten, und der ganze Körper war gleichsam zurückgekrochen. Es fehlte ihm sonst nichts, und doch konnte es kaum gehn, sie mußten ihm die Füße hinaufheben auf den Tisch. Es empfand nichts von der Elektricität, und wie es fertig war, saß es mit gefalteten Händen immer noch steif und unbeweglich. — Reil ist ein wunderlicher Mensch, und sonderbar ist eine gewisse Kälte, die oft wie Härte und Schonungslosigkeit aussieht, mit vieler Milde und Liebe vermischt. —

Von Arnim sind zwei Briefe angekommen für Dich und mich, ich schicke sie aber nicht mit, weil ich einen Umstand mündlich mit Dir erörtern will, der übrigens gar nichts Besonderes ist. Zu einer Antwort hast Du ihn gar nicht nöthig, weil er bloß von seinem Befinden, daß er wohl u. s. w., schreibt. In dem meinigen meldet er,

daß er von Clemens einen sehr unterhaltenden Brief erhalten, und
daß die Bethmännische Familie an der Scheidung arbeite. Gundel
habe viel Angst bestanden.

Ich lebe hier recht still und bin in der wenigen Zeit, die ich
für mich habe, fleißig. Freilich habe ich nicht viel. Der Morgen
geht mir durch ein Colleg, das ich bei Steffens höre, Physiologie,
die ungemein interessant ist, und durch das Baden hin; Nachmittags
um fünf bin ich für immer nach Giebichenstein invitirt, daß sie mich
für krank halten, wenn ich nicht komme. Ich wohne jetzt in einer schönen,
grün decorirten Stube, und das eine Kind ist gewöhnlich bei mir.
Anfangs waren Gesellschaften fast täglich, die aber gottlob aufgehört
haben, es ist außer Steffens niemand da, mit dem ich darin sprechen
könnte, seine Freunde sind recht brave Menschen, die drei Pfarrer
der Stadt, der eine und beste, ein gemüthlicher Mensch, ist hypokunder,
der andere nichts und der dritte fatal, ich habe aber wenig Be-
rührungspunkte mit ihnen, und Steffens spricht gewöhnlich auch nur
Solo. Einige Studenten, die Eingang bei Steffens haben, hab' ich
angeredet, es ist aber nichts mit ihnen. Raumer ist seit zwei Tagen
wieder da, er gefällt mir recht wohl, ich habe mit ihm über indische
Sachen gesprochen, wo er recht gut bewandert und belesen ist, was
in Schuberts Buch davon steht, rührt aus seiner Mittheilung, viel-
leicht werd ich näher mit ihm bekannt. Wir sollen uns beide so
ähnlich sehn, Arnim hatte es schon bemerkt, hier hab' ich durch-
gehends für ihn passirt, eh' er da war, und jetzt werden wir von
jedermann verwechselt, gestern sagte mir ein Fremder, etwas ge-
wachsen sei ich doch auf meinen Reisen. Es kommt mir auch vor,
daß ich so etwa aussehe, denn Du magst es glauben oder nicht, wenn
ich nicht in Spiegel sehe, weiß ich nicht, wie mein Gesicht ist. —
Hast Du nicht auf den 11. dieses Monats gemerkt, ich ging da
gegen Abend an den herrlichen Ufern der Saale zu Giebichenstein
spatzieren und setze mich auf einen schönen Felsen und sah so eine
Zeitlang in die Gegend nach Osten, wie ich aufstand, war der Höhen-
rauch, der den ganzen Tag über an dem Himmel herzog, recht tief
und stark herabgesunken, und die Sonne stand wie eine rothe Kugel
recht blutig in Westen; es kam mir ein Grausen an, da es wie ein stilles,
gewaltiges Zeichen am Himmel stand; ich habe nie etwas Ähnliches
gesehn. Ich glaube doch gewiß, daß unser Schicksal an den Himmel
und die Sterne geknüpft ist. Darnach blitzte es am wolkenlosen
Himmel ganz wunderlich, nicht in langen Streifen, sondern wie eine

Kanone blitzt, rund und von einem Punkt ausgehend. Es hat viel=
leicht ein Erdbeben bedeutet, und ich lese eben in der Zeitung, daß
man etwas in Düsseldorf früher empfunden. — Wenn Du doch als
bei mir wärst; daß es Dir bei Wilds und gar bei Landrés, die recht
gut, aber doch ganz gewöhnlich sind, bald langweilig vorkommen
werde, habe ich gleich gedacht und Dir auch gesagt. Es ist aus der=
selben Ursache, aus welcher Du nicht gern spazieren gehst, ohne einen
Zweck, Milchessen und dergl. Du kannst für Dich still studiren und
arbeiten, aber nicht für Dich bloß sein, und alles Nichtarbeiten macht
Dir Langeweile. Es ist recht schön, und es hat mir oft leid gethan
und ich habe Dich beneidet, daß Dich eine Arbeit fast nie ermüdet.
Ich habe mich vorigen Sommer in Wilds Garten setzen können,
allerlei Bilder und leichte Gedanken sind mir vorgekommen und haben
sich festgehängt an die Bäume, Blumen, Wolken oder an die
Menschen, die herumgingen und doch alle so gut waren, und das hat
mich vergnügt gemacht, ich habe sie niemals unterhalten wollen noch
es verlangt, weil einem ja diese Pein alles verleiden muß. Wenn
Du aufrichtig sein willst, so würdest Du nicht zur Jordis gehn,
wenn auch niemand da wäre, ja wenn Savigny, Bettine ꝛc. da wären,
so würdest Du es wohl etwas besser, aber nicht viel machen. Wie
sie ja einmal da waren, bist Du niemals mit mir hingegangen, ohne
es auszumachen, daß wir recht bald wieder fortgingen, und hast von
allerlei her die Ursache genommen. Du wirst auch niemals außer
dem Hause die rechten Leute finden, aber gewiß darin, denn Du hast
einen so schönen Sinn für das häusliche Zusammenleben, das ich auch
für den Grund ansehe, und ich halte wie Du alles, was eigentlich
dagegen, für Sünde. Wenn es Dir in Cassel nicht gefällt, so ist
das recht, aber in eine kleine Stadt von 3000 M. zu ziehen wär
mir noch mehr zuwider. Darin ist all der Nachtheil und die Nach=
ahmung der großen und nichts von dem Guten des Landlebens. So
möcht ich um alles nicht in Steinau oder einem ähnlich organisirten
Ort sein, wie fatal ist dort das Zusammenleben. Wie spricht
W[erner] von Hörter? Warum nicht gerade aufs Land in ein Dorf,
wo es so schön still und ruhig, etwa wie Allendorf, oder näher an
einer großen Stadt, denn ich sehe nicht, warum man aus Opposition
all ihre Vortheile aufgeben soll, die man dann doch haben würde.
Noch lieber wollte ich Gott um ein Landgut bitten, wo es noch
stiller, zuweilen besucht ein Freund, dabei die herrliche Gartenlust. —
Und doch thut der Sinn am meisten, und wenn ich hier abgeschieden

davon daran denke, wie wir dort leben, so kommt es mir so schön
doch und herzlich vor, daß ich es nicht sagen kann. Liebster Jacob,
dann seh' ich recht, wie gut Du gegen mich gewesen bist. — Was
Du thun wirst bei dem neuen Antrag des Leist, ist gewiß recht, und
nimm um keinen Preis eine Stelle, die Dich verdrießlich macht.

Der Brief ist schon so lang geworden, und ich verspare das
Übrige auf einen neuen. Karls Brief hat mich sehr erfreut als ein
Zeichen und der Lotte ihr Brief auch, ich möchte ihr gern alles ab-
bitten, wenn sie auch Unrecht hat, damit es nur gut wäre, und in
der Form fühl' ich doch, daß sie meine Schwester ist und daß ich sie
recht lieb habe. Leb wohl

Dein treuer W.

Den Titel von Reali di Francia mußt Du mir genauer an-
geben, es ist doch nicht italienisch, sonst würde mir das Lesen schwer
werden.

Adresse wie bei Brief 35. Empfangsstempel: 19. Juli 1809.

———

40.

## Wilhelm an seine Tante.

Halle am 17. Juli 9.

**Liebste Tante!**

Ich bin verwundert, daß Sie meinen Brief so spät erhalten,
und es müssen auch einige gar nicht angekommen sein, weil Sie nichts
davon schreiben. Ihren lieben Brief hab' ich erst gestern erhalten,
mithin war er auch 6 Tage unterwegs. Es ist kein Wunder in
jetzigen Kriegszeiten, zumal da das Kriegstheater hier ganz nah ist.
Wir sehen täglich Truppen allerlei Art, einzeln oder in größerer
Anzahl.

Ja, liebe Tante, ich habe schon gebadet. Es ist ein schönes
Haus dazu eingerichtet, in der Mitte ein langer Gang und auf beiden
Seiten kleine Cabinette, worin man badet, alles ist darin bequem
und anständig. Ein Sopha, Spiegel ꝛc. ziemlich elegant. Vorne
sind zwei Säle, worin man sich versammelt und wartet. Es sind
schon an 40 Familien hier, und das benachbarte Lauchstädt soll ganz
leer sein. — — —

Liebste Tante, für das Geld, das mir der Italiener bringen wird, dank' ich Ihnen gehorsamst, ich werde es gewiß ordentlich an= wenden. Ich weiß nicht, wie lang es noch dauert, sobald ich darf, reise ich ab und zu Ihnen. Dem lieben Jacob schreibe ich auch öfters, Sie werden ebenfalls Nachricht von ihm haben.

Behalten Sie mich lieb, ich werde Ihnen bald weitere Nachricht geben, wie es mir geht.

Ihr<br>
gehorsamer<br>
Wilhelm.

Adresse: An Mademoiselle Zimmer. Erste Kammerfrau bei Ihro Königl. Hoheit in Sachsen=Gotha.

41.

## Jacob an Wilhelm.

[Cassel,] den 19. Juli [1809.]

Soeben erhalte ich Deinen Brief, worin mich alles gefreut hat. Ich kann Dir dafür nur wenig schreiben, in einigem, was Du von mir denkst, hast Du gewiß nicht Recht, mit dem andern hat es seine Richtigkeit, allein ich kann nicht anders sein, und es kommt mir durchaus natürlich vor. Und ist nicht das sonderbare Gesellschafts= wesen etwas Unnatürliches, um nicht zu sagen, etwas Modernes, denn vor ein Paar hundert Jahren war es sicher ganz anders und man setzte sich nicht zu einander hin, um sich Zeit und Lust zu nehmen, wie jetzo. Ich mag zu keinem andern gehn, als den ich lieb habe, und der mich auch lieb hat, nicht um mit ihm etwa zu sprechen oder etwas von ihm zu lernen, sondern um bei ihm zu sein, wo sich her= nach das andere geben wird. So ist es mir bei Reichardts nicht er= gangen und auch nicht bei der Jordis, und was liegt mir an einer kurzen angenehmen Unterhaltung, an ein Paar witzigen Reden, worauf ich doch nichts weiter zu sagen habe, als daß es schön ist oder gut. Savignys dagegen habe ich lieb, da wäre ich gewiß gern, und wäre auch mehr hier zu ihnen gegangen, wenn sie allein und ungestört gewesen und ich ihnen vielleicht, ja natürlich nicht selbst fremder geworden, als sie mir. Ich bin sehr oft von Herzen gern allein und könnte dann gerade nichts arbeiten, um deswillen gehe ich lieber allein spazieren, als mit einem, weil meine Gedanken seine hindern oder seine meine, und über vieles kann ich mit denen, die ich lieb habe, gar nicht sprechen, ich habe eine innerliche Scheu, schreiben mag ich es allenfalls, allein eben, indem ich Dir darüber schreibe, ist es mir, als ob Du nun länger ausbliebest, weil ich sonst wieder ein ähnliches Gefühl haben würde, wenn Du in 14 Tagen zu uns hereinkämest. Ich vergesse es aber auch sehr bald. Mit fremden Menschen kann ich die Sache recht gut und trocken abhandeln. Daß man zu interessanten Leuten gern etwa in Theegesellschaften gehen mag, ist mir begreiflich, und es kommt mir mit dieser modernen Sitte so vor, wie mit den modernen Journalen, es sind gute, brauchbare, öfters abgebrochene Artikel, aber doch keine rechten Bücher; es kommt nothwendig auch viel Schlechtes und Gemeines unter, man kann sich daran gewöhnen, sie aber auch recht gut ganz entbehren. Es giebt noch eine andere Art von Zusammenkunft, die gewiß so lange da ist, als Menschen da sind, und wo ich auch gern bin, selbst wenn es schlecht ist, ich meine öffentliche Belustigungen, Spiele und Feste, die aber von dem, wie ich glaube, wieder ursprünglichen französischen Visitenwesen weit verschieden sind, welches letztere sie immer mehr beschränkt, ja vernichtet.

Ich habe nichts dagegen, daß Du Arnims Brief dortbehalten hast, weil doch nichts darin steht, aber über den mündlich vorbehaltenen Umstand sinne ich vergeblich nach und ich weiß nicht, warum er mir im voraus leid ist, sonst hättest Du es wohl geschrieben. Ich bin begierig, was der Brentano der Louise schreibt. Docens Miscellaneen, München 1809, habe ich eben erhalten, da sieht man, daß es nicht einmal eine neue Auflage ist, geschweige Umarbeitung. Bloß der Titel ist neu umgedruckt und zwei Bogen Zusätze, ohne viel Bedeutung, beigelegt. Hier ist der Titel der Reali di Francia: I Reali di Franza, nel quale si contiene la generazione di tutti i Re, Duchi, Principi e Baroni di Franza e delli Paladini colle battaglie da loro fatte etc. Mutina 1491. fol. Venezia 1499. f. 1537 f. 1551 etc. Dies Buch ist sehr alt, nach einigen sogar von Alcuin in Latein ursprünglich abgefaßt, man hat aber Handschriften von 1350, es scheint bestimmt, daß es nicht mit Turpin zusammenhängt und die sämmtlichen Sagen von Karl ꝛc. enthält, sowohl die verlorenen, als die noch erhaltenen. Aus ihm haben namentlich die italienischen Octavreimendichter des 16. Jahrhunderts geschöpft.

Eine Übersetzung und eine lateinische Ausgabe der regales kenne ich nicht, das Italienische ist aber nicht schwer, auf jeden Fall such es zu leihen, ich kann es ziemlich ohne Anstoß lesen.

Ich habe immer noch die Bücher von Göttingen, seit Dezember her, weil ich gar nicht daran kommen kann. Ich muß auf jeden Fall einmal dahin und 14 Tage dort arbeiten. Ich lese jetzo auch den Aventin, und es verdiente genau untersucht zu werden, wo er seine Fabeln von den altdeutschen und bairischen Königen her hat, es ist nicht alles Namenverdrehung und Herbeiziehung, und oft beruft er sich auf Lieder und Quellen, die er leider nicht näher citirt.

Der Wigand ist wieder hier und brachte vor einigen Tagen plötzlich seine Braut in meine Stube, die Hochzeit wird hier in kurzem gehalten, ich komme aber nicht darauf. Der Denhard in Steinau, wie ich von seiner Schwester höre, hat einen jungen Sohn.

Der König ist heute wieder gekommen, und bis Sonntag will ich mich mit dem Murhard, der mich dazu treibt, in der Cour in Staats=uniform vorstellen lassen, da es doch einmal sein muß.

[Ohne Unterschrift.]

Adresse wie bei Brief 34.

42.

Wilhelm an Jacob.

Halle am 20. [Juli] 9.

Vor einigen Tagen ist der Nachen unvermuthet hier eingetroffen und wohnt draußen bei seiner Lieben und hat die größte Langeweile. Es brennt ein recht innerlicher Hochmuth mit ihm, daß er mit nie=mand reden will, alle Leute nur für Schund ansieht und nur zu=weilen lächelnd freundlich=vornehm ein Paar Worte spricht. Ich mag daher nicht mit ihm reden und lasse ihn gern in Ruh. Nach vor=nehmen Leuten hat er eine Sucht, und die mögen so dumm sein, als sie wollen, da ist er gern. Was man so sehr glauben sollte, daß er sich freuen würde, jetzt ruhig bei seiner Familie zu leben, das ist gar nicht, sie sagen selbst, er werde es nicht lange bei ihnen aushalten, und so fehlt es ihm ganz an einem häuslichen Sinn. Er ist jetzt darüber her und will sein Leben schreiben, wovon selbst Louise sagt, daß ihr angst dabei sei. — Nach Dir hat er sich mehrmals sehr artig erkundigt. —

Auch Raumer ist wieder gekommen und acht Tage dageblieben. Es ist ein guter, gescheidter Mensch, den ich recht lieb gewonnen. Er

ist sehr fleißig und weiß vieles. Ueber die indischen Sachen habe
ich mehreres mit ihm gesprochen, das ich Dir mündlich wiedersagen
will, alles, was im Schubart davon steht, ist von ihm. Er glaubt,
daß das astronomische Prinzip das herrschende ursprüngliche darin sei,
alles Darstellung von Zeit und Raum, in den Gedichten daher das
stete Besingen der vier Jahreszeiten. Schlegel habe das gänzlich über=
sehen. Ihr Wissen aber sei ein göttlicher Instinct, kein bewußtes
gewesen, sie haben ihre große Erkenntnis unmittelbar von Gott ge=
habt, wie das Gesicht, geistige Augen, die uns zugefallen sind, u. s. w.
Es thut mir leid, daß Raumer keine gemüthlichere, wärmere und
lebendigere Braut hat als diese, die er freilich verehrt, die man aber
weder tadeln noch loben darf, weil man mit beidem Unrecht hat. Er
geht jetzt nach Freiberg und in das Erzgebirge, bleibt den Winter
hier und will dann zu Pestalozzi, wo er eine Lehrstelle erhält und
im Frühjahr heirathen wird. Ich habe wegen der altdeutschen Manu=
scripte in der Schweiz mit ihm gesprochen, und er will sehen, ob er
etwas ausrichten kann.

Ich bade nun täglich und lasse mich elektrisiren, letzteres mit
immer unangenehmerer Empfindung. In den heißen Tagen ist es so
stark, daß, wo der Ableiter mich berührt, Blasen entstehn. Es werden
auch zwei Juden elektrisirt, die entsetzlich dabei schreien und die ge=
waltig damit geneckt werden, daß, wenn sie voll geladen sind, man
wie von ungefähr vorbeigeht und sie anrührt, und da schlägt allzeit
ein starker Funke heraus, der ihnen durch den ganzen Leib zuckt und
wobei sie laut auffahren. Die Badegäste werden immer zahlreicher,
Reil thut alles sie zu vergnügen, Diners, Landfahrten, thés dansants,
wozu ich auch beständig eingeladen werde, aber nicht hingehe, weil es
mir zu langweilig ist. Einmal bin ich auf einem thé dansant ge=
wesen, weil Reichardts und Steffens auch invitirt waren. Es hat mir
aber wenig Vergnügen gemacht, unter den Tanzenden herumzugehn.

In diesen Tagen geht ein junger Stelzer, ein Bruder von dem,
der eine Reichardt hat, nach Göttingen zu dem Präfect Franz. Es
ist ein sehr braver, tüchtiger Mensch, der mir hier manche Gefälligkeit
erzeigt. Ich habe ihm gesagt, er solle mich in Cassel besuchen, wo=
hin er bald will, wenn er kommt, und ich bin noch nicht da, so erzeige
ihm doch einige Freundlichkeiten.

26<sup>ten</sup>.

Ich habe Deinen Brief erhalten, auf den ich noch ein Paar Worte
antworten will; Deine Gesinnung habe ich stets für natürlich gehalten,

nur nicht, daß Du eine andere, abweichende für unrecht und unnatürlich ausgegeben. Z. B. Arnims Lust an einem geselligen Leben halte ich für ebenso natürlich. Das Visitenwesen, wie es ist an den meisten Orten, ist mir ebenso verhaßt und langweilig wie Dir. Übrigens liegt es bloß an den Menschen, und eine Form giebt's eigentlich nicht, es ist wie mit den modernen Kleidern, wir können darin doch sehr einfach, natür= lich 2c. sein, wenn wir es nur wollen. Daß das Zusammenkommen zum Essen und Trinken französisch sei, weiß ich nicht, sieh deshalb, was ich es aus dem Wendunmuth geschrieben; sicher aber das Courmachen. Gesellschaften müssen sein, denn meiner Meinung nach ist der Mensch durchaus gesellig. An öffentlichen Belustigungen, wie Theater, Feuer= werke, Kirmissen und dergl., hast Du doch niemals Vergnügen ge= habt. — Was Savignys betrifft, so hat mir Bettine oder Meline einmal erzählt, daß Du zurückgezogen, still und äußerlich wenig theilnehmend gewesen, daß, wenn sie Deine große Theilnahme an ihnen nicht aus anderm gewußt und erkannt, sie nicht gewußt hätten, ob Du von ihrer Freundlichkeit und Zuneigung zu Dir überzeugt ge= wesen, und es habe lang gedauert, eh Du Dich recht gegen sie geäußert.

Daß in Deinem Brief etwas gegen mich gerichtet ist, fühl' ich wohl, aber ich weiß nicht was, und das ist meine beste Entschuldigung. Es giebt nur zweierlei, geradeheraus alles sagen oder nichts, das erste ist das Beste, zu sagen aber, daß man etwas zu sagen habe, quält bloß. Was Du auszudrücken scheinst, als läge es direct an mir, ob ich noch länger hier bleiben werde oder nicht, enthält, als Grund zu mancherlei Behauptungen, eine große Ungerechtigkeit, die schon ein= mal vorgekommen ist, gegen die ich aber nie mehr ein Wort sagen oder schreiben werde. —

Reichardt hat mir gestern die Einlage an Dich gegeben. Arnims Brief enthält rein nichts, ich habe ihn bloß nicht schicken wollen, erwarte daher weder was Trauriges noch Angenehmes, sondern nichts. Schreib mir etwas von der Lotte und den Brüdern. Adieu
Dein treuer Bruder<br>Wilhelm.

Adresse wie bei Brief 35. Empfangsstempel: 28. Juli 1809.

### 43.
### Jacob an Wilhelm.

[Cassel,] am 28. [Juli 1809] Abends.

Wie konntest Du es über Dich bringen, eine solche Stelle, die mich, ich kann nicht sagen wie, erschrocken hat, zu schreiben, ja bis zum Schluß Deines Briefes aufzubehalten? Ich habe mich in Dein Herz dafür geschämt und Gott gebe, daß Du schon vorher und nicht erst jetzo bereut, was Du so übereilt, unverständig und lieblos schreiben mochtest. Denn weil Du es übereilt gethan hast, so konntest Du es auch ohne Liebe und gegen allen Verstand thun. Nachdem ich Dir in meinen ersten Briefen von Herzen aus meinen Fehler, mein Unrecht gestanden, daß ich sonst gegen Deinen Aufenthalt in Halle einmal gesprochen, wie war es Dir möglich, einen Augenblick an mir ungläubig zu werden, und ich wollte doch, ich hätte Dir nie davon geschrieben, weil sich mein Unrecht, meine Liebe und Dein Glaube daran als alles nothwendig von selbst verstand. Deswegen hat es mich schon in einigen Deiner Briefe geängstigt, wenn ich zweifeln konnte, ob Du mir nicht etwa einige Umstände Deiner Kur darum erzähltest, um mir die Nothwendigkeit ihrer längeren Dauer begreiflich zu machen, und daß von Deiner Seite nichts versäumt werde, sie abzukürzen; ich habe auch nichts darauf geantwortet, ja, ich habe es auch in den meisten Fällen gar nicht so genommen, sondern so, als ob Du das schreiben könntest aus eigener Lust, wieder nach Haus zu kommen. Also glaubtest Du mir nicht, und es war Dir heimlich immer bang vor meiner Unzufriedenheit. Aber sieh von der Liebe ganz ab, warum soll ich darüber unzufrieden sein? Um der elenden Kosten willen! oder weil mir Deine Abwesenheit leid thut? So sage ich Dir, daß sie mir wegen ihrer Nothwendigkeit nicht so leid thut, als ich anfangs dachte, und nur dann, wann ich vergleiche, wieviel leider sie mir thun könnte, ohne jene Nothwendigkeit. Wie könnte ich Dir also direct etwas dagegen sagen, und wie glaubst Du, daß ich es indirect gewollt hätte, und wie kannst Du mir die gemeine Lehre geben, daß es doch noch besser sei, gerade herauszugehen oder ganz zu schweigen!

Was nun auch die Veranlassung sei an diesem Zweifel, den Du gar nicht hättest haben sollen, genug, Du hast ihn gehabt. An mir ist kein Gedanke von Schuld. Ich bitte Dich meinen vorigen Brief, der daran Ursache ist, aufzuheben oder mir die Stellen anzuzeigen, worin ich den Schein habe, etwas gegen Dich zu richten. Ich besinne mich unnöthig und brauche es auch nicht, da es doch nichts ist. Aber wenn Du noch ein wenig zweifelst, so schreib mir die zweifelhaften Worte, daß ich Dir sagen kann, was ich allein damit wollte. Und wenn Du nicht mehr zweifelst, so verlier auch in Zukunft diesen Glauben nicht an mir, denn ich halte es sündlich, daß wir uns über solche Dinge zu verständigen brauchen, und es thut mir in diesem Fall aufrichtig eins so leid wie's andere, daß ich Recht gegen Dich habe, oder daß Du Unrecht gegen mich hast.

Mit leichterem Herzen noch ein Paar Worte über den anderen Punkt, wo mir auch nicht recht ist, was Du schreibst, obgleich ich Dir im Grund Deine Meinung nicht nehmen will. Gegen Eß- und Trink-gesellschaften kann ich unmöglich etwas geäußert haben, es sind die einzig rechten außer den andern öffentlichen Festen. Was mich selbst angeht, so wundere ich mich, daß Du mehr dem Urtheil einer fremden Person glauben willst, wie der Bettine, als mir selber, wenn ich Dir meine Herzensmeinung sage. Und wenn in meinem Verhältnis zu Savigny etwas nicht so gut war, als es hätte sein können, so lag das Unrecht an ihm und andern Umständen viel eher als an mir. Das hat er mir auch selbst gestanden. Und wenn ich ihn lieb habe, so ist es wohl natürlich, daß ich gern bei ihm bin &c. Es betrübt mich recht, daß er mir lange nicht geschrieben hat, vom Brentano ist es schlecht, daß er vielleicht über eine andere Meinung und Ansicht, die jeder anders haben kann, bös wird und abbricht. Oder hat er uns als bloße Bekanntschaft betrachtet? oder hat er nichts Heiliges in der Welt? Dann muß ich es bedauern wie eine verlorene gute Bekannt-schaft, nicht wie verlorene Freundschaft.

Ich wollte, daß Du die Louise oder nun lieber auch den Reichardt selbst über das Dur und Moll befragtest. Deine eigene Ansicht ist mir insofern sonderbar, als ich nicht recht begreife, wie Du das Moll und Dur so bestimmt kennen und es von einander unterscheiden soll-test, ohne auf die Noten etwa zu sehen. Und warum soll das Moll das Ursprüngliche sein? Eigentlich wäre es, so gut wie das Dur, von dem Reinen, das weder Dur noch Moll ist, das heißt dem C-Ton, verschieden. Was ich aber nicht verstehe, ist, daß diese Rein-heit des C nur auf einer zufälligen Stimmung des Instruments beruht, und wenn man alle Saiten einen Ton hinaufstimmt, das C dann lauten müßte wie das D-Dur. Alle einzelnen Molltöne sind auch ein-zelne Durtöne, also in ihrer Zusammensetzung beruht das Geheimnis.

Am 29. Morgens.

Es ist mir gestern Abend beigefallen, daß darin doch wieder ein Fehler ist, nämlich das C kann ebenso gut C-Dur und C-Moll sein, wie jeder andere Ton, C-Dur und A-Moll sind also die zwei reinen Töne. Es kommt also bei diesem Unterschied eigentlich nicht auf die ♯ oder ♭ an. Daß es nur sieben Grundtöne giebt und es mit dem achten wieder von vornen angeht, begreife ich nur durch ein Beispiel, wie das der sieben Farben oder auch der fünf Vocale. Aber mach mir den Unterschied zwischen Dur und Moll auch in einem solchen Beispiel begreiflich. Daß nach der Louise alle alten Volkslieder auf Moll gehen, ist merkwürdig, ich sehe es aber noch nicht ein, wie das kommt.

Raumers astronomisches Prinzip, das er in der indischen Wissenschaft findet, scheint mir auf jeden Fall einseitig, und hat nicht Kanne etwas Ähnliches in seinem ganzen Buch durchgeführt, das ich doch einmal zu haben wünsche? Die göttliche Offenbarung sowie der Sprache als der Wissenschaft nimmt ja auch Schlegel an. Über einiges andere will ich Dich einmal mündlich fragen.

Ich bin seit einiger Zeit fleißig gewesen und habe allerhand durchgegangen, u. a. Kotzebues Geschichte von Preußen, die wegen der vielen Urkunden für die spätere Zeit des deutschen Ordens wohl viel Neues und Bestimmteres giebt, sonst ist sie nicht sonderlich geschrieben. Von alten Sagen ist nichts darin, ich habe daraus allerhand über den Bernstein excerpirt, welchen er mit andern und mir am wahrscheinlichsten für ein Harz der uralten Riesenpalmen hält, die in der preußischen Meeres- und Küstenerde begraben liegen, gleichwie z. B. in Irland.

An die Recensionen hab' ich noch gar nicht kommen können. Die Minnelieder hab' ich sonst zum Theil verkannt. Sie sind leicht das Vortrefflichste mit aus der alten Zeit 2c.

Der König ist jetzo in Napoleonshöhe; da die Bücher noch immer unaufgestellt sind, so kann ich glücklicherweise hier bleiben. Leider aber hält sich der Staatsrath oben, und da kostet mich jede Sitzung wegen der Kutsche und des unvermeidbaren Wirthshauses über einen Laubthaler. Übrigens machen die Auditoren die sonderbarsten Carrieren nach allen Richtungen. Hohenhausen ist Unterpräfect geworden, Lochausen Generalsecretär, Trott und Consbruch sogar Kammerjunker, und Vangerow Oberappellationsrath. Dafür sind wieder neue ernannt, zwei Franzosen. Lauter Anstellungen, davon ich mir keine

wünsche, indessen hoffe ich doch immer einen Vortheil aus der Stelle
zu erlangen.

Die Lotte ist noch in Marburg und meldet mir, daß sich Prof.
Bauer mit großem Interesse nach Dir erkundigt, es wäre schade für
den talentvollen Jüngling ꝛc. Ich wollte, sie wäre wieder hier. Vom
Karl ein Brief hierbei, dem Ferdinand darfst Du es wirklich nicht
übel nehmen, daß er nicht antwortet. Die Tante schreibt mir neulich
den Tod des Bratfisch. Der Karl schreibt eben an die Tante unter
andern gleichgültigen Dingen plötzlich: „Die Wittwe B. ist mit den
Kindern in der That zu beklagen, da der Vater bekannt ist.“ Ich
muß heute noch folgende Briefe schreiben, an die Tante, Lotte, Fr.
Sauern, Meisterlin, Nickel, Denhard und an Hofagent Thyrof in
Nürnberg in Dienstsachen, und dabei ist vielerlei Uninteressantes zu
wahren. Leb wohl, lieber Wilhelm, von ganzer Seele

J.

Adresse wie bei Brief 34.

44.

Wilhelm an Jacob.

Halle, am 2. August [1809].

Vorigen Mittwoch in der Nacht rückte das Braunschweigische
Corps hier ein, Abends um neun Uhr kamen einige Mann als
Avantgarde und um 3 Uhr des Nachts mit Musik das Corps.
Morgens früh sah man sie in den Straßen, Infanterie, Cavallerie
und einige Jäger. Ihre Uniform ist durchaus schwarz mit hellblauen
Kragen und Aufschlägen, eine Filzmütze, worauf ein Todtenkopf von
Blech, dem einige rothes Tuch und Glas untergelegt hatten, damit
der Tod einen recht erschrecklichen Blick habe. Die Infanterie hat
eine Art polnischer Jacken und lange Hosen, die Cavallerie bestand
aus Husaren, doch hatten sie Carabiner und keine Pistolen. Im
Ganzen sieht's schlecht aus, dazu, wenn das Schwarze schmutzig war,
und es schienen lauter Schornsteinfeger zu sein. Es waren recht
schöne, und dann kleine, unansehnliche Leute unter einander. Sie
verhielten sich ruhig, forderten nicht das Geringste und zogen Nach-
mittags wieder ab. Den Prinz habe ich auf dem Markt allein
herumreiten sehn, bloß durch einen Stern kennbar. Er hat einen
starren, steinernen Ausdruck, etwas Kosackenmäßiges, schneeweiße lange

Augenwimpern und weißen Bart, die auf dem dunkelbraunen Gesicht seltsam abstechen. —

Warum ich heute schon schreibe, ist dieses. Vor ein Paar Tagen kommt ein Brief von Brentano an Louise, worin er schreibt, daß er und Bettine Willens, hierher zu reisen, ich solle doch nicht eher abgehn, als der komme, er wolle mir vorher noch schreiben. Er habe Dir einen sehr langen Brief vor einigem geschrieben, worin seine ganze Lebensgeschichte, seit er von Cassel weg. Wenn Du nun etwas erhältst oder erhalten hast an mich, so theil' es mir mit, damit ich mich einrichte. Ich weiß nicht, wie lange ich noch bade, Reil sagte mir gestern, doch noch einige Zeit, indessen denk' ich nicht lange mehr. Das Bad bekommt mir indes, wie ich sagen muß, sehr wohl, und ich kann es jetzt schon aushalten, daß ich mich auf ein Paar Augenblicke bis an den Hals untertauche. — — —

Die Einlage an den Wigand ist so entstanden, daß mir wirklich vieles von ihm unter einander einfiel, rechte Kleinigkeiten, an welchen bloß die vorhandene Erinnerung vergnügt, und die ich zu meinem Spaß aufschreiben wollte, es wäre aber zu weitläuftig geworden und zu theuer, daher ich bald einzog. Wunderbar, aber wahr ist es, daß ich mich aus dieser Vergangenheit so vieler Lumpereien jetzt zu erinnern weiß, da es aus der nähern Zeit und Gegenwart unmöglich; es muß sich erst setzen, damit wir ruhig hineinsehn können in etwas, das uns nur als ein Fremdes, außer uns Gestelltes anrührt.

Brentano wird, seinem Brief nach zu urtheilen, nur ein Paar Tage hier bleiben wollen (vielleicht läßt er die Bettina in Weimar), und ich kann dann mit ihm zurück bis nach Gotha, denn bei der Tante muß ich durchaus bleiben. —

Eilig schreib' ich noch ein Paar literarische Neuigkeiten. Goethe arbeitet an einer Fortsetzung des Wilhelm Meisters, in welchem aber nur vier Personen auftreten. Und denk, neulich les' ich in den Collo-quien des Erasmus Rotterodamus und finde, daß die Erzählung von den Wirthshäusern in Deutschland und Frankreich, die auch im Ein-siedler steht, nichts ist als eine Übersetzung von einem dieser Collo-quien. Das Buch ist auch sonst nicht uninteressant und in der Händebibliothek aufzustellen.

[ohne Unterschrift.]

Adresse wie bei Brief 42. Empfangsstempel: 4 Août 1809.

45.
## Jacob an Wilhelm.

[Caſſel], am 4. Auguſt [1809].

Lieber Wilhelm!

Ich fange dieſen Brief einſtweilen an, ob ich gleich nicht weiß, ob Du meinen vorigen bei den dazwiſchengekommenen Unruhen erhalten haſt, es thäte mir leid, wenn er verloren wäre, weil ich ihn unmöglich noch einmal ſchreiben könnte.

Der Louis meldet mir, daß er den Clemens in München geſprochen habe, welcher ihm geſagt, daß er an uns zwei große Briefe geſchickt, die aber gar nicht angekommen ſind. Ferner, daß er nur auf 14 Tage nach Landshut wollte, und von da nach Halle, wohin auch der Arnim käme. Des Louis Brief iſt vom 20ten.

Vorgeſtern hat mir Zimmer durch Anweiſungen 94 Gulden übermacht, wovon 39,15 für die Recenſion der Nibelungen und 54,45 für den zweiten Theil der Abhandlung in den Studien, alſo alles von Dir allein verdient. Ob die andere Recenſion ſchon im Druck angefangen iſt, weiß ich nicht, da ich gar lange kein Heft erhalten, das lange Liegen iſt unangenehm, beſonders um der literariſchen Bemerkungen und Zuſätze willen, die wie das Gras wachſen und mehrmals abgemäht werden können.

Von Hagen ſteht nun eine recht gute Recenſion der Docen'ſchen Miscellaneen in der Jenaer Literaturzeitung 272 — 275, welche auch beſſer iſt, als die von mir vor einem Jahre niedergeſchriebene. Man ſieht, daß Hagen viel weiß und verſtändig ſtudirt, und worin wir ihm offenbar nachſtehen, iſt, daß wir an einem fatalen Ort leben, wo wir vieles nicht nachſchlagen können, zweitens, daß er ohne Zweifel in einer intereſſanten Correſpondenz ſteht, die ihm eine Menge Handſchriften und beſonders Notizen zuliefert, — deswegen wünſche ich ſo ſehr, einmal in Paris oder Rom oder Wien zu ſein. Bei dieſer Gelegenheit, frag doch den Alberti ja genau über die Krakauer Handſchriften, und wer der Preuße iſt, dem er dieſe Nachricht verdankt, und welche Adreſſen er überhaupt dahin geben oder durch jenen ausmachen kann?

Ganz neu und intereſſant war mir Hagens Bemerkung, daß in der altnordiſchen und ebenſo in der altſächſiſchen Poeſie ſtatt des Reimſyſtems das der Alliteration gefunden wird. Dies muß bei näherer Unterſuchung weit führen und hat mich ſehr gefreut. Sollte etwa in der indiſchen Poeſie etwas Ähnliches gefunden werden?

Hierbei auch ein guter Beweis gegen Deine Meinung, die, wie Du weißt, nie die meine war, daß die nordische Mythologie nicht im übrigen Deutschland gewesen sei. In diesem altsächsischen Codex kommen bestimmt die Wörter: Middelgard für Erde und Muspil für Feuer vor.

Über andere Sachen in der Recension weiß ich viel mehr als Hagen, z. B. über die Sage vom Schwanenschiff und wie diese mit dem Loherangrin, dem Gottfried von Bouillon ꝛc. in vielfältiger Verbindung steht. So wenig die Sagen vom Karl aus dem Turpin, sondern dieser aus ihnen entsprungen, so wahrscheinlich sind auch die vom Artus, z. B. die vom Gral früher in Deutschland gewesen, als etwa durch Übersetzung der nordfranzösischen Romane, d. h. nicht alles, nicht die spätere Ausarbeitung, aber wohl die uralte Sage vom Gral ꝛc. Nach Tiecks Angabe soll ein viel älterer Titurel als der eschenbachische existieren. Manche einzelne Punkte, die ich früher als Wolframs willkürliche Dichtung oder Verbindung betrachtet hatte, erscheinen mir nun viel älter in derselben Anknüpfung und Zusammensetzung. Wenn nur der Titurel gedruckt würde, man braucht ihn so oft nachzuschlagen. Auch wünschte ich sehr die zwei holländischen Romane einmal durchzulesen, die der Brentano hat, den Ritter mit dem Schwan und die Margaretha von Limburg, weil ich doch verzweifele, sie aus Holland zu erhalten. Der Dieterich schreibt mir letzt, die dänischen Bücher kämen bestimmt noch, aber wer's ihm glaubt.

Außer Glöckles Nachrichten über vatikanische Handschriften ist von Raßmann eine Berichtigung der Manessischen Sammlung zu erwarten, von Beneckes ist es immer still, ich habe ihm neulich geschrieben und will nun hören. —

Die altsächsische Evangelienparaphrase, die ich nie gelesen hatte, und deren Inhalt Docen besonders für unbedeutend erklärt hatte, ist nun, wie Hagen zeigt, höchst poetisch, z. B. Zungen des Himmels statt Sterne.

Sonntag, den 6. [August 1809] um 7 Uhr Abends.

Ich komme eben von Napoleonshöhe herunter, wo ich fast den ganzen Tag verzehrt habe, von ½11. Die Session war erst nach 6 aus, und finde Deinen Brief vom 2. vor. Vermuthlich ist mein voriger von gestern [vor] 8 Tagen verloren, weil Du ihn damals noch nicht hattest.

Mein Anfang von Brentano wird nun durch Deine Nachricht bestätigt, ich freue mich doch ihn einmal wiederzusehen. Vielleicht bleibt er mit Dir dann in Gotha bei Geisler, wodurch Du dann auch länger dort arbeiten könntest. Dann frag doch auch einmal nach dem Manuscript von Herzog Reinfried, das nach Tieck == Richard Löwenherz ist. Sonach, daß sein dicker Brief hierher verloren ist, thut mir sehr leid, angekommen ist von ihm keine Zeile, seit jenem Brief im Februar.

Wigand ist schon längst von hier weg, und ich will ihm Deinen Brief schicken, ich habe das Meiste auch noch gewußt und noch anderes.

Daß das Gespräch über Wirthshäuser aus Erasmus ist, habe ich schon letzt gefunden, indem es aus dem Lateinischen neulich im Morgenblatt übersetzt stand.

Montag Morgen.

Klopstock haben wir verloren, er hat fürs zweite Quartal 45 Gulden geschickt und für fernere Bemühung mit ergebenster Hochachtung bis auf bessere, d. h. interessantere Zeiten gedankt. An seiner Stelle hätte ich nicht so lange hiermit gewartet und ich bin herzlich froh drüber, weil es mir doch viel ärgerliche Müh machte.

Nach Deinem Brief ist es ungewiß, ob der Clemens auf der Hin- oder Rückreise hier durch will, vermuthlich letzteres, er kann bei uns gut wohnen in der gelben Stube, die doch leer ist. Ich fürchte aber, daß der Umstand mit der Bettine dem etwa in Wegen steht, weil ich nicht wüßte, wo die hier sein sollte, da die Jordis weg ist, oder kommt die bald wieder? Schreib mir doch.

[Ohne Unterschrift.]

Adresse wie bei Brief 39.

* * *

46.

Wilhelm an Jacob.

[Halle, 4.? August 1809.]

Lieber Jacob, Du thust zu viel, wenn Du mich in Deinem Brief so ausschiltst. Ich könnte es umkehren, was Du schreibst, daß ich an Deiner Liebe zweifelte, ich müßte mich ja aufgeben und mein ganzes Leben, wenn ich es thäte, ich thue es darum nicht und habe es auch nicht gethan. Die Sache verhält sich so: Du schreibst in Deinem vorletzten „über vieles kann ich mit denen, die ich lieb habe, gar nicht sprechen, ich habe eine innerliche Scheu, schreiben mag ich es allenfalls, allein indem ich darüber schreibe, ist es mir, als ob Du nun länger ausbliebest, weil ich sonst wieder ein ähnliches Gefühl haben würde, wenn Du in 14 Tagen zu uns hereinkämest. Ich vergesse es aber auch sehr bald, mit fremden Menschen kann ich die Sache recht gut und trocken abhandeln." Ich habe Dir schon geschrieben, daß ich es nicht recht verstehe, ich hatte Dir doch nichts gethan, worüber Du mit mir zu reden hättest, schwierig und nicht trocken, und die Art, mit welcher mein Ankommen hineingeflochten, konnte mich darauf bringen, daß Du dieses meintest. Du kannst wohl eine irrige Ansicht haben, und darauf bestehst Du natürlich wie auf einer rechten, und wenn Du mir auf mein Bemerken in meinen Briefen, daß ich länger hier bleiben müsse, niemals etwas geantwortet (was Du freilich viel schöner und mir lieber erklärst), so liegt doch darin nichts Unrechtes, daß ich glaubte, Du könnest es dort nicht recht beurtheilen, wann ich abreisen müßte, und von diesem Irrthum und dieser Ungerechtigkeit sprach ich. Wie Du dieses aber damit verbunden hast, daß Du geglaubt, ich halte das nicht für wahr, was Du mir geschrieben, es sei Dir lieb, daß ich hierher gekommen und die Kur gebraucht, das begreife ich gar nicht, es hängt damit nicht zusammen. — Ganz kurz ist es so: ich meinte, Du habest das Urtheil, ich bleibe länger als nöthig hier zu meinem Vergnügen, wie ich damals nicht aus einer Nothwendigkeit (gegen R. und mich), sondern zu meinem Vergnügen, aus Reiselustigkeit mitgegangen, beides wäre eine Ungerechtigkeit. Daß ich sagte, es sei nicht gut, etwas zu verhehlen, kannst Du selbst nicht unnatürlich finden, da es in Deinen Worten liegt, als thust Du es. Lieber Jacob, Du mußt es nicht arg nehmen, es ist mir, da ich es schrieb, nicht eingefallen, an Dir zu zweifeln, darum erwähnt' ich es zuletzt, und ich war nicht angefüllt davon, als ich es schrieb; Du hast auch unter der Zeit einen Brief von mir erhalten. Mir hast Du so hart geschrieben, und bedenk, daß, wenn man von übereilt, unverständig und lieblos spricht, ohne daß es wahr ist, es auf einen zurückfällt. — Hiermit reich' ich Dir meine Hand, und alles, was Unrecht von mir dabei war, das erkenn' ich und bitte Dich herzlich um Verzeihung.

Nun muß ich Dir auch schreiben, daß Du doch zu jener Meinung würdest Grund bei mir finden können, ich werde höchstens noch 14 Tage baden, und dann bin ich fertig, das Baden bekommt mir sehr wohl, besser als alles andere, ich kann es nun auch bis an den Hals vertragen. Mein Herz schlägt dann immer so schön ruhig; ich habe nun auch zuweilen 4—6 Tage Conradis Pillen ausgesetzt, was ich in Cassel keinen Tag konnte, und es ist doch gut geblieben. Ich fürchte mich nur immer, daß es wiederkommt, wenn das nur Gott verhüten wollte, und daß ich nicht vor dem Sterben ein solch angst= volles Leben führen muß, wie dankbar würde ich sein. Also in 14 Tagen bin ich fertig und wollte dann abreisen; ich hatte auch eine Gelegenheit, nämlich es ist ein Freund von Steffens hier angekommen, ein Herr v. Berger (über die Harmonie des Weltalls geschrieben), der auch badet und in drei Wochen höchstens von hier nach Gotha fährt, mit eigener Chaise, und der mich mitnehmen wollte. Nun aber will Brentano hierher kommen, und Du wirst selbst und nach Lesung bei= kommenden Briefs sehn, daß ich ihn erwarten muß. So lieb es mir ist, ihn zu sehn, so wenig gern bin ich jetzt hier. Bei Steffens ist dieser Berger, ein guter, stiller und gemüthlicher Mensch, und seine Frau, die ich aber durchaus nicht leiden kann, sie ist eine von denen, die ihre allergeringsten Empfindungen sogleich ausspielen und aus= einander legen und zerren, so spricht sie beständig, immer in halber Lüge, und sie ist eigentlich wie die Karoline Engelhard, nur etwas besser, es ist schade um ihr so vortheilhaftes Äußere; in Giebichen= stein ist aber der Rachen. Daher bin ich wenig aus, nur beim Essen, und sitze hier in meiner Stube, wo es mir sehr einsam ist und ich mich von Herzen weg wünsche. Um 7 Uhr geh' ich nach Giebichen= stein, wo es dadurch besser, daß er oft nicht da. — Ich habe so sparsam wie möglich gelebt, aber das Baden wird viel kosten, wenn ich die Rechnung bekomme; und dann hab' ich nach dem Bad auch ein Frühstück nehmen müssen, was ich sonst nicht that, so ist das Geld fast darauf gegangen, ich habe der lieben Tante, die mir in jedem Brief es vielmal angeboten, davon geschrieben, und sie will mir 10 Louisdor auszahlen lassen.

Ich habe den Snorro Sturleson durchgelesen, nämlich so viel man hier hat, die zwei ersten Bände der Schöning'schen Edition, die mit dem Leben des König Olafr des Heiligen schließt, und viele herrliche Sagen daraus excerpirt. Auch die fünf Bücher Moses. Jetzt les' ich den Thucydides von Max Jakobi. Er ist rein, edel und ver= ständig. Alles mit hoher Klarheit und mit Besonnenheit ausgeführt, allein gegen Herodot ist er nicht zu halten, der eine ganze Welt um= faßt, diesem ist bloß der Snorro zu vergleichen. Im Thucydides herrscht der Verstand vor, und er ist eigentlich das Ideal des kritischen Princips und ohne alle Volkssage. Müller, dessen Ideal er war, ist im Ganzen schlechter, aber im Einzelnen oft viel vortreff=

licher, da er so reich poetische Stellen hat. Thucydides ist in großem
Gleichmaß, das Schönste in dem ersten Band, den ich eben beendigt
habe, ist die Belagerung von Platää, und das Einzige, wo etwas
Sagenähnliches vorkommt, wo es auch heißt: man sagt, und was ich
abschreiben werde. Von Schleiermachers Platon habe ich einen Band
gelesen, worinnen der berühmte Phädros, ein geistvolles, zierliches,
anmuthiges Werk, in welchem sich die höchste Cultur offenbart, in
welchem aber von Sagen, wie wir sie suchen, nichts vorkommt. Die
griechische Mythologie haben wir schon gesammelt von andern. Von
Lafontaine, bei dem ich neulich war, seine Bücher zu sehn, da er be=
hauptete altdeutsche zu haben (Müllerische Sammlung und dergl.,
weiter ist es nichts), hab' ich mir den zweiten Band des Mithridates
von Vater geliehen. Es wird darin über die interessanten Sprachen,
die keltischen, germanischen und griechischen, ungrischen 2c. gehandelt,
und ich denke, wir kaufen diesen Theil, schon seiner Literatur wegen.
Voß' mythologische Briefe habe ich in Reichardts Bibliothek gefunden,
die ein planloses Gemisch der mannigfaltigsten Dinge (die 120 starke
allg. deutsche Bibliothek z. B. steht darin), und durchgelesen. Es ist
gegen Heyne und Hermann, er behauptet darin, wovon das Gegentheil
jetzt erwiesen, daß die Mythen ursprünglich ohne Allegorie, und daß die
Götter nicht geflügelt, so wenig wie er. Über die Greifen ist unbe=
deutend. Das Gute daraus hat Nitzsch wohl benutzt, und ich habe
nichts weiter daraus nehmen mögen.

Nun noch etwas über Moll und Dur. Den Unterschied hab'
ich längst durch alltägliches Anhören von Musik gefaßt und es selbst
bei den Volksliedern gefunden, welches Louise bestätigt. Es sind
zwei in der Natur begründete Töne, und da diese wie Musik ohne die
Noten und ohne das eintheilende System begriffen werden müssen, so
bin ich nicht von letzterm ausgegangen. Moll und Dur ist ein Gegen=
satz, und jeder Gegensatz in der Natur ist positiv und negativ; daß
Moll das Positive, hab' ich aus den schon früher geschriebenen Gründen
behauptet, alles Tragische ist auch in der Musik moll. Zu den
Naturlauten füge ich noch das: jene Laute in Amerika, von denen
Schubert sagt, daß die Sprache aus ihnen entstanden, sind unbeschreib=
lich klagend und moll, die auch in Norwegen oder Schweden (nach)
Steffens) gehört werden. Hierzu kommt nun folgendes sehr Merk=
würdige, was mir Steffens erzählt, daß man mit den Lauten ver=
mittelst der Voltaischen Säule Versuche angestellt, und die positive
Spitze (Pol), ins Ohr gehalten, Moll habe vernehmen lassen, die

negative Dur, welches also meine Ansicht bestätigt. Positiv ist (nach Steffens) das Hydroge [?], welches auch das Vegetabilische ist, daher wie man auch sagt, das Blühen der Töne, das Auseinandererwachsen. Neulich spät Abends hab' ich auch bemerkt, daß das klingende Rauschen eines fließenden Brunnens Moll ist. Louise und Reichardt habe ich nun gefragt, und die erklären, daß Moll die halben Töne sind. Nämlich es giebt sieben ganze Töne (nicht mehr, weil man nie mehr gehört hat, denn ein jeder Ton wird nur im Verhältnis zu den übrigen unterschieden, daher kann derselbe in unendlich vielen Stimmungen gehört werden, aber bringt man die andern in dieselbe Stimmung, so hat man nur sieben, so das einmal bis dreimal gestrichenen C 2c., immer dasselbe C, nur in einer andern Potenz; ganz recht, wie daß es nur sechs, eigentlich nur drei Farben giebt, ebenso ist es zu begreifen, wir haben nicht mehr gesehn, wie dort nicht mehr gehört in der Welt), und die Zwischentöne sind Moll, von beiden die Hälfte, wie, um im Gleichnis zu bleiben, Orange Moll von Gelb und Roth. Ebenso ist das Tragische der Zwischenton zwischen der Welt und dem Geist, das eigentlich Idealische zwischen äußerm Leben und Traum, und auch das Ursprüngliche und Natürliche, denn das Reine ist doch nur das durch den äußern Verstand aufs Reine Gebrachte, die spätere Reflexion, die Betrachtung im Einzelnen, das Lustspiel.

Adieu, lieber Jacob, von Herzen Dein bis ins Grab treuer

Wilhelm.

Ich habe Clemens geschrieben, mich durch ein Paar Zeilen zu unterrichten, ob er gewiß komme oder nicht. Erfährst Du etwas, daß der Brief an Dich kommt, so laß es mich eilig wissen, damit ich noch mit Berger fortkann.

Gestern ist mir an einem andern Ort der RAnzeiger in die Hände gefallen, da habe ich eine Anfrage von Dir über die Spiele gefunden. Hast Du nicht den Brief von Reichardt erhalten, der in meinen vorigen eingeschlagen war.

Adresse wie bei Brief 42. Empfangsstempel: 9. Août 1809.

47.

**Wilhelm an Jacob.**

Halle, am Sonntag [6. August 1809].

Lieber Jacob!

Vorgestern Abend ist Brentano hier schon angelangt. Ohne meine Antwort ist er von München abgereist, über Nürnberg, und ist nun hier und will einige Zeit sich aufhalten. Er scheint wieder ein wenig lustiger zu sein und macht viel Spaß, er sieht noch aus wie sonst, nur ein wenig magerer. Von der Frau, deren abscheuliche Geschichte er erzählt hat, ist er zwar nicht getrennt, er wird sie aber niemals wieder nehmen, und sie wird nach Frankfurt zu ihren Eltern gehn. Er hat hier in diesem Haus eine Stube gemiethet und will, wenn ich fertig gebadet, mit mir nach Giebichenstein ziehen, wo wir sehr wohlfeil ein Logis und Essen bekommen können, nicht aber bei Reichardts. Wie immer hat er wieder viele interessante Bücher mit-gebracht, unter andern höchst merkwürdige spanische Volksbücher aus dem 16. Jahrhundert voll herrlicher Geschichten. Ich kann sie recht gut lesen, da sie ganz einfach erzählt sind, und ich wollte sie schon abschreiben, als er mich versicherte, er werde sie übersetzen in ein neues Buch, das ein Gegenstück zu dem Wintergarten, Sommerkarne-val, werden soll. Ich will die Titel wenigstens herschreiben, wenn Du etwa gleich etwas daraus zu wissen wünschest: La historia de la reyna Sebilla. An Karls des Gr. Hof, sehr zart und märchenhaft. El conde Partinuples. Hab' ich nicht irgendwo davon gehört? Historia del abad don Juan. La historia del valeroso y bien afortunado cavallero Cid Ruy Diaz de Bivar. — Ferner eine Abschrift von dem ungenähten Rock Christi. Vier neue Bücher über Possen, worin Vieles von den Lalenbürgern. Der Malvidische Robinson 2c.

Ich werde nun sehr fleißig sein, so viel ich nur kann, vorerst muß ich die Scherzbücher benutzen, dann will ich mich doch an das Abschreiben der spanischen machen, da ich dem Übersetzen nicht recht traue, den ungenähten Rock soll ich mitnehmen dürfen und vorerst behalten. Von dem Goldfaden hat er uns ein schönes Velinexemplar mitgebracht.

Überhaupt thust Du ihm Unrecht, wenn Du glaubst, daß er uns nicht lieb hätte. Es erfreut ihn jede herzliche Gesinnung und er ist dankbar dafür, so hat er viel Freundliches zu mir gesagt und für Dich. — Vom Louis spricht er Gutes, er ist fleißig und still, aber auch noch ganz unerwacht und ohne Gedanken. Heß hat ihn sehr lieb. Er geht gar nicht aus, lebt sparsam, hängt über all seine Kleider ein Schnupftuch, um sie zu schonen, und hat alles, was ihm geschenkt wird, sehr lieb, z. B. ein Buch von Arnim zum Zeichnen, worin ein Vers von diesem eingeschrieben ist, darüber hat er ein Blatt geklebt, um es zu schonen, und zeichnet viel hinein, ob es gleich schlecht Papier. Er geht nur zuweilen zur Bettine, die sehr gut gegen ihn ist. Bettine lebt in München und componirt mit großer Leidenschaft am Faust. — Von Tieck spricht Clemens nicht gut, er hat jedermann auf eine schändliche Art um Geld geprellt, und niemand mag etwas von ihm wissen, so auch Savigny. Seine Poesie erstarrt und verholzt sich, und er hat nur den einen schönen Ton; von Arnim liest er nichts und sagt er, er habe gar kein Talent und borge alles von ihm. Sie leben noch immer, ohne etwas zu haben, auf die feinste Art, mit vielen Bedienten, und die Bettine hat ihnen oft die Wachs= lichter ausgeputzt und gesagt, sie sollten Unschlitt brennen. Jetzt aber geht sie auch nicht mehr hin. Am fatalsten soll die Bernhardi sein, die sich für die erste Dichterin hält und dem Clemens gesagt, in zwei Zeilen des Zerbino sei mehr Witz als in dem ganzen Arnim, worauf Brentano sie gebeten, ihm die zwei Zeilen zu zeigen, er wolle sie gern sich herausschneiden, weil ihm das Buch zu dick sei.

Wie's mit Clemens' Abreise beschaffen und wohin, weiß ich noch nicht. Er grüßt Dich vielmal. Die Hagen'sche Recension habe ich gelesen, sie ist doch nur sehr gelehrt. Daß die Niedersachsen und Jüt= länder Theil an der nordischen Religion, habe ich nie leugnen wollen, aber von den Deutschen, von Hessen etwa bis ganz herunter, muß es bewiesen werden. Daß in den nordischen Gedichten statt des Reims die Alliteration sei, ist keine neue Bemerkung von Hagen, sondern eine schon längst gemachte, mir bekannte; weit wird es nicht führen, da es etwas Abstrahirtes, Unlebendiges ist und auf die Schrift hinzudeuten scheint; in den nordischen Volksliedern ist keine Spur. Die Skalden aber, wie ich jetzt bei Lesung des Snorro gesehen, sind eine ganz eigene Klasse von Dichtern, die alles nach Kunstregeln getrieben haben und der Volks= dichtung entgegenstehn, wie die Meistersänger. Ich bitte Dich, die nordischen Bücher ja nicht wegzugeben nach Göttingen, es ist mein ernsthafter Wille, sie fleißig und gründlich durchzuarbeiten.

Du wirst ein Stück Recension von mir über den Sigurd von Fouquet in den Heidelbergern lesen. Es verhält sich damit so: als ich das Buch hier gelesen, schrieb ich mir einiges darüber auf. Dar=
10*

nach kam ein Brief von Arnim, worin er schrieb, er wolle das Buch recensiren, ich solle ihm einige literarische Bemerkungen schicken, nun hat er dem Ganzen die Ehr angethan, einen Überschuh darüber zu machen und es abzusenden, wie er geschrieben. — Von meiner Recension des Nibelungenlieds hat Savigny gesagt, daß sie gut, nur zu scharf getrennt und nicht recht verbunden, was auch wahr ist, und ich weiß recht gut, wie es entstanden, nämlich daß ich recht klar sein wollte und kein Wort unnöthig sagen. Das ist nun das Verfluchte, daß ich beständig bedenke, daß das eine schon in dem andern steckt, und ich es nicht recht ausführe, wie ich wohl konnte, aber immer ausstreiche aus Furcht, breit zu werden. Darum steht's hart neben einander.

Adieu, liebster Jacob, behalt mich lieb.

Dein getreuer Wilhelm.

Adresse: A monsieur Grimm etc. Empfangsstempel: 10. Août 1809.

* * *

48.

**Wilhelm an die Tante.**

Halle, am 15. August 1809.

Liebste Tante!

Ich bin noch immer hier und bade noch immer. Indessen denk' ich zukünftige Woche damit aufzuhören und würde mich alsdann sogleich zur Abreise bereitet haben, wenn nicht Brentano vor einigen Tagen unvermuthet von München hierher gekommen wäre. Er kam auch zum Theil mich zu besuchen, und Sie können denken, wie angenehm mir diese Überraschung war. Er wird einige Zeit, etwa vier Wochen, hier bleiben, dann reist er wieder zurück nach München über Gotha, und ich werde dann mit ihm gehn.

Er hat viel Gutes vom Louis erzählt, er lebt still, ordentlich und fleißig in München, der Professor Heß hat ihn sehr lieb, daß er wie ein Kind in dessen Haus gehalten wird. Er denkt viel an uns und hat weiter keinen Umgang, daß er den ganzen Tag über in der Akademie ist. Er macht recht schöne Sachen, und Arnim hat ihm deswegen eine silberne Medaille geschickt, worüber er sich sehr freuen wird. So gütig ist Arnim und sucht ihn aufzumuntern.

Mit meiner Gesundheit geht es gut, und Brentano sagt auch, daß er mich viel wohler halte, wie sonst. Brentano hat schöne Bücher mitgebracht, aus denen ich mancherlei arbeiten kann.

Die 10 Louisdor habe ich richtig von Predari in Lauchstädt er-
halten und danke Ihnen noch einmal gehorsamst, bis ich Ihnen per-
sönlich werde die Hand dafür küssen können.

Ihr gehorsamer Wilhelm.

Adresse: An Mademoiselle Zimmer, Erste Kammerfrau bei Ihro
königl. Hoheit in Sachsen-Gotha.

<hr>

49.

**Jacob an Wilhelm.**

[Cassel,] am 16. August [1809.]

Lieber Wilhelm!

Mit den Worten, welche Du in meinem Brief so sehr mißver-
standen hast, habe ich durchaus nicht anders gemeint zu sagen, als
daß es mir schwer fällt, ja unmöglich, mit einem, den ich lieb habe,
über Dinge zu sprechen, die mein Gefühl angehn, oder besser, was
mein Herz glaubt. Also z. B. wenn ich mir die damalige Veran-
lassung recht erinnere, darüber: warum mir die Einsamkeit manchmal
sehr lieb ist. Ich weiß nicht, warum man das nicht öffentlich machen
soll, vielleicht, weil man gleich darauf oder bald darauf etwas Ge-
wöhnliches mit andern vornimmt, die doch gar nicht unser Gefühl mit
uns gemein haben. Ich erkläre mir daraus, daß man vieles drucken
lassen mag, was man nie über die Zunge gebracht hätte, aber wenn
ich so etwas geschrieben hätte, so würde ich eine ähnliche Scheu haben,
wenn es mir jemand vorläse, wodurch es mir wieder nahe käm, da
man sich das Publikum ganz entfernt denkt. So geht Schreiben in
Briefen auch eher, weil ich den nicht so bald sehe, der meinen Brief
bekommt, wenigstens ich es darüber vergessen hätte. Und so hätte ich
mich auch vor Dir und mir geschämt, wenn Du früher zu uns ge-
kommen wärest, weil ich noch an jene Schreiberei gedacht hätte und
wir doch ganz wie sonst zu einander gewesen sein würden; es war
mir damals, als ob Du deswegen nun länger ausbliebest. So ist
es mir auch sonst wohl gewesen, wenn ich mich mit Dir über etwas
gestritten und wir in der Hitze uns Unrecht thaten, wenn wir dann
des andern Tags wieder still neben einander saßen und ich daran
dachte, wie wir uns darüber versöhnt, als ob es dieser Versöhnung
oder des Streits vorher bedurft hätte. — Da aber nun soviel darüber

geschrieben worden ist, so sehe ich voraus, daß ich doch daran denke, wenn Du wieder herkommst, ich werde mich aber doch über noch mehr zu freuen haben. Fühlst Du nicht, wie ich, daß alle solche Auseinandersetzungen, so wahr und herzlich sie sind, etwas Peinliches haben, deshalb wollen wir beide sorgen, daß wir nicht wieder hineingerathen.

Nun grüß mir den Clemens vielmal, dessen letzter Brief an Dich mich sehr gerührt und gefreut hat, und wenn ich ihm über sein Stillschweigen Unrecht gethan habe, so mag er mir verzeihen, denn es war so natürlich, sein Brief hat mir allen Zweifel benommen und ich versichere Dich, wenn ich Dich nicht hätte, so giebt es nur ihn und den Savigny, an den ich vertrauen könnte. Es thut mir leid, daß ich seine Geschichten nur im Auszug oder in einer schwächern Auflage hören werde, denn Du wirst nicht mehr alles so lebhaft wissen, als er Dir erzählt, oder er wird es nicht noch einmal mir besonders erzählen. Du hast das gute Theil erwählet. Ich hoffe nun bald zu hören, ob er mit hierher kommt und wann. Über den Louis und alles, was ich von ihm höre, bin ich von Herzen froh, und es wäre Sünde, ihn nicht so zu lassen, was braucht er mehr in der Welt, und ist nicht seine Liebe zu der Mutter und den Geschwistern und sein stilles, armes Leben schöner, als wenn er sie verlöre und etwas anderes wüßte? Um vieler solcher Eigenschaften willen ehre ich auch die Unwissenheit und Härte des Ferdinands, wenn er nur nicht so träg darin wäre, wie in allem.

Der Clemens kann die Sammlung von den Kindermärchen herzensgern haben, und es wäre schlecht, wenn wir seine Güte durch so Kleinigkeiten nicht erkennen wollten, wenn er auch anders damit verfährt, als wir es im Sinn hatten. Dieser Grund gilt überhaupt.

Die spanischen Volksbücher machen mich recht begierig, sind es denn eigentliche Volksbücher und keine französischen und kein Amadisstil darin? Schreib ja ab, so viel Du kannst und magst, denn die kriegt man doch nie zu kaufen, der Cid ist vorerst das Unwichtigste. Der Partinuples ist allerdings bekannt, und ich glaubte neulich herausgebracht zu haben, daß er zu den Tafelrunderomanen gehört oder wenigstens daran anschließt. Nämlich in den Gedichten von der Tafelrunde, auch selbst in den deutschen, kommt mehrmals unter andern Rittern der Parzinopier vor, und ich vermuthe, daß das Fragment im 3ten Bande der Müllerischen Sammlung von Meliura und Partenopier nichts anders als dieser Partinuples ist, besonders

da nach dem Auszug in der bibliothèque des romans die Geliebte
Amelor heißt. Dieser Auszug war übrigens nach dem castilianischen
libro del esforzado cavallero conde P. que fue emperador de
Constantinopla in mehrern Ausgaben und eigentlich aus dem
Catalonischen übersetzt. Er schien mir als Nachahmung des Amadis
nicht sehr interessant, oder war das Fehler des schlechten Auszugs,
merkwürdig ist, daß Stellen aus der schönen altspanischen Romanze
von Julian und der Cava darin vorkommen. Man hat auch hand-
schriftlich ein altfranzösisches Gedicht davon. Sonach bin ich auf die
reyna Sevilla am begierigsten mit; auch auf den ungenähten Rock
Christi, um den ich dem Clemens schon lang geschrieben hatte. Ich
wollte, daß ich einmal die italienische Märchensammlung (ich glaube
Conti degli conti oder mille conti) vom Clemens einsehen könnte, was
ich hier nie konnte, weil sie seine Frau immer hatte und, ich glaube,
übersetzen wollte, oder gehn diese Übersetzungen auch in seinen Kinder-
märchenplan ein? Ich glaube fast. —

Vergiß doch nicht aus Plato alles herauszuschreiben, was darin
über die Sage von Atlantis vorkommt, worüber er Haupt-
quelle ist.

Ich weiß nicht, warum Du geneigt bist, dem Hagen Unrecht zu
thun und ihm bloße trockene Gelehrsamkeit zuzuschreiben. Laß immer-
hin seine Manier steif sein, wie sie will, das ist doch im Grunde
nicht die Sache, und man kann ihm neben gründlichem Fleiß vielseitige
Anerkennung dessen, worauf es ankommt, nicht absprechen. Daß dies
letzte besonders dem Docen fehlt, hat Hagen freilich in seiner
Recension aus Freundschaft übergangen und insofern sich bloß an das
Literarische halten müssen, so wie ich, wenn ich etwa Görres' Buch
beurtheilte, mich gar nicht ans Literarische halten würde. Die
Bemerkung über die Alliteration hatte ich auch schon früher bei
Herder gefunden, und auf wen sich dieser berief, gesehen, ich glaube
auf Wormius und Hickes, allein das genauere System und die All-
gemeinheit für die nordische Poesie hat Hagen zuerst behauptet. Daß
die Scalden gleich den Minnesängern künstliche Dichter sind, ist un-
bezweifelt, wohl aber fragt sich, ob die Alliteration in ihrer Ein-
fachheit, so wie der Vocalreim, nicht auch volksmäßig sein könne? und
ob die Form der älteren Gedichte in der Edda unvolksmäßig sei?
Wenigstens finde ich den Consonantenklang ebenso natürlich, wie den
der Vocale, wenn wir dabei von der ungeheuer langen Gewohnheit
absehen. Die späteren dänischen Kämpeviiser beweisen nichts da-

gegen. — Wie Du Dir mit den Jüten und Niedersachsen aushelfen
willst, ist meiner Meinung nach unnatürlich und ungründlich. Wenn
z u f ä l l i g nicht einige Beweise für die Existenz der alten Mythologie
unter ihnen da wären, so würdest Du sie gewiß wie die andern
Deutschen ganz davon freigesprochen haben. Den Beweis für diese
sonderbare Scheidung müßtest Du auf allen Fall führen, nicht vom
Gegentheil verlangen. Und Dein bester Beweis, der, daß sich in
Deutschland keine Runengräber ꝛc. finden, paßt so gut auf die
Sachsen als auf die andern. Ich kann nimmermehr denken, daß die
Deutschen vor dem Christenthum einen bloßen sogenannten Fetischis-
mus gehabt hätten, der meiner Meinung nach überhaupt noch von
gar keinem nicht einmal wilden Volk zu erweisen steht, keines ist
ohne Götter, und die Gegenbehauptung beruht auf schlechter Ansicht
der Reisebeschreiber. — Übrigens schreibe ich Dir zum Spaß folgende
Buchhändleranzeige Deiner Abhandlung ab: „n. 2 über die Entstehung
der altdeutschen Poesie und ihr Verhältnis zur nordischen greift
tiefer, als irgend sonst geschehen, in den Unterschied zwischen Natur-
und Kunstphilosophie (sic), und der Vf. verfolgt seine Untersuchung
unter dem zwiefachen Erfodernis ausgebreiteter Geschichts- und Sprach-
kunde und eines jedem Schönen befreundeten Sinnes."

　　Clemens schreibt bös gegen das Buch der Liebe. Daß es theuer
ist und das wegen des guten Drucks, ist wahr, aber weil ich die
alten Drucke dieser drei Bücher noch nicht hatte, kommt es mir sehr
gelegen, und was liegt daran, ob es wieder unters Volk eingehen
soll, daran liegt mir gar nichts, viel wichtiger wäre es jetzo, etwa
Fichtes Reden an die deutsche Nation in ein populäres, gemeines
Gewand zu bringen, daß sie jeder lese. Wenn die alten Bücher und
Lieder unterm Volke verschwunden sind oder nach und nach ver-
schwinden, so ist es sein eigener Wille und ganz natürlich, dafür hat
es andern Stoff erhalten, warum soll diese alte Poesie wieder absolut
unter die Leute, für die sie nicht mehr paßt?

　　Das wenige, was Du mir über Tieck schreibst, ist mir so noch
zu unvollständig und nicht rein. Wer weiß, wenn Tieck über einen
andern als über Arnim so ungerecht urtheilte, ob Clemens so
spräche? Und kennt er die besondern Verhältnisse so genau, daß er
über das Geldprellen, Schuldenmachen nicht ungerecht ist? Wie dem
sei, ich halte den Tieck immer für einen wahrhaften Dichter und
einen ungemeinen Menschen, ob ich gleich seinen Zerbino, Octavian,
auch Genoveva nicht viel mag, wohl aber wegen des Sternbalds,

der kleinen Sachen und der Minnelieder. Dabei fällt mir ein, daß er mir auf die Notizen übers englische Theater damals gar nicht geantwortet, vielleicht ist auch der Brief verloren, oder seine berühmte Faulheit schuld. Savigny mag mit Deiner Recension Recht haben, doch erkläre ich mir's etwas anders. Das Mißverhältnis ist, daß die ganze Einleitung über die altdeutsche Poesie überhaupt zur eigentlichen Recension in gar keiner Verbindung steht und nicht dazu nothwendig gehört. Das passirt einem leicht aber und mir nicht weniger, daß man in etwas hineingeräth, weil es noch nicht gesagt ist, weil über die altdeutsche Poesie überhaupt noch nichts gesagt ist. Insofern hat es auch Recht auf Entschuldigung.

Warum erscheint wohl Görres' Recension des Wunderhorns nicht aus? Und arbeitet er noch an der alten Poesie? Ich erwarte, daß Hagen et Cons. bald gegen uns schreien. Neulich bin ich zufällig durch einen andern auf die Idee gebracht worden, wie ich vielleicht gut nach Paris kommen und dort arbeiten kann.

[Die Fortsetzung fehlt.]

50.

**Wilhelm an Jacob.**

Halle, am 19. August [1809].

Ich schreibe schon wieder, lieber Jacob, heut aber der Einlage wegen, deren Interesse Du in ihr lesen wirst, und die Du wohl gleich beförderst.

Ich wünsche so sehr, daß Du hier wärst, um mir helfen zu können. Es ist so vieles zu thun, weil Brentano so mancherlei mitgebracht hat, und Du weißt, wie es geht, wenn er zugegen, man kommt wenig zum Arbeiten und ich muß die interessanten Sachen vor mir liegen lassen. Unter andern hat er einen ganzen Pack Soldatenliebesbriefe auf dem Schlachtfeld von Landshut aufgelesen, in denen manches Lustige vorkommt, und von welchen ich gern einige abgeschrieben hätte. Clemens ist nun ernsthaft Willens, Kindermärchen herauszugeben, wozu er auch einige von den dänischen aus meiner Übersetzung bearbeiten will. Ein Hauptbuch ist die kleine italienische Sammlung, die er hat, und weil sie so selten, wird wohl nichts übrig bleiben für uns als das verdammte Abschreiben. Da ich mit ihm über die Gesellschaftsspiele sprach, sagte er, daß er in Landshut ein italienisches Buch besitze, in welchem alle solche Spiele abgehandelt wären mit Beispielen, und unter welchen viele mit den deutschen gemeinschaftlich vorkämen. Er hat den Titel vergessen, er kann ihn aber einmal schreiben, weil er glaubt, daß es in Göttingen sich finden werde. —

Vorgestern hatte ich einen Besuch von dem jungen Prof. Schütz, welches ein höchst fataler, eiteler, leer aufgeblasener Mensch ist. Er wollte Erläuterungen von mir haben über den Uhrmacher Bogs, da nun Clemens gegenwärtig, so konnte dieser es besser. Denk, Büsching hatte es recensirt und weitläufig schlecht ausgeführt, daß es nichts und bedeutungslos sei. Von ihm ist auch richtig die Recension über Görres und die Nibelungen in der hiesigen Zeitung gewesen.

Gestern habe ich zum letztenmale gebadet, und Reil hat mir noch Mittel aufgeschrieben und will es noch weiter thun, die ich zu Haus brauchen und meinem Arzt nennen solle. Clemens hat an Arnim geschrieben, der wahrscheinlich kommt, und dann reise ich mit jenem zurück bis nach Gotha. — Muß ich Reil viel geben und ist das Bad sehr theuer, wovon ich nächstens die Rechnung erhalte, so müßt Ihr mir etwas Geld schicken.

Leb wohl<br>Dein getreuer Wilhelm.

Goethe wird, wie der Clemens bemerkt zu haben glaubt, Arnims Wintergarten recensiren.

Adresse: A Monsieur Grimm, Auditeur au Conseil d'Etat, Bibliothécaire de S. M. Cassel en Vestphalie. Empfangsstempel: 22. Août 1809.

51.

Wilhelm an die Tante.

Halle, am 28. August [1809].

Liebste Tante!

Vorgestern erhalte ich einen Brief von Ihnen durch Einschluß von Lauchstädt, worin Sie Besorgnis äußern über mich, weil Sie so lange keinen Brief von mir erhalten. Die Schuld muß durchaus an der Post liegen, ich schreibe regelmäßig fast jede 14 Tage einen Brief an Sie und so habe ich auch vor etwa so lang einen abgeschickt. Ich sagte darin, daß meine Kur bald vorbei sein werde, daß aber Brentano hergekommen und ich deshalb noch länger ausbleiben müsse. Wahrscheinlich haben Sie diesen Brief nicht erhalten, wie mehrere, die ich geschrieben. —

Liebe Tante! Vor ungefähr acht Tagen hat mein Baden aufgehört, und meine Kur ist beendigt worden, der Arzt Reil hat mir nun noch Verschiedenes aufgeschrieben und gesagt, was ich ferner zu Haus brauchen könne. Sie sagen alle, auch Brentano, daß ich viel wohler und gesünder aussähe. — Brentano ist von seiner Frau nun so gut wie geschieden und hier schon deshalb froh, daß er von ihr los nicht mehr ihre Gegenwart ertragen muß. Es ist eins der abscheulichsten Weiber, die sich mehrmals mit dem Messer und Schere gestochen, dann sich zweimal hat vergiften wollen. Zum letztenmale in München, wo sie die ganze Stadt alarmirt hat und die Armensünderglocke für sich läuten lassen. Es ist aber niemals dazu gekommen, weil sie doch zu feig und furchtsam war. Das ist wohl das Schändlichste, was man thun kann. Jetzt wird sie wahrscheinlich wieder zu ihren Eltern gehn.

Wenn Brentano nicht gekommen wäre, so hätte ich mit einem Herrn und Frau von Berger sehr gut nach Gotha reisen können, die Steffens besucht hatten und dort einige Zeit bleiben wollen. Brentano will nach Berlin zu Arnim und mich durchaus mitnehmen. Es solle mich wenig oder nichts kosten, und Arnim hat mich ohnehin schon invitirt, ich weiß noch nicht bestimmt, ob ich es thun werde. Wir würden etwa drei Wochen dort bleiben und dann mit Arnim zurück. Ich werde Ihnen auf jeden Fall Nachricht geben.

10 Louisdor habe ich von Predari & Comp. in Lauchstädt richtig erhalten und danke Ihnen tausendmal für Ihre Güte, liebste Tante. Behalten Sie lieb

Ihren getreuen
Wilhelm.

Adresse wie bei Brief 31.

———

52.
Wilhelm an Jacob.
Halle, am 28. August 1809.

Du hast Recht, lieber Jacob, wenn Du mir in Deinem letzten vorwirfst, daß mein Brief, der von Brentano sprach und seinen Er-

zählungen, so kurz und verwirrt gewesen. Ich hatte nur eine halbe
Stunde Zeit dazu in seiner Gegenwart und wollte gern von allem
etwas sagen, und so ist es gekommen. Ich will sehen, ob ich einiges
nachholen kann.

Erstlich von Tieck. Was ihn als Dichter betrifft, so ist darüber
nicht gestritten worden und sein Werth wohl anerkannt, nur ein
Tadel ist, daß er in diesem Kreis stehen bleibt, in diesem tiefsinnigen,
anmuthigen Spielen, ohne weiter zu kommen oder zu wollen, ja auch
insofern zurück, daß er gar nichts thut und also nicht sowohl auf
seinen Lorbeeren ruht, als er damit ganz zugedeckt ist. Wogegen
es aber Clemens meint, das ist erstlich seine ungemeine Vornehmheit
gegen jeden, keinen wie z. B. Goethe ausgenommen, als wenn seine
Poesie der einzige Mittelpunkt sei und bleiben müsse, darum liest er
Arnims Gedichte, die doch reicher, wenn auch nicht so klar und
klassisch sind, wie seine, gar nicht und behauptet davon, es sei ganz
ordinäres Zeug, ihm und dem Schiller nachgesagt. Ebenso ist er
äußerlich vornehm, hält zwei Bedienten u. s. w., lebt sehr gut, ohne
das geringste Vermögen zu haben. Sodann seine Leichtsinnigkeit, die
gerade wie eine Schlechtigkeit ist, womit er Geld borgt, ohne es je
bezahlen zu können und wollen, wie z. B. von Savigny, der nichts
mehr von ihm hören will. Darum hat ihm auch Bettine geradezu
geschrieben, sie könne nicht mehr zu ihm kommen, und geht auch nicht
mehr hin.

Sodann vom Louis, daß er nämlich sehr still lebe, langsam
fleißig sei und schöne Bilder mache, wie die beiden Köpfe, daß ihn
Heß sehr lieb habe und wie einen Sohn betrachte. Er radirt jetzt
die Bettine, wovon Clemens die Zeichnung sehr schön gefunden, und
wird es wohl bald schicken. Arnim hat ihm eine silberne Medaille
geschickt für die zwei Bilder, die ihn groß gefreut haben werden.
Er hat Arnim sehr lieb und zeichnet am liebsten in ein Zeichenbuch,
das ihm dieser geschenkt, wiewohl das Papier schlecht daran ist, und
über einen Vers, den dieser ihm hineingeschrieben, hat er ein Papier
geklebt, damit er nicht schmutzig werde. Überhaupt hat er noch seine
alten Angewohnheiten, hängt über seine Kleider und über seinen Hut
noch immer ein Schnupftuch. Zu der Bettine geht er öfter, die ihm
recht freundlich ist, und besieht ihre Bilder.

Bettine componirt den ganzen Tag an dem Faust und hat zu der
Musik eine solche Leidenschaft, daß sie, wie sie spricht, dadurch eine der
Verrücktheit nahe gerückte Person ist. Alle Instrumente gehn ihr nicht

tief genug, und sie setzt für alle. Sie erzählt einem jungen Menschen ihr Leben, der alles genau aufschreibt, welches eine der wunderbarsten Geschichten geben muß, sie geht bis zu dem Geringsten, z. B. zu den Kleidern, die sie getragen, Clemens spricht, daß es etwas Herrliches sei, wie ich wohl glauben kann, denn in diesen Kleinigkeiten ist auch ein großer Reiz. Hier, wo ich allein gewesen, ist mir von mir vieles aus meiner Kindheit eingefallen, wenn ich an mich dachte, und ich wünschte sehr, ich hätte aufgeschrieben, was ich noch weiß, wie die Stuben und Häuser gewesen, die Kleider 2c., sonst gar nichts, es würde einem dann sein ganzes Leben, seine Gedanken und Empfindungen einfallen, die man in diesen Stuben und Kleidern gehabt. So weiß ich noch, daß die Tapeten in unserm Haus in Hanau in der Stube unten rechter Hand mit braunen und grünen schießenden Jägern verziert waren, daß unter dem Ofen oben Porzellantafeln mit Hirschen waren. Auch erinnere ich mich, wie ich Mittag bei der Mutter in der Stube gesessen, die Fenster auf waren und alles still, daß man bloß das Zischen von den Strumpfwirkerstühlen hörte 2c. Ich dachte Dir noch mehr zu schreiben, was mir Clemens erzählt, so seh' ich aber, daß es nicht geht und mündlich geschehen muß. Er will zu dem Leben der Bettine auch das seinige schreiben, worin das ganze Wesen zu Jena vorkommen soll, also daß nichts fehlt, als daß er's schreibt. Auch was Schönes hat er für Dich mitgebracht, womit ich Dich überraschen will.

Den zweiten Band des Calderone hab' ich vor wenigen Tagen gelesen. Ich bin erstaunt und gerührt worden wie niemals von dem standhaften Prinzen; da ist ja der Muth der griechischen Helden, die Religion der christlichen und die Herrlichkeit aller Zeiten in einem frischlebendigen, reinmenschlichen Bild vereinigt, das jeder Gesinnung zugehört und jedes Gemüth befriedigen muß. Es ist ordentlich ab=gelöst von jeder Besonderheit und allgemein weltlich geworden. Ich setze ihn höher als die Andacht zum Kreuz, wo uns bloß das Wunder interessirt, nicht die Menschen. Auch die Übersetzung ist höchst vor=trefflich. Weniger Werth hat die Brücke von Mantible. —

Der junge Schütz hatte mir das Buch geliehen, der mir auch, was von einer Recension des Hagen über Fouquets Sigurd gedruckt war, gegeben, es kommt ziemlich darin vor, was in meiner Abhand=lung stehn muß, und sie lobt parteiisch das Gedicht mehr als es ver=dient. Auch von der Alliteration kommt darin vor, wobei mir ein=fällt, daß in der Eunomia, wie ich mich bestimmt erinnere, gelesen zu haben, eine Abhandlung über die nordische Metrik steht, die man einmal nachsehen müßte. Die Recension des Nibelungenliebs und über Görres war richtig von Büsching. Die Volksbücher sind in Quart und allerdings spanisch, doch mir gut verständlich. La historia de la reyna Sebilla ist eigentlich der Octavian, der an dem Hofe Karls des Großen spielt, mit veränderten Namen ꝛc. El conde Partinuples ist ungleich wichtiger, daß es die Geschichte von Partenopier und Meliura, hatt' ich schon vor Deinem Brief heraus, als ich die Dame Meliora fand. Es ist eine anmuthige, feenhafte Erzählung, der eigentlich die griechische Sage von Amor und Psyche zu Grunde liegt. Das Unsichtbare ist hier eine Kaiserin in dem Schloß vom goldnen Haupt, die Partinuples sehen will, eine bezauberte Laterne, als sie an seiner Seite eingeschlafen, hervorzieht und einen Tropfen Wachs in ihre Brust fallen läßt. An ein directes Abborgen ist nicht zu denken, es ist alles im Geist der Ritterromane, und viele Kämpfe werden darin gefochten. Die Scene spielt zu Paris und in Frankreich, daher ich glaube, daß der Roman aus dem Französischen übersetzt ist. El abbad don Juan enthält die Geschichte einer Belagerung. Der Cid trifft viel mit den Romanzen zusammen. Ein anderes seltsames Buch hat Clemens mit= gebracht, das keinen Titel hat, aber oben auf den Blättern genannt wird: Reis dreier Königssöhn. In der Vorrede steht, es sei persischen und armenischen Ursprungs, ins Italienische übersetzt, woraus man es hier genommen. Das ist auch sicher wahr, und der orientalische Charakter ist nicht zu verkennen. Es enthält eine Menge scharfsinniger Auflösungen. So erkennen die Königssöhne an den Spuren ein Kamel, was es getragen, daß eine schwangre Frau darauf gesessen, daß es eine Zahnlücke gehabt ꝛc., oder der König und die Königin streiten, wer in einer dunkeln Stube ein silbernes Becken mit dem Pfeil dreimal treffen könne. Die Königin schießt, und es klingt dreimal, darauf der König; es klingt aber nur beim ersten Schuß, als Licht gebracht wird, hat er künstlich den zweiten Pfeil auf den ersten geschossen und den dritten auf den zweiten, so daß sie in einander stecken. Oder der König weiß mit einem Schuß den einen Hinterfuß an das Ohr des Hirsches fest zu schießen. So sind viele schöne darin. Weißt Du nichts von diesem Buch? und schlag einmal nach. —

Nun muß ich Dir von einigen Hoffnungen schreiben. Steffens kennt den Nierup sehr gut, außerdem hat er noch einen Anhänger in

Kopenhagen, der sich mit den alten Sagen abgiebt, an beide will er schreiben und es ihnen als sein eigenes Interesse nothwendig machen, herauszuschicken, was ich ihm aufgeschrieben: 1) alle ungedruckten Stücke der alten Edda, die aufs Nibelungenlied gehen, und die ich genannt habe, in Abschrift, 2) Nachricht und Inhalt von der Floamanna, Jarl Magnus und Blomsturwalla Saga, 3) alle Volksliedersammlungen außer den Kämpe Viiser und, wenn sie nicht mehr im Druck zu haben, in einer Abschrift wie Elskov Viiser, 4) Volksbücher die eigenthümlich sind, wie Olger Danske. Ist es möglich, etwas von diesen wichtigen Sachen zu erhalten, so ist es hier.

Hagen halt ich nicht bloß für literärisch (nur in dieser Recension), wiewohl das seine Hauptsache und er im übrigen höchst manirirt erscheint und craß modern. Ebenso ist mir sein gedrehter, an leeren Perioden reicher, gedrängt sein sollender Stil fatal, wo dennoch manches querfeldein kommt, wie dieser Ausdruck. An dem Buch der Liebe tadele ich, daß die freie poetische Ansicht ganz hintangesetzt worden, wem in aller Welt kann etwas an Varianten liegen, die sie versprechen, wenn man sie verlangt, daß man nichts Besseres zum Spott thun könnte, als sie verlangen. Da ich mir kein literarisches Interesse denken kann an dieser Form, insofern sie verändert wird durch das Hineinbringen des ältern, reichern, viel poetischeren Tristants, so wär' es mir recht lieb, wenn das geschehen wäre. Und was anders als das Starrwerden in dem Literarischen und das Abziehen von dem Lebendigen und mithin allein Richtigen kann sie vermögen, solch einen schlechten Roman wie den Pontus wieder abdrucken zu lassen, den ich mit aller Gewalt nicht wieder habe durchlesen können. Es liegt allerdings daran, daß man dem Volk, welches seine Bücher noch immer stark liest, und deren Unvergänglichkeit Du selbst erkennst, wieder Echtes und Poetisches wiedergiebt, wie die Erschaffung eines Ergötzens, einer solch reinen Lust immer das Beste bleibt, was man thun kann. Gerad von oben, daß man sie nicht mehr druckt, werden sie entzogen, nicht daß sie nicht mehr gewollt würden, wie Volksfeste durch Dekrete abgeschafft sind, nicht aus Überdruß vom Volk selbst. — Was die äußere Einrichtung betrifft, so hätten die Romane einzeln gedruckt werden müssen und auch in einer wohlfeilen Edition, damit jeder und was er davon wollte kaufen konnte.

Am 2ten September.

So weit war ich mit dem Brief gekommen und konnte ihn nicht schließen, daß er bis jetzt liegen geblieben. Desto mehr wirst Du erstaunen, wenn ich Dir etwas recht Unvermuthetes zuletzt hier schreibe, daß ich nämlich bis Mittwoch mit Clemens nach Berlin reise zu Arnim. Es ist so gekommen. Clemens schrieb an Arnim, ob er hinkommen solle oder er hierher wolle. Arnim stimmte für Ersteres und lud mich zum zweitenmal (den Sommer schon einmal) sehr freundschaftlich ein, ich dürfe Berlin, da ich in der Nähe, nicht versäumen; dazu hatte Clemens schon beständig gesagt, daß ich mit ihm müsse, falls er abreise. Ich sagte aber dem Clemens geradezu, daß ich nicht könne, daß mir nach Abzug der Badekosten und für den Arzt (10 Louisdor) nur noch 18 Thlr. übrig seien, damit könne ich nicht fort und wolle nach Giebichenstein ziehen, bis er wiederkomme. Er ward aber bös und sagte, ich solle still schweigen, wenn ich kein Geld habe, so habe er und ich solle mit, und wenn ich es nicht um= sonst haben wolle, so solle ich es von dem Honorar für die zukünftig zu edirenden Lalenbürger Possen ꝛc. an ihn abbezahlen. Was konnte ich machen! Dazu nimmt er seine Bücher mit, die ich unmöglich alle hier durcharbeiten konnte, so aber mag es gehen, und ich hoffe, es soll Dich freuen, was ich mitbringe. Also fahr' ich mit und in solchem Zustand, daß ich mich freue, nach Berlin zu kommen, daß ich mich freue, Arnim zu sehn, daß es mir leid thut, meine Rückreise zu Dir immer mehr verzögert zu sehn, und daß es mir täglich leider thut: wann werden wir wieder beisammen sein, muß ich durch viele Montage, Dienstage, Mittwochen ꝛc. durchsingen und alltäglich.

Clemens zwackt mir viele Stunden zu einem großen Bilde über Schelmuffsky ab, worin ich schon vieles recht Schöne gemacht habe, und worin Du auch in Galauniform stehst, und ich in meiner Carikatur dem Naturdichter Hiller sehr ähnlich. Clemens will auch noch ein Blatt an Dich schreiben (noch nicht geschehen. Sonntag 3. 10 Uhr). Von ganzer Seele und aus allen meinen Kräften

Dein treuer W.

Adresse: A Monsieur Grimm etc.

* * *

53.

## Jacob an Wilhelm.

[Cassel, 3. September 1809.]

Lieber W! Nur ein Paar Worte. Zwei Posttage sind vorüber, ohne einen Brief von Dir, es könnte nun sein, daß Du schon von Halle wegwärest, aber ich glaube es fast nicht und ich wünsche nur, daß Du mir nicht aus einem andern Grunde nicht geschrieben hast. Wenn, wie es scheint, der Brentano nicht mit hierher will, so wäre es mir doch gerade lieb, wenn Du noch einige Wochen nicht ansähest und dort seine Sachen, die er mitgebracht hat, näher durchgingest. Grüß ihn doch tausendmal.

Am Freitag ist die Lotte gekommen und noch wie sonst, ich weiß nicht, warum ich sie in vielem verändert hoffte, ich dachte ihre Liebe würde frischer sein und manches ablegen. Sonst bin ich gut mit ihr und auch mit dem Nand, der leider jetzt nie vor 12 oder 1 zu Bett geht (n. b. nach 10 ohne Licht am Fenster) und dann nicht vor 9 oder 10 aufsteht. Mit den Märchen ist es nichts gewesen, ich hatte Deinen Brief denselben Tag fortgeschickt. Die Lotte hat die Frau kommen lassen, sie hat den ersten Tag gesagt, sie müßte sich erst besinnen, und den zweiten, sie wüßte nichts mehr. Darüber ist auch die Lotte weggereist. Beweg doch den Clemens, daß er vor der Herausgabe sich ja erst viel mündlich erzählen läßt, da steckt noch das Meiste und Beste. Wär denn niemand anders in Marburg geschickt, mit der Frau einen bessern Versuch zu machen. Sonst mag der Clemens lieber hinreisen, die Quelle ist es gewiß werth. Ich sprach neulich mit der Engelhardin, die nicht viel weiß, aber durch sie haben mir Hassenpflugs (die mir auch sonst gefallen) einige ganz neue erzählt, und es soll noch mehr sich besonnen und zusammengebracht werden. Auch wäre wohl nöthig, daß der Clemens aus dem cabinet des fées das Gute herausnähme.

Die Recension von Büsching steht ja noch nicht abgedruckt, dergleichen schändliche Recensirerei ist mir recht verhaßt, und ich möchte den Kerl dafür durchnehmen, ich halte den Büsching für unbedeutend. Wahrscheinlich wollen sie alle Journale für sich einnehmen, damit die Bücher desto besser abgehen.

Vom Savigny ist endlich ein angenehmer Brief gekommen, der mich sehr erfreut.

Wenn Du Geld brauchst, schreibe nur. Adieu. In Eile.

Am Sonntag Morgen.     [Ohne Unterschrift.]

Adresse: An Herrn Wilhelm Grimm, privatisirenden Gelehrten, zu Halle a. d. Saale, zu erfragen bei H. Prof. Steffens.

III.

# Wilhelms Besuch in Berlin

September bis Dezember 1809.

# Aus Wilhelms Selbstbiographie.

„Im Spätherbste [1809] reiste ich nach Berlin, Achim von Arnim zu be-
suchen, den wir schon früher hatten kennen lernen und dessen liebevolle Gesinnung
zu allen Zeiten unverändert geblieben ist. Berlin war damals stiller und ein-
samer als je, das königliche Haus noch in Königsberg, nur die Kurprinzessin
jetzige regierende Kurfürstin von Hessen, bewohnte einen Theil des Schlosses. Ich
sah in ihrem Vorzimmer das von Bury gemalte Bild des kleinen Prinzen, der
in kindlichem Spiele eine weiße Fahne muthig aufrecht hielt, in welcher kein
Wappen mehr war, gleich als wolle er es von neuem erobern; mir gefiel dieser
sinnvolle Gedanke, aber nur meiner Wünsche dabei war ich gewiß. Mich trieb
hessische Anhänglichkeit, der Kurprinzessin persönlich meine Verehrung zu bezeigen,
und diese erhabene Frau, durch Geist und reiche Bildung ebenso ausgezeichnet,
als durch Adel der Gesinnung, hat sich hernach bei der Wiederherstellung gegen
mich und die Meinigen allzeit gnädig erwiesen. So trübe damals die Aussicht
in die Zukunft war, so erinnere ich mich doch mit Vergnügen der in Berlin zu-
gebrachten Monate und selbst der fröhlichsten Stunden. Ein gutes Naturell ver-
leugnet sich auch unter solchen Umständen nicht, und nur als Beispiel nenne ich
Buttmann, dessen frische Lebendigkeit gewiß in den glücklichsten Zeiten sich nicht
steigern konnte.

Auf dem Rückwege durch Weimar, am Schlusse des Jahres, ward mir das
Glück zu Theil, Goethe zu sehen. Noch deutlich bin ich mir der Stimmung be-
wußt, mit welcher ich zum erstenmale sein Haus betrat und über die bequeme
Treppe und das oft beschriebene Salvo in sein Zimmer gelangte. Jemand, den
wir früher oft und genau in mannigfachen Bildern angesehen, ist uns nicht
fremd und überrascht uns doch; in der Wirklichkeit liegt noch eine Macht, von
der die Kunst nichts weiß. Er äußerte Theilnahme für die Bemühungen zu
Gunsten einer lang vergessenen Literatur und Geneigtheit, sie zu unterstützen, wie
mir denn auch späterhin durch seine Fürsorge die Benutzung einiger Codd. der
dortigen Bibliothek gestattet wurde. Ich bin während meines Aufenthaltes in
Weimar, wo Madame Schoppenhauer ein ebenso glänzendes als angenehmes
Haus machte und mich auf das gütigste empfing, noch einigemal bei Goethe
gewesen, habe ihn in der Eigenthümlichkeit seines Wesens gesehen, seine Rede
gehört. Ich glaube, ihn selbst gesehen zu haben, ist zu dem Verständnisse
seiner Gedichte ungemein förderlich. In ihnen ist dieselbe Mischung der groß-

artigsten, reinsten und edelsten Natur, die ein sinnvoller Mensch sogleich anerkennt und verehrt, und jener höchst eigenthümlichen besonderen Bildung, deren Gang man nur zuweilen erräth. Erregt doch auch der wunderbare Blick seiner Augen ebensowohl das vollste Vertrauen, als er uns ferne von ihm hält. Wenn in einer Zeit eine nationelle Gesinnung herrscht, mag es von geringerer Bedeutung sein, die Persönlichkeit des Dichters kennen zu lernen, der den Charakter des Volkes in seiner höchsten Blüthe darstellt; anders verhält es sich, wo eine solche Nationalität fehlt und ein Geist, je größer er ist, desto freier und kühner, innern, unausmeßbaren Bedürfnissen gemäß sich entwickelt und bei höherem Aufsteigen immer einsamer sich fühlen muß. Man findet diese Einsamkeit, meine ich, in den meisten seiner Werke und das Ansprechendste und Einleuchtendste mit dem Seltsamsten und Fremdartigsten verbunden. Aus diesem Verhältnis wird auch das Verlangen unserer Zeit gerechtfertigt, die Geschichte der Bildung eines ausgezeichneten Mannes zu erfahren, die oft das Verlangen nach dem unmittelbaren Genuß seiner Werke übersteigt.“

## Jacob an Wilhelm.

[Cassel,] Sonntag Abend, am 10. [September 1809].

Lieber Wilhelm!

Wir haben recht oft an Dich gedacht, Dein Brief kam gerade am Tag an, wo Du von Halle abreisen wolltest, am Mittwochen [6. Sept.] wo gerade schlimmes Regenwetter eingefallen war; jetzt wirst Du längst in Berlin sein, gesund und vergnügt, Du wirst bei Arnim und Clemens gewiß vergnügte Tage haben. Die nun angefangene Herbstzeit erinnert mich so lebhaft an die Mutter und unsere Ferienreisen, worauf ich mich jedesmal elf Monate freute, und der eine Monat ging so schnell vorbei, und die Mutter weinte immer so heftig bei der Abreise. Ach, wenn sie doch noch lebte, seit ihrem Tod ist unser Haushalt unangenehm geworden, weil sich keins an das andere bindet und keine Ordnung mehr weder beim Essen noch sonst, es ist mir oft, als möchte ich dafür in ein Wirthshaus gehen, vielleicht auch, weil ich mich mit vielen Kleinigkeiten abgeben oder sie anhören muß. Und ich fühle bestimmt, wenn man mäßig und still lebt, wie wir, so ist Ordnung und Reinlichkeit das Erste. — — — Doch was schreibe ich Dir diese Dinge, nimm es nicht übel.

Und grüß den Clemens und Arnim von mir und beide von Herzen. Auf die nächsten Briefe warte ich nun begierig. Für die vielerlei Nachrichten in dem letzten danke ich vielmal, ich will sehen, ob ich was darauf zu antworten habe, glaube aber nicht.

Vom Sigurd steht ja eine Recension von Jean Paul in den Heidelbergern, ich habe ihn nun nicht gelesen, das Lob scheint mir aber zu groß. Aber wie leicht müssen auch die alten Sagen bestechen, oder lieber ein anderes Wort; wenn man sie, es sei unter welcher Gestalt, zuerst hört, wie am Ende auch Jean Paul. Sonst sehe ich täglich mehr, wie die meisten nordischen Sagen in den Kämpe Dater zwar des Inhalts wegen unschätzbar, in der Darstellung aber zu kurz und unlebendig sind und nicht bei altdeutsche Romane, wie die vom Tristan 2c., gehalten werden dürfen. Der Wilkinasage sieht man das deutsche Original in Worten und Wendungen leibhaft an, und sie ist darum noch einmal so leicht zu lesen, wie die andern, der Stil ist auch besser und im Ganzen zwar verschieden, aber trocken.

Warum willst Du dem armen Pontus den Stab brechen, hier liegt es an der Sage, welche eine bloße Compilation ist, gegen den Schluß hin interessanter, — aber die Sprache darin ist treulich und gemüthlich, wie in wenig andern, rechte Lehren, die in alten Zeiten die Väter den Söhnen gern mögen zu Hand gegeben haben.

Deine Meinung, daß die Volksbücher noch jetzt das Volk angingen oder wenigstens angehen müßten, mag ich nicht ausführlich bestreiten. Es scheint mir gewiß, daß unser Volk sehr herrlich sein könnte, auch wenn keins derselben existirte, oder wieder ebenso gut werden, wenn auch deren keines poetisch erneuert wurde. Sobald die epische Zeit vorüber ist, d. h. diese Unschuld, dieser Glauben, diese Liebe, so hört auch diese Poesie auf, und ich finde es durchaus natürlich, daß ein braves, ich meine ein unverbildetes Gemüth, das die Poesie Goethes und Schillers versteht, an diesen einfachen kindlichen Sachen weiter keinen eigentlichen Gefallen hat. So wie das Lyrische, Dramatische, Didaktische in jeder Bildung nothwendig auf das Epische folgt, so geht es auch den Menschen. Nun wenn der Sinn für das Epische (um durch dergl. Kunstwörter andere deutlichere zu ersparen) in dem Volk viel länger gewährt hat und zum Theil noch dauert, so ist er doch geschwächt, ja sehr, und muß endlich ganz aufhören, und beides unleugbar nicht von außen her, sondern von innen. Dies kann bewiesen werden, einzelne äußere Vorschritte der Regierungen kommen dagegen nicht in Betracht. Durch neue Ausgaben wird weder Bürger noch Bauer ergötzt, oder nur scheinbar, Gebildete nur unaufrichtig, frag gescheidte Leute, die ich gar nicht anders haben möchte, ob ihnen nicht zehn Lieder von Goethe lieber sind, als die zehn besten aus dem Wunderhorn, und warum haben sie nicht Recht? Diese neuen Ausgaben sind also bestimmt nur für die, welche noch höher stehen oder zu stehn glauben, für die, welche die Poesie studiren und das Vergangene, wie das Gegenwärtige, ja über es schätzen. Die Minnelieder sind zum Theil ganz herrlich und vollkommen, aber Goethe noch Schiller mögen sie nicht. Ferner, das überarbeiten, das Hineinarbeiten in diese Sachen wird mir ewig zuwider sein, darum weil es als Nothwendigkeit für die Zeit ein Irrthum und für das Studium der Poesie ein Ärger ist. In anderer, aber schlechter Hinsicht ist es freilich nothwendig, das gebe ich zu, weil das Schlechteste in uns, das Lesepublikum, die Bücher sonst nicht kauft, und sobald das bekannt ist, sie kein Verleger anders druckt. Eine große Inconsequenz liegt auch in dem Verfahren; wenn Du willst, daß in den prosaischen Tristan auch noch der poetische eingeschoben werde, warum nicht auch noch andere schöne Sagen, etwa griechische, die Müh wär freilich größer. — Ich wünschte nichts mehr, als daß wir über diesen Gegenstand einig wären, für unser Zusammenarbeiten, worauf ich alles baue, daher schreib mir ohne Vorurtheil Deine Meinung, ich will es auch so thun.

Sonderbar, daß ich über den persischen oder armenischen Roman, wovon Du schreibst, neulich auch nachgefragt oder gesucht habe. Ich zweifle nicht, daß es der von Giafer und Senendrippe ist, wovon ich längst aus Draud und Cleß zwei Ausgaben aufgezeichnet hatte. Schreib etwas Näheres davon auf.

Gute Nacht, es ist schon spät.

Dein treuer Bruder Jacob.

Adresse: An Herrn Wilhelm Grimm. Berlin Viereck Nr. 4, bei Herrn von Arnim.

55.

**Wilhelm an Jacob.**

[Berlin, nach Montag, 18. September 1809.]

Liebster Jacob!

Seit Montag Abend [den 18. Sept.] bin ich nun hier in Berlin, wir hatten unsere Abreise noch aufgeschoben, weil Clemens sein Bein verrenkt hatte, das jetzt noch nicht wieder in Ordnung ist. Arnim empfing uns liebreich und gütig, wie er ist, und hat mich schon an viele Orte und zu vielen Menschen geführt. Ich muß es auf mündliche Unterredung aufschieben, ausführlich davon zu erzählen, und beschränke mich auf einiges.

Vorerst also etwas von dem Hagen. Er empfing uns, auch Clemens war mit, recht gut und artig. Er macht den Eindruck von einem lebhaften, gescheidten Menschen und hat auch sonst keinen bösartigen Zug im Gesicht. Nur sieht man, was mir immer sehr ängstlich ist, wo ich es finde, daß er sich durch das Studiren etwas herunter gebracht hat, und seine Augen haben etwas Krankes und Überwachtes. Den Unterschied zwischen seinem und unserm Studiren hab' ich recht deutlich gesehen, er hat mit der ganzen Welt Verbindungen angeknüpft und reist selbst, so weit er kann, und er gewinnt daher mit Leichtigkeit eine Menge Bücher, Manuscripte, Nachrichten und kann auf diese Art mit Übermacht agiren. Sonst glaub' ich nicht, daß seine Studien so zusammenhängend sind wie unsere, und er nur allzeit in einen herausgegriffenen Gegenstand fleißig hineinarbeitet. Ich habe daher die Nothwendigkeit gesehen, daß wir uns in Correspondenzen setzen und dann soviel als möglich reisen. Ein Drittes, was er thut, müssen wir wohl bleiben lassen, nämlich viel Geld zum Ankauf verwenden, er bezahlt die Bücher stets mit dem letzten Preis. Von Nierup hatte er eben ein Programm erhalten, welches eine neue, correcte, mit Anmerkungen und Melodien ausgestattete Ausgabe der Kämpeviiser ankündigte und noch einige interessante dänische Werke, die wir haben müssen. Von dem Museum wird eben das zweite Heft gedruckt, welches Zusätze zu der Manessischen Sammlung und die Fortsetzung des Aufsatzes gegen Dich enthält. Von dem zweiten Band der altdeutschen Gedichte ist noch nichts angefangen. Zu Büsching will ich nicht expreß gehen, wenn ich ihn nicht zufällig sehe, so mag er fahren.

Wenn Du hier wärst! Ich sitze zwischen wenig[stens] 50 höchst interessanten Büchern, die ich alle durchlesen und durcharbeiten muß, wenn es mir gelingt, wird Dir manches lieb und meine Reise nicht ohne Nutzen gewesen sein. Die Drei Königssöhne sind der Giaffar, ich habe es in Draud nachgeschlagen, das Buch muß wohl abgeschrieben werden. Was mich jetzt bestimmt, ist die Zeit, wie lang ich die Bücher behalten darf, mithin gehn jetzt die Berliner vor den Brentanoischen. Bei Hagen lag auch ein persisches Gedicht Schirin, in Wielandischen Stanzen bearbeitet, und das wir kaufen müssen. In Bartholdis Reise nach Griechenland steht eine herrliche neugriechische Romanze, Du kannst das Buch wohl dort haben, ich sah es hier nur im Buchladen, es ist schon vor ein Paar Jahren erschienen. —

Dann waren wir auch bei dem Maler Bury, der ein großes, kräftiges Bild von den drei Schweizern gemalt hat, bei dem Buchhändler Juden Hitzig, der ein alter Freund von Clemens ist — — —, gestern in einer großen Männergesellschaft im Thiergarten, wo Hirt, Biester und dergl. waren. Meine Arbeitstube geht in einen Hof, mit einem Gitterfenster, und mitten aus der Arbeit geht's fort in die breiten, großen Straßen mit den eleganten Häusern, ich glaube, es giebt in diesem Sinne keine schönere Stadt in der Welt als Berlin, jedoch gewöhnt man sich bald, es als etwas sehr Ordinäres anzusehen. So leb' ich beständig zwischen Fleiß und Flüchtigkeit. Dem Clemens ist das Herumlaufen gar nicht recht, zumal er noch schnappt, allein bei Arnim hilft da nichts.

Lieber Jacob! Wenn wir eine verschiedene Ansicht über das Ver-
hältnis der Volksbücher zu der Zeit haben, so ist doch insofern eine
Vereinigung nicht nöthig, als wir sonst nicht zusammenarbeiten könnten.
Ich arbeite ja ganz in Deiner, auch in meiner, d. h. in der historischen
Ansicht, ich habe eben jetzt einen recht frischen Muth dazu und ich zweisle
nicht, daß es gut werden wird. Der größere Vorrath Hagens hat mich
gar nicht geschreckt, ich fühle, daß wir im Ganzen etwas anderes wollen
und niemals auf ihn stoßen werden. — Dein Beispiel mit Goethe
und Schiller ist wunderlich, ich kenne eben solche unverbildete Ge-
müther, die sich an Kotzebue erfreuen und an Tiedge (z. B. die Pfarrs-
tochter Mannel) und auch Recht haben wie jene. In den Tristan
meintwegen griechische Sagen, wenn sie hineinpassen, was nicht leicht
treffen wird, geschehen ist es im Partinuples.

Daß die Lotte keine Märchen mitgebracht, ist bloß ihre Schuld,
sie ist nicht recht und vertraulich mit der Frau umgegangen. An
Brentano hat sie 6—8 erzählt, der einzelne Worte aufgeschrieben und
vermeint, sie nicht zu vergessen, wie es nun geschehen. Schade, daß er
nicht dahin wieder kann und will, so lang die Auguste in Allendorf,
vor deren Überfalle er sich fürchtet; das ist die Ursache, warum er
auch durchaus nicht nach Cassel will. Das Gretchen könnte sie ja recht
gut sich erzählen lassen, die Lotte müßte an es schreiben, oder ich
will, wenn sie nicht mag.

Die Recension von Jean Paul über Sigurd ist unbedeutend, meine
steht in dem neusten Heft, Arnims Zusatz geht auf der siebenten Seite
oben an, sonst ist nichts in einander gearbeitet und das Vorhergehende
ist Wort für Wort von mir ohne die geringste Veränderung. Ich
habe sie auf dem Werkmeisterinstitut gelesen, welches fatal und ängst-
lich ist.

Wenn Du mir Geld schicken könntest hierher, wär' es mir sehr
lieb, ich habe nur noch ein weniges. Ich hätte noch so vieles zu
schreiben und weiß nicht, wo ich anheben soll, also zu Ende, nächstens
mehr.

Dein treuer privatisirender Gelehrter.

Meine Adresse ist:
An Herrn Geheimen Postrath Pistor. Maurerstraße.

Viele herzliche Grüße von Arnim und Clemens, der noch einmal
zum Schreiben kommen will. Späterer Nachsatz: Es soll von Clemens
ein Sack voll Grüße sein.

Dienstag [?], 18. [19] September.

Hagen ist schon etlichemal hier gewesen und ungemein freundlich und artig. Er wünschte von Clemens den Neidhart und dergl. zu haben, der hat ihn an uns gewiesen, und er bat, ob wir nicht für sein Magazin ihn geben wollten; auch ob Du gegen Docen etwas sagen wollest, überhaupt ob wir nicht Lust hätten, zuweilen etwas hineinzuliefern, das Honorar sei 5 Thlr. für den Bogen. Wegen des Streits mit Docen mußte er ziemlich sein Unrecht zugeben, auch daß Docens Aufsatz verwirrt und unklar sei. Meine Meinung ist, daß Du, wenn Du alles gelesen hast, Deine Meinung in kurzen und bündigen Sätzen mit den Beweisstellen aufstelltest, ganz ohne Rücksicht auf den Streit und das, was Docen will, jedem bleibt dann sein Urtheil frei, und die Sache ist gut abgethan. — Gestern führte uns Hagen zu Koch, der wieder verständig ist und sich drei Stuben mit Büchern zugebaut hat, er hat mancherlei Sachen, wovon ich einiges kaufen will, wie einen vollständigen Simplicissimus, schick mir daher ja Geld, es geht wohl leicht durch eine Anweisung. — 4 Bände nordischer Sagen in der schönen Suhmischen Edition besitzt er, will aber 12 Thlr. dafür, was mir zu theuer. Die Eirbyggia Saga macht einen Band, und den will er für 2 Thlr. lassen, was meinst Du? Ich denke, man kann all die Sachen in Göttingen haben.

Sieh, Hagen hat den Dresdner Codex gehabt und den Straßburger, schreib doch sogleich an Daßdorf oder an Dohm, es kann Dir nicht fehlen, auch nach Straßburg; hätten wir es doch früher gethan! Von allen den Kreis des Nibelungenliebs betreffenden kommt nichts in die große Sammlung, er will dafür eine besondere beginnen und fängt jetzt mit dem reinen Text des Nibelungenliebs an, das zu Vorlesungen bald erscheint, also dauert's mit den andern noch länger, und wir können sie in der Zeit nicht entbehren. Ju Mannheim ist im November eine Auction, wo viele altdeutsche Bücher vorkommen, laß Dir den Katalog kommen und gieb Bestellung.

Adresse: A monsieur Grimm etc.

## 56.
### Wilhelm an seine Tante.

Berlin, Mittwochen 19. [20] September [1809.]

Liebste Tante!

Ich melde Ihnen, daß ich vorgestern [18. Sept.] hier in Berlin glücklich angekommen bin und von Arnim sehr freundlich empfangen worden. Wir fuhren Sonntag, nämlich Brentano und ich, von Halle ab und kamen den andern Tag Abends an gesund und wohl. Es ist hier ein angenehmer Aufenthalt und die schöne Stadt für jeden, der sie zum erstenmal sieht, sehr imposant. Arnim führt uns überall herum, und ich habe schon eine Menge interessanter Bekanntschaften gemacht und lebe recht vergnügt. Arnim wird wahrscheinlich mit uns zurück reisen, und so werd' ich auch den Weg zurück in recht angenehmer Gesellschaft machen. Schreiben Sie mir doch, liebe Tante, ob ich Ihnen hier einen Dienst thun kann oder irgend etwas besorgen. Meine Adresse ist: abzugeben bei H. Geheimen Rath Pistor. Leben Sie wohl, behalten Sie mich in gütigem Andenken.

Ihr getreuer Neven
Wilhelm.

Adresse: Mademoiselle Zimmer, première femme de chambre de S. A. R. Madame l'Electrice de Hesse. Sachsen-Gotha.

## 57.
### Jacob an Wilhelm.

Cassel, am 24. September, Sonntags [1809.]

Lieber Wilhelm!

Gestern ist Dein Brief aus Berlin angekommen, den ich also mit Unrecht früher erwartete, weil ich Dich eher dort glaubte. Alle Nachrichten darin haben mich gefreut, und fahr damit fleißig fort, was Du mir jetzt schreibst, brauchst Du mir hernach nicht zu er= zählen. Wenn ich heut könnte bei Euch sein, der Himmel ist so schön, und ich weiß hier nicht, wo ich gern hin ginge. An Clemens und Arnim tausend Grüße.

Gestern war der Doctor Zimmermann bei mir, welcher vermuth= lich im Königreich angestellt werden wird. Den Sommer hat er in Marburg gewohnt und gelesen. Was Neues hat er mir erzählt, daß

Creuzer in Holland nicht auskommen kann und daher wieder nach Deutschland, nach Heidelberg zurückkommt. Ihn hab' ich auch gebeten, die Marburger Märchenfrau kommen zu lassen und ihre Erzählungen aufzuschreiben, was er mir versprochen hat. Mit der Gretchen ist ohnedem nichts anzufangen, die hat es mit nichts zu thun als ihrem Mann und scheut sich wie die meisten Weiber über die Schreibefehler.

Wie Du mir von Hagen schreibst, habe ich es ungefähr erwartet, es mag also in seinem Wesen und Studiren etwas Treibendes, nichts Behagliches (Behagenliches) liegen. (Aber böse Augen habe ich auch, wie Du weißt, obgleich ich meine, daß es jetzt besser geht). Und es scheint, daß er mit Büsching nicht so zusammensitzt und arbeitet, wie ich es mir anfangs dachte. Ich begreife nicht recht, warum er so schreibe- und herausgebenlustig ist, da er doch Vermögen hat, und alle die Ausgaben sind doch eine Art Geldspeculation. Von der Nützlichkeit der Correspondenzen habe ich Dir selber schon einmal geschrieben, ich will es nächstens versuchen, mich durch Dohm an Daßdorf zu wenden, aber an wen man sich in Straßburg zu wenden hat, da Oberlin todt ist, weiß ich nicht. An größerm Vorrath der mittelbaren Quellen liegt mir nichts, man geht ein Buch so fleißiger durch, wenn man von einem Fremden excerpirt, als wenn man es selber da stehn hat, alle unmittelbare und seltene müssen wir uns freilich nach und nach zu kaufen suchen.

Daß Dich mit Deiner Untereinanderarbeitung der alten Sagen und Bücher. Sag mir nur, ist denn die Poesie so etwas Besonderes in der Welt, daß man von außen her eben besonders mit ihr umgehen und erst alles einrichten muß; wird nicht alles von selber durch ein wunderbares zartes Geheimnis geboren, so daß es lebendig ist, darum weil es da ist? Ich will niemand die Freude daran nehmen, aber hat je dieses absichtliche Begreifen und Eingreifen etwas Rechtes hervorgebracht? Bloß die Historie der Poesie verfährt absichtlich, eben weil sie die einzige Erklärung derselben ist. Nimm hier keine Rücksicht auf das Urtheil des gemeinen Haufens über das Resultat solcher Bemühungen, ich zweifle nicht im mindsten, daß man etwa den Homer durch andere griechische Sagen doppelt erweitern könnte und das Neuhinzugekommene, in demselben Stil Gearbeitete ebenso gefallen würde, wie das Alte. Aber was ist an diesem Mehr gelegen? Es kommt mir vor, als wie in Museen, wo alle Bildsäulen und Malereien zusammenstehen, d. h. die eines Meisters oder einer

Schule. Eben an dem Tristan rechtfertigt sich mir meine Ansicht besonders gut, lies einmal den gereimten, den prosaischen und hintennach den französischen, und nun fodere ich Dich auf, sie alle in einander zu schmelzen, es würde etwas Lesbares werden, aber nie gäbe ich einen jener drei dafür weg, geschweige alle. Denn von bloßem Aneinandersetzen ist nicht die Rede, ebenso oft von Auslassen und von Wählen zwischen Gleichgutem. Die meisten alten Sagen sind freilich in Gottfrieds Arbeit am herrlichsten erhalten, schon darum, weil es die ältste Recension ist, aber im prosaischen ist eine Einfachheit des Totaleindrucks, die durch die Einführung jener Blumen verloren ginge. Wenn sich an einzelnen Stellen manche Lücken nachweisen lassen, wer will darum nun das Ganze als ausbesserungsnöthig behandeln. Die Sage im Partinuples ist nicht gerade aus der griechischen von Amor und Psyche gekommen, ich habe ihn eben im vierten Band des Legrand gelesen, wo er aus einer französischen Handschrift ausgezogen steht, es giebt noch mehr Beispiele von Ehen mit höheren Wesen und dabei von Übertretung des Gebots, z. B. die Geschichte von Raimund und Melusine und die von Loherangrin (von dem Schwanschiff).

Das Ende von Docens Abhandlung will ich nun freilich erst abwarten und es dann vielleicht so machen, wie Du meinst. Ich habe neulich die Manessische Sammlung für 3½ Thlr. gekauft, freilich theuer, aber es war um so nöthiger, als das Exemplar der hiesigen Bibliothek in tempus indefinitum verliehen ist und man gar nichts nachschlagen konnte. Auch den Mannheimer Katalog habe ich und will Commissionen geben.

Von der Corveier Bibliothek verschaffte ich mir zufällig die histoire du S. Gréal, es geht mit einem wunderbaren, schönen Gesicht an, das Ganze scheint aber mehr eine sonderbare Compilation einzelner Wunder, als eine zusammenhängende Geschichte, einzeln betrachtet ist es doch viel werth.

Ich glaubte Dir schon von Schirin geschrieben zu haben, welches ich längst gekauft hatte, in die eigentliche Geschichte sind noch andere persische Sagen eingemischt, vieles Lyrische ist unendlich zart, manches wie in Minneliedern, die Wielandmäßige Bearbeitung dagegen unausstehlich, Wörter wie Elixir ꝛc. kommen alle Augenblicke. Hartmanns Aufklärungen thut mir fast leid gekauft zu haben, ich halte sie für schlecht und sehr geschmacklos.

Im Meßkatalog sind einige interessante Bücher. Goethes Wahlverwandtschaften habe ich schon bestellt. (Ist denn das die Fortsetzung des

Meister?) Jean Pauls Dämmerungen sind erschienen. Eschenburg giebt den Boner neu heraus, auch gut. Judith, ein altes Lustspiel, aus einer Handschrift, Zürich 1809, muß man einmal sehen. Schlegels Shakespeare endlich neunter Band. Über Reichardts vertraute Briefe über Wien bin ich verwundert, schreib mir doch darüber.

Die 4 Bände bei Koch für 12 Thlr. sind nicht zu theuer, wenn es interessante Foliosagen sind. Hierbei folgt eine Anweisung auf 40 Thlr. Die Edda Sæmundina müssen wir nothwendig haben, wenn nur aus Steffens' Bestellungen etwas Baldiges wird.

Am Montag Morgen.

Die Wahlverwandtschaften sind nicht die Fortsetzung des Meister, von dieser steht eine Novelle in dem Cottaer Taschenbuch, eine welt=liche Anwendung der heiligen Geschichte von Marie und Joseph, überraschend erdacht und sehr lieblich ausgeführt, gar schön, der Joseph wird einem ordentlich lieber und freundlicher.

Du hast doch Johannes Müllers Testament in den Zeitungen gelesen? Ich wollte eben eine Abschrift für den Arnim schicken, als ich sah, daß man es schon so gemein gemacht. Wie wehmüthig und würdig ist es geschrieben! Wenn die Schweiz nicht alles be=zahlt, ist es schlecht.

Willst Du noch mehr Geld, so schreibe es nur, ich habe jetzt nicht mehr gehabt, bekomme aber wohl bald wieder. Einige Zeit her bin ich wieder mehr geplagt und mußte vorige Woche viermal hinauf, es ist aber Unrecht, daß ich gleich darüber ärgerlich werde, wenn ich etwas thun soll, ich habe doch im Grund wenig zu thun und kann es so nicht anders verlangen.

Adieu, Dein getreuer J.

Freitag. Der Wechsel hat alles aufgehalten, weil gerade die Juden wegen ihres Fests nichts schreiben wollten. Es sind nun 50 Thlr. Courant. Kauf ja den Simplicissimus. (Noch für den Clemens, daß der Moriz die Auguste mit nach Sachsen genommen hat, auf eine ihm gehörige Kupferhütte, ich glaube Langershausen. Also das Gewitter näher.) Nochmals Adieu.

Adresse: An Herrn Wilhelm Grimm, Berlin Maurerstaße bei H. Geh. Postrath Pistor.

58.

**Wilhelm an Jacob.**

Berlin, 3. October 9.

Liebster Jacob! Unser lustiges Berlinisches Leben geht noch fort und Visitenlaufen und Arbeiten läuft parallel neben einander, mit dem letzten thun wir auch die Buße ab, indem wir uns den alt= deutschen Bücherstaub wie Asche auf das Haupt streuen für mancherlei Tollheiten und Lustigkeiten, die wir dort erlebt, oder wir gehen aus den elegantesten Stuben in die alten Bücherkammern des Kochs, der jedesmal Wasser und Handtuch offerirt, eh wir von ihm gehn. — Ich will mich sogleich zu der merkwürdigen Menschen= und Bücher= beschreibung wenden.

Vom Adam Müller wirst Du am ersten etwas wissen wollen. Es ist ein etwa 36jähriger, sedater, sich Würde gebender Mann, der nicht dumm aussieht und in der gewöhnlichen guten Manier uns allerlei erzählt hat. Das Traurigste davon war mir, daß der Kleist in dem Kloster der barmherzigen Brüder zu Prag gestorben ist, an dem undenklich mehr verloren ist als an dem Müller. Ich weiß nicht, fühlst Du nicht auch, daß eine gewisse Lüge sich durch all seine Schriften verbreitet, indem er nämlich einen einzelnen richtigen Punkt ausfindet, von diesem aber aus das Ganze überdeckt, so daß der Grundton und das ganz einfach Wahre verschwindet? Seine Frau ist eine Polin, die sich von ihrem Mann und acht Kindern hat trennen lassen und ein gescheidtes Gesicht hat. Müller will hier Vorlesungen halten. — Die berühmte Schauspielerin Unzelmann, jetzige Bethmann, hab' ich einmal spielen und darauf in einer Gesellschaft gesehn und gesprochen. Ihr Spiel ist ungemein und ergötzt durch die Sicherheit und Gewandtheit, die ich noch nie so gefunden. Im Trauerspiel werde ich sie noch sehn, dies war in einem kleinen französischen Lustspiel. Man vergißt ganz, wie ihr äußerlich alles entgegen ist, ihre kleine Gestalt, ihr unangenehmes Organ, das Unglück eines großen Kropfs auf der rechten Seite, ihr gar nicht schönes und jetzt schon altes Gesicht, sehr viel ersetzen aber ein Paar große, lebhaftige Augen. In der Gesellschaft war sie recht angenehm und erzählte gut. — Die übrigen Schauspieler sind alle nach dem ordinären Schlag, wie eben ihr Mann, und es ist die alte Leier wieder. Das Schauspielhaus ist sehr zierlich, aber nicht prächtig, wie man überhaupt hier nichts Prächtiges sieht, als etwa das große Schloß; Berlin wird immer die

Spitze aller modernen, hellen, glatten, eleganten Städte bleiben, wiewohl es an keinem Ort den Eindruck einer großen Stadt macht. — Franz Horn ist ein kleiner, dünner Mann, der ganz langsam und auch wohl langweilig spricht und sich sehr glücklich fühlte, wenn er wieder ein Buch herausgeben konnte. Chamisso hat sich einen alt- provenzalischen Rock machen lassen, eine alte Mütze und trägt dazu einen Spitzbart, schämt sich aber, wenn er auf der Straße damit geht. Wunderlich ist, daß, während er so gewandt mit der deutschen Sprache in seinen Versen umgeht, er im Sprechen sehr genirt ist; er ist nämlich ein Franzose. Der Dichter Varnhagen ist in diesem Kriege blessirt und gefangen worden. Es ist vor kurzem ein Roman herausgekommen: Karls Hindernisse, woran der ganze Kreis dieser hiesigen Dichter gearbeitet und jeder ein Paar Kapitel ge- schrieben, es ist in der Manier des Wilhelm Meisters und einiges ist recht gut, z. B. was Fouqué geschrieben, ich nenne es Dir, weil es durch seine Anspielungen interessant ist. Der Reichardtische Garten kommt darin vor, Louise, über die es schlimm hergeht. Johannes Müller wird sehr gut parodirt und Voß. Du mußt es einmal lesen. Wen hab' ich noch gesehen? Einen Doctor Wolfhart aus Hanau, der auch Dichter ist und neulich ein Märchen herausgegeben hat mit Steinzeichnungen vom Hundeshagen, die das Schlechteste mit sind, das ich gesehn. Ferner Buttmann, der dem Brentano ähnlich sein soll, aber nicht ist und entsetzlich schreit.

Wir besuchten ihn nämlich auf die Bibliothek und diese, womit ich schicklich zur Literatur übergehe. Wir haben mancherlei gefunden und einen ganzen Arm voll Bücher mit nach Haus genommen, von denen ich das Nöthige mitbringen werde. Sei doch aufmerksam auf die Romane von Jean Rebhu, welche sehr vorzüglich und durchaus nach dem Simplicissimus zu nennen sind. Überhaupt bin ich hier nach den alten Romanen, das Fach ist sehr interessant und Hagen be- kümmert sich darum gar nicht. — Bei dem Koch sind wir öfter ge- wesen, der nun von seiner Krankheit wieder genesen, aber wüste Streiche gemacht hat, z. B. ganze Nächte in den Bordellen gesteckt hat und einmal daraus hervorgeholt worden, um Kinder zu confirmiren. Ich habe für 12 Thlr. Bücher von ihm gekauft, darunter der Simpli- cissimus u. a. m. Von den nordischen Sagen habe ich nur eine genommen, die Eyrbyggia Saga, die andern scheinen mir nicht interessant: Sagan af Gunlaug ok Skald Rafni, die Orkneyinga Saga und Landmannabok [sic], wenn Du aber meinst, so sind sie noch immer zu haben, übrigens die

besten Suhmischen Editionen; ebenso verhält es sich mit einem
Band Fischartischer Schriften (das Ehzuchtbüchlein, podagramisch
Trostbüchlein und Spital unheilsamer Narren), wofür er 2 Thlr. haben
will, ich versichre Dich aber, daß es langweilig Zeug ist. Die Fabeln
aus den Zeiten der Minnesänger hab' ich auch gekauft, eh' ich den Meß-
katalog gelesen, indes ist es mit der neuen Edition noch weit hin. —
Hagen hat die ganze Wilkinasage übersetzt und will sie heraus-
geben. Seine Druckereien sind übrigens durchaus keine Geld-
speculation, er giebt alles billig an die Buchhändler, die seine Freunde
sind, aber sein Treiben und seine Wissenschaft besteht in diesem
Ediren. In dem neuen Heft wird auch eine Abhandlung von Büsching
über den Gral stehen, worin die gesammelten Stellen nützlich sein
können, was von ihm, ist sicher schlecht. Ich hätte bald vergessen
zu schreiben, daß uns Hagen zu ihm genöthigt, daß er uns mit
einem Frühstück und Wein traktirt hat und ein dummes Ansehn
und Wesen hat. — Bei dem Hitzig ist die Numancia mit einer Über-
setzung (von Fouqué) herausgekommen, die Du wohl kaufst, die Über-
setzung ist sehr geradbrecht. Hitzig will auch den Prometheus fort-
setzen und hat sich an Goethe gewendet, wenn er aber selbst Redacteur
ist, so wird nichts daraus, er bleibt immer ein Jud.

Gottlob, daß ich die Menge literarischer Nachrichten vom Halse
habe, ich schrieb Dir lieber noch etwas von mir. Einen traurigen Tag
hab' ich wieder erlebt, daß ich mein Herzklopfen wieder hatte, zwar
nicht stark und lang, und jetzt bin ich auch wieder recht wohl, aber
es ist immer schlimm. Schuld war, daß ich mich für besser hielt,
als es nun doch gewesen und die Pillen ganz ausgesetzt hatte, gewiß,
bleibt es nur wieder ein Jahr aus, so will ich Gott danken, die Pillen
gebrauch' ich wieder regelmäßig.

Über Reichardts Buch willst Du Auskunft. Ich habe nichts
davon erfahren als hier; der Buchhändler hat ihm den Antrag gemacht
und ihm unsinnig 1500 Thlr. für zwei Bände geboten, da hat er
denn gleich zugegriffen und schreibt nun, zu Neujahr wird es erst
fertig. Wie er etwas Gescheidtes liefern kann, ist mir unbegreiflich.
Das Beste ist, daß die Familie dadurch auf einige Zeit aus ihrer
höchst bedrängten Lage gerissen wird. Louise geht oder ist vielleicht
jetzt schon auf dem Weg nach Hamburg, dort Unterricht zu geben.

Liebster, ich muß Dir noch den Empfang des Gelds melden und
meinen herzlichen Dank, es kam sehr zu rechter Zeit, und ich hatte
schon geborgt. Denk, Bethmann kommt hierher, wir passen auf,

kommt die Auguste mit, was immer möglich, so geht Brentano auf
eins von Arnims Gütern.  Viele Grüße von beiden an Dich.

Ich bin Dein getreuer W.

Adresse: A monsieur Grimm etc.  Empfangsstempel: 6. Octo 1809.


59.

## Wilhelm an seine Tante.

Berlin, am 10. October 1809.

Liebste Tante!  Ich konnte Ihnen in meinem letzten Brief nur
wenige Worte schreiben, und doch wollte ich Ihnen meine glückliche
Ankunft melden, Sie sind aber so gütig gewesen und haben mir dar=
auf einen lieben Brief geschrieben, der mir viel Freude gemacht hat.

Unsere Reise war leicht, bei gutem Wetter und zum Theil mit
Extrapost, so daß wir in zwei Tagen schon hier waren. Von Arnim
wurden wir sehr gütig empfangen und wohnen bei ihm. Berlin ist
die schönste Stadt, die ich gesehen, denken Sie sich die Neustadt von
Cassel nur größer, die Häuser schöner und prächtiger und die Straßen
breiter, so werden Sie einen Begriff davon haben. Ebenso schön ist
Potsdam, das zum größten Theil aus lauter Palästen besteht. Aber
einen traurigen Eindruck machen die leeren Straßen und die vielen
leerstehenden, zugeschlossenen Häuser, ja, ich glaube nicht, daß Armuth
und Elend größer sein können wie hier. — Das Schloß ist groß und
prächtig, ebenso Sanssouci, wo Friedrich der Große gewohnt, aber in
all diesen ungeheuern Gebäuden hört man nichts als seinen eigenen
Fußtritt und seine eigene Stimme, so öd und verlassen stehn sie da,
ich kann Ihnen nicht sagen, wie wunderlich und betrübt einem das vor=
kommt. Die Gegend selbst ist nicht schön, Berlin liegt ganz in einer
großen, flachen Sandebene und hat nur auf der einen Seite einen
großen ausgehauenen Wald, welcher der Thiergarten heißt und worin
es recht schön ist.

Der Brand war freilich recht groß, und es sah zum Erschrecken
aus, wie der ganze Himmel blutroth war und alle Straßen so hell
waren, daß man jeden Halm darauf sehen konnte. Von uns war es
eine Viertelstunde weit, und die Zimmer waren doch ganz erleuchtet.
Zwei Thürme sind abgebrannt und mehrere Häuser; die Ruinen von
der Kirche stehen noch und sind ausgebrannt, aber noch acht Tage

12*

lang glühte das Feuer darin. Ich ging nicht hinzu, aber Arnim hat
die ganze Nacht pumpen helfen. Es ist gottlob kein Mensch um-
gekommen und beschädigt worden; eine kranke Frau wurde durch das
Einschlagen der Wände gerettet. Man collectirt für die Verunglückten,
und es sollen hier bei den Reichen doch ein Paar Tausend Thaler
zusammen gekommen sein. —

Wenn Sie Herrn Jacobs gesprochen, so wird er Ihnen haben viel
erzählen können, was Brentano uns auch erzählt hat. In manchen
Stücken wird es ihm doch in Gotha besser gefallen haben. Hamberger
arbeitet dort wie ein Pferd an der Bibliothek und ist der einzige,
der etwas schafft. — Der Louis ist freilich aufs beste versorgt, er
hat vor kurzem an Arnim geschrieben, er sei wohl und werde bald
wieder etwas fertig gemacht haben, das er dann ausschicken und das
Sie natürlich auch erhalten werden. Es freut mich beständig, wenn
ich daran denke, daß es so gut mit ihm gegangen, und daß er so still
und fleißig lebt; wenigstens loben ihn alle darum. —

Wegen unserer Abreise ist noch nichts bestimmt, da Bren-
tano nicht gern wieder hinunter reisen wollte, wenn der Krieg wieder
anfängt, da es der Zeitung nach noch nicht ganz gewiß mit dem
Frieden ist.

Zu Mlle. Wolf will ich gehn, wenn ich sie in dem großen
Gebäude finden kann. Mit der Fräulein (ich kann eben ihren Namen
nicht nennen, die bei Ihnen eine Schwester hat) bin ich vor ein Paar
Tagen in Gesellschaft gewesen, ich hörte aber erst hernach, wer sie
war, sonst hätte ich sie angeredet.

Am Tag über bleiben wir meist zu Haus und sind fleißig, am
Abend aber gehn wir gewöhnlich in Gesellschaft, und ich habe viele
Leute kennen lernen, wovon ich Ihnen mündlich noch erzählen kann,
wenn es Ihnen angenehm ist.

Die Einlage an den Jacob lassen Sie wohl gütigst besorgen.
Schenken Sie mir Ihre fernere Liebe.

Ihr getreuer Wilhelm.

Adresse wie bei Brief 56. Empfangsstempel: A 14. Oct. 9.

## 60.
## Wilhelm an Jacob.

C. [sic] 10. October 9.

Heute nur ein Paar Worte an Dich, lieber Jacob, als Einlage
an die liebe Tante. Nämlich eine Bitte: Erkundige Dich oder laß es
thun auf der Post, was es kostet, meinen braunen wollenen Rock hier=
herzuschicken, er könnte mir besonders auf der Reise sehr gute Dienste
leisten, die fast nothwendig sind, und man versichert, es könne kaum über
1 Thlr. kommen, da es leicht sei, besonders wenn man mit den Post=
officianten darüber reden ließ, von deren Willkür vieles abhange.
Einen Thaler aber hängte ich wohl daran. Auch hast Du Dir etwa
ein Paar neue schwarzseidene Hosen machen lassen und kannst mir die
alten schicken? Ich habe nichts als meine wollenen und die nicht in
den besten Umständen, wie leider all meine Kleider. — Savigny
schreibt eben an Arnim und kauft eine Sammlung Juristenbildnisse,
ein Paar Tausend für 21 Thlr. vom Koch, der mich neulich auch ver=
sichert, Ostern werde die neue Auflage seines Handbuchs erscheinen,
wenn es wahr ist.

Die Recension ist ja nun abgedruckt, wie ich von Arnim höre. —
Viele Grüße von beiden.

Ich bin Dein treuer W.

Adresse wie bei Brief 30.

---

## 61.
## Jacob an Wilhelm.

Cassel, 18. October [1809.]

Liebster, Du verlangst in Deinem letzten Brief, den mir soeben
die Tante schickt, Deinen schönen Polenrock, welcher hierbei folgt, ich
hoffe nicht, daß er viel mehr Porto kostet, als Du mir sagst, aber
die seidnen Hosen kann ich nicht mitschicken, sie sind längst so entzwei,
daß sie Dir nichts mehr helfen würden. Laß Dir also lieber dort ein
Paar neue machen, ich weiß nicht besser zu rathen.

Ich habe Dir eigentlich einen Posttag versäumt zu schreiben,
auch eben nichts gehabt. Deine Meinung über den Sigurd habe ich
nun gelesen, so wie auch das Buch beinahe, welches mir gar nicht

gefällt, so daß ich es noch viel härter verworfen hätte, als Du ge-
than hast, dagegen mir Jean Pauls Lob unbegreiflich fällt (obgleich
er auch andere Sachen, wie den Octavian und jetzt wieder den Aladdin
viel zu viel gerühmt) und das von Hagen gleichgiltig ist. Ich seh an
der ganzen Arbeit doch nichts als poetische Gewandtheit, und warum
wird solches Zeug gedruckt, wie es aus vielen Menschen, wenn sie
gern sprechen, kommen könnte. Durchaus keine Näherbringung der
Sage an das menschliche Herz, und was ist das Drama anders, als
daß es die stille Sage aus der Weite ganz in unsere Nähe rückt, so
daß wir das Getreibe von Freud und Leid vor uns sehen; das Epos
läuft wie die Planeten ruhig hin. Hier ist aber die alte Sage, gegen
das Drama gehalten, viel kräftiger und lebendiger, wie Du auch
beim Gesang der Nornen richtig sagst, deren Nichteinmischung in das
Stück selbst mir sonst gerade recht wäre. Einiges andere in der Recen-
sion möcht' ich Dir aber bestreiten, z. B. die Klage, daß sich in unserer
Poesie nichts auf Traulichkeit, Vaterländischheit anlasse, ich möchte
fragen: was Du eigentlich willst oder hoffst? Du erkennst die Herr-
lichkeit der wenigen, wie Du sagst; und wenn es ihrer solcher zwanzig
mehr wären, was wäre besser! Und welche Zeit, welches Land ist besser
daran gewesen, weil sie mehr gehabt hätten? Ist Goethe weniger
deutsch, als Shakespeare englisch, und bestehst Du darauf, daß letzterer
letzteres mehr wäre? Und wie wird doch Shakespeare unter den Deutschen
geliebt und verstanden, ob er gleich nie rheinischen Wein getrunken,
kurz ich begreife nicht, wie man von modernen, d. h. dramatischen
Dichtern ein besonderes Hinarbeiten auf Nationalität verlangen kann,
wogegen sich ein gewisses nationelles Wesen immer und unausbleiblich
von selber einstellt. — Ferner, was Du gegen die nordische Poesieform
sagst, könnte höchstens nur auf zehn Jahre gelten, bis man sie ebenso
gewohnt würde, wie die Stanzen und Assonanzen, weswegen auch
Arnim am Ende einlenkt, den Dichter zu beruhigen, auf den über-
haupt, der ganzen Art nach zu schließen, Recensionen wenig Eindruck
machen werden. Noch einiges wollte ich Dir gern sagen, wenn nicht
der Ferdinand die Recension gleich ausgegeben hätte, so daß ich mich
nicht mehr bestimmt erinnere.

Schlegels dramatische Vorlesungen sind gewiß sehr brav, und er ist
da recht an seiner Stelle, manches ist mir nicht recht, z. B. der Unter-
schied zwischen antik und romantisch, den er etwas schwach erklärt;
aber sehr vortrefflich ist die Erläuterung der griechischen Tragödie, die von
der Komödie und dem davon unterschiedenen Lustspiel ist mir weniger

klar, vielleicht aber meine Schuld, auch kenne ich den Aristophanes nicht. Der zweite Band muß nicht weniger interessant werden.

Dein Urtheil über Adam Müller finde ich sehr gut, und es ist vollkommen wahr, daß er einen guten Satz so lang drehet, bis er die Gestalt verliert und man nicht mehr weiß, wie er war. Wie könnte er auch sonst Vorlesungen halten, als jetzo in Berlin über Friedrich den Großen. Es ist mir Angst, daß er sich endlich mit seinem Wesen an historische Arbeiten macht, und dann sollen wir einmal von den Folgen der Kreuzzüge hören, da wird Heeren und Villers verstummen.

Du hast mir nur noch nichts von Fichte geschrieben, was treibt denn der jetzt und wie spricht man über ihn dort? Und was hält er wohl von der Zueignung des schreibensfrohen Pilgrims? Ich kann mir wohl denken, daß er die nordische noch die altdeutsche Poesie überhaupt gar nicht braucht.

Hat nicht Steffens ein Compendium geschrieben? Oder laß Dir doch von ihm oder von Arnim sagen, welches Buch man über die Physik oder Chemie am faßlichsten lesen kann? Ich möchte über manches lesen.

Reichardt hat mir neulich geschrieben, bloß der Meubles wegen und dabei, daß er mit seinen Lieben den Winter in Halle zuzubringen gedächte, zugleich machte er mir Angst, indem er mir von dem ungehofften Wiederholen Deines Herzklopfens früher Nachricht gab, als Dein Brief kam, welcher mich doch wieder sehr beruhigt hat, insofern Du Dir selber einiges zur Last legen konntest, was Du versäumt hattest. Hier hat sich vor etwa 14 Tagen eine scandalöse Geschichte in Bülows Hause ereignet, doch zu seinem Vortheil, ich mag es jetzt nicht schreiben, obgleich sie stadtkundig ist.

Mit dem Ferdinand wird es täglich ängstlicher, nicht an sich, sondern durch die Dauer und den Mangel an Hoffnung, neulich sprach ich mit ihm, er sollte sich doch besinnen, ob er außer Lands nichts anzufangen Lust hätte, da ich wegen der Conscription mit Recht besorgt wäre. Denn er hat sonst offenbar hier sein domicile de droit, und für einen Stellvertreter fodert man über 1000 Thlr. jetzt, wie schwer würde uns das fallen! Er meinte aber, das hätte noch nichts zu bedeuten, und er weiß doch nichts davon. Wenn wir doch auf irgend eine Art in der Welt einige Macht über ihn hätten, Gott weiß, daß ich nicht kann, aus der Ferne könnte ich eher, willst Du ihm etwa einmal schreiben, wenn ich je gewünscht, daß wir reich wären, so wäre es, um ihn unabhängig zu wissen, denn es ist in dem Zwang etwas Unrechtes und Rührendes, was ich so gern weg haben möchte.

Wir sind nun darauf gefaßt, Dich noch nicht sobald bei uns zu sehen, die Brüder meinen sogar, es würde noch Christtag daraus. Ich gebe mich damit zufrieden, daß, je länger Du wegbleibst, Du desto mehr mitbringst und Dich selbst desto gesünder. Auch für Geld kann etwa noch Rath geschafft werden, wenn Du darum schreibst. Gott sei mit Dir und die Gedanken an uns, so wie die unsern auch bei Dir sind. An Arnim und Clemens und Clemens und Arnim viel Grüße. Jacob.

Ich weiß nicht, ob ich es Dir zu Gefallen mache, wenn ich auf Gerathezu [sic] ein Paar Casimirhosen beilege, sie sind noch fast neu, kannst Du sie brauchen, so laß ich mir ein Paar andre machen, sonst aber schreib es, daß Du sie wieder für mich mitbringst.

Was hat wohl Hagen Dir über die Recensionen geäußert?

Bartholdis Reise nach Griechenland wegen der Romanzen ist hier nicht aufzutreiben.

---

62.

**Wilhelm an Jacob.**

Berlin, 28. October 1809.

Liebster Jacob, ich habe das Packet richtig erhalten: Deinen Brief, den Rock und die Hosen, welche jetzt mein bestes Kleidungsstück ausmachen; ich bringe sie wieder mit, und Du kannst sie dann zurücknehmen oder mir lassen, wie Du willst. — Clemens wollte anfangs nur drei Wochen hier bleiben, nach fünf Wochen Unentschlossenheit hat er sich nun entschlossen, den Winter hier zu bleiben, ich werde also allein zurückkehren müssen, sobald ich mit meinen Arbeiten fertig bin, welches nicht lang mehr dauern kann. Schreib daher nicht weiter an mich hierher, oder nach Halle an Steffens, daß der Brief bei ihm liegen bleibt. Ich habe eben den Straßburger Codex vom Heldenbuch von Hagen, er ist materiell wenig vom Druck unterschieden, und es kommt nicht darauf an, daß wir ihn haben. — Meine Recension hast Du sehr verkannt und Du widerlegst Dinge, die ich dort auch bestritten habe, also sind wir in der Gesinnung einig. Goethes Wahlverwandschaften haben wir gelesen, die erste Hälfte des ersten Bands ist über alle Begriffe

langweilig, das andere aber herrlich, rührend und von einer seltenen
Gewalt der Darstellung, aber jenen Fehler vergißt man doch nicht.

An den Ferdinand kommt hier ein Brief. Wir hatten eine
Menge Vorschläge, auch einmal, ihn nach Bukowan zum Christian zu
bringen, wenn nicht Clemens Gott weiß warum so heftig sich dagegen
erklärt, aber viele andere gegeben, wovon aber immer einer den andern
nach seiner Art todtgeschlagen, und zu dem letzten ist er noch nicht
gekommen. Der Vorschlag, den ich dem Ferdinand gemacht, besteht darin,
die Buchhandlung beim Zimmer zu erlernen, ich wüßte keinen, der besser
seine Neigungen und sonstige Forderungen der Umstände befriedigte.
Arnim meint es auch. Ich bitte Dich, dazu zu thun, was Du kannst,
und ihn ohne Weiteres zu billigen, was auch dagegen wäre, es ist ja
schon ein Großes, wenn etwas geschieht. An Karl deshalb auch eine
Anlage.

Die Universität ist nun entschieden. Man glaubt, daß Savigny
berufen werde, und ich glaube, daß er es annehmen wird, da er hier
viel angenehmer leben kann. Wolf, der berühmte, laborirt an einer
Krankheit, von der er schwerlich genesen wird, und ist fast verloren,
da auch sein Geist abgestumpft ist. Hagen wird auch lesen und wahr-
scheinlich Professor werden, er läßt den reinen Text der Nibelungen dazu
abdrucken bei Hitzig, der schon zu Neujahr erscheinen wird. Die Recen-
sion, sagte er mir, habe er noch nicht gelesen. Er gab uns neulich ein
höchst kostbares Abendessen in seinen mehr als fürstlichen Zimmern,
wohin wir erst um 11 Uhr gingen nach der Vorstellung des Götz
von Berlichingen, welche die einzige ist, an der ich große Freude
gehabt. Ich muß eine Menge Dinge wieder ungeschrieben lassen, nur:
Auguste ist hier gewesen und glücklich wieder fort, sie ist in Manns-
kleidern herumgegangen und hat so an der öffentlichen Tafel gespeist.
Eine satyrische Zeichnung, die hier verfertigt ist, stellt vor, wie ihr der
Bethmann mit einem Wechsel von 1000 Thlr. die Hosen am Leib
abwischt. Von Arnim und Brentano tausend Grüße, von mir so viel
als Sterne am Himmel sind.

Eine Bitte, schreib doch dem Dieterich, aber gewiß, er solle sich
von der Buchhandlung in Hamburg, welche den Theateralmanach
von Costenobel herausgegeben, den Umschlag (aber auf weiß Papier)
dazu ausbitten. Es geht, wie es der Hitzig auch gethan hat. Es ist
eine herrliche Zeichnung von Runge.

Eben habe ich Hagen gesprochen und wegen der Recension. Er
sagt, daß Du mit dem Rother Recht habest, er selbst habe seine dort

aufgestellte Hypothese späterhin aufgegeben. — Das Silbenmaß des Morolf könne zwar so sein, doch gebe er's nicht zu, und auf keinen Fall hätte es können restituirt werden. Probedruck von den Nibelungen habe ich auch gesehen, er ist enger als in der Bearbeitung und nett. — Die Fortsetzung der Recension soll auch da sein, ich habe sie aber nicht gesehen. — Es ist eben eine sehr interessante nordische Sage: Niala Saga in Kopenhagen erschienen, die Du durch Dieterich bestellen mußt, und eine isländische Grammatik kommt bald oder ist schon heraus.

[ohne Unterschrift.]

Adresse: A Monsieur Grimm etc. Empfangsstempel: 7. Nove 1809.

<hr>

### 63.
### Jacob an Wilhelm.

[Cassel,] Sonntag, am 11. [12.] November [1809].

#### Lieber Wilhelm!

Dein langerwarteter Brief, worüber wir Dich sogar schon selbst erwartet hatten, ist endlich am 7. b. erst eingetroffen, da er doch noch von Ende Octobers war. Deswegen hast Du auch ziemlich lang keinen erhalten und dieser, den ich nach Halle adressire, ist wahrschein= lich der letzte, denn Du wirst in etwa 14 Tagen bei uns sein, oder eher, nachdem Du länger oder nicht in Halle und Gotha bleibst. Schreib uns aber dennoch das Nähere von Deiner Ankunft, damit die nöthigen Anstalten getroffen werden und wir zum wenigsten einen Braten bestellen.

Es ist mir lieb, daß Du nun bald kommst, denn manches liegt mir im Sinn, worüber Du Deine Meinung geben mußt. Dem Königreich steht gewiß eine Veränderung bevor, kein Mensch hier weiß freilich in wie fern, und am End ist mir wahrscheinlich, daß die Residenz sogar in Cassel bleibt. Allein wär das nun anders, so liegt mir freilich nichts daran, gegen Cassel Dresden zu erhalten, — aber nach Warschau, in das schmutzige Polen mitzugehen, das ist ein harter Biß, obgleich man den Krakauer Manuscripten nun auf einmal näher käme. Über alles soll mit Dir Rath gepflogen werden und überleg es einstweilen auf Deiner Reise.

Für Deinen Brief an den Ferdinand danke ich Dir, was ist möglich, noch anders zu thun; gegen den Vorschlag habe ich nichts, so wie

gegen keinen, in den er eingeht. Er gab mir den Brief sogleich mit
den Worten: da ist wieder ein Vorschlag. Ich sagte ihm, er würde
Dir doch antworten, das verdientest Du gewiß, und eben erinnere ich
ihn wieder daran, daß ich Dir schreibe. Äußerlich scheint es keinen
Eindruck bei ihm gemacht zu haben und er treibt seine Sachen wie
vorher. Das Zettelchen an Karl habe ich behalten, weil sie schon
längst in keinem Lachverhältnis mehr stehen, so ist es besser, daß
Karl gar nichts davon wisse. Übrigens geht nun der Karl bestimmt
von Jordis weg, nach dem, was vorgefallen war, und gewiß nicht
ohne des Karls meiste Schuld, muß ich es fast billigen, sonst dauert
mich der Karl, weil er manchmal viel zu arbeiten hat und es leider
nicht gern thut. — — — In das alles wirst Du nun wieder hineinkommen
nach acht Monat Abwesenheit und aller dieser Fehler ungeachtet Dich
doch freuen, daß wir uns noch recht lieb haben.

Neulich eines Abends kam der Ferdinand, er müsse mir doch
etwas weisen, was er sich gekauft habe, ob er es gleich bereue, denn
er habe kein Geld es zu bezahlen. Es waren Goethes Wahlverwandt=
schaften; ich sagte, daß ich es von Herzen gern bezahlte, wenn es ihm
Freude machte, es rührte mich ordentlich, wie er hinzufügte, das wäre
das erste Buch, was er neu erhalte, seine andern kommen fast alle
schmutzig aus verauctionirten Lesebibliotheken und werden erst mit
vieler Mühe von ihm etwas gereinigt. Nun hat er sich das Buch
garstig einbinden lassen, grüner Schnitt, in pfirsichroth Papier, dunkel=
rother Titel und darunter ein schwarzes zweites Schild, das er sogar
blau gewollt hätte. Dergleichen Sachen weist er mir.

Von dem Buch bin ich sehr eingenommen worden und kann gar
nicht in Deinen Tadel einstimmen. Es ist mir nämlich begreiflich,
daß man in dergleichen Geschichten aus moderner Zeit recht leis in
das eigentliche Leben, durch alle Convenienzen hindurch, durch alles
förmliche Wesen einbrechen muß. Im Wilhelm Meister ist es nicht
anders gemacht. Ohne diesen Eingang wäre die Charlotte sicher nicht
interessant. Die Luciane hätte meinetwegen ganz wegbleiben mögen
und auch der Mittler, der nichts Rechtes zu thun hat. Beim Architekten
hat vielleicht Goethe wenigstens an die Gestalt des Engelhard gedacht.
Auffallend ist, wie Goethe den Zufall und ein heimliches Schicksal
gegen seine sonstige Art mannigfaltig hat walten lassen.

Ich habe zu schreiben vergessen, daß vor einiger Zeit Professor
Böckh aus Heidelberg da war, mich aber nicht zu Haus getroffen und
die längst bestellten Recensionen vom Buch der Liebe und dem ersten

Heft des Magazins verlangt hat. Ich hatte es auf Deine Rückkunft verschoben und wollte manches mit Dir erst besprechen, weil ihm aber nun daran zu liegen schien, so habe ich meine Gedanken aufgesetzt und abgeschickt. Zum Magazin gab es vielerlei Zusätze zu machen, beim Buch der Liebe habe ich meine Ansicht über das Verhältnis der Prosaromane zu den gereimten am Beispiel des Tristan auseinandergesetzt, ich halte beide Arten für gleich wichtig zum Studium der Sagen. Zu recensiren war weniger dabei, außer an der Einleitung einiges, doch hab' ich recht getadelt, daß die Abdrücke sämmtlich nach schlechten Ausgaben geliefert worden sind, sowie daß die Herausgeber manche nothwendige historische Erläuterung verspart haben.

Neulich habe ich in Kinderlings Auction, die im Ganzen viel weniger enthielt, als ich erwartete, doch einige Commissionen gegeben. Auf das Lied vom gehörnten Siegfried einige Thlr. sogar, aber da wird gegen Hagens Aufträge nichts zu machen sein. An Dieterich schreibe ich wegen des Umschlags und der isländischen Bücher, aber hätte das Steffens nicht besser besorgen können? (Laß Dir doch von Steffens ein Exemplar seiner Naturgeschichte schenken.) Weißt Du, daß eine neue Umarbeitung des Simplicissimus erschienen ist, vermuthlich doch schlecht.

Ich wollte, Du wärest jetzt hier, denn bis zu Deiner Ankunft ist die Tischbeinische Auction vorbei, Du könntest mancherlei kaufen, ich aber kann zu den Stunden nicht hingehen.

Gleich nach Deiner Ankunft sollst Du ganz neu gekleidet werden, d. h. so wie wir andern alle sind. Ich muß dem Louis nothwendig schicken, der hat in dem ganzen Jahr nur 100 Thlr. kriegt. Den Suhm bringst Du doch richtig mit, er ist mir vielmal gefodert worden.

Von Herzen Dein treuer Bruder Jacob.

Montag früh. [13. November]

Der Ferdinand hat doch nicht geschrieben. Es müßte denn sein, daß er den Brief besonders auf die Post gäbe, woran ich zweifle. Am End meint er, weil Du nun bald kämest, wäre das Schreiben unnöthig.

Adresse: An Herrn Wilhelm Grimm, Halle a. d. Saale bei Herrn Prof. Steffens, welcher gebeten wird, den Brief bis zu dessen baldiger Ankunft aufzuheben.

———

64.

## Wilhelm an Jacob.

Berlin [den 13. November 1809].

Guten Tag, Liebster! Du erhältst doch noch einen Brief aus
Berlin, weil die verzweifelten Bücher nicht all werden wollen und
ich gern alle gut benutzen möchte, zuletzt war die Reihe an einem
Meistergesang-Codex, dickleibig und langweilig, aus dem ich alle Töne
gezogen, und wie der fertig, kommt ein noch dickerer an, derselbe, auf
welchen sich Büsching bezieht, und der Arnim zugehört; den aber
nehme ich mit, weil's sonst kein End hätte und ich fort muß. Das
soll nun übermorgen geschehen, warum ich aber noch schreibe und
bitte, ist Geld, ich bin ganz leer und werde mit Mühe die Reise
machen. Du wirst selbst gestehn, daß es viel ist, mit 40 Thlr. zwei
Monat in Berlin leben, wovon 12 für Bücher abgehn ꝛc.; es wäre
auch nicht möglich, wenn es hier nicht wegen des Geldmangels so
wohlfeil wäre. Ja, also mußt Du so gut sein und mir gleich nach
Empfang dieses nach Halle etwas schicken, daß ich nur in Ehren nach
Gotha komme, es soll gewiß das letzte sein und ich bring' auch
mancherlei mit. Wenn ein Wechsel nicht gut nach Halle sich findet,
so geht es eher nach Lauchstädt, wo ein italienisches Haus Namens
Predari & Compagnie ist, woher ich es leicht kann abholen lassen.

Mit Hagen lebe ich noch aufs beste, er giebt und theilt, was er
hat, recht liberal mit, was wir erwidern müssen, d. h. mit Büchern ꝛc.
Gestern war er da und da haben wir vier einen merkwürdigen Streit
gehabt. Ich redete von meiner Ansicht über die Entstehung des
Nibelungenlieds, wie ich es in den Studien kurz, ja compendiarisch aus-
geführt, da kam er mit seiner Meinung hervor, welche dies Resultat
giebt, daß das Nibelungenlied eine Übersetzung eines ein-
zelnen Dichters, aus einem lateinischen Gedicht mit
künstlerischer Absicht und Überlegung gedichtet sei.
Der Hauptbeweis ist ihm die Stelle in der Klage, die er nun
einmal durchaus mit dem Nibelungenlied vereinigt. Arnim nahm
natürlich meine Partie, und der Streit mußte damit aufhören, daß wir
behaupteten, man fühle deutlich, wie in dem Nibelungenliede der Geist einer
ganzen Nation, die Sprache nicht aber eines einzelnen Menschen, der
nie mit solcher Allgewalt, in einem solchen Strom, der breit und
rauschend die ganze Welt durchzieht, reden könne, Hagen aber dieses
gänzlich läugnete. Brentano sprach stets dazwischen, ohne zu wissen,

wovon eigentlich die Rede, gab jedem Recht und Unrecht, und eigentlich sei das Nibelungenlied Nachbildung des Homers. Merkwürdig ist mir Hagens Äußerung darum, weil sie ihn charakterisirt; fleißig, verständig, im Einzelnen scharfsinnig, hat er doch keine Ansicht von der Art, mit welcher sich die Poesie geschichtlich äußert, oder von ihrem Leben. — Der Tristan ist ihm übrigens ebenso lieb als das Nibelungenlied.

Büsching und Kannegießer, der Übersetzer, geben ein Journal Pantheon heraus für Wissenschaft und Kunst, um zu sehn, ob jene besser fortschiebt als diese, da es mit der Astischen Kunst und Wissenschaft nicht fort wollte. Wir sämmtlich haben eine Einladung dazu erhalten, je eher wir was schickten, je besser und 8 Thlr. für den Bogen. Ich habe ihm gesagt, ich hätte meine Brieftasche in Treuenbrietzen liegen lassen, wenn ich zurück reiste und sie noch fände, wollte ich flugs sehen, ob etwas Artiges für ihn darin wär, auf jeden Fall hoffte ich Gelegenheit zu haben, Zusätze zu des seligen Büsching Geographie liefern zu können. Das erste Stück wird brillant, eine Probeübersetzung der Luisias von Fichte und über die Sage von der goldnen Lanze von Raumer in Potsdam ꝛc. Du mußt es für unsere Gesellschaft doch bestellen, weil auch altdeutsche Sachen hinein kommen werden. Der Büsching will sich gern einen Namen machen und hat außer dem altdeutschen Studium noch eine besondere Schriftstellerei und Kunsttreiberei. — Von Hagen wird nächstens eine kritische Recension des Wunderhorns in der Jenaer erscheinen.

Arnim arbeitet täglich und ich muß immermehr diesen herrlichen Geist schätzen und ehren. In Zeit von vier Wochen hat er ein Trauerspiel fertig gemacht, nach des Gryphius seinem Cardenio, doch wenig beibehalten, voll unendlicher Schönheit, und alles hat, weil er so ganz ohne Feile und Zwang niederschreibt, einen so zarten Duft und eine seltene Frischheit, man sieht den Geist leis darüber schweben und walten. Das seltsame Zusammenverbinden kann er freilich nicht lassen und hat einen letzten Act noch daran gehängt voll wunderlicher Abenteuer, aber vielleicht giebt er es als ein besonderes Nachspiel. Es ist möglich, daß es bald gedruckt wird, und dann kommt das kleine Bild vom Louis nach Holbein, wovon Arnim die Platte hat, davor. Eine große Anzahl Erzählungen, Lustspiele und dergl. hat Arnim noch vorräthig, daß glaub' ich kein Dichter von solcher Production lebt. Clemens arbeitet an seinen Romanzen und, wenn sie fertig sind, will er nach Hamburg und von Runge dazu Zeichnungen machen lassen.

Weißt Du, daß Louise Reichardt jetzt in Hamburg ist, Stunden giebt und sich recht glücklich fühlt.

Ich denke immer, ob mein Brief beim Ferdinand etwas gewirkt hat, vielleicht finde ich in Halle etwas von ihm, Gott wolle es geben! Gestern Nacht hatte ich einen wunderlichen Traum von ihm, wie er mit mir auf einer Brücke stand und mir drei harte Thaler als seine letzten zeigte und darnach einen nach dem andern fröhlich ins Wasser warf.

Wie freu' ich mich auf die Stunde, wo ich wieder bei Euch sein werde. Ich bringe Dir ein Buch mit, dessen Titel Du gewiß oft als eines schlechten überhört hast und das Dir Freude machen wird, wie wenige. Von Herzen gegrüßt!

Dein getreuer W.

Einlage an Karl.

Adresse: A monsieur Grimm etc. 13. November.

65.

Wilhelm an Jacob.

Halle, am 24. [Mittwoch, den 22.] November 9.

An der lieben Mutter ihrem Geburtstag [Montag, den 20. Nov.] Nachts um 4 Uhr reiste ich von Berlin ab. Arnim war wie immer noch sehr freundlich und gütig gegen mich, Brentano schlief, und ich wollte ihn nicht aufwecken. Die Reise, weil sie drei Nächte und zwei Tage ohne Ausruhn dauerte, war lästig, und wiewohl ich mich gegen Kälte hinlänglich geschützt hatte, wurde ich doch nach Postwagenmanier tüchtig zerstoßen. Indes bin ich gesund und wohl und ich bleibe dabei, daß mir alle äußere Erschütterung höchst zuträglich ist. Steffens fand ich krank an einem bösen Hals, womit es nicht gefährlich ist, aber ängst=lich und höchst schmerzlich. Er kann kein Wort mehr reden und muß auf die verkehrte Art ernährt werden. Ich logire im Ring, einem wohlfeilen Gasthofe für Standespersonen, und esse bei Reichardts.

Einen lieben Brief von Dir fand ich vor, aber wie bin ich ge=täuscht worden mit dem Ferdinand. Ich weiß nicht, warum ich mir Hoffnung gemacht hatte, es werde diesmal gehn, ich hatte häufig daran gedacht und mir es recht gut vorgestellt. So weiß ich nicht mehr, was Eindruck auf ihn machen soll und wie er zu bewegen ist.

und von dem Weine. — In Weimar sah ich noch Götz von Berlichingen den ersten Theil und französische Marionetten aus Petersburg, recht artig. Bei Goethe hab' ich auch noch einmal gegessen und er war freundlich, wie ich Abschied nahm. Den Abend hab' ich immer bei der Madame Schoppenhauer zugebracht, wo es ganz gut und ungenirt ist. An den ordentlichen Gesellschaftstagen hab' ich auch beide Prinzen da gesehn, die wie jedermann mich auch anredeten und ausfragten. Der zweite, Prinz Bernhard, sieht viel lebendiger und tüchtiger aus als der andere. Ein guter, kleiner, gescheidter Kerl ist der St. Schütze, mit dem ich am meisten geredet und dem ich sein neues artiges Wiegenlied vorlesen mußte, d. h. den andern.

In Gotha kam ich um 9 Uhr, nachdem ich ein wenig geschlafen, zur Tante und fand sie so lieb, gütig und herzlich wie immer. Sie ist wohl und sieht recht gesund, und ich hoffe fast mit Gewißheit, daß sie das Alter des Großvaters erreicht. Sie läßt Dich und alle herzlich grüßen und schreibt weiter nicht. Sie war recht erfreut über mein Bessersein und behauptet, daß es bedeutend sei. Ich fand einen lieben Brief von Dir, alles, auch der kleine Zettel soll besorgt werden. Auf die Bibliothek kann ich erst morgen der Festtage wegen. Wegen der dänischen Sachen ist alles gewahrt und ich denke, es geht auch eine Post über das Eis weg: es ist doch seltsam, wie von Deutschland aus das Eis von den alten nordischen Poesien losgehauen wird und sie hier aufthauen. — Wie lang ich hier bleibe, hängt von der Tante ab, doch thun wir uns nach einer Gelegenheit um, da mir die Postwagentour bis Cassel bis jetzt allzustark vorkommt, die ich nur im letzten Fall brauchen werde. — Wie manches fällt mir noch ein, das ich schreiben könnte, aber erzählen will, z. B. was Goethe vom Simplicissimus geredet und dem Nibelungenlied, und was die Personen alle sind in den Wahlverwandtschaften, die ich zum Theil gesehn und die's eben so viel auch nicht sind.

Ich freue mich von Herzen bei Euch bald und dort zu sein, der Pauker hat großen Theil an meiner Freude und ich mein', ich hörte ihn schon. Seid tausendmal gegrüßt.

Euer W.

Der Bibliothekar Walch sagte mir, daß ein Graf Finkenstein lang in Jena gewesen und fast den ganzen Codex copirt und damit jetzt nach Berlin sei. Ich hoffe, das geräth in das Hagensche Journal und das bestimmte mich noch mehr, meinen Versuch aufzugeben.

Der Brief muß ein Couvert haben und Du mußt noch von den dänischen Liedern hören. Nämlich mit der Vorrede von Goethe scheint's nichts zu sein. Er hat die Lieder genommen, sich vorlesen lassen, seinen Freunden mitgetheilt, und Riemer hat sie in Gesellschaft vorlesen müssen. Er hat mir gesagt: „Sie sind wunderbar und wir haben dergleichen nicht gemacht, wir müssen davor erstaunen." So hat er sie mir wieder gegeben, ohne ein Wort von der Vorrede zu sagen. Gewiß ist, daß er es vergessen, wie er aber von selbst sich anfangs gegen Arnim dazu erboten, so wäre es mir auch unmöglich gewesen, ihn daran zu erinnern und ihn dadurch gewissermaßen zu nöthigen. — Noch eins deshalb, Du wirst vielleicht lesen, es werde dabei ein zweiter Titel sein: Wunderhorn, vierter Theil. Damit verhält sich's so: unter vielen Vorschlägen, die Clemens stets parat hat, war auch dieser, dem besonders Arnim beifiel, nachher war Brentano auf einmal heftig dawider, ich wußte nicht warum und erklärte es mir hernach aus einer Eigenheit seines Charakters, die sich dadurch höchst seltsam äußerte. Arnim nahm das aber nicht an und war sehr dafür (nämlich alles bessern Abgangs halber), mir war es ganz gleich, und um Arnim nicht zu beleidigen, ließ ich es nun in der Ankündigung stehn, wie er geschrieben. Allein ich werde hernach an Zimmer schreiben, daß es nichts damit, eben um Brentano wieder zufrieden zu machen.

# IV.

## Jacobs Reiſe
## mit dem Hauptquartier nach Paris

### Januar bis Juni 1814.

# Aus Jacobs Selbstbiographie.

„1813, als der Krieg dem Königreich drohend näher rückte, wurde Befehl ertheilt, die kostbarsten Bücher zu Cassel und Wilhelmshöhe einzupacken, um sie nach Frankreich zu versenden. Ich fuhr mit Bruguiere nach Wilhelmshöhe, der besonders auf die Kupferstichwerke drang, und suchte wenigstens die Sammlung von Handschriften, die sich auf hessische Kriegsgeschichte bezogen und vom dreißigjährigen Krieg an begannen (es war Eigenhändiges von Gustav Adolf, von Amalie Elisabeth u. s. w. darunter), als unwichtig darzustellen. Auch blieben sie uneingepackt. Die eingepackten aber bekam ich erst 1814 zu Paris wieder zu sehen, als sie mir derselbe Huissier (er hieß Leloup), der sie hatte packen helfen, dort für den Kurfürsten wieder ausliefern mußte. Der Mann machte große Augen, als er mich erblickte.

Die endliche, kaum gehoffte Rückkehr des alten Kurfürsten gegen Ende des Jahres 1813 war ein unbeschreiblicher Jubel und für mich war die Freude nicht kleiner, auch die geliebte Tante, die ich nur einmal in Gotha besucht hatte, im Gefolge der Kurfürstin wieder einziehen zu sehen. Wir liefen an dem offnen Wagen durch die Straßen hin, die mit Blumengewinden behangen waren. In jenen Monaten war alles in aufgeregter Bewegung. Ich stand doch noch gut angeschrieben und kam in Vorschlag, als Legationssecretär den hessischen Gesandten zu begleiten, der ins große Hauptquartier der verbündeten Heere abgeschickt werden sollte. Meine Ernennung ist vom 23. Dezember 1813. Zwei meiner Brüder machten den Feldzug in der Landwehr mit, sie waren aus München und Hamburg, wo sie gelebt hatten, dazu ins Vaterland herbeigeeilt. Der gewählte Gesandte hieß Graf Keller, von Geburt kein Hesse, ein schon bejahrter und gutherziger, zuweilen eigensinniger, auffahrender Mann, dem der recht hessische Trieb fehlte, aber wer hätte in jener großartigen Zeit nicht jeden Anstoß übersehen? Ich reiste um Neujahr 1814 von Cassel ab über Frankfurt, Darmstadt, Karlsruhe, Freiburg, Basel, Mümpelgart, Vesoul, Langres, Chaumont, Troyes. Von da ging es wieder zum Theil in eilender Flucht rückwärts bis Dijon; dann nach vierzehntägiger Rast neuerdings vorwärts über Chatillon, Troyes, Nogent in das frisch eingenommene Paris (April 1814). Vor zehen Jahren kein Gedanke, sobald und auf diesem Wege nochmals dahin zu kommen. Unterwegs hatte ich nicht versäumt, alle Bibliotheken zu besuchen, und jeder freie Augenblick in Paris wurde benutzt, um in den Handschriften zu arbeiten. Mittlerweile war auch mein nachheriger College Völkel in Paris eingetroffen, um die aus Hessen weggeschleppten Antiken und Gemälde zurückzufordern; ich half die entführten Bücher wieder erlangen, wie ich schon erwähnt habe. Im Sommer trat ich die Rückreise nach Cassel an und rüstete mich bald von neuem zu der Fahrt nach dem Wiener Congreß.„

# Aus Wilhelms Selbstbiographie.

„Die damaligen Ereignisse hatten auch auf meine Familie Einfluß. Zwei
Brüder kamen nach langer Abwesenheit aus der Ferne zurück, um den Feld-
zug mitzumachen. Der Maler trat als Offizier in ein Regiment ein, und die
Besorgnis, daß eine leichte Verwundung ihn für seinen Beruf unfähig machen
könne, kam ihm doch kleinlich vor. Jacob ging bald zu der Gesandtschaft ins
Hauptquartier ab, und ich blieb mit der Schwester allein zurück, ich könnte sagen,
in dem mütterlichen Hause, denn es schien uns beiden Ältesten, als hätten wir
die Pflicht, die Verbindung der ganzen Familie fortwährend zu erhalten.

Zu Anfang des Jahres 1814 bewarb ich mich um die zweite Bibliothekar-
stelle an der Bibliothek im Museum, die vakant war. Ich glaubte dazu nicht
ungeschickt zu sein und, was mir fehlte, durch Fleiß und Neigung zu diesem
Amte zu ersetzen. Der geheime Hofrath Strieder, der an der Spitze der Biblio-
thek und bei dem Kurfürsten sehr in Gunst stand, ein Mann von redlicher, aber
finsterer und bitterer Gesinnung (er hatte aus Haß gegen die Franzosen während
ihrer Anwesenheit sieben Jahre lang keinen Fuß aus seinem Hause gesetzt und
konnte, ohne heftig zu werden, sie nicht nennen), rieth mir, um die Stelle bloß
mit dem Titel eines Bibliotheksecretärs zu bitten, weil der Kurfürst der nöthigen
Ersparnisse wegen den Bibliothekarsgehalt zu ertheilen nicht geneigt sei und sonst
die ihm nicht sehr dringend erscheinende Besetzung der Stelle aufschieben möchte:
in der Sache mache dies keinen Unterschied, und bei der ersten Gelegenheit werde
sich meine Stellung verbessern. Dieser Rath war so gut als eine Entscheidung;
meine Bitte ward nun schnell erfüllt, und am 15. Februar trat ich mein Amt
an. Mit dem ersten Bibliothekar, Oberhofrath Völkel, stand ich von Anfange in
dem besten Vernehmen, er war reich an Kenntnissen, von gemäßigtem, freund-
lichem Charakter, er hat mich niemals anders als collegialisch behandelt, alle
Geschäfte der Bibliothek wurden ebenfalls gemeinschaftlich besorgt. Als Völkel,
die Antikensammlung zu reklamiren, nach Paris gesendet wurde, blieb mir die
Verwaltung der Bibliothek, selbst die Auswahl der anzukaufenden Bücher eine
geraume Zeit allein überlassen.“

### 71.
### Jacob an Wilhelm.

Frankfurt im Gasthaus zum Weidenhof,
am 4. Januar [1814], an meinem Geburtstag.

#### Liebster Wilhelm!

Die Reise hierher ging schnell, kalt und in eben nicht angenehmer
Gesellschaft, den Samstag Mittag nach zwölf traf ich ein. Die Nacht
hatte ich manche gegründete Sorge, daß die Kosacken meinen Koffer
abschnitten (eben in dieser Nacht haben sie einem preußischen
Commissär seine beiden Pferde aus dem Stall unseres Gasthofes
mitten auf der Zeil gestohlen); aber es ging alles gut. In Marburg
war ich Abends 11 Uhr und habe daher das Paquet dem Conradi
lieber schicken lassen; ich bin eine halbe Stunde unter Neujahran=
schießen in den bekannten Gassen herumgegangen, alles schien mir
noch wie sonst, nur brennen jetzt Laternen. Ich mußte hernach noch
die Allee bis zum Schwanenhof hinuntergehen, wo mir kein Mensch
begegnete, so still war alles.

Hier habe ich viel freundliche Aufnahme gefunden, zumal bei
allen Brentanos. Ich war zuerst bei der Meline, die sich weniger ver=
ändert hat, als ich dachte, und deren Mann (Guaita) auch ganz
anders ist, als ich mir vorgestellt, er hat einige Ähnlichkeit mit
Sieveking, nur etwas älter, ist aber angenehm und gefällt mir wohl.
Sie haben zwei Kinder und bald wird sie mit dem dritten nieder=
kommen. Gegenüber wohnt Thomas, der überaus brav und gut ist
und mir alle möglichen Freundschaftsdienste thut, so daß, wenn ich
statt von Euch weg in ein Ungewisses zu reisen, etwa wieder heim
zöge, die Paar Tage mir hier sehr angenehm sein würden. Er wird
Dir die Stellen von dem Blutopfer in den sieben Weisen nach allen
seinen Manuscripten und Drucken verglichen zusenden und es wird in
allen diesen Häusern auch für die Pränumeration fleißig gesorgt.
Des Thomas seine Frau, eine Würzburgerin, sieht etwas fein, aber
still, bürgerlich und mit der Welt fremd aus, soll aber viel Lob ver=
dienen, beide boten mir bei ihnen zu wohnen an, was aber sonst
nicht ging.

Steins wohnen in einer elenden, schmutzigen Gasse, nicht weit
von den Juden, sehr eng und unvergleichlich schlechter, als in Cassel,
bei seiner Mutter, in einer Stube, wo Thüren und Wände gras=

grün angestrichen sind, übrigens noch ganz die alten und überaus
freundschaftlich gegen mich. Es scheint, seiner Anstellung halber
hätte er von heute an noch drei Wochen ruhig dortbleiben und ab-
warten können, ich hoffe und wünsche ihm aber, daß es ihm dennoch
nicht fehlgeht. Der viel besprochene Alexander ist ein etwas emphatischer
und candidatischer Prediger, dagegen hat Stein einen Vetter, Kauf-
mann Scharf, der einem gefällt, aufgeweckt und brav aussieht, durch
den er auch mit Thomas bekannt geworden ist; beide letztere haben
auf dem Römer in den zwei vergangenen stürmischen Monaten in
einer Art von Verpflegungscommission gearbeitet und wissen von den
Requisitionen und Leuten, die sich voraus nicht zu helfen wußten,
vielerlei Lustiges zu verzählen. Den Cloos, der ein braver Arzt sein
soll, habe ich der vielen Kranken wegen nicht gesehen.

Bei Brentano sah ich den preußischen Oberstlieutenant von Rühl,
eine wichtige Person, aber melancholisch, ferner den berühmten Werner,
den ich mir kaum erinnerte, und der, seit mehrern Monaten aus
Rom zurück, hier wohnt. Er hat neben vielem Angenehmen und
Gescheidten doch das, was ich bei den meisten gescheidten Leuten,
die viel umher gereist sind, finde, etwas Anekdotenmäßiges und All-
gemeinschwebendes (wie z. B. auch Constant), das unbeschadet ihrer
eigentlichen deutschen Gesinnung doch einen gewissen Spaß und Spott
darüber nicht lassen kann und vom ausländischen Wesen zu vielerlei
angesehen hat, um nicht dadurch oft und am Ende, ohne es zu wissen,
in dem, was sie eigentlich sein sollten, gestört zu werden. Eine
ruhige Behaglichkeit muß allen diesen fremd sein. Die Weihe der
Kraft hält er für sein mißlungenstes und soll eine Weihe der Unkraft
gemacht haben.

Von politischen Dingen will ich Dir nur das schreiben, was Du
nicht zugleich mit diesem Brief durch die Zeitungen erfahren kannst.
Es ist in der Letzte wieder recht brav hergegangen und den Cabinettern,
nämlich den alliirten, die mitunter alten Sauerteig bei sich führen,
müssen die Begebenheiten über den Kopf wachsen; das ist schön, daß
der wahre lebendige Geist des Volks, d. h. des großen Theils der
Armee auch hierin durchzudringen hat und alles auf den rechten Ort
bringt. Stein und Stadion, wie sie alliteriren, sollen in der Art
eine recht tüchtige Opposition bilden und mit Hintansetzung alles
andern auf das bringen, was uns allein mit Sicherheit helfen und
festmachen kann. Ein zweites Glück ist, daß Napoleon aus seinen
Stricken nicht mehr heraus darf und keinen Frieden will, denn

sonst würde immer noch ein für uns schlechter zugestanden werden. Blüchers Übergang nimmt den Franzosen eine ungeheuere Linie weg, Coblenz ist befreit, und wenn Görres nicht bald schreibt, so thu Du es doch, um zu hören, wie's ihm geht. Kaiser Franz wird hier am meisten gerühmt und soll durch treffende Antworten und Fragen die gescheidtesten Leute, die mit ganz anderer Meinung von als zu ihm gingen, beschämt haben, der König von Preußen ist verschlossen und still, der russische Kaiser schon darum, weil er kein Deutsch spricht und uns sonst weiter absteht, unwichtiger, Schwarzenberg ein sehr dicker, aber schlichter und einfacher Mann und zum Vereinigungspunkt der drei Armeen gemacht; wäre z. B. Erzherzog Karl an seiner Stelle, so würde sich gegen dessen Anordnungen von den zwei andern Seiten viel weniger einwenden lassen u. s. w. Gelogen wird hier genug, vorgestern sollten die Franzosen aus Mainz gefallen sein und zwei preußische Bataillone zu Biberich zusammengehauen haben; an allem dem ist kein Wort wahr.

Nun etwas von mir. Ich reise morgen früh, als Mittwoch, über Darmstadt weiter, vermuthlich aber langsamer, und denke Dir daher öfter schreiben zu können. Der Graf gefällt mir eben nicht ausnehmend, aber seine Frau, die in einigen Tagen nach Cassel reisen wird, noch weniger, auf den ihr mitgebrachten Brief hätte sie mir wenigstens einige Artigkeiten erzeigen können, woran mir freilich auch nichts liegt. Doch will ich nicht zu früh aburtheilen. Er bekommt vom Kurfürst sehr ansehnlichen Gehalt, 9000 Rthlr., worüber man sich hier wundert. Ich bekomme verschiedentliche Briefe ins Hauptquartier mit.

Hier ist's lebhaft, in unserm Gasthof sind noch gewöhnlich 70—80 an der table d'hôte, ich habe aber seit zwei Tagen auswärts gegessen. Außer Russen sind Preußen und Kaiserliche (1. vom Regiment Erbach, schöne Grenadiere, 2. von der Landwehr, schlecht aussehend) hier.

Tausend liebhabende Grüße an Dich, die Lotte und die Tante. Grüße an Dortchen, Bauer, Ramus. Ich sehe noch gar nicht ab, wann ich einen Brief von Dir erhalten werde, laß lieber die Tante diesen nicht ganz lesen, wegen des vorletzten Satzes, es machte ihr unnöthiges Bedenken. Von Herzen bin ich

Dein treuer J.

Goethes Leben 3. muß bald heraus sein. Herr Guaita (nicht sie) hat beinah alles in Aushängebogen gelesen.

Adresse: Herrn Wilhelm Grimm, Cassel in Hessen.

### 72.
### Jacob an Wilhelm.

Karlsruhe, Samstag, den 8. Januar 1814,
im goldenen Kreuz.

Lieber Wilhelm!

Die Fortreise ist langsam gegangen. Am Mittwoch nur bis
Darmstadt, wo es freundlich aussieht und die Schloßuhr ein an=
genehmes Glockenspiel hat, Wagner mir aber eben nicht gefiel; den
Donnerstag in Weinheim, einem badischen Landstädtchen von Lange=
weile; gestern in Heidelberg war es viel besser, ich wäre gern mehrere
Tage lang dageblieben. Boisserée, den ich schon aus Dresden kannte,
war mir recht freundlich, ich konnte seine Bilder aber lange nicht alle
sehen, weil die Nacht einbrach, es sind wunderschöne dabei, besonders
von den altflandrischen Meistern van Eyk und Hemmeling [Memling],
allein auch alle andern haben etwas Merkwürdiges an sich. Ein Theil
ist noch davon in Köln. Die altflandrische Schule unterscheidet sich darin
von der Dürerischen, daß sie (obwohl hundert Jahr älter) vollkommener
in Colorit und Farbe, wie auch in Perspectiv, runder in der Zeichnung
und doch wohl ebenso tiefsinnig in der Einfachheit und Bedeutung
ist. Das Detail ist fast immer bewunderungswürdig. Ich kann nur
jetzt nicht davon schreiben. Vom Prachtwerk des Kölner Doms sah
ich schon einige fertig gestochene Platten, eine einleitende Abhandlung
soll vorausgeschrieben werden, die eigentliche historische Untersuchung
der Baukunst aber in mehrern Octavbänden folgen, dann auch eine
Geschichte der alten Maler. Ich zweifle nicht, daß hier mehr geleistet
werden wird, als irgend andern möglich war, sowohl in Absicht der
gesammelten Materialien, als des dazu gebrachten Geistes. Es scheint,
daß ihr auf Reisen, Ankauf und das zugehörige freie Leben ver=
wandtes Vermögen zu schmelzen anfängt und sie sich um eine höhere
Unterstützung umsehen, wozu vielleicht bald ein Faden geknüpft werden
kann, das Werk über den Kölner Dom wird an 1000 Louisdor
Capital fordern. Über die Architektur im Titurel hat Boisserée fleißig
nachgedacht und dem Görres umständlich seine Irrthümer nachge=
wiesen, wiewohl dieser mitten dadurch auch Neues und Wahres ge=
funden habe. Auf einen berichtigten und sicheren Text komme es vor
allem an. Was Dir über alte Maurer, Steinmetzen und dergl.
aufstößt, notire doch, gelegentlich möchte er auch hinten aus den
Heimonskindern (dem Gedicht) die Stelle haben von Reinold, der zu

Köln baut, es hat aber damit Zeit. Wallraf in Köln soll unter der großen Verwirrung seiner Sachen auch noch altdeutsche Manuscripte haben können, man müßte aber selbst hinreisen und aufsuchen.

Nun war ich ferner bei dem sehr gütigen Creuzer, wo sich auch Daub (ein geborener Casselaner) fand; bei Wilken, der nicht wie ein Gelehrter, sondern wie ein Geschäftsmann mit rothen Backen aussieht; ich trank bei ihm Thee, und er zeigte mir die vom General Helwig der Heidelberger Bibliothek geschenkten Bücher, es sind nordische Sagen, worunter die Kämpadater, die er uns gern einmal auf ein Paar Monate schicken will, das übrige brauchen wir nicht. Zugleich bat er uns um fernere Recensionen, wonach Du Dich richten kannst.

Zimmer gleicht des Meisterlins Fritz, nur etwas edler und feiner, er meinte, Zimmermann (aus dem Harz) müßte uns Geld bezahlt haben, ich hörte aber bei Creuzer, wie hinderlich es diesem geht. Mit diesen Besuchen war 10½ Uhr Abends verstrichen, und ich konnte niemand weiter besuchen. Der alte Voß soll viel arbeiten: an einer bald fertigen Übersetzung des Aristophanes, an der vierten Ausgabe seiner Übersetzung des Homers, an einem griechischen Text des Homers. Bei Zimmer sah ich ein neues Stück der Musen von Neumann, worin außer Uhlands altfranzösischen Übersetzungen mit recht guten Parallelen aus den Nibelungen eine unbändig grobe Erklärung des Rühs gegen uns steht, da sie aber angeblich schon Dezember 1812 ausgelaufen ist, so wäre die Erscheinung seiner Broschüre über isländische Poesie abzuwarten, dann wird sich's zeigen, ob vielleicht auch eine ganz kurze Wiedererklärung von unserer Seite entbehrt werden kann, umständliche Antwort verdient er nirgends; zu jener könnte man ein Paar treffende Data aus Rasks letztem Brief nehmen. Auch sah ich in der Haller Literaturzeitung neulich eine ganz kurze Recension Deiner altschottischen Lieder.

In Heidelberg ist's so angenehm, daß ich für immer da wohnen möchte, die alte Stadt hat doch lauter freundliche Häuser und die Gegend ist so hübsch, auch ist alles viel größer, als in dem inwendig so dorfmäßigen Marburg. Karlsruhe scheint mir, soweit ich beim Durchfahren sehe, eigends anmuthig, wozu die neue zierliche Wein=brennerische Bauart gewiß das meiste beiträgt, die Häuser sind nicht hoch, aber ungemein wohnlich und nett; die Frankfurtische Bauart ist fetter, solider und größer, aber nicht so gut vertheilt; in Cassel ist nun gar, wie es mir vorkommt, in einem vagirenden und schlechten Stil gebaut worden.

Am 9.

Die politischen Dinge stehen fort gut. Nach einem Gerücht sollen die Österreicher (hier Öschtreicher) schon bis nach Lyon gedrungen sein, wenigstens müssen sie nicht weit davon stehen. In der Schweiz leben die alten Formen wieder auf. Schwarzenbergs Hauptquartier soll von Basel nach Altkirch kommen. Straßburg wird bereits stark beschossen, und es heißt heut Morgen hier bestimmt, daß sich Hüningen aus Mangel an Munition ergeben hat. 500 Franzosen, die sich in Straßburg werfen wollten, sind unter den Kanonen der Festung von den Alliirten gefangen genommen worden. In Coblenz hatten sich die Schiffer gebalgt, wer die Freunde überfahren sollte, und alles war illuminirt. Hier in Baden, der alten Pfalz, Württemberg und Darmstadt ist der Geist lauer, als anderswo, aber wenn das von den Fürsten ausgeht, die wer weiß was Verkehrtes von ihrer Souveränetät sich einbilden, so wird diese einmal um so leichter zu Schanden werden. Flugschriften und Lieder erscheinen hier gar keine. Die Nachrichten aus Holland und dem Norden müssen dort frischer sein, ich erschrak aber, als ich hörte in Heidelberg sagen, daß der Kronprinz jetzt auf den Hansestädten bestehe, vielleicht um sie an Dänemark abzutreten. Das kann nun und nimmermehr geschehen und das Ganze ist am Ende ein guter Anlaß, um ihn ganz abzuschaffen. Wie steht's mit Deiner Zeitung?

Eben war ich bei Hebel, der etwa so aussieht, wie er aussehen muß, und mit mir in seiner Stube, wo es aber recht ordentlich ist, eine halbe Stunde, die Pfeife rauchend, herumgegangen ist. Ein nicht ähnliches Bild der Händel hängt da. Die dänischen Lieder habe er dreimal ausgelesen, aber von den Kindermärchen wußte er nichts, ich sagte, daß wir ihm ein Exemplar hätten schicken wollen, aber hernach gefürchtet, zudringlich zu sein. Volkslieder im Dialekt, sagte er, gäb' es keine; ich fragte, ob er nicht über die Eigenthümlichkeiten des Dialekts gesammelt zu einem lebendigeren Idiotikon, als die meisten sind? Er klagte über Mangel an Zeit.

Ich glaube, wir werden noch morgen den ganzen Tag hier bleiben, ich will auf der Bibliothek nach Handschriften suchen, vielleicht bekomm' ich auch hier von Dir eine zu lesen. Ist von den Münchener Brüdern und Karl nichts eingetroffen? Leb hiermit wohl.

Jacob.

Von Freiburg vermuthlich das Weitere. Es ist hier alles schneeweiß. Adresse wie bei Brief 71.

### 73.
### Jacob an Wilhelm.

Rastadt, 12. Januar Abends [1814].

Lieber Wilhelm!

Den Namen Karlsruhe und Rastadt (pro Raststadt) gemäß geht es mit unserer Reise nur langsam hin, ich kann doch nichts Bessers thun, als Dir schreiben, und lasse es auf die Paar Groschen Porto ankommen. Den Hebel hab' ich darüber noch näher gesehen, vorgestern Abend kommt ein österreichischer Offizier zu mir ins Zimmer und ladt mich zu einer Gesellschaft aufs Museum, wo auch Hebel wäre. Er selbst nannte sich Senkler [Sinclair], war aus Homburg, nachher hörte ich, daß er der unter dem Namen Crisalin bekannte Dichter war, dessen Werke ich freilich nicht gelesen hatte, er mag brav gesinnt sein, sonst habe ich nichts Besonders an ihm gemerkt. Auch der preußische Dichter Schenkendorf aus Tilsit oder Königsberg war zugegen, ich saß zwischen ihm und Hebel, sprach aber viel lieber mit dem. Er (Hebel) ist mehr still, wie laut, und spricht lieber im Einzelnen, als im Ganzen, gewaltig wurde politisirt, Frankreich vertheilt und Deutschland constitutionirt, auch ein neuer deutscher Orden und Land dafür ausgemacht. Schenken= dorf las ein Gedicht auf den gefallenen Prinz Homburg, worin in jeder Strophe: Cattenblut, heißes Blut, rothes Blut wiederkommt, und auch Hebel meinte den andern Morgen, es seien überflüssige Worte darin. Schenkendorf hält sich häufig bei der Frau von Krü= dener auf, die jetzt zu Karlsruhe wohnt, Verfasserin des Romans Valerie, ich habe sie nicht gesehen. Hebel hat mir, als ich gestern zuletzt bei ihm war, noch vielerlei erzählt, unter andern ein Bild von Glöckle, in Öl von Jagemann gemalt, der es ihm geschenkt, gewiesen; Glöckle sieht der von Rhodenschen Zeichnung wirklich ähnlich, ist voller Narben und eingefressenen Schmutzes, im Aug liegt ein gutmüthiger Zug. Hebel selbst ist neulich von einem hiesigen geschickten Maler Agricola zum Sprechen ähnlich getroffen und in Stein gestochen worden, aber ein ungeschickter Abdrucker hat, nachdem vier Abzüge ge= nommen waren, die ganze Platte verschmiert; es soll aber von neuem gemacht werden und dann bekomm' ich wohl ein Exemplar. Von Gräter erzählte er mir fast rührend, daß er vor sechs Jahren einmal hier gewesen, ein kleines Männchen, und leichenblaß und ärmlich zur Thür hereintrete, erstaunlich gelehrt in allerlei Sprachen. Die Eitel= keit, von etwas mehr mochte ich ihm nicht sagen, gab er mir gern zu. Er hat mir Empfehlungen nach Freiburg und Basel, auch nach Straßburg (so Gott will) geschrieben, mir den Hausfreund pro 1814 geschenkt und mich beim Abschied geküßt. Ich wollte ihm gern unsere Kindermärchen, wovon er noch nichts wußte, schenken, aber fand sie nirgends, hab' also dem Zimmer geschrieben, ihm ein Exemplar auf unsere Rechnung zu senden. Es fiel mir, während ich neben ihm stand, ein, wenn er von unsern Zänkereien mit Gräter, Rühs, Hagen hörte, würde es ihn an uns stören, und um solcher frommen Leute willen wollen wir uns von nun an vor dergleichen hüten, soviel es bestehen kann. Daran, daß uns einige in der Sache eine Schwäche zuschreiben könnten, liegt doch weniger, wir sind freilich unschuldig und durch die Ungerechtigkeit anderer hineingerathen.

Mit einer Gelegenheit schicke ich Dir: 1. den Hausfreund; 2. Dümge über altdeutsche Symbolik (einiges Material, aber schlecht und unvollständig verarbeitet); 3. Werners Weihe der Unkraft; eine höchst merkwürdige Erscheinung. Im Lied an die Deutschen sind einige herrliche Strophen, gerad und stark. Davon trennen muß man (denn die Verbindung ist mir gerade nicht lieb) die ohne allen Zweifel grundaufrichtigen Confessionen über ihn selbst, obgleich er noch wie ein Betrunkener mitunter spricht. Ich habe ihn darüber recht achten gelernt und Du kannst Dich im voraus auf das Büchel= chen freuen.

Ich glaube, es steht noch zurück aus Frankfurt: dort hat ein Doctor Neb oder Nef (also Schnabel) unser Fragment aus dem altfranzösischen Reinhart in Hexametern bearbeitet und im Museum mit Beifall gelesen. Diese Ehre ist uns wohl hier zum ersten und letztenmal widerfahren. Aus Frankfurt müssen, denke ich, viel Pränumeranten zum armen Hein= rich eingehen, ich theile allerwärts Zettel aus. Diesen Nef zu besuchen, bin ich aus Mangel an Zeit nicht gekommen, er hatte darum gebeten. Raumer aus Breslau war erst ein Paar Tage vor meiner Ankunft in Frankfurt dort aufgebrochen. Jetzt ist Blücher schon bis Saarbrück vorgerückt, und Mainz und Straßburg sind außer Verbindung mit den Franzosen, die um Metz sehr stark stehen sollen. Es ist doch immer noch eine Angst und nöthig, daß es noch einmal recht gut gehe. Wittgenstein mit einem Theil seines Corps ist noch diesseits und hat hier im Schloß Hauptquartier, der übergegangene Theil wird von dem geschickten Graf Pahlen commandirt und steht links mit Wrede, rechts mit Blücher in Verbindung. Man hat wichtige franzö= sische Papiere aufgefangen, wonach es in Straßburg an einigen Lebens=

artikeln fehlt. Vielleicht fällt es früher, als man denkt. Hüningen
hält noch. Über Lyon weiß ich nichts Gewisses, man sagt zwar,
Bubna sei dort, nach andern ist er in der Richtung von Dole.
Schwarzenberg streckt sich bis Besoul aus, such erst auf der Karte.
Das Monarchenhauptquartier ist in diesem Augenblick getheilt, Franz
soll nach Basel, König von Preußen noch in Freiburg sein, Alexander
macht einen Besuch in Schaffhausen.

Das jetzige Wetter ist den Rheinbrücken ungünstig. Mit dem
Grafen steh' ich mich, wie es scheint, auf gutem Fuße. Morgen geht's
hoffentlich weiter, es sind noch 30 Stunden bis Freiburg, wenn wir
nicht eines großen Balls wegen bleiben, den Wittgenstein zu Ehren
von des Kaisers Geburtstag oder des russischen Neujahrs giebt (ich
weiß nicht gleich, welches von beiden auf den 13. fällt). Das hiesige
Schloß ist groß, aber in Ungeschmack, auch roth angestrichen, einen
Büchsenschuß von meinem Wirthshaus ist der berüchtigte Gesandten-
mord geschehen. Straßburg liegt nur 10 Stunden weit.

Piautaz hat doch die Bücher an Savigny mitgenommen? Ich
träume mich alle Nacht noch unter Euch und auch Tags in der Kutsche,
wo ich gewöhnlich zehn Minuten schlafe und zehn wache und unge-
achtet der wohlbewußten Entfernung dennoch in der elften Minute
wieder in Cassel bin. Grüß doch die liebe Tante und sag, daß mir
ihr mitgegebener Beutel vom allergrößten Nutzen ist, die wollenen
Überschuh habe ich leider in Frankfurt stehen lassen. Die Lotte hat
mir auch die schlechten schwarzseidnen Hosen eingepackt und die guten
dort gelassen, ungeachtet ich den letzten Abend sie noch wohlbedächtig aus-
gelesen hatte. An die Münchener Brüder habe ich gestern geschrieben, auch
an Docen. Vorgestern zuerst wieder eine Quida der Edda aus der mit-
genommenen Hagen'schen Ausgabe gelesen. Wann werde ich wieder
von Dir hören? Es sind morgen schon 14 Tage. Ich grüße also
alles nochmals. Dein Jacob.

Nicht zu vergessen. In Karlsruhe fand ich unter 500 Kloster-
handschriften mitten in großer Kälte einen Titurel auf Pergament
(leider von 1431, aber complett) und noch anderes von weniger
Bedeutung. Die Karlsruher Handschrift liest beidemal klar: Ospirin.

Auch gesteh' ich, daß ich eine russische Kappe recht gut brauchen
könnte, doch noch keine gekauft habe, weil ich nicht weiß mit dem
Hut wohin und den ich doch auch nicht entbehren kann.

Hierbei ein armes Geldstückchen für die Lotte.

Adresse wie bei Brief 71.

## 74.
### Wilhelm an Jacob.

Caffel, am Tage der Prisca, 18. Januar 1814.

Lieber Jacob, ich danke Dir herzlich für Deine drei Briefe aus Frankfurt, Karlsruhe und Rastadt und fange eine Antwort an, eh' ich weiß, wann sie zu Dir gelangen kann; es ist eben Morgen und ganz wie sonst, die Theemaschine kocht, die Zeitungen mit den merkwürdigen französischen Reden, wornach einer glauben könnte, es gäbe bald Frieden, habe ich gelesen, neben mir steht Dein Tisch mit seinen Papieren, auch ein Stuhl davor, und wenn Du hereinkommst, kannst Du Dich niedersetzen und um Dich greifen, bloß Deine flüchtigsten und mir unbrauchbaren Excerpta hab' ich in Deine Kommodenschublade gelegt. Nachdem ich Deiner Laterne, die wie ein Stern die Straße hinaufging, traurig nachgesehen, bis sie um die Ecke verschwunden war, haben wir beide still gesessen und dann habe ich die Briefe aus dem Schublädchen genommen und zu den übrigen gelegt; auch sie überhaupt noch geordnet; in der Lotte ihrem Pult, der für die Tante ausgeräumt worden ist, habe ich noch einige merkwürdige gefunden und zu unsern Familienbriefen gelegt, die ich einmal, wenn Zeit ist, recht genau ordnen will, es hat ein eigenes wunderbares Interesse und jede Familie sollte ihr Archiv haben. Dann habe ich der Sauerin und Vollbrechtin die Rechnung gemacht und, was ihnen zukam, etwa 30 Thlr., von dem Zeitungsgelde zugeschickt, es war mir damit ein Stein vom Herzen, denn in wenigen Tagen kam ein zweiter Jammerbrief; die Kurfürstin hat ihnen auch 8 Louis geschenkt, so sind sie doch auf ein halbes Jahr vor Noth gesichert; der Zeise habe ich auch die Rechnung gestellt, jedoch noch nicht abgeliefert. Was mir nun weiter begegnet ist, will ich sehen in Ordnung vorzubringen.

Erstlich hätte es beinahe bei uns gebrennt. Ich kam an einem Morgen in die Stube und hörte den Ofen wunderlich knistern, also geh' ich hinaus und sehe in den Schornstein, da fahren die Funken ziemlich stark aus der Röhre. Ich laufe in die Küche, mache ein Tuch naß und stecke es mit aller Gewalt oben hinein, dadurch ward es gedämpft und hörte in einer Viertelstunde auf. Der Mann, der den Ofen wieder machte und reinigte, sagte, daß er inwendig schon ganz gebrannt hätte und bald gesprungen wäre, dann hätte er die Stube gezündet, und wie leicht hätte ich noch eine Viertelstunde länger schlafen können, aber seit Du weg bist, steh' ich früher auf, ich meine aber alle Morgen und alle Nächte, wenn ich wache, nicht anders, als Du lägst noch in Deinem Bett. Ein Paar Tage mußten wir also in die blaue Stube ziehen, und da kam auf einmal Einquartierung, „ein hessischer Ardollerist", der nicht wanken und weichen wollte. Es wurde schon Anstalt gemacht, die blaue Kammer zu räumen, als ich auf den guten Gedanken kam, ihm Geld zu bieten, da ist er für acht Groschen zu unser aller größtem Vergnügen abgegangen.

Zweitens: Briefe von den Brüdern aus München. Beide sind schon vor unserer Aufforderung bereit gewesen mitzugehen; der Louis hat besonders schön und herzlich darüber geschrieben. Exerciren hatte er schon mit allen Akademikern (auf des Kronprinzen Befehl) früher gelernt und übt sich noch immer, er wünschte eine Offizierstelle, weil ihm sonst seine Hand schwer und unbrauchbar zum Radiren würde, Ferdinand wollte unter die Freiwilligen, allein nicht hierher, sondern nach Hanau. Ich wendete mich an Below, der sehr freundschaftlich schon am andern Tag mit dem Prinz gesprochen und es ausgemacht hatte. Louis wird also Offizier (Unterlieutenant) bei einem Land-wehrregiment und Ferdinand kann eintreten. Ich habe ihnen noch den-selben Tag deshalb geschrieben und erwarte den Louis nun jeden Tag hier. Er bekommt 25 Thlr. monatlich im Feld und 15 Thlr. und Einquartierung hier, so wird der Tante ihr alter Spaß: „die Einquartierung kommt!", den sie immer beim Louis vorbrachte, buch-stäblich wahr. Dem Ferdinand habe ich gleich in einem zweiten Brief nachgemeldet, daß in Hanau bloß reitende Jäger errichtet werden, sie auch bald hierher kommen (zum Theil sind sie schon da), da er nun durchaus nicht herwill, was ich auch billige, so wird er, wozu er Lust und er den Kronprinz gern hat, unter die Baiern gehen, vielleicht hilft ihm H[eß?] dort zu einem Grad; sind die Hessen erst im Feld, kann er immer noch zu ihnen kommen. Ich erwarte nun jeden Tag ihre Entscheidung, indessen ist auf dem Postwagen eine saubere Abschrift des Eraclius vom Ferdinand, eigentlich ein Geschenk zu Deinem Geburtstag, angekommen.

Drittens ein Brief vom Karl. Er ist aus Hamburg heraus, wohl nach Eckmühls Befehl, war zu Stade und ist gegenwärtig in Bremen. Ich habe ihm gleich geschrieben und gesagt, ich halte es für das Beste, daß er hierherkomme und Jäger werde; seine Ant-wort, die ich gestern bekommen, ist noch unbestimmt, er sagt auch, daß er nicht ganz wohl sei, es wird sich nun zeigen, was er thut.

Viertens ein Brief von Haxthausen aus dem schwedischen Hauptquartier. Sehr herzlich und treu; auf einer Vorpostenwacht in der Nacht hat er sich ein Märchen von seinem Kameraden erzählen lassen, der am andern Tag hinter ihm todt geschossen wurde; er hat es mitgeschickt, es ist eins von den besten, von den Vögeln, die ein Blinder reden hört und die ihm Heilungsmittel verrathen (in der Braunschweiger Sammlung ist etwas davon). Ich habe diesen Haxthausen recht lieb und er gefällt mir unter allen unsern jüngern Bekannten bei weitem am bestem. Werner ist Adjutant des Wallmoden. Ich hab' ihm noch nicht geantwortet, schick mir ein Paar Worte von Dir, der Brief ist auch an Dich; es freut ihn sehr.

Fünftens ein Brief von Gebauer aus Halle. Er will nach Reimers Befehl anfangen, die Edda zu drucken. Ich denke noch einige Tage zu warten, ob ein Brief von Arnim kommt (Piautaz hat alles mit), und dann Reimer selber zu schreiben, wegen Deiner Abwesenheit müsse es noch einige Zeit anstehen, dann will ich fragen, ob er die Märchen zu künftigen Weihnachten liefern will, im Juni solle er das Manuscript erhalten. (Kann ich den Zimmer nach der Bekanntschaft mit Dir mahnen? oder denkt er von selbst daran?)

Sechstens Brief von Röwer. Lehnt die Commission des armen Heinrich ab, weil er nie solche Geschäfte gemacht, will aber gern drucken; hofft auch auf Fortsetzung der Wälder. Ich will auch deswegen, d. h. der Commission, an Reimer schreiben, da unten die Buchhändler mögen doch die Nähe des Kriegs scheuen. Es geht mit der Subscription leidlich, etwa 100 mögen sich hier eingestellt haben, 20 aus dem Umkreis sind angekündigt; der Wille hat sieben doch verschafft und sich selber auf Velin gesetzt.

Siebentens kommt plötzlich vorgestern der junge Meisterlin; er will hier wirklicher Kriegssecretär werden, da Gottsched höher kommt, wird es auch wohl werden durch Schmerfeld und Buderus, die er kennt; also die Stelle, die auf Dich wartete, (am 24: ist Amtmann in Sababurg geworden). Denk, der Denhard ist am Nervenfieber gestorben, es hat mir leid gethan, mehr als ich glaubte, so hängt man an Jugendbekannten; ich hatte an ihn doch geschrieben; es ist eine wunderliche Empfindung, sich an einen Todten gewendet zu haben. Auch der Pfarrer Koppen in Mecklar ist vorige Woche daran gestorben, der Sohn war hier und wünscht die Stelle zu haben, er hat` aber noch nicht ausstudirt und, ich fürchte, auch nichts gelernt.

Achtens: was meine eigenen Angelegenheiten betrifft, so ist noch nichts bestimmt. Ich war nur, wozu mir auch Strieder rieth, bei

Völkel, der sich sehr artig und freundschaftlich betrug und mir seine Stimme zusicherte, weiter wollte ich keinen Schritt thun und es ruhig abwarten; ich hörte nirgends her etwas, auch nicht vom Ritter, und fing schon an, es allmählich aufzugeben. Murhard hat dem Kurfürst eine Vorstellung eingereicht, wenn er ihm die Zeitung anvertraue, wolle er 10,000 Thlr. Einkünfte daraus schaffen, das hat Strieder mir erzählt; ob dies Anerbieten die Sache verzögert hat, weiß ich nicht, indessen sagte mir Strieder gestern, wo ich wieder einmal war, da er Seumes Leben geliehen wünschte, dem Murhard seien eben die Schlüssel zur Bibliothek abgenommen, vielleicht werde ich nun Secretarius, aber Strieder meinte wohl ohne Besoldung, das wär doch hart. Wigand hat mir freundschaftlich geschrieben, daß er mir alle Rechte abzutreten bereit sei; er hat hier noch kein Amt und versieht noch sein dortiges.

Ich habe neulich bei Harnier den Oberst Dörnberg kennen lernen, er scheint mir ein braver Mann von sehr rechtschaffener Gesinnung; er scheint etwas unbeholfen im Ausdruck, aber es kam ihm von Herzen. Von Ansehen gefällt mir der General noch besser, ich sah ihn neulich, als die sächsischen Truppen, ganz prächtige Leute, in Parade durchzogen. Der Herzog von Weimar schien mir sehr gealtert zu haben seit vier Jahren; er stand mit dem Kurfürsten und L. Friedrich und vielen andern hohen Offizieren auf dem Königsplatz.

Die Tante ist jetzt endlich in der Stadt, das Haus ist sehr gut eingerichtet und die Kurfürstin überaus zufrieden. Die Tante hat jetzt ihre Lust, oben ihre Stube einzurichten, die auch ganz hübsch ist. Wie viel herrliche Flanelle zu Leiberchen, Binden für uns kommen jetzt zum Vorschein! und seidene Stoffe zu Westen, sie ist gar zu gut, wie sie immer an uns gedacht und gesorgt hat, ihr zu Lieb trag ich, wenn's nicht anders sein kann, atlassene blaue Westen mit Wolle gefüttert; Du hast gar zu ärmliche an, sagte sie. Ramus haben uns einen Neujahrskuchen geschickt und lassen Dich vielmals grüßen, auch das Dortchen, das uns neue Messer gekauft hat; es ist an einem starken Husten krank, vorgestern bis zur Bettlägrigkeit, und glaubte, es kriegte das Nervenfieber; Henschels erkundigen sich gleichfalls nach Dir. Die Marie soll noch getraut werden, eh' ihr Offizier ins Feld zieht, sie dauert mich und erschreckt mich, so oft ich sie sehe.

Ihren Neujahrstag haben die Russen auch hier gefeiert. Auf der Straße stellten sie sich in einen Kreis, einer in die Mitte, der

Vorsänger war, dann fingen sie hell an zu schreien, anfangs ganz wild untereinander, dann fügte es sich zusammen und war ein sehr eigenthümlicher Nationalgesang. Gegen das Ende fing der eine auch an zu tanzen mit regelmäßiger Bewegung, und das theilte sich auch nach und nach den andern mit, bis sie in der größten Fröhlichkeit waren. Es war aber alles sehr abgemessen, denn das Ende kam auf einmal, wo sie in Reih abzogen, um's an einem andern Platz wieder anzufangen. Dabei war es heftig kalt und ein Schneegestöber, wo jeder andere machte, daß er nach Haus kam; so was Mächtiges ist Nationalsitte.

Litteratur.

1) Hagens Übersetzung der Wilkinasage, drei Bändchen in 12., von diesem Jahr, dem Tieck zugeeignet. Nach der schwedischen Über=setzung und sehr entbehrlich; die schweren Stellen, die ich verglichen, waren umschrieben und vermieden; einige Noten, die Geographie betreffend, sind unbedeutend. Krieger habe ich es wieder geschickt, wenn es nicht bei D[ieterich?] bestellt ist, brauchen wir es nicht zu kaufen.

2) Büsching giebt heraus: Erzählungen, Dichtungen, Fastnachts=spiele und Schwänke des Mittelalters. Breslau, 1814. 1. B. 1. Heft. Darin: altitalienische Märchen. Voluspa übersetzt von Majer (wird was Rechts sein!). Altdeutsche Erzählungen von Hagen. Flos und Blankeflos vom Büsching. Ich habe es für die Lesegesellschaft bestellt.

3) Hug hat das hohe Lied mit einer neuen Deutung heraus=gegeben. Vielleicht bekommst Du es geschenkt, sonst will ich es für 12 Gr. kaufen.

5) [sic] Docen hat im 4. Heft der Zeitschrift von Schelling einen Leich des von Ru[g]ge abdrucken lassen, er verweist dabei auf Dein „treffliches Werk vom Meistergesang" und wünscht in den Wäldern nähere Auskunft über die Leiche im Weimarischen Codex. Ich glaube, daß wir mit Docen recht gut und freundschaftlich stehen werden, was ich immer gedacht habe; er ist gewiß rechtschaffen. — Dann steht darin eine größere Abhandlung, worin soll bewiesen werden, daß der ganze Phädrus eine Arbeit des Perott [sic] und kein echt römisches Werk. Vieles ist gut und scharf darin; rechte Untersuchung der Fabeln wird die Sache noch leichter und gewisser machen; in der Rücksicht fehlt es ihm aber.

Am 24. Januar.

Gestern ist ein Brief von München kommen, der Louis wird in etwa zehn Tagen hier eintreffen, um seine Stelle anzutreten; der Prinz hat der Tante selbst davon gesagt, auch, daß nach dem Krieg er hier versorgt werden solle und bis dahin monatlich 10 Thlr. bekomme. Der Ferdinand will dort bleiben, Näheres schreibt er nicht, auch nicht, ob er schon wirklich etwas angeknüpft hat. Heute erhalte ich auch nähere Antwort von Karl, er sei hergestellt und werde kommen, er hofft auch auf eine Offizierstelle, indessen kann man, ohne unbescheiden zu sein, das nicht verlangen. Es ist also noch ein Bett aufzuschlagen und wird eben vom Boden geholt. Sonst nichts Neues als ein Brief von Reinwald, die Correspondenz thaut allmählich wieder auf, auch sein altes Herz ist von der Zeit erwarmt und erfreut, dann ein Paar unbedeutende Bemerkungen zum Hildebrand. Ich will sehen, daß ich den Brief fortbringe, damit Du endlich etwas von uns hörst, Knatz hat versprochen der Tante, ihn zu besorgen, da will ich ihn selber hintragen. Sonst nichts Neues, das Dortchen war krank an Husten, es geht aber besser, es läßt Dich grüßen, wie die Engelhards, Henschels und die ganze Compagnie. Leb wohl, Dein treuer Wilhelm.

75.

## Jacob an Wilhelm.

Basel, 20. Januar 1814.

Lieber Wilhelm!

Seit meinem letzten Brief aus Rastadt bin ich einige Tage darauf in Freiburg angekommen, wo ich keine Ruhe fand, Dir zu schreiben. Der Weg geht über Offenburg, eine ehmalige Reichsstadt und halbe Festung, die man auch jetzt wieder zu verschanzen angefangen hat, wiewohl bei dem gegen alles Erwarten schnellen Vorrücken der Alliirten nicht allzu emsig, die Stadt ist breitstraßig wie Friedberg und etwa bald so groß. Freiburg muß im Sommer ausnehmend schön liegen, ist aber nicht so gut gebaut, noch so groß wie Heidelberg, doch freundlich und wohlhabend, aber der Münster ist auswendig und inwendig sehr schön, geräumig und voll Glasmalereien, ein Altargemälde von Hans Baldung, wenn ich den Namen recht behalten habe. Übrigens Stadt und Land (das Breisgau) noch herz-

öſtreichiſch, Kaiſer Franz iſt mit Wonne eingeholt worden, und als
er ſich das Ziehen verbat und deswegen aus dem Wagen auf ein
Pferd geſtiegen war, ſollen ſie ſich an das Pferd gebunden haben;
auch iſt ihre einzige Hoffnung, daß ſie wieder zu Öſterreich kommen,
und die badiſche Regierung wird wie Druck und Tyrannei betrachtet,
die Auflagen ſind ungeheuer (d. h. noch ärger als ſonſt in Weſt=
falen), und ich habe brave und vernünftige Leute ordentlich rührend
klagen hören, wie ſtiefmütterlich man von Karlsruhe aus dieſe
Provinz behandelt. Die beiden Kaiſer mögen davon haben erzählen
hören, und ich weiß nicht, ob dies den ruſſiſchen ſo aufgebracht und
er eine andere Kalendergeſchichte nur zum Vorwand gebraucht hat,
die in Freiburg allgemein erzählt worden. In einem fürs badiſche
Land gedruckten hinkenden Boten iſt nämlich der ruſſiſche Krieg nach
der franzöſiſchen Anſicht vorgetragen worden, und es ſtehen einige
Ausfälle und Albernheiten auf Koſten der Ruſſen darin. Wie nun
der Großherzog neulich nach Freiburg reiſt, um aufzuwarten, läßt
ihn Alexander erſt eine halbe Stunde im Vorzimmer ſtehen, hält ihm,
als er endlich eingeführt wird, den Kalender vor, fragt, ob das in
ſeinem Lande gedruckt werde? und auf Bejahen ſpricht er: das iſt
abſcheulich, ſoll ihn zerriſſen und dem Großherzog vor die Füße ge=
worfen haben, entfernt ſich ſogleich und hat ihn nachher nicht weiter
mehr ſprechen wollen, worüber dieſer ſehr mißmuthig heimgereiſt ſein
muß. Ich weiß nicht, ob Dir mit dieſer Anekdote gedient iſt, zu
verbürgen iſt ſie auch nicht, ſondern Erzählung des Volks, aber ich
gönne doch den Rheinbundfürſten ſolche Demüthigungen, auf daß
ſie lernen, was ſie ſind, das Volk iſt durchgehends beſſer, aber die
Verwandtſchaften werden den Höfen einigermaßen forthelfen. Um ſo
ſchöner iſt, daß Obiges und Ähnliches dennoch vorkommen kann und
Alexanders reine und edle Geſinnung, die man allerwärts loben hört,
durchbricht. In Freiburg war ich bloß bei Hug (Jacobi war einige
Tage vorher begraben), deſſen äußeres Weſen etwas für uns Fremdes
hat, das man aber vielleicht unter Katholiken öfter finden muß, etwas
ſanft Schwärmendes und Wortreiches in Augen und Mund; dabei aber
hat er ein gutes, feines Geſicht, ſcheint grundgelehrt und war ſehr
gefällig gegen mich, beſonders erzählte er mir umſtändlich die Ge=
ſchichte der Univerſität und Bibliothek, wie ſich alles ſeit Joſeph und
durch die große Einigkeit und Freude der Profeſſoren unter einander
gehoben habe, jetzt aber Heidelberg in allem begünſtigt und vor=
gezogen werde, ſo daß auch einige von dort hierher gebrachte

Professoren, die man dort nicht gewollt oder leicht entbehrt, hier nichts Gutes gestiftet hätten; hart schien mir auch, daß die Bibliothek z. B. kein Buch kaufen kann, ohne dem Großherzog die Kaufsumme zu versteuern und so ihr sämmtliches, nicht einmal reales, sondern putatives Vermögen. Dieser Bibliothek will Hug einmal, da er keine Kinder hat, seine eigene sehr auserwählte und seine Münzsammlung, beide von ihm mit großer Mühe erworben, vermachen. Über das Politische redet er mir ganz nach meinem Sinn. — Die Bibliothek konnte ich den Sonntag nicht sehen und den Montag reisten wir zu früh ab, sie soll indessen, wie er mir sagt, bestimmt nichts Altdeutsches besitzen, wohl aber mehrere dergleichen Manuscripte aus den aufgehobenen Klöstern entwendet worden sein.

Zu Basel fuhren wir unter den Kanonen von Hüningen vorbei, die uns hätten bestreichen können, ruhig ein, der Rhein war blaugrün (heute schon wieder trüb), ist hier nicht viel breiter als der Main, fließt aber mächtiger. Die Stadt ist wohl sechsmal so groß wie Freiburg, hat aber wenig große Gebäude, krumme, steile und schmutzige Gassen, so daß ich, die Aussicht in die Gegend abgerechnet, nicht hier wohnen möchte, das spitze Pflaster thut einem an den Füßen weh; die häufigen Thore (an jedem ist eine Uhr mit großem Zifferblatt) machen, daß man sich in dem Gewirr noch ziemlich findet. Die Österreicher wohnen in der Mittenstadt, zwei entgegengesetzte Vorstädte haben Preußen und Russen ein. Die Russen aber mit dem Kaiser waren bei unserer Ankunft schon fort, der König von Preußen reist heute ab und Kaiser Franz folgt bis Samstag oder Sonntag. Wir sind sehr gut einquartiert (unterwegs einmal, als kein anderer Rath war, wurde ich militärisch einquartiert und bezahlte weder Logis noch Kost, die Leute waren aber mit mir zufrieden; dergleichen Freiheiten finden jetzt überall statt, z. B. an Chausseebezahlen denkt kein Mensch mehr, man fährt den Schlagbäumen gerade vorbei; wir aber sind von Rechtswegen wenigstens halb Militär) in der Johannesvorstadt, wenn man an den heiligen drei Königen vorbei hinunter geht, im Hause eines reichen Fabrikkaufmanns Ryginer. Ich schreibe dergleichen umständlich, damit Du der Dortchen oder dem Herrn Wild erzählen kannst. Das ganze Haus ist beinah holländisch reinlich, Teppiche in den Stuben, Kieselsteine im Hof, Malereien und Bilder in allen Wänden und Ecken, im heimlichen Gemach hängt sogar ein großes, auf Pappe gezogenes, auf diesen Ort verfertigtes Lobgedicht, das mir noch unbekannt war

und in der Art von miscuit utile dulci ist, nach Druck und Manier
zu urtheilen, aus der Feder eines hiesigen oder Straßburger Sängers.
Der Hausherr war so zuvorkommend, daß er uns Tisch und Früh-
stück anbot, was er nicht brauchte; am Tisch erschien seine Frau in
Trauer, er und sie aßen wenig mit und, als ich fragte, weil ihnen
vor einem Jahr ihre zwei einzigen Kinder, Sohn und Tochter, beide
schon erwachsen, hinter einander gestorben waren. Im Staatszimmer
hängen neben Morghens Cena von da Vinci die Porträte der Kinder
und Landschaften steif aus ihren Haaren gebildet, welches, so schlecht
es gemacht war, mich doch rührte, weil sie zu verschiedenen Zeiten,
in der Kindheit und im Tode, abgeschnitten worden waren und so
verschiedene Schattirung abgaben. Ich begreife nicht, wie so einfache
Leute, die ihr erworbenes Gut doch nicht mehr vererben können, daran
fortarbeiten mögen; es ist eine Indiennenfabrik. Die Sprache ist
hier noch gut verständlich und wenig vom Schwäbischen verschieden;
die Dienstmägde binden häufig oben vornen auf dem Kopf eine große
schwarze Schlupfe. In Freiburg wie hier sind fast nur porzellanene
Öfen, plump viereckig, obwohl sauber, schwer zu erheizen, aber dann
länger dauernd und eine gesündere Wärme gebend, als die eisernen,
man sieht sie bunt, blau und weiß, grün und roth. Mein Bett ist
besser, als ich je in Cassel eins gehabt, und ich wünschte Dir's, aber
ich habe vorige Nacht darauf Hüningen beschießen hören, und das
liegt unserem Stadtviertel so nah, daß die Franzosen mich, wenn sie
Basel beschießen wollten oder dürften, gut treffen könnten. Indessen
geht's mit diesem Beschießen gegenseitig sehr schwach, und es wird
alsdann durch Blocade fallen, wann der Proviant aufgezehrt ist.
Der Fehler war, daß man es nicht acht Tage früher umzingelt, wo
noch die Lebensmittel nicht eingebracht gewesen sein sollen.

Bei unserer Ankunft war der russische Kaiser schon abgereist
und mit ihm viele, namentlich Stein; der König von Preußen ist
heute früh weg, und gerade zwei Stunden nachher kam ein Offizier
Blüchers mit den Schlüsseln von Nancy. Kaiser Franz bleibt noch
bis zum Sonntag, gestern begegnete ich ihm in der Straße, wo er,
bloß von zweien begleitet, in einem blaugrauen Oberrock, mit Hut
ohne Feder, ausging, oft still stand, so daß ich ihn genau betrachtet
habe, und die Leute grüßte; gut, deutsch, aber kränklich sieht er aus
und wird auch hier von jedermann gelobt; vor seinem Hause steht
eine gelbe Fahne, die jedesmal bei seinem Austritt gesenkt und die
Trommel gerührt wird. — Dem zu Folge werden wir auch in einigen

Tagen weiter müssen, was mir gar nicht lieb ist, 1) weil ich gehofft hatte, hier einmal ein wenig Ruhe zu schöpfen, 2) weil aus den Besuchen in Bern, St. Gallen, Zürich nichts werden kann, denn das Hauptquartier hat sich wieder rechts in Bourgogne gewendet, über Mümpelgard nach Vesoul, und vermuthlich von da nach Langres, zwei mittelmäßigen französischen Städten, wo die Unterkunft schlecht, die Langeweile groß sein muß; es wäre aber unter den dermaligen guten Aussichten nicht unmöglich, daß es sehr bald selbst bis Nancy vorrückte, wo besser zu leben wäre. Ich bin über Blüchers Schnelligkeit sehr froh, und selbst daß er sich so linkshin gekehrt, wird ihn mit Wittgenstein und Schwarzenberg näher zusammen bringen; wiewohl nun noch keine Schlacht gefochten und gewonnen ist und in dem Rückziehen des Feindes allerdings eine Art Plan liegt, so blickt doch noch deutlicher wirkliche Schwäche heraus, die auch durch alle eingehende Nachrichten bestätigt wird. Also steht's mit uns aufs allerbeste und es wäre nichts Sonderbares, wenn die Alliirten in Zeit von zwei Monaten in Paris einrückten, denn es braucht nur, daß Napoleon einmal aufs Haupt geschlagen werde, weil er seiner Art nach dieses letzte Mal alles auf die Spitze stellen muß. Der Geist in Frankreich soll gar nicht günstig für ihn sein, wenigstes in Nancy sind die Preußen freudig aufgenommen worden und die Pariser sollen mit dem Gedanken sich schon vertraut machen. Unter die Anekdoten der hiesigen Bürger gehört, Napoleon habe den Kriegs= minister erschossen, weil er die Festungen nicht versorgt. Das glaube ich nun nicht, aber es greift in Frankreich nicht mehr recht in seine Räder ein, und seine, sowie Fontanes und Lacepedes Worte sind auf allen Fall höchst merkwürdig. Man spricht von Frieden, ich wünsche nur, daß man rein an sich halte und zwar alles, was Deutschland ist, freimacht, aber hernach die Franzosen für sich selbst gewähren läßt, sonst thäten wir an ihnen etwas Ähnliches von dem, was wir von ihnen gelitten haben. Arndts Flugschrift über die falsche Rhein= grenze sagt in der Hauptsache das Rechte und Wahre; in der Aus= führung hat mir manches flüchtig und nicht erschöpfend geschienen, unpassend der Auszug aus Julius Cäsar, auch der Vorschlag vom deutschen Orden gefällt mir so nicht. Kriegslieder von Sinclair (d. i. Crisalin, nicht Senkler) sind unbeholfen und ohne andere Gedanken, als die guten, allgemeinen. Hierherum erscheint wenig, die deutschen Blätter, redigirt von Pilat, Metternichs Secretär, werden jetzt in Freiburg gedruckt. Perthes und Sieveking habe ich noch

nicht ausfindig machen können, sie müssen schon wieder fort sein. Einen Professor Huber, an den mir Wild einen Brief gegeben, habe ich besucht, er wohnt dicht am Rheinthor, hat eine nicht große Apotheke und schien sich, vielleicht auch aus Mangel an Zeit, um die Casseler Verwandten nicht außerordentlich zu bekümmern, die Frau sagte mir auch: es wäre sehr weitläufig, bei allem dem thaten sie mir die Ehre an, mir freizustellen, ob ich eines Abends mit ihnen vorlieb (sprich: vorli=e=b) nehmen wollte. Nach den beiden Laroches, die mit uns studirten, hab' ich mich erkundigt, der älteste ist gestorben, der andere Pfarrer in der Nähe. Auf der Bibliothek sind schöne Malereien, besonders von Holbein, auch Handzeichnungen; ein alt= deutsches Gedicht von einem ganz unbekannten Hug von Langenstein in mehr als 32,000 Reimen habe ich entdeckt und so gut ich konnte benutzt. Sonst ist wenig da, doch aus der Legende von Amicus schicke ich Dir nächstens die abgeschriebene Stelle vom Kinderblut. An Glöckle zu allem Überfluß habe ich der Abschrift wegen noch einen Brief über Mailand gesandt und bestellt, daß sie zu Dir mit der Post geschickt werde. Wie geht es dann mit den Pränumerationen? Jetzo kann ich nur wenig mehr dafür ausrichten, die Leute, die ich sehe, sind so, daß sie mir alles abnehmen, aber dann nicht wieder dran denken. Hat Vieweg geantwortet? Im Fall er druckt, sieh doch bei der Correctur darauf, daß die Linien der Lieder nicht gebrochen werden, auch keine Strophe von der andern durch Absatz noch durch Einsatz unterschieden, sondern bloß durch vorgesetzte Zahlen wird; die Vorrede hab' ich hier bei mir, weil ich einiges ändern will, und kann sie dann schicken. Du mußt überhaupt ernstlich machen, daß ich ein= mal Briefe bekomme, denn ich bin auf andere Dinge noch viel be= gieriger, sonderlich zu wissen: ob Karl aus Hamburg und vielleicht da ist? was die Münchener machen? ob Briefe aus Berlin ein= getroffen sind? Eine Adresse kann ich Dir nicht geben, und wenn's nicht angeht, mir durch Einschluß zu schreiben, so kommt alles richtig an, wenn Du setzest: „zu Basel oder weiter im großen Hauptquartier der hohen verbündeten Mächte."

Mit der Zeitung ist's mir, als ob nichts daraus geworden sei, auf hier dem Casino fehlt sie; ich lese hier einige holländische, worin merkwürdige Sachen über die innern Verwaltungen sind, an deren Spitze ein Hogendorp mit steht, ein Bruder des schändlichen in Ham= burg, also muß jener brav sein. Ich weiß von dort nichts, als durch Hörensagen die Ernennung der hessischen Generäle Engelhard u. s. w.,

was mich eigentlich nicht interessirt, allein die Soldaten sollten bald
marschiren, daß ihnen auch noch etwas zu thun übrig bleibt. Lennep
soll über Schmerfelds Ernennung zum Minister ungehalten sein, er
aber paßte doch viel weniger dazu in aller Hinsicht; auch mit Herrn
von Geiling soll es eine Scene gesetzt haben. Ich bin mit dem
Grafen zufrieden, er ist aufrichtig gegen mich und hat etwas Gut=
müthiges, erzählt gern viel und hat Conversation, die ich gar nicht
habe; überhaupt will mir die zerstreuende, zeitverschwenderische Lebens=
art ganz nicht in den Sinn und Gott helfe mir wieder heraus, ich
denke Abends, wann ich mich schlafen lege, immer mit Leidwesen
zurück. Von allem dem aber und, was noch Gutes und Böses daraus
kommen kann, ist's noch nicht Zeit zu urtheilen. Das elende, weiche
Wetter thut einem auch Ärger genug, man kann vielerlei nicht sehen,
im Theater war ich in Freiburg und hier, um meine Einsamkeit zu
vergessen, die mich Abends am meisten plagt, ob ich gleich weiß, daß
ich zu Cassel dieselben Stunden, ohne viel zu sprechen, gesessen hätte.
Schauspieler und Stücke waren immer herzlich schlecht, aber die Plätze
sind viel wohlfeiler, als in Norddeutschland; die russischen Offiziere
klatschen beständig dazu, entweder weil sie nichts davon verstehen
oder sich selbst damit Spaß machen wollen oder lieber (nach Weiß)
aus beiden Gründen zusammen; eine Decoration, die dreimal fehler=
haft war und zuletzt blieb, wurde ironisch behandelt, und dergleichen
dummes Zeug mehr.

Grüß die liebe Tante, die Lotte, Dortchen und alle gute Leute
von mir und das Weitere wollen wir Gott befehlen, der uns ja so
großen Beistand gegeben hat. Ich behalte Dich immer lieb, lieber
Wilhelm.                                    [Ohne Unterschrift.]

Nachschrift. Sieh doch einmal zu, ob in der vierten Dämesage
Nyerup und Rühs eitur kvika (Feuerfunken) durch Gift, Eiter
übersetzt haben. In der lateinischen Übersetzung lautet es schief
veneni mobilitas oder so etwas. Eitur ist ganz das altdeutsche eit
Feuer, wiewohl freilich Feuer und Gift eins sind. So wäre es
einerlei, ob die Drachen Gift oder Feuer speien, und es kommt auf
uns an, wie wir das in der Edda mehrmals stehende eitr übersetzen
wollen, durch Feuer oder Eiter, worunter man heut zu Tag nur
venenum, sanies sich denkt.

Was machen Harnier und Suabedissen? Mit den Neuigkeiten
werden sie sich bei mir verzählt haben. Doch kommt dies größtentheils
davon, daß Blüchers Thaten, der jetzt der eifrigste ist, Euch unmittel=

bar eher zukommen, auch die Frankfurter Zeitung die beste bleibt.
Zu Below gehst Du wohl mehrmals? Und schreibt Görres nicht?
Nachsatz.

Bei Chalons erwartet man die letzte Schlacht; nach einigen Nach=
richten heute soll sie schon gewonnen worden sein. Viele wichtige
Briefe sind aufgefangen, woraus die Verwirrung in Frankreich sehr
anschaulich wird. Mit der allgemeinen Bewaffnung geht's nicht, weil
man fürchtet, das Volk würde sich herumschlagen. Gewehre fehlen,
ein Regiment Neuconscribirter ist Bubna gegenüber mit Hinwerfen
der Gewehre und Adler geflohen. Unser Hauptquartier rückt vielleicht
nach Troyes. Sieveking ist nicht mehr hier. Die Leute meinen, in
einem Monat könne man zu Paris sein.

Adresse: Herrn Bibliothekar Wilhelm Grimm, Cassel in Hessen.

---

### 76.
### Jacob an Wilhelm.

Basel, 23. Januar [1814].

Lieber Wilhelm!

Ich will es einmal versuchen, ob Du dieses Bulletin so unmittelbar
etwas früher erhältst, als durch die Frankfurter Zeitung, wiewohl
gerade nichts Bedeutendes darin steht. Mit Neapel scheint man wirk=
lich einig zu sein und der Vicekönig wird dadurch in böse Händel
kommen, zumal da ihn auch die österreichische Armee von den Alpen
des St. Bernhards und Simplons drängen kann. Gestern hat sich
der Friede mit Dänemark bestätigt, er ist sehr hart, zumal auch Hol=
stein wieder in strengeren Reichnexus kommen dürfte. Schwedisch=
Pommern ist ein schwacher Ersatz, vielleicht tauscht es Preußen gern
gegen Ostfriesland, das den Dänen besser liegt. Morgen oder über=
morgen reisen wir nach Besoul ab oder wohl gleich bis Langres.
Beffort muß man unterwegs sehr meiden, weil sie greulich daraus
schießen sollen. Lepel ist heute nach Cassel zurückgereist, er bringt
etwas an Dich mit. Hast Du schon Talleyrands Bonmot von der
jetzigen Zeit in Frankreich gehört: c'est le commencement de la fin.
Umgedreht ist's auch wahr, aber schwächer. S. Smid aus Bremen
und D. Gildemeister daher hab' ich gestern wieder gesehen.

Viel Grüße.

J.

In Frankreich hat man zur Besänftigung des Volks ausgebreitet: mit Spanien sei Friede.       Eilig.

Adresse: Herrn Wilhelm Grimm in Cassel.

***

## 77.
### Jacob an Wilhelm.

Langres, am 2. Februar 14.

#### Lieber Wilhelm!

Von Basel aus bin ich in den gewöhnlichen kleinen Tagereisen über Mümpelgart und Vesoul hierhergekommen, es fehlte mir durchaus an Ruhe, Alleinsein und an aller Bequemlichkeit, um Dir schreiben zu können, auch ist der sonstige Postenlauf mannigfach gestört und gehemmt, man muß Staffetten und Armeecouriere abwarten, und doch bin ich nicht sicher, ob dieser Brief nicht umkommt, obgleich ich ihn erst nach Basel adressiren will; von da aus läuft er sicher.

Ich bin also seit acht Tagen in Frankreich, aber in einem der langweiligsten Stücke davon; die deutsche Sprache geht acht Stunden von Basel hinter den Dörfern Fellbach und Sept plötzlich und, ohne daß Berg oder Fluß dazwischen läge, aus. Aber mehrere Stunden weiter in Mümpelgart (Montbeillard) war sonst wieder ein deutscher Punkt und selbst noch jetzt trifft man manche Deutschredende da an, diese Stadt ist nicht groß, etwa wie Gelnhausen, aber freundlich. Wir hatten den Umweg durch sie genommen, um der Festung Befort [sic] auszuweichen, deren Besatzung sehr unruhig ist; wir erstaunten aber, als wir uns durch ein Versehen der Kutscher auf einmal in dem ¼ Stunde von der Festung liegenden Dorf Essers befanden, wo österreichische Truppen aufgestellt waren, die uns sehr riethen, mit unserer Gesellschaft von drei Kutschen nicht zusammen, sondern in Distanzen zu fahren, damit nicht auf uns gefeuert würde. So kamen wir glücklich durch, es war um 12 Uhr und nach einer Stunde geschah gerade auf jener Seite ein Ausfall, wobei wir das Feuern sehr genau hörten.

Vesoul ist von der Größe Marburgs, aber besser gebaut, doch alle Häuser in trauriger, grauer Steinfarbe, aus= und inwendig schmutzig. Langres nimmt sich viel besser aus, hat auch ein Drittel mehr Häuser und darunter bessere; es ist eine ziemlich alte Stadt, die aber jetzt bloß von Messer= und Hutfabriken zu leben scheint und ich weiß nicht

warum von der kleineren Departementshauptstadt Chaumont ab=
hängig gemacht worden ist. Elend wohnt man aber allerwärts hier,
wegen der verwünschten Kamine, bei denen man auf einer Seite glüht,
auf der andern friert, und es ist hier wieder ziemlich kalt und die
ganze Gegend voll Schnee. Unterwegs blendet mich der blanke Schnee
auf den Feldern und in den Häusern schlägt mir die Hitze und Flamme
in die Augen, so daß sie mir weher thun, als je, und wenn dies
lang dauerte, fürchtete ich mich vor Blindwerden.

Die Franzosen in diesen Gegenden sind sehr demüthig, der Strich
ist arm und wird von den durchziehenden Soldaten genug mitgenommen,
allein von einer Widersetzlichkeit oder Insurrection ist nicht das Min=
deste zu fürchten, denn die große Stimmung ist gegen Napoleon und
besonders seine harten Beamten, die Präfecten. Von einer patriotischen
Entrüstung habe ich wenig Spuren gesehen, sie wollen nichts wie
Frieden und wissen wohl, daß ihr Kaiser auf keine andere Weise da=
zu gebracht werden kann. Einzelne reden offen gegen ihn, und die
Bourbons sollten wohl auch ihre Anhänger finden. Der befohlene
Aufstand in Massen ist lächerlich und hierherum nirgends zu Stande
gebracht worden, selbst die letzte Conscription ist meistentheils ent=
laufen und zurückgekehrt und die Dörfer sind voll Männer und dienst=
fähiger Leute. Über Franche=Comté und einige dazu geschlagene De=
partements haben die Alliirten einen Gouverneur ernannt, der zu
Besoul wohnt, sich Herr von Andlaw nennt und eine Proclamation
am 27. Januar erlassen hat, wo man wie in allen andern Erlassungen
das Deutsche als Original, das Französische als Übersetzung erblickt.
Dergleichen Kleinigkeiten thun einem immer wohl und selbst, daß
man in den Straßen häufig Deutsch reden hört, wo die Unverständ=
lichkeit Mißgriffe macht, die zum Nachtheil der Einwohner ausschlagen;
daß viele Läden verschlossen sind, nicht sowohl aus Traurigkeit, als
aus Furcht, und vieles solches, was man nicht beschreiben kann, er=
innert einen an das ausgestandene Elend in Deutschland und die ge=
kommene Vergeltung und es liegt eine gewisse Freude darin. Rührend
war mir aber doch der Anblick einzelner ganz verlassener Häuser,
mit eingeschlagenen Thüren und Fenstern, was ich indessen nur einige
Stunden von hier zum erstenmal gefunden habe.

Am gemischtesten sind Freude und Mitleiden beim Durchziehen
der Kriegsgefangenen, die zerlumpt und bleich, aber oft in bessern
Kleidern noch, als ihre Begleitung hat, vorübergehen, und wobei
jeder Mann im Dorf vor der Hausthüre steht und guckt, während

die Neugier, unsere Soldaten anzusehn, bei den Leuten fast schon hinlänglich gestillt ist. Übrigens läßt man die meisten Kriegsgefangenen heimlaufen.

Schwarzenbergs Hauptquartier ist zu Troyes, also sehr weit vorwärts, es scheint, daß man die Marne ziemlich weit oben passiren will, die Pontons sind uns schon vor mehrern Tagen begegnet, dadurch würde die französische Hauptarmee, die bei Chalons stehen und verschanzt sein soll, entweder von Paris abgeschnitten oder zum Rückzug gezwungen. Vorige Woche hat Giulaj aber ein hartes Gefecht bei Bar sur Aube, wie es heißt, mit großem Verlust bestanden, wobei indessen doch den Feinden 800 Gefangene abgenommen wurden. Von Blücher weiß ich nichts, als daß er in der Gegend Metz, Thionville, Verdun steht, also der Entfernung wegen nur in schwacher Communication mit der großen österreichischen Armee sein kann; ich wünsche sehr, daß sich beide mehr concentriren, welches etwa in der Gegend von Chalons (campi Catalaunici) geschehen müßte. Ich glaube, erst dann kann man mit Sicherheit auf einen großen Erfolg rechnen. Die Franzosen sollen doch 150 — 200,000 Mann haben, worunter aber nothwendig viel schlechte Soldaten sind. Die Nordarmee muß aber jetzt auch bedeutend stark geworden und auf Brabant im Anzug sein, davon könnt Ihr früher Nachricht haben. Werden dann die im Rücken bleibenden vielen Festungen von den nachrückenden Sachsen, Hessen (ich denke, daß sie jetzt aufbrechen) und andern Reichstruppen in Empfang genommen, so muß, meine ich, durch Verschieben des letzten Schlags unsere Lage wie bei Leipzig mit jedem Tag besser werden, je näher sich die großen Heere kommen.

In diesem Augenblick erhalte ich das Armeebulletin von Langres 26. Januar über die obige Begebenheit von Giulaj, wobei das Erfreulichste, daß Blücher über Gondrecourt herzurückt. Ferner weiß ich, daß Bülow bei Hoogstraten eine Schlacht geliefert und gewonnen, aber seinen Zweck verfehlt hat, den Feind von Antwerpen abzuschneiden. Dennoch soll es nach einem Gerücht dort zum besten stehen, nämlich in Brüssel Aufstand, dem das Einrücken fremder Truppen bald folgen wird, und Gent durch eine Art Capitulation überfein.

Zuweilen sehe ich hier den Bremischen Senator Smid und dessen Legationssecretär Gildemeister, sehr eifrige Hanseaten; Eichhorn (ehmals Justizcommissar in Berlin) erinnerte sich, Dich dort bei Arnim gesehen zu haben; er arbeitet bei Stein, den ich noch nicht gesprochen, weil er stets voraus ist. Auch Schenkendorf ist wieder hier, er hat einige schöne Lieder, besonders an die Schweiz und Österreich gedichtet, und will jetzt alles zusammen in Königsberg drucken lassen. In Karlsruhe hatte ich nicht des Abends an ihm bemerkt, daß ihm der rechte Arm fehlt (durch ein Duell), und er muß alles mit der Linken schreiben.

Übrigens steht es mit mir nicht zum besten und auch das Mäßige, was ich mir vorgestellt, will nicht eintreffen, mit einem Wort: ich komme nicht zu mir und habe meistens Langeweile dabei. Nicht bloß im Wagen sitze ich bei dem Gesandten, sondern auch meistentheils in den Häusern, wo ich mit ihm, Mangel an Raum, in einem und demselben Zimmer zubringen muß. Nun ist er ein braver, sehr routinirter und in der alten Diplomatie bewanderter Geschäftsmann, auch für die neue Gestalt der Dinge nicht ohne den rechten Sinn, aber ich fühle doch, daß wir, so gütig er gegen mich ist, nicht zu einander passen. Er sehr gesprächig und fast geschwätzig und übervoll an Hof- und Familienanekdoten, ich still und ganz leer an allem inneren Gefallen an dergleichen, und so geht zu meinem Leid das Bischen Raum und Zeit all verloren, was ich sonst haben könnte, alles muß ich zersplittern. Keine Mahlzeit dauert unter einer Stunde und nicht selten gehen drei, sage dreie darüber hin, worüber ich des Henkers werden möchte. In den eigenen Geschäften, so viel ich jetzt sehe, kann ich wenig Gutes thun. Dazu kommt endlich der böse Umstand, den wir auch anders erwartet hatten, es sieht so scheu mit dem Geldbeiseitelegen von meinem Gehalt aus, daß ich fürchte, am Ende noch mehr zu brauchen. Er führt nämlich keine eigene Küche, und nur dann würde ich freien Tisch haben; jetzt gehen wir fast täglich in Gasthäuser oder gar zu besonderen Traiteurs, wovon ich mich des Anstands halber nicht im mindesten ausschließen darf, wo jedermann öffentlich seine Portion zahlt, so daß ich des Tags häufig 1 Laubthaler, oft 1½ oder 2 für Essen ausgebe, was allein meinen Gehalt aufzehrt; dazu ist noch für die sehr theure Wäsche, Trinkgeld an Bedienten ꝛc. nöthig. Mein Trost ist also rein bloß die schöne, große Zeit, und daß ich dem wichtigsten Punkt so nahe folge, woraus auch für mich wer weiß was hervorgehen kann. Denn sonst bin ich schon jetzo mit mir darüber einig, aus dieser ohne das für mich ganz unerträglichen Lebensart, es koste was es wolle, herauszugehen. Auch ist es ein Jammer, daß ich bis heute seit meiner Abreise noch keine Silbe von Euch höre, geschrieben hast Du gewiß, also sind die Briefe verloren ober liegen wo. Gestern haben wir von dorther Sachen bekommen, aber für mich war nichts da. Vermuthlich ist Herr Geheimer Regierungsrath von Lepel jetzt zurück, den bitte doch, daß er Dir auf die Zukunft beischließt. Zu gleicher Zeit haben wir die Casseler Zeitung bis zum 18., wiewohl mit fehlenden Nummern empfangen, woraus ich genugsam sehe, daß Du sie nicht zu schreiben erhalten hast, welche Aussicht auf Einkunft also auch fehlschlägt; die Paar eigenen Anmerkungen waren sehr steif und der Brief aus Berlin über die natürliche Grenze fatal. Wer ist es denn? Wigand scheint es auch nicht.

An literarischen Ausbeuten fehlt es seit Basel ganz. Bloß in Mümpelgart habe ich einige gute deutsche Volksbücher gekauft, unter andern ein viel besseres Räthselbuch, worin auch ein Stück für die Kindermärchen. In Besoul war gar nichts, hier soll zwar eine Bibliothek fürs Collège, aber das Beste daraus längst nach Chaumont geschafft worden sein. Gestern Abend war ich im hiesigen Theater, wo die Truppe höchst armselig, allein nicht durchaus schlecht spielte, aber merkwürdig dabei: 1) es war keine einzige Frau, kein weibliches Wesen im Schauspiel, d. h. unter den Zuschauern; 2) keine Musik im Anfang noch den Zwischenacten. Zum Vaudeville erschien eine Violine, wobei Arien gesungen wurden; höchst französisch. Die Zuschauer waren meist Deutsche und Russen, die ganz laut aus einer Loge in die gegenüberstehende sprachen und, da eine Verbindung der Logen über die Scene geht, ohne weiteres darüber hingingen.

Am 2ten Abends.

Frohe Siegesnachrichten. Blücher ist vorgerückt bis Brienne und hat am 29. ein Treffen bei Brienne (ich glaube, wo Napoleon in der Schule war,) geliefert, das Städtchen, das die Franzosen selbst in Brand gesteckt, genommen und 10 Kanonen außer den Gefangenen erbeutet. Der Kaiser von Frankreich soll persönlich dagewesen sein, es ist 25 Stunden von hier. Darauf hat Blücher Brienne wieder verlassen, um sich zusammenzuziehen. Den folgenden Tag sich mit der östreichischen Hauptarmee vereinigt, Brienne wieder besetzt, am 31. und 1. Februar allgemeiner Angriff und Sieg. Wir haben im Ganzen 56 Kanonen genommen. Auch Giulaj soll sich einmal sehr hervorgethan haben. Es scheint, daß sich die Franzosen des Abends ganz zurückgezogen, sonst geht's heut wieder los. Die Position bei Chalons müssen sie hiernach selbst aufgegeben haben.

78.

## Jacob an Wilhelm.

Chaumont, am 4. Februar [1814.]

Es geht eine Gelegenheit über Karlsruhe und ich schreibe gern noch einmal, weil es sein kann, daß mein Langreser Brief verloren würde.

Die Schlacht bei Brienne wird immer bedeutender, man hat über 70 Kanonen genommen und es sollen auf beiden Seiten viele geblieben sein; heut Morgen hieß es aber gewiß übertrieben, 15000 auf der unsrigen. Dem Napoleon ist ein Pferd unterm Leibe er= schossen, das ist wieder ein Glück mehr für uns, als für ihn, weil er zu etwas Schlimmerm aufbehalten wird.

Aber das Haus der Kriegsschule, wo er gelernt hat, ist von Geschütz ganz zertrümmert worden, um desto mehr zum bösen Zeichen, weil er gewißlich auf die Idee, daselbst zu siegen, etwas gehalten hat. Es hieß, ist aber nicht wahr, der Kronprinz von Württemberg wäre gefallen, er und auch Giulaj sollen sich ausgezeichnet haben. Ein französischer Marschall ist verwundet, welcher weiß ich nicht. So eben trafen Kriegsgefangene ein, meistens blutjunge Leute, von Frost, denn es ist wieder viel kälter geworden, und Durst leidend zum Erbarmen. Der Feind soll in zwei Theilen fliehen, der Kaiser selbst über Arcis. Unsere Monarchen sind schon gestern und heute vorwärts, vermuthlich jetzo schon in Troyes, so daß das nicht lang entfernte Einrücken in Paris, selbst wenn noch eine Schlacht geliefert werden müßte, zu hoffen steht; dann wird das Herz Frankreichs von ihm abgeschnitten, und sobald er einmal förmlich abgedankt sein wird, fällt alles Übrige ab, unterm Volk hat er wenig Anhänger.

Dem Congreß zu Chatillon sur Seine, wo man den Caulaincourt endlich vorgelassen hat, wird diese Schlacht, so Gott will, auch den Hals brechen; es wäre indessen auch ohne das wenig von ihm Böses zu fürchten gewesen, ja es ist in diesem ganzen Krieg fortwährend der große Unterschied zu merken, daß Gott durch die Begebenheiten und die Stimme des Volks lenkt und leitet, was die Vorurtheile der Cabinette nicht verderben können. Die Schriftstellerei hat auch wohl nie so herrlich gewirkt, Arndts Schrift über die Rheingrenze ist von deut= lichem Erfolg gewesen, und ohne Zweifel wird das, was vor vier Monaten nur ein Viertel gehofft und drei Viertel als überspannt be= trachtet hatten, jetzt umgekehrt von drei Viertel freudig bekannt und

angenommen. Selbst der Kronprinz von Schweden soll über diesen
Punkt eingelenkt haben. Schenkendorfs Gedichte (worunter doch viele
recht schöne, so daß ich sie für die besten halte, die auf die Zeit er-
schienen sind; er ist sehr glücklich in Ausdrücken, und wiewohl nicht
so reich an Ideen wie Arnim, dafür einfacher und darum diesmal
eindringender. Er hat den rechten Arm verloren und schreibt alles
mit der Linken) läßt die Stadt Bremen drucken und Minister Stein
hat vierhundert Exemplare zur Vertheilung genommen. Senator
Smid aus Bremen, mit dem ich hier in einem Hause wohne, nimmt
zwei Exemplare vom armen Heinrich, Du mußt die 2 Thlr. bei der
Geldablieferung vorläufig auslegen. Wir sind hier endlich besser
logirt, bei wohlhabenden artigen Leuten, überhaupt ist diese Stadt,
wenn kleiner, viel freundlicher und vornehmer als Langres; ich denke,
daß wir so lange hier bleiben, um geradeswegs nach Troyes zu
kommen, weil in Bar sur Aube oder Brienne doch ein elendes Unter-
kommen sein würde.

Am 5. Februar.

Bei Brienne sollen bestimmt 73 Kanonen und 5000 oder 4000
Gefangene gemacht worden sein. Aber Napoleon steht annoch in
Troyes mit einem Theil seiner Armee. Der andere unter Macdonald
hat sich gegen Chalons sur Marne gewandt, Blücher folgt diesem.

Aufs russische Neujahr (13. Januar) zogen gerade die Russen
über die Baseler Rheinbrücke. Da sollen sie mitten auf der Brücke
ein so inniges starkes Hurrah gerufen haben, daß Leute, die zuhörten,
klar fühlten: diesen Männern kann niemand wehren, was sie wollen,
nach Paris zu kommen.

Adresse: Herrn Wilhelm Carl Grimm, Cassel in Hessen.

---

79.

**Jacob an Wilhelm.**

No. 8.                    Chaumont in Bassigny, 8. Februar 1814.

Lieber Wilhelm!

Damit wir gewiß sind, welche Briefe verloren gehen, will ich
die meinen von jetzt an numeriren, indem ich Dir aus Frankfurt,
Karlsruh, Rastadt, Basel (zweimal), Langres und von hier aus schon
einmal geschrieben habe, wobei ich, glaub' ich, einige kleine nicht mit-
rechne. Thu Du das auch. Es soll noch eine kaum jetzt mehr glaub-

liche, schändliche Briefaufmacherei, namentlich im Badischen in Karls=
ruhe stattfinden, und falls auch diesen Brief gleiches Schicksal trifft, will
ich es hiermit wenigstens dem Schurken ins Gesicht sagen, was er ist.

Heute Morgen früh ist die erfreuliche Nachricht eingetroffen,
daß Troyes gestern, hoffentlich ohne vorgängiges Bombardiren, von
unsern Truppen genommen worden ist. Da die Stadt gegen die
sonstige Gewohnheit nur hölzerne Häuser hat, so wäre sie zumal bei
dem windigen Wetter gestern in große Gefahr gekommen. Napoleon
hat sich nach Nogent gezogen und will, wie es heißt, zwischen Paris
noch einmal die Sache wagen; unterliegt er, so scheint Paris verloren,
und mit Paris wird dem ganzen Reich das Haupt abgeschnitten.
Blücher zog nach den letzten Nachrichten über Arcis, dagegen war
Winzingerode in Rheims, und nach einem gestrigen Gerücht, das ich
aber nicht verbürgen will, soll von der flandrischen Seite Namur
und Philippeville genommen worden sein. Also könnte er auch bald
von dorther in die Dränge kommen. Wohin er sich von Paris aus
wenden will oder kann, ist schwer zu sagen. In Normandie hat er
nicht wie der König von Preußen in Memel Rußland, sondern das
Meer hinter sich. In die mittäglichen Provinzen flüchten wollen ist
schwer und fast ebenso rettungslos. Die Stimmen: ob man ihn ganz
absetzen oder mit den gestümpften Flügeln fortregieren lassen soll,
scheinen leider noch getheilt, allein das Erstere, wie es bei weitem das
Beste ist, wird, Gott gebe, noch durchdringen und hat vielleicht jetzt
schon die Oberhand gewonnen, selbst unter dem französischen Volk.
York und Winzingerode über Chalons und Rheims vordringend sollen
zum Rückzug der Franzosen viel beitragen.

Eichhorn, von dem ich Dir neulich schrieb, ist krank geworden,
(eapost: ist wieder besser) liegt zu Bar sur Aube und man fürchtet
für sein Leben. Man hat ein Manuscript eines Aufsatzes von Hebel
über die Zeitereignisse, den Landsturm 2c., das ich noch nicht gesehen
habe, Gesprächsweise wie im Hausfreund. Hier hat sich nichts
Literarisches finden wollen, die öffentliche Bibliothek zählt 25,000
Bände, allein der Bibliothekar war krank, der Substitut konnte nichts
finden, wonach ich fragte. Ein gewisser Monsieur Gondrecourt besitzt
eine ansehnliche Privatbibliothek, beschäftigt sich, wiewohl nicht ernstlich
genug, mit celtischem Alterthum und Sprachen; ohnedem ist alles ein
wenig verstört.

Morgen früh werden wir über Bar sur Aube nach Troyes reisen
und dann vermuthlich eine geraumere Zeit Rast halten. Gelangen

wir endlich nach Paris, wie niemand mehr zweifelt, so werde ich da nicht bloß bequemer leben, sondern auch mancherlei entdecken und arbeiten können, was viele der jetzigen und seitherigen Unannehmlichkeiten vergüten muß. Unter andern denke ich auf die lateinischen Gedichte des Mittelalters besonders zu sehen, etwa auch auf eine Bearbeitung des Stoffs im armen Heinrich. Hat Glöckle etwa geantwortet oder gar etwas geschickt? Es wäre nicht unmöglich, da die Correspondenz über Mailand so ziemlich freigeblieben sein muß.

Wenn ich in Troyes keine Briefe von Euch finde, weiß ich nicht mehr, was ich denken soll. Etwas Wichtiges mußt Du nie schicken, dessen Verlust nicht oder schwer zu ersetzen wäre.

Fortgesetzt zu Troyes am 18. Februar.

Der Brief fand zu Chaumont keine Gelegenheit und seitdem keinen Schluß, zum Theil aus Mißmuth, daß ich noch immer kein einziges Schreiben von Dir erhalten habe und nun fest überzeugt bin, daß wer weiß wie viele verloren sind. Seitdem hat sich mancherlei zugetragen und darunter einiges Ärgerliche.

Vor Bar sur Aube (d. i. Alba, Elbe, Fluß, wie Auberon und Elberich) war das erste Schlachtfeld zu sehen, Hunderte von todten Pferden auf Feldern und Straßen, manche Häuser leer, die meisten verschlossen, für uns schlechtes Quartier (zum Abstich gegen das sehr gute in Chaumont). Die Gegend ist schön, zwei hohe Berge gegenüber und der enge Fluß mit ganz gleich gefüllten Ufern, sanftes, heiteres Wetter, aber tiefer Koth. Vor den Thoren Plätze mit hohen prächtigen Ulmen, die aus Holznoth und schlechten Anstalten von den Bürgern unbarmherzig niedergehauen wurden, daß es ein Jammer war. Ein alter Mann von 90 Jahren erzählte, daß im Taumel der Revolution auch schon eine Reihe der Bäume hätte fallen müssen, da hätte man einen Altar des Jupiters errichtet und getanzt. Vermuthlich bleiben auch diesmal noch einige stehen und stehen als stumme Zeugen für die Zukunft da; ich stieg auf den einen Berg, wo eine Capelle der heiligen Germana oben ist und viele wallfahrten, jetzt war's aber so leer, daß zwei Leute, als sie mich kommen sahen, ob ich gleich allein war, erschraken und sich in ihre Hütte versperrten. — Wir blieben leider 2½ Tag, alles in einer kleinen Stube.

Zwischen Bar sur Aube und Troyes (12 Stunden) wurde das Elend immer größer, besonders von Vandoeuvre an (nicht weit von Brienne). Die meisten Dörfer stehen leer, man sah mitunter todte, ausgezogene Menschen an der Straße, Wachtfeuer und ein Dorf brennen. In Troyes war wider Erwarten noch alles, die drei Monarchen und Schwarzenberg, so daß alles wimmelte und durchaus kein Unterkommen zu finden war, als so, daß ich mit einem östreichischen Major in einem Zimmer schlafen und des Tags in dem des Eigenthümers mitten unter den andern Leuten bleiben mußte, welches das Gejammer und das alberne Räsonniren der Franzosen noch voller machte. Mit dieser Nation ist durch Rede und Vernunft, insofern sie die letzte nicht von selbst haben, rein nichts auszurichten; im Anfang klingt ihr Geschwätz erträglich, weil es gutgesetzte Phrasen sind, aber bald wird es überlangweilig, weil man nichts mit ihnen abthun kann und, was man abgethan glaubt, immer als etwas Neues wiederkommt, dabei sind sie stockunwissend in allem, was nicht in ihren Kreis schlägt, und hängen an Kleinlichkeiten, Prahlen und Lügen. Dieser Umgang war während fünf Tage die Grundlage meines Herumtreibens, erst heute ist es gelungen, eine ordentliche Wohnung zu bekommen, wo ich aber eine so große Stube bezogen habe, daß ich bei wieder eingetretener fast harter Kälte gewaltig friere und um ein Stück Holz nach dem andern rufen muß. Die Fußspitzen glühen mir und die Hände starren bei diesen erbärmlichen Feuereinrichtungen, im September, October, März und April mögen die Kamine taugen, sonst nicht.

Die Stadt ist ausgedehnt, zählt 26000 Einwohner, worunter 8000 Bettler, ist aber schlecht gebaut und aus Steinmangel fast ganz in Holz und das sehr verschwenderisch, mit gerad neben einander stehenden Balken. Ich erinnere mich, daß es in Chalons etwa eben so ist. Die Leute sind beinahe sämmtlich Fabrikanten und Kaufleute. Gleich in der ersten Nacht rief man Feuer, nicht weit von uns, aber die Bürger rührten sich kaum, weil jeder in seinem Haus bei den einquartierten Soldaten bleiben wollte, es wurde doch gelöscht. Vorgestern Nacht wieder, der Himmel war ganz roth, der Brand aber in einem nahen Dorf. Um die ganze Stadt führen wieder herrliche Ulmenalleen; das Schönste aber ist die Kathedralkirche, fast so herrlich wie die Metzer, alle Fenster voll Glasmalerei und, wenn die Abendsonne hindurch scheint, von ausnehmender Wirkung. Ich gehe jeden Tagen ein paarmal hinein. Mit der ziemlich bedeutenden Bibliothek ist wenig zu machen, da sie in greulicher Unordnung und weder zu suchen noch zu finden ist, außer zufällig. Die besten Manuscripte sind nach Paris. Dagegen war hier bekanntlich die Niederlage der französischen Volksbücher, davon ich uns manche fehlende gekauft habe.

Die Kriegssachen stehen seit den letzten 14 Tagen nicht so, wie

man wünschte und erwartet hatte. Napoleon war Anfang dieses
Monats zur Armee gereist und warf sich mit aller Macht auf Blücher,
der bis Ferté sous Jouars, nicht weit von Meaux, gedrungen war,
vielleicht zu weit und zu schnell. Am 10. und 11. erlitt Blücher
bedeutenden Verlust, worüber noch nichts Rechtes bekannt gemacht wird,
es wurde hier sogar hoch übertrieben, doch hat er Kanonen und mehrere
Tausende Gefangene verloren. Die zurückenden Österreicher sollen
einiges wieder gut gemacht haben, aber warum rückten sie anfangs
nicht einstimmig mit Blücher vor? In den letzten Tagen ist nun
Schwarzenberg bedeutend vorwärts gekommen, und sein Hauptquartier
zu Bray oder gar Nangis (14 Stunden von Paris), der linke Flügel
steht zu Fontaineblau, allein alles ohne vorgefallene Affaire, während
Napoleon sich zu Meaux concentrirt. Blücher zog sich den 11. nach
Vertus zurück, soll dann wieder in Montmirail gestanden haben,
neuerdings aber wieder hinterwärts in der Richtung von Chalons
zufolge einem kleinen Verlust gegangen sein.

Über das politische Wesen wäre aber noch mehr zu klagen. Man
soll in Chatillon zu ziemlich ernsthaften Basen gekommen sein und
nur auf die Einschränkung Frankreichs in die Grenzen vor der Revo-
lution dringen, womit das schöne Elsaß als ein deutsches Land ver-
loren ginge und Schlüsselfestungen wie Straßburg, Hüningen, Breisach
und Landau dem Feinde blieben, der dann gerad mit den alten Rhein-
bundsündern Baden und Württemberg nah zusammen käme und großen
Einfluß auf die Schweiz behielte. So scheinen Arndts Schriften und
die von einem gescheidten östreichischen Offizier geschriebene Brochüre:
Deutschlands Grenzen in politischer und militärischer Hinsicht, mit
einem Wahlspruch aus Tacitus, (welche Du Dir anschaffen mußt,
falls Du sie noch nicht kennst,) leider nicht gehörig durchgedrungen
zu haben. Einige hoffen wenigstens auf Abtretung vom Oberelsaß,
um die Schweiz mehr vor Frankreich einzuschließen, aber es bleibt
unbegreiflich und zu beweinen, daß die Mächte ihren Stand nicht
ganz fühlen, so wie das, was sie für unser ganzes Volk thun müssen.
Meinetwegen hätte man ein Stück von Piemont, Mailand oder Henne-
gau und Flandern dafür lassen mögen. Warum geschah aber im
Dezember v. J. die Erklärung: Frankreich solle größer bleiben als
unter seinen Königen. Solche Schritte waren wie im Schlaf geschehen
und voll Thorheit; bindend sind sie nicht, aber unnöthig, beunruhigend
und zu nichts Gutem führend, weil nur das mit Plan und Bewußt-
sein Gethane jetzt gut ist. Erfreulich scheint mir das Vereinigen von

ganz Brabant und Flamland mit Holland, was Sprache und Sitten
fordern, und wodurch das uns dankbar bleibende neue Niederland eine
feste Schutzwehr gegen Frankreich wird. Am vernünftigsten schiene
mir folgender Plan: Elsaß ganz unter Österreich zu geben und über
dem Rhein dazu Breisgau und Vorarlberg, wodurch directe Ver-
bindung mit Tyrol, das schon jetzt heimlich cedirt sein soll, bewirkt
würde. Von Landau an würde ich alles Deutsche auf dem linken
Rheinufer und dazu noch Aachen mit den Ruhrgegenden an Preußen
geben. Es liegt daran, daß Starke an den Grenzen sind und so
würden die kleineren Fürsten Deutschlands gleichsam eingehegt, welches
mit meinen Gedanken, die ich mir von unserer künftigen Verfassung
mache, vortrefflich besteht. Darüber wäre viel zu schreiben, es steht
aber Epist. Joh. 11, V. 12, was noch zu vielem andern paßt,
was ich vielleicht nicht so hätte schreiben sollen. —

Gehaust wird von den Soldaten schlimm genug, in Nogent sollen
zwölf Bürgerinnen massacrirt worden sein; in Bar sur Aube sah ich
mit eigenen Augen, daß am hellen Tag ein Soldat einem armen
Mann seine Pferde wegnahm unter lauten Klagen der Umstehenden,
und dies in einer nicht kleinen Stadt, und ohne daß ein Gefecht vor-
hergegangen wäre.

Troyes, den 20ten Februar.

Gestern Morgen wurde ich erschreckt. Truppen gingen rückwärts
und es wurde unter übertriebenen Umständen erzählt, daß Wittgenstein
stark geschlagen worden sei, 40 Kanonen und 5000 Gefangene ver-
loren habe. Der russische Kaiser traf wieder hier ein, des Abends
auch der König von Preußen und heute Schwarzenberg mit dem
großen Hauptquartier, alles wimmelt von Wagen und Bagage und
die Franzosen machen Augen. Allein heute versichert man, daß es
nicht so schlimm aussieht, sondern eigentlich nur Wittgensteins Avant-
garde in die Enge gerathen ist, wobei der Feind 12 Kanonen er-
oberte. Kaiser Franz wollte rückwärts nach Chaumont, wie es hieß;
aber nun bleibt er wenigstens heute und vielleicht ganz. Erfahrene
Offiziere sagen: da die Verbindung zwischen unserm rechten und
linken Flügel durch Blüchers letzte nachtheilige Gefechte geschwächt
worden, sei eine Centralbewegung nöthig geworden, ein kühner Feld-
herr habe diese selbst vorwärts machen können, mit mehr Sicherheit
und gleichem Erfolge unternehme man sie rückwärts. Dabei mag
etwas Geschwätz sein; soviel ist gewiß: die Östreicher waren über
Melun und Fontainebleau hinaus, nah bei Paris, in den Straßen

von Fontainebleau soll Platoff ein wüthendes, aber für ihn vortheil=
haftes Gefecht gehabt haben. Jetzt ist Fontainebleau, Provins und
alles, was in der Gegend über der Seine liegt, wieder von uns ge=
räumt, selbst diesseits Sens, aber es geht die gute Nachricht ein,
daß der brave Bülow aus Holland oder vielmehr Brabant angelangt
ist und durch andere eingetroffene Verstärkung unser rechter Flügel
furchtbar anwächst, so daß vielleicht Blücher mehr in die Mitte oder
selbst den linken Flügel rücken wird. Das bisherige Terrain war
dem Napoleon sehr günstig und soll zur Rechten und diesseits der
Seine unserer Cavallerie gelegener sein, ich hoffe also, daß wir bald
die Offensive wieder ergreifen und einen entscheidenden Schlag ge=
winnen werden, ohne daß wir nöthig haben, selbst aus Troyes zu
weichen. Der Feind soll nicht 100000 Mann stark sein und wir
haben fast zwei Drittel mehr, ich verliere daher den Muth im ge=
ringsten nicht. Auch traf gestern der Trost ein, daß Czernischeff
Soissons überfallen, 16 Kanonen, einen General und 3000 Mann
gefangen hat.

Jene Unfälle, wovon die Pariser Zeitungen jetzo prahlen werden,
können zweierlei wirken, was mir lieb ist: 1. daß die nachrückenden
Truppen und auch unsere Hessen, die ich fast schon angelangt glaube,
noch zur Ehre des Schlagens kommen, 2. daß der Chatilloner Con=
greß in seiner Basis gesprengt werde. Wirklich soll Napoleon schon
Übermuth geschöpft und jene Bedingungen geweigert haben.

Wir haben in diesem Krieg schon so oft gesehen, daß ein schein=
bares Unglück der Grund zu einem größeren Glück geworden ist, und
zur Zeit, wo Du diesen Brief erhältst, steht es vielleicht viel anders.

Ich schicke Dir hier ein merkwürdiges Stück, weil der Brief bis
Frankfurt frei läuft, und in der Hoffnung, daß es die Zeitungen
entweder nicht so früh habhaft werden oder nicht gleich aufzunehmen
wagen. Man hat es aufgetrieben und hier drucken lassen; es muß
unfehlbar auch unter dem Volk mächtig wirken und trägt in der ohne
Zweifel echten Antwort des Kaisers ganz die ihm eigene Mischung
von Stolz und Gemeinheit, Überlegenheit und Beschränkung an sich.
Redensarten wie von der schmutzigen Wäsche und dem hölzernen
Sammetthron sind durchaus unköniglich, zumal in einer so grausamen
Zeit, und doch durchaus treffend und beherrschend. Aber auch in des
Lainez Rede offenbart sich, daß Frankreich noch kühne und freie
Männer hat und wie hoch Schmach und Erbitterung gestiegen sind.
Und einen solchen Kaiser wollte man ihnen lassen, mit diesem Be=

wußtsein, und der so tief in seine Tyrannei gesunken ist? Raynouard
ist der bekannte Verfasser der Templiers. Die Zeit fällt ins Ende
Dezember oder Anfang Januar. Nun kann er's selbst im Moniteur
mit seinen Noten drucken lassen, wenn er's erfährt.

Über dem Lärm dieser Tage vergesse ich mehr als sonst, wie
mir die meinigen verstreichen, in Hoffen, Erwarten, Täuschung, Aus=
gehen nach Neuigkeiten, Formen, schlechtem Geschwätz und ohne Froh=
heit, und wenn ich an das Große und Erfreuliche denke, bin ich doch
nur auf einer Seite angewärmt, auf der andern kalt; gerade wie
mir's leiblich beim Kaminfeuer geht. Ich könnte mich, weil ich sieben
Wochen vergeblich gewartet habe, nun selbst darein finden, daß ich
noch einmal so lang nichts von Euch höre, gleichsam als dächte ich
mir das Mittel zwischen uns unmöglich, und warte desto gieriger auf
die Zeit, wo das Hindernis aufhören wird. Ich lese in einer Odyssee
und einem neuen Testament, die ich hier um ein Paar Sols gekauft,
täglich, alles andere ist im Koffer eingepackt, den ich aus Bequem=
lichkeit so stehen lasse und mir, was ich brauche, bloß herausziehe.
Gott erhalte Euch und die liebe Tante, ich grüße jedermann schönstens.

Wenn Du schreibst, vermeide alles, was nicht in unrechte Hände
fallen darf. Da ich bessere Wege, Dir zu schreiben, ausfinde, kann
ich in dem Stück mehr wagen. Kannst Du die Briefe nicht auf die
vorgemeldete Art als Einschluß fortbringen, so setz' auf die Adresse:
abzugeben im Bureau Sr. Durchlaucht des Fürsten Metternich im
österreichischen Hauptquartier.

[Ohne Unterschrift.]

80.

## Wilhelm an Jacob.

No. 2.                    [Cassel,] 1814 am 9. Februar, Abends 10 Uhr.

Lieber Jacob, endlich komme ich dazu, Dir wieder einmal zu
schreiben; ich hoffe, daß Du meinen Brief, den ich am 24. Januar
habe abgehen lassen, richtig erhalten hast. Am 29., Samstags, gegen
12 Uhr ist der liebe Louis angekommen, wir hatten ihn so früh nicht
erwartet, aber er ist im Hessischen schon als Militär behandelt und
frei auf Wagen mit anderen Offizieren gefahren worden. Er hat
sich wenig verändert, nur daß er dem Karl etwas ähnlich geworden;
jetzt bin ich schon so wieder an sein Gesicht gewöhnt, daß ich meine,

er habe niemals anders ausgesehen, gewachsen ist er noch sehr und wohl noch ein wenig größer als ich. Er hat sich in diesen zwölf ruhigen Tagen auch wieder völlig erholt, denn da er in den Gegenden, wo die Krankheit herrschte, nichts essen durfte und er eine bittere Wurzel im Munde haben mußte, war er ein Bischen mager; jetzt ist er aber wieder frisch und gesund und es liegt bloß in der Natur des Kupferstichs, daß er dort etwas älter, strenger und hagerer aussieht. Mit seiner Anstellung hatte es doch noch allerlei Schwierigkeit, nicht an sich, sondern weil es bei der großen Menge, die sich zudrängt, schwer hält, vor den Prinzen zu kommen. Below war aber sehr freundschaftlich und hat geholfen; am 7ten ist er Lieutenant beim dritten Landwehrregiment geworden und steht heute (Nr. 40) in der Zeitung und wird wohl bald nach Wolfhagen müssen, wo das Regiment sich organisirt; er trägt übrigens Uniform wie ein Offizier in der Linie, blau mit pfirsichblüthfarbigen Aufschlägen und einer Schärpe, nur braucht er keinen theuern Tschako zu kaufen. Er hat von seinen Arbeiten nicht viel mitgebracht und alles in München gelassen; übrigens einmal ordentlich von seinem Leben und seinen Verhältnissen dort erzählt, die recht angenehm und gut sind; er kann sich leicht das Nöthige erwerben, zumal nach dem Frieden. In seinem Wesen ist er noch ganz wie sonst, wir holen jetzt die alten Späße vom Präceptor und Mängen und dergleichen hervor, die unverwüstlich sind; mir spricht er entschieden im bairischen Dialekt. Der Ferdinand war zwar entschlossen und könnte leicht Offizier werden, wenn er sich ein wenig bemühte; aber der Louis meint auch, es würden noch ein Paar Wochen hingehen, eh' er anfangen werde, etwas zu thun. — Wegen des Karls bin ich in diesen Tagen sehr in Sorgen, ich glaube, ich habe Dir von seinem Brief geschrieben, wornach er kommen und freiwilliger Jäger werden wollte, nun ist er immer noch nicht da und ich fürchte krank geworden.

Mit mir hat es sich am 6. auch entschieden. Die Zeitung behält der Jude provisorisch noch ein halbes Jahr und zahlt ich weiß nicht wie viel und ohne Rücksicht auf den Absatz. Hernach mag ich sie nicht, wo die interessante Zeit herum ist, und wo man in ganz ordinärer Weise fortfahren müßte, und habe das auch gesagt. Dagegen bin ich bei der Bibliothek des Museums Secretarius geworden, aber nur mit Einhundert Thaler, so wenig hatte ich mir doch nicht gedacht. Strieder ist Director geworden, Völkel erster Bibliothekar, also stelle ich eigentlich den zweiten vor und es wundert mich, daß ich den

Titel nicht bekommen. Am Montag habe ich mein Amt angetreten, es ist doch allerlei Arbeit da, erstlich die Revision, die in Hinsicht der Numismatik und Kupferwerke sogar jetzt in der Kälte muß vorgenommen werden, weil man hoffen kann, das Gestohlene in Paris jetzt wieder zu bekommen. Es sind schon die Verzeichnisse gemacht, auch von den Kunstsachen, wollte Gott, es fände sich auch alles. Sodann sind noch einige Kataloge in den Nominalkatalog einzutragen, womit ich auch angefangen habe. Wenn nur das Schwein und Branntweinsfaß, der Enzeroth, weg wäre, Völkel hat darauf angetragen, es ist aber noch nichts entschieden; er könnte ja bei einem Colleg, wo man doch Leute bedarf, ebenso gut abschreiben. Bis jetzt geht es noch gut, ich rede nichts mit ihm und er hält auch an sich, ich habe mir auch vorgenommen, ihn sogleich abzufertigen. Morgen früh werde ich verpflichtet und dann zum Kurfürst gehen; ich hoffe, bald eine Zulage zu bekommen, Strieder, der mir gleich in einem sehr freundschaftlichen Billet die Anstellung meldete, schrieb auch, ich müsse der Hoffnung leben. — Wie soll es mit Deiner Besoldung gehen, ziehst Du sie dort ein oder nur zum Theil? Soll ich es hier, mußt Du mir eine Vollmacht, die sehr einfach sein kann, schicken, dann sag mir auch, wieviel ich für uns davon nehmen kann. Es haben sich viele Rechnungen angehäuft. — — — Was die Tante giebt, ist für den Haushalt nöthig. Daß noch die Besoldungen nachbezahlt werden, wird immer unwahrscheinlicher.

Am Montag Abend, also vorgestern, hatten wir einen großen Schrecken. Um 11 Uhr kam ich mit Harnier von Suabedissen, als wir Feuer rufen hörten, oben an seinem Haus ging auch schon das Gedränge herab nach uns und unten kam uns schon der Rauch so dick entgegen, daß nichts mehr zu sehen war, als die dunkele Flamme hindurch. Vier Häuser von Wilds hinunter, dem D. Waldmann etwa gegenüber, brannte ein Brauhaus. Die Gefahr wuchs sehr schnell, wir packten in aller Geschwindigkeit, ich unsere Papiere und Bücher, die Lotte Hausrath und der Louis und Harnier schleppten es fort. Die Funken, die ein heftiger Wind, der sich glücklicherweise etwas legte, da vorher Sturm war, gerade herüber trieb, fielen vor unsern Fenstern stark nieder, und wäre es Sommer gewesen und hätte der dicke Schnee, der lag, nicht gleich getödtet, so hätten sie wahrscheinlich hüben irgendwo auch gezündet. Der ehrliche Proll mit den zwei Mädchen der Tante kam auch und half tragen, dann auch der Henschel. Um 1 Uhr war die Gefahr vorbei, man hatte gleich neben die Häuser eingerissen und so geholfen, doch sollen außer dem Brauhaus vier mit zu Grund gegangen sein. Die Apotheke war durch den abwendenden Wind fürs erste etwas gesichert. Übrigens mag auch das den Anblick furchtbarer gemacht haben, daß ein Boden mit Frucht verbrennt ist, die so hoch in Funken aufsteigt; die Spitze des Levisons Haus war von der gegenüberstehenden Flamme roth, so hoch stand sie. Das hat in mir wieder den Gedanken an Ausziehen rege gemacht, ohnehin können wir nicht mehr als 50 Thlr. geben.

Gestern den ganzen Tag habe ich mit Wiedereinrichtungen zugebracht, und da ich ohnehin in diesen Zeiten durch viele Besorgungen, Besuche (zwei Tage hat die Base Koppen bei uns logirt), wie Du leicht denken kannst, bin abgehalten worden, ist mir wenig Zeit zu Arbeiten übrig geblieben. Ich habe nur den abgeschriebenen Text des armen Heinrich (Benecke hat mir durch den Dr Bunsen, einen ziemlich angenehmen, etwas redseligen jungen Gelehrten mit schönen rothen Backen, 10 Pränumeranten zugeschickt) einmal durchcorrigirt und die Sprachnoten zusammengebracht und überlegt; sobald ich Zeit habe, schreibe ich Dir über einzelne Stellen. Falls Du nach Straßburg kommst, könntest Du ja die Quelle des Müller'schen Drucks benutzen, das würde viel Vortheil bringen. Den Eraklius hat der Ferdinand ziemlich fehlerhaft abgeschrieben, weil er doch die Sprache nicht versteht; sonst hat er sich gewiß Mühe gegeben. — Schlegel, erzählte Bunsen (übrigens kein Sohn des Göttinger), habe Benecke gesagt, er besitze ein noch ganz unbekanntes Manuscript der Nibelungen, das er bei seiner Ausgabe benutzen werde; habe es aber nicht vorzeigen wollen noch sagen, wo er es herbekommen.

Morgen, so Gott mir Zeit schenkt, von den Briefen; es ist schon spät, die zwei Lichter haben das Papier angebrannt, der Louis liegt, wie sonst zu Haus, auf dem Kanapee und schläft. Eine geruhsame Nacht, sagte die Marie.

Am 12. Februar.

Ich konnte an den beiden Tagen nicht zum Schreiben kommen. Am Donnerstag also, um halb elf Morgens, bin ich verpflichtet worden, d. h. ich habe dem Hassenpflug einen Eid nachsprechen müssen, eine nähere Instruction habe ich nicht erhalten. Darauf war ich bei der Hoheit und um halb eins beim Kurfürsten, er sagte mir, ich hätte gute Zeugnisse und sollte mich unter Strieder zu einem tüchtigen Bibliothekar bilden, auch mich bald einschießen. Am Freitag, also gestern, sind mir sämmtliche Schlüssel überliefert worden und bin ich also völlig installirt.

Louis hat heut Morgen seine Uniform erhalten, sieht recht frisch und gut darin aus, wird um 5 Uhr dem Kurfürst präsentirt und wahrscheinlich übermorgen nach Wolfhagen abgehen. Von Karl ist heute ein Brief gekommen, er wird morgen eintreffen und freiwilliger Jäger werden; es freut mich sehr, daß er bei seinem Entschluß bleibt, denn da er lang ausblieb und nichts von sich hören ließ, fürchtete ich, er hätte sich wieder zu bedenken angefangen; er ist aber durch Husten abgehalten worden, hat auch nicht gleich können gefahren werden. Die Lotte wird Dir vielleicht selber etwas schreiben, wenn's dazu kommt; wir haben das Paquet von Lepel richtig bekommen, das süße Zeug war besonders gut; die Bücher werden eingebunden, der Wernher hat mir nur halb gefallen, weil in der darin geäußerten Demuth doch wieder eine halbe Eitelkeit ist, schrecklich hat sich in ihm das Todte des Systems gerächt, denn er übertreibt es nun auf der andern Seite und geräth am Ende nur in ein neues. Das Gedicht selbst hat gute Stellen.

Arnim hat einen wieder nur kurzen Brief geschrieben und ein Gelegenheitsgedicht von sich eingerückt; er entschuldigt sich mit Mangel an Zeit, welche ihm der Correspondent geraubt, indessen hat er ihn mit Ende des vorigen Monats an Niebuhr wieder abgegeben. Es ist eine sehr gute und merkwürdige Zeitung, an Werth und Eigenthümlichkeit gar mit den gewöhnlichen nicht zu vergleichen; manches schöne Detail, selbst deutsche Sitten, wird darin beschrieben; ich will Arnim bitten, uns den ersten Jahrgang zu schenken. Daß unsere Briefe darin müssen abgedruckt sein, schließe ich daraus, daß ich den Deinigen größtentheils mit Verwunderung in den eben erhaltenen Altenburgischen Deutschen Blättern finde, natürlich ohne Namen.

Was Rühs betrifft, so ist meine Meinung, ihm nicht zu antworten, die Anzeige, die ich vor einigen Tagen in den Musen gelesen, ist zu gemein und grob. Wilken hat in einem Brief wieder um Theilnahme gebeten und namentlich das angekündigte kleine Werk von Rühs angetragen; vielleicht läßt sich da etwas kurz und treffend sagen. Franz Horn hat sich für den zweiten Theil einen andern Recensenten erbeten, dagegen trägt Wilken den Bouterweck an, was ich aber ablehnen will, das Buch verdient nicht die Mühe, es ordentlich zu recensiren, und das müßte doch hier geschehen. Hebels Hausfreund hatte schon der Ferdinand geschickt und ein Exemplar ist jetzt der Hauskalender. Was mir nicht gefällt, ist der Schluß von der Erzählung der Zeitereignisse; das Ganze kann seiner Lage leicht nachgesehen werden, aber es sollte kein Volksschriftsteller sagen: „ein guter Kalbsbraten thut dann bessere Dienste, als eine Brust voll Heldenmuth" (Louis hat einen Kupferstich von ihm mitgebracht), und unsere Zwistigkeiten kommen mir viel erlaubter und unschuldiger vor, als dergleichen Worte, die das Volk so gern als Wasser auf seine Mühle herbeileitet.

Von Holland ist ein dicker Brief gekommen, den ich vielleicht anlege, wenn's geht; vielleicht hast Du zu einer Antwort dort am ersten Zeit. Die Sprachbemerkung des einen ist so, daß man sieht, wenn er nicht ein Holländer wäre, der unser s wie z braucht, würde er nicht darauf verfallen sein, und er hat gewiß gemeint, die Emendation sei besonders gut und scharfsinnig. Dabei werd' ich unruhig über manche unserer isländischen Conjecturen. Von Wien ist die Literaturzeitung und das Museum bis zu Ende des Jahres 13 angekommen, in jener stehen viele Recensionen von Büsching, auch eine anpreisende von Hagens Edda und nordischen Sagen, was die Sprache selbst betrifft: „bekennen wir gern, daß es uns an Mitteln fehlt, darüber zu urtheilen," dagegen gießt er über die Einleitung Lob aus und tadelt rührend einiges im Ganzen. Wir werden glücklicher Weise ganz mit Stillschweigen übergangen; Gräter und Majer gerühmt. In dem Museum sind noch zwei Fortsetzungen von Görres über Hunibald, wieder weit herum greifend, ich muß aber gestehen, daß ich sie nur durchgeblättert und noch nicht ordentlich gelesen habe; das Gute ist erwiesen, daß er schon vor Trithem da war. Ferner ein kleiner Aufsatz von Büsching, worin etwas ganz Unbedeutendes erläutert wird, hätte bei uns höchstens eine gute Note gegeben, bei ihm ist es unglaublich breit: unsere Märchen werden darin mit einer Art Zurückhaltung und einer Art Tadel citirt. Von Kopitar ganz kurze Nachricht über das Manuscript von Gottfried von Bouillon. Von Görres ein Stück aus den Heimonskindern mit neuer Orthographie; ich habe es noch nicht verglichen, endlich aber von Kovachich in Pest Anzeige eines großen Manuscripts in Colocza in Ungarn, Sammlung von kleinen Erzählungen, unter dem Namen Gesammtabenteuer dem Conrad von Würzburg zugeschrieben, darunter befindet sich nun merkwürdig 1. der Reinhart Fuchs vom Heinrich Glichsener, also dasselbe, was wir aus Rom haben, 2. der arme Heinrich. Gut ist, daß die Anzeige noch zu rechter Zeit kommt, ich will, sobald ich kann, an Kovachich schreiben und den Brief dem Schlegel zuschicken mit der Bitte, ihn zu befördern. Es sind noch allerlei Erzählungen (leider wird der Titel nur angegeben) von Wölfen u. s. w. darin, deshalb müßte man sich hernach auch an ihn wenden oder um Nachricht davon bitten.

Fichtes Tod wirst Du aus den Zeitungen wissen. Arnim hat ihn in seinem vorletzten Zeitungsblatt noch angezeigt, er hatte an der Gicht gelitten, war aber doch Landwehrmann gewesen. — Unerwartet wird Dir sein, daß C. Teuthold Heinze auch vorigen Herbst gestorben ist, seine Krankheit mag auch mit schuld sein, daß die Alterthumszeitung mit dem Juni geschlossen wurde.

Soeben ist Dein Brief von Langres, am 2. Februar abgegangen, durch die Post angekommen, die Siegesnachricht haben wir vorgestern schon ausführlich gehabt und uns herzlich gefreut, um so mehr, da wir für Blücher besorgt waren. Wenn nur hier auch wäre geschossen worden, damit einem das Knallen auch einmal Freude gemacht hätte! Was Du von Deiner Lage schreibst, habe ich mir oft vorgestellt, nur habe ich gedacht, bei einem bestimmten Ort in Zukunft werde sie sich ändern; Strieder ist jetzt Director, Völkel erster Bibliothekar, da ist eigentlich die zweite Bibliothekarstelle vacant, wenn Du diese bei Deiner Heimkehr bekämst (falls man Brüder neben einander setzt, ich weiß aber nicht, warum nicht?) mit Deiner bisherigen Besoldung, so wäre das gut und wir könnten zur Noth auskommen; es ist nur die Frage, ob sie überhaupt soll besetzt werden. Übrigens meine ich, könntest Du für Deine Unkosten wo nicht Diäten, doch Entschädigung und Ersatz der Unkosten fordern und würdest sie auch erhalten, doch das wirst Du selber am besten beurtheilen. In Noth kommen wir nicht, da die Taute mir ihre Besoldung bisher gegeben hat, es sind nur die Rechnungen, Hausmiethe, die in Verlegenheit bringen, und von den rückständigen Besoldungen wird nichts bezahlt; indessen ein Vierteljahr lassen sie sich noch ganz gut hinhalten und wir wollen uns die fröhliche Zeit nicht schwer machen.

Meinen Brief wirst Du jetzt erhalten haben; ich will sehen, ob ich diesen morgen fortbringe. Der alte Wild hat entschieden die Wassersucht und läßt seinen Sohn kommen, schwerlich erlebt er noch ein Jahr. Das Dortchen hat viel zu thun und doch alle Nacht bis 1—2 aufzubleiben; es läßt Dich grüßen, wie der Alte auch, es hat mit dem Gretchen dem Louis sechs Paar Socken gestrickt. Wir bekommen jetzt regelmäßig Einquartierung, da es Sachsen und gute

Leute (Landwehr, schöne Menschen und vortrefflich gekleidet) sind, mag ich nichts machen; wiewohl auch Geld drauf geht. Man meint, die Miethen seien wohlfeiler geworden, daher auch wir müßten belastet werden. —

Eben kommt die Nachricht, Kunkel ist diese Nacht gestorben, noch vorgestern sah und sprach ich ihn bei der Hoheit. Kurze Zeit hat er nur seiner Ehren genossen. Leb wohl, Dein

treuer W.

Sonntag Morgen.

Der Brief geht erst jetzt fort (vielleicht bleibt er noch länger liegen), Karl ist bis auf diese Stunde, halb 11, noch nicht da.

Ha[rnier?] war eben da, er meint, es habe gar keine Schwierig= keiten, wenn Du Deine Auslagen hierher meldest, Erstattung derselben zu erhalten oder eine Zulage, so lange die Reise dauert; gar wenn der Graf ein Paar Worte dazu schreibe. Ich würde nichts davon erwähnen, wenn nicht die Verlegenheiten von allen Seiten kämen. Des Louis Ausrüstung kostet 50 Thlr. und er bekommt nur 17 ver= gütet, und seine auf einen Monat voraus empfangene Besoldung ist nicht einmal genug, während er auch etwas mitnehmen muß.

— · — · — · —

81.

### Jacob an Wilhelm.

Troyes, am 24. Februar 1814.<br>
Morgens früh 7 Uhr.

#### Lieber Wilhelm!

Zu Deinem heutigen Geburtstag wünsche ich Dir tausend Heil und Segen und vergnügte Zeit. Wann es in zwei Stunden auf meiner Uhr Punkt 9 Uhr sein wird, will ich die Hände zusammen= legen und an niemand anders als Dich denken. Und behalte mich lieb, ich bin ewig Dein treuer Bruder				Jacob.

Adresse: Herrn Wilhelm Grimm zu Cassel, Marktgasse bei Kaufmann Simon Wille.

82.
## Jacob an Wilhelm.

Nr. 9.                                          Besoul, 1. März [1814.]

Meinen letzten Brief, lieber Wilhelm, vom 20. oder 21. mußt
Du sehr bald und sicher erhalten haben. In Troyes noch sah ich
eine Nummer der Casseler Zeitung und darin Deine Ernennung zum
Bibliothekssecretär, wozu ich Dir Glück wünsche; in Chaumont einige
Tage später eine frühere Nummer, worin ich mit Rührung, Freude
und Bangheit den Louis als Secondelieutenant im dritten Landwehr-
regiment finde. Dies schließt mir nun auf einmal auf, daß er von
München nach Cassel gekommen ist, und vermuthlich auch der
Ferdinand. Da ich nicht weiß, welche Regimenter zuerst marschirt
sind, so glaube ich fast, daß Louis seinen Geburtstag noch bei Euch
wird zubringen. Wie schickt er sich wohl zum Soldaten und hat er
das Formelle so schnell lernen können? Ich grüße Euch alle zu-
sammen aufs Herzlichste, und ist vom armen Karl immer noch keine
Nachricht da?

Deinen Geburtstag hab' ich in Angst und Sorgen zugebracht. Wir
mußten schnell retiriren, bis hierher nah an fünfzig Stunden hinterwärts
und das durch eine mit zurückgehender Bagage eng angefüllte Heer-
straße, alles in schönem, sonnenhellem, aber bitterkaltem Wetter, so
daß ich über jenes traurig, über dieses ärgerlich war. Zu mehrerer
Sicherheit bekamen wir eine Escorte von Palatinushusaren bei, die
aber nicht allerwärts aushalf, so mußte man sich durchwinden durch
Wagen und Artillerie; es ist unbeschreiblich, wie viel Gepäck die
Russen mitschleppen, mehr noch als die Östreicher, und ein Glück vom
Himmel war eben der gefrorene harte Weg, weil sonst vieles hätte
müssen stecken bleiben.

Das Schlimmste dabei war der Mangel an Aufschluß über den
eigentlichen Grund dieses Rückzugs und selbst die letzten Kriegs-
begebenheiten. Seit dem 8. Februar kein Armeebülletin. Nun wußte
man zwar von den nachtheiligen Gefechten Blüchers, Wittgensteins
und des Kronprinzen von Würtemberg, allein es hieß doch zuversicht-
lich, daß sie nicht bedeutend genug waren, um in der Hauptsache
etwas auszuschlagen. Nach und nach verließ man Fontainebleau, Sens,
Bray, selbst Nogent und Pont sur Seine, aber vor Troyes hätten,
sagte man, unsere Truppen eine höchst vortheilhafte Position. In-
dessen kehrten die Hauptquartiere zurück und machten Anstalt, noch

weiter zurückzugehen, wir verließen Troyes; von Bar sur Aube gingen die Kaiser und Könige nach Chaumont, wo alles überfüllt und das Volk in Furcht vor Plünderung war. Wir mußten erst nach Langres und von da weiter, hinter Langres wurde mir wieder leichter und die Straße etwas leerer; auch trafen vom Rhein kommende Reserven an, die vorwärts gingen, was immer besser anzusehn ist. Es hieß, die Armee würde sich erst in der Position zu Chaumont halten und dann im schlimmen Fall die von Langres nehmen, woraus die Alliirten eine ordentliche Festung gemacht haben. Es sind da ringsherum hohe Mauern mit Zinnen und man kann rund herum gehen und wie von einer alten Burg heruntergucken; alle Thore bis auf eins waren vermauert, in das eine drängte sich alles den Berg hinauf, die Zinnen standen voll Weiber und Kinder; die Gegend ist wie bei Chaumont bergicht und gar nicht uneben, wiewohl dies Beiwort hier einen Widerspruch macht. Nun hörte man, der Feind habe Troyes aufgefordert, Wrede sich aber noch einen Tag gehalten und die ihn verfolgende Reiterei tüchtig zusammenhauen lassen. Die Franzosen drangen bis Bar sur Aube, Bar sur Seine und wie es heißt Chatillon; in Bar sur Aube zündeten Kriegsgefangene Nachts das Rathhaus an und es soll in diesem unglücklichen Städtchen bunt hergegangen sein.

Über den Grund des Rückzugs gingen manche Gerüchte: Mangel an Lebensmitteln für Mensch und Pferd; erlittene Nachtheile auf Punkten, die Napoleon mit Übermacht angegriffen; bedeutende Verstärkung, die er aus Spanien angezogen; unterbrochene Communicationen zwischen der Hauptarmee und Blücher; letzteres war am unglaublichsten und die Alliirten für so stark gehalten worden, daß man sie noch immer dem Feind überlegen glauben konnte. Was auch daran ist, auf jeden Fall war die Bewegung ein Nachtheil in sich selbst und ein Verlust in den Augen des Volks, ein Gewinn für den Geist von Napoleons Armee, eine Abspannung in den Hoffnungen, die die Brienner Schlacht erregt hatte. Mein Trost war: der Himmel hat ihn doch zu sichtbar ins Fallen gebracht, und er muß fallen, selbst nach mechanischem Gesetz; dies ist bloß noch eine versuchte Schwingung, die ihn aber in die Länge nicht aufrecht halten kann. Bedeutende Verstärkungen rückten unseren Truppen zu und mußten bald eintreffen.

Im Volk waren schon Lügen und Übertreibungen genug: von einer Schlacht, wo der Kaiser uns um 50000 Mann gebracht; selbst lächerlich: wie er zu Epernay über die im Wein betrunkenen Deutschen hergefallen. Durch alle Orte standen Weiber und Männer vor der

Hausthüre und schauten, auf ihren Gesichtern heimliche Freude und
Angst vor Plündern. Man kann nicht behaupten, daß sie den Na-
poleon liebhaben, aber sie fürchten ihn wegen seiner möglichen Rück-
kunst, dabei hassen sie uns, weil wirklich unsere Mannszucht, wenig-
stens auf dieser Seite schlecht ist. Die Kosacken plündern und ver-
heeren voraus, die andern folgen nach. In den meisten Dörfern sind
Fenster und Thüren zerschlagen oder verschlossen und die Bauern
fortgelaufen. Dadurch wird selbst die feindliche Armee vermehrt,
weil ihr dies Gesindel aus Noth und Rache zuläuft. Hinter Langres
bis hierher wird es einigermaßen besser, aber es fehlt nicht an rüh-
renden Geschichten. Vorgestern in einer Dorfküche saß ein gutes
Mädchen und weinte um ihre Mutter, die fortgelaufen war, sie wußte
nicht wohin; daneben ein spanischer Priester, der heimkehrte, einen
Piaster aus der Tasche zog und Ferdinands sehr häßliches Brustbild
entzückt küßte, daneben ein böhmischer Landsturm, der erzählte, er sei
ein Weber seines Handwerks und wie er nach und nach zum Soldat
werden müssen u. dgl. Nicht selten sieht man aber auch den bösen
Willen oder die Verschlagenheit der Franzosen, womit sie verheim-
lichen und unerachtet des Geschreis ihr Bestes verstecken und behalten.
Aber im Grund ist das Land ärmer wie Deutschland und wird sich
viel schwerer erholen. In den Vorstädten von Troyes soll man auf
die abziehenden Deutschen mit Steinen und Ziegeln geworfen haben.

Zwischen Langres und hier trafen Gott sei Dank mündliche
bessere Nachrichten ein, die sich gestern und heute hier officiell be-
stätigten. Wir haben Bar sur Aube und Vandoeuvre, in diesem
Augenblicke vielleicht schon Troyes wieder besetzt und den Victor bei
ersterem Ort geschlagen, wobei Schwarzenberg und Wittgenstein leicht
verwundet worden sind. Die nähern Umstände erwartet man stünd-
lich, und was ich schon weiß, will ich nicht hier schreiben, weil Du
das aus der Frankfurter Zeitung früher sehen wirst. Blücher hat
Sezanne und Montmirail. Der Rückzug wird nun als eine Ver-
abredung mit Blücher motivirt, um den Napoleon zwischen zwei
Flanken zu kriegen.

Diesen Rückzug will ich preisen, wenn er uns zweierlei zu Wege
bringt: 1. Die Aufhebung des Chatilloner Congresses, sowie über-
haupt jedes andere mit ihm; 2. mehr Einigkeit und Vorsicht in den Be-
wegungen. Denn zu verachten ist weder er noch seine Armee und
die deutschen Zeitungen haben sich den Einzug in Paris zu leicht
gemacht. Jetzt soll er einen Waffenstillstand angeboten und nicht

erhalten haben; früher hieß es (was mir vor allem leid that), man habe ihm einen geboten und er ihn aber ausgeschlagen. Keins von beiden will ich für wahr ausgeben. Aber es wäre ein Schimpf für unsere starke und muthige Armee, wenn wir Unterhandlungen anknüpften.

Augereau, der bis Dijon und selbst Gray vorgedrungen sein soll, muß sich nun hoffentlich zurückziehen; Bianki ist mit 20000 Mann, den Bubna zu verstärken, abgeschickt. Bianki ist einer der besten österreichischen Generale.

Ich schicke Dir hier Anweisung auf 100 Thlr. fällige Besoldung. Mit meinen Ausgaben geht es jetzt etwas gelinder, ich wüßte aber nicht, wie ich jetzt das Geld, was ich brauche, von dort sicher beziehen kann, und denke mir lieber mit Borgen auszuhelfen, so lang's geht. Der Graf steht mit seinem Banquier Rothschild nicht sonderlich, und darum mag ich diesen Weg nicht einschlagen.

Heute heißt's, Augereau sei geschlagen. Es fehlt an frischen Nachrichten.

Da die Bibliothek dort jetzt viel besser steht, als die Legation hier, so bist Du jetzt mehr als ich.

Dein treuer Bruder J.

Adresse: Herrn Bibliothekssecretär Wilhelm Grimm, Cassel, Marktgasse bei Kaufmann Wille.

---

83.

### Wilhelm an Jacob.

Cassel, am 8. März 1814.

Liebster Jacob! Nachdem endlich heute wieder gute Nachrichten eingegangen und Ihr im Vorrücken seid, habe ich die nöthige Ruhe, Dir zu schreiben, wie oft habe ich an Dich gedacht und seit Deinem letzten Brief Sorgen und Zweifel gehabt, weil mir alles so unbegreiflich war. Man erzählt nun auch von einer durch Blücher neuerdings gewonnenen Schlacht, wollte Gott, daß es sich bestätigte. Deine Briefe habe ich alle bekommen, Du mußt die meinigen auch haben, ich weiß nicht drei oder zwei, da ich verschiedentlich an einem geschrieben; wenigstens hat mir das Knaß aufs allerbestimmteste gesagt. — — —

Am 17. Februar ging der Louis nach Wolfhagen, kam dann vom 25.—27. zum Besuch hierher und am 2. März ist er abmarschirt. Den 1. kam er schon mit dem Regiment Morgens herein, um in der Kirche zu schwören, wo die Fahnen geweiht worden und ordentlich Gottesdienst war. Ich hatte mich auch mit vieler Mühe hineingedrängt und Platz bei einem Soldaten seines Regiments gefunden, die Offiziere standen in einem näheren Kreis um den Altar, alle Herrschaften waren auch da. Wie es zum Schwur kam, sah ich, wie alle Bauern des Regiments ernsthaft und andächtig die Hand aufhoben, nur die feineren Leute thaten, als schämten sie sich. Es war mir so, als ging es ihm gewiß gut, könnt' ich ihn unter den vielen Menschen entdecken, und da sah ich auf einmal seinen Kopf von hinten, und wie er sich umdrehte, war er's auch; das war mir ordentlich ein Trost und eine Freude. Am andern Morgen, denn er durfte die Nacht nicht bei uns bleiben, ging ich um halb acht Uhr aus und gerade kam das Regiment zum Thor herein, da bin ich mit ihm gegangen und beim Ausmarsch mitten drin neben ihm und habe ihn begleitet bis an die Pappelallee, da haben wir uns noch einmal geküßt. Der Karl wollte noch zwei Tag hierbleiben, war zwar mit aufmarschirt, sagte aber, er reite wieder zurück; das war auch seine Absicht, denn er hatte noch seinen Mantel bei uns liegen; Mittags aber kam sein Bedienter (er hat sich einen gemiethet) gelaufen und holte ihn ab, der Rittmeister habe es nicht erlaubt. Da ist mir's lieb, daß ich ihn doch noch gefunden und geküßt habe. Gott erhalte sie, heute sind sie in Weilburg oder Montabauer.

Dein Geschenk zu meinem Geburtstag, liebster Jacob, habe ich richtig erhalten, es ward mir, wie ich noch im Bett lag, um halb acht Uhr von der Post gebracht, ich dachte gleich, es wär von Dir. Den Kuchen habe ich und die Lotte und Tante verzehrt, dann hab ich Wilds und Ramus ein Stück geschenkt. Die Tante hat mir vier Louisd'or geschenkt, ich sollt mir einen schwarzen Rock dafür kaufen, was ich aber noch lassen will, die Lotte ein seiden Schnupftuch und das Dortchen einen Kuchen und ein Paar Blumen. Das Geld, das Du mir geschickt, habe ich angewendet, den Erdmann zu bezahlen.

Von Görres habe ich endlich auf meinen Brief kurze Antwort bekommen vom 17. Februar. Er hat das Nervenfieber gehabt, ist um Neujahr noch sehr gefährlich gewesen, jetzt aber mit dem Rheinischen Merkur beschäftigt und steht sich gut mit Gruner, den er als einen sehr braven und verständigen Mann lobt. Hoffentlich geht es ihm von nun an besser. Den Gregor will er schicken, er glaubt nicht, daß Glöckle noch in Rom sei. An Schlegel habe ich längst wegen der ungarischen Handschrift des armen Heinrich geschrieben. Arnim hat auch einmal geschrieben, er will, um zu sparen, auf sein Gut Wiepersdorf ziehen. Niebuhr ist vom Könige nach Holland geschickt, wegen der gemeinschaftlichen Staatspapiere.

Ein unerwarteter Besuch war Jahn, der das Volksthum geschrieben und großen Antheil an dem Lützower Corps hat. Es ist ein verständiger Mann, der gut spricht; nur stört mich etwas das Anhaltende darin, denn er setzt auch in ein Paar Stunden nicht ab und hat darin wie in einigen Gesichtszügen Ähnlichkeit mit der alten Engelhardin. Er kennt die Sitten des Volks gut und weiß viele Sagen und hat Freude an unsern Märchen gehabt. Er will nach dem Frieden besonders Deutschland durchreisen, um eine Sagengeschichte fürs Volk zu schreiben. Kommt er in Deine Nähe, so wird er Dich besuchen.

In der Literatur giebt's nichts Neues. Rühs' Schrift gegen uns habe ich erhalten, sie ist von unglaublicher Niederträchtigkeit und Schändlichkeit; er schreibt uns geradezu die Jenaer Recension von Gräter zu. Wilken hat mich um eine Recension gebeten, falls es mir nicht zuwider sei, und sonst eingeladen, auch den Bouterweck angetragen; ich habe nun, ohne im geringsten auf jene Schändlichkeit zu antworten, ihn nur so kurz als möglich widerlegt, denn er giebt wieder die ärgsten Blößen. Er hat natürlich in der Sache im Ganzen und gegen die einzelnen Beweise nichts einwenden können, wo er es thut, zeigt er Irrthümer. Dieses wird das Letzte sein und er mag in Zukunft anfangen, was er will, ich werde nicht darauf antworten.

Der Prinz hat auf unsere neuen Kanonen passende Inschriften gewünscht, Henschel war deswegen bei mir, wenn Du sie einmal siehst und liest, kannst Du an mich denken, denn ich habe sie heute Mittag gemacht. Es waren wunderliche vorgeschlagen worden, viele ganz gut gemeint, aber ohne alles Gefühl für das Passende und Volksmäßige; die lächerlichste, widrigste und sehr charakteristische war die: „Beitrag zur Ruhe Europas". Es hätte nichts gefehlt als: erstes Portiönchen.

Ich freue mich schon ganz unglaublich auf die Tage, wo Ihr alle wiederkommt, Gott gebe bald und lasse alles so geschehen, wie wir wünschen. Läßt er uns diese Zeit glücklich überstehen, so ist es hernach gut, daß zwischen ängstlichen Erwartungen unser Heil gekommen ist. Leb wohl und schreib bald und etwas Gutes.

Am 9ten Morgens.

Heut nur noch wenige Worte, weil der Brief gleich fort soll. Der Steuber hat mir von Luxemburg geschrieben, aber nur kurz, er ist Adjutant des Dörnberg; nach neuern Nachrichten haben sie gestürmt, auch drei Thore gehabt, aber wieder zurück gemußt. Luxemburg soll auch nicht zu nehmen und die Stadt selbst, wenn sie erobert ist, nicht zu halten sein, weil das Fort inwendig herrscht. — Der Schwarzenberg, der mit Braunschweig ging, ist aus Spanien gesund mit fünf aber nicht gefährlichen Wunden gekommen.

Die Lotte läßt Dich vielmals grüßen, morgen ist ihr Geburtstag. Sonst ist es beim Alten. Auf der Bibliothek geht es mir ganz gut und stehe mit Völkel freundschaftlich, ich habe ihn bisher als rechtschaffen und überhaupt recht gut und liberal denkend gefunden. Strieder kommt gar nicht, auch weil er jetzt für eine Zeit lang ganz oben ist und Deine ehemalige Bibliothek wieder ordnet. Noch einmal leb herzlich wohl.                          Dein treuer Wilhelm.

Der Bauer ist endlich heute erst fort und die ganze Zeit hier gewesen. Haxthausen hat mir wieder geschrieben, er liegt vor Hamburg. Steffens, hab' ich gehört, ist lang in Coblenz bei Görres gewesen, hoffentlich siehst Du ihn noch.

* * *

84.

Jacob an Wilhelm.

No. 10.                                   Besoul, am 9. März 1814.

Liebster Bruder!

Wenn Ihr Euch recht herzlich vorstellt, wie sehr ich an Euch hänge, so könnt Ihr denken, wie mir war, als ich vorgestern, den 7., gegen 11 Uhr Deinen Brief vom 18./24. Januar empfing. Das erste Zeichen seit 2¼ Monat, so allein bin ich nie gewesen, fast keine Seele, mit der ich sprechen kann, und diese Tage sind mir keineswegs in Zerstreuung, sondern in beständigem Nachsinnen und Sorgen hingegangen. Dein Brief hat mich getröstet, auf lange Zeit gestärkt, erfreut, gerührt und traurig gemacht, alles zusammen. / Vor allen Dingen muß ich sagen, daß er eingeschlossen kam in einem vom 19. Februar, woraus folgt, daß, wenn Du bis dahin nicht auf andern Wegen geschrieben hast, ich durch jene Bestellung keinen mehr aus früherer Zeit zu erwarten habe, und ich sollte doch meinen, Du hättest

in Verlauf von fast einem Monat noch mehr als ein Schreiben ab-
gehen lassen.

Wie reich war Dein Brief! Nachrichten von Karl, Ferdinand,
Louis; vor allem grüße mir jeden von ihnen recht tausendmal, so
weit Du noch zu ihnen reichen kannst, denn ich reiche jetzt zu nie-
manden. Alle miteinander sind doch herzbrav und wie lieb hab ich
sie, es geht doch nichts darüber, als zu sehen, daß alle, die einem zu-
gehören, in den Hauptstücken ungeachtet aller andern Verschieden-
heiten immer zusammentreffen, dergleichen liegt doch in einem und
ist uns durch unsere Erziehung von Haus her mitgegeben worden,
ohne daß es uns jemals gesagt worden wäre. In solchen Augenblicken
kann ich aufrichtig wünschen, der selige Vater und Mutter lebte noch,
ich wäre ihm in seinem Amt beigegeben und wüßte von nichts Weiterm,
damit die treue Erwartung, die er sich von uns gewiß in vielfachen
Gedanken gemacht hat, nicht zerstört würde durch etwas, das gegen
ein rechtschaffenes Leben betrachtet immer nur eine bloße Form und
jenes die Sache ist. Sein Schicksal, sein Wirken in der Welt mag
einer preisen, aber jener Zusammenhang, jene Liebe geht darüber
und muß einmal wieder erneuert werden und ewig fortwähren. Wenn
ich jetzt die Brüder einzeln betrachte, finde ich an jedem zu loben.
Am Karl, der nach mancherlei Arbeit und Mühseligkeit sich jetzt
wieder unten hinstellt und in der Ungewißheit schwebt, was ihm nach
dem Feldzug übrig bleibt; eine Offizierstelle gönnte ich ihm auch aus
Rücksicht seiner nicht starken Natur; schreibt mir doch, wie er sonst
an Gesundheit und Gemüth ist. Mit dem Ferdinand wirst Du auch
seiner unglücklichen Geschichte halben jetzt immer ausgesöhnter werden,
das mußt Du doch sagen, daß er thut, was er sollte, und ich freue
mich, daß ich im Grund meines Herzens stets an ihn geglaubt und
gefühlt habe, daß Du in einer Zeit zu hart gegen ihn warst. Das
ist weiß Gott kein Vorwurf oder mir ein Verdienst u. s. w., sondern
liegt in einem gewissen Stolz Deiner Natur, den Du Dir nicht nehmen
sollst, der mir nur manchmal ein Fehler geschienen hat. Wir andern
haben gewiß auch andere. Für Ferdinands schwache und kränkliche
Leibesbeschaffenheit fürchte ich aber sehr und Gott stehe bei seiner
Seite und beschütze ihn, daß er es aushalten kann. Es fällt mir
jetzt heiß aufs Herz, daß ich zu Vandoeuvre vor drei Wochen einen
kranken bairischen jungen Soldaten vor der Hausthüre sitzen sah,
wo wir still hielten, er forderte nur eine warme Suppe, die ihm
niemand geben konnte, Brot, das man ihm gab, aß er nicht, ich

schenkte ihm sechs Batzen und er reichte gleich das Geld den Wirths=
leuten für Suppe, die ihm keine gaben, und er mußte elendig und
wankend zu Fuß weiter fort. Zu Troyes sprach ich drei Preußen,
fein aussehend, aber gemeine Soldaten. Sie waren aus adlichen
Familien und klagten, daß ihr Leib schwächer sei als ihr Geist; sie
hatten lange Zeit im Spital müssen liegen. Der Umgang mit
andern rohen, schmutzigen, kranken Soldaten ist das Allerhärteste.
Der ehrliche, gute Louis giebt ohne Zweifel am meisten auf, dafür
hat er auch die meiste äußere Lust, der Himmel bewahre ihn und
seine rechte Hand. Schreib mir doch auch weitläuftig, wie er sich in
allem geändert hat, seit wir ihn nicht sahen, ich hoffe von ihm und
Karl selbst ein Paar Zeilen in einem Deiner nächsten Briefe bei=
geschrieben zu lesen.

Dich selbst, lieber Wilhelm, sehe ich täglich im Geist von 10 bis
12 Uhr auf die Bibliothek auf dem Wege gehen, den ich sonst mehr=
mals für Dich gemacht habe, wenn Du Dich aus allerlei Anstand
scheutest. In der Arbeit und der Abhängigkeit von andern wird Dir
manches nicht gefallen, anderes ist vielleicht dabei angenehmer, als
Du erst denkst; auf einige Besoldung rechne ich doch, wiewohl die
Entfernung der Brüder uns für eine Zeit ihrer Versorgung entbindet
und ich weniger für mich zu brauchen hoffe, als es der Anschein des
ersten Monats gab. Der Graf hat sich aufrichtig und theilnehmend
über meinen Gehalt gewundert, ich lerne täglich mehr seine Recht=
schaffenheit kennen und vergesse darüber seine Eigenheiten.

Wenn ich jetzt auf mich kommen soll, so muß ich von Deutsch=
land und den Aussichten, die wir Deutsche haben, sprechen, worüber
ich mit jedem Tage trauriger und betrübter im Sinn werde. Wie
viel reiner, heller stellt Ihr Euch dort und der größte Theil Deutsch=
lands sich alles vor; ich möchte mich Dir recht darüber ausschütten
und darf Dir doch die Aufschlüsse nicht schwarz auf weiß schreiben,
die ich nach und nach bekommen habe. Das Heiligste, Einfachste,
das, was der größte und beste Theil unseres Volks klar will, wofür
Hunderttausende gestorben sind, steht so auf dem Spiel, daß uns nur
Gott rettet oder die finstere Verblendung unseres Widersachers.
Mündlich will ich Dir einmal nach dem Faden erzählen. Heute ist
aber die Nachricht verbreitet worden, daß morgen, als den 10. März,
Napoleon entweder die ihm vorgelegten Basen unterzeichnen müsse,
oder auf keine weitere Unterhandlung mit ihm selbst zählen dürfe.
Ob dieser Termin in Wahrheit gegründet ist, kann ich nicht behaupten,

ich wünsche aufrichtig das Gegentheil und, daß der lieben Lotte Geburtstag nicht mit dem Tag zusammen falle, wo ein Frieden zu Stand käme, der sündlicher wäre, als der fortgeführte Krieg, weil er den Samen zu einem neuen Krieg in sich trüge und viel Unschuldige durch die Ruhe von einem Jahr oder zweien in Betäubung löge, andere in bange Sorgen stürzte. Der Herr lenke die Rathgeber unserer Fürsten und bekehre die Schwachen; was vermag der einzelne zu thun? Ich habe dieser Tage einige der dringendsten Punkte flüchtig aufgesetzt und aus mehreren Gründen durchaus anonym an einen Ort, wo es vielleicht etwas mitwirken kann. Bei längerer Weile hätte ich es gewiß besser gemacht, ich dachte aber früher nicht an mich, sondern an andere, und es liegt auch jetzt weniger dran, wie das Schärflein gerändert ist. Hast Du Benjamin Constants Schrift über Usurpation gelesen? Man kann sich hier gar nichts verschaffen. Daß nur Könige und Minister einsehen und glauben könnten felsenfest, wie treu wir sie lieben und für sie alles opfern, und daß alles andere Bedenken klein, gemein, dumm, schlecht ist; bedenken sie aber jenes, so wird ihnen das Aug offen stehen für den Weg, den sie zu unserm und ihrem Glück und einigem Heil wandeln sollen.

Vielleicht hastu, eh dieser Brief bei Dir anlangt, schon die Entscheidung gehört. Das Seltsamste ist, daß Deutschland eine so große, überwiegende Menge braver, das Rechte glaubender und wissender Leute hat und doch dieser Geist mit innerem und äußerem Übergewicht verstummt oder gefangen wird vor und von dem Beschränkten. Gott gebe, die nahe Zeit beschäme meine Angst, so will ich gern jedermann im Herzen abbitten und meinen Irrthum bekennen.

Am 10. März, Morgens.

Ich schreibe heute wenigstens ruhiger fort, Abends ist man gespannter. Die letzten Kriegsbegebenheiten waren wieder günstig, aber ich zweifle nicht, sie wären noch ganz anders, wenn die Unterhandlungen nicht eine Hemmkette angehängt hätten. Es wurde angeschlagen, Blücher marschire gerades Wegs auf Paris los, nach den neusten Nachrichten soll er in einer beharrlichen Stellung gestanden haben; Schwarzenberg ist mit seinem Hauptquartier wieder in Nogent und wird beinahe die alte Position inhaben. Troyes wurde den 4. 5. wieder genommen, auch sind Kanonen und Gefangene in unsere Hände gerathen, aber der Gewinn ist wenig ausschlagend, da wir bei dem mörderischen Gefecht von Bar sur Aube drei Österreicher auf einen Franzosen verloren haben sollen. Durch das Beirücken der Nordarmee hat aber Blücher und unser Ganzes eine so entschiedene Überlegenheit, daß schon alles gut gehen müßte. Dazu rückt Wellington seit dem 13. Februar heran. Soviel zeigt sich nun, daß Mangel an Lebensmitteln doch nicht der Grund des Schwarzenbergischen Rückzuges in der Mitte Februar war, das Hauptresultat der unglücklichen drei Gefechte mit Blüchers Vortrab unter Olsufief (am 10., wo 10 Kanonen und 6000 Mann, sieben russische Regimenter,), mit Wittgenstein (wo 30—40 Kanonen verloren wurden), mit den Württembergern bei Montereau, überwog die Vortheile der gewonnenen Brienner Schlacht weit. Aber es war eine Warnung vom Himmel und mußte uns eben stark und einfach machen. Man bedenke nur das Beispiel der Schweiz, welche halbe Maßregeln gegen sie genommen wurden, sie, die 40000 Mann für uns aufbringen müßte, hat rein nichts gethan, als Böses, Genf allein verdient ein besseres Schicksal. Die Waadtländer haben uns verweigert, was wir forderten, und französische Gefangene durch ihre Rotten frei gemacht, die beste Strafe wäre, sie an Frankreich abzutreten oder ihnen den König von Württemberg zu geben, wiewohl Letztes ein Spaß ist. Bubna ist dadurch zum Rückzug genöthigt worden. Die Mannszucht der Russen, hernach der Östreicher (besonders Böhmen und Ungarn) hat viel verdorben, hin und wieder laufen die Bauern zusammen und vergelten, was und wo sie können. Gestern erzählte ein Courier, (die freilich lügen oder zusetzen,) bei Dijon hätten die Bauern zwei österreichische Spitäler angefallen, alle Kranke und neun Offiziere umgebracht, worauf ein Dorf angesteckt und Schuldige sammt Unschuldigen verbrannt worden, im zweiten der je neunte erschossen wäre. Die Bauern treibt Rache und Hungersnoth, nicht allein Bosheit; auch falsche Kundschaft, die Napoleon überall auszustreuen weiß, denn unsere Armeepolizei taugt so viel wie nichts. Einige sagen sogar, daß jedermann das Kreuz der Legion zugesagt worden sei, der einen Alliirten tödte, und man hat hier in der Gegend in Dörfern Piken versteckt gefunden. Allein den Aufstand des französischen Volks fürchte ich nicht ein Zehntel so viel, als das andere. Der Graf Artois ist hier, wird aber natürlich von den Verbündeten nicht recht unterstützt und eher thut das Volk nichts; regierten die Bourbons wieder, so wäre uns Frankreich dankbar und beruhigt.

Du kannst Dir selber denken, wie mir in allem dem selbst zu Muthe ist; morgen brechen wir auf über Langres und vermuthlich nach

Chaumont, Örter, die ich zum drittenmale sehen werde. Dauert der
Krieg fort, was ich wünsche, so geht es noch weiter und meine Rück-
kehr schiebt sich freilich auf. Giebt es jetzt Frieden, so würde auch
ein Hauptaugenmerk für mich, die Hoffnung, in Paris vieles für
unser Studium zu finden und zu arbeiten, wodurch ich mir alle Ver-
säumnis zu vergüten dachte, untergehen. Dann aber ist es mein
heißer Wunsch, bald nach Haus zu kommen und mich aus einer Lauf-
bahn los zu machen, die mir desto mehr schadet, je länger ich darin
bleibe; wenn mir dann die Tante nur ein halb Jahr Ruhe läßt, damit
wir sehen können, was zu thun ist, und wenn ich nur nicht gleich
wieder ein anderes noch lästigeres Amt nehmen soll.

Unsere Arbeiten, die mir so sehr zu Herzen gehen, leiden durch
diesen Zufall gewaltig und ich fürchte, der Buchdrucker in Halle, der
seine Zeit für die Edda gespart und eingerichtet hat, macht Schwierig-
keiten; der Verleger wird ja vernünftig sein. Lassen sich denn Rask,
Thorlacius und Nyerup nun nicht wieder hören? Hat Reinwald
nichts über seine Evangelienharmonie geschrieben? Ist nichts aus
Holland gekommen, besonders Bücher über Leipzig? Über den
zweiten Band der Kindermärchen, woran Du so viel thust, freue ich
mich; Ferdinand hat wohl seine Beiträge nicht geschickt? Dem guten
August Haxthausen kann ich nun freilich kein Zettelchen antworten,
da Du nicht auf mich gewartet haben wirst oder jetzt selber seine
Adresse nicht mehr weißt.

Der Tod von Denhard hat mich betroffen und mir leid gethan.
Unglücklicherweise gerathen auch die Geldangelegenheiten für uns in
neue Verwirrung. — — — Unser Vermögen wird immer bedenklicher
und das ist doch meine allergeringste Sorge jetzt; bei andern erstickt
das leider Verstand und Herz. Pilat, der viel bedeutender sein könnte,
hat im vorigen Jahr durch den österreichischen Beobachter, wie es
heißt, 25000 Gulden erworben und wendet immer noch einen großen
Theil seiner Zeit auf die Forterhaltung dieser Einkunft.

Von Savigny und Arnim hatte ich gehofft, einmal unmittelbar
ein Paar Worte des Trostes zu hören, aber bisher vergebens. Melde
mir's also gleich, was sie schreiben.

Mein liebster Umgang ist der Senator Smid aus Bremen, ein
herzensguter und vernünftiger Mann, mit dem ich die Verbindung
auch in Zukunft zu behalten hoffe. Sein Legationssecretär Doctor
Gildemeister gehört ebenfalls zu den Gescheidten; auch der Senator
Hach aus Lübeck, der den Villers in der Robbischen Concurssache

freimüthig durch eine kleine Druckschrift widerlegt hat. Abends wird hier bei den Zusammenkünften meistens Karte und Schach gespielt und über Tafel unausstehlich lang gesessen (unaussitzlich). Das Wetter ist rauh, Schneestöbern und großer Schmutz, so daß man nicht gern spazieren mag. Hier wohne ich bei einem Tribunalrichter, guten bürgerlichen und ärmlichen Leuten, die alles hergeben, was sie haben, sonst langweilig, complimentenvoll bis obenhin und sich ewig wiederholend. Das Kind, ein artiges Mädchen von 10 Jahren, das ich weiß nicht wie heißt, sie aber aus närrischer Sitte Mamsell Palmire nennen, kommt jeden Tag, hilft mein Bett machen, trägt mir Holz zu und erzählt von den famosen Kosackenbärten. Märchen wissen sie wohl auch, aber doch lieber gereimte Fabeln von Lafontaine auswendig; es ist unmöglich, ihnen begreiflich zu machen, daß jene keine Dummheit wären. Auf den Dörfern braucht man kleinen Jungen, sobald man sie kirr gemacht hat, nur zu sagen, dis moi l'évangile, so sagen sie einem lange Gebete auf, wenigstens hab' ich einigemal die Probe gehabt. Die Leute sind mit uns immer sehr zufrieden, weil wir weniger begehren als Generäle und Offiziere.

Der lieben Tante liesest Du, denke ich, vor, was sie aus meinen Briefen brauchen kann; da ich mir Euch alle wie eins denke, so kann ich auch nicht besonders schreiben. Gott gebe ihr einen fröhlichen Geburtstag und sie möchte an das denken, was wir voriges Jahr dazu geschrieben. Ich bin nun doch wieder nicht dabei. Ich küsse ihr die Hand und grüße Euch alle nochmals. Dortchen, Ramus, Henschels grüße ich, Harnier und Suabedissen ja nicht zu vergessen. Gott verleihe, daß ich das nächste Mal aus vollvergnügter Seele schreiben könne. Ich bin Dein treuer

Bruder Jacob.

Büschings altitalienische Märchen werden wohl die aus Straparola sein, die schon in Zeitungen einzeln standen. Eure Journalgesellschaft besteht also noch.

Den 10. Nachmittags.

Ich bin heute von 12 bis 2 Uhr bei schönem Wetter spazieren gegangen auf der Straße nach Besançon, von woher man kanonieren hörte. Der heutige Courier meldet, daß Napoleon sich auf die Friedensbasis scheine nicht wollen einzulassen; dies ist mein einziger Wunsch, vorausgesetzt, daß man sich mit ihm hernach endlich einmal nicht mehr einlasse. Er soll jetzt zu Ferté sous Jouarre sein, Blücher gegenüber, der sich also etwas zurück bewegt hat, vermuthlich, um den Kronprinz von Schweden zu erwarten. Kein Gefecht scheint gewesen zu sein. Man sagt, Napoleon habe jetzt 180—200000, aber sind wir nicht viel stärker und besser? Macht doch dort, daß die Hessen in einem Corps beisammen bleiben und vorrücken, damit sie nicht vor den Festungen einzeln verschwendet werden.

Morgen wollen wir bestimmt reisen. Es heißt, das Hoflager könne vielleicht nach Dijon kommen, weil Troyes ganz ausgehungert und zugerichtet sei. Bianki soll jetzt 20000 Mann anführen. Über die vorgelegten Friedensvorschläge wird viel geschwätzt (Frankreich wie vor der Revolution, Entsagung der Kaiserwürde, Aufhebung der Conscription, Reduction des Heers auf eine gewisse Zahl (!), Vergütung der Kriegskosten). In den holländischen Zeitungen sah ich heute einen Aufsatz, der besser lautete: die Junta habe zwei Briefe empfangen, einen von dem beminden Koning, den andern von dem verhaaten Korsikaan, den ersten mit Jubel gelesen, den zweiten unerbrochen terug gezonden an den verrätherischen Schreiber und Anstalt getroffen, daß zukünftig keine seiner Botschaften weiter Spanien besudele. Neulich standen auch Londoner Volkssagen darin, unter anderen, Bonaparte sei geschlagen „mit einer schimpflichen Wunde im Rücken" zu Paris angekommen.

Ich ärgere mich tausendmal, daß ich nicht einige Bücher zum Lesen des Abends mitgenommen habe, womit ich auch unsere Gesellschaften verbessern könnte. Namentlich den Schelmuffsky. Sollte dazu eine Gelegenheit sein, so schick mir ihn ja, es wäre mir eine wahre Wohlthat.

An die Lotte hab' ich heut mehr als eins gedacht, die wird Geschenke gesehen haben, aber keine so schöne Blumen wie vorem Jahr; vielleicht habt Ihr Kränzchen, obgleich Donnerstag ist.

Freitag, am 11.

Ein Zufall hält uns bis morgen auf. Man verbreitet soeben das gute Gerücht, Napoleon habe den ihm vorgelegten Frieden verworfen, wenigstens sei seine Antwort gestern Mittag 12 Uhr als der peremtorisch gesetzten Zeit nicht erfolgt.

Gott erhalte uns nun standhaft, bewahre uns vor allen weitern Schritten mit ihm und leite uns vorwärts. Von Chaumont aus hoffentlich mehr.

85.

### Jacob an Wilhelm.

Nr. 11.                     Chaumont, den 19. März [1814.]

Lieber Wilhelm, seit einigen Tagen bin ich wieder hier, auf dem Punkt, wo ich schon vor fünf Wochen stand, jetzt nur mit unfrischeren Aussichten und etwas gedämpften Hoffnungen. Übrigens ist Chaumont, die Hauptstadt vom alten Bassigny, ohne Vergleich für mich der angenehmste Ort in Frankreich; seit vorgestern hat sich auch die winterliche, noch zu Langres scharfschneidende Luft in ein mildes und klares Frühlingswetter gelöst. In Langres erging es uns immer schlecht; das erstemal wohnten wir bei alten Leuten, die ich nicht gesehen habe, aber in einem unerwärmlichen Saal, das zweitemal bei einem Seifensieder, bei dem eben alles krank gewesen war und Unschlitt und Lichter roch. Zum letzten (hoffentlich letzten) Mal bei einem gewesenen Kriegscommissär und Ehrenlegionär, der ein sauer Gesicht schnitt, wenn er an Landshut und Stettin erinnert wurde, wo er die Deutschen einst geschoren hatte. Hier in Chaumont kamen wir die beiden ersten Male bei einer und derselben freundlichen Familie unter und fuhren auch diesmal da vor, fanden aber alles voll besetzt und sind jetzt bei einer noch sehr betrübten, doch wohlhabenden, jungen Wittwe unter, die jedesmal zum Dessert ihr rothbackichtes, schwarzgekleidetes Louischen schickt, von zwei Jahren, aus dem aber kein Wort zu bringen ist vor Blödigkeit, als stumme Complimente. Es scheint Sitte in Frankreich, die Fremden einigemal des Tags von den jungen Kindern besuchen zu lassen, denn ich habe es fast allerwärts gefunden.

Die Einwohner waren im Februar hier unnapoleonischer als in Besoul und Langres gestimmt und so sind sie noch, aber ich fand sie diesmal viel klagender über unsere schlechte Manneszucht. Dadurch haben wir's dahin gebracht, daß das besetzte Land, das anfangs für uns war, jetzo gegen uns ist oder wenigstens uns eben so wenig Gutes wünscht, als dem Napoleon. Die Russen treiben es am ärgsten, und wenn in vielen Dörfern alle Mädchen und Weiber genothzüchtigt sind, wenn eine brave, schöne Tochter in Beisein des Vaters mit aller Gewalt ihrer Stärke zwei Männer zurückwirft und dann zwanzig kommen und ihrer Herr werden, so kann man solchen einzelnen Erzählungen und Schmerzen nicht einmal mehr das allgemeine große Elend, was uns die Franzosen gethan haben, zur Entschuldigung entgegensetzen, denn die Leute fühlen ihr eignes nahes Leid viel mehr, als die Rechtmäßigkeit oder Zulassung einer Vergeltung. Wir hätten unsere reine Sache auch in dem reinen Kleid erhalten sollen! Gott gebe, daß ihr innerer Kern dennoch siegt und diese Flecken mitverbrennt. Ich bin gestern um den Stadtwall gegangen, auf der einen Seite ist eine reizende Lage von der Höhe in ein tiefhohles, mit Reihen von Häusern und Wegen besetztes Thal, wird alles erst grün, so muß es noch schöner werden; aber ich sah mit eignen Augen, daß fast alle Häuser in den Vorstädten ausgebrennt, Fenster zerschlagen und Thüren ausgehoben sind, alles im bloßen Bivonak, ohne ein Gefecht; man erzählte, daß selbst auf dem Kirchhof Särge ausgegraben worden wären, um das Holz beim Wachtfeuer zu brennen. Obgleich keine Festung, hat auch diese Stadt ringsum Zinnen, Mauern mit Wachtthürmen, aber alles zerfällt in sich selbst und contrastirt mit dem ziemlich wohl= habenden Innern.

Ich werde das Umherziehen in dem von Natur aus doch weit ärmlicher als Deutschland aussehenden Frankreich täglich müder; rechnet man die zuweilen anmuthiger liegenden Städte ab, so haben alle Dörfer eine ermüdende, einförmige Mauerfarbe. Meine Zeit verdirbt und verzehrt sich in Sorgen und Gedanken, deren viele durch eine eingehende neue Nachricht plötzlich vernichtet werden können, die man sich aber darum nicht ersparen kann. Das Reisen selbst macht körperlich träg, eine Menge von Kleinlichkeiten, Packereien und Plackereien hören nicht auf, mein elender Koffer muß geflickt und verbessert werden an allen Ecken, Wäsche gewaschen und ist hernach beim Fortreisen nicht fertig u. s. w.; dazu gehörte mir ein Bedienter. Ruhe, etwas zu thun und zu arbeiten, habe ich selbst dann nicht in mir, wann ich von außen nicht gestört und gehindert bin.

Womit will das endigen? Kommt ein Friede zu Stand, eh' wir nach Paris gelangen, so geht der Vortheil für mich verloren. Und die deutschen Angelegenheiten, heißt es, sollen hernach in einem Congreß zu Wien auseinandergesetzt werden. Vorher kann ich mich doch schwerlich losmachen und dann könnten wir doch sicherer und also leichter einander schreiben. Ich mag aber vor dem Nahen gar nicht an das Weitere denken.

Der 10. März war zwar für Chatillon ein entscheidender Termin, aber, wie es sich nun zeigt, doch kein so peremtorischer, daß er die un= seligen Unterhandlungen gebrochen hätte, denn sie dauern noch fort und die Leute sprechen bald von Krieg, bald von Frieden; unsere Sache ist so einfach, daß uns Einfachen die vielerlei Verwickelungen

unbegreiflich vorkommen, aber es ist so, und ich darf darüber nicht
schreiben. Bei Schwarzenberg ist seit zehn Tagen nichts vorgewesen,
daß Bianchi den Feind bei Macon geschlagen hat und wohl in Lyon
sein muß, bestätigt sich; Wellington hat gegen Soult zwischen Orthes
und S. Severn eine Schlacht gewonnen, 40 Kanonen, 4 Generäle
und 3000 Gefangene genommen. Ich dachte mir ihn aber in der
Richtung von Toulose und Clermont. Man muß gestehen, daß es in
Italien langsam geht; mit unbegreiflicher Langsamkeit rückt der Kron-
prinz von Schweden, der schon Mitte Februar in Köln war, an und
soll jetzt Antwerpen oder Mastricht belagern wollen. Blücher und
Bülow sind rührig, aber statt direct nach Paris zu marschiren, wie
man Anfangs des Monats ankündigte, stehen sie in guten Stellungen
zwischen Laon, Soissons, Rheims und Chalons, am 9. wurde bei
Concy ein glänzender Sieg gewonnen, allein erst durch dieses Bulle-
tin hörte ich, daß Franzosen wieder Soissons und Rheims besetzt
hatten, und Rheims, das hinter Soissons liegt, wurde von S. Priest
erst den 12. erstürmt. Die ungünstigen Vorfälle hört man also nicht.
Wir haben ohne Zweifel auf beiden Seiten eine Übermacht, warum
wird nicht heftiger gedrängt, daß wir aus dem uns nachtheiligen,
armseligen Boden von Champagne, wo alles ausgefressen ist, erlöst
werden! Man vergleicht unsere Stellung wohl mit der in Sachsen,
aber hier hat Napoleon nicht feindliches Land, sondern sein
eigenes hinter sich. Unsere guten Hessen werden hoffentlich, sobald
der zweite Zug mit dem Prinzen anlangt, von den Festungen abge-
löst und marschiren alle heran; ich denke täglich an die Brüder, von
denen der Louis wenigstens jetzt der Gefahr im Gesicht stehen kann,
und bitte Gott doppelt um Sieg und Segen.

Was der Soldat auszustehen hat, muß man auch selbst näher
sehen. Krankheit, Spital und Gefangenschaft ist das Schrecklichste.
Hinter Combeau-Fontaine sah ich dieser Tage einen jungen Östreicher
mitten auf der Heerstraße liegen, so daß man ausweichen mußte,
welcher eben im Sterbenszug war. Andere gingen gleichgültig vor-
bei und so starb er unter offenem Himmel, ohne daß man wußte, ob
er würde begraben werden. In Bar sur Aube sollen die unbeerdigten
Leichen eine pestartige Seuche hervorgebracht haben; in dieser unglück-
lichen Stadt bleiben jetzt nur 30 bis 40 wohnbare Häuser.

Deutsche Zeitungen bekommt man hier in Frankreich nur mit
Mühe und einzeln, so daß viele Defecte sind. Nicht recht ist, daß sie
alle tüchtig lügen oder wenigstens nicht Gerüchte von den wahr ein-

laufenden Nachrichten trennen, in der Casseler fand ich viel äußere Widersprüche und Nachlässigkeiten; aber neulich eine Ankündigung von einem zu Coblenz erscheinenden Rheinischen Merkur, die von Görres sein könnte, dieses Blatt wirst Du dann auf jeden Fall bestellen.

Hörst Du weiter nichts von ihm? Keine Recensionen unserer Märchen? Wie weit bist Du mit dem armen Heinrich? Schreiben Rask, Nyerup, Thorlacius, der Schwede nicht? Wie viel stehet in Deinen verlorenen Briefen darüber? Melde mir doch das ungefähr Wichtigste daraus, denn bis heute ist erst Dein ältester und erster vom 25. Januar in meinen Händen. Wir haben sonst Briefe aus Cassel vom 29. Februar ohne Einschluß von Dir. Du solltest wenigstens alle diese Gelegenheiten benutzen. Schreibst Du mir aber unmittelbar mit Post (unter der angegebenen Beifügung: im Bureau Sr. Durchlaucht des Fürsten von Metternich abzugeben), so mach doch lieber ein zweites Couvert darum: an Herrn Ryhiner Iselin, Handelshaus zu Basel, Johannisvorstadt Nr. 30; wiewohl Basel Umweg ist und ich nicht begreife, warum Briefe unter meiner Adresse über Frankfurt und Nancy mit der Briefpost verloren gehen sollten.

In diesem Augenblick frohe Botschaft: der Congreß zu Chatillon sei gebrochen. Darüber soll man vor Freude springen. In Vendée Insurrection. Soult durch seine schlechte Mannszucht soll auch das Land gegen sich erregt haben, der Kronprinz von Schweden anrücken. Man schreibt diesem ein ziemlich freundschaftliches Verhältnis mit den Bourbons und sogar Anerbieten zu, daß er mit seinem Einfluß auf das französische Volk ihnen beitreten wolle, wenn sie ihn zu einer Art von Majordomus oder Connetable auf einige Jahre machten. Ich gebe dies als ein bloßes Gerücht. Dann würde er doch immer geheime Absicht auf Frankreich behalten und daran denken, Schweden aufzugeben. Dem werde, wie ihm will; wenn wir Deutsche nur einmal in Ruh und Frieden kommen, und der vermag mit Napoleons Persönlichkeit nicht zu bestehen. —

Tausend Grüße an Tante, Geschwister, die gute Person u. s. w.

[Ohne Unterschrift.]

86.
## Wilhelm an Jacob.

Caffel, am 22. März 1814.

Lieber Jacob, wenn ich nicht so oft an Dich schreibe, als meine Gedanken bei Dir sind, so ist eigentlich nichts schuld daran, als die Ungewißheit, in der ich über das Schicksal meiner Briefe war. Auf der einen Seite versicherte mich Knatz, sie wären längst in Deinen Händen und von ihm selbst besorgt, auf der andern hörte ich doch jedesmal von Dir, daß es nicht wahr sei. Ich wollte etlichemal gerade durch die Post schreiben, da hielten mich aber die Erzählungen von allen Orten, daß zwar von dorther Briefe ziemlich richtig ankämen, dagegen dorthin geschickte fast niemals, dazu kam die Ungewißheit Deines Aufenthalts und endlich die Sorge über den Zustand der Dinge. Indessen da nun der erste Brief angekommen ist, werden die andern ja folgen.

Vom Ferdinand habe ich nach langem Stillschweigen vom 3. März etwas erhalten, er ist krank gewesen, in nassen Stiefeln gegangen und hat ein Katarrhfieber gehabt, das heftig gewesen sein muß, da es ihn drei Wochen im Bett gehalten. Ich habe ihm sogleich geschrieben, bei diesen Umständen ja nicht mitzugehen, weil bei solchen Dingen der Rückfall leicht und eine Krankheit im Feld das Allerschwerste; auf keinen Fall solle er anders als Offizier mitgehen; auch habe ich Harnier um Geld für ihn gebeten. Ich werde nun sehen, was er thun will, in dem Brief selbst bedauert er die Zeit, wo er indessen leicht eine Offiziersstelle durch Amman, den Dichter, einen guten Freund, der auch mitmachen will, hätte erhalten können; auch sagte mir Louis, es könne ihm, sobald er ernstlich wolle, nicht leicht fehlen. Ich bin daher gewiß, daß er nicht Gemeiner oder Unteroffizier wird, und ein Offizier hat schon manche Bequemlichkeit voraus, schon die große Erleichterung, daß er nichts auf dem Rücken trägt und ein besser Quartier bekommt.

Der arme Franz hat schon allerlei Ungemach erduldet. Bei dem Sturm von Luxemburg in der Nacht (man wollte es durch Hilfe der Einwohner überrumpeln, aber es war nicht still genug, einige Gewehre gingen los, und so wurden die Franzosen aufmerksam, und die Hessen mußten, nachdem sie schon ein Paar Thore hatten, wieder zurück und da gab's Gedränge) hat er Czako und Tornister verloren. Darnach bekam der kleine Bruder Georg das Nervenfieber und, um ihn nicht in ein Hospital bringen zu lassen, hat er ihn nach Trier fahren lassen und ihn dort versorgt. Er ist jetzt auch schon wieder besser.

Vom Karl und Louis habe ich noch keine Zeile, so sehr ich sie auch gebeten habe; in Coblenz haben sie, wie der August Engelhard schrieb, zwei Rasttage gehabt und sind am 14. abgezogen. Der Prinz ist mit dieser Abtheilung sehr feierlich in Coblenz empfangen worden, alle Glocken sind geläutet und weißgekleidete Jungfrauen sind entgegen gegangen. Jetzt können sie bald vor Luxemburg sein, wo der Prinz so lang bleiben wird, bis die russische Reservearmee, die schon in Schlesien ist, ihn ablöst; dann geht er mit dem ganzen Corps nach Blücher. Ich schreibe Dir noch einmal genau: der Karl ist bei der ersten Escadron freiwilliger Jäger zu Pferd, der Louis beim 1. Bataillon des ersten Landwehrregiments (blau mit pfirsichrothen Kragen und Aufschlägen); sobald sie in Deine Nähe kommen, wollen sie um Urlaub anhalten; Karl zu Pferd kann noch leichter fort. Karl hat sich hier einen Bedienten angenommen, wird also ziemlich erleichtert sein, er folgt ihm zu Fuß und ist ein verarmter sächsischer Strumpfwirker.

Von Savigny habe ich bisher nichts erhalten; Arnim hat zweimal geschrieben, jedesmal sehr kurz. Es ist mir so, als sei er nicht recht zufrieden, er scheut alle Äußerungen über die Gegenwart, und ich stelle mir vor, es ist ihm in seinen persönlichen Verhältnissen nicht recht; vielleicht irre ich mich auch; daß er auf sein Gut will, werd' ich Dir schon geschrieben haben.

— — —

Reimer steht vor Wesel und hat von da aus meinen Brief beantwortet. Mit der Edda sollen wir es ganz nach unserm Gutdünken einrichten und es aufschieben, so lang wir für nöthig finden. Wegen der Märchen könne er bei der gehemmten Verbindung noch von dem allgemeinen Erfolg nichts sagen, in der Gegend von Preußen, die offen geblieben, sei der Absatz immer reichlich gewesen; zu dem zweiten Band sei er aber sehr geneigt, und er könne schon zu Michaelis erscheinen. So sehr will ich indes nicht eilen, theils, damit die Beiträge von Haxthausen, Goldmann und dem Ferdinand — den ich bisher nicht daran erinnern wollte, weil ich dachte, er wolle uns bei einer besondern Gelegenheit etwa eine Freude damit machen, — noch einkommen, theils, weil ich hoffe, daß Du selbst erst wiederkommst. Den armen Heinrich will Reimer auch gern befördern, indessen habe ich an Zimmer gedacht, der uns in mancher Hinsicht bequemer wäre;

vielleicht könnte es auch bei dem gedruckt werden und ich die Cor-
rectur doch besorgen. Thomas ist wohl nicht für alles dazu hin-
länglich unterrichtet, sonst könnte man den ersuchen.

Aus Dänemark habe ich von niemand etwas gehört, ich mag
nicht eher schreiben, bis man dort allgemein beruhigter ist, ohnehin bei
dem durch Hamburg noch immer gestörten Postenlauf könnte, was sie uns
schickten, verloren gehen oder wenigstens sich verlaufen. Reinwalds Brief
enthält von der Evangelienharmonie gar nichts, er wird auch ruhigere
Zeiten abwarten. Röwer hat wegen der altdeutschen Wälder angefragt,
ob er die Presse dafür sollte offen erhalten; ich habe ihm aber sagen
lassen, er könnte einstweilen andere Arbeit vornehmen. Ohne Noth
will ich nichts anfangen, wenn Du nicht hier bist, und dann müssen
wir auch erst mit Thurneißen Rechnung halten, der nun seinen Laden
geschlossen hat. — Der Architekt Engelhard will mir zu einem schönen
Logis in den kurfürstlichen Häusern, deren Verpachtung er mitbesorgt,
um billigen Preis helfen, denn er ist seit einiger Zeit äußerst freund-
schaftlich wieder geworden; ich mag aber auch, wenn Du nicht da
bist, keine Veränderung vornehmen und denke, der Wille läßt mir das
unsrige von Ostern an auch für den alten Preis.

Villers hat wie Constant den Nordsternorden bekommen, das
ist auch alles, was ich von ihm weiß. Des letztern Schrift habe ich
noch nicht gesehen, mich auch in Wahrheit zu sagen nicht darnach
gesehnt, weil er mir, so oft ich an ihn denke, immer etwas Un-
angenehmes hat, wie der Kampfergeruch, der immer um ihn war.

Auch den Meßkatalog habe ich noch nicht gesehen. Jean Pauls
Levana erscheint gewiß, weil Proben daraus schon sechs bis sieben
Morgenblätter füllen, welche die Speisung der Kinder betreffen. Auch
der Staël Werk über Deutschland kommt jetzt aus allen Ecken deutsch
und französisch hervor; Villers hat in einer Göttinger Recension
einiges recht Gute darüber gesagt. — In Lübeck ist eine Zeitschrift
Irmensul angekündigt, die, wie es scheint, eine bessere werden soll;
Suabedissen, der Dich bestens grüßen läßt, hat eine Einladung auch
auf uns ausgedehnt. Wir haben verabredet, um Zeit zu sparen und
bessere Gelegenheit zu haben, alle Montag zusammenzukommen, und
das ist auch schon etlichemal in Ausführung gebracht. Also ein neues
Kränzchen, es geht aber erst nach acht Uhr an und sind unserer nur
vier, nämlich der kleine Doctor Gerling ist der vierte; es wird
etwas mäßig Wein getrunken, discurirt und vorgelesen. Suabedissen
hat etwas aus einem Werk über die Affecten zum besten gegeben,

es ist recht fein, nur liegt es uns etwas entfernter. — Wigand wird wahrscheinlich als Stadtrichter hierherkommen, da will ich ihn dazuthun. Über den Sanften muß ich oft lachen, er will gern bedeutend, wichtig, tief und geschichtlich sein, ist aber alles gar nicht, nur recht gut gesinnt und rechtschaffen; er kann sein Blut dem ohngeachtet nicht verläugnen und bei vieler Gewandtheit für alle äußere Dinge und Verhältnisse kann er über einen gewissen Grad nicht hinaus und wird da leicht abgeschmackt. Gott weiß, wie er es angefangen hat, denn aus freien Stücken ist es nicht geschehen, genug in der Hallischen Literaturzeitung steht eine ungemein lobpreisende Anzeige seines unbedeutenden Dings über die Rheingrenze. Gestern erzählte er, wie er „eine Menge Titel“ zu kleinen Abhandlungen aufgezeichnet, was mir auch ungemein lächerlich vorgekommen ist.

Deine Anweisung auf die Kriegskasse ist mir, doch wie sie sagten, nur aus Gefälligkeit ausbezahlt worden (die auf die Kammer noch nicht); sie sagten, es sei nicht Sitte, solche Anweisungen zu schicken, viel leichter solltest Du mir nur die bloßen Quittungen ohne weiteres zuschicken, wogegen sie auszahlten, und Du möchtest doch für beide Monate (Februar und März) solche nachsenden. Ich will den anderen Monat beim Kurfürst um eine Vergrößerung meines Gehalts bitten; es geht sonst wirklich nicht. Hätte ich nur 300 Thaler, so wollte ich damit einstweilen zufrieden sein. Wollte Gott, ich hätte soviel, daß Du nach der Rückkehr wenigstens ein Paar Jahre ohne Amt davon leben könntest und ich Dir einmal thun könnte, was Du so lange an mir gethan. Ein halb Jahr sollst Du das auf alle Fälle haben, Gott macht es vielleicht besser, als wir denken. — Mir geht es sonst in meiner Stelle gut; eben bin ich beschäftigt, einen Haufen Bücher einzutragen, welche der Kurfürst von Prag mitgebracht und uns geschenkt hat, die antiquitates Danicae von Bartholin sind auch darunter. Überhaupt ist eine schöne Sammlung von schwedischen Dissertationen da, worunter manches Seltene steckt, auch die Ausgabe der jüngeren Edda von Göransson, sowie seine Ausgabe der Voluspa habe ich gefunden. Neulich ließ mich Lenep sehr artig bitten, bei Dir anzufragen, ob Du die Stelle eines wirklichen Kriegssecretärs nicht nach Deiner Rückkehr wünschest; er wolle früher keinen Antrag zu ihrer Besetzung machen, wenigstens habe er Anstand genommen. Ich ging also selber hin, dankte ihm und versicherte, daß es Deine Absicht nicht sei, in diese Bahn wieder zu treten, er möge also ohne Bedenken einen andern wählen.

Bauer ist vor acht Tagen endlich nach Göttingen abgegangen, um zu promoviren und so bald als möglich wiederzukommen und hier unterzuhocken. Er hat noch ein Stipendium von 100 Thaler erhalten. Zwei Briefe an Dich will er schon zerrissen haben.

Ich schreibe alles untereinander: Der Tante haben wir zum Geburtstag einen Kanarienvogel mit dem Käfig und die Lotte noch etwas Gesticktes geschenkt, was sie recht gefreut hat. Sie ist eigentlich recht glücklich jetzt, wo sie uns alle gut versorgt oder auf dem Weg dazu glaubt. Ich gehe alle zwei Tage zu ihr, weil sie das freut, und da wiederholt sie mir beständig dasselbe, es sei denn, daß sie in fürstliche Genealogie geräth, worüber sie förmlich unterrichten könnte. — — —

Benecke hat gestern geschrieben; ich soll ihm einmal ausführlich Meldung thun, wie es Dir und unsern Studien geht, das will ich nun thun, aber Deine ganze Correspondenz, die allmählich aufthaut, kann ich unmöglich fortsetzen, da fehlt mir Dein Geschick.

Nun lebe wohl, lieber Jacob, Gott schenke ferner seinen Segen, die Nachrichten, die wir jetzt haben, sind herrlich und die Freude darüber wirst Du diesem Brief auch ansehen, wiewohl sonst kein Wort davon vorkommt. Die Lotte grüßt Dich und das Dortchen auch. Der alte Wild wird wahrscheinlich bald sterben, der Sohn ist mit Frau und Kind gekommen, ich habe sie noch nicht gesehen. So wird also dies Haus in kurzem ein ganz anderes werden und das haben wir so allmählich erlebt. Die Lotte dankt Dir vielmals für einen Hut, welcher zu ihrem Geburtstag richtig angekommen ist, es war wieder gerade das Kränzchen, aber keine Festlichkeit. Ramus allein haben ihr eine schöne Blume und eine recht gute Apfeltorte geschenkt, die Tante ein weiß Kleid, ich einen schwarzen Hut, das Dortchen ein Halstuch. Noch einmal leb wohl.

Dein treuer Wilhelm.

Kannst Du jetzt nicht durch österreichische Bekanntschaft einen Brief an Glöckle fortbringen, damit das Manuscript noch kommt?

Deine Briefe 1—9 habe ich nun alle richtig erhalten.

87.

**Jacob an Wilhelm.**

Nr. 12.                                        Dijon, 26. März 1814.

Lieber Wilhelm!

Mittwoch den 23. Abends gegen 6 Uhr saß ich ganz ruhig zu Chaumont auf der Stube, als es plötzlich Lärm gab und hieß, die Franzosen wären 2½ Stunde davon in der Richtung von Joinville und die Bauern, von deren Aufstand schon einige Tage allerhand Gerede ging, dabei oder nicht weit. Der österreichische Kaiser, den wir den 22. und 23. erwarteten, war vorwärts in Bar sur Aube, Schwarzenberg sollte in der Richtung von Arcis stehen und nach den jüngsten Nachrichten einen bedeutenden Vortheil gehabt, namentlich von der alten Garde 1000 Mann gefangen und 11 Kanonen genommen haben. Der Congreß war gebrochen und für die rückkehrenden Minister Quartier bestellt; jenes französische Streifcorps, hieß es, hätte 5000 Mann, aber viel Cavallerie und suche sich durchzuschlagen, als gleichsam abgeschnitten. Indessen weil Chaumont voll Diplomaten, aber leer an Truppen war, einige hundert Badische ausgenommen, die den Großherzog begleiten, so wurde über Hals und Kopf einge- packt, es war ein unbeschreibliches Gewirr auf den Straßen, die Nacht kam und die Lichter leuchteten an den vielen Mauern, denn fast jedes Haus hat nach der dortigen Bauart vor sich einen Hof mit großen Thüren oder Thoren, woran man schellen muß. Viele reisten sogleich ab, andere hatten keine Pferde, etwas Gescheidtes und Wahres hörte man durchaus nicht und die Feuerglocke fing an zu läuten, welches einige Furchtsame sogar für ein den Bauern gegebenes Signal hielten. Endlich, da es auch bedenklich war, im Dunkeln den Weg nach Langres zu machen und das Streifcorps, falls es wirklich so nah existierte, leicht einen Theil auf jene Straße hätte schicken können, so beschlossen wir und die meisten, vorerst zu bleiben. Einige andere beruhigende Gerüchte und, weil es ganz still wurde, machten, daß ich zu Bett ging und einschlief. Kaum aber brach der Tag an, so hieß es: gleich fort! wir stiegen ein, fuhren in einer langen Kutschenreihe sehr ruhig bis nach Langres und von da denselben Tag seitwärts nach Dijon, wo wir Freitag Mittag bei guter Zeit anlangten. Diese Straße nach Burgund that mir einmal wieder wohl, so friedfertig sah sie aus, weder todte Pferde, noch verbrannte Häuser, noch Ko- sacken, sondern neugierige Dörfer mit strickenden und spinnenden

Leuten, einer Menge Weiber und Kinder und ackernden Bauern auf den Feldern. Sonst war es mir, abgesehen von der Ursache, auch ganz recht, einmal in eine ansehnliche, wohlhabende Stadt wie Dijon zu kommen.

Den Kaiser fanden wir schon da, der Nachts über Chatillon eingetroffen war. Aus dem, was hier angeschlagen und sonst bekannt geworden ist, erhellt, daß der Kriegsschauplatz eine eigene, sonderbare Wendung nimmt. Nichts ist widriger, als die Reticenz über die neusten Vorfälle, und Ihr irrt, wenn Ihr glaubt, daß man hier an der Quelle der Nachrichten stehe, welches nur zuweilen der Fall ist. Offenbar sollte man alles sagen, selbst das Ungünstige oder ungünstig Aussehende, ohnedem hat der Feind allerwärts Spione und seine Vortheile laufen wie der Blitz unter dem Volk herum. Wir müssen uns trösten mit der officiellen Versicherung, daß nichts Nachtheiliges vorgefallen ist, aber über die Gefechte seit dem 20. mit Gerüchten vorlieb nehmen, die von Kanonen und Gefangenen reden, aber einräumen, daß Napoleon in der Mitte über die Marne gegen Metz zu vordringt. Rajewsky, der statt des verwundeten Wittgenstein dessen Corps anführt, soll gesiegt, 5000 Mann und 20 Kanonen erobert haben; allein ich zweifle daran, weil noch nichts publicirt worden ist. Blücher steht in Chalons sur Marne und weiter nach Paris vor, Schwarzenberg scheint über Arcis sich gleichfalls nach Chalons sur Marne gewendet zu haben und Napoleon soll sein Hauptquartier in Saint-Dizier halten. Wahrscheinlich gelangt er dann nach Metz und entsetzt dies, sowie andere belagerte Festungen in der Gegend, aus denen er gute Soldaten ziehen, andere junge hineinwerfen und Lebensmittel zuführen kann, vielleicht auch unsern Belagerungscorps schaden. Eine abenteuerliche Sage ist, daß er gegen den Rhein zu operiren, unserer Armee die Zufuhr abschneiden und, was Gott verhüten wird, in Deutschland einfallen will. Bis dahin könnten unsere Leute und früher in Paris eintreffen, welches ein eignes Gegenspiel wäre, ja einige meinen, er sei schon jetzt von Paris abgeschnitten und wage jetzt als ein Verzweifelnder. Das Wahre scheint mir: seit den letzten vierzehn Tagen bis drei Wochen hat er den Vortheil der Offensive; die einzelnen Gefechte waren nirgends entschieden, sondern mit beiderseitigem Verlust und Gewinn, auf unserer Seite steht es bis jetzt noch gut und ich hoffe noch stark den glücklichsten Ausgang. Troyes, wohl Bar sur Aube und jetzt auch Chaumont vielleicht sind in Feindeshänden, Langres könnte angegriffen werden und würde kaum lange halten; wir selbst sind, wie ich beinahe denken muß, von der großen Armee ziemlich getrennt und werden uns, falls Franzosen über Chatillon vorrücken, was man gleichwohl bezweifelt, eher gegen Süden hin wenden, wo alles seit einiger Zeit ausgemacht gut steht. Lyon ist am 21. besetzt worden, Wellington nach dem Sieg bei Agen soll auf Toulose losgehen, Augereau in Grenoble stehen; Lyon ist von hier aus 40 Stunden, Chalons sur Saone nur 16; dadurch komme ich immer weiter von Euch und die Briefe müssen über Genf laufen. Die Straße von Besoul bis Troyes sehe ich gern nie mehr.

Zu wünschen und zu erwarten ist unter allen diesen Umständen: 1.) daß unsere Hauptmacht endlich einmal schlägt oder vorrückt; in Massen. Der Prinz von Schweden soll leider noch in Lüttich sein, also seit fünf Wochen nur von Köln bis dahin. 2.) daß man sich für die Bourbons offen erklärt. Das einzige Mittel, das Volk zu besänftigen und zu trösten. An dem Aufstand der Bauern hin und wieder ist wirklich was, obgleich ich nicht glaube, daß sie uns anders als im unglücklichen Fall einer Niederlage schaden würden. Vielleicht öffnet unsern Cabinettern diese Wirkung unserer Mannszucht auch noch einmal die Augen zu rechter Zeit. Der Congreß ist Gottlob gebrochen und davon das Beste zu erwarten, denn man sieht wohl, wie er ihn für sich genutzt hat.

Hier herrscht nicht die beste Stimmung, vorhin sah ich unter das Bulletin mit der Einnahme von Lyon beigeschrieben: mensonge, Lyon n'est pas pris; am 16. hatte der gemeinste Pöbel Kriegsgefangene befreien wollen, deren viele durchgehen, weil man sie, ich weiß nicht warum, schwächer escortirt, als die Franzosen sonst wenigstens zu thun pflegten. Dijon ist fast wie eine deutsche Stadt gebaut und hat lauter massive, mehrere große Gebäude und 21,000 Einwohner, was nicht viel ist. Ich kann mich immer leicht in die Straßen der Städte finden. Auch eine Bibliothek ist da, deren Vorsteher Monsieur Vaillant heißt und mir heute einige interessante altfranzösische Manuscripte gezeigt hat.

In der letzten Zeit habe ich Constants Schrift über das système de conquête et d'usurpation zu lesen bekommen und halte es ohne Bedenken für das geistreichste Buch über Napoleons historische Erscheinung, was bisher erschienen ist. An den einleitenden allgemeinen Sätzen über Krieg und Handel wäre mir einiges unrecht, und im Einzelnen ist einiges übertrieben und einseitig, aber sehr vieles ganz meine Meinung und vortrefflich auseinander gesetzt, z. B. der Grund,

warum das, woran sich die Zeit gesetzt, das Ehrwürdigste und Beste ist
und selbst ein schwacher König, aus altem Stamm gewachsen, zugleich
diesen mit darstellt und sich dadurch fest stützt. Wie dies von der
Verfassung gilt, gilt es von allem, was sich unmerklich selbst macht
und aus dem Volk erhebt, alte Gesetze und das Epos. Darum haben
diese in den entstellten Überresten noch Gewalt über das Neugemachte,
und das feine, scharfe römische Recht verhält sich zu unserem alt=
deutschen in Sitten und Formen noch genug durchscheinenden (zumeist
im Norden und in England) doch, wie das Epos zu der neuen Dicht=
kunst. Die Unseligkeit der Einförmigmachung hat er auch gut ge=
zeigt (selbst am Beispiel der Knöpfe mit Nummern statt der alten
Regimenternamen, woran eine moralische Idee haftete), sowie das
Unding von einer in der Grenze liegen sollenden Schutzwehr. (Wir
brauchen das linke Rheinufer wieder, aber nicht, um uns damit zu
schützen, oder der Festungen wegen, die darin liegen, sondern weil es
deutsch ist und spricht. Neulich stand in den Deutschen Blättern ein
alberner Aufsatz über ein Königreich Burgund.) Ich habe diese Ab=
handlung von Constant erst halb gelesen und Du kennst vermuthlich
das Ganze.

Vorige Nacht hatte ich so viel schwere Träume, daß ich gar nicht
herauskommen konnte und oft vor Angst aufwachte, vom Karl, vom
verstorbenen Denhard, mit dem ich eine Fußreise machte durch Steinau,
wo viel Häuser mit glänzender grüner Ölfarbe angestrichen waren.
Nicht er war gestorben, sondern seine Frau, aber ich habe schon wieder
vergessen, was es eigentlich war, worüber ich mich quälte.

In Langres war das vorletztemal ein gescheidt aussehender, dem
Christian gleichender Tyroler Jäger, der in der Schlacht von Brienne
im Handgemeng mit dem Flintenkolben einen Streich auf den Kopf
erhalten hatte, wo es noch ganz mit Blut unterlaufen war. Den
Franzos hatte er mit seinem Stutzen darauf erschossen, worauf ihm
wiederum mehrere Kugeln nachgeschickt worden waren. Sein Hut
kam weg und den Tag nach der Schlacht nahm er den von seinem
Unteroffizier, den eine Kugel vornen ins Hirn getroffen hatte, diesen
Hut mit dem Loch auf der Stirn und dem Blut inwendig trägt er
jetzt. Ein an der Festung arbeitender, rothgesichtiger, gewaltig male=
dettirender, lumpiger Italiener tractirte mich und diesen Tyroler,
der auch Italienisch verstand, mit Liqueur, den er durchaus bezahlen
wollte, ungeachtet wir höchst zufällig zusammenkamen.

Sonntag am 27. März.

Ihr müßt im Norden Deutschlands jetzo bessere Nachrichten als wir hier bei der Südarmee haben, denn wir sind gewissermaßen von der Hauptmacht abgeschnitten und nur auf Umwegen in Communication. Gleichwohl bin ich gutes Muths und es soll wohl bald Luft geben, sobald der Feind zu einer großen Schlacht gebracht wird; er scheint wie ein festgemachter Ritter nicht der Schärfe noch Spitze, sondern dem Knopf des Schwerts zu unterliegen. In den Gefechten vom 19.—24., wo er durchdrang, war er zu keiner allgemeinen Schlacht zu bringen, 40000 Mann soll er bei Paris gelassen und 60000 mit auf seinen Zug genommen haben. Es heißt wieder, der russische Kaiser werde das Hauptcommando nehmen, und der Prinz von Schweden soll sich endlich vereinigt haben. Sobald unsere große Armee Paris nimmt und das kann bald sein (nach einigen wäre Blücher selbst in Melun), so scheint mir ein Großes gewonnen und er schwebt dann schon mehr ein bloßer Abenteurer im Reich herum und kann klein gemacht werden. Von Saint-Dizier aus soll er Cavallerie nach Chaumont geschickt haben, uns wegzufangen, sie kam aber 2 Stunden zu spät. Indessen soll selbst die Straße bis Vesoul nicht ganz rein sein, und ich weiß nicht, wie Dir dieser Brief zukommen wird, vielleicht muß er über Neufchatel und Genf. Von Dir habe ich seit dem 25. Januar weiter keinen und nur manchmal treffen Casseler Zeitungen an. Hast Du in der letzten Zeit geschrieben, so kann der Brief leicht auf dem Weg von Nancy aufgefangen worden sein. Man sagt den Napoleon heute in der Richtung von Toul, und seine Partei sprengt sogar lächerlich aus, er sei in Metz, habe daraus 30000 (!) gezogen und werde dadurch überlegen.

Unsere Südarmee führt sich gut auf. Dieser Tage ist Vienne genommen. Der uns bekannte Allix führt in hiesiger Gegend Bauern und Streifer an, in Troyes hatte er einmal den Landsturm wüthend aufgefordert. Wellington ist in Bordeaux und sein letzter Sieg war sehr bedeutend.

Ich habe doch aus einem französischen Manuscript Excerpte gemacht. In Court de Gebelins Monde primitif (das auf Deiner Bibliothek sein wird) stehen brauchbare Materialien über Sprache; sind neun Quartanten.

Wann ich einmal wieder nach Haus komme, will ich die altdeutschen, nordischen und englischen Gesetze und alte Statuten studiren, nicht nur ist darin Neues zu thun, sondern es könnte auch äußerlich zu einer Anstellung beförderlicher werden, als die Geschichte der Poesie, mit der das alte Recht am Ende doch nah zusammenhängt. Auch glaube ich, daß bei einer dereinstigen Erfrischung unserer deutschen Rechtsverfassung man aus diesen Quellen manches brauchen sollte.

Wie steht es jetzt um die Brüder wohl? Du kannst denken, wie ich mich allein deshalb über den Mangel an Nachricht bekümmere. Der Krieg naht sich jetzt dem Stand der Hessen. Falls Ferdinand unter den Baiern ist, möchte ich gern die Nummer des Regiments wissen, um mich erkundigen zu können. Ausgerückt wird er noch nicht sein, doch betrachte ich alle bairischen Soldaten im Gesicht.

Gott helfe uns allen zum guten Ausgang. Mach tausend Grüße und behaltet lieb                                    Euern treuen J.

Ist Dir mein Gehalt auf die letzten Anweisungen bezahlt worden?

Ich hab zu schreiben vergessen, daß ich einmal den Overbeck bei Bülow gesehen und nach seiner Braut Lenchen gefragt habe.

Schreib mir doch.

Notire den wichtigsten Inhalt Deiner Briefe, daß man weiß, was verloren geht.

Hier ist jetzt jeden Morgen schön und Abends Regen.

<hr>

## 88.
## Jacob an Wilhelm.

Nr. 14.                                    Dijon, 30. März 14.

Die Nachrichten und Aussichten haben sich seit gestern sehr gehoben. Ein Courier aus London bringt, daß Wellington Pau und Bordeaux besetzt hat, Beresford ist vom Volk mit Jubel aufgenommen, die weiße Cocarde allgemein aufgesteckt und die Adler abgerissen worden. Das Beispiel dieser großen Stadt wird mächtig auf das schon an sich bourbonisch gesinnte Lyon wirken und so weiter. Über den Congreß und dessen Bruch ist gestern eine officielle Declaration der Alliirten erschienen, die Du bald in allen Zeitungen lesen wirst; Gott hat diese Unterhandlungen vernichtet, damit wir einen wahren Frieden erhalten. Der Schluß ist das Beste: cette cause triomphera du seul obstacle, qui lui reste à vaincre, d. h. verblümt: über Napoleons Person. Dazu hat man nun den ganzen Inhalt der Bordeauxer Nachricht förmlich hier abdrucken und anschlagen lassen und die bekannte Flugschrift: Tableau politique de l'Europe depuis la bataille de

Leipzig wird absichtlich verbreitet. Darin liegt schon eine leise Anerkennung der Bourbons, für welche sich auch Nancy froh erklärt haben soll. Heute stehen alle Leute auf den Gassenecken und lesen, und vielleicht erleben wir bald hier auch ähnliche Scenen. Denn heute trifft auch ein Siegesbote mit der frohen Kundschaft ein, daß Schwarzenberg und Blücher den Feind bei Meaux aufs Haupt geschlagen, 60 Kanonen, 6 Generale und 6000 Gefangene genommen haben. Selbst wenn dieser Sieg halb so groß wäre, würde er unter den heutigen Umständen doch sehr entscheidend sein und endlich einmal darf man vernünftig und gesund einem guten Ende entgegenblicken.

Wo Napoleon jetzt ist, bezweifelt man. Vielleicht war die ganze Diversion gegen Metz und Tull nicht gegründet, wenigstens nicht in der Masse, wie man Anfangs dachte, und er hat sich wieder nach Paris geworfen. In Bar sur Aube soll er den 25. oder 26. geschlafen haben.

Den 31.

Der Sieg, den die österreichische Cavallerie hauptsächlich gewonnen haben soll, war nicht bei Meaux, sondern bei La Fère-Champenoise, also wiewohl weiter rückwärts, doch ohne Zweifel sehr bedeutend. Die Zahl der Kanonen soll über 100 steigen, und die andern Umstände wirst Du durch den Armeebericht viel eher als durch diesen Brief erfahren. Den 26. war wieder ein günstiges Gefecht bei La-Ferté-Gaucher, den 27. aber soll Winzingerode einen, doch mit jenem Vortheil unverhältnismäßigen Verlust gelitten haben; er war zur Beobachtung von Napoleons eigener Armee zurück geblieben, denn die geschlagenen Abtheilungen waren die von Napoleon zur Deckung von Paris zurückgelassenen. Man hofft jetzt zuverlässig bald nach Paris zu kommen, und es heißt, Napoleon werde sich selbst abwärts nach der Loire ziehen, um mit Augereau und Suchet vereinigt noch einmal mit der ganzen Masse einen Schlag zu versuchen. Thut er das, so liegt er in Todeszuckungen und wird, weil Wellington und die Südarmee auch heran ziehen können, seinem Ende nah sein. Es scheint, daß man Stand halten und alle weitere Anknüpfung mit ihm aufgeben wird, wiewohl eben durch die Ankunft des aus England kehrenden österreichischen Gesandten von Wessenberg, den die Bauern aufgefangen und zum französischen Kaiser geschleppt hatten, und der mit ihm eine Unterredung gehabt haben soll, Gerüchte veranlaßt sind, die zum Theil so albern und unwahrscheinlich lauten, daß ich sie nicht schreiben mag. Man wird sich ja vor einem zweiten Saint-Aiquan hüten.

Sinclair und Hammerstein sind heute von der Südarmee hier ins Hauptquartier gekommen, werden aber morgen wieder zurückgehen.

Ich habe hier den Geheimen Rath Gärtner kennen gelernt, der eine dicke und geschmacklose Flugschrift für die mediatisirten Fürsten herausgegeben hat, wiewohl er in der Sache selbst größtentheils Recht behält.

Arndts Commentar der Reden von Fontanes ist doch, einige gute und kräftige Redensarten abgerechnet, unbedeutend. Doch bleibt diesen Schriften ihre populäre, gute Wirkung, welche Constants Abhandlung ihrer Natur nach nicht hervorbringen kann.

Dijon ist größer, als ich in den ersten Tagen dachte, ansehnlicher, solider und ausgedehnter wie Cassel und wird Frankfurt wenig nachgeben, außer daß es niedrigere Häuser hat und lange nicht so schön ist. Angenehme Spaziergänge sind hier wie fast in allen französischen Provinzialstädten um die Stadtmauer auf dem Wall und die Luft äußerst mild.

Ein sonderbares Spiel des Zufalls ist folgendes: der Dupré aus Hanau, der mit uns studirte und ohne Hut in die Ferien ging, ist schon mehrere Jahre hier, welches ich so erfuhr: einer unserer Bekannten fragte mich: ob ich diesen Dupré nicht kennte, er hätte mich erkannt, als ich mich vor einigen Tagen in irgend einer Gasse gerade an ihn gewandt, um Bescheid zu fragen. Dies geschieht mir oft, aber ich habe nicht an ihn gedacht. Nun hat er sich bei den Deutschen danach erkundigt.

Sind auswärtige Pränumerationen auf den armen Heinrich eingegangen, namentlich aus Frankfurt, Heidelberg, Karlsruhe und Basel? Hat Glöckle noch nicht geschrieben, so mußt Du ihm lieber einen Mahnbrief über Tyrol, Verona ꝛc. schicken. Es ist mir neulich eingefallen, daß der Name Amelius vermuthlich aus Omelius, Homelius entstellt worden ist, wie man später Miles daraus gemacht hat. Schlag im Schneider ὁμιλία, ὁμιλικός nach, es heißt familiaritas, conversatio und familiaris, cum quo conversamur, also Freund, Redegeselle. Amicus und Amelicus bedeuten also schon in den Namen die Freunde, Gesellen. Sonst könnte man auch an Am.. Amelei denken, aber die Legende ist wohl in Frankreich lateinisch entsprungen und beide sind heilige Märtyrer.

Dieser Tage wird vielleicht erst das Paquet nach England an Walter Scott abgehen können.

Es ist unglaublich, wie wenig ich für mich Zeit behalte, die Zerstreuungen, Besuche und das Essen schaden am meisten. Manchmal muß ich auch ganze Tage sitzen und schreiben, meistens an kleinen Tischen, unbequem.

Wie ist das Buch der Staël über Deutschland?

Am 1. April.

Napoleon mit einem Theil seiner Truppen soll zu Troyes oder der Gegend, Schwarzenberg nach einem Gerücht zu Charenton, Blücher zu Saint-Denis sein. Ich zweifle indessen hieran; binnen vierzehn Tagen muß es sich zeigen, ob wir nach Paris oder nicht kommen.

Ich sehe aus Casseler Zeitung, daß ein preußischer (?) Major Haxthausen dort war. Gott erhalte Euch.

J.

Das Beste ist, Du giebst Deine Briefe an Lepel.

Adresse: Herrn Bibliothekar Grimm zu Cassel.

89.

## Jacob an Wilhelm.

Nr. 15.                           Dijon, 5. April, Morgens [1814].

Wie war Dir gestern Mittag um 12 Uhr? Hier traf endlich die erlösende Nachricht ein, daß Paris den 31. März besetzt und Napoleon abgesetzt worden ist. Ich bin vor Freude und Dank den ganzen Tag nicht zu mir gekommen und heut Morgen ist es mir als nach einem durchbrachten Ball. Rechne ich recht, so trifft morgen oder übermorgen die Botschaft bei Euch ein, Du wirst dann lesen, daß alles gut ist, außer der Anerkennung der Integrität des alten Frankreichs, so wäre Elsaß aus der Hand gelassen oder man müßte deuten, was besser klar gesagt gewesen wäre. Doch gebe ich dieses Land nicht auf und es wäre Sünde und Schwachheit, wenn es die Fürsten thäten.

Hier war alles gleich in der Stadt erregt und voll weißer Cocarden, die Gassenjungen klebten Papier mit Speichel auf die Stirne und balgten sich in zahlloser Menge um ausgeworfenes Geld. Das Schnelle und Leichtsinnige des Auftritts wird mir nie vergessen und ergriff mich tief; wie manches unschuldige, junge Herz mag doch unter dem Haufen gepocht haben, das rein an den Kaiser glaubte und nun alles plötzlich niedergerissen sieht.

Noch vorgestern hatte man unterm Volk große Siegesnachrichten, daß unsere Truppen total geschlagen, 100 Kanonen genommen und der Kaiser und König gefangen wären. Wir waren zehn Tage abgeschnitten und ohne directe Nachricht, vom König von Preußen wußten die Preußen selbst hier seit dem 23. nichts.

Daher kannst Du Dir unsern Jubel denken, Gott sei Lob und Dank. Du siehst, wie ich eile, der Brief soll eben fort. Ewig Dein
treuer Bruder Jacob Grimm.

Adresse: Monsieur Grimm, Bibliothécaire à Cassel, Allemagne, par Bâle en Suisse.

90.
## Jacob an Wilhelm.

Nr. 16. Dijon, 5. April [1814].

Ich will Dir einige Umstände von hier näher beschreiben. Was in Paris selbst vorgeht, erfährst Du aus den Zeitungen doch früher, die Einnahme dieser Stadt gehörte ohne Zweifel zur Genugthuung und ich möchte dabei gewesen sein; jetzt werden wir erst höchstens in acht Tagen nachkommen, weil wir mit eigenen Pferden reisen und Tags nur 8—10 Stunden machen können. Wenn ich bedenke, an welchem Abgrund wir noch vor einem Monat am 10. März standen, leuchtet recht klar ein, was Gott dabei gethan hat, der Kern des Volks, gleichsam instinctmäßig, wußte und begehrte die wahre und rechte Arznei, während die Unterhändler seine Recepte thöricht vorschreiben wollten, auch des Feindes eigner finsterer und starrer Geist, der noch immer in Stolz auffuhr und, was ihm helfen konnte, selbst zerbrach, hat uns dazu dienen müssen. Die letzte Demüthigung war ihm doch nicht gespart, Caulaincourt erschien noch einmal und erklärte, daß er auf jede vorgeschriebene Bedingung den Frieden zeichnen würde, und krönte den Antrag mit der groben Lüge, daß Metternich bei ihm wäre. Dennoch erzählt man, was ich kaum glaube, daß dieser Mensch einer der ersten wäre, der die weiße Cocarde aufgesteckt. Napoleon war nur drei Stunden vom letzten Schlachtfeld und kam zu spät, so daß sein letztes verunglücktes Manoeuvre, in der Mitte durchzubrechen und unsere große Armee hinter sich zu lassen, die unmittelbare Ursache seines Falls geworden ist. Beim Einzug in Paris soll er in Fontainebleau, die Kaiserin in Blois gewesen sein, ich bin nun

begierig, bis wie weit über Orleans er sich noch wird halten können
und wie er endigen wird. Den Suchet und Augereau an sich zu
ziehen ist nicht leicht; in der Gegend von Tours könnte der Ausgang
stattfinden und ein Heer von 50—60000 Mann ihn nicht mehr
retten; man hofft aber, daß der Ausschlag des Volks ihm die meisten
Soldaten abtrünnig machen wird; es wäre umsonst vergossenes Blut,
das er längst nicht mehr verdient. Der Kaiser von Rußland und
König von Preußen sollen wirklich schon Paris wieder verlassen
haben und ihm nachsetzen. Es heißt heute, daß der Papst in Rom
angelangt ist.

Ein Umstand hat mich unter den frohen Nachrichten betrübt:
daß Blücher seit acht Tagen krank sein soll und vielleicht nicht wieder
aufkommen wird. Als ob ihn ein Zauber kurz vor der Thüre zurück-
wiese, auf deren Eingang er sich so sehnlich gefreut hat.

Gestern gegen ein Uhr wurde die Botschaft hier in der Stadt
bekannt; nicht lange, so erschienen einzelne weiße Cocarden, aber auch
sah ich, daß einer sie einem Lumpen, der sie aufgesteckt hatte, mit
dem Wort coquin! abriß. Allein die Zahl wurde immer größer und
alle Modehändlerinnen nähten. Um vier Uhr gingen wir in ein
Gasthaus essen, dessen Fenster auf den großen Platz und den Palast
gehen, und hatten einen nicht zu bezahlenden Anblick. Der Menschen
wurden immer mehr, die Bettler und Gassenjungen legten in Er-
mangelung des Bands weiße Papiercocarden an, unser Aufwärter
erschien plötzlich mit einem ungeheuern Lappen auf dem Herz. Da
man Geldstücke auswarf, fing ein unendliches Balgen und Ringen
darum an, Klumpen von dreißig bis vierzig Jungen fielen bei jedem-
mal über und auf einander, daß man nichts wie wogende Arme und
Köpfe sah und das unaufhörliche Geschrei hörte: vive le Roi, vive
l'Empereur d'Allemagne oder auch; roi d'Autriche, dann aber: jetez
ici, vivent les pièces blanches und les gros sous! Ein Bub schrie:
vive le Roi Louis, da er aber nichts bekam, gleich hinterdrein: vive
Napoléon; andere kletterten die Fenster hinauf; ich habe nie in meinem
Leben solches Lumpengesindel gesehen und fühlte doch auch, daß es
unmöglich sei, den zahlreichen Samen eines solchen schreienden, un-
ruhigen, flatternden Volkes, nicht zu vertilgen, sondern nur bedeutend
zu verändern. Bald erschien eine Deputation der Municipalität mit
den weißen Farben und nicht lang, so stand die Thurmspitze des
Palastes voll Menschen (ein österreichischer Grenadier darunter, der
einmal zu Haus davon erzählen wird), die das Wappen abrissen und

eine weiße Fahne aufpflanzten. Dies war alles das Werk von zwei,
drei Stunden und geschah alles aus eigener Regung von den-
selben Leuten, die uns des Morgens vielleicht mitleidig ansahen und
meinten, daß wir geschlagen wären und abziehen müßten. Als es
dunkel wurde, waren viele Häuser erleuchtet, aber alle Kaffeehäuser
voll Menschen, die ihr Domino spielten wie Tags vorher, als ob
nichts vorgefallen wäre. Unglücklicherweise hat der Kaiser Franz das
Theater diese Palmwoche schließen lassen, sonst wäre gestern ein wahrer
Jubel gewesen und eine unzählige Menge Vivats ausgebracht worden.
(Vorgestern am Palmsonntag waren alle Kirchen übervoll, und jede
Frau und jedes Mädchen trägt ein langes Büschel Buchsbaum in der
Hand, das sie an diesem Tage weihen lassen und an Thür oder Thore
hängen zur Abwehr des Bösen. Auch Wolle und Knochen hab' ich
mehrmals in Frankreich inwendig an den Thüren hängen sehen.)

Am 6.

Das Schauspiel wurde gestern Abend doch noch erlaubt und fiel
lärmender aus, als ich gedacht hatte. Alles war übervoll und auch
einländische Damen da, die bisher immer fehlten. Wir fingen an,
öffentlich über den Adler zu sprechen, der noch am Vorhange war,
bald erhoben sich laute Stimmen im Parterre: à bas les armes du
tyran, der Director erschien und versprach auf das nächste Mal das
Lilienwappen. Darauf wurden altfranzösische Volkslieder begehrt
(oh mon Roi etc.) und unter Vivat gesungen. Beide Stücke, die man
aufführte, gaben genug Anspielungen, die beklatscht wurden, Rufen
und Jubel stiegen immer. Endlich bei einem Zwischenact hob sich
der Vorhang und ein Banner mit der großen Inschrift: vivent les
alliés! wurde vorgehalten, während der Sänger ein neugemachtes
Gedicht absang, jedermann erhob sich in Logen und allerwärts, alle
Minister und Gesandtschaften standen auf und klatschten, eine Dame
hatte Witz und Geistesgegenwart genug, um eine Stelle des Lieds
durch eine laut zugerufene Abänderung zu erhöhen, Mützen und Hüte
flogen auf und wurden auf Stöcken gehalten, und mit beständigen
Unterbrechungen wurde das Stück fertig gespielt und wieder mit den
vorigen Liedern geschlossen; eine geschminkte, gepuderte Dame fächerte
sich sehr rührend, die alten Musikanten im Orchester waren am
Weinen, und ich bin fest überzeugt, daß die anwesenden jungen Leute,
die der Napoleonischen Verfassung am meisten anhängen, weil sie
keine Erinnerung vom Alten haben, von diesem Theaterwesen mehr
mitgenommen und bekehrt werden, als von zehn Proclamationen.

Mitten unter diesem Geräusch fand und erkannte ich plötzlich neben mir meinen ehemaligen Collegen Graf Flemming, der hier bei Bülow angestellt ist oder bei Wartenberg. Er wußte mir doch einiges von Cassel zu erzählen. Dieser Tage hab' ich auch den Professor Kastner (aus Heidelberg und Halle), einen recht brav aussehenden Mann, der jetzt freiwilliger Offizier ist, mehrmals gesehen, auch einen Professor Latomus aus Karlsruhe (Mathematiker beide). Die meisten Preußen, die ich über Arnim gesprochen habe, nehmen es ihm übel, daß er nicht mitgegangen ist.

Einer hiesigen Buchhändlerin, die sich gestern dadurch als Bonapartistin zeigte, daß sie seine Bilder und Schlachten von Marengo ꝛc. aushing, wurden die Kupferstiche bespieen und zerrissen.

Ich habe einen Torsäus (series) und eine italienische Ausgabe von Petrarchs Werken zusammen für einen Sechsbätzner (17 sols) gekauft, es ist nur um den Transport mit dergleichen, sonst würde ich mehr suchen. Was ich mir hierin wohlfeil zu erwerben meine, geht mir über andere unvermeidliche Ausgaben bei Restaurateurs außer allen Vergleich; ich suche mich auf alle Weise durchzuschlagen und denke oft dran, wie nöthig es uns thut. Andere sind soviel besser dran, daß sie alle und jede Ausgabe, selbst Theater, in Anschlag bringen können.

Man glaubt, daß Napoleon höchstens 30 bis 40 000 Mann zusammenbringen werde und unvermeidlich untergehe. Die Östreicher sind etwas empfindlich, daß Alexander die Declaration allein unterzeichnet hat, und sagen dabei: daß sie die Integrität des alten Frankreichs jetzo nicht so ausgesprochen haben würden. Indessen hofft man allgemein für die Herausgabe des Elsasses, dem man freilich eine undeutsche Stimmung beilegt (ich kann dies nicht glauben, sondern glaube, daß die freigewordenen Elsässer aus einer gewissen Beschränktheit, worin sie stecken, bald aufkommen werden), im schlimmsten Fall würden die Festungen Straßburg, Landau, Befort ꝛc. geschleift werden. Aber die Sprache als Grenze muß durchdringen und lieber ein Stück von Französisch-Flandern oder Italien den Franzosen bleiben. Die Holländer bekommen ohnedem genug. — Der Graf Artois soll aus Nancy hier eintreffen und darum wird die Abreise nach Paris nicht so schnell erfolgen, was mir gar nicht lieb ist.

Es ist unbarmherzig, daß ich nichts von Euch höre und alle Deine Briefe verloren gehen, die Du gewiß schreibst. Sogar unbegreiflich, denn ich sehe, daß jedermann sonst regelmäßige Nachrichten hat, z. B. aus Berlin und weiter. Die Zeitungen habe ich bis zum 26. März gelesen. Gärtner sagte mir gestern, der alte Kunkel wäre gestorben.

Welch eine Freude in Deutschland sein muß! Ich wäre viel lieber dabei als hier und fürchte, daß ich selbst in Paris vor Lärmen, Zerstreuung und Arbeit wenig Nachforschungen werde halten können.

Am 7. April.

Bonaparte ist von der Commission des Senats förmlich entsetzt sammt seiner Descendenz, und die Bourbons werden ohne Zweifel erwählt. Marmont ist mit 10000 abgefallen, Mortier, Ney und Berthier haben sich gegen ihn erklärt. Nach einigen ist er gefangen, nach andern vogelfrei, am wahrscheinlichsten ist die dritte Meinung, daß er selbst abdicirt hat. Er ist auf immer zu Ende, Gott sei Dank, wir sehen Freiheit, Glück und Frieden vor uns liegen. Hier sind alle Einwohner bekehrt und stimmen ein. Ich sehne mich aus diesem Leichtsinn, diesem Geschrei zu Haus nach Euch. Morgen oder über= morgen reisen wir nach Paris, brauchen aber sieben Tage wegen der eigenen Pferde. Ich habe eine Einleitung wegen der Vaticanischen und Pariser Manuscripte gemacht. In Paris werde ich viele Leute sehen. Gott sei mit Dir und Euch. Dies ist mein sechzehnter Brief und von Dir habe ich erst einen einzigen.

Dein treuer Bruder Jacob.

In größter Eile.

Adresse wie auf Brief 88.

---

## 91.
## Wilhelm an Jacob.

Nr. 6. [Cassel, den 15. April 1814.]

Lieber Jacob, ich habe Deine Briefe alle bis auf No. 11 richtig erhalten, Du kannst denken, wie viel Freude sie mir gemacht haben, wir hatten ausgerechnet, daß gewöhnlich den neunten Tag einer kam. Dagegen thut es mir so leid, daß Du von den meinigen nur den ersten bekommen, wie es zugegangen ist, begreife ich immer noch nicht recht, selbst wenn auch einer von den Feinden aufgefangen wäre. Ich hatte Dir darin geschrieben, was sich seither bei uns zu= getragen, von dem Hiersein und dem Abschied der Brüder. Seit

vier bis fünf Wochen lebe ich in besonderer Unruhe und wache jeden
Morgen mit Sorgen und Gedanken auf. Von den Brüdern habe ich
seit ihrem Ausmarsch keine Nachricht, nur von Louis' Aufenthalt in
Marburg hat mir Conradi geschrieben, aber seitdem kein Wort, selbst
von Coblenz, wo sie ein Paar Tage gelegen und ich so gewiß einen
Brief erwartet hatte, kam keiner, ich habe deshalb an Görres ge-
schrieben, er ist mir aber auch die Antwort schuldig. Es gehen fast
alle Briefe von dorther verloren; sie sind ein paarmal schon im Feuer
gewesen; was mich aber beruhigt, ist eine danach vom Böttger am
2. April hierher geschickte Nachricht, wornach alle Bekannte (er war
mit ihnen ausgezogen) sich noch fänden und vergnügt wären, Mangel
litten sie in keinem Stück. Der Prinz soll bei dem einen Ausfall
aus den Festungen mit 6000 Mann einmal ganz umringt gewesen
sein, allein die Leibdragoner haben ihn frei gehauen, sich überhaupt
herrlich betragen, so wie die Freiwilligen zu Fuß und Pferd, die eine
dreifache Übermacht aufgehalten; am Ende sind die Franzosen auch
geschlagen worden. Es wird hier nur nichts Rechtes bekannt gemacht
und in einem Bericht, was so viele kränkt, hat man unter denen,
die sich ausgezeichnet bei den Freiwilligen, nur die Adlichen genannt.
Der Steinhart ist als Tirailleur, als sein Gewehr in Unordnung
war, einen Augenblick bei Seite gegangen, um es einzurichten; ein
anderer drängt sich an seinen Platz und gleich kommt eine Kugel und
reißt ihm den Kopf ab; es ist der Sohn des Maurers Feist von hier
gewesen. Nur soll sich das Regiment Solms und auch ein Land-
wehrregiment nicht gut betragen haben, wie man sagt, aus Schuld
der Anführer. Ich habe Dir in jedem Brief geschrieben und will es
auch hier thun: der Louis ist Lieutenant beim dritten Landwehr-
regiment im 1. Bataillon, hat Blau mit Pfirsichblüthe-Aufschlägen,
der Karl ist bei der ersten Escadron freiwilliger Jäger zu Pferd.
Vielleicht führt Euch das Glück zusammen, was für eine Freude für
Euch alle, der Karl zu Pferd kann noch leichter kommen, wenn er in
Deiner Nähe wäre. Ich habe mich angehalten und nicht geweint,
wie sie weggegangen sind und ich sie zum Abschied küßte, aber wenn
sie wiederkommen, da kann ich's nicht lassen, die Thränen sind mir
jetzt schon in den Augen, wenn ich daran denke. Gott lasse es bald
geschehen, wenn sich bestätigt, was seit gestern als Privatnachricht
hier herum geht, Napoleon sei von seiner Armee verlassen und habe
sich ergeben. — Das muß ich noch sagen, daß unser Prinz sich
überall sehr gut und muthig benimmt, er soll die Leute zum Feuern

selbst aufgemuntert und ihnen die Patronen abgebissen haben, daß er schwarz wie ein Mohr mit weißen Haaren im Gesicht ausgesehen.

Vom Ferdinand erhielt ich wenige Tage nach dem Ausmarsch des Louis, also vom Anfang März, einen Brief, er sei krank gewesen an einem Katarrhfieber, so daß er vierzehn im Bett habe liegen müssen, er sei aber wieder hergestellt und wolle jetzt mit den Baiern gehen. Ich schrieb ihm den Augenblick, er solle es ja nicht thun, weil eine Krankheit im Feld das Allerschwerste und er ohnehin schwächlich sei; auf keinen Fall solle er als Gemeiner mit gehen. Vor vierzehn Tagen, als Heß einige Sachen vom Louis schickte, schrieb er, er hoffe bald Näheres zu melden, und ein Wechsel vom 22. März, den Harnier schickte, wonach er dort 100 fl. geliehen, läßt mich vermuthen, daß er seine Ausrüstung besorgt hat, und ich erwarte jeden Tag einen Brief. Der Louis hat uns sein Portrait geschickt, das er selbst gemacht, es ist vortrefflich in Ähnlichkeit, Ausdruck und freier Arbeit, so daß ich es ihm wirklich nicht zugetraut hatte; auch zwei schöne Handzeichnungen sind dabei nach Gemälden, die er der Prinzessin schenken wollte, die ich aber noch zurückhalte.

Angenehme Briefe sind sonst nicht gekommen, nichts von Berlin, einen von Tydemann hatte ich Dir zugeschickt, er wünscht, daß Du mit dem holländischen Legationssecretär in Verkehr treten und durch ihn schreiben möchtest. Carové von Aachen als Secretär bei dem Gouvernement hat geschrieben und ein Paar altschottische Melodien aus einem Buche copirt mitgetheilt; die Bücher hat er nicht bekommen. Von Steinau noch immer nichts, ohngeachtet ich an den Denhard nun selber geschrieben. Deine Besoldung auf die beiden Monate ist mir gegen die Anweisung mit einiger Schwierigkeit ausbezahlt, man verlangt bloße Quittungen von Dir, wogegen man den In= haber sogleich befriedigen werde. Sei also so gut, in Zukunft mir diese, jedoch nur mit sicherer Gelegenheit, wegen Mißbrauchs, zuzu= schicken. Ich habe die nöthigsten Schulden bezahlt, doch bleiben noch einige dringende. Ich bekomme nur hundert Thlr. jährlich, also acht Thlr. monatlich, so wenig wir brauchen und, so viel die Tante giebt, reicht das kaum zu Leibesunterhalt. Der Louis hat mir acht Thlr. angewiesen, die ich einmal bekommen, ich habe aber auch noch für seine Ausrüstung zu zahlen, doch Gott wird forthelfen, in Noth komme ich eigentlich nicht, da die Tante gern aushilft, wenn ich nur ein leises Wort sage; nur dauert mich's wieder, daß die arme Louise

vielleicht darum nicht so viel bekommt; es ist sündlich von dem
Pfarrer, daß er sie so darben läßt.

Solche Kleinigkeiten stören mich ohne Aufhören, dazu Besuche,
wie vom Meisterlin, der Base Koppen aus Großallmerode, der ich
Bittschriften machen muß, vom Wigand, der hier Amtsactuarius
werden sollte und es ausgeschlagen hat. Ferner hatten wir eine
neue Magd zu suchen, da die alte zu ihrer vorigen Herrschaft zurück
gegangen ist. Ich bin seit vierzehn Tagen kränklich und nehme ein, ich
glaube eben dieser Unruhe wegen, die mich jeden Morgen früh aus
dem Bett treibt. Das Allergrößte kommt aber zuletzt: ich habe den
Wille eben Ostern gebeten, die Miethe, wie allgemein geschieht, herab-
zusetzen; er will aber nicht, weil, wie er sagt, die Lasten noch nicht
aufhören und ich soll noch 120 Thlr. geben, wofür man jetzt eine
Etage auf der Neustadt bekommt; also müssen wir ausziehen. Es
thut mir leid, weil wir an die Wohnung wie an ein Eigenthum
Anhänglichkeit haben und die Mutter darin gestorben ist; es war
auch alles gut und angenehm eingerichtet; auch die Nachbarschaft mit
Wilds geben wir von beiden Seiten ungern auf, und der Alte hat
geweint darüber, wie er überhaupt jetzt leicht gerührt wird. — — —
Der Auszug selbst wird mir schwer genug fallen, der Transport
und die Wiederaufstellung der Bücher, die Aufräumung unseres alten
Haus(un)raths, vierzehn Tage gehen gewiß darauf. Ein bestimmtes
Logis habe ich noch nicht, wahrscheinlich aber bekomme ich noch
in dem letzten Haus an der Wilhelmshöher Allee die zweite Etage.
Es ist herrschaftlich und hat eine sehr angenehme Lage und viel Be-
quemliches in der Einrichtung, ich nehme es besonders in der Hoff-
nung, daß es Dir gefällt; gelingt es, so geben wir nur 40 Thlr.,
wodurch auch etwas Bedeutendes gespart würde. Die erste Etage
bekommt der Baumeister Engelhard, sonst wohnen wir ganz allein
und so viel ist gewiß, daß wir aller Feuersangst frei werden. Es
muß in diesen Tagen bestimmt werden, da ich mit Anfang des folgen-
den Monats muß hier geräumt haben. Leid ist mir übrigens der
Gedanke, daß Du nicht in unserer alten Stube wieder ankommst.

Daß ich in dieser Unruhe wenig gethan habe, kannst Du Dir
vorstellen, den Text vom armen Heinrich habe ich durchgearbeitet,
unsere Noten dazu ein paarmal und zusammen geschrieben; in den
Abtheilungen der Einleitung Materialien gesammelt und etwas wenig
verarbeitet (Deine Bemerkungen über die Namen Amicus und Amelius
sind gewiß richtig und mir auch eingefallen, vielleicht kannst Du in

Paris über den französischen Roman etwas in Handschriften finden).
Ich weiß nicht, ob Du den Brief hast, worin ich Dir gemeldet, daß
zu Colocza in Ungarn sich ein Manuscript vom armen Heinrich
sowohl als von unserm Reinhart Fuchs des Glichsener entdeckt; ich
habe schon längst deshalb an Schlegel geschrieben und erwarte die
Antwort in diesen Tagen. Was Glöckle betrifft, so mein' ich, es wär'
am leichtesten, Du schicktest ihm durch die österreichische Gesandtschaft
einen Brief, ohne einen Commissionär zu Wien würde er von hier
aus schwerlich ankommen. Wäre das Glück gut, so kämst Du
vielleicht noch nach Straßburg und könntest das Original des
Müller'schen Textes benutzen. Pränumeranten sind bis jetzt 120, die
bezahlt haben; andere haben bloß den Namen geschickt, was ein un-
bequemes Verhältnis ist, indessen fehlen noch von vielen Orten die
Sammlungen, ich rechne auf etwa 220. Hagen hat im Juni 1813
die Alterthumszeitung geschlossen, er hat darin das sog. dritte Helgelied
(Hiorvard und Sigerlin) übersetzt in Alliteration (schlecht und leicht
wie etwa bei Fr. Majer), sonst aber richtig und er muß Hülfe dabei
gehabt haben; ob Rask ihm etwas mitgetheilt, weiß ich nicht, sobald
die Communication frei ist, werde ich an ihn schreiben. Ich glaube
aber nicht, daß er mehr als das eine hat. Sollte er auch das Ganze
drucken lassen, so läg' mir nicht viel daran; daß es nicht aus seinem
Text gekommen ist, ließ sich leicht zeigen. Übrigens ist auch dieses
Lied eines der leichtesten. — Merkwürdig ist die Nachricht im An-
zeiger, daß der Dr Zimmermann ein Bruchstück des Reinecke Voß
von 1474 hat, das wahrscheinlich zum flamländischen gehört. Hagen
hat eben die Odina in den Jenaer Ergänzungsblättern recensirt;
ohne uns zu erwähnen, bringt er außer den alten weitläuftigen
Literarnotizen auch dieses wieder vor und er hoffe bald näher Aus-
kunft zu geben. Zimmermann scheint mit ihm in Verkehr, ich weiß
nicht wo er ist, kennt ihn aber nicht auch Thomas? So könntest Du
den bitten, an ihn zu schreiben. Ich bilde mir ein, Du wirst in
Paris für den Reinecke noch manches finden.

Nachmittag 1 Uhr (am 15. April).

Gottlob, liebster Jacob, eben habe ich die den Morgen ein-
gegangenen Listen gesehen, es steht keiner darunter, sie sind noch beide
gesund, auch kein bekanter Namen ist mir vorgekommen. Am
4. April war der Louis noch im Feuer, etwa 15 von seinem
Bataillon sind blessirt worden. Die Liste war auf das Kriegscollegium
gekommen und ich hörte es auf der Bibliothek, da bin ich gleich hin-

gelaufen; wie mir angst war auf dem Weg, kannst Du denken, der
Schuppert aber sagte mir im voraus, unser Namen sei nicht darauf,
also hat mich diese Bekanntschaft doch noch erfreut, ich war aber
damit nicht zufrieden und wartete, bis sie selber kam, um mit eigenen
Augen zu sehen. Von Landgraf Karl sind die meisten geblieben.
Man erzählt hier auch, Bonaparte sei gefangen und schon alles be-
endigt, indessen glaub' ich noch nicht daran, wiewohl ich denke, daß
es bald dahin kommen wird.

Diesen Brief wird Völkel mitnehmen, der heut Abend abreist,
und Du wirst ihn auf diese Weise doch einmal gewiß bekommen.
Es ist ein rechtschaffener Mann, der liberal denkt und der nicht
anders als freundschaftlich gegen mich gesinnt sich gezeigt hat, so
daß mein Verhältnis recht angenehm ist. Nur habe ich gesehen, als
Strieder neulich einmal kam, daß beide äußerst gespannt sind, kämen
sie oft zusammen, so würde das meine Lage unangenehm machen, so
brauche ich mich nicht darum zu bekümmern. Mit Suabediffen ist
es noch ungewiß, ob er hier bleibt, Goldmann wird wohl seinen
Abschied erhalten, ich habe ihn eben nicht öfter gesehen, doch hat er
mir noch Märchen versprochen. Bauer hat noch nicht promovirt, ob
er gleich hier ist; nach Ostern soll's gewiß sein; von Stein habe ich
gar lange nichts gehört, in der Frankfurter Zeitung stand neulich
der Tod eines Arztes Rudio in Weilburg. Das mag wohl ihr Bruder
gewesen sein und vielleicht schreiben sie auch aus Betrübnis nicht.

Die Schrift des Constant habe ich gelesen, sie ist geistreich und
fein, vieles ist richtig, über die Hauptsache, versteht sich, ist kein Streit,
und es fehlt ihm doch eine gewisse sinnliche oder poetische Wahrheit,
es sind hin und wieder deutsche tiefe und einfältige Gedanken französisch
spitz und witzig aufgestellt. Z. B. viermal hunderttausend Egoisten,
gut gekleidet und exercirt, würde kein Deutscher die französische Armee
genannt haben, denn das ist Unmöglichkeit und es muß ein gewisser
lebendiger Geist sie zur Einheit erhoben haben (ob ich ihnen gleich
Schlechtigkeit genug zugestehen will), so etwas würde die Natur nicht
gestatten und sie könnten so wenig beisammen sein, als so viel
Menschen zusammen gesperrt, weil die Luft ihnen ausgehen würde.

Es lassen Dich alle herzlich grüßen, der alte Wild und das
Dortchen und die Lisette. Die Tante denkt beständig an uns, wir
können es ihr nie vergelten. Ich soll ja nicht vergessen, von der
Hoheit Dir zu sagen, daß Du auf Zurückgabe ihrer Goldtoilette dringst,
oder falls sie vermünzt wäre, auf ihren Werth von 20 000 Thalern.

Ich habe gesagt, daß das ohnehin mit allem betrieben werde, allein ich soll es doch noch besonders schreiben.

Leb wohl, lieber Jacob, übermorgen geht Lepel dorthin ab, wenn's geht, schreib' ich Dir da wieder, wenn auch nur ein Paar Worte, die Lotte grüßt Dich auch. Dein treuer

Wilhelm.


92.
### Jacob an Wilhelm.

Nr. 17.　　　　　　　　　　　Paris, 19. April 1814.

Lieber Bruder!

Nach einer in ihren kleinen Absätzen langweiligen und bei der fast sommerigen Witterung drückenden Reise von acht Tagen bin ich endlich vorgestern Morgen hier eingetroffen. Der Weg ging über Chatillon (ganz angenehm, aber doch geringer wie Chaumont), Bar sur Seine (schlechter als Bar sur Aube), Troyes (schon bekannt), Nogent (jämmerlich verheert, ganze Straßen in Trümmern und das andere meist verlassen), Provins (wo die zwei Kaufleute im Fabliau her waren; die Stadt sieht alt genug aus, in einer Kirche mit gothischem Portal war eben eine Leichenfeier und dabei große Räucherei mit Buchsbaumlaub, weil Kranke darin gelegen hatten) und Charenton ($1\frac{1}{2}$ Stunde von hier, allein wir mußten doch des Samstags dort übernachten, es war ein Gewitter und in dem eleganten und reichen Haus doch kein Bett für mich zu finden). Straße und Örter waren mir also, Troyes ausgenommen, neu; im größten Theil aber, nämlich hinter Chatillon bis hinter Nogent, hatte der Krieg gehaust; von den Häusermauern bleiben die Rauchfänge, weil sie fester gebaut sind, am ersten übrig und stehen häßlich wie Pfeiler da. Nichtverbrennte Bäume in Hausgärten fingen unter dem Schutt und Stroh zu blühen an. So sehr besonders der ganze Strich von Champagne gelitten und ausgestanden hat, fange ich doch nach und nach an, von meiner Meinung, daß ein Theil der verbündeten Truppen zu schlechte Mannszucht gehalten hat, abzukommen. Schlecht ist sie mitunter gewesen, allein vieles ist auch bei dem jetzigen Soldatenwesen unvermeidlich und, wo Heere zwei Monate stehen und sich schlagen, kann vieles im besten Fall nicht anders sein. Der Bauernaufstand ist daher weit mehr durch Bonapartes Anstiftung und Kunstgriffe, als durch übermäßige Verzweiflung der ohnehin listigen,

böswilligen Franzosen entstanden gewesen; die Soldaten, sobald sie
einmal Lüge und Bosheit merken, haben ein Recht, gereizt und hart
zu sein, und damit wird viel gerechtfertigt. Auch liegt etwas im
Räsonnement unserer gemeinen Soldaten Wahres: warum sollen wir
das nicht auch thun dürfen, was uns die Franzosen so lange gethan
haben? Am schrecklichsten waren mir auf diesem Weg wieder mehrere
ausgegrabene Menschen mitten auf der Chaussee, einer lag nackend
wie eine Mumie mit zurückausgestreckten Armen, und Hunderte gehen
vorüber und werfen keine Erde drauf. Reinlicher und treuer waren
die alten, sonst grausameren Völker, wie sorgfältig werden im Homer
nach der Schlacht die Todten verbrannt und die Beine gesammelt, um
mit nach Haus gebracht zu werden. Von jenem Menschen erhalten
seine Angehörigen, die ihm noch am Leben glauben, vielleicht erst
spät Nachricht und erfahren nie, wie elendig er auf dem Feld liegen
geblieben ist.

Wie es jetzo hier und folglich in ganz Frankreich hergeht und
aussieht, brauche ich nicht zu schreiben, Du kannst ja die Zeitungen
lesen und, wenn die deutschen nicht alles abdrucken, Dir leicht eine der
hiesigen verschaffen. Es sind merkwürdige und starke Artikel darunter,
ja, die einen von jedem andern Volk erstaunen würden, das Meiste ist
fad, gemein und ungerecht und das Ganze in seinem Detail ekelt mich
an, ich möchte in keinem Land weniger leben, als in Frankreich, sie
mögen ihre Verfassung ändern, wie sie wollen. Graf Artois hat
durch seine verbindlichen, französischen Manieren hier die meisten
Herzen gewonnen und damit im Grund, was das Innere betrifft, mehr
gewirkt, als die vorhergehenden Begebenheiten; der König soll nicht
so einnehmend sein, ist auch älter und dick; sein Porträt hat nichts
Angenehmes, vermuthlich sind die meisten, die man hier in Menge
sieht, aber unähnlich. Bis Sonntag heißt es, soll er einziehen. Die
geputzte, nett aussehende Nationalgarde trommelt täglich in allen
Gassen. Diese Kerls bilden sich vermuthlich ein und bestärken sich
und andere ohne Zweifel immer mehr in dieser Meinung, daß sie die
Alliirten aus bloßer Gefälligkeit und Überdruß an Bonaparte herein
gelassen hätten. Die wenigsten Franzosen werden fühlen, was sie
uns verdanken, die meisten glauben, daß sie das so selbst eingerichtet
hätten. Um so sündlicher ist es, daß man dieses Volk es nicht genug
fühlen läßt, was es verbrochen hat. Lädt man dem Bonaparte die
Hälfte auf, so gebührt doch die andere Hälfte ihrem Leichtsinn, ihrer
Eitelkeit und Gewandtheit, wodurch sie ihn allein in Stand gesetzt,

solche Dinge zu thun; bei den langsamen, gutmüthigen Deutschen wär' er längst stecken geblieben; sie aber haben ihm bis aufs allerletzte beigestanden nicht aus Liebe, sondern Furcht und Stolz und jetzt nach 14 Tagen thun sie so, als ob sie nie Theil an ihm gehabt hätten. Recht, über ihn loszuziehen, wie sie jetzt thun, hätten sie dann, wenn sie unsere Sache durch frühern Abfall und Aufstand unterstützten, was gegen einen solchen Pflicht gewesen wäre; so aber haben sie gewartet, bis es auf der Spitze stand, und hätte er gesiegt, wären sie ohne weiteres sein treustes Volk geblieben. Es scheint mir überhaupt, als ob ein Franzos für eine große, heilige Sache nie etwas wagen kann, für seine Persönlichkeit kann und thut er's oft und hat stets seine Rechnung im Hinterhalt. Bonaparte sinkt in der Geschichte durch sein letztes Betragen gewaltig zusammen; er hätte den Tod nicht scheuen müssen (in Schlachten hat er das nie gethan, auch zuletzt nicht), denn wie kann er jetzt anders als mit Schande leben, in Lüge, Unbußfertigkeit und Tücke. Die arme Marie Louise erregt Mitleiden, so mager und alt soll sie geworden sein, aber das Volk bemitleidet sie wenig, weil sie nie beliebt war, nämlich gegen ihre schöne Dame, die Herzogin Montebello, gewaltig abstach. Man erzählt: Bonaparte habe ihr sagen lassen, wenn sie nicht mehr Kaiserin sein wolle, könne er sie nicht mehr brauchen; als sie sich endlich aus der saubern Gesellschaft los machen wollen, habe Joseph und Jerome sie am Arm gezogen und nöthigen wollen, ihrem Mann zu folgen, um noch länger mit dem armen Geschöpf zu intriguiren; da habe sie Hülfe gerufen und sei so befreit worden. Der rechtschaffene Kaiser Franz dauert mich noch mehr, als die Tochter, die sich doch anfangs in dem französischen Wesen gefallen haben soll; ihm ist seine verdiente Freude um ein Gutes verbittert worden. Vorige Woche war die Königin von Westfalen hier, hat geflennt und geheult und soll bei Alexander gewesen sein und um ein kleines Land für sie und ihren Mann angehalten haben. Sie soll jetzt schwanger sein, nach einigen sich so anstellen, um rührender auszusehn; dem sei wie ihm will, eine solche, die sich so undeutsch gezeigt hat, verdiente kein Bedauern, geschweige ein Stück Land.

Jeder Deutsche, der in diesem Krieg gestorben ist, sollte eine viel theurere Rücksicht sein, als alle solche Auftritte und Unterhandlungen mit den Franzosen, die in der gewöhnlichen Mitte, wohin sich der Geist der Geschäfte versteigt, unendlich gewandter und gescheidter sind, als die Deutschen. Warum sollen durch Kunstgriffe und Geschwätz wir und unsere Sache um das gebracht werden, was wir mit klarem Bewußtsein wollten! Elsaß wird nun wohl französisch bleiben (es giebt Franzosen, die sich einbilden, selbst das linke Rheinufer, und meinen, es verlangen zu können) und warum? weil man aus einer kläglichen Bescheidenheit das, was uns gehört und wieder erobert worden ist, zurückgeben will, zu einer Zeit, wo man ohne Schwierigkeit doppelt so viel behalten könnte, oder über unbedacht hingeworfene Aussprüche das Gefühl und die tiefer empfundene Gerechtigkeit des Volks nicht siegen lassen will. Dieses Unglück aber liegt in zweierlei: 1) weil Russen und Engländer, die hier mitsprechen, das eigentliche deutsche Wesen nicht verstehen. Die Russen haben ein volles Maß von Ruhm und Sieg erlangt und sind im Ganzen weder moralisch noch historisch hellsehend genug, um sich noch für unser Wohl lebhaft zu interessiren. Was die Engländer betrifft, glaube ich, werden sie taub und ohne Salz, sobald sie über ihr Meer hinaus sind und an andere denken sollen. Sie bilden sich wohl ein: Europa sei nun im Großen zu Ruhe und Frieden gearbeitet und das weitere Detail ist ihnen gleichgültig; 2) weil Östreich und Preußen die Sache nicht deutsch genug nehmen und unbegreiflicher Weise nur wenige einzelne, recht herzlich deutsch anfassende und durchgreifende Menschen an Ort und Stelle sind. So weit meine Bekanntschaften reichen, habe ich gewöhnliche, brave, aber in unserm Sinn beschränkte Leute vielmehr als solche angetroffen, die ich hier wünschte. — Gut ist, daß weder am Frieden mit Frankreich noch der inneren Verfassung Deutschlands geschwind gearbeitet zu werden scheint; durch Verzug wird dermalen immer gewonnen, ich wollte sogar, daß man den ersten Schritt für den zweiten Punkt damit anfinge, zu erklären: daß binnen einem Jahr und, ehe man alle Stimmen im Volk gehört und genutzt, nichts definitiv entschieden sein solle, als die Einheit und Einigkeit Deutschlands. Das Fahrenlassen der deutschen Kaiserwürde und die Eintheilung in drei oder vier Föderativstaaten wäre die traurigste Idee, die man haben könnte. Einige sprechen von einem Congreß zu Wien, andere gar zu London, was curios und unpassend wäre. Denn auf Neugierde und Besuche der Fürsten kommt es wahrlich nicht an.

Endlich habe ich gestern Deinen Brief vom 22. März hier aus der österreichischen Kanzlei (ohne daß er eingeschlossen gewesen wäre) empfangen. Dies ist erst der zweite und ich wußte die ganze Zeit nicht, was mit Euch seit dem 24. Januar vorgegangen war. Alle Deine Briefe (zwei oder einer?) zwischen dem 24. Januar und 22. März sind folglich verloren. Ich kann jedoch sehen, daß Du zwischen dem 10. März und 22. nicht geschrieben hattest, und glaube daher kaum, daß in der großen Schierigkeit der Communication Ende März etwas zu Grund gegangen ist.

Über Louis' und Karls Persönlichkeit sind im verlorenen Brief gewiß Nachrichten, sowie über Deine Anstellung bei der Bibliothek. Schwerlich werden die Brüder von Luxemburg hierher gelangen können und ich die Freude haben, sie zu sehen; vielmehr müßt Ihr zu bewerkstelligen suchen, daß sie, nun der Krieg doch vorbei ist, bald wieder vom Soldatenleben loskommen und aufs schnellste zurückkehren, um wieder in ihre künftige Lebensart einzutreten. Was ich gehofft hatte, ist nicht geschehen, daß die Hessen Gelegenheit bekommen würden, sich in offener Schlacht auszuzeichnen, was dem ganzen Land groß hätte nützen können und was Baiern und Württemberger voraus haben. Über unsern Prinz habe ich dieser Tage einen Trierer, der mich nicht kannte, greulich losziehen hören; er hätte dort Stockprügel austheilen lassen und übermäßig requirirt. Ich gab mich gleich als einen Hessen an und vertheidigte aus allen Kräften. Etwas muß gleichwohl daran sein, wie ich aus andern Dingen schließe; es thut mir leid, daß Unglück und der Anblick unserer Zeit nicht tiefer auf ihn gewirkt haben sollten.

Mit dem Ferdinand hast Du unter diesen Umständen ganz recht gethan, zumal jetzt der Frieden hinzukommt. Die Tante erhält freilich neue Sorgen und vielleicht auch bald über mich, wovor mir ängster ist, als vor der Sache selbst. Es ist sonderbar, daß der von uns, dem diese Umwälzung persönlich am heilsamsten hätte werden können, ihr allein entgangen ist. Meine Dienstarbeiten werden mir täglich unrechter, zumal hier, wo ich soviel Zeit für mich haben möchte und sie sich nun natürlich vermehren. Nicht darin, sondern in der individuellen Eigenheit des Grafen lag die Ursache zu einem ziemlich heftigen Vorfall, den ich neulich mit ihm gehabt habe; sein braver Charakter hat dadurch bei mir sogar gewonnen und er wird mir darum gewiß nicht ungeneigt; allein es hat sich deutlich gezeigt, daß unsere Lebensart nicht zusammenpaßt. Das Nähere läßt sich nicht schreiben. Ich spare, wie ich nur kann, allein in dem theueren Paris, wo ich kaum Logis frei habe, in einem besonderen Haus wohne und mir Essen, Frühstück und alles selbst stelle, läßt sich menschenunmöglich mit dem, was ich erhalte, ausreichen. Daher werde ich nothgedrungen dieser Tage den Kurfürst nicht bloß um eine Erhöhung, sondern um eine Verdoppelung meines Gehalts schriftlich angehen.

Hier in der Stadt war es mir erst wie ein Traum, mich plötzlich an so vieles zu erinnern, was ich 1805 genau gesehen und gekannt hatte; ich wohne sogar nicht weit von dem vorigen Haus. Damals war ich viel angenehmer und freier; jetzt könnte ich mehr Vortheile für meine Arbeiten ziehen. Das Gewirr und der Lärm der Stadt mißfällt mir noch viel mehr, als sonst, die neuen Veränderungen scheinen mir unbedeutender, als sie gemacht wurden; ich möchte um alles nicht immerfort hier leben oder gar sterben, denn ich wüßte nicht einmal, wo hinaus ich getragen würde, oder ob der Dr Gall und andere Aerzte einen Todtengräber bezahlten, der mich zerschnitte, wie sie's haben wollten, was hier sehr oft geschehen soll. Bloß Christ- und Geburtstage möchte ich hier sein, weil man an keinem Ort der Welt so wohl versteht, angenehme Waaren angenehm auszustellen, man wäre dann recht glücklich, schöne Geschenke auszusuchen, und könnte das Geld kaum halten. Abends, wann ich schlafen gehe (meist 10 Uhr), rollen die Wagen noch unaufhörlich bis 1 Uhr und man muß sich wie an eine Mühle erst dran gewöhnen. Im Museum war ich zufällig schon ½ Stunde nach meiner Ankunft. Auf der Bibliothek gestern und heute, beidemal glücklich. Gestern fand ich eine Handschrift des Waltharius mit einer noch unedirten Vorrede. Sonst habe ich bloß die Eigennamen verglichen, weil der Druck nicht da war; willst Du mir schwierige Stellen daraus excerpiren, so könnte ich sie vergleichen, vielleicht zu einer künftigen Ausgabe. Heute finde ich, rathe, wovon noch keine Seele wußte — einen lateinischen Isengrinus und Reinardus in elegischen Versen; was soll ich nun machen? abschreiben? 1) sind es 127 Blätter in 8º, die Zeit würde mir hingehen und ich sonst nichts suchen können; 2) ist die Handschrift (Pergament, 14. Jahr- hundert) so erstaunend fein, daß mir meine Augen, wenn ich zu viel darüber säße, gewaltig leiden müßten. Dagegen könnte das Auf- schieben und spätere Leihen mißlich werden. Wer weiß auch, wie lang ich hier bleibe.

Deine Vorschläge über unsere Bücher sind mir alle recht. An Glöckle will ich hieraus schreiben, thu es doch an Rohden und laß durch den anfragen. Da in der Ankündigung der Handschrift er- wähnt wird, ist es nun fast unentbehrlich, sie zu haben.

Hammersteins Adresse hab' ich endlich heute ausgefunden und will ihn womöglich morgen aufsuchen; bei ihm werde ich auch die der Jordis erfragen können.

Schreib mir doch, wohin der Philippsthaler Prinz, der in Gaeta war, gekommen ist? und wie es dem andern geht, der sonst in westfälischen Diensten war?

Am 20.

Ich habe den Hammerstein, der beim Jordis wohnt, heute gesehen; er hat mir erzählt, daß der König noch bis zuletzt schlecht an ihm gehandelt, öffentlich zwar versprochen, ihn frei zu schaffen, heimlich aber den Polizeiminister gewarnt habe, ihn loszulassen. Eine Flucht, die schon bis zu den Strickleitern gediehen war, wurde vereitelt. Jordis hat ihm große Dienste und Gefälligkeiten gethan. Während seiner Gefangenschaft hat er alle lateinischen Classiker über die germanischen Sachen durchgelesen und hält, wie es mir scheint, zu viel auf die Idee, die römischen Antiquitäten in Deutschland hervorzusuchen. Über sein jetziges Verhältniß scheint er besorgt und sich am liebsten in hannöversche und englische Dienste zu wünschen. Er sagt mir, daß Werner und Fritz Haxthausen hier in Paris sind. Der Jordis war wieder gegen mich äußerst artig.

Seine Frau wohnt in einer andern nicht weit abliegenden Straße. Wie ich hinkam, war sie so erfreut und gerührt, jemanden Bekanntes aus Deutschland zu sehen, daß ich sie selbst küßte, der sie doch in Cassel so sehr vernachlässigt und so wenig gesehen hatte. — — — Hammerstein, der schon mehrere Tage hier frei ist, war noch nicht zu ihr gekommen, was sie betrübte, vermuthlich bin ich Schuld, daß er es noch heute thun wird, weil ich dort gesagt hatte, daß ich hinginge. Sie hat Spanisch gelernt und ist es müd geworden, zeichnet jetzt und lebt in Lebensmüdigkeit; nach Berlin zu gehen, ist sie unschlüssig, die Idee von Scheidung brachte sie selbst auf die Bahn und meinte: jetzt könnte sie wohl daran denken. Nach Dir hat sie sich sehr erkundigt, leg doch in Deinen nächsten Brief ein Paar Zeilen für sie ein, ich müßte eine Menge schreiben, wenn ich alles erzählen wollte, was sie mit mir gesprochen hat, und habe keine Ruhe und Zeit dafür. Der Clemens sei in Wien und mache zweien die Cour, einer schönen Wienerin und einer Lappländerin, er schreibe: letzterer zupfe er Haare aus der Nase und werde davon eigens gerührt. Von Arnim und Savigny wußte sie nichts, daß Niebuhr nach Holland ist, war mir lange bekannt; ich höre, daß er mit Stein nicht mehr so gut wie sonst stehen solle.

Auch Constant ist hier. Der Kronprinz von Schweden spielt nicht die beste Rolle hier und soll bald wieder abreisen. Man hat hier sogar die Proclamation Christians an die Norweger in die Zeitungen aufnehmen lassen. Ich gönne dem Bernadotte nicht viel Gutes, er soll ein gutmüthiger, aber flatterhafter Gascogner sein und hat uns in dem letzten Feldzug schlechte Dienste gethan, worüber hier viel Anekdoten sind.

Die hiesigen zahllosen Flugschriften möchte ich zum Theil gelesen haben, aber lesen mag ich sie nicht. Bloß die von Chateaubriand ist mir ein wenig bekannt und drückt manches sehr gut aus; er geht mit einer hohen Feder auf dem Hut auf den Boulevards spazieren. Das ganze Volk ist nicht im mindesten gedemüthigt, sondern wie vor; außerhalb der Stadt spazieren sie wenig, wo noch demontirte Kanonen in den Gräben herumliegen, wohin sie beim Sturm gerathen sind, ohne daß sich die alliirten Truppen die Mühe nähmen, sie wegzuführen. Der König von Preußen wohnt sogar in der rue de Jena und schmähliche Säulen und Monumente, die man den ersten Tag hätte zusammenschlagen sollen, stehen noch da und werden nun bleiben.

Aus Dijon her trage ich noch zwei Cocarden, eine hessische und weiße darunter, will aber diese nun wieder abschneiden.

Am 21.

Roquefort war nicht zu Haus, dafür habe ich Johanneau besucht, einen kränklichen, ausgezehrten, noch nicht alten Mann, der mich bauerte, wie er mir seine Kasten mit fertigen Manuscripten und Papieren zeigte, wofür er keinen Verleger finden könne, und da er wohl fühle, bald sterben zu müssen, unpflegsame, unverständige Hände des fremden Besitzers fürchte. Er weiß mancherlei, was mit ihm untergehen wird, scheint aber ängstlich und nicht mittheilend, denn ich war begierig, seine Sammlung über mündliche Volkstradition und Märchen, die er auf seinen Reisen durch Frankreich gesammelt, durchzusehen; er wich mit den gewöhnlichen Entschuldigungen immer aus; dergleichen Dinge, meinte er, wage er nicht dem Publikum in Frankreich roh drucken zu lassen, bloß als Appendix zu einem großen gelehrten Werk ginge es an. Er hat eine gälische Grammatik bloß aus dem Ossian zusammen gearbeitet. In seiner Methode ist etwas Todtes und Ungewisses, in einigem aber war er auf rechten Wegen. Er besitzt eine ausgesuchte Bibliothek von den seltensten Werken über Grammatik, Sprache 2c.

Gley (sonst in Bamberg) war hier und hat eine altfränkische Grammatik nebst noch anderm aus der Evangelienharmonie fertig; das Manuscript liegt beim Verleger, der es nicht drucken läßt. Er ist bei einem Lycée in Lothringen oder Flandern angestellt worden.

Raynouard, der Verfasser der Templiers, ein gescheidter und braver Mann (seine letzte Rede beim corps législatif), soll sich sehr lange mit den Dialekten der französichen Sprache und Grammatik beschäftigt haben und außer einem großen Wörterbuch noch andere ausgezeichnete Arbeiten darüber bekannt machen wollen. Ich will sehen, ob ich ihn zu sprechen kriege.

In die Sitzung des Instituts mochte ich, um die ekelhaften Schmeicheleien nicht anzuhören, nicht gehen. Dafür war ich bei Frau „Herr von Grimm" und wurde sehr gütig empfangen, von den bisherigen Schicksalen unterrichtet und über das, was ich wußte, ausgefragt, auch sogleich zu Mittag gebeten. Er war in der Sitzung gewesen, war diesmal viel herzlicher als je und gefiel mir so sehr wohl. Über die letzten hiesigen politischen Vorfälle sprach er vernünftig und merkwürdig; gewiß könnte er interessante Memoiren herausgeben und will es vielleicht. Die beiden Kinder sind erstaunend gewachsen. Auf diesem Fuß werde ich ihn lieber besuchen als in Cassel. Dabei sagte sie mir, Wolfradt wünsche mich gern einmal zu sprechen. Den Laville fand ich zufällig und er that ausnehmend freundschaftlich, hat die weiße Cocarde aufgesteckt u. s. w. Er hat mir eine Menge Adressen von andern Westfalen gesagt; wenn ich Zeit habe, suche ich einige davon auf. Der brave Bruguiere folgt dem Jerome aus übertriebener Anhänglichkeit, die meisten andern sind losgekommen.

Steffens soll hier sein. Das Manuscript vom lateinischen Reinardus hab' ich nach einigen Umständen schon geliehen bekommen und will zusehen, ob ich es mir mit Vergrößerungsgläsern erleichtern kann. Schreib mir doch die vaticanische Nummer der Handschrift des Jornandes, von der Glöckle meldete, sie sei hierher gebracht. Ich könnte nun die befragte Stelle vergleichen. Überhaupt was Dir sonst von hier beifällt. Über den armen Heinrich finde ich aber noch nichts. Kann denn Bauer in Göttingen (durch Blumenbach 2c.) nichts Medicinisches über die alte Heilung der lepra durch Blut ausmitteln, ich meine aus Büchern Spuren?

Der Graf will so gut sein und von dem Kurfürst für mich täglich 12 Franken Diäten außer meiner eigentlichen Besoldung verlangen. Dies wird, weil da keine Consequenz ist, leichter zugestanden und es liegt mir doch an der Analogie für meine künftige Anstellung nichts. Was ich nun sparen kann, soll Ihr haben. Morgen mehr.

Am 25.

Ich habe theils aus einer Ahnung, noch erst mehr von Dir zu hören, theils aus Ungewißheit, ob die Posten ordentlich gehen, diesen Brief einige Tage liegen lassen. Seitdem habe ich nun Deinen Brief, worin der an Herrn von Bloch eingeschlossen war, und gestern den neuesten durch Völkel bekommen. Dieser ist Nr. 6, also sind nur zwei verloren, nämlich einer, womit Du mir den holländischen von Tydeman zusandtest, dem ich nun nicht antworten kann, und noch ein anderer. Die ohne meine Schuld alt gewordene Einlage an Bloch habe ich nach vergeblicher Bemühung, seine Adresse auszufragen, endlich glücklich an einen Offizier von seinem Bataillon, den ich zufällig auf der Straße ansprach, angebracht.

Die Nachrichten von den Brüdern haben mich herzlich gefreut und gerührt. Ich dachte mir die Garnison von Luxemburg weit ruhiger und, daß bei der bloßen Blocade wenig Blut fließen würde. Hoffentlich hat Gott auch in den letzten Tagen über sie gewacht, denn ungefähr mit dem 10. werden die Feindseligkeiten aufgehört haben. Des Jacobs Sohn, der erste Freiwillige, der sich in Gotha einschrieb, ist todt geblieben, wie mir Lindenau erzählt. Der Kurprinz sollte nach einem Gerücht herkommen, der Kurfürst aber scheint es nicht gern zu sehen, und selbst in jenem Fall würde der Kosten wegen sein Gefolge sehr beschränkt ausfallen, so daß ich weder Karl noch Louis zu sehen hoffen darf.

Völkel habe ich gestern, da man sich hier so leicht fehlt, auf dem Museum gesucht und nebst dem Professor Robert gefunden und gesprochen.

Der Auszug thut mir leid, zumal wenn Du Dir durch körperliche Anstrengung dabei schaden könntest, war aber unter diesen Umständen unvermeidlich. Die Hartnäckigkeit des Wille begreife ich eigentlich nicht, weil er ja nimmer andere Miethsleute, die so viel zahlen, bekommt. Die alten, unbrauchbaren Geräthe verkauft doch ja bei dieser Gelegenheit. Schreib mir auch näher, wohin Ihr zu wohnen kommt, das letzte Haus in der Wilhelmshöher Allee ist mir zwei- oder dreideutig; der Zug wird ebenfalls kosten, weil es entlegen ist.

Roquefort ist so, wie ich mir ihn gedacht habe, beschränkt in Ansicht, Plan und Arbeit, aber fleißig und gefällig. Er hat mir seine Abhandlung über Parthenopex de Blois gegeben, und sein bald fertiges gekröntes Buch (über 400 Seiten) soll ich die andere Woche haben. Seine Marie de France und andere Bearbeitungen von Manuscripten sind im Manuscript fertig und ich habe sie gesehen.

De la Rue läßt zu Caen eine Differtation über die Jongleurs und eine Geschichte der normannisch-englischen Troubadours drucken. Roquefort hat noch viel andere sehr französisch zugeschnittene Werke im Sinn: eine vermehrte Ausgabe des Legrand in Profa mit Noten und Bildern — ein alphabetisches Wörterbuch über Chevalerie — ein Werk über Sitten und Lebensart der alten Zeit, eigentlich auch eine Erweiterung des andern von Legrand. Er arbeitet viel am Moniteur, Mercur, für die Biographie universelle und die académie celtique (will sich jetzt société des antiquités nennen).

Über den armen Heinrich finde ich noch nichts, wiewohl das vollständige gründliche Nachsuchen unmöglich ist. Woher hast Du denn die ungarischen Notizen, von Docen etwan? An Glöckle habe ich vor einigen Tagen direct mit der Post unter dem Ort: Caffel geschrieben und ihn gebeten, die Abschrift in einem Brief ebenfalls unmittelbar zu senden. Warum sollte der Umweg über Wien nöthig sein? Kommt einmal ein Gesandter des Papstes an, so kann ich, im Fall nichts erfolgt, nochmals schreiben. Görres hat dem Roquefort durch Laffaulx mehrmals eine Menge Copieen altfranzösischer Gedichte abgefodert, aber die Franzosen sind stets ungefällig, sobald man mehr wie Kleinigkeiten verlangt.

Den lateinischen Reinhart habe ich, so verwünscht er sich lieſt, durchgeblättert, es sind zum Theil ganz neue Fabeln, einige aus dem Altfranzösischen; mit dem gewöhnlichen ist gar keine Ähnlichkeit. Wenn ich mir je einen geschickten Copisten gewünscht habe! — Zimmermanns Notiz über den flamländischen Reinaert von 1474 muß aus van Wyns Abendstunden geschöpft sein und nichts anders, Du kannst gleich sehn, was ich nicht auswendig weiß, ob die Jahreszahl des van Wyn'schen Fragments paßt. Also liegt gar nichts an Hagens und Zimmermanns Bemühungen, man müßte bloß an Tydeman schreiben, daß ja wohl van Wyn nicht noch an einen zweiten sein Fragment abgeben werde. Thomas kennt nicht den Zimmermann, sondern den D. Julius.

Über unserer Edda waltet ein eigenes Unglück; ich fürchte doch, daß uns Hagen noch dabei schadet. In dem von ihm übersetzten Lied waren doch manche schwere Stellen, z. B. fiorum föra ennfimtogo. Ich will hier sehen, ob nicht der Druck von Rigsmal da ist, auch bei Maltebrun nachfragen, was aus Arendt geworden ist.

Constants Buch wird hier neu aufgelegt. Du hast wohl über die französische Form Recht, die konnte eigentlich nicht anders sein,

daher ich längst dem Smid abgerathen, es roh ins Deutsche zu über=
setzen. So etwas verlangt Umarbeitung und besonders Zusammen=
ziehung und mehr Ordnung für uns. Die Wahrheit der Sache hat
es mir in der ängstlichen Zeit, wo ich es las, sehr werth gemacht;
andere sonst gescheidte Deutsche haben unbegreiflich albern darüber
geurtheilt, z. B. Wilhelm Humboldt, und einige meinten, es sei für
den Kronprinz von Schweden geschrieben, was ebenfalls, gelind zu
sagen, einseitig ist, denn die besten Gedanken dazu hat Constant gewiß
schon lang mit sich herum getragen und die ganze Stelle über jenen
kann ohne Schaden ausgelassen werden.

Nun grüß vieltausendmal die Tante, die Lotte und alle andern,
Dortchen, Herrn Wild, Bauer, Harnier, Suabedissen, Henschels,
Ramus, Engelhards und wen ich sonst vergesse. Schreib mir gerade
mit der Post: Secrétaire de la Légation Electorale de Hesse, hôtel de
S. E. le Comte de Keller Ministre plénipotentiaire et Envoyé extra-
ordinaire de S. A. E., rue grange batelière no. 4.

Dein treuer Bruder

Jacob Grimm.

Einlage von einem württembergischen Offizier aus Rinteln, den
ich in Troyes gesehen, Namens Casselmann, einem Bekannten von
Duising.

Es ist hier so viel Regenwetter.

Den Waffenstillstand (als Friedensbasis) wirst Du gelesen haben.
Elsaß verloren.

---

93.

## Wilhelm an Jacob.

Liebster Jacob, ich hoffe, daß Du gesund und wohl bist, ob ich
gleich schon seit einer Woche einen Brief von Dir erwartet habe, ich
schreibe Dir hier mit fremder Tinte und an einem unbequemen Sitz
im neuen Logis, wo wir nun drei Nächte geschlafen haben, aber noch
nicht alles in Ordnung ist. Ich habe seit 14 Tagen von Morgen
früh bis Abend daran gearbeitet, Du stellst Dir nicht vor, welche un=
sägliche Menge von alten Sachen wir haben, die ganz untereinander
gelegen und die, wenn es noch eine Zeit lang gedauert, verdorben
wären. Wenigstens sieben Centner habe ich zum Feuer verurtheilt
und nun ist alles wenigstens getrennt und leicht zu finden. Ich

wünsche nur, daß Dir meine Einrichtungen gefallen. — Zu diesen
Paar Zeilen habe ich nur ¼ Stunde Zeit, weil die sichere Gelegen-
heit da schon abgeht, ich kann daher nicht eigentlich schreiben. Ge-
sund sind wir beide bis auf starken Katarrh; von den zwei Brüdern
im Feld keine Silbe, doch bin ich neuerdings wieder beruhigt, da der
Franz geschrieben, daß er den Louis öfter gesehen, und ein reitender
Freiwilliger, daß alle Casselaner gesund und wohlauf wären. In
diesen Sonntagen werden ihre Namen auf Tafeln in der Kirche auf-
gehängt und die Lotte soll für einen schönen Eichen- und Lorbeer-
kranz mit einem hessischen Purpurband sorgen. Hab' ich Dir schon
gesagt, daß des Louis Regiment sich sehr ausgezeichnet und einmal
entschieden hat, wahrscheinlich am 4. April, wo 15 Mann von
seinem Bataillon geblieben, Gott hat also seine Hand über ihn
gehalten. Es freut mich um so mehr, da die andern Landwehr-
regimenter es nicht gethan. Vom Ferdinand erhalte ich keine Zeile
und habe deshalb mich an Heß durch einen Maler, der hin gereist
ist, gewandt. Die Tante und alle Bekannte sind gesund.

Ich mache meinen Brief noch wichtig durch die Einlage von
Arnim, die ich vorgestern bekommen habe, Du wirst allerlei Neuig-
keiten darin finden. Von Savigny habe ich nichts bekommen, hoffent-
lich ist er wieder hergestellt. Nun muß ich schließen, die Lotte grüßt
Dich auch vielmals, Wilds Nachbarschaft thut ihr und mir leid.
Cassel, am 30. April 1814.

Dein treuer Wilhelm.

94.<br>
Jacob an Wilhelm.

Nr. 18. Paris, 1. Mai 1814.

Lieber Wilhelm!

Ich hätte Dir jetzt viel mehr zu schreiben, als aus den andern
Orten, wenn mir nicht die Zeit zu einer Menge anderer Dinge auf-
ginge, und schon das Umherlaufen in den unendlichen Gassen kostet
so viele. Der Karl ist hier, wie er Dir selbst wird geschrieben haben,
schon seit dem 7. April, und erst den 26. haben wir uns einander
ausgemacht, denn ich hatte keine Ahnung davon und erfuhr es am
25. spät und bin bei Regenwetter herumgelaufen, um die Spur seiner
Adresse zu verfolgen. Nunmehr kommt er alle Tage zu mir, obgleich
er weit wohnt (im Marais), da er aber einquartiert ist und verköstigt

werden muß, ißt er nicht mit mir; dies wäre mir sonst die liebste
und freieste Zeit am Tage und vielmals trifft er mich gar nicht an.
Ich finde ihn noch ebenso wie sonst (die Uniform abgerechnet, die
ihm besser steht, als ich dachte), auch in der Aussprache, doch hört
man zuweilen das niederdeutsche st statt unsers st an ihm; wenn
ich bedenke, daß man an seiner braven und ehrlichen Gesinnung nicht
zu zweifeln hat, kann es mir leid thun, daß er durch sein Schicksal
und ohne seine Schuld am meisten von uns verlassen geblieben ist
und bei einer andern Lebensart in viel Stücken anders geworden
wäre. Wie wird es ihm in der Zukunft gehen? Das Herumtreiben
hier, denn zu thun hat er gar nichts und hängt von niemand ab,
gefällt ihm so wohl, daß er noch 8—14 Tage zu bleiben gedenkt,
wovon Du aber gerade nichts zu sagen brauchst, er kann dann dem-
nächst beim Regiment, wenn er wieder dazu müssen sollte, leicht eine
Ausrede machen. Vom guten Louis mußt Du längst Nachricht haben
und namentlich, daß er bald zurück kommt, denn die Landwehren
sollen vorzugsweise zuerst abziehen; andere Bekannte von den Hessen
werde ich schwerlich hier sehen, und selbst die Offiziere dem Karl den
außerordentlichen Vorzug beneiden, wobei seine gute Kenntnis des
Französischen mit angeschlagen worden sein mag; dem Louis hätte ich
es wegen der Gemälde sehr gegönnt.

Die hiesigen Friedens- und Landaustheilungsgeschäfte werden,
wie es heißt, in vierzehn Tagen bis drei Wochen zu Ende sein, dann
gehen Alexander und wohl auch der König von Preußen auf kurze
Zeit nach London, vermuthlich auch einige Gesandten, wir aber nicht,
was mir auch fast lieber ist, wenn ich die Zwischenzeit in Straßburg
zubringen könnte. Alsdann bricht der ganze Troß nach Wien zum
deutschen Congreß auf (einige haben auch von Augsburg gesprochen,
was der Himmel verhüte). Mein sehnlichster Wunsch ist es zwar,
los und nach Haus zu kommen; ich sehe aber nicht, wie es gehn
wird, und werde alsdann mit nach Wien müssen, wo es freilich auch
viel zu arbeiten und zu entdecken giebt, aber warum kann ich nicht
erst ein Jahr zu Haus arbeiten. Freilich werden wir uns von dort
aus leichter schreiben und selbst Aufsätze zuschicken können und auch
sonst hoffe ich da ruhiger zu leben; die Reise selbst ist ein saurer
Apfel, dazu im Sommer. Ich will erst das Nähere absehen, eh' ich
mich in zu viel Sorgen und Pläne, wie ihnen auszuweichen ist, ein-
lasse. Wegen meiner Besoldung, so glaube ich Dir schon gemeldet
zu haben, daß der Graf in mich sehr empfehlenden Ausdrücken dem

Kurfürsten 12 Franken tägliche Zulage abgefodert hat, erst dann, wann sie bewilligt werden, ist es mir möglich, Dir davon anzuweisen, denn ich habe hier wegen der großen Auslage, die ich machen muß, mir den Gehalt für April und Mai auf Anweisung zahlen lassen und lebe dabei sehr lumpig. Dazu hat mich der Karl um 60 Franken angesprochen, welches das Wenigste ist, was ich ihm geben kann. Wären wir nur einmal aus der elenden Geldnoth, die immer hinter einem her ist; ich sehe aber jetzt weniger Hoffnung als je dazu.

Ich schreibe täglich, wann und so viel ich kann, aus dem lateinischen Reinardus ab, weil aus dem Leihen später nichts werden würde, wie ich deutlich abnehme. Das Manuscript ist ganz ver=wünscht sein, mit Abbreviaturen und Fehlern geschrieben, daß es platterdings unthunlich ist, den Zusammenhang zu übersehen, ohne das Detail Schritt vor Schritt zu verfolgen, sonst würde ich viele moralische Nutzanwendungen gerade auslassen; darüber fürchte ich einiges aus der Fabel im Stich lassen zu müssen. Das Gedicht ist wenigstens aus dem 13. Jahrhundert und es enthält eine ganz neue Anordnung der Fabel mit vielen neuen Namen. Daher ist es fürs Ganze gar wichtig und bestimmt ein Vortheil für unser Werk, der ohne das Opfer meiner jetzigen Reise nicht erlangt worden wäre. Denn kein Mensch weiß davon. Für den armen Heinrich will sich dagegen nichts finden lassen; indirect allenfalls für die Fabel von Amicus und Amilius, die auch provençalisch existirt hat. Wenn nur über die lateinischen Handschriften ordentliche, genaue Kataloge da wären, auch ist meine Zeit zu kurz.

Roquefort ist von großer Gefälligkeit, aber ohne große Kenntnis, durchaus französisch im Umgang, flatterhaft und lärmmachend, schnupft viel Tabak und thut eine Menge Leute und Dinge ab, die er nicht versteht. Eine andere interessantere Bekanntschaft habe ich durch Hase, der mir sehr nützlich geworden ist, gemacht an einem fleißigen, stillen und gelehrten Mann Namens Fauriel, welcher gründlich Provençalisch und dabei Arabisch 2c. versteht und für die Troubadours gewiß etwas Rechtes und Gutes leisten wird, deren Literargeschichte er bearbeitet und von denen er eine bedeutende Zahl erzählender Gedichte entdeckt und wiedergefunden hat. Dabei liest er Deutsch und Altdeutsch, besitzt die Manessische und Müllerische Sammlung, Hagens und Docens Werke, Deine dänischen Lieder, unser Hildebrandslied 2c. Dieser hat mir für die Folge alle mögliche Mittheilungen versprochen und mir schon jetzt die provençalischen Citate, worin Reinart, Isengrin und

Belin vorkommen, um deren einige ich längst den Roquefort ver=
gebens ersucht hatte, aufgespürt und abschreiben helfen. Aus diesen
Troubadours läßt sich für Sprache und Poesie viel lernen.

Werner Haxthausen habe ich mehrmals gesehen und finde ihn etwas
verbrannter und älter. — — —   Er sagte mir aus England, daß dort
ein romancero (mit englischer Übersetzung) gedruckt worden sei; mach
doch in meinem Namen, daß mein Manuscript aus Braunschweig
wiederkommt, und verschenk es an Reimer auf Christtag. Laß doch
den Harnier, der den Vieweg kennt, bestimmt darum schreiben. —
Henry Weber in England ist ein gebürtiger Deutscher.

Am 29. war ich in einer Sitzung der celtischen Akademie, die
ihren Namen wieder ändern will. Es ging daselbst erbärmlich her.
Man saß um eine lange Marmortafel von Abends 7 bis 9½ Uhr,
es wurden schlechte Aufsätze gelesen und nicht über ihren Inhalt,
sondern, was ich doch hier nicht erwartete, über die Wahl der
französischen Wörter hin und wieder nach dem Stil des Akademie=
Wörterbuchs discutirt. Ich saß neben Legonidec, der die bretagnische
Grammatik geschrieben hat und ein unterrichteter Mann scheint.
Der Präsident schellte, sobald jemand heimlich sprach, was aber doch
nicht aufhörte. Die halbe Feierlichkeit bei der entschiedenen Lang=
weiligkeit des Actus war mir höchst merkwürdig und letztere fühlten
auch gewiß die Mitglieder, meinen aber doch, das gehöre sich so.
Pougens war da, ein fast ganz blinder Mann, der mir von Hickesius,
sonst aber gar nicht sprach.

— — —

Dem Gourlow bin ich neulich mit seiner Mamsell Wäsch am
Arm begegnet, deren Unterhaltung ihm, wie er gesagt hat, zur
Ökonomie gereicht, indem sie ihm flicken und nähen müsse. Auch das
Gesicht von Kinson hab' ich heute in einer Straße angetroffen, sonst
aber wenig Westfalen, den Rittmeister Malsburg ausgenommen,
den ich aber nicht wieder erkannte, so verändert ist er, seit ich ihn nicht
gesehen, was aber auch lang her; er wird vielleicht diesen Brief und
ein Paar Bücher mitnehmen.

Bei Pilat fand ich den Raßmann, der den Manessischen Codex
verglichen, sonst aber nicht viel weiß. Er kennt Hagen persönlich
von Berlin aus und will mich besuchen. Boisserée aus Heidelberg
hat mir geschrieben und geht wieder nach Köln. Wilken soll hierher
kommen dieser Tage. Villers' Entlassung thut mir recht leid.
Harnier, nach einem Brief, den ich bei Reinhard gelesen, scheint mit

Euern dortigen Einrichtungen mißvergnügt und schreibt etwas bitter, anmuthig doch; sonderbar auch, daß man ihn für einen Französisch-gesinnten hält.

Um das hiesige französische Wesen fange ich an mich nicht mehr zu bekümmern und denke selbst bis Donnerstag den Einzug des Königs gar nicht einmal zu sehen, sondern am Reinardus zu copiren. Sparens wegen war ich nur einmal im Theater (aux variétés). Viele Orgeln in den Straßen spielen das alte Lied von Henri IV. mit seiner alten Nationalmelodie, die etwas Eignes hat, besonders im Eingang, und dazu gesungen klagend lautet.

Aus der preußischen Feldpost empfange ich in diesem Augenblick Deinen zweiten Brief vom 12. Februar mit einem Blättchen von der Lotte und Tydemans Brief. Der Inhalt war mir sehr lieb, und zur Zeit der Feuersnoth am 7. Februar war ich in Chaumont. Du hast doch schon viel seitdem ausgestanden. Auf das andere steht jetzt nichts zu antworten. Nun fehlt, glaube ich, bloß noch ein Brief von Deinen. Des uns so wichtigen Manuscripts zu Pesth hat sich vielleicht schon Hagen, um uns entgegen zu sein, früher versichert, denn Raßmann erzählt, daß er ihn sehr treibt, hier einen holländischen Reynaert aufzuspüren.

Der Lotte antworte ich ein nächstes Mal. Jetzt viel Grüße an sie und die Tante. (Die befragte und natürlich verwandelte Toilette ist höchstwahrscheinlich weder in specie noch genere wieder zu er-langen. Doch ist es besser, nichts davon zu sagen.) Gott erhalte Dich und ich bin sehr auf frische Nachrichten von Euch begierig, wozu es jetzt doch nur zehn Tage braucht. J.

Die Bücher kommen nicht mit.

Der Kurprinz kommt her.

---

95.

**Wilhelm an Jacob.**

Nr. 8. Cassel, am 5. Mai 1814.

Lieber Jacob!

Endlich ist Dein langerwarteter Brief von Paris heute Morgen angekommen, ich habe ihn gleich, eh' ich ihn ordentlich las, durch-gelaufen, ob von Karl nichts darin stehe, aber leider nichts gefunden. Welch ein unglücklicher Zufall, den ich immer noch nicht recht begreife, ist Schuld, daß Ihr Euch dort nicht getroffen habt, ich hatte mir schon oft in Gedanken vorgestellt, was das für eine Freude für Euch beide sein werde. Karl war in Begleitung eines hessischen Offiziers aus dem Hauptquartier des Prinzen mit Depeschen an Blücher abgeschickt und schrieb mir vom 17. April von dort: er habe bei Metternich nach Dir gefragt, Du würdest bald ankommen. Nun muß er plötzlich Befehl bekommen haben, den 18. oder 19. wieder zurückzugehen, sonst begreife ich es nicht, dabei bleibt aber noch immer unerklärbar, daß Karl den Jordis und sie auch gesehen und, wie ich glauben muß, gesprochen hat, den Gourlot u. s. w., und keiner sollte Dir dies gesagt haben? Daß Ihr Euch nach dem 25., wo Dein Brief schließt, noch solltet gefunden haben, darf ich nicht hoffen, und so seid Ihr wohl einen Tag zusammengewesen oder Karl ist Dir wohl gar auf seinem Heimweg begegnet. — Karl schreibt mir, daß er von Nancy schon einen Brief mit guten Nachrichten vom Louis abgeschickt, den ich zwar nicht erhalten, doch bin ich froh, weil es mir wahrscheinlich ist, daß späterhin noch Gefechte gegen die Insurgenten waren, die noch nicht ganz auseinander sein mögen. Vom Ferdinand fortwährend noch keine Zeile, doch hoffe ich bald auf Aufklärung. Wir beide sind ziemlich wohl.

. Am 11. oder zweiten Ostertage habe ich droben angefangen auszuziehen. Die Bücher von Brentano, Blanc, Karl, Ferdinand, die Zeichnungen von Louis waren zu trennen und in besondere Kasten zu packen. Dann wurden von dem Boden wenigstens 12—16 Mahnen alter Bücher und Schriften getragen, die habe ich gleichfalls gesondert, was von Großvater und Urgroßvater war, ausgesucht und eine ganze Schublade als Familienarchiv eingerichtet. Dann kamen alte geistliche Sachen, Adreßkalender, Rechnungen u. s. w., das mußte auch ausgelesen werden u. s. w. Dann habe ich unsere Bücher sämmtlich eingepackt und auf Wagen in Tüchern hierher transportiren lassen. Hierauf mußten die Schränke wieder aufgeschlagen und reparirt werden. Damit sind allein 14 Tage von Morgen bis Abend hingegangen, das Ausstauben war das Schwerste für mich, ein Glück, daß mir der neue Pedell bei der Bibliothek etwas half und Bauer, dieser aber nur im Rohen und zu viel fragend. Die Lotte hat dagegen mit ihrem Theil auch ihre schwere Last gehabt. So sind nach und nach drei Wagen voll hierher gefahren worden. Am 27. und 28. ging dann der große Auszug vor sich mit 4 Trägern, ein Paar Gehülfen und einem Wagen, der noch dreimal fahren mußte. Das Verkaufen der alten Möbel ging nicht, weil das Verschenken in dieser Zeit, wo die kostbarsten nicht auf den geringsten Preis gekauft werden, wohlfeiler gewesen wäre. Ein Glück, daß wir der Tante ihre Sachen zurückschicken konnten, sonst hätten wir noch einen Tag nöthig gehabt. In der Nacht auf den Freitag (28/29.) haben wir zuerst hier geschlafen, oder ich eigentlich bloß im Bett gelegen, denn ich konnte nicht schlafen, weil ich es stark auf der Brust hatte; es hat sich aber bald wieder gegeben. Dabei mußte ich unumgänglich täglich auf der Bibliothek sein, weil sonst niemand da ist.

Das Haus ist das letzte in der Stadt nach der Wilhelmshöher Allee, wo die Kurfürstin erst wohnt, dadrüber, es stehen Säulen davor und ist der Wache gerad gegenüber; es ist still und ländlich mit einer freien, in der Abendsonne prächtigen Aussicht. Geräumig ist es, wenigstens ist so viel Platz als im alten, eher mehr, und da jetzt überall Ordnung ist, habe ich vieles gewonnen, z. B. eine Kammer habe ich bloß für alte Bücher, Paquete, unser Hildebrandslied u. s. w. eingerichtet. Ich freue mich, wenn Dir alles gefällt, freilich hatte das andere auch seine eigenen Vorzüge und in unserer Stube war alles so paßlich und darnach besonders eingefügt. Ich mache Dir hier einen Plan, damit Du Dich gleich finden kannst. A ist unsere Stube, das schwarz Angestrichene sind die Bücherschränke, 1. 2. 3 die großen, 4. 5 die kleinen, auf 5 steht der Goethe. Zwischen den Fenstern die Commode b und Spiegel, a ist das Kanapee, □ sind Öfen. Da ich alle fremden Bücher aufgehoben, ist viel Platz gewonnen. In B sind 6. 7. 8 die Bücherschränke aus dem gelben Cabinet, 9 der große offene Schrank, der sonst hinten in der gelben Stube stand. In D schlafe ich, welches mit B von einem Ofen soll geheizt werden können, ††† ist eine Gitterwand, die Thüren sind überall bequem aus einer Stube in die andere. E ist eine große saalähnliche Stube, die ich der Lotte gegeben, theils weil sie die Stadtaussicht gern hat, theils weil er uns zu weitläuftig und unbequem wäre, F ist ein dunkles Kämmerchen. C ist noch neutral, kann aber im Winter geheizt werden und zu uns gezogen. Es sind lauter Windöfen, d. h. mit Röhren, wo das Feuer in der Stube muß angemacht werden, was seine gute und schlimme Seite hat. Außer Boden, dunkelm Raum für Küchengeräthe sind noch zwei Dachstübchen da, tapezirt und mit Ofen, sehr schön, so daß ich einmal Lust hatte, eins mit der schönsten Aussicht zur Arbeitsstube zu machen, wenn es sonst gegangen wäre. Nun hat die Lotte eins zum Schlafen, das andere die Magd inne.

Nun weißt Du unsere Gelegenheit genau. Am Dienstag Morgen (3. Mai) war ich endlich fertig geworden und hatte das Letzte eingeräumt. Darnach ging ich auf die Bibliothek und um ein Uhr zur Tante, um zu fragen, ob sie heute nun kommen und unsere Wohnung sehen wollte. Wie ich in die Stube trete, sitzt eine fremde Dame bei ihr auf dem Sopha, die ich wie gewöhnlich nicht näher ansehe und mich zu ihr wende. Sie sagte aber, ich sollte sie einmal näher betrachten, und wie ich das that, da glich sie so sehr der seligen Mutter und da sah ich, daß es die Tante von Hochstädt war. Ich mußte recht weinen und habe sie herzlich geküßt; sie hat so viel von der seligen Mutter, nun sie auch älter und magerer geworden ist, dann im Ton und in ihren Ausdrücken, daß ich beständig an sie erinnert werde. Ich habe sie gleich gebeten, bei uns zu wohnen, und ist sie nun schon drei Tag in der großen blauen Stube; Abends holte ich auch die Karoline (Hopf) mit ihrem 11jährigen Buben, sie ist noch ganz wie sonst und mag das Ökonomische und Weltliche vorherrschen, wie bei dem Jungen, der altklug spricht in lauter Redensarten des Pfarrers Höhne, während er körperlich dem Küchenmeister Hopf gleicht und gerad ein solches Brotzmaul hat. Die Tante ist gewiß von Natur gut und ich wollte sie gern hier haben; sie ist auch so still und für sich wie die Mutter, geht so und bewegt die Lippen, wenn sie sachte liest. Vierzehn Tage werden sie doch hier bleiben, die Kosten achte ich nicht, auch wird sie uns die Tante gewiß reichlich ersetzen, aber die Zeitverschwendung ist gar schwer. Hier bei uns ging es noch, aber die Einladungen, die nicht abzuwenden sind, gestern Abend bei der Tante Thee, heut da gegessen und dann Kaffee bei der Haumännin, ich bin zwar weggegangen, um den Brief zu schreiben, aber ich muß sie doch wieder abholen; es geht mir alle Geduld am Ende drauf. Die Cousine steht auch noch wie ein schwer Gewitter da. Seit drei Wochen habe ich auch nicht das Allergeringste arbeiten können und keine drei Seiten gelesen, ausgenommen die zwei Stunden auf der Bibliothek, wo's doch auch Störungen giebt. (Ich lese die Weltchronik nach unserm Manuscript; die biblische Geschichte ist darin merkwürdig voll wahrscheinlich jüdischer Sagen z. B. Nach der Sünde im Paradies sagt Adam, sie wollten büßen, er wolle sich dreißig Tage bis an die Knie in den Jordan stellen, Eva solle ebenso lang im Tigris stehen. Als er ins Wasser steigt, bittet er die Fische, Vögel und alle Thiere, mit ihm zu weinen, die es auch thun. Wie in der Sage, die Reinwald aus der Evangelienharmonie bekannt gemacht hat,

wird dem Teufel angst und er will die Sühne vernichten. Also geht
er in Engelsgestalt, als fünfzehn Tage herum sind, zur Eva und sagt:
Gott ist versöhnt, du hast genug gebüßt. Eva läßt sich verleiten und
steigt heraus, er führt sie zum Adam, der aber die Verblendung ein-
sieht und darüber klagt, und beharrt, bis vierzig Tage herum sind. Eva
fern von ihm sagt dem Mond und den Sternen (wie in den Kinder-
märchen), wann ihr in den Orient kommt, so sagt dem Adam meine
Noth, das thun sie auch u. s. w.) — Was den armen Heinrich be-
trifft, so habe ich Dir in einem verlorenen Briefe geschrieben, daß
die Nachricht von dem ungarischen Manuscript aus Schlegels Museum
(das Museum ist für 1814 suspendirt) gekommen ist, bis jetzt habe
ich noch keine Antwort, meine Meinung ist, daß beide Manuscripte
nothwendig müssen benutzt werden. Kannst Du das Straßburger
nicht bekommen oder eine neue Abschrift, denn die bei Müller
war gewiß schlecht? Wegen der Heilung durch Blut will ich schon
selbst in medicinischen Büchern nachsuchen, wenn ich nur erst Zeit
habe; mit dem Bauer ist nichts Ernsthaftes anzufangen; ich bin
ihm und Ramus recht geneigt und wäre auch sonst undankbar
wegen ihrer besonderen Freundschaft für uns und ihrer recht-
schaffenen Gesinnung, aber sein Umgang ist mir nicht angenehm
und störend wegen seines gewaltigen Fragens, er spürt und schnup-
pert beständig in allen Ecken herum, will alles auf den letzten
Heller ausgezahlt haben, ist ohne eigenes Urtheil und bildet sich doch
eigentlich auf das seinige wieder etwas ein; wirklich tyrannisch be-
herrscht er die Frauensleute im Haus, von der Alten an, daß ich's
oft nicht ertragen kann. Beim Auszug haben sie uns so viel geholfen,
Kaffee geschickt, am Sonntag sind sie mit Chokolade in Procession
gekommen, daß es gewiß sehr unrecht wäre, wenn wir nicht freundlich
dafür wären, aber ich fürchte nur, sie fühlen, daß das meine Absicht
ist, und das ist ein gewisses Häkchen, was sie finden und weshalb
sie mich doch eigentlich nicht so gern haben; ich weiß aber nicht, wie
ich es anders machen soll. —

Wilken verlangte eine Recension von dem niederträchtigen Buche
des Rühs gegen uns; ich habe also ganz ruhig sein Verfahren und
seine Unwissenheit dargelegt und nur wenige Worte am Schluß über
seine Weise bemerkt, sonst sie gar nicht berührt; sie ist in den neusten
Blättern abgedruckt. In dem letzten Anzeiger der Idunna hat er auch
meine Fehler bei der Übersetzung der Paar Stücke aus der Edda in
den Studien dargelegt mit gemeinen und boshaften Bemerkungen;

sie sind freilich ganz klar, nur daß er das Recht nicht hat, sie mir vorzuwerfen, ist auch hier ganz klar, denn er begeht dabei wieder andere. Nach dem Morgenblatt wird die Alterthumszeitung bei Walter in Schillingsfürst (in Hohenlohe) fortgesetzt, also wahrscheinlich unter Gräters directer Aufsicht.

Den Brief von Arnim hast Du vor wenigen Tagen durch den oldenburgischen Legationssecretär Mützenberger (?) erhalten; hier schicke ich Dir den von Savigny.

Am 6.

Er ist vorgestern gekommen, gottlob, daß er wieder hergestellt ist. Er schreibt in meinem Brief noch, daß dort aus unserm Märchenbuch der Fischer un sine Fru besonders abgedruckt sei unter dem Titel: Bonapartes Biographie. Sobald ich vermuthe, daß Reimer wieder zu Haus ist, welches noch ein Paar Monate dauern kann, will ich ihm wegen des zweiten Bandes wieder schreiben; es gehen indessen wohl die Beiträge von Haxthausen und München ein und eine Möglichkeit wär' es doch auch, daß Du in drei Monaten hier wärst.

Zimmermanns Bruchstück soll von 1474 sein, das van Wyn ist von 1475, hier ist aber wahrscheinlich von Zimmermann bloß ein Schreibfehler begangen und es ist dasselbe; was mich irr machte, war bloß der Umstand, daß Hagen bemerkte, Zimmermann werde nächstens über diese Manuscripte seine Arbeiten bekannt machen, also setzte ich voraus, daß er das Fragment wirklich vor sich habe. Jene Äußerung bezieht sich wahrscheinlich nur auf die andere.

Docen hat über Hagens Nibelungen eine recht gute Recension in der Jenaer Literaturzeitung geliefert, sein Haupttadel besteht darin, daß Hagen alle Handschriften unter einander gemengt und keine zu Grund gelegt habe, so daß für äußere Annehmlichkeit im Lesen zuweilen (nicht immer) etwas gewonnen, aber für die Originale Wahrheit verloren sei.

Sieh dort, ob Du keine alte Recension von Miles und Amicus, wie der französische Roman heißt, auffindest, besonders gut wär' eine, welche sich der englischen näherte und worin Child Oney vorkäme. Das Gedicht, das Ritson citirt, von Hildebrant und Herebrant, wirst Du auch aufsuchen.

Die Nummer der Handschrift des Jornandes ist 1890 bei Peringskjöld und Glöckle. Geht es, so vergleiche c. 14. die Genealogie mit dem Text bei Muratori.

Den Walther schick' ich Dir bei erster Gelegenheit, die sich wohl bald findet, ganz; eine neue Ausgabe wär was recht Gutes. Außer den Namen vergleiche V. 553 Franci nebulones, cultores regionis. V. 961 et nisi duratis Vuelandia fabrica giris obstaret, spisso penetraverit ilia ligno. V. 261. loricam fabrorum insigne ferentem diripe.

Könntest Du den Roman von der Viane (Nr. 7535a) durch= gehen, so wären allerlei merkwürdige Stellen zu ercerpiren; er ist überhaupt gar ausgezeichnet. Folgende aber mußt Du durchaus nach= sehen: in der Mitte des Gedichts etwa (bei Uhland Abent. 16., wo Olivier und Roland mit einander streiten) kommt vor:

> Auf der Vianer Insel, auf dem Sand
> Bekämpfen sich die Herren beidesammt,
> Da fechten sie nach rechter Kämpen Art,
> Keiner den andern schont oder spart,
> Weil wilder sie als Leu und Leopard;
> Und keiner wär dem andern sporenlang
> Gewichen um des Samsons ganzen Schatz.

Ermenrichs Sohn heißt Samson und nach Saxo und Reinecke Voß hat Ermenrich einen Schatz. Das Gedicht bei Uhland selbst giebt keinen weiteren Aufschluß.

Wäre es möglich für Dich außer dem Reinhardus ein Gedicht abzuschreiben oder abschreiben zu lassen, so würden doch die Heimons= kinder und der damit zusammenhängende Roman von Maugis (Nr. 7183) den Vorzug verdienen; zumal wenn uns Görres die Herausgabe überläßt.

Nachmittags.

Thomas schickt eben durch Harnier, der in Frankfurt war, die Varianten aus den sieben weisen Meistern und 14 Pränumeranten auf den armen Heinrich. Guaita hat gleichfalls noch eine Liste. Bange bei Marburg hat auch einige gesammelt, Meisterlin in Hanau 15. Stein schickt ein Paar alte Pergamentdeckel, wie es auf den ersten Anblick scheint, aus einer guten Handschrift des Parzival, übrigens ohne ein Wort zu schreiben, ich fürchte, es geht ihm schlecht.

Gestern Abend ist jemand Fremdes hier gewesen, wie ich die Tante abholte, ich dachte, es könnte August Haxthausen gewesen sein; frag doch ja die beiden Brüder nach ihm, wo er steht und ob er bald zurückkommt.

Der Prinz von Philippsthal, der Gaeta vertheidigte, ist vor wenig Tagen hier angekommen; ich habe ihn mit seinem grauen Kopf schon vorbeifahren sehen; er ist trepanirt worden. Er hat den Kurfürst gebeten, er möge seinem Bruder Ernst wieder gnädig werden.

Ich habe Dir schon in einem Brief geschrieben, der wohl verloren ist, daß Lenep bei mir anfragen ließ, ob Du die wirkliche Kriegssecretärstelle, die Dir zukomme, offen erhalten haben wolltest, er nehme Anstand, eh Du Dich erklärt hättest, sie zu besetzen. Ich ging hin, dankte für seine Aufmerksamkeit und versicherte in Deinem Namen, er könne einen andern ernennen. Willst Du um Gehalts- vermehrung anhalten, so wird Dir's nicht fehlen, wenn Du anführst, so viel als ein wirklicher Kriegssecretär (ich glaube etwa 800 Thlr.) könntest Du verlangen, weil Dir das von selbst würde zugefallen sein; das leuchtet dem Kurfürst ein und hierin ist er gerecht; mehr freilich wirst Du nicht bekommen; aber jeder meinte, Du hättest längst Diäten fordern können und auch erhalten. Ich hatte, wozu mir Strieder rieth, um eine Vermehrung des Gehalts angetragen (ich bekomme nur 100), es ist aber abgeschlagen; so weiß ich nichts mehr zu thun. — Du kannst mir jetzt oft schreiben, aber schone Papier und Siegellack, im habe 1 Thlr. Porto müssen geben, vielleicht kannst Du die Briefe jetzt auch gut einschließen. Wilds grüßen Dich alle, der Alte hat über unsern Auszug geweint, er hätte gar dem Wille das Geld gegeben, das Dortchen ist noch nicht hoben gewesen. Es ist ein Gewitter und warmer Tag. Gott sei mit Dir und uns allen.        W.

------

96.

**Wilhelm an Jacob.**

No. 9.                    [Cassel,] Sonntag, 15. Mai [1814].

Lieber Jacob!

In dem Augenblick, wo ich an einen Brief von Dir dachte, kam Dein letzter vom 1. Mai, gerade vierzehn Tage alt. Du wirst den meinen vom 6. d. M. wahrscheinlich zu derselben Zeit empfangen haben; nun Mainz offen ist, kommen die Briefe, hoffe ich, in fünf Tagen an; wenigstens hat mir Harnier das versichert. Gestern Mittag ist die Tante von Hochstädt wieder abgegangen, sie hat ge- weint und wohl gesehen, daß wir anders sind, als sie dachte. Die Karoline ist so 14 Tage zu ertragen, aber für länger gefiel mir's nicht, wiewohl wir über nichts klagen können; ihre Gedanken und Worte zeigen sich in den nöthigen Schranken, es ist aber bloß Welt-

liches dahinter. Ihr Bub ist mir aber von Anfang bis zu End un-
leidlich gewesen; ich glaube, ich war als Kind ziemlich einfältig, ich
hätte mich aber doch lieber gehabt, als dieses unerträglich altkluge,
eine Mischung von der alten Küchenmeistern und dem Pfarrer Höhne.
Die Tante hätte ich noch hier behalten, sie erinnerte mich so tausend-
mal an die selige Mutter, ebenso setzte sie sich auch allein zum Fenster,
guckte hinaus und strickte mit Vergnügen an dieser halben Einsam-
keit. Lieb ist mir's indessen auch, nur etwas zur Ruhe zu kommen;
am vorigen Mittwoch gab die Tante hier einen Besuch, wo dann
Wilds waren, nur das Dortchen konnte nicht kommen, Ramus, der
Hans Engelhard und Goldmann. Der alte Wild nähert sich langsam
seinem Ende und dauert vielleicht noch den Sommer aus.

Vom Louis und Ferdinand habe ich noch nichts gehört, so sehr
ich täglich darauf warte. Ich bin nur froh und beruhigt, daß Ihr
beide Euch gefunden habt. Ich denke, in vier Wochen ist der Louis
hier, die Princeß hat durch den Hummel, der sehr in Gnaden bei
ihr steht und Unterricht giebt, neuerdings fragen lassen, ob der Louis
wohl ein Ölbild von Bury, wie Berliner Frauen und Mädchen die
Russen pflegen, radiren wolle. Ich habe geantwortet, der Louis
würde alles gern thun, was die Princeß wünsche. Das könnte ihn
dann dieses Jahr hier halten, würde ihm aber gewiß sehr förderlich
sein und ihm auch wohl seinen Unterhalt verschaffen. Den Karl
grüß herzlich, sag ihm, daß der Marc Andre Suchet in Lübeck ge-
storben ist, was ihn betrüben wird; daß der Handel in Lübeck schon
ganz lebendig geworden, Travemünde voll Schiffe und die Straßen
voll Lastwagen. Ich zweifle nicht, daß er bald eine gute Condition
finden würde, indessen mein' ich, da es ihm ohnehin in Paris zu
gefallen scheint, könnte er nirgends besser ankommen als dort, weil
dort sein Deutsches und Englisches viel werth sein muß.

Ich war heute von 9 bis 1/2 12 in der Kirche wegen der Feier-
lichkeit der goldenen Tafeln. Nach der Predigt war Musik und
dabei wurden die fünf großen schildförmigen Tafeln abgedeckt. Oben
in einem Goldkranz steht: „Cassels Söhne im heiligen Krieg 1814.
Welche sich dem Vaterland und geliebten Fürsten unter des Kurprinzen
tapferer Führung weihten." Auf der Mitte eines jeden Schilds ein
goldenes laubumwundenes Schwert und auf sämmtliche alphabetisch
die Namen vertheilt. Sie hängen an den Säulen und diese sind
durch die Gewinde aus den Kränzen, welche die Verwandten gebracht,
verbunden. An jedem Kranz hängt ein Band noch einmal mit dem

Namen; wir haben zwei sehr schöne Eichelkränze mit weißem Band, worauf die Namen von Karl und Louis und was sie sind mit goldenen Buchstaben stehen, hingeschickt und der Erdmann hat sie sehr gut aufgehängt, so daß sie nicht unter den andern versteckt sind. Der Louis hat noch das Landwehrkreuz in Gold und der Karl sein Jägerhorn darauf bekommen. Ihre Namen stehen auf der dritten Tafel in der Mitte, die drei Engelhards fangen sie an; sie hängt nicht weit vom fürstlichen Stuhl. Nach der Musik wurden die Namen sämmtlich von der Kanzel abgelesen; in der darauf folgenden kurzen Rede von Schnakenberg hat mich gefreut, daß er gerade sagte, ein Volk, „das wir zu allen Zeiten verachten werden", hatte uns unter= drückt. Das Ganze ist recht gut und hat gewiß auf viele Eindruck gemacht, ich stand an derselben Stelle, als der Louis in der Kirche den Schwur ablegte; rührend waren die schwarzen Kränze der Ge= bliebenen. — Da auch Juden mitgegangen sind, so waren die Ver= wandten gleichfalls da, ich glaube meist nur, um ihr Recht zu be= wachen; so sah ich mit großer Verwunderung den Gottbewahre mit seinem Mädchen nicht weit von mir stehen; er hatte mit einem Christen das Gesangbuch gefaßt und sang mit, als gehörte er dazu. Ich glaube, ein Vetter von ihm ist Lieutenant, der bei den Westfalen Garde du Corps war.

Den Leipziger Meßkatalog habe ich in diesen Tagen (für die Bibliothek) empfangen; es stehen meist philologische Sachen darin, die bestimmt vorherrschen, und was man sonst erwartete, Goethes Leben 3., Levana und eine Zeitschrift (wie ich vermuthe): Museum von Jean Paul; ich habe es zur Ansicht bestellt. Von Hagen, Büsching und Docen nichts, überhaupt von keinem Bekannten etwas. Die große Ausgabe der Heimskringla, die in vier Bänden fertig an= gekündigt ist, habe ich für die Bibliothek bestellt, aber bei Griesbach dauert es etwas lang und der hat doch als Hofbuchhändler ein altes Recht auf Besorgung der Bibliotheksbücher. Was unsere Edda be= trifft, so hab' ich Folgendes Dir vorzuschlagen. Ich hatte geglaubt, Du würdest den Sommer wiederkommen, so daß sie im Herbste er= scheinen könnte, wenigstens noch in diesem Jahr; bleibst Du aber so lange aus, so müßte sie noch ein Jahr wenigstens, wahrscheinlich anderthalb, warten, und das scheint mir zu lang. Einmal wird Hagen alles thun, um uns entgegen zu sein, und hat er das eine Lied bekommen, treibt er endlich auch noch das andere heraus, sodann aber steht soeben in einem Correspondenzschreiben aus Kopenhagen

vom 11. April, daß Nyerups Kämpe-Viser heraus seien und man
der baldigen Herausgabe des 2. Theils der Edda entgegensehe. Ich
glaube nun zwar, daß es sich damit verhält, wie Rask schrieb, aber
noch anderthalb Jahre Verzug könnte doch machen, daß man uns
zuvorkommt; ist endlich dem Rask zu trauen? wie Du selber überlegen
wirst; ich wenigstens glaube, daß Hagen das Helgelied von ihm
hat. Alles demnach erwogen, scheint es mir am besten, den Druck
in Gottesnamen anzufangen. Die Volundarquida und Helgelieder
haben wir ja vielfach besprochen und diese kommen zuerst, die folgenden
will ich jetzt vornehmen und über die schwierigen Stellen sammt
allem, was dazu gehört, Dir schreiben. Das ist gewiß, Schwierig-
keiten werden zurückbleiben, auch manches noch in der Folge und
nach und nach sich aufklären, dafür scheint mir nun die beste Aus-
kunft, daß das Glossar, wie wir auch schon verabredet, in einem
besondern Bande kommt, dieses könnte dann erst in einem Jahr, erst
nach nochmaliger Umarbeitung von uns beiden gedruckt werden, und
zu Nachholungen und kritischen Bemerkungen in der Vorrede desselben
wäre schicklicher Platz. Sei so gut, mir mit nächster Post Deinen
Entschluß zu schreiben, ich will dann mich an den Drucker wenden;
bis alles zu Stande kommt, gehen doch noch sechs Wochen darauf.
Wie leid thut es mir, daß wir zu diesem Werk nicht die langsame
Ruhe haben, die ihm und uns so zuträglich wäre; wo es nicht höchste
Noth ist, sollte man sich durch keine Ankündigung binden. Ich halte
darum mit den Märchen noch zurück und schreibe jetzt an die
Haxthausen, auch die im Münsterland, damit sie mir erst ihre Bei-
träge schicken, ein Paar Bilder vom Louis, die ich hinzulegen will,
werden sie noch bereitwilliger machen. August hat mir vor kurzem
geschrieben, er liegt bei Bielefeld und ist Cornet bei den Bremen-
und Verdenschen Husaren, nicht nur hat Werner seinen Brief an mich,
sondern auch einen von mir an August verloren. — Ich habe hier
in die Zeitung setzen lassen, daß der arme Heinrich erst in ein Paar
Monaten erscheinen werde, da viele sich deshalb erkundigten. Willst
Du nicht einmal an Schlegel schreiben und ihn bitten, die Sache in
Ungarn in Erinnerung zu bringen; sobald der Hummel einen Brief
abgehen läßt, will ich einen an Glöckle einlegen. Ich habe auch
Görres gebeten, ihn zu erinnern. Görres schreibt den Rheinischen
Merkur in schöner, freier Gesinnung und das Blatt macht viel Auf-
sehen, kannst Du es dort kriegen, so lies es ja, schön ist die
Proclamation Napoleons an die Völker Europas vor seinem Abzug,

die gewiß mancher besonders im Anfang für echt gehalten: es ist vielleicht der erste Versuch, in Deutschland eine Zeitung im englischen Geiste zu schreiben. Seine beständige Arbeit daran wird Schuld sein, daß er auch gar nichts von sich hören läßt.

Ich bekomme auf so wenige Briefe Antwort und das zwingt mich zu der lästigen Arbeit, sie nach einiger Zeit zu wiederholen. — — — Der alte Meisterlin in Hanau ist vor kurzem gestorben und die Mutter wird wohl zum Sohne gehen, ich hoffe zu Gott, an uns vorbei.

Thu mir einen Gefallen. Völkel sagte mir beim Abschied, wir hätten ein Musée Napoléon, ein Kupferwerk, davon wären einige Hefte verloren, ich möchte sie ihm aufzeichnen, damit er sie dort anschaffen könnte. Ich kann das aber weder bei den Antiquitäten, noch bei der historia Gallica finden (wo nur der kleine elende Katalog unter diesem Titel steht), noch auch in einem Schrank; eingetragen ist das Werk auch in keinen Katalog. Bitt' ihn nun in meinem Namen, zu sagen, wo es zu suchen ist (der Enzeroth weiß auch nichts davon). Da Du ihn auf der Bibliothek treffen kannst, wird es Dir auch weiter keine Zeit rauben.

Such doch ja Steffens auf, es wird Dich nicht gereuen, er hat eine fremde, aber auch treue und herzliche Seite. Einige behaupten hier für gewiß, Blücher sei zurück nach Preußen und habe mit dem König einen Wortwechsel gehabt.

Die Einlage an die Jordis ist das vorige Mal liegen geblieben, wart' also nicht zu lange, bis Du sie abgiebst. Leb wohl, lieber Jacob.                                    Dein treuer Wilhelm.

Die Lotte läßt Dich grüßen.

Adresse: A monsieur Grimm Secrétaire de la Légation de Hesse à Paris, Hôtel de S. E. le Comte de Keller, Ministre plénipotentiaire et Envoyé extraordinaire de S. A. E. Rue grange batelière No. 4.

Empfangsstempel und Präsentationsvermerk: 21. Mai 1814.

---

97.

**Jacob an Wilhelm.**

Nr. 19.                                    [Paris,] am 18. Mai 1814.

Lieber Wilhelm! Nr. 18 wirst Du doch richtig durch des Malsburgs Bruder erhalten haben. Diesmal sind vierzehn Tage hin-

gegangen, ohne Dir zu schreiben; die Hauptursache war, weil ich seit
8. vergebens auf Brief von Dir wartete und dachte, daß es da etwas
Nöthiges zu beantworten gäbe. Endlich ist vorgestern Dein Schreiben
durch Herrn Mutzenbecher abgegeben worden und gestern Dein Brief
vom 5. und 6. Mai angelangt. Was mich jener über Savigny
beunruhigte, hat dieser wieder gut gemacht. Ich werde, sobald ich
seine Aufträge besorgt habe, ihm unmittelbar nach Berlin schreiben.
In Arnims Brief scheinen mir die Bemerkungen über die Stickluft
der Literatur zumeist aus seiner jetzigen Unbehaglichkeit zu entspringen
und wenn nicht falsch, doch unzeitig zu sein, denn vor sechs Jahren
geschahen dieselben Dinge auch und waren wir nicht mit der deutschen
Literatur alle zufrieden? frage ich. Ich denke, daß Du keine Lust
hast, an Clemens' projectirter Zeitung mitzuarbeiten; dieses Zeitungs=
wesen wird mir jedes Jahr widerlicher. Politische Blätter sind noth=
wendig und gut, aber nur eine gewisse Zeit lang; kaum über ein
Jahr hinaus. Du mußt wirklich Görres' Rheinischen Merkur nicht
lesen, weil Du seiner nicht erwähnst; es sollen höchst freie und merk=
würdige Sachen drin sein (unter anderen auch einmal stark über den
Kurprinzen losgehauen werden. Das macht doch jetzt in Cassel kein
Verbieten). Ich bin auch froh, daß aus der Casseler Zeitung nichts
geworden ist, gleichwohl ist es eine eigentliche Schändlichkeit, daß
man sie dem Juden gelassen hat, vermuthlich wird sie nach dem
Frieden schnell auf ein sehr kleines Publicum herabfallen.

Der Frieden zieht sich in die Länge und wird nach einigen nicht
vor Anfang Juni fertig, weil er erst dem Corps législatif vor soll
gelegt werden.

Alles dies reicht zu der Franzosen alleinigem Vortheil, die jetzt
schon ganz vollkommen brutal und abgeschmackt räsonniren, von der
Ungerechtigkeit, ihnen die Niederlande und das linke Rheinufer zu
nehmen u. dergl. Vermuthlich werden sie noch gute Stücke in Belgien
abzwacken und in Savoyen, wie es heißt. Die Art zu unterhandeln
und der Erfolg davon werden unsern sogenannten Staatsmännern
einmal wenig Ehre machen, ich mag aber lieber nicht davon schreiben,
denn der Einzelne bringt durch alle diese Erbärmlichkeiten nicht durch.

Daß wir damit etwas länger hier bleiben, ist sonst für meine
Arbeiten auf der Bibliothek äußerst willkommen. Ich bin vor einigen
Tagen, Gott sei Dank, mit dem lateinischen Isengrinus abzuschreiben
fertig worden, es hat 28 feine Bogen gegeben, so daß, da ich das
Manuscript nur etwas über drei Wochen hatte, auf den Tag mehr

als ein Bogen kommt, wobei gleichwohl noch manches andere geschehen ist. Ich habe heute ein altes, wiewohl kleines sehr wichtiges lombardisch = deutsches Glossenverzeichnis entdeckt und bin einigen anderen merkwürdigen Dingen auf der Spur, morgen ist Himmelfahrt und verschlossen. Das Altfranzösische steht dem nach, aber ich thue auch da, soviel ich kann. Fauriels Bekanntschaft wird, denke ich, von dauerndem Nutzen werden.

Ich war neulich bei Maltebrun, der dänisch aussieht, redselig ist (auch in deutscher Sprache), jetzt in äußere schlechtere Umstände kommt und mir im Ganzen nicht gefällt. Im Februar und März war er in Bonapartes Hauptquartier mit. Er sprach von seinen Plänen 1. über Norwegen, wobei ihm vermuthlich weniger zukommt als er sagt; 2. über eine jetzt unnöthig gewordene und aufgegebene allge= meine Auswanderung der Europäer in eine freie Colonie, wobei eine aus Dänisch und Schwedisch componirte Sprache und sogar odinischer Gottesdienst hätte eingeführt werden sollen. Das ist natürlich ab= geschmackt, beweist aber doch, in welcher Art er rechtlich zu denken scheint. Interessantes erzählte er mir von Arendt, der hier vor einigen Jahren lumpig und schändlich brutal wie allerwärts erschienen ist, z. B. zu Maltebrun ist er gekommen, hat sich in Gegenwart der Madame Maltebrun vors Kamin gesetzt, seine Strümpfe ausgezogen und so die bloßen Beine am Feuer gewärmt. Vor einem halben Jahr soll er in Mailand oder Turin sich in einer Kirche an einer Weibsperson vergriffen haben und eingesteckt worden sein. Wie froh waren wir damals, als dieser Mensch unser Haus verließ.

Es ist nicht gut, daß weder Nyerup noch Rask schreiben. Hat denn Sjöborg nichts geschickt? nicht Händel ihre schwedischen ver= sprochenen Lieder? Hier auf den Bibliotheken frage ich vergebens nach seltenen isländischen Werken. Die sogenannte Wolfenbüttler Edda ist nichts weniger als das, sondern eine Gesetzsammlung.

Oberlins hinterlassene zahlreiche, nicht geistreiche, aber fleißige Excerpte in vielen Pappdeckeln habe ich vorgestern Abend mit Weh= muth betrachtet, bei seinem verarmten Sohn, der sich meistens durch lateinische Privatstunden das Leben erhält. Stirbt er einmal, was leicht bald geschieht, so fällt alles unvermeidlich einem Krämer in die Hände. Es ist eine Abschrift des trojanischen Krieges von Conrad darunter, die aber nicht viel weiter als der Druck geht; ganz interessante Collectaneen über Patois; auch hat er sonst noch altdeutsche Manuscripte, einen Tristan Gottfrieds von Straßburg auf Papier,

aber nicht uneben, einen Band Meisterlieder von Muscatplut. Alles
zu verkaufen. Vielleicht nähme es die Göttinger Bibliothek? Auch ein
Manuscript des Renners. Das durchschossene Exemplar des Wörter-
buchs mit handschriftlichen Zusätzen hat die hiesige große Bibliothek
an sich gekauft, wodurch es so gut wie verloren ist, denn die Fremden
hier haben selten Zeit zur Durchsicht. Ich fragte nach einem billigen
Exemplare für uns, und er will mir einige wenige und noch vor-
handene in Straßburg angeben. Räthst Du nicht dazu? Es wäre
schon eben des Dazutragens wegen sehr nützlich.

Nach Straßburg komme ich gewiß, wenn ich aber nur wenigstens
acht Tage dableiben kann, es sind sehr wichtige Sachen zu benutzen:
1. der graue Rock; 2. der Morolf; vermuthlich nicht die altercatio,
sondern das Epos. Dann wegen des armen Heinrich; ein pauper
Heinricus ist auch dort, vermuthlich das Gedicht des Mönchs von
Settimello. An Glöckle habe ich zu allem Ueberfluß nochmals ge-
schrieben; wäre er abgesetzt und abgereist, erführe man das wohl
durch Görres. Da man über die Quelle des speciellen Hartmann'schen
Gedichts so gar nichts Ähnliches auffindet, so glaube ich, liegt eine
wirkliche in Schwaben einheimische Tradition zum Grunde; Göttingen
hat wohl specielle Bücher über die alte Geschichte von der Au (Reichenau,
Ortenau), wo nachzuspüren wäre. Von Amicus und Amilius habe
ich hier nicht bloß ein altfranzösisches Gedicht, sondern auch ein alt-
lateinisches entdeckt, allein diese Grund- und Urlegende ist sich immer
ähnlich und nichts erläuternd für die Abzweige der Sage. Über
Ladrerie, Léproserie habe ich Verschiedenes gesammmelt und Anlaß
genommen, deshalb an Prunelle nach Montpellier zu schreiben, mit
der Bitte, seine Antwort direct nach Cassel unter der alten auf uns
beide passenden, in dergleichen Fällen am nützlichsten Bibliothekar-
firma zu senden. Ich habe mich bei Dacier hier, um die Manuscripte
leichter zu bekommen, auf gut Glück noch stets so gerirt.

Ich fürchte, Hagen hat das für uns so auffallend wichtige
ungarische Manuscript weggeschnappt, und ich wollte, Du hättest mir
die näheren Umstände davon gleich gemeldet und mich in Stand ge-
setzt, hier etwa durch Pilat unmittelbare Vorschritte in Wien zu
machen. Raßmann, den ich seitdem nicht wieder gesehn, erzählte mir,
ohne daß er unser Verhältnis mit Hagen zu wissen schien, dieser
habe ihm neulich vor allem aufgetragen, sich nach den Manuscripten
von Reinhard Fuchs und vielleicht nach einem flamländischen hierher
gebrachten umzusehen. Ich hütete mich wohl, ihm von meinem ent-

deckten lateinischen zu sagen, und fände er diesen selbst, so stehe ich dafür, daß er ihn nicht liest, geschweige abschreibt. Und mit dem französischen etwas zu machen, ist er auch zu faul. Geliehen ins Ausland wird kaum etwas werden; meine Lage war damals ganz außerordentlich günstig. Heute habe ich an Tydeman nach Holland geschrieben und gefragt: ob etwa van Wyn sein Fragment auch noch dem Zimmermann mitgetheilt habe, was zu unserm Nachtheil sein könne. Wir werden also über diesen Punkt hoffentlich bald beruhigt werden.

Du mußt dem Thurneißen sagen, falls die längst erwarteten, für uns sehr interessanten holländischen Bücher diese Ostermesse wieder nicht eingetroffen sind, daß er seinem Leipziger Commissionär aufträgt, das Packet an uns durch Dieterich oder Krieger befördern zu lassen. Wie rechnest Du dann mit Thurneißen ab? und was kommt da heraus? Ich hatte auch noch einige andere Punkte zu gut geschrieben bei ihm, namentlich ein verkauftes westfälisches Gesetzbulletin. Den Mercure étranger muß er Dir noch ausliefern für 1813.

In Wien wird es wieder eine Menge zu suchen und zu finden geben, aber alles dies mir nur halb lieb sein, wenn nicht unsere Arbeiten mit der Edda ꝛc. dann wieder in eine nähere Communication kommen könnten. Ich dachte als etwa im August wieder nach Cassel zu kommen und dann wenigstens ein Vierteljahr Urlaub zu unsern Arbeiten zu nehmen unter irgend dem besten Vorwand. Ich wollte, der Clemens wäre nicht mehr in Wien, er würde mich in der Zeit oder im Gemüth stören. Den Varnhagen, der hier war oder noch ist, habe ich zu sehen gemieden. Adam Müller war in Tyrol und hat dort am süddeutschen Boten Theil gehabt.

Für die umständliche Nachricht von unserm neuen Haus danke ich Dir, und es scheint mir durchaus, daß wir dabei gewonnen haben. Hat sich der Wille zuletzt doch noch gut genommen? Und ist nichts von Büchern und Papieren verloren? Wie viel hat der Auszug im Ganzen gekostet, da es ein weiter Weg ist? Wie herzlich gern hätte ich Deine vielerlei Mühe und Arbeit dabei getheilt. Die Hochstädter Tante hätte ich auch zu sehen gewünscht, ihre Ähnlichkeit mit der seligen Mutter war mir jederzeit auch rührend, sonst, weil ich sie wie eine von der Mutter und Casseler Tante gewissermaßen auf= gegebene Schwester bedauerte; jetzt aber ist sie lebendig und die Mutter todt. Der Louis hat mir nicht hierher geschrieben, wie ich wohl wünschte. Die Idee des Prinzen, die Landwehren so lang als die übrigen Regimenter beisammen zurückzuhalten, ist mir für ihn gar nicht lieb, allenfalls insofern, als ich ihn dann desto gewisser noch in Cassel finde. Auf jeden Fall aber muß er mich dort abwarten und sich eine Zeit lang bei uns ausruhen. Der Karl hat derweil mancherlei Schicksale gehabt, wurde als Courier von Jordis und Bülow nach Brüssel, Löwen und Aachen in einer Finanzangelegenheit gesandt und ist sogar bis nach Burtscheid hinter Aachen gewesen, also Euch näher wie mir. Hoffentlich hat er damit nicht allein etwas verdient und die Reise selbst war ihm nicht unangenehm, sondern er wird auch nun hier dem Jordis in seinen Geschäften helfen, noch drei oder vier Wochen hier bleiben und dafür bezahlt werden. Da er freiwillig eingetreten ist, kann ihm dieser Schritt bei seinem militärischen Verhältnis schwerlich schaden, welches doch nun so gut wie aufgelöst anzusehen ist.

Hammerstein treibt sich wie Haxthausen hier im Geräusch herum unter Offizieren und Engländern und sind wenig habhaft zu werden. Hammersteins Bruder, der Husar, hat dem Malchus neulich aufgepaßt und ihn öffentlich einen Schurken geheißen und mit ähnlichen Complimenten begabt und versehen. Der ist ganz bleich zurückgefahren, ohne zu antworten.

Hierbei Quittungen über 50 Thlr. Besoldung und 90 Thlr. Diäten, wegen letzterer aber mußt Du dich bei Knatz zuvor erkundigen, auf welche Kasse sie gewiesen sind, oder daß er das Nöthige auswirkt. Den Kassenzahlmeistern sag doch, wenn sie wieder unvernünftige Schwierigkeiten machen, meinetwegen: sie möchten bedenken, wie viel Irregularitäten ich hier erlebe und in der Campagne erlebt habe, bei meiner Rückkunft wolle ich ihnen alle Quittungen umschreiben, jetzt fände ich es nöthig, den Namen des angewiesenen Empfängers mit hineinzusetzen, weil sonst die Quittung verloren gehen und sie jeder einziehen könne. Dies ist nämlich von Beispiel.

Deine Antwort auf diesen Brief wird mich schwerlich hier treffen, adressire aber dennoch hierher (am besten durch Einschluß mit Knatz), es wird dann nachgeschickt. Besonders eilige Vorfälle könntest Du versuchen, poste restante nach Straßburg zu schicken, doch ist das immer ungewiß. Den Waltharius aber wollte ich nicht, daß Du schicktest; er ist auch hier aufzutreiben, wenn ich noch daran komme. Hierbei ein Brief von Avenel nach Braunschweig mit der Post; geh' doch zu Hofrath Ritter (oder schreib diesem billetsweise), er möge doch Dir oder dem Avenel direct Auskunft über seine Sachen, Bücher und Papiere schicken (Avenel, rue Chabannais no. 9). Es sind alle seine Arbeiten darunter, und er war mir sonst auch gefällig, wie Du weißt. Bruguiere ist auch hier und ganz los vom König, es war mir lieb, ihn wieder zu sehen, und er ist mir wie sonst freundschaftlich gewesen.

Es thut mir leid, daß der Antrag zu einem Besuch bei Arnim für Dich in diese Umstände gefallen ist; grüß ihn doch herzlich von mir. Siehst Du dann den Malsburg öfter? und den Lotz, der, wie ich aus der Zeitung sehe, jetzo wieder (gepuderter?) Auditor bei den Garden ist. Völkel zeigt sich hier ausnehmend artig, er hatte ich weiß nicht welche Angabe eines Bibliotheksdefects von Dir erwartet, bleibt aber wohl länger hier wie ich. Es geht auch in seinem Punkt lange nicht, wie es sollte. Leb tausendmal wohl.

J.

98.

**Wilhelm an Jacob.**

Cassel, am 18. Mai 1814. praes. 25. Mai.

Liebster Jacob, seit dem 15., wo ich Dir geschrieben, ist weiter nichts Neues bei uns vorgefallen; ich erhalte aber so eben die Einlage und eile sie Dir zuzuschicken. Außerdem schick ich Dir ein Paar Noten aus Volundarquida zur Betrachtung und zu Anmerkungen, ich werde auf diese Weise fortfahren, Du hast den Hagen'schen Text, wo der unbrauchbar ist, will ich Dir den andern auch abschreiben. Die Edda Saemundina wird ja dort auf der Bibliothek sein. Hast Du Maltebrun nicht gesprochen und über Arendt? Dem Glöckle habe ich gestern noch einmal in Einlage an Rohden geschrieben. Vorgestern habe ich mich nach der langen Unterbrechung zum ersten Mal wieder zum Arbeiten niedergesetzt, bin aber durch Besuche und den Schreiner ziemlich gestört; ich hoffe, daß es nun bald ordentlich wird. Jahn hat mir eine Flugschrift geschickt: Runenblätter, vieles gut, wahr und eigenthümlich in seiner Sprache; ich wollte, der Mann wäre hier, der würde in vielen Stücken in unsere Absichten und Arbeiten eingehen. — Dein Urtheil über Haxthausen und Hammerstein ist ganz meines, weshalb sie mir immer etwas Fremdartiges haben; der August ist mir viel lieber. Ich habe nun der Märchen halber an seine Schwestern und Bäschen geschrieben und Bilder geschickt, da wird ja wohl etwas kommen. Nun leb wohl, ich hoffe bald etwas von Dir zu sehen. W.

Grüß den Karl von uns allen, wir heißen ihn hier, weil er so frisch aussieht: Frischkorn. Sein st hört man ziemlich stark und ist bei ihm doch nun endlich wohl vergessene Absicht.

Adresse wie auf Brief 96. Empfangsstempel: 25. Mai 1814.

## 99.
### Wilhelm an Jacob.

Cassel, am 20. Mai 1814. praes. 7. Juni 1814.

Einen vor zwei Stunden aus England angekommenen theuern Brief kann ich Dir durch eine gute Gelegenheit gleich zuschicken, schrieb der Scott so deutlich wie der Weber, so würde ich ihn ganz gelesen haben, Du wirst dort besser darauf antworten können. Bei uns ist nichts Neues vorgefallen, gehört habe ich von allen Brüdern noch immer nichts; wenn es wahr ist, was man sagt, so kommen sie bald selber; heute ist sächsische Landwehr auf dem Rückmarsch angelangt, preußische Regimenter sind aber nach Mainz, es ist gut, daß man die neuen Grenzen wieder ordentlich besetzt. Kannst Du die gesta Romanorum gelegentlich kaufen, der Clemens könnte sein Exemplar zurückfordern, so thue es. Die Nibelungen von Zeune scheinen mir unbedeutend und haben viel verloren, in gelehrter Hinsicht sind sie gar nichts werth. Der Hagen hat isländische Grammatik und Literatur als öffentliche Vorlesung im Katalog zu Breslau angekündet, wahrscheinlich bloß eine leere Form. Ich hoffe, es ist ein Brief von Dir unterwegs, die Post geht jetzt nach der Frankfurter Anzeige über Mainz und Metz. Leb wohl, liebster Bruder, Grüße von allen Seiten.

Dein treuer Wilhelm.

## 100.
### Jacob an Wilhelm.

Nr. 20. Paris, 22. Mai 14.

Lieber Wilhelm! Die Edda laß in Gottes Namen zu drucken anfangen, vor August komme ich auf keinen Fall heim, von hier reisen wir in 8 oder 10 Tagen ab, dann bleibt der Graf in Rastadt (ich in Straßburg, so gut es geht) und hernach wird er vermuthlich über Cassel nach Wien reisen. Allein ich vermeide es, Euch auf ein Paar Tage zu sehen, was mich gewaltig stören und selbst in eine Menge lästiger Dienstbesuche wickeln würde; in Straßburg und München, wo ich den Ferdinand zu sehen hoffe, ist manches Angenehme. Von Wien aus selbst werde ich erst die längere oder kürzere Dauer des dortigen Aufenthalts bestimmen können.

Es muß endlich ein Anfang gemacht werden, weil durch die frühere Erscheinung der Kopenhagener Ausgabe unserer Arbeit in den Augen der Leute und zum Schaden des Verlegers ihr Verdienst geschmälert werden würde. Über zweifelhafte Dinge schreib mir dann, wenn ich auch unter zehn Antworten, die ich in Cassel haben könnte, neun verlieren oder schlechter geben muß. Den Schluß (oder die Hälfte) kann ich zu Cassel wohl noch mit corrigiren, sowie die Vorrede machen helfen. Ich bin übrigens auch für die sofortige Erscheinung des Glossars; schon aus obigen Gründen.

Vielleicht hat Wien doch auch Hilfsmittel. Sjöborgs Erichslied habe ich hier ganz vergeblich gesucht. Dagegen bin ich Arendts Böluspa sonderbar auf die Spur gerathen, habe sein Original gehabt, excerpirt und abgeschrieben. Das kann ich Dir mit Gelegenheit zuschicken.

Dem Boisserée habe ich neulich geschrieben und ihn ersucht, den Fr. Schlegel zu treiben. Sonst muß ich es selbst in Wien thun.

So beantworte ich Deinen gestern Abend erhaltenen Brief gleich heute Morgen in Eile mitten unter verhaßter Zifferschrift, die ich zusammen würfeln muß. Nächstens von hier aus mehr. Ich finde vielerlei. Gott sei mit Euch.        Dein treuer Jacob.

Es ist mir eingefallen: ob Ihr jetzt nicht viel schöne Blumen vor den Fenstern ziehen könnt. Das müßt Ihr thun.

Nachschrift:

Soeben läßt ein Herr Godillot seinen Paß nach Cassel visiren. Ich gebe ihm nicht diesen Brief, aber Walter Scotts Tristrem mit, den ich gestern Mittag kaufte und Abends durchblätterte. Es ist vielerlei Interessantes darin, die eigentliche historische und poetische Kritik mangelt gleichwohl.

Adresse: Herrn Bibliotheks-Secretarius Grimm, zu Cassel am Wilhelmshöher Thor wohnhaft.

101.

## Wilhelm an Jacob.

Cassel, am 23. Mai 1814. praes. 1. Juni.

Lieber Jacob, meine Briefe folgen sich sehr schnell, indessen wirst Du aus den Einlagen die Nothwendigkeit ersehen; wie sehr fühle ich jetzt den Nachtheil Deiner Abwesenheit. Heute Morgen habe ich bei= kommenden Brief von Göttingen geschickt bekommen, eingeschlossen waren die darin genannten Stücke Gunnarslag (kaum 3 Str.) und Grougalldr (etwa 16). Zugleich schickte Nyerup mit wenigen, doch freundschaftlichen Worten Rigsmal von Sjöborg. Wie die Sachen jetzt stehen, glaube ich:

1) daß auf Rask nicht weiter zu rechnen ist, wenigstens fürs erste;

2) daß man dort aufgereizt wirklich an der Edda druckt. Ich glaube zwar nicht, daß man schon so weit ist, als Thorlacius angiebt, und es geht auf jeden Fall noch ein halb Jahr hin, eh das Buch erscheint. Selbst die im Leipziger Meßkatalog fertigen Kämpe=Viser sind doch noch nicht, wie Nyerup schreibt, ausgegeben.

Es fragt sich nun, was wir zu thun haben: sollen wir diese Aus= gabe erst abwarten, um sie für unsere noch zu benutzen, oder nicht. Ich glaube, daß wir letzteres thun müssen, denn

1) in der Zeit, wo wir sie durcharbeiteten, würde Hagen sogleich eine alliterirende Übersetzung in seiner Art fertig machen, vielleicht noch früher, welches dem Verkauf unserer Ausgabe schaden, ja sie unmöglich machen könnte. Ich vermuthe sogar, daß er seine Ueber= setzung des einen Helgelieds in der Alterthumszeitung durch Hülfe einer Mittheilung von dorther gemacht hat, einige kühne Varianten lassen mich das vermuthen;

2) sind wir uns selber schuldig, zu zeigen, was wir unabhängig gearbeitet haben;

3) würde die spätere Erscheinung dem Reimer sehr nachtheilig sein.

Wie man aus den Worten des Briefs schließen kann, so ist es eine ältere Arbeit (Arendt hatte also doch Recht, wenn er sagte, sie sei vorhanden), nicht von Thorlacius. Ich vermuthe, daß Rask sie auch schon benutzt hat und wir schwerlich etwas Bedeutendes gewinnen. Ich hoffe auch, daß unsere ihr Eigenthümliches haben wird.

Müssen wir demnach jetzt drucken lassen, so scheint mir folgender schon früher überlegter Plan der beste. Wir theilen äußerlich diesen ersten Band in zwei Abtheilungen, welche übrigens bloß auf dem

broschirten Umschlag angegeben werden und beim Einband völlig ver=
schwinden.  Dadurch gewinnen wir:

1) daß sogleich oder sehr bald etwas erscheint, welches unsere
unabhängige Arbeit beweist.

2) Die erste Abtheilung schließt etwa mit der Sigurþarquiþa,
dadurch bleiben die schweren Stücke noch zurück, wie das grönländische
Atlilied und diejenigen, welche uns Rask noch nicht geliefert.

3) Für diese zweite Abtheilung können wir die Kopenhagener
Ausgabe abwarten und sie benutzen, was eben für den Text von
Hampismal u. s. w. gut sein wird.  Sollte die Kopenhagener Aus=
gabe noch Jahre lang ausbleiben, gewinnen wir auf jeden Fall
Ruhe und Zeit zur ferneren Bearbeitung und können ja drucken
lassen, wann wir wollen.

4) Die Bemerkungen, welche uns die Kopenhagener Ausgabe für
die erste Abtheilung gewährte, könnten wir dann in einem Anhang
geben oder auch, wie schon gesagt, in der Vorrede des Glossars.
Auch dieses würden wir noch einmal mit Ruhe und Gewinn durch=
arbeiten.

5) Für den Absatz sind solche einzelne Abtheilungen endlich
in jetziger Zeit viel vortheilhafter, Hitzig läßt der Staël Buch so
erscheinen.

Schreib mir doch mit nächstem Deine Meinung und ob Dir das
gefällt.  Ich schreibe heute noch nach Halle wegen der Buchstaben in
Notenformat. — Sonst ist nichts Neues bei uns, an Vieweg habe
ich geschrieben, da Harnier den Auftrag ablehnte, er kennt ihn nur
von zweimal sehen.  Goldmann geht Morgen oder bis Mittwochen
nach Göttingen, wo er ein Jahr zu bleiben gedenkt.

Dein treuer Wilhelm.

Adresse wie bei Brief 96.  Empfangsstempel: 31. Mai 1814.

———


102.

Jacob an Wilhelm.

Paris, 1. Juni 1814.

Vor einer Stunde, lieber Wilhelm, empfange ich Dein Schreiben
vom 23. Mai, das mich sehr gefreut hat, und ich bin ganz in
Deiner Meinung von der Nothwendigkeit, unsere Edda gleich zu

drucken, überzeugt. Hab' ich damals nicht auch gut gethan, den Thorlacius um die beiden Stücke zu bitten, aus denen gewiß manche Erläuterung fließen wird? Könnte ich Dir nur alsogleich dabei helfen. Gar lieb ist mir endlich Rigsmal zu haben.

Du arbeitest jetzt sicher brav daran; nur daß Du Dir nicht schadest. (Karl.)

Der Friede ist eben gestern geschlossen. Von politischen Dingen habe ich schon seit einigen Briefen nichts berührt und will's auf mündlich versparen. Denn ich denke vielleicht bald zu Euch zu kommen, setz mir immer Stuhl und Tisch zurecht; der Wiener Congreß soll erst August angehen und so lang mag ich mich nicht herumtreiben in Süddeutschland.

An Savigny habe ich vorgestern geantwortet. Von der Jordis wirst Du dieser Tage einen Brief mit zwei (etwas interpolirten, wie ich glaube) Märchen erhalten, den ich gestern Abends bei ihr liegen sah. Auch sie reist in acht Tagen nach Frankfurt ab.

Den Steffens habe ich versäumt; ich war vor fünf Tagen in seiner Wohnung expreß und da hieß es, daß er schon fort wäre. Den A. W. Schlegel sehe ich desto öfter.

Mehr davon in meinem nächsten Brief, noch einmal von hier, denn ich schreibe diesen aufs Allergeschwindeste. J.

Ich bin dafür, auch mit der zweiten Abtheilung gar nicht zu warten, sondern alles zu geben, aber die Idee von Abtheilung selbst ist gut.

Adresse: Herrn Bibliothekssecretär Grimm in Cassel.

———————————

103.

## Jacob an Wilhelm.

Paris, am 7. Juni, Dienstags.

### Liebster Wilhelm!

Seit Deinem letzten Briefchen vom 23. habe ich weiter nichts von Euch gehört und glaube fast, daß Du mir deswegen nicht mehr hierher schreibst, weil Du mich bereits abgereist vermuthest. Auch würde ich entweder heute oder morgen schon Paris verlassen haben, wenn es möglich gewesen wäre, auf der Diligence einen Platz zu erlangen, wo alles auf acht oder vierzehn Tage vorausbestellt war.

Mit genauer Noth habe ich einen auf bis Sonntag Morgen be=
kommen und reise also da bestimmt ab, nämlich allein und nicht mit
dem Grafen, der erst einige Tage später folgen wird. Diese Ein=
richtung ist ihm und mir lieb; ihm, weil er dabei spart, mir, weil
ich damit frei werde und machen kann, was ich will, und mir der
Kurfürst doch die Kosten (der Reise) vergüten muß. Lepel und
Völkel hätten allenfalls auch einen Platz gehabt, dem ich gleichfalls
ausgewichen bin, weil sie erst in acht Tagen oder später fortzugehen
gedenken und dennoch vor mir ankommen werden. Es liegt mir, wie
Du weißt, daran, in Straßburg mehrere Tage zu verweilen, nun
aber sollten in Metz altdeutsche Handschriften liegen, wie Villers
mehrmals bestimmt versichert hat; wer weiß, ob ich sonst je wieder
dahin gelange; ich wage also geradezu den Umweg, reise vorerst nach
Metz, sehe dort zu und gehe von da über Nancy nach Straßburg.
Von Straßburg aus schreibe ich Dir aus den Zwanzigern dieses Monats
weiter, wie es mir gegangen hat und ob ich über Mainz oder auf
der Bergstraße heim komme. Schwerlich wird dies vor Ende Juni
oder Anfang Juli geschehen können, in diesem Betracht bin ich über
die Verzögerung unzufrieden, besonders weil bei Dir so viel zu thun
ist. Allein auf der andern Seite ist es noch nicht so gewiß, ob ich
schon zu Ende Juli wieder nach Wien fortbrauche; entweder geht der
Congreß später an oder ich komme ganz aus diesem Verhältnis los.
Unserer Arbeiten wegen wäre mir das ganz recht und geschieht es
nicht, so ist Wien selbst ein Trost, wohin wir uns schon so oft ge=
wünscht hatten. Das Nähere mündlich, der Graf sieht es vermuth=
lich gern, daß ich bleibe; vorerst laß Dir von nichts, auch nicht von
meinem Reiseplan, etwas merken.

Es ist hier die ganze Zeit her das erbärmlichste Regenwetter,
wobei ich besonders an den Louis denke, insofern Ihr ihn nicht los=
gemacht habt. Dies muß aufs Ernstlichste betrieben werden. Unter
den Hessen sollen nämlich viel Krankheiten herrschen wegen ihrer
ausnehmend schlechten Kleidung, die sie vermuthlich dem schlechten
Zipf et Cons. verdanken; eines Menschen Leben ist doch in dieser
Zeit mehr werth, als das ersparte Geld. Der Prinz ist bereits acht
Tage fort und hat hier nicht das Geringste gewirkt noch bedeutet,
er weiß sich aber auch gar nicht zu nehmen. Hierbei folgt ein
Schreiben von Karl. Er wird sich auch bald auf den Rückweg geben
und wohl noch vor mir eintreffen. Hammerstein will nach England,
ich habe ihm Bücher aufnotirt. Jordis und seine Frau gehen in

kurzem nach Frankfurt und dann bald nach Berlin. Ich bin
genöthigt, ihr und dem Völkel, falls es noch angeht, kleine Packete
mitzugeben, weil mein alter Koffer längst nicht mehr das
erforderliche Zutrauen erweckt und ich mir einen neuen (kleineren)
kaufen muß.

Indessen habe ich meine Zeit hier nicht verloren und mancherlei
Gutes excerpirt; es wäre ein halbes Jahr hier zu bleiben, wofern
man die Quellen der Romane von Karl dem Großen durcharbeiten
wollte. Vom Jornandes habe ich die Namen in drei Manuscripten
verglichen, zumal in 1890. Dabei ist mir klar geworden, daß Paul
Diaconus und Procop vollständig excerpirt und ihre nomina propria
registrirt werden müssen. Wie wichtig in jenem z. B. die Stelle von
Gambara und den Longobarden, so klar, mythisch und etymologisch,
daß Adelungs lange Börde einfältiger Unsinn wird.

Die Stelle im Girart von Viane über Samson (Simson), einen
bekannten karlingischen Helden, beweist nichts für die altdeutsche Sage.
Ich werde ein neues Heft von der celtischen Akademie mitbringen,
worin eine Trierische Tradition vom Kriemhildenstein verkannt wird.
Dort in Cassel will ich aber, und wenn ich nur vierzehn Tage
bleiben kann, aufs Fleißigste hinter die Edda, hierbei schicke ich Dir
einige Anmerkungen, die mir beim letzten Durchlesen eingefallen sind;
alles ist flüchtig gemacht und vielleicht schon dort von mir selbst
niedergeschrieben; es bedeutet also zum Theil gar nichts oder paßt
nicht in die Noten, sondern ins Wörterbuch. Ich wollte, daß Du
mir etwas Näheres über Gunnarslag und Gronsangr, sowie den Text
von Rigsmal gemeldet hättest; ich bin voll Begierde und alles muß
sehr wichtig sein. Ärgerlich ist aber des Thorlacs Clausel mit seinem
sibi habere in Ansehung der beiden ersteren; was meinstu, könnten
wir sie nicht dennoch geben? Gronsangr schlägt freilich nicht direct
ein, ist aber vermuthlich sehr schön. Wenigstens auf die Paar Zeilen
Gunnarslag kommt ja nichts an und man kann sich in der Vorrede
darüber drehen und wenden.

Ich habe Dir schon gemeldet, daß der Wilhelm Schlegel mit der
Staël hier ist und sich gegen mich sehr zuvorkommend betragen hat.
Sein Äußeres ist ganz anders, als ich mir dachte. Vor allem: viel
älter sieht er aus, thut auch müde und bequem und geht engländisch
gekleidet, d. h. mit langem Überrock bis auf die Füße schleppend
und hohen weiten Kamaschen. Er hat etwa meine Größe und schnupft

Tabak oder hat davon das Ansehen, sonst etwas Professorartiges; auf seinem Tisch und in seiner Brieftasche lag alles zierlich und ordentlich, durchsichtige Horndosen mit Zuckererbsen, Marmorbirnen auf den Papieren, die meiste Zeit wird ihm hier, wie in England und Belgien, woher er gar nichts mitgebracht und gefunden hat, in Gesellschaften verzehrt. Doch fehlt es gar nicht, daß er eine Menge interessanter Dinge weiß und in der Ruhe und Überlegung etwas Angenehmes zusammenstellen könnte über die ganze altdeutsche Literatur und selbst Neues in manchem Einzelnen. Zu seinen Nibelungen hat er jedoch keine unbekannte Handschrift, nur vollständige Vergleichungen der bisherigen; er möchte sie in Quart und gern in englischen black letters drucken lassen, Text und eine Übersetzung daneben, unter den Text auch alle Varianten, ferner wo thunlich Bilder. Der Commentar könnte einen eigenen dicken Band bilden. Die Zeugnisse in den altdeutschen Wäldern habe er gelesen und die meisten davon schon selbst gehabt. Vom deutschen gehörnten Siegfried in Prosa hat er folgende, wie mir vorkommt, sehr glaubliche Ansicht: es ist aus dem Französischen übersetzt, die ausdrückliche Angabe besagt und hinten der Spaß mit Jorcus und Civilles beweist es, dieser Jorcus nämlich ist kein anderer als der französische volksmäßige Jocrisse, Jorcisse; das Buch muß also in französischer Prosa existirt haben, literarisch ist keine Spur davon da, aber in Frankreich gehen gleichwohl Sprichwörter um von Sifroi le cornu. Nun erklärt sich auch der steife, schlechte Stil dieser Prosa und die Abweichung in den Namen. Am Wichtigsten bliebe jetzt auszumachen: woraus ist die französische Prosa geflossen? aus dem altdeutschen Gedicht oder etwa mündlicher Sage? Nämlich das Buch könnte im 16./17. Jahrhundert in den französischen Niederlanden gemacht worden sein, bloß als Volksbuch existirt und darum sich auch so verloren haben.

Wenn der Louis hier wäre, sollte er mir eine Zahl schöner und sehr merkwürdiger Bilder aus dem Manessschen Codex copiren, wozu eine ganze Abhandlung geschrieben werden müßte, denn es ist eine eigene, noch rein unbekannte Bewandtnis damit.

Ich empfange eben den Brief von Scott und Weber und werde, falls dazu Zeit ist, von hier antworten. Hat Dir ein Mr. Godillot den Tristrem gebracht nebst einer Dose für die Tante, die mir durch Lepel hatte sagen lassen, ich möchte ihr ein Andenken von Paris schicken? Ich wußte also nichts anderes. In Dresden soll aus politischem Anlaß eine Schrift über die Geographie des alten Deutsch=

lands erschienen sein von einem Namens Weber und einige gelehrte
Ausführungen enthalten.

Seid tausendmal gegrüßt.

Dein treuer Jacob.

Die von dort weggeschafften Bücher, die mich so viel geplagt
haben (und hier vielleicht hauptsächlich durch meinen Einfluß, was
aber schwerlich erkannt werden wird, meistens wieder herbeikommen),
plagen mich wieder mehrere Tage und kosten mir Zeit. Wenn ich
sie dann endlich nur nie mehr zu sehen bekomme!

Scott verspricht ja, seine Sachen übersenden zu wollen, die wir
noch nicht haben, (Northern antiquities, Edinburgh annual register 8 vol.),
und von seinen Sachen mehr. Bekommen wir den Tristrem noch=
mals, so nimmt Benecke wohl das gekaufte Exemplar ab, dem schreib
das doch. Scott hat in der Einsiedlerzeitung eine Übersetzung der
schottischen Romanzen gelesen. Owen ist halb toll geworden, Ritson
wahnsinnig gestorben, nachdem er alle Papiere vernichtet, Jamieson
arm, Douce bloß sammelnd und nicht zum Herausgeben geneigt.

104.

### Jacob an Wilhelm.

Straßburg, den 21. Junius 1814.

Wie gemeldet, bin ich am Sonntag den 12. Morgens fünf Uhr
von Paris abgereist über Meaux, Chateauthierri, Epernay, Chalons,
Verdun nach Metz, wo ich erst den Mittwoch Morgen eintraf. Den
ganzen Tag war der Bibliothekar Jaubert nicht anzutreffen und ich
verlor die Zeit, den andern Tag wieder nicht, ungeachtet ich ihm ge=
schrieben hatte; diese Unhöflichkeit weiß ich mir an einem Franzosen,
und da ich ihn früher schon aus Cassel brieflich angegangen hatte,
nicht anders als aus einer andern häuslichen Unglücksperiode zu
erklären, worin er geschwebt haben muß und wovon ich einiges ge=
merkt zu haben glaube. Ärgerlich über alles dies und meinen Um=
weg versuchte ich doch mein Heil noch mit dem Portier oder Auf=
wärter und ging die etwa 600 Bände Handschriften, worüber nicht
der geringste Katalog da ist und keine Spur von Ordnung waltet,
freilich etwas flüchtig Band vor Band in Hand nehmend durch. Ich
habe aber durchaus nichts für uns gefunden.

Also reiste ich Freitags früh mit der Diligence über Pont
à Mousson nach Nancy, wo ich um 1 Uhr anlangte, mitten unter heim=

ziehenden Russen, so daß in keinem Gasthof Unterkommens war; die Post ging nämlich erst den Sonntag weiter nach Straßburg. Ich miethete mich daher vor allen Dingen in eine Patache ein, ein sogenanntes cabriolet acceleré, worin sechs Leute und Conducteur mit ihrer Packerei sitzen, und was doch von einem einzigen Pferd gezogen wird und dabei schneller als die Post fährt. Hierauf bekam ich endlich in einer entlegenen Gasthausküche zu essen und ein Bett versprochen, besah die, wie alles in Nancy, vom König Stanislaus angelegte ganz hübsche Bibliothek, ging in der Stadt herum, die auf Mannheimer und Casseler-Neustadt-Manier langweilig regelmäßig gebaut, aber ziemlich ausgedehnt ist, und gerieth in eine Kirche, wo katholisch gepredigt wurde und ich aus Müdigkeit bis zu End aushielt; alle Kinder brachten Blumensträuße auf den Altar, ungeachtet sie vom Schweizer angebrummt wurden, damit die Messe drüber gelesen wurde; beim Ausgang suchte sich jedwedes wieder seine Blumen aus. Wie ich ins Wirthshaus zurückkam, fing der Wirth, wiewohl bescheiden, an, mir zu eröffnen, daß ihm ein silberner Löffel fehle, den er mir glaubte gegeben zu haben. Du kannst denken, wie einem so was vorkommt, wenn mich gleich kein Mensch kannte. Ich antwortete ihm indessen so, daß alles wieder gut war und ich ein Bett bekam, worin ich besser geschlafen hätte, wenn nicht die Furcht gewesen wäre, zu verschlafen, ohne geweckt zu werden; denn um halb vier Uhr mußte ich zur Stelle sein. Ich wachte doch zurecht auf, kam zur Hausthüre hinaus, indem ich mein Gepäck selber schleppte, und als wenn ich in dem Ort lauter Verdruß haben müßte, das Haus, von wo die Patache abreisen sollte, war verschlossen, es schlug vier Uhr und nichts war zu sehen und zu hören, so daß ich nicht wußte, was zu denken, und ein mörderliches Poltern anfing. Nun kam der Hausherr, der sich verschlafen hatte, und schimpfte über den Lärmen, die Reiseanstalt wurde allmählich in Stand gesetzt, und die Mitreisenden, die sich in ihrer Wohnung hatten abholen lassen, waren an dem Ausbleiben der Kutscher Schuld. In diesem Haus hab ich zu schlechter Letzt meinen die ganze Zeit mühsam fortgebrachten runden Hut in der Verwirrung liegen lassen und es zu spät gemerkt.

Die Reisegesellschaft war wo möglich noch schlechter wie von Paris nach Metz und von Metz nach Nancy, lauter gemeine Franzosen, unaufhörlich bereit zu politisiren nach ihrer Art und zu Grobheiten gegen Deutsche, so daß man sich ohne Händel zu kriegen gar nicht einmischen darf und mag. Dies ist die Seele aller unzähligen Cafés und Gasthäuser in ganz Frankreich.

Der Weg führt über Lüneville, Saarburg (Sarrebourg), Pfalz-
burg nach Straßburg. Das Deutsche hat bald hinter Blamont die
Oberhand, und so durch ein Stück von Lothringen; im Elsaß ent-
schieden. Nicht bloß in Sprache, sondern in Kleidern, Manieren
und Bauart der Häuser. Wie wohl that es mir, wieder die höheren
Dächer, kleineren Fenster und verschiedenartig gestellten, bemalten
Häuser zu erblicken. So ein kleines Fenster ist doch zum Hinaus-
gucken gemacht und lädt dazu ein, während man bei den großen immer
ganz im Fenster steht und nicht in der Stube sein kann, ohne alles
draußen zu sehen, es ist keine Ruhe dabei. Die Gassen und Häuser
werden an ihrer krummen und abwechselnden Stellung in gleicher
Maße erkenntlicher und vertraulicher; in Frankreich ist meistens alles
auf eins hinaus geschnitten und angestrichen. Im Wirthshaus am
Sonntag auf einem Dorf sechs Stunden von hier war gleich Gut-
müthigkeit, die Wirthin verstand und sprach nur einige Worte Franzö-
sisch und hörte nicht, wie sich die Franzosen über ihr Sauerkraut und
weißen Wein aufhielten, dieselben, die sich hernach über die geringe
Bezahlung wunderten, und daß sie für einen mitreisenden Knaben, der
tüchtig gefressen hatte, der Mutter gar nichts anrechnen wollte. Der
Wirth und seine Tochter kamen aus der Kirche mit Gesangbüchern
unterm Arm und halfen gleich mit aufwarten; man saß wieder auf
Bänken um die Tische. Ein elsässischer Husar, der mich für einen
deutschen Militär nahm, fragte nach unsern Regimentern und lobte
ihre Art; das Volk nennt die Franzosen nicht anders wie Welsche. Das
Land und Feld ist ausnehmend schön und fruchtbar angebaut, voll
Wälder und Burgruinen, namentlich liegt Zabern (Saverne) ganz
herrlich; die Heerstraße ist wieder schmal, wie in Deutschland; in
Frankreich sind sie doppelt so breit. In den Dörfern sieht man die
Männer ruhig und still vor den Thüren auf der Bank sitzen oder
stehen.

Dergleichen noch viel andere angenehme Eindrücke sind mir hier
in der Stadt recht bestärkt worden, hauptsächlich weil ich auf den
guten Gedanken fiel, mich nicht in ein Gasthaus zu quartieren, sondern
bei Bürgersleuten eine Stube zu nehmen, was man allerwärts, wo
Studenten und Jahrmessen sind, leicht kann. Dabei spare ich gewiß
drei Viertel der sonstigen Ausgaben und lebe ruhiger und bequemer. Ich
habe eine schlecht möblirte altmodische Stube mit groben leinenen Vor-
hängen und einer Aussicht in einen alten Klostergarten, die mich an
unser Marburger Stübchen erinnert, und es ist dabei ein merkwürdiger

Zufall für mich gewesen, daß ich mich gerade mit meiner ersten Anfrage auf gut Glück an den Universitätspedell und Bibliotheksaufwärter wendete, was ich erst, nachdem ich mich eingemiethet hatte, erfahre. Also wohne ich unter dem nämlichen Dach, wo die Handschriften stehen, derentwegen ich hier bin, und aus diesem Grund werden sie mir ohne besondere Umstände auf die Stube gegeben.

Noch den Sonntag besuchte ich Professor Blessig, an den mir Türkheim eine Empfehlung mitgegeben hatte, weil ich zu meinen andern Adressen Straße und Haus nicht wußte. Blessig hatte gerade Abends ein Gastmahl und lud mich dazu ein, allwo ich die beiden Bibliothekare Schweighäuser und Herrnschneider fand und gleich das Weitere verabreden konnte. Es wurde, wie hier überall, sehr reichlich und gründlich gespeist und getrunken (ein ganz localer Wein ist der Strohwein), und bloß Deutsch ist gesprochen worden. Auch den Arnold fand ich da, der voller Freundschaft und Gefälligkeit und viel mehr werth ist, als was er über das französische Recht geschrieben hat; namentlich versteht er den Straßburger Dialekt sehr genau und will einmal, was er darüber gesammelt hat, herausgeben.

Die Stadt sieht durchaus deutsch aus, etwas alterthümlicher wie Frankfurt, aber beträchtlich größer; französisch sind bloß die Garnison, die Publicate und Anschläge und einige Kaffeehäuser und Restaurationen. Der Münster ist einzig wunderbar und nicht genug zu betrachten. Ich komme mir hier vor, als wenn ich in Göttingen und Frankfurt zu gleicher Zeit wäre, und ich möchte sehr gern länger da bleiben und namentlich nach Colmar und aufs Land reisen können, wo schriftlich und mündlich zu sammeln wäre. Auf der andern Seite treibt es mich auch nach Euch, und ich bin ungewiß, ob ich nach Wien soll oder nicht. Wüßte ich ersteres gewiß, so wäre es leicht gescheidter, wenn ich acht Tage länger hier geblieben und durch die Schweiz, besonders wegen St. Gallen, weiter gereist wäre. Die vierzehn Tage in Cassel werden uns doch wenig bathen.

Gestern Abend war ich bei Schweighäuser zum Abendessen, seine eine Tochter declamirte die hiesigen Basengespräche ganz vortrefflich; sie ist an den Engelhard verheirathet, von welchem uns schon Arnim gesprochen hatte, und der das altdeutsche Fach eifrig betreibt. Er hat eine schöne Arbeit mit viel Zeichnungen über die Costüme des 12. Jahrhunderts fertig, und ich habe ihm zu Subscribenten gerathen, da ihn ebenfalls Cotta damit lange Zeit hingehalten und hintergangen

hat. Er gefällt mir in allen Stücken wohl. Einige Adressen, die
mir Hebel damals mitgegeben, will ich erst in den nächsten Tagen
anbringen.

Überhaupt nach allem, was ich sehe und höre, scheint mir der
Elsaß und das Volk darin von tüchtigem, kerngutem deutschem Schlag,
der sich hier der langen Zeit ungeachtet kräftiger und eigenthümlicher
erhalten hat, als in Ländern wie Baden, Württemberg ꝛc., d. h. ihrem
engeren eigentlichen Bestandtheil nach, ohne Rücksicht auf das Bessere,
was sie zu sich gerissen haben. Ich fühle bei diesem allem deutlich,
daß in Deutschland die uralten in Sprache, Sitte und anderem noch
jetzt nicht erloschenen Abtheilungen in Schwaben, Baiern, Franken,
Sachsen, Hessen, Thüringer u. s. w. wieder hergestellt werden sollten.
Alles andere ist schlechter, und es hängt viel weniger daran, und man
irrt, wenn man verkennt, wie viel gutes Jetziges an jenem Alten
hängt. In dieser guten Sache stehen beschränkte und schlechte An-
sichten der preußischen wie der österreichischen Staatsmänner am
meisten im Weg, und schwerlich ist sie jetzt durchzusetzen, vor allem
aber nicht aufzugeben.

Ich gehe sobald von hier ab, als ich das Wichtigste abgethan
haben werde, denn ich kann lange nicht alles. Zwei Heldenbücher
sind hier, in dem zweiten mitten zwischen Otnit und Rosengarten ein
Morolf (ohne die altercatio), vom ersten hat Hagen Abschrift. So-
dann ein grauer Rock; wären abzuschreiben allein 16 Bogen, und
ich weiß zum Unglück nur vag die Lücke in unserer Abschrift aus
dem Druck. Den armen Heinrich hab' ich schon halb genau verglichen,
die zweite Hälfte wird morgen vorgenommen. In dieser Hand-
schrift sind noch andere unedirte gute Sachen. Dann sind noch einige
lateinische Gedichte da, ein Asinarius und Luparius; ein Gregor vom
Stein, den ich aber ganz liegen lassen werde, weil ihn ja Görres
versprochen hat. Unterwegs werde ich mich nirgends aufhalten und
vermuthlich auf dem rechten Ufer reisen, wie wohl in Mainz auch
nachzusuchen wäre; in Worms, Speier ist schwerlich etwas. Wann
Du also diesen Brief erhalten haben wirst, werde ich in den acht
darauf folgenden Tagen vermuthlich eintreffen; es müßten denn auf
den Postwägen keine Plätze zu haben und keine andere Gelegenheit
da sein. Ohne Zweifel kommt Karl eher an; ich sehe leider, daß ich
seinen endlich beifolgenden Brief vom 28. Mai einigemal beizuschließen
vergessen hatte. Allein der Louis, fürchte ich, ist noch nicht los; in
Metz war ich nur zwölf Stunden von seinem Hauptquartier, scheute

aber Zeit und Geld, um ihn aufzusuchen. Meine Reisegefährten, worunter ein Luxemburger, lobten wieder die Hessen nicht. Völkel muß ebenfalls früher in Cassel anlangen. Mein Graf ist, vermuthe ich, hier durchgereist dieser Tage, ohne mich natürlich auszumachen, was ich auch so wollte. Morgen früh will ich auf der Post fragen, ob Du poste restante hierher an mich geschrieben hast, wie ich Dir vorgeschlagen habe; ich weiß nichts von dem, was Euch seit den letzten vier Wochen zugestoßen ist.

Ich habe Oberlins Glossar für 20 Francs (nicht gar 5 Thlr.) funkelneu gekauft, was nicht theuer ist, und noch andere Sachen. Mein Hauswirth ist zugleich noch Buchbinder und Bücherantiquar. Von der Edda werde ich wohl noch keinen gedruckten Bogen antreffen und befürchte neue Druckereiumstände. Schweighäuser erzählte, daß Gräter sich in einer Literaturzeitung mit dem Heidelberger Recensenten herumgezankt habe; was wird das sein? Und Büsching, recensirt der gar nicht mehr?

Wenn ich kein Schreibens von Dir finde, das eine Antwort nöthig macht, so soll dies mein letzter Brief seit meiner Ausfahrt sein; Du hast doch meine letzten erhalten? Ich habe sie seit Paris nicht mehr gezählt, aber an dreißigen wird im Ganzen wenig fehlen.

Tausend Grüße. Dein treuer Bruder           Jacob.

Ich habe jetzt noch gegen 90 Stunden zu machen.

# V.

## Jacobs Aufenthalt in Wien.

### September 1814 — Juni 1815.

# Aus Jacobs Selbstbiographie.

„In Wien brachte ich zu von October 1814 bis Juni 1815, eine Zeit, die
auch für meine Privatarbeiten nicht nutzlos verstrich und mir Bekanntschaft
mehrerer gelehrter Männer verschaffte. Von besonderem Vortheil für meine
Studien war, daß ich mich damals auch mit der slavischen Sprache anfing be-
kannt zu machen. Aus Cassel empfing ich aber die Trauerbotschaft von dem
Tod der lieben Tante Zimmer (15. April 1815), der einzigen älteren Verwandtin,
die uns übrig geblieben war und der ich so viel zu danken habe.“

105.
## Jacob an Wilhelm.
Regensburg, 22. September 1814.<br>
Gasthof zum Lamm an der Donau.

Liebster Bruder!

In Marburg traf ich sehr spät an, Conradi war schon ab=
gezogen und Wachler schlief schon, seine Wunden eiterten, doch war
er außer Gefahr, welches mir seine Tochter mit einem hübschen,
guten Gesicht erzählte. Ich wußte nicht, wohin gehen, da wir außer
der Stadt in der Post über Nacht herbergten, war jedoch im Vorbei=
gehn bei Heckmann, der erzählte als Philister einseitig und schob
den Studenten alle Schuld bei, welche vor Thielemanns Thüre Tabak
geraucht, um die schöne sächsische Musik mit anzuhören, darüber sei
es zu Worten und Händeln gekommen, zuletzt habe der Commandant
den (unsinnigen) Befehl gegeben, seine Grenadiere sollten alles, was
sie von Student erwischen könnten, weichprügeln. So seien auch
solche von der Überzahl mißhandelt worden, die sich gar nicht in jene
Händel gemischt hatten; Wachler, gerade von des jungen Weiß Doctor=
schmaus zurückkommend, habe das mit angesehn und den dastehenden
Studenten laut gesagt: „Dies Betragen der Herrn Sachsen verdient
eine Bekanntmachung.“ Drauf die Sachsen über ihn her: schlagt den
Hund todt! wobei er den Hieb in den Schenkel empfangen. — In
Frankfurt hörte ich die Sache studentisch erzählen und auch, daß die
Studenten dem Görres einen Aufsatz zugesandt hätten, wo Du viel=
leicht schon alles wirst gelesen haben.

In Frankfurt war ich Sonntag Morgens. Bei Thomas, der
jetzt schön am Main wohnt, fand ich Boisserée und Windischmann,
der mir wie schon ein Vierziger vorkam und von einem jungen
Aschaffenburger Namens Poppe [Bopp] erzählte, welcher mit großem
Glück und Eifer Sanskrit treibt. Mongelas fange an zu wanken,
und der brave Wrede werde ihn wohl einmal ausstechen. An Gruner
und Görres tadelten die Herren einiges, namentlich die Absetzung
Bodmanns, Bibliothekars in Mainz. Boisserée meint aus guten
Gründen, die neue Universität gehöre sich in die Stadt Köln, nicht
nach Bonn oder Coblenz. Sein Werk über den Kölner Dom ist bald
fertig und zu haben; Ihr solltet für Eure Bibliothek drauf unter=

zeichnen, oder autorisire mich dazu, weil Boisserée vermuthlich nach
Wien kommen und die Liste eröffnen wird. Nicht zu vergessen,
Windischmann bat, ihm für die Aschaffenburger Bibliothek alsogleich
ein Exemplar unserer Edda zu besorgen. Mit Thomas habe ich der
altdeutschen Wälder halben geredet und er wird es mit Wilmans u. a.
thun, schreibt er Dir nicht bald, so mahne ihn drum. Von
Brentanos war ich bloß bei Meline in einem Garten weit vor dem
Gallenthor, sie erzählte mir von Goethe, der noch in der Stadt
Frankfurt ist und sich wohlgefällt, auch in den Brentanoischen Häusern
zu Mittag bespeist worden ist. „Nun sie (die Frankfurter) wieder
frei geworden, hat er gesagt, habe er sie auch wieder besuchen wollen." —
Steins waren von der größten Freundschaftlichkeit und ziehen endlich
bald in ein eigenes Haus; er arbeitet bei einem vornehmen Banquier
und hat sehr viel zu sitzen. Deine bewußte Anweisung an den Sauer
hat er damals ganz ausgezahlt, ohne Stegmanns Beitrag empfangen
zu haben, der ihm gesagt, daß er's selbst an Dich übersandt. Ich ver-
sicherte, dem wäre nun nicht so, und bat ihn, mit Stegmann und Dir
die Sache ins Reine zu bringen; geschieht's nicht bald, so mußt Du
doch lieber selbst die Feder ansetzen. Den Franz Engelhard traf ich
auf der Gasse und nachher bei Steins auch. Die Messe war bei-
spiellos voll und gut gewesen und somit: aus von dem Frankfurt.

(Ich habe ausgelassen, den Samstag, wo uns zu Langenginst im
Darmstädtischen ein Reif am Rad brach, war ich auf dem Kirchhof
und half ein Grab machen. Die Bauern scherzten hart mit dem
Gerippe, das noch ganz ausgegraben wurde, und der Kirchhof war in
keiner schönen Ordnung gehalten. In katholischen Dörfern hab' ich
hernach viel stille und saubere gesehen, alle Gräber mit Steinen
bedeckt.)

Der Weg geht über Seligenstadt (Babenhausen bleibt rechts liegen)
nach Aschaffenburg, unterwegs sah man deutlich die Thürme von Hanau,
wo ich nun in neun Jahren nicht war. Aschaffenburg liegt in
einer sehr ähnlichen Gegend, die Stadt ist freundlich, aber nicht reich.
Würzburg dagegen ist wohlgenährt mit hohen Steinhäusern und eine
von den Städten, wo ich auch lieber wohnte als in Cassel. Die alte
Bauart verhält sich zu der modernen fast wie ein Volkslied mit un-
gewußtem und doch gewissem Rhythmus zu einem neuen steif und
regelrechten Voßischen Gedicht. Nürnberg, das ich fast nur im Dämmer-
licht Abends und Morgens sah, muß in der Art noch angenehmer
sein, wie es auch viel noch größer ist, und nun auch das Unkatholische,

das einem natürlich vertrauter sein muß, dazu genommen, wünschte ich Nürnberg in Hessen stehen, um drin zu leben und zu sterben. Die hohen Steinhäuser sind wie die langen Zeilen (Straße heißt selbst Zeile) im Lied, mit großer Mannigfaltigkeit; auch hat die Stadt gerade die rechte Größe einer deutschen Stadt, und das zu Große, das Wien und Berlin neuerdings gewonnen haben, stammt schon aus der Verderbnis und es wird einem vermutlich fast so unwohl dabei, wie in Paris und London, wo es noch ärger. Eine übergroße Stadt zieht eine Menge Laster nach sich und bekommt Anmaßungen, wie eine kaiserliche Garde.

Zu Würzburg ist ein Prachtschloß, mit der berühmten Treppe, gefällig und in der italienischen Art imponirend, der Garten hübsch und reinlich ausnehmend. Das Theater war elend und Holbeins Fridolin, ein über die Maßen schlechtes Stück, wurde gar zu schlecht gegeben, dennoch aber zwei alberne Schauspieler beim Schluß herausgerufen, der eine mußte aus Niederdeutschland sein und sprach immer Stück, Slag, während der andere Fihse (Füße) u. dergl.

Regensburg, obwohl älter, ist nicht so gut gebaut als Nürnberg, hat aber einen schönen Dom und die breite Donau (doch nicht so breit, wie der Rhein). Wie der Graf in allem die Gabe hat zu zaudern, so fahren wir nun erst morgen Mittag zu Schiffe nach Wien ab, in fürstlich reußischer und gräflich Leiningen'scher Gesellschaft, und werden nicht vor dem 28. eintreffen. Ich fürchte schlechtes Wetter, denn heute ist der Himmel zuerst bedeckt, der die ganze Zeit über der reinste und mildeste war, mit herrlichen Morgen- und noch herrlichern Abendröthen.

Am 23.

Ich habe an Savigny geschrieben von hieraus, auch dem Ferdinand das Geld geschickt gegen Postschein. Louis' Freund Amman fand ich endlich auf der Commandoschaft, wo er Adjutant ist und mitten in Geschäften war, er versprach mich zu besuchen, muß aber noch kommen. In der Kirche hab' ich des Louis Heiligenbild gesehen. (Im Wald zwischen Nürnberg und Neumarkt war an einem Tannenbaum ein Ölbild angeschlagen, das hatte eine Frau verordnet, die da auf einer Reise gestorben war; Vorbeigehende schreiben die Namen dran, was ich auch that.)

Die Wege hierherum sind fast kreideweiß von Staub. Die bairischen Postillons haben bessere Kleider, hellblau mit Schwarz und Silber und hohe Federbüsche.

Viele hundert Grüße an Euch alle, schreib mir vorläufig gleich unter der Adresse: bei Graf Keller, Alleegasse Nr. 79 an der St. Karlskirche zu Wien. Du wirst jetzt Deine Noth mit Correcturen haben.                    Dein treuer Bruder J.

### 106.
### Wilhelm an Jacob.

[Cassel] Freitags, den 23. September 1814, um 1 Uhr.

Liebster Jacob, die Tante läßt mir eben sagen, daß der Kurfürst morgen früh nach Wien abreise, ich sollte die Gelegenheit benutzen und Dir ein Dutzend gelbe Knöpfe für Deinen Rock schicken. Du erhälst hier einen albernen theuern Brief aus Paris und einen kurzen von Glöckle, Du findest vielleicht eine Antwort nöthiger als ich und übernimmst sie. Haxthausen ist sehr krank gewesen und schickt eben einige Märchen, sein Brief ist noch aus dem Bett datirt, doch ist er außer Gefahr wieder. — Du siehst also, daß mir keine Zeit zu einem langen Brief bleibt.

Im Meßkatalog hat Hagen ein Heft Übersetzung der Eddischen Lieder angezeigt, das werden die Helgilieder sein, die er, wie ich schon früher vermuthete, besitzt und womit er nun doch zuerst will zur Thüre eingehen. Mir ist's recht, daß wir so zusammenkommen. Dagegen ist die Kopenhagener Ausgabe noch nicht angezeigt, also noch nicht fertig, wohl aber Haldersons Lexikon cura Raskii. Er hat auch die Volsunga Saga übersetzt, doch Du hast den Katalog wohl selber. Nun leb wohl, wir haben Dich alle von Herzen lieb, morgen kommt wohl der Regensburger Brief von Dir.

Dein treuer Wilhelm.

Falls, wie zu erwarten ist, Büsching sogleich Hagens Heft recensirt, so bitte doch die Redaction, alles uns Betreffende darin zu streichen, wie es laute, und seinen Namen deutlicher darunter zu setzen.

### 107.
### Jacob an Wilhelm.

Wien, am 2. October [1814].

Lieber Wilhelm!

Ich hätte Dir gar viel zu schreiben. Zu Regensburg setzten wir uns Freitag Mittags auf ein Schiff. Das Schiff war nicht sehr groß, bestand aus Vorder= und Hintertheil, einem Kämmerlein mit einem festen Tisch und zu beiden Wänden Bänken und mit zwei Fensterchen, wenn wir vier nun darin saßen (der Graf, ich, der Erb=prinz von Reuß=Groiz [sic] und der Graf von Leiningen), war fast aller Raum erfüllt. Nebenan ein halb so großes Kämmerchen für drei Bedienten; außerdem war bloß noch der Schiffmeister und sein Unter=schiffer und gewöhnlich vier bis sechs Handwerksburschen, welche rudern halfen und dafür nichts bezahlten. Es waren vier Ruder, wovon aber die zwei in die Länge gewöhnlich ruhten; oben auf dem Dach eine Stange mit der blau und weißen bairischen Fahne. Provision war genug da und gekocht wurde auf einem hölzernen mit Asche bedeckten Herd. Insoweit alles gut, aber die Fahrt hat auch ihr Langweiliges und ich wäre lieber zu Land im Wagen gefahren. Einmal ging es langsam, wir brauchten fast fünf Tage und eine ganze Nacht, in der ich vor Frost über und über den Schnupfen be=kam, weil keine Betten, nicht einmal Decken da waren und ich keinen Mantel hatte, dazu auf einer harten Brettkante lag und nichts als das Wimmern des Ruderkranzes hörte. Zweitens war mir die Gesell=schaft und das Meiste, wovon gesprochen wurde, unrecht; mit dem Prinzen, der auf Jacobiner mit der gewöhnlichen Dummheit loszog, bekam ich fast Händel, nicht sowohl seinetwegen, als weil man sieht, wie die Oberhäupter in Deutschland noch denken. Auf dem Verdeck saß und lag ich oft, aber wenn die Ufer einförmig sind, müdet das Unmerkliche der Bewegung sehr ab. Die Donau ist grünlich, aber fast nirgends so breit als der Rhein, dagegen manchmal nicht viel größer wie der Main. Die Ufer sind bald hinter Regensburg schön, werden aber allmählich unbedeutender bis in die Gegend von Passau, das gar schön liegt. Da hielten wir zuerst an, die Stadt ist in der altbairischen Art mit hohen, reinlichen, aber einförmigen (grau und weißen) Häusern, die weder alt noch modern gebaut sind. Der Dom ist neu und prächtig, doch mit beibehaltenen Stücken vom alten; die Wände des Kirchhofs sind rund um mit merkwürdigen alten Grab=steinen besetzt. Bei den Weibern hören hier herum die Bandhauben auf und sie binden Tücher um, welches in Österreich fortwährt, außer daß da auch die Goldhauben häufig werden, die manchmal gar zier=lich stehen und gemacht sind (nicht in der jüdischen Art, sondern überall Golddraht.) Von Passau aus bleiben die Ufer immer schön und reizend bis hinter Linz hinaus, was eine gute Strecke heißt. Das hätten wir freilich nicht so zu Lande recht gesehen. Auch war das Wasser in der Abendröthe, während hinten der Mond aufging, unbeschreiblich hübsch, wie schmelzendes Silber, und in solcher Dämmerung schifften wir gerade an dem berühmten Donaustrudel vorbei, einzelne hervorragende Felsen, woran sich die Wellen bäumen. Die Dorfschaften haben ihr eignes Ansehen; die Häuser und Fenster sind niedrig, aber breit und mit kleinen, fast viereckigen Fenstern, alle grau und weiß und auch bleiche Schindeldächer darauf. Linz ist schon viel größer wie Passau und sehr freundlich, die Steinbauart hat indessen etwas Leichtes und Dünnes hier, was mir nicht gefällt. Eine Holzbrücke geht über die Donau, überhaupt sind an vielen Orten solche Brücken, aber schlechter gebaut wie die Rheinbrücken. Die Gegend um Linz ist eine der schönsten, die ich gesehen habe, und zumal sind die fernen Gebirge schön gefärbt und die nahen so mannigfaltig anmuthig bewachsen und ausgetheilt, wie Ihr dort gar kein Beispiel habt und ich auch sonst nicht, weder am Rhein noch in Sachsen, gesehen habe. Von Linz aus fing der Wind an stärker zu werden und war uns entgegen. Doch ging's so fort, den Montag wären wir noch nach Wien gekommen, mußten aber des Winds halben vier Stunden anlegen und kamen dann nur bis Tuln, einer kleinen Stadt, wo wir die letzte Nacht schliefen. Gegen Wien zu sind die Ufer wieder flacher und langweilig. Ich kann Dir die merkwürdigen Orte nicht alle nennen, wo wir vorbei gekommen, namentlich auch den Dürstein, Richard Löwenherz' Gefängnis.

Zu Wien war ich also den 27. um 1 Uhr, und seit der Zeit haben sich meine Füße noch nicht ausruhen können. Denn zu meinem großen Leidwesen wohnen wir in einer Vorstadt, wo man 10 Minuten bis in die Stadt zu laufen hat durch Staub und Wind; nun aber ist alles, was einem angeht, gänzlich in der Stadt und an allem ist bloß die Sonderbarkeit des Grafen Schuld, der da meint, er müsse eine Art Sommerwohnung mit Garten haben, oder vermuthlich auch dabei sparen will. Ich wohne noch fünfzig Schritte abseits in einem andern Haus, was für mein Geld sein Schlimmes, für meine Zeit aber sein sehr Gutes hat und mich unabhängiger macht. Wien mit den Vorstädten ist von großer Ausdehnung und mir, um gern da zu wohnen, schon zu weitläufig und nicht recht zu handhaben. Sonst bleibt die Stadt selbst der älteste, aber auch reichste und schönste Theil, alle Häuser sind hoch, im Ganzen höher als zu Paris, die Gassen oft zu eng und mit Menschen und Wagen angefüllt. Die Vorstädte haben einmal kein Pflaster und viel neue, große, aber auch schlechtere

Wohnungen darunter. Übrigens ist die Bauart in Wien schon nicht so eigenthümlich wie in Linz und den Dörfern, sondern der in andern großen Städten als Dresden, Frankfurt mehr näher kommend, und das gilt auch von der Sprache, die ich mir viel abweichender vorgestellt hatte. Die Luft war so mild, daß am Freitag Abend der Himmel von Blitzen leuchtete, darauf hat es geregnet und ist viel kälter geworden. Es ist wohlfeiler zu essen als in Paris, dafür aber lebt man schlechter und das Papier sowohl als das Verhältnis der Preise hat sich gegen sonst geändert; unter 3 Gulden kann ich kaum essen und etwa 2 Gulden 20 Kr. machen jetzt einen Frankfurter Gulden. Einiger Gewinn ist immer noch mit dem guten Geld, das wir mitbringen, aber ich kann vorläufig noch nicht ausrechnen, wie ich mich zuletzt dabei stehn werde.

Vom Congreß will ich Dir diesmal auch noch nichts schreiben; denn die Größten handeln erst unter einander ab, eh wir recht dran dürfen, somit besteht jetzt alle Kunst in Hören und Anempfehlen, was freilich nicht so sein sollte. An Festen und Aufzügen fehlt's nicht; wäre alles gut beendigt, so würde man mit leichterm Herzen dabei sein; zur heutigen Redoute von 10000 Masken bin ich mit meinem Billet auch schon darum nicht gegangen. Du kannst Dir denken, wie unerwartet und widerwärtig mir die Ankunft des Kurfürsten war; der Sache wird dadurch gewiß nicht genutzt, vielleicht aber geschadet und alles das beruht auf politischem Unverstand; was es mich persönlich genirt, wäre dagegen gering zu rechnen, und ich kann mich bis heute eben nicht beklagen, ärgerlicher sind schon die Kosten des Aufwandes. Du hättest den gescheidten Gedanken haben sollen, mir Uniform, d. h. Rock und Schnallen mitzuschicken, die ich bloß unter jener Voraussetzung dort ließ, jetzo komme ich vielleicht in Verlegenheit dadurch, will aber schon sehen, wie ich mir aushelfe. Von Zeitungen sieht man hier bloß österreichische, der Merkur ist zwar nicht verboten, allein wird wenig gehalten. Metternich und Hardenberg sollen ihm nicht geneigt sein, wie mir jemand erzählte. Man muß das Blatt auf alle Art zu halten suchen. Schlegel meinte, der Aufsatz über Sachsen hätte seinem Geist sehr geschadet und seitdem sei er weniger frei. Die besten Sachsen sind entschieden gegen die Einverleibung, die auch noch viel bezweifelt wird, und sogar die Franzosen sollen ihnen Hülfe und Fürsprache anbieten, wodurch es einem umgekehrt erwünscht werden könnte. Indessen soll Talleyrand noch keine sonderlich angenehme Rolle spielen und der ehemalige Vicekönig von Italien hat lang in Metternichs Vorzimmer warten müssen. Sonst weiß ich von den hier anwesenden hohen Häuptern wenig Besonderheiten. Unsere preußische Executionsgeschichte hat ziemlich Sensation gemacht und wird meistentheils gemißbilligt.

Durch Gottsched habe ich heute Deinen Brief vom 23. empfangen und war zufällig heute auch bei Collin, der mir den Meßkatalog und Büschings Erzählungen in einem Prachtvelinexemplar geliehen hat. In diesem Buch stehen S. 273—360 Hn. [um Hnikar = VII. Sigurths Rache an den Hundingen], R. [um Regin oc Otrsgiolld = VI. Der Niflungen Hort], F. [Fafnismal = VIII. Fafnirs Tod], SM. [Sigurdrifumal = IX. Sigurth und Brynhild], von Hagen übersetzt; also irrst Du in Deiner Muthmaßung und ich glaube, daß das angekündigte oder fertige erste Heft nichts anders als ein besondrer Abdruck ist. Grund genug, um mit unserm Buch auf alle Art zu eilen. Obgleich dieser Artikel von Hagen der beste im ganzen Büsching'schen Buch ist (denn Majers Voluspa ist elend und alles Übrige bekannt und gewöhnlich), so kommt mir doch manches bei schneller Durchsicht in Übersetzung und Noten nicht sonderlich vor und ich bin wenigstens überzeugt, daß er dabei nicht mit Rask gepflügt hat. Das Helgilied war ungleich besser, fester und feiner übersetzt. So kommt hier äiscauld durch eiskalt, lindarvapi durch: Lanze Wimpel, á gumna heillom an der Männer Gute! vor. Indessen sind mir folgende Stellen aufgefallen, die ich Dir herschreibe, falls Du das Buch noch nicht hast, das wir schon längst hätten haben sollen: sinn mer linar loga schaffe mir Sühnungslohe (Gold). ef þeir hauggvaz orþom á wenn sie wanken in Worten. i megin þarfar in schwerer Armuth. Seine Übersetzung von þrymr um aull lond órlog simo führte etwa auf sino (sinu)? at hrotta meiþi Schwerterverstümmlung, also Krieg. Das wäre im Sinn gut. meida heißt wohl schneiden, aber giebt es ein Substantiv meidi? Sieh doch diesen Punkt nach. illt er fyr heill (ein Zeichen) at hrapa (straucheln). aborrno scior á sceiþ wird mir unbegreiflich: „ungeboren schon sagt' er der Furcht ab" übersetzt. Ist das durchgegriffen? Er bezieht dann den bittern Vater auf Sigurths Großvater Wolsung, der im Mutterleib (óborinn) seine Mutter beschwerte, daß sie ihn nicht zur Welt bringen konnte. Das skior könnte sich auf sein Ausschneiden aus Mutterleib beziehen. Denk einmal drüber nach. Sollte skeid den Mutterleib (Scheide) bedeuten? fyr nesiom vor der Nase (ohne Erklärung darüber). ägishialm bergr einugi niemandem. Haben wir so? fiór segi Lebensstück. vingskornir die streitbare. saulvar nauþr Todesnöthe (nicht übel). hrafns hrälundir Raben Leichenspender = Held. Dem Sinn nach sehr passend und lundir könnte ein Baumname für Mann sein, der durch hra näher bestimmt würde. á vetrimom am Gehänge. á valbaustom an der Spitze. leggia eld í ar in ein Ruder einbrennen. á berki in die Borke, besser als Birke, wiewohl beides Rinde. í víni oc virtri (Würze, Bier). vara vargr der Schwüre Wolf. mart er þat er þarf þiar manches ist, dessen bedarf die Maid. þiar ist der genitiv. singularis. sár mun systir, haben wir: die kleine Schwester? was mir recht scheint. Wenn Du nur von Perthes Rasks isländisches Wörterbuch bald bekommst! Wir müssen recht unablässig an diesem Werk thun und arbeiten und womöglich die zweite Hälfte und das Wörterbuch, auch zu des Verlegers Deckung, bald folgen lassen. Es ist nun recht ärgerlich, daß ich jetzt in so manchem gehindert werde, sei es selbst noch zu untersuchen, oder Dir in der äußeren Beschwerde beizustehen. Du weißt nicht, wie viel plagende Gedanken mir in diesen letzten vierzehn Tagen durch den Kopf gegangen sind; wie wenig ich hier eigentliches Gutes und Rechtes thue; welche widrige, dumme Arbeit ich verrichten und welche Zeit verlieren muß. Wenn die Tante nicht wäre, so nähme ich gleich den Abschied und wäre ein Jahr lang frei; so lang würde Gott helfen und hernach auch weiter. Gegen die Langzeilen hat sich der Hagen vorläufig auch schon erklärt und das offenbar, weil wir sie versucht, obgleich er die Anführung des Hildebrandsliedes geflissentlich meidet.

Collin, welcher jetzt Redacteur der Wiener Literaturzeitung ist, hat mir gut gefallen und ein aufrichtiger, braver Mann geschienen; über die Ausfälle Büschings sprach er zuvorkommender, als ich nur erwarten konnte, und erbot sich, eine Erklärung dagegen ins nächste Intelligenzblatt zu rücken. Von Hagen, versicherte er, rühre die Anzeige der Rühsischen Schrift nicht her. Da es nun allerdings möglich ist, daß Rühs selbst diese Recension inspirirt hat, so habe ich die Erklärung so gefaßt, daß sie, ohne den Hagen zu nennen, dennoch auf ihn bezogen werden wird, und will sie morgen an Collin, der mich eben zum Essen bittet, abgeben, da ich aus Gründen sie nicht so lange verschieben darf, bis Du mir wieder darüber eine andere Meinung gesagt haben würdest. Ich glaube bestimmt,, daß in Zukunft keine solche Recensionen mehr erscheinen werden.

Im Meßkatalog stand auch: Henneberg hvad er Edda? Kjöbenhavn, Schubothe [?]. Dies und folgende andere Schriften wären anzusehn

und vielleicht zu kaufen: Feldbuch, Waldeshorn, Frankfurt bei Herman.
Hug, hohes Lied. Wyß, Volkssagen aus der Schweiz, Bern bei
Burgdorfer. Gemälde altdeutscher Vorzeit, Leipzig bei Schiegg.
Gottschalk, Volkssagen, Halle bei Hemmerde. Es kommt wirklich
eine Mode in die Volkssagen, das Schlechtgesammelte wird guten
Sammlungen sowohl günstig als ungünstig werden. Die Büschingische
neue enthält doch, von Hagens Eddaliedern abgesehn (die aber nicht
recht hinein gehören), entweder schlechte oder schon bekannte Dinge
und nichts eigentlich Frisches, von Leben. Unsere Kindermärchen
werden aber schwerlich diesen Monat fertig, da sie auch unter die
künftigen Schriften gebracht sind und Reimer also wohl absichtlich
bis zur Neujahrsmesse warten will. Hier hat sie der fertige Nach-
drucker Haas neu besorgen wollen und wird es, wie ich höre, etwa
noch thun, mit Auslassung einiger Märchen. Friedrich Schlegel, bei
dem ich zweimal war, sprach gut vom Buch und lobte den Stil im
Gegensatz zum Büschingischen, nur meinte er, hätten die 80 besser
auf 60 sollen gebracht werden, wiewohl er anerkannte, daß man die
zwei Zwecke, den eines Kinderbuchs und einer altdeutschen Sammlung,
nicht völlig vereinigen könne. Ich halte gerade das für den Irr-
thum, daß man so was wolle, und denke, man muß schreiben, wie es
an der Sache ist, und nicht über die Wirkungen rechnen. Was ich
heute vergessen habe oder nicht schreiben kann, künftig. Ich grüße Euch
alle von Herzen und von Seele.

Dein treuer Bruder Jacob.

Hat der Ferdinand geschrieben und das Geld empfangen? Sonst
hätte ich einen Schein von der Regensburger Post. Am 3. Oktober.

Die schwere Stelle F. 5 und das óbornno scheint sich, man mag
das skior á skeiþ erklären, wie es geht, freilich auf die Stelle der
Wolsunga Saga cap. 8 at ek mälta eitt ord óborinn etc. zu beziehen,
welches in einer Note zu sagen ist. Denn fauþr kann wohl auch
Großvater heißen.

Adresse: An Herrn Bibliothekar Grimm zu Hessen-Cassel.
Empfangsstempel: 10. October 1814.

<hr>

108.

### Jacob an Wilhelm.

Wien, den 8. October [1814.]

Ich glaube, daß die Briefe von hier länger laufen, als von
Paris, nämlich zehn Tage, und erkläre mir daher, daß ich noch keinen

von Dir erhalten. Es gefällt mir hier nicht sonderlich, ich bin sehr
unbequem wohnend und muß besonders meines Mittagessens wegen
immer eine halbe Stunde laufen, wobei man dennoch gar schlecht be-
dient wird. Ich brauche täglich für Essen und Kaffee vier Gulden
Wiener Währung; dies ist wohlfeiler als zu Paris, aber auch viel
schlechter. Bei dem Kurfürst bin ich glücklich mit braunen Stiefeln,
Frack und rundem Hut durchpassirt, ohne daß er mir ein Wort ge-
sagt hätte; gestern war er unpaß und zu Bett, er und seine Leute
sehnen sich nach Cassel zurück, wo sie hätten bleiben sollen, wenigstens
ich stehe dafür, daß sie über unser künftiges Schicksal so gescheidt
wieder hinkommen, als sie weggegangen sind. Vermuthlich halten die
Feste, welche um den 15., 16. herum angesagt sind, noch die fremden
Fürsten auf, alsdann wird alles heimreisen, der König von Preußen,
heißt es, soll den 22., der Kaiser von Rußland den 26. oder 27.
abgehen.

Vom Congreß ist nicht viel zu rühmen: 1) geschieht noch nichts,
2) was geschieht, heimlich, kleinlich, gewöhnlich und unlebendig, als
wenn keine große Zeit nahe vorherstünde. Auf diesem Weg entspringt
aus jeder Frage wieder eine Vorfrage und aus der Vorfrage noch
eine andere, worüber sie verzweifeln und sich immer mehr hinein-
wickeln, während daß die Grundlage von unserer Noth und Noth-
wendigkeit so klar daliegt, daß ordentlich die Stimme eines unschul-
digen Kinds auftreten und das Rechte aussprechen sollte. Aber wie
viel ist den schwachen und beschränkten Menschen, die obenan stehen,
in den Wind geredet worden. Wie die Preußen sind, kannst Du
schon abnehmen, wenn ich Dir sage, daß sie einen förmlichen, reif-
lichen Vorschlag zu Markt gebracht haben, der von Österreich sogleich
verworfen worden ist, worin die Hauptsätze waren: Österreich und
Preußen gehören nicht zu Deutschland, außer Preußen für alle
Länder, die über der Elbe liegen, Österreich nur für Tyrol, Salz-
burg und Vorarlberg. Also der Berliner ist kein Deutscher, wohl
aber der Magdeburger und Münsterer u. s. w. So etwas zu sondern
und förmlich auszusprechen ist in der That die unverschämteste Un-
deutschheit, die ich mir denken kann, und selbst, wenn es bloß für die
Verwaltung eingerichtet werden soll, entweder albern oder gefährlich,
denn es heißt mit andern Worten: wenn Deutschland und Österreichisch-
Deutschland und Preußisch-Deutschland etwas wollen, so dürfen
Preußen oder Österreich dennoch anderer Meinung sein, wollen aber
diese etwas Undeutsches, so sind wir übermannt. Jenes Deutschland

sollte sodann in Kreise fallen, die nach den Ländern sehr sonderbar ausgetheilt wurden, z. B. zum thüringischen Kreis gehört Hessen und Darmstadt, also Main und Rheinland! In diesem thüringischen Kreis sollte Preußen und Hessen dirigiren und nun auch die andern Stimmen führen. Die Eintheilung in Kreise ist gut an sich, kann aber mit jener Abscheidung von Österreich und Preußen nicht bestehen und wird erdrückt, denn das übrige Deutschland will und muß durchaus so frei und berechtigt dastehen, wie ein Kreis in Preußen, und die Mächtigen müssen sich der Idee von einer ungemeinschaftlichen Macht durchaus und aufrichtig entledigen. Der herzliche, freie deutsche Sinn soll herrschen, und dieser wohnt im zusammengenommenen Baiern, Schwaben, Franken, Thüringen, Sachsen, Hessen, Rhein, Westfalen, Braunschweig, Brandenburg, Schlesien und Österreich ohne alle Frage reiner und gründlicher, als in preußischen und österreichischen Ministern, und auf welche Menschenmassen also von Rechts wegen das Übergewicht fallen sollte, ist ebenso klar. Aus diesem Grund und jedem andern wäre Bedürfnis, daß alle Vorschläge und Meinungen laut und öffentlich geschähen, der Kleine ist bloß ein Theil des Ganzen, z. B. $\frac{1}{20}$ und hat so viel Stimme als ein Zwanziger aus den $\frac{5}{20}$ oder $\frac{8}{20}$. So aber treiben die drei Großen für sich und ziehen höchstens zu einigen Dingen noch ein Paar Mittlere zu; dadurch verliert auch alles an Großheit und Würde, und offenbar hätten wir $\frac{1}{20}$ oder $\frac{1}{40}$ nicht bloß für uns, sondern auch die übrigen $\frac{39}{40}$ ein Wort mit zu sprechen.

Auch ist es ganz unerlaubt, daß Rußland über Deutschland mit entscheiden soll, und unglücklich, daß sich der König von Preußen persönlich mehr zu Rußland als zu Österreich neigt. Das muß diesem weh thun. Über die Kaiserwürde ist noch nichts entschieden, überhaupt noch über eigentlich nichts, und der Himmel muß diese Faulheit und falsche Arbeit wie ein Eis brechen, dann wird es freilich holterpolter hergehen. Nach einigen wird nun wieder über Deutschland gar nicht hier, wo bloß die europäischen Angelegenheiten vorkommen sollen, sondern erst in Frankfurt entschieden werden. Mir recht und vielleicht besser, aber dann hätte man nicht so viel vom Wiener Congreß schwatzen sollen, und diese Verleugnung und dies Schwanken bleibt immer verhaßt. Ich habe mir zwar die Mittelmäßigkeit so mancher Dinge, die auf dieser Versammlung sein würden, oft vorgestellt und hatte doch geglaubt, daß schon mehr im Reinen wäre. Nicht einmal über Polen und Sachsen ist man fertig.

Die Franzosen führen eine bloß halb consequente Sprache von Ge-
walt und Recht, mit jener wollten sie nichts zu thun haben, erbieten
sich Sachsen beizustehn u. dergl. mehr, was in ihrem Mund wie ein
abgedroschener Spaß lautet und das sehr Gute beweist, daß sie sich
mit Rußland und Österreich schlecht stehen, wie denn auch die beiden
letzten gegen Frankreich einig und fest miteinander halten. In diesem
Gewirr von Grobheiten, Welthöflichkeiten, Intrigue, Verschlossenheit
und Leichtsinn kannst Du leicht abnehmen, was sich der Kurfürst, der
vom Kaiser sehr freundlich, vom König sehr kalt aufgenommen worden
sein soll, nützt oder schadet. Man kann mehr wie einen Fall setzen
und kommt immer auf: tunc nihil agitur, wie Robert sagte, in thesi
et in hypothesi.

Der Rheinische Merkur muß an Gewicht abnehmen, wenigstens
stelle ich mir's vor, denn ich habe ihn noch nicht gesehen. Ver-
schiedene rechtliche und verständige Leute tadeln den Gruner so sehr,
daß etwas dran sein muß, er hat eine Französin geheirathet und soll
(unglaublich) viel Franzosen anstellen und in seiner rheinischen
Verwaltung großer Mißbrauch sein. Frag doch den Görres darüber;
wann der Congreß nach Frankfurt käme, könnte man ihm auch zu-
weilen etwas einsenden, jetzt ist's weit, außer Zusammenhang, und
vielleicht kommt auch Briefaufbrechen vor.

Professor Schmidt aus Dillingen liest hier über eine allgemeine
Congreßsprache; ich zweifle aber an vielen Zuhörern. Die österreichische
Mundart liegt uns in der Aussprache (nicht in einzelnen ab-
weichenden Wörtern) viel näher, als die schwäbische und schweizerische,
aber der hohe Adel schämt sich so vor ihr und kann so wenig Ge-
sellschaftsdeutsch, daß er lauter Französisch redet. Leider werden in
der Diplomatik die meisten Noten fort wie nach französisch abgethan
und selbst die unschuldigsten Billete. Glücklicherweise geräth aber
diese Sprache mehr und mehr in den Ruf einer bloßen Scheidemünze
zum Behuf der Ausgleichung und kann alsdann ganz sinken.

Bei Friedrich Schlegel, der übrigens im Dienst von Österreich
steht und gut bezahlt wird, aber nichts zu arbeiten bekommt, sah ich
mehrerlei Leute. Einen Arzt Koreff (aus Breslau), der wie alle getauften
Juden etwas Vorlautes, Widriges hat; den Dänen Graf Baudissin u. a.
Schlegels Frau hat natürlich auch ihr jüdisches Gesicht noch. Er
gleicht dem Göttinger Kronenwirth Bethmann und sieht älter und
uneitler, als sein Bruder aus. Collin ist mir sehr aufrichtig und
gutmüthig vorgekommen und gehört zu den fließenden, braven Dichtern, .

die man nicht beleidigen möchte und doch nicht liest; solche Leute mit ihrer Zufriedenheit haben etwas besonders Rührendes.  Zur Pichler soll ich auch einen Abend gehen.

Auf der Bibliothek finde ich weniger, als ich dachte; bin aber da, so wie ich abkomme; leider verleihen sie nichts mit heim, nicht einmal ein Buch, geschweige eine Handschrift.  Bloß einen Titurel finde ich; den andern Dietrichsteinischen hat Büsching durch Collin erhalten auf ein Jahr lang, was mir zumal wegen der Bilder leid thut, die bloß darin sind.  Collin versicherte, daß, wenn er meine Ankunft einen Monat früher gewußt, er ihn zurückgehalten haben würde.

Werner ist hier in der Nähe in einem Kloster und soll als predigen, weshalb Neugierige Sonntags dahin fahren, aber bisher noch immer angeführt wurden.  Nicht zu vergessen, der Raimar Freimund ist aus Schweinfurt in Franken und heißt Rückert, 27 Jahr alt.  Hatte ich Dir gemeldet, daß die Jordis in Paris krank geworden und darum zurückgeblieben war?  Hummels Brief an Emden bringt Gottsched wieder mit, da Emden von hier weg ist.

Gott stehe uns in allen Angelegenheiten bei; ich grüße Euch sämmtlich zu tausendmal und wünsche mich aus diesen staubigen und windigen Gassen wieder zu Euch in Ruhe nach Haus.  Ich weiß nicht, warum ich nur zehn Chemisetten, worunter einige selbst schlechte sind, mitbekommen habe, da ich ihrer in Paris mehr hatte.

J.

* * *

109.

## Wilhelm an Jacob.

Cassel, am 13. October 1814.

Lieber Jacob, vielen Dank für Deine beiden sehnlich erwarteten Briefe.  Es geht mir zwar ein wenig besser wie Dir, doch bin ich auch gequält und geplagt und suche mir ordentlich mit Anstrengung und Sinnen darauf Ruhe und Zeit zu gewinnen.  Von meinen Bibliotheksstunden geht doch, eine in die andere gerechnet, täglich anderthalbe verloren, dann die Besuche bei der Tante, die ich, weil es die Übrigen eher thun und der Karl meist nur Essens halber zu ihr geht, nicht vernachlässigen will, der Engelhard, Harnier u. s. w. rauben auch so viel; dazu kommt der kleine Haushalt, weil ich gern rathe

und helfe, fragt mich alles um Rath, wo ich's auch am Schlechtesten
wissen muß, und der Karl kommt, wann ich arbeite und sagt: „darf
ich dieses Stückchen Papier nehmen?" Ich hoffe, er nimmt's, und schweige
still, er aber wiederholt die Frage ruhig weiter, bis ich endlich ant=
worte und die Ungeduld kriege. Dennoch bin ich recht fleißig gewesen
und habe nicht nur die Umschreibung der Edda schon vollendet, die
Noten im Reinen ein paarmal durchgesehen und allerlei noch bemerkt,
endlich zwei Stücke der Umschreibung umgearbeitet, sondern ich habe
auch die Märchen ganz fertig gemacht, Anhang und Nachtrag, und
den Text des armen Heinrichs und bis zu 180 die Noten, womit ich
heute um 1 Uhr aufgehört habe. So lang Du da warst, habe ich
mir eher Ruhe und Abwechslung erlaubt.

Von der Edda habe ich erst den ersten Druckbogen nach der Ab=
änderung erhalten, morgen wird wohl der zweite kommen, indessen
geht das allzu langsam, und ich habe dem Gebauer deswegen sowie
dem Reimer selbst Vorstellungen gemacht, und es wird sich bessern.
Gebauer verlangt Entschädigung, und da es billig ist, habe ich sie
ihm zugesagt. Die Noten sind noch eingerückt und das Äußere ist
sehr vortheilhaft. Hagens Übersetzung habe ich schon vor acht Tagen
erhalten und bin darüber Deiner Meinung; ich finde dieses Verhält=
nis, wo die Kopenhagener Ausgabe noch nicht erschienen ist, uns sehr
günstig, denn ich glaube nicht, daß wir den Hagen zu scheuen haben.
Die Noten sind nach seiner Art mühsam, doch tragen sie geschmacklos
alles zusammen, was nur aufzutreiben ist, und ganz Ungehöriges, wie
das viele Mythologische aus den Damisagen. Sein Durchgreifen bei
einigen schweren Stellen zu berücksichtigen ist mir durchaus zuwider;
er wär gerad im Stand, so ein Beispiel hernach auf eine Weise zwei=
deutig aufzustellen, als hätten wir nach ihm gearbeitet.

Von den Märchen hat Vogel sieben Aushängebogen geschickt; es
ist correct gedruckt und gefällt mir ganz wohl. Er scheint jetzt ein
wenig langsamer zu sein, was ich zufrieden bin, denn vielleicht kommt
noch einiges aus der Fremde; den Goldmann habe ich nun auch des=
halb wieder erinnert, da er mit einem unerwartet freundschaftlichen
Brief einen Briefwechsel angefangen hat. Die Beiträge von Haxt=
hausens werden Dich freuen, besonders ein neues Fuchsmärchen. Zu
dem Straßburger von der Rübe habe ich zufällig noch eine sehr merk=
würdige Stelle gefunden. Ich sehe immer mehr ein, wie unglaublich
vortheilhaft es ist, eine fertige Handschrift in Übersicht und Ruhe
lesen zu können; darum so ist es mir auf der andern Seite immer

auch recht, daß die Edda langsam gedruckt wird. Vom Wigand habe ich einige, aber sehr unbedeutende Beiträge erhalten.

Zum armen Heinrich vermisse ich stark Deine Bemerkungen aus der Straßburger Handschrift, hast Du die mitgenommen? Ich begreife z. B. nicht, warum Du gotte, mitte, hette des Drucks in gote, mite, hete abgeändert hast, ich halte das für unerlaubt und jenes für völlig recht, wo es sich findet. Ich wünsche sehr, daß Du mir die Abhandlung über die Sprache schickst, damit ich Deine Grundsätze daraus sehe. Du sagst nichts, ob du wegen des ungarischen Manuscripts angefragt hast, könnten wir es noch bekommen, bin ich immer von Nutzen überzeugt, und die Varianten zu bemerken könnte Dir keine große Arbeit sein.

Thomas hat heute geschrieben, daß Körner die altdeutschen Wälder nehmen will (ohne Honorar und auch noch alle die vorigen Hefte dazu), ich habe ihn daher heute gebeten, das Nähere zu verabreden, und bitte Dich, einliegende Anzeige dort in die Literaturzeitung ebenso (wie ich sie Körner zugeschickt) oder mit beliebigen Abänderungen einrücken zu lassen. Könntest Du nicht auch an Tiedemann sie von dort aus leicht senden.

Bei einem Abendschmaus, den Harnier gab, habe ich Daub von Heidelberg, so gut das dabei geht, kennen lernen; er hat mir sehr wohl gefallen, er hat etwas recht Würdiges und Sicheres. Creuzer und Wilken kamen einen Abend zu mir, als sie durchreisten, jener hat sehr gealtert und diesen habe ich an Deiner Beschreibung erkannt; er bat wieder um Beiträge zu den Jahrbüchern, ich sagte ihm, daß er uns vielleicht nicht unparteiisch halten könne, indessen sollten die Namen darunter stehen, falls ich einmal dazu gelangte; fürs erste mag ich mich nicht damit abgeben. Den Kohlrausch aus Düsseldorf habe ich einen Abend bei Suabedissen gesehen, und er hat mir wohl gefallen; er hat doch in seinem Wesen ein Bischen den Schulmann. Der Drost, der Meisterlings Mine ihr Mann, ist oft hier und wird ganz herziehen; es ist ein guter, braver, etwas heftiger Soldat. Villers' Schicksal ist entschieden, er hat ein sehr artiges Schreiben vom Prinz Regent erhalten, worin er für alles dankt, was er Gutes gethan und seinen Gehalt auf viertausend Francs erhöht, die er verzehren kann, wo er will, jedoch ist er nicht als Professor bestätigt; ich glaube, daß ihm diese Auflösung doch nicht übel gefällt, und er schreibt auch, daß er damit zufrieden sei.

Von Arnim ist gleichfalls heute ein Brief gekommen, Brentano ist bei ihm und seine poetischen Werke müssen bald ans Tageslicht kommen. Die Einlage für Dich wird Dir zeigen, was es für würdige, wahrhaft edle Menschen dort giebt; merkwürdig ist auf jeden Fall der Hohenemser Codex (?), wo es nicht gar eine bloße Abschrift ist.

Ich habe mit Völkel gesprochen und Du kannst bei Boisserée für unsere Bibliothek subscribiren; ich habe nämlich vorausgesetzt, daß drei bis vier Louisdor das Höchste sind, was es kosten wird.

Das Feuer kommt hier recht schön zu Stand. Um 5 Uhr wird mit der großen Glocke das Zeichen gegeben, worauf sich die ganze Stadt auf dem Friedrichsplatz versammelt und hinaus auf die An=höhe vor den Tannenwald zieht, wo „Eine feste Burg ist unser Gott" gesungen wird. Die Chorschüler unter des (freilich schlechten) Gros=heims Anführung singen vor. Mit Anbruch der Nacht steigen wie bei der Leipziger Schlacht drei Raketen (ich wollte, sie blieben weg), dann wird das Holz angezündet, drei Haufen, deren Mitte mit Stroh und Laub ausgefüllt ist, damit das Feuer und die Lohe recht hoch aufsteigt. Auf dem Meißner, Habichtswald und Hirschberg ist's auch schon angestiftet. Der Henschel besorgt alles, das Geld wird von den Einwohnern dazu gegeben. Ich wollte, daß ein kolossaler Bona=parte, eine Puppe von Heu, förmlich ins Feuer geworfen und ver=brannt würde.

Der Louis ist fleißig und wird in vierzehn Tagen fertig sein, er bittet Dich, dem Artaria, der dort sein wird, zu sagen und ihn zu erinnern, daß er ihm die bedungenen Abdrücke seiner Sachen schickt. Der Karl will in kurzem nach Hamburg. Der Ferdinand hat mir endlich geantwortet, früher hat er es nicht gethan, weil er ausgezogen ist und dergleichen, ich soll ihm doch eine Stelle im Preußischen ausmachen; ich habe also, wiewohl ich ungern daran ge=gangen bin, dem Reimer geschrieben; das Geld hat er bekommen, doch wär' es beinah zurückgeschickt, weil Du keine Adresse darauf geschrieben und der Briefträger nur auf der Polizei ihn hat ausfindig machen können.

Wenn Hagen die Recension von Rühs nicht eingeschickt hat, so thust Du recht, die Sache vorsichtig zu stellen, denn er könnte uns öffentlich widerlegen, und doch bin ich überzeugt, daß er Unrecht hat, und sie von ihm rührt. Frag doch Collin, ob denn Büsching sie nicht eingeschickt, und bitte ihn, daß er einem Unparteiischen, z. B. Docen die Recension der Wälder auftrage, damit sie einigermaßen

bekannt werden; ebenso die Recension von unserer und Hagens Edda,
denn Büsching wird sich wahrscheinlich schon zum Anpreisen der letztern
bereit halten.  Es ist doch ein schlechtes Wesen, das er treibt.

Nun leb wohl, lieber Jacob, ich wünsche Dich oft recht herzlich
herbei,                          Dein treuer Wilhelm.

Der Bauer macht alles nach, und wir verabreden jetzt vor Spaß,
was er annehmen soll.  Nun hat er auch eine Zeitschriftengesellschaft
gestiftet und spricht zu allem „bäten wer muß? pater noster."

Couvertaufschrift: An den kurhessischen Legationssecretär Herrn
Grimm bei Sr. Excellenz dem Grafen Keller, kurhessischen Minister
und Gesandten bei den hohen Mächten zu
                                 Wien
Franco.                          Alleegasse Nr. 79
                                 an der S. Karlskirche.

---

110.

### Jacob an Wilhelm.

Wien, 21. October 1814.

Liebster Wilhelm!

Ich mache mir nun schon eine Woche lang allerhand Gedanken,
warum Du mir nicht schreibst und die letzt hierher abgegangene
Staffette nicht benutzt hast; ich dachte Dir auf recht vieles zu ant=
worten zu haben und dies ist der Grund, warum ich Dir heut vor
acht Tagen keinen Brief zugeschickt.  Wärest Du krank, so hätte mir
Karl oder Louis schreiben können, so hoffe ich, daß Du vor lauter
Correcturen nicht an mich hast kommen können; Ihr glaubt nicht, wie
nöthig es einem in der Ferne thut, Nachricht von Euch und wie es
geht zu haben, zumal mir in meiner Lage und in meinem Sinn, und
jetzt laufen ja die Posten und Gelegenheiten sicherer und richtiger als
vorigen Winter.  Erhalte ich nun dieser Tage, wie ich erwarte, noch
Dein Schreiben, so will ich Dir, was darauf nöthig ist, durch Gottsched
oder Horst antworten, welche bis Montag abreisen, aber nicht vor
dem 6. 7. November eintreffen werden.

Ich bin, so viel ich kann, auf der Bibliothek und recht fleißig,
finde aber nur Sachen vom mittlen Werth, weder erwartete noch
unerwartete, einzelne Kleinigkeiten aus der älteren Zeit, die noch
ungedruckt sind und in unser Journal, wenn es wieder zurecht kommt,

paſſen werden. Die Handſchrift von den Fabliaux iſt auf Papier und ſchlecht; das gilt faſt auch von dem Fragment des Wolfdieterichs, davon ich einen Bogen abgeſchrieben habe und Dir ſchicke. Vergleich ihn alſo mit dem Druck und ſieh zu, ob ich weiter ſchreiben ſoll, d. h. ob etwas ſo Beſſeres heraus kommt, daß man es ediren könnte, wie ich mir erinnere, daß wir vor einigen Jahren vorhatten. Den hieſigen Titurel mag ich natürlich noch weniger abſchreiben, es käme mir jetzt blos auf Vergleichung einzelner Stellen an, worauf ich nicht vorbereitet bin; überhaupt habe ich zu Herausgabe ſo großer Ge= dichte keine Luſt, weil ſoviel Äußerliches dazu hört, wie hierzu die Benutzung aller Handſchriften, und das wäre am End' ein mühſeliges Ding, lange nicht ſo fruchtbar als ein Commentar eines ſchon ge= druckten Gedichts.

Über Kovachich (ſpr. Kovatſchitſch) und die Coloczer Hand= ſchriften können wir ruhig ſein und hatten uns geirrt. Er iſt ein alter, grauer, überſiebzigjähriger Mann, der vorige Woche hierher kam und mich gleich mehrmals aufſuchte. Ein äußerſt gutmüthiger Ungar, ſprachſam und etwas eitel, aber mit Grund, weil er in hiſtoriſcher und juriſtiſcher Gelehrſamkeit ſeines Vaterlands jetzt gewiß oben anſteht. Er hat an dreißig Bücher herausgegeben, wovon er mir den größten Theil zum Geſchenk ſenden will. Er reiſt auf Be= fehl der ungariſchen Regierung ſchon ſeit 1810 in Ungarn, Slavonien und Dalmatien herum und ſtöbert in allen Archiven nach Diplomen und Handſchriften, auf dieſe Weiſe iſt er auch hinter das Coloczer Manu= ſcript gekommen und hat es, unerachtet er erſt ſeit ſeinem vierzigſten Jahre Deutſch kann und das altdeutſche Fach nie beſonders getrieben hat, gleich ſo extrahirt und beſchrieben. Seines unſtäten Aufenthalts wegen wußte der träge Friedrich Schlegel ſeine Adreſſe nicht und erſt dieſer Tage hat er ihm hier Deinen erſten Brief eingehändigt, wo= gegen ihm der meinige vor ſechs Wochen richtig in Ofen zugekommen iſt. Büſching hatte ihm auch drei Briefe geſchrieben und um Ab= ſchrift von fünf Stücken gebeten (er wußte nicht welcher), allein ich würde durch den Vortheil der näheren perſönlichen Bekanntſchaft ohne Frage eher dazu gelangen, wenn er jetzt nicht gerade nach Agram reiſte, wo er ein halb Jahr bleibt, und von da nächſten Spät= ſommer und Herbſt Italien bereiſte, ſo daß er in Zeit eines Jahres nicht wieder nach Colocza kommt; außer ihm ſelbſt kann aber im tiefen Ungarn keiner die Abſchrift eines alten deutſchen Gedichts auf ſich nehmen, und das Manuſcript hierher zu bekommen geht, wie er mir weit und breit erklärt hat, noch viel weniger an, weil darüber ein ganzes erzbischöfliches Capitel zusammen kommen müßte. Ich habe ihm nochmals alles besonders zu Papier gebracht und andere Bitten zugefügt; auch in Agram sollen altdeutsche Manuscripte sein (aus Valvassors Verlassenschaft oder Sammlung), worüber ich die erste Auskunft bekommen soll. Eine andere Nachricht von Karlsstädter Manuscripten war er im Begriff an Büsching zu senden, so bin ich zuvorgekommen und habe schon darum nach Ungarn geschrieben, um sie dem, in dessen Händen sie ist, für mich abzufordern.

So lange kann nun der arme Heinrich nicht warten, wohl aber der Reinhart. Ich bitte Dich nur endlich einmal die Pränumerationsgelder abzuliefern, weil es sonst zu sehr auffiele.

Eine zweite wichtige Meldung ist, daß sich das zweite verlorene Hohenemser Manuscript der Nibelungen gegenwärtig hier in den Händen eines Franzosen befindet, der es aber wie ein Drache bewahrt und dreihundert Ducaten oder mehr fordert. A. W. Schlegel hat es hier im Haus gehabt und vermuthlich aus Faulheit schlecht benutzt; durch seine Geheimniskrämerei damit aber hat er die Sache verdorben und den Kerl auf die Wichtigkeit und Kostbarkeit des Besitzes erst gebracht. Könnte ich es auf acht oder vierzehn Tage leihen, so würde ich alles abschreiben, aber Hartmann, der mir alles das erzählt, bezweifelt völlig, daß der Besitzer es zulassen werde. Dies ist nun auch die Spur, die Büsching hat, wovon er einmal an Benecke schrieb.

Das Manuscript war mit dem andern Hohenemser, das sie nach München gekauft haben, zu Prag in einer und derselben Bibliothek. Was ich nun weiter in dieser Sache thun kann, sollstu in Zukunft hören.

Hartmann will hier das (schlechte) Gedicht von Gottfried von Bouillon, das man fälschlich dem Eschenbach beigelegt hatte, herausgeben, und es sind schon ein Paar Bogen gedruckt. Er sprach bescheiden darüber und erkennt den geringen Werth des Werks, ich weiß nicht recht, welche andre Gründe ihn aber dazu gebracht haben.

Kopitar ist leider nicht hier, sondern in Paris der abzugebenden Manuscripte wegen. Seine Sammlung slavischer Volkslieder stockt auch daran. Von Höfer kommt zu Linz ein österreichisches Idiotikon heraus, worauf ich subscribirt habe. Mit dem Druck meiner spanischen Romanzen geht es hier wiederum nicht, vielleicht nimmt sie der Reimer auch, da die frühern Hindernisse wohl weggefallen sind und ich kein Honorar verlange, sondern sie auf die Bedingung gebe wie die Märchen.

Neulich Abends bei Schlegel war ich allein da, so ging die Thüre auf und traten zwei Herrn ein und wir machten uns gegenseitig Complimente. Erst nach fünf Minuten stellte uns Schlegel einander namentlich vor, weil er anfangs geglaubt hatte, daß wir uns schon kennten. Siehe, es war Cotta und Bertuch; das Ding kam mir recht innerlich lächerlich vor, doch wurde der Anstand nicht verletzt und Cotta that hernach im Gespräch selbst einige artige Fragen, die ich natürlich aufs Trockenste beantwortete. Bertuch war desto redseliger und gerade in der Weise, wie Du ihm nachmachst, bloß noch langweiliger: „Sie erlauben, daß wir uns entfernen, wir haben noch eine andere Genußpartie diesen Abend zu erwarten, den Apollosaal; der Fremde, welcher zum ersten Mal die reiche Donaustadt betritt, wünscht allem zu huldigen; — ja, die Madame Schopenhauer macht noch immer in unserm Weimar ein anmuthiges, interessantes Haus, worin jeder gebildete Reisende liberal aufgenommen zu werden sicher ist 2c.", alles mit rothen Backen und ich wette demnächst im Modejournal nach der Ausführlichkeit zu lesen. Bertuch hofft mich noch mehr zu sehen; auch ist der Majer hier.

In der Nachdrucksangelegenheit werden diese beiden Abgeordneten des Buchhandels schwerlich etwas ausrichten. Cotta erzählte, wie er heute auf einer einzigen Buchhandlungsliste zwölf seiner Eigenthumsartikel gefunden (so kann man Goethes Leben im Nachdruck sehr wohlfeil haben); er setzte, ordentlich außer sich, hinzu, wenn er durchfalle, wolle er einen andern Plan ausführen, nämlich selbst nachdrucken zu noch wohlfeileren Preisen. Eine Hauptschwierigkeit ist jetzt hier gerade das Papiergeld; es würde unleugbar eine Menge baares Geld aus dem Land gehen müssen, um die Bücher zu bezahlen, die man nicht mehr nachdrucken dürfte.

Was ich Dir diesmal von dem Congreß selbst melden soll und kann, weiß ich nicht. Theils ist noch das Meiste so wenig im klaren, theils sind die guten Fäden, die sich hier und da anknüpfen, noch so jung und geheim, daß sich nicht wohl drüber schreiben läßt. Man trennt die europäischen von den deutschen Angelegenheiten, welches an sich gut ist und, je reiner es geschähe, desto besser wäre. Frankreich steht fortwährend nicht grün, und vorige Woche stand es so, daß man von Einpacken und Krieg redete. Sachsen scheint nun ausgemacht für sich verloren und nächstens öffentlich von Preußen besetzt zu werden. Fünfe, nämlich Österreich, Preußen, Baiern, Hannover und Württemberg, kommen in der deutschen Angelegenheit zusammen, sprechen aber sehr beruhigend und vertraulich in Ansehung der Übrigen, es solle keinem geschadet und nichts gewaltsam gethan werden. Die Übrigen aber regen sich und wollen auch mitsprechen. Die Meisten wünschen die Kaiserwürde für Österreich, das aber thut, als wäre die Sache sehr schwer. Einige schlagen den albernen und schändlichen Titel Protector vor, und umgekehrt ginge mit dem Wort Kaiser eine unleugbare sittliche Idee unter und verloren. Überhaupt sind wir in den Titeln blind und plump, König von Hannover lautet wie König von London oder Wien, und das rechte alte Wort König von Sachsen (oder Niedersachsen) lag doch so nah. Denn hier steckt das eigentliche Sachsen. Aus Hessen wird auch noch ein Großherzogthum werden; ich hasse freilich dies undeutsche und bei schlechtem Anlaß eingeführte Wort und wählte lieber: Oberherzog, Hauptherzog, Landherzog, Reichsherzog. Am Allerwürdigsten wäre vielleicht, sich bloß Graf von Hessen zu nennen, wie die alte Kleidertracht doch in ihrer bloßen Einfachheit wieder über dem neuen Putz steht, allein zu dergleichen Vorschlägen hat der Kurfürst natürlich die wenigste Lust. Erfreulicher ist die immer mehr durchdringende Festsetzung der Landstände, denn da im Volk die besten und reinsten Stimmen stecken, so müssen, sobald diese nur einmal Sitz und Laut gewinnen, auch zukünftig die obern Angelegenheiten besser werden, dieser Congreß mag sie verpfuschen oder verkrüppeln, wie er will. —

Du schreibst mir nicht, ob Du meine Aprildiäten ausgezahlt bekommen hast? und mußt es betreiben, falls nicht. Ich brauche hier täglich für Essen, Trinken und Frühstück im Durchschnitt fünf Papiergulden und kann es nicht anders einrichten, werde aber nun sehn, ob mir die Pariser Diäten durchgehen. Selbst die kleinern Lebensmittel sind schon ziemlich hoch angeschlagen, so viel Obst es hier giebt, kostet eine Birne doch drei, vier Groschen (nach dem Nominalwerth des freilich herabgesetzten Kupfergeldes gehn fünfzehn Kreuzer auf den Groschen, und vier Groschen sind gleich sechzig Kreuzer in Papier), bloß die Theater sind wohlfeil. Der erste Parterreplatz macht fünfundvierzig Kreuzer, das sind zwischen vier und fünf gute Groschen hessisch. Ich bin indessen seit jenem ersten Mal nur noch einmal hineingegangen, nämlich ins Leopoldstädter oder Kasperle, wo man eine Pantomime gab, die mir sehr gut gefallen hat; der Hanswurst und der dumme Hausknecht waren vortrefflich, und ich finde es auch recht, daß man noch einige moderne Charakter, wie den dicken Liebhaber mit Puderperrücke, den Schneider ꝛc. zu stehenden Masken erhoben hat,

wiewohl bloß Hanswurst eine wirkliche Maske trägt. Dieser Hans-
wurst war von einer unbeschreiblichen Behendigkeit und Nettigkeit
und ich erinnere mich lange nicht so etwas Angenehmes gesehen zu
haben. Die Häuser sind aber stets so gefüllt und die meisten Sitze
im Parterre gesperrt, daß man meistens zu stehn kommt.

Ich habe schon mancherlei wohlfeile Bücher gekauft, die ich Dir
schicken möchte, weil aber die Abreisenden nur sehr wenig wollen mit-
nehmen, so beschränke ich mich auf das Interessanteste, das ich gestern
gefunden habe, rath einmal! — des Clemens Libussa, die soeben
fertig geworden ist. Wegen der guten Gelegenheit, dem Bauer ein
Gegengeschenk zu machen, so habe ich ihm das Exemplar bestimmt,
was Du erhältst, das unsere behalte ich noch hier, um es erst selbst
zu lesen, und bringe es nachher mit. Bis jetzt hab' ich nur hinein-
geguckt und Vorrede und Anmerkungen gelesen, die mich gerührt haben,
weil man so ganz des Clemens sein Wesen, seine Kramerei in Selten-
heiten, seine scharfsinnige Ungelehrsamkeit darin sieht und findet; ich
bin aufs Lebhafteste an ihn erinnert worden; von Arnim oder unsern
Büchern ist nichts berührt. Wie kostbar muß der Jordis z. B. die
Geschichte von der Katze und dem thé dansant sein! Man meint sie
erzählen zu hören. So viel ich an dem Buch selbst sehe, ist es höchst
ausgezeichnet und merkwürdig und vermuthlich des Clemens beste
Arbeit; wahrscheinlich wird mir das Ganze weniger recht sein. Auf
die versprochene Chronika eines fahrenden Schülers wirst Du mit
mir am Allerbegierigsten sein. Der Clemens ist gewiß ein guter
Mensch, der mir seines Lebens wegen herzlich leid thut.

Mit dem Werner Haxthausen bin ich mich gleich den Tag nach
seiner Ankunft auf der Straße begegnet; was er hier zu thun hat,
weiß ich nicht und vermuthlich er selber nicht. Auch Varnhagen (hat
eine schöne Jüdin Robert aus Berlin geheirathet) befindet sich eben-
falls hier. Zufällig finde ich in Bartholdys Reise nach Griechenland
(die ich seit Jahren nicht zu sehen bekommen konnte) ein merkwürdiges
griechisches Volkslied mit der ganzen Fabel von den zwei Kauf-
männern, dem Fingerabschneiden u. s. w. Ebenso zufällig in einem
ungarischen Buch ein Fragment aus einem alten ungarischen Gedicht
von Attilas Tod, worüber mir Kovachich nichts zu sagen wußte.
Bei dem Anlaß las ich in den altdeutschen Wäldern durch, was Du
über Ungarn sagst; bei Tulna und Kesmawr (S. 255) ist mir bei-
gefallen, hätte wohl Tuln und Ziselmauer bemerkt werden sollen. —
Sieh doch, wenn Du auf der Casseler Bibliothek Zeit hast, alle

Pergament-Manuscripte vom 8. bis 12. Jahrhundert der deutschen
Interlinearglossen wegen durch, besonders die theologischen. Im
Taschenbuch für Liebe und Freundschaft steht eine zu bemerkende
Riesensage aus der Gegend von Jena. Zu den Märchen könnte ich
noch einiges mittheilen, es wird aber zu spät dazu sein; vielleicht hast
Du jetzt schon das fertige Buch unter den Händen.

Samstag Morgen, den 22.

Endlich hat mich heut in aller Frühe Dein Brief vom 13. aus
den Sorgen gerissen, die mich heunt Nacht um Dich quälten, als ich
aufwachte und dem starken Regnen zuhörte. Wie hab' ich mich an
seinem Inhalt gefreut, und wie wunderbar reihen sich die Sachen im
Leben zusammen, seit vorgestern habe ich oft an Clemens gedacht und
finde nun heute den Brief von ihm, der uns in Jahren nicht ge-
schrieben hatte. Ich schicke Dir auch noch von ihm ein Lied auf den
Rheinübergang und Abschrift eines vom seligen Runge (aus einem
Musenalmanach, worin Gedichte von Malsburg und Docen stehn), das
angenehm ist, aber doch nicht außerordentlich. Den gegebenen Adressen
will ich nun bald folgen; den Nibelungen war ich, wie Du siehst,
schon auf dem Wege.

Die Nachricht von den altdeutschen Wäldern war mir unerwartet
und lieb, doch möchte ich nun das Nähere gleich wissen, ob der Druck
in Göttingen oder Frankfurt geschieht, wann damit angefangen wird,
ob Lettern für die Diphthonge geschnitten werden, und was Du fürs
erste Heft vorhast? Des Thomas wohlbekannter Aufsatz muß nun
aber befördert werden, wie ich ihm selbst gesagt, doch möchte ich
meinen Zusatz nochmals umarbeiten; schon deswegen, weil der Thomas
ein grundbraver Mensch ist, den jedermann gern hat, und der der
Stadt Frankfurt sehr wesentlich hilft und nützt. Vermuthlich wird
er bald Senator werden. Die Insertion der Ankündigung will ich
hier gleich besorgen. Ich glaube, die Recension rührt von Hagen her,
ist aber von Büsching eingesandt, und danach hab' ich die Erklärung
gestellt. Collin bittet mich um Recensionen, allein ich lehne es ab. —
Der Druck der Edda muß freilich emsiger gehn und ich möchte be-
sonders wissen, wie die Umschreibung wird, besonders wegen der zu
verdeutschenden Eigennamen. Nämlich die meisten können es mit
Sicherheit werden, und es schadet gar nichts, ein Paar darunter zu
wagen. Ohne das behält das Ganze einen fremden Eindruck.

Zu einer Stelle: þann qveþ ec vera oblau þastan etc. bemerke
doch die ganz genaue Parallele aus Homer: ὅν φημι γενέσθαι,

nämlich qveþ und φημί heißen hier nicht sage, sondern meine, halte
dafür, wie das lateinische putatur und dicitur sich mischt und in allen
Sprachen diese Wörter. Zu cauld ero raþ þin (kalt, bös) im alt-
englischen tale of Gamelyn (ich hatte den Chaucer mit auf die Reise
genommen) 1053. 1503. genau so: colde rede. — Zu springa af
harmi cf. Dámisaga 43. — zu: nu mun þu seyqvaz den Schluß der
Voluspa.

Kommt Folgendes zu den Märchencorrecturen noch recht? Zum
Märchen vom Großvater hören mehre alte Schwänke der Wiener
Handschrift Nr. 119 Nr. 5. Daz mer von dem chotzen. Nr. 32
von dem schlegel. Zu den drei Wünschen Nr. 37. die Frau wünscht
ein schön Gewand, der Mann es ihr in den Leib und mit dem dritten
Wunsch wieder heraus. Nr. 44. von den Wachteln hört sehr merk-
würdig zu dem Lügenmärchen und Schlaraffenland und müßte ganz
eingerückt werden (ich schicke Dir's mit, aber vor dem 6. 7. November
treffen sie dort nicht ein). Darin Str. 7. heißt's: „ein Eichenpfaff
eine bücherne Messe singt, wer da zu Ablaß dringt, dem wird eine
Messe gegeben, daß ihm der Rücken schwirrt, da segnet man mit
Kolben." Also schon im 14. Jahrhundert wie in der heutigen Pader-
borner Recension. Aber auch im altenglischen Gamelyn 996.
„Gamelyn sprenith holi water all with an okin spire" d. h. er
prügelt. — Ich schreibe noch an Meinert um Märchen nach Prag.

Sind über Leipzig keine Bücher aus Holland und England ein-
getroffen? Ich weiß nicht wo sie bleiben. Sollte man nicht einmal
nach Schweden an Sjöbring schreiben? Deine Briefe gieb doch an
Minister Schmerfeld und bitt' ihn um Einschluß. Nun leb wohl und
grüß mir Euch alle. Dein getreuer J.

Zu dem Märchen von Falada gehört Clemens' Note 45. Zu
dem vom Aufhängen und Wind (ad Raparium) seine Note 46, doch
ist dieser Punkt eine eigene Abhandlung werth.

111.
### Jacob an Wilhelm.

Wien, den 1. November 1814.

Liebe Seele! Du wirst von Savigny seine Schrift über Ge-
setzgebung erhalten haben, die mir gar wohl gefallen hat, in unsere
Meinungen stimmt und sie bestätigt. Ich habe ihm umständlich ge-

24*

antwortet, weil er es verlangte. Er erwähnt eines noch nicht ganz gewissen Plans zu einer juristischen Zeitschrift und spricht um altdeutsche Beiträge an, welches mir in jeder Absicht erwünscht ist, da ich, wie Du weißt, schon manches für altgermanisches Recht angelegt habe. Da ich zufällig die meisten Papiere hierher mitgenommen, könnte ich, wenn wir länger bleiben, als es scheint, zur Noth hier etwas ausarbeiten, z. B. über das Mordgeld nach der Edda, deutschen und orientalischen Gesetzen und über die Poesie unsers alten Rechts insgemein. Es ist mir gar lieb, daß Savigny diese Abhandlung geschrieben hat, sie ist auch ganz wie er. Strebe doch Eisenharts Recht der Sprüchwörter nach, aber der neusten Ausgabe, Herts Parömien sind wohl dort zur Bibliothek angeschafft.

Ich thue zu Zeit gute Bücherkäufe, u. a. das treffliche Wörterbuch von Frisch, in zwei Quartanten gebunden, habe ich für drei Papiergulden gekauft. Jean Pauls Ästhetik (der neuen Ausgabe) wird hier nachgedruckt und da bin ich doch einmal in Versuchung. Unsere Märchen, 2. Theil, werd' ich schwerlich hier fertig zu sehen bekommen; neulich fiel mir Gullivers Lilliputian Library in die Hand (des bekannten Verfassers der Reise ins Zwerg- und Riesenland). Darin stehen auch sechs Kindermärchen, wie es scheint, meistens nach Perrault und d'Aulnoy. In dem Aschputtel (Cinderbreech) ist der Umstand gut, daß die Fee Mäuse aus der Mausfalle holen läßt und sie zu Pferden verwandelt. Das Märchen von prince Chery and Princesse Fair Star (wohl: belle étoile) hat den Eingang von den drei Schwestern, die sich Männer wünschen (sie heißen merkwürdig: die rothe, schwarze und weiße, rosette, brunette und blondine), und da hebt die erste an: ich wünsche mir den Admiral, hätt' ich den, so wollt' ich Faden spinnen, daß man Segeltuch für seine ganze Flotte draus weben könnte! Die zweite des Königs Bruder und will mit der Nadel so viel nähen, daß man sein Schloß umhängen könnte (? to hang his palace). Die jüngste den König selbst und will ihm zwei Knaben und ein Mädchen gebären mit Sternstirnen und Goldhalsketten und Edelsteinen aus den Haaren 2c.

In einem andern steht folgender hübsche Umstand: ein Mädchen geht in den Wald mit ihrem Lamm, dem ein Wolf nachstrebt, ein Riese fängt Wolf und Lamm und stopft beide in seinen Sack, dann begegnet er dem Mädchen und auch in den Sack und so des Wegs weiter, daß es Nacht wird. Da seufzt das Mädchen, das Lamm blöckt, der Wolf heult, sie wecken den Hund, Hahn, parrot (? Papagei

oder Spatz) und Katze im Vorübergehen aus dem Schlaf, die heben auch ihre Stimmen an und der Riese fängt sie alle miteinander und auch in den Sack. Endlich hat er anderswo Geschäft, hängt den Sack an einen Baum. Das Mädchen kriegt ihr Scheerchen und schneidet einen Ritz, läßt die Thiere nach der Reih heraus (bis auf den Wolf, der muß bleiben), zuletzt steigt sie selbst aus. Nun helfen ihr die Thiere aus Dankbarkeit, die Katze leuchtet mit ihren Augen auf dem finstern Weg, der Hahn kräht die reißenden Thiere weg ꝛc. Ich möchte das Ganze deutsch und echt erzählen hören.

Bei der Aulnoy ist auch gut das Märchen von Prinz Einbein, von dem alten König Seidenspinner (was Dir einmal bei Haxthausens erzählt wurde und Dir natürlich schlecht vorkam), vom Schneckentanz ꝛc., kurz, es ist das, was Langbein erzählt vom alten König mit der Peitsche ꝛc. Vermuthlich also auch in Deutschland und, wenn wir's echt bekommen, gewiß ein schönes.

La belle aux cheveux d'or oder Allbeliebt ist unser Fixundfertig. Dann ist vorzüglich das von den drei Schwestern, der Faulen, dem Plappermaul und der Gescheidten, der alte König verreist und läßt sie mit gläsernen Spindeln daheim.

Ich habe zufällig in einem alten Manuscript den Indiculus superstitionum gefunden und ausgezogen. Er ist fast wie bei Burcard von Worms und enthält die wichtigsten Dinge für die alte Mythologie, die drei Nornen ganz klar ꝛc.

Schlegel hat mir einen Bogen Abdruck des angelsächsischen Lieds von Beowulf gezeigt, den Thorkelin in Kopenhagen herausgiebt. Für die Sprache und poetischen Figuren sehr merkwürdig.

Den Nibelungencodex werd' ich dieser Tage, schwerlich aber auf lang, bekommen. Schlegel hat die Varianten noch nicht daraus. Bloße Faulheit. Die Münchner Bibliothek soll 600 Dukaten geboten haben. Der hiesigen forderte der Eigenthümer 1000. Er will auch gar mit den Engländern darum handeln. Ich kann auf alle Fälle genug zu einem interessanten Aufsatz für unser Journal daraus nehmen. Wenn Du mir jetzt helfen könntest! Ich habe dieser Tage eine Note von zehn Seiten fünfmal zu copiren gehabt und möchte des Kuckucks werden. Setz Dich auf den Postwagen und komm noch nach.

Am 2. November.

Es geht mir heut bunt und toll, also nur allerhand unter=
einander. Grüß mir alle die Geschwister. Des Louis wegen war

ich zweimal bei Artaria, ohne ihn zu Haus zu finden, am besten er schreibt ihm einige Zeilen, so kann ich die Exemplare doch mitnehmen.

Clemens' Libussa habe ich erst halb aus, das Buch ist durchweg gescheidt und nirgends leer, vieles ausnehmend schön; im Ganzen fehlt ihm wohl eine gewisse Gesundheit und Geradheit. S. 7 das Zeitgespenst geht auf Varnhagen. S. 6 wohl die Auguste. Das Compliment für Retzer und seine Versification zu verstehn, muß man wissen, daß dies ein ganz gemeiner, höchst eitler Kerl ist, der aber Censor war und damit zum Imprimatur gebracht wurde.

Gries übersetzt jetzt den Calderon à la Schlegel. Von Goethes Leben erscheint zunächst ein überspringender Band aus der etwas späteren Zeit. Diesmal nichts von Politik.

[Ohne Unterschrift.]

Den 20. November soll alles heim reisen und der Congreß aus sein.

Eine Mamsell Trautwieser ist hier verstorben, in die der Malsburg sterblich, aber unglücklich soll verliebt gewesen sein.

Adresse: Herrn Bibliothekssecretarius Grimm zu Cassel.

―――――――

112.

## Wilhelm an Jacob.

Cassel, am 3. November 1814.

Liebster Bruder, am 24. Mittags ist der Louis von hier abgegangen nach Karlshafen, wo jetzt sein Regiment liegt, er hatte noch einmal acht Tage Aufschub erhalten, länger wollte es aber nicht gehen; ich habe ihm das Gesuch um Abschied aufgesetzt und bei der Rückkehr des Kurfürsten wird es auch bald entschieden sein. Von seinem Bild ist ein Probeabdruck gemacht, der Hauptkopf ist noch gar nicht gemacht und dem Ganzen fehlt noch die Harmonie, manches Einzelne ist aber wohl gerathen und er mag leicht noch vier bis fünf Wochen daran zu arbeiten haben. Die Blätter von Ruscheweih sind auch bei Frauenholz unbekannt, sieh doch dort bei Artaria nach, ob er sie hat, bei welcher Gelegenheit Dir auch die weiße Farbe für die Princeß einfallen wird, wenn Du sie nicht schon gekauft und mit Gottsched geschickt hast. — Karl ist heute Mittag um halb ein Uhr abgefahren, er hat eine Marschroute als russischer Volontär erhalten, wodurch er einen guten Wagen bekommt und seinen Bedienten mitnehmen kann.

Er ſah in ſeiner Uniform, die er ſich neu mit blauem, ſchwarz=
geſticktem Kragen und goldnen Schnüren hat machen laſſen, recht gut
aus.  Der Louis hat ihn noch ſo gezeichnet,*) Du haſt ihm doch ein
wenig Leid angethan, daß Du Dein Bild wieder ausgewiſcht, er ſagte
mir, daß er die Schatten abſichtlich ſo ſtark gemacht, und daß das bei
dem Ganzen, das er vorgehabt, wieder weggefallen wäre, und nun iſt
es leider nicht zu brauchen.  Es hatte doch viel Ähnliches, wiewohl
etwas Fremdes, was aber jedes Bild haben wird, vielleicht muß, am
meiſten in den eigenen Augen; allein wenn man in den Spiegel ſieht,
kommt das ebenſo gut, weil unſer Angeſicht niemals ſo äußerlich iſt,
wie wir's innerlich fühlen. — Ich weiß nicht, ob der Karl ſchon eine
Stelle hat, indes wird's ihm nicht fehlen, ich glaube aber, er ſucht
ſich eine bequeme und will nicht bei Licht arbeiten; am Allerliebſten
möchte er reiſen.  Er iſt in letzter Zeit viel mit der Principalstochter
gequält worden, was die Tante jedesmal ihm anrieth.

Die Feier des 18. war hier im Ganzen ſchön und gut, wiewohl
ſie etwas an ihrer Anſtalt gelitten, Harnier hatte ſich ihrer ſehr an=
genommen, auch wohl mit kleiner Eitelkeit, auch die Gedichte dazu
gemacht.  Der ſchönſte Anblick war, wie mit der Nacht auf allen
Seiten und von allen Bergſpitzen her die Feuer aufgingen, und hat
mich innerlich gerührt.  Es war wie eine Fortſetzung des Himmels
auf der Erde, wo die Sterne nun auch aufgingen.  Die Unterneuſtädter
hatten bei den Erſchoſſenen auf dem Forſt ihr Feuer angezündet, um
ſie zugleich zu ehren.  Schön war es auch, wie darauf alle Glocken
läuteten und die feierliche große darunter und auf dem Friedrichs=
platz bei hundert Fackeln ein Gotteslied geſungen ward.  Nur war
die Muſik dabei zu concertmäßig gedämpft, ſo daß ſie nicht durch=
drang und zu ſehr verhallte; ich hätte Poſaunen dazu genommen, daß
es durch die ganze Stadt gedrungen wäre.  Der Zug hinaus war bei
der feierlichen Stimmung ganz ſtill, und das von der türkiſchen
Muſik angeſtimmte Reiterlied wurde nicht recht mitgeſungen, der Kur=
prinzeſſin, die auf dem Balcon ſtand, aber ein Vivat gebracht.  Von
zwei Haufen, die auf dem Kratzenberg aufgerichtet waren, und wobei
der brave Henſchel beſonders thätig war (er erzählte mir hernach,
er ſei den Abend ſelbſt ganz allein auf und ab gegangen mit be=
ſtändigen Thränen in den Augen, was mich von ihm recht rührte,
da es ihm nicht um Worte zu thun iſt), war der eine ſchon ziemlich

_____________

*) Und ſpäter radiert.

abgebrannt, doch war es noch ein gewaltiges Feuer; wie nun die
Kurprinceß kam zu Fuß, vom Landgraf Friedrich geführt und auch
mehrmals von uns mit einem Vivat empfangen, ward der zweite mit
Pechtonnen, Stroh und Reisig noch kräftiger gemachte Haufen an-
gesteckt, er brannte mit ungeheurer Schnelligkeit und gab das größte
Feuer, das ich je gesehen, die Tausende, die auf dem Feld standen,
waren auf einmal wie von einer wunderbaren Sonne hell beleuchtet.
Schade war's, daß es nicht ganz windstill war; hätte die Flamme
gerad aufsteigen können, so wäre sie noch viel herrlicher geworden.
Wir hatten noch einen besondern Spaß ausgedacht, der aber leider
verdorben wurde.   Nämlich nach einer Caricatur, die der Louis
zeichnen mußte, wurde der Napoleon, wie er friert und sich duckt, in
Pappdeckel ganz kolossal, so hoch wie unsere Wände, ausgeschnitten
und mit Tapetenfarben hauptsächlich vom jungen Arnold unten beim
Engelhard gemalt, es war wohl gelungen und hätte großen Effect
gemacht.   Der Bischof war nun gedungen und sollte es auf einer
Stange mit zwei Jungen, die Fackeln hatten, durch die Stadt und
dann hinaus in den Scheiterhaufen tragen.   Wie er es aber zum
Fenster hinaus gereicht bekommen hat, wird ihm angst, wir freuen
uns indes und denken, wenn er es einmal hätte, müßte er es wohl
hinbringen, da er es nicht verstecken konnte, allein er läuft mit fort
ins dunkle Feld nach Welheiden, so daß der Engelhard ihm nachsetzen
muß und ihn bei der Wachsbleiche wieder kriegt und das Ungeheuer
zurückbringen läßt.

Abends.

Auf der Bibliothek hat sich eine große Veränderung zugetragen,
nämlich der Enzeroth ist vorgestern gestorben, bei einem andern als
ihm auf eine rührende Weise. Nämlich vor acht Tagen etwa starb sein
Bruder, den er beerbte und damit seine Umstände etwas verbesserte.
Wie er nun von der Leiche kommt, legt er sich und ist nicht wieder
aufgestanden.   Auf Völkels und Strieders Anrathen, die schon früher
berichtet haben, daß die Stelle entbehrlich sei, will ich morgen eine
Vorstellung einreichen und um seinen Gehalt als Zulage bitten, das
sind zweihundert Thaler; indessen kann ich schwerlich darauf rechnen,
sie ganz zu erhalten, und wahrscheinlich wird man mich mit der Hälfte
abweisen.   Das würde uns in unserer Noth wenig helfen, wichtiger
aber ist, daß nun die zweite Bibliothekarsstelle gänzlich offen wird,
und ich denke wohl, es sollte Dir gelingen nach Deiner Rückkehr und
einem halbjährigen Urlaub zur Erholung, sie zu erhalten, zumal

wenn Du Dich zu einzelnen Sendungen, die doch unter allem Lästigen das Geringste wären und immer einige Ausbeute für unsere Arbeiten gewährten, da doch an jedem größeren Ort die Bibliothek ihre eigenen Schätze hat, erbötest.

Vom Ferdinand hab' ich in diesen Tagen einen kurzen Brief erhalten, er wünscht Geld, um damit nach Wien zu reisen, um wie er meint, dort sein Auskommen zu suchen. Ich erwarte nur die Antwort von Reimer und will ihm dann von diesem unglücklichen Gedanken abrathen.

Ich erhalte Deinen Brief vom 21. October durch Schmerfeld, und vor zwei Stunden gegen sechs Uhr ist auch der Kurfürst gesund angekommen, also früher, als Du gedacht. Was Du mir mit Gottsched geschickt, werd' ich wohl morgen bekommen und will heute noch einiges beantworten.

Mit der Edda hab' ich noch viel Noth. Ich hatte Dir geschrieben, daß ich die zweite Correctur vom A Bogen zurückgeschickt; als der B Bogen über vierzehn Tagen ausblieb, ließ ich einen Brief an Reimer deshalb abgehen und wartete noch acht Tage; als noch nichts kam, schrieb ich wieder an Gebauer so eindringlich als möglich, endlich ist vorgestern, also nach fünf Wochen, der B Bogen angelangt und auch schon wieder zurück, er geht bis Nr. 8 im Lied vom Helgi und Svava. Ich vermuthe, daß Gebauer selbst corrigirt und der Druck durch seine Abwesenheit zur Meßzeit aufgehalten worden. Antworten muß er mir auf meinen Brief noch nothwendig, und ich hoffe, daß es nun besser geht. Die Umschreibung such' ich so lebendig als möglich zu erhalten, was die Namen dabei betrifft, so habe ich darüber nachgedacht, und das ist erstlich außer Zweifel, daß, wo entsprechende deutsche da sind, wie Wieland, Siegfried, Günther, diese genommen werden, dagegen bin ich entschieden abgeneigt, die andern zu übersetzen, d. h. zu machen, der Name ist zu seinem Menschen kein todter, sondern lebendiger Klang, und wie ich fühle, daß es abgeschmackt wäre, Karl durch Kerl, Benecke durch Beinchen hochdeutsch zu geben, so kann auch Helge nicht durch Heilig übersetzt werden. Hierzu kommt: 1) Die Namen sind bei uns ja so alt, daß die Trennung der Dialekte darin nicht vorkommt, d. h. sie sich zusammenfinden, niemand wird unsern Hilgenberg Heiligenberg schreiben wollen oder Mönchen statt München, ja, wir zogen Sneewitchen als lebendiger dem Schneeweißchen vor in einem hochdeutschen Märchen. 2) Einige Namen sind gar schwer zu erklären und erfordern eigene Untersuchungen, am

Ende bleiben gewiß ganz unerklärbare (für uns) zurück. Wie soll ich Aegir übersetzen, Eylimi, Eymodr, Fenrir, Franmarr, Gungnir, Andvari, Sinfiotli u. a., ich schreibe sie nur so aus dem Gedächtnis auf, es könnte leicht einer gut zu ersetzen sein, es fällt mir aber nicht ein. 3) Einige werden geradezu lächerlich, z. B. Hälfr soll ich setzen: Halber. 4) Es liegt ein feiner Unterschied in der dialektmäßigen Verschiedenheit, und mir ist's gar nicht recht, wenn ich Eitill auch wie Atli soll durch Etzel übersetzen. 5) Forderst Du auch, daß in einem Gedicht die Namen nach der einen Mundart gleichförmig sollen ge= ändert werden? Ich übersetze Haugni durch Hagen, weil dieser der deutsche Namen der Dichtung ist, warum soll ich nicht Hacken sagen, das wäre eine vielleicht richtige Übersetzung, denn ich will es nur als Beispiel anführen. 6) Was wird mit der Consequenz, die alles über= setzen will, gewonnen? Nach meiner Meinung gar nichts, denn sie geht über die natürliche Grenze hinaus, und ein solcher Namen ist gar nichts besser, als ein Radlofisch gebildetes Wort, dem auch nichts fehlt, als das Leben, und das man vertheidigen kann gegen alle Gründe, nur nicht gegen das lebendige Gefühl, weshalb ich auch diesen Grund als den ersten obenan gesetzt habe. ——

Das Lexikon von Biörn Haldorsen ist kürzlich von Perthes an= gekommen, zwei Quartbände nicht sehr stark für den hohen Preis von neun Thalern. Es nutzt uns unmittelbar wenig, da es sich auf poetische Worte nicht einläßt, so daß ich bis jetzt noch keins von unsern schwierigen gefunden; auch giebt es keine Wurzelerklärungen, sondern ist zuerst für den allgemeinen Gebrauch bestimmt, scheint aber hierin genau und gut, und wir dürfen es auf keinen Fall entbehren.

4. Morgens.

Mit den Märchen ist zufälliger Weise eine Verzögerung ent= standen, nämlich ich warte, eh ich weiter Manuscript sende, auf die Correctur der plattdeutschen, wie sie aber gar nicht kommt, schreibe ich hin und erhalte umgehend die Aushängebogen bis O., worin alles abgedruckt ist, was wir zuletzt sendeten, mit der Bemerkung, daß der Druck habe aufhören müssen, weil das Manuscript all gewesen, und man nichts davon gewußt, daß ich auch die übrigen plattdeutschen habe sehen wollen, zugleich bitten sie inständig nur um etwas zur Fortsetzung. Ich habe das sämmtliche Manuscript, das ganz fertig war, gleich abgeschickt und in etwa vier Wochen kann das Buch voll= endet sein; die Correctur des Anhangs habe ich auch verlangt, ich werde nun sehen, was sie thun, dann kann ich Deine Bemerkungen noch einfügen. Die Verzögerung hat den Nutzen gehabt, daß ich eine hessische Erzählung von dem Siegfriedsmärchen, die einige merkwürdige Züge hat, und die ich zufällig von Henschels kleiner Schwester gehört, und die er mir dann ganz hat aufschreiben müssen, noch in den Anhang habe bringen können. Er hat sieben Jahre an seiner Mutter getrunken, wovon er so riesenhaft geworden, er heißt Kürdchen Bingeling, die Gemeinde will ihn greifen, er setzt sich aber ins Thor und versperrt es, wie Gargantua den Berg Gargan schafft, so daß niemand hinauskann, dann der Mühlstein, der ihm auf den Kopf geworfen wird, womit er sich aber in der Höhe zeigt, als habe er einen schönen Dütenkragen, endlich sehr merkwürdig wie beim Scharmack, werfen sie die Kirchenglocke auf ihn herab, er aber kommt herauf, hat sie auf dem Kopf und ruft: „ach! was eine schöne Bingelmütze." — Im Ganzen habe ich vierzehn Bogen hier; die plattdeutschen sind so correct, als es unter den Umständen möglich ist.

Wegen der Wälder ist auch schon das Nähere mit Körner abgethan, und heute sende ich ihm durch einen Marburger Fuhrmann drei Ballen; die zwanzig Exemplare, die Thurneißen in Leipzig noch hatte, werden an Mittler für Körner abgeliefert. Röwer hat abgeschlagen, die Buchstaben sowohl für die Wälder als den armen Heinrich anzuschaffen, und da Körner ohnehin seine frühere Rechnung, die ich ihm einschickte, übersetzt fand und dort die Buchstaben glaubt geschnitten zu bekommen, so wird wohl der Druck auch dort vor sich gehen; wo ich denn auch denke, daß wir den armen Heinrich drucken lassen. Zugleich habe ich dem Körner unsere 77 fertigen Exemplare von Hildebrandslied in Commission gegeben, es wird dieses bei der Anzeige der Wälder bemerkt, und falls sie dort noch nicht abgedruckt ist, könntest Du das auch noch hinzufügen lassen. Dem Thomas muß ich schreiben, daß Dein Zusatz noch seine Abhandlung aufhält, denn daß das Opfer nöthig ist, sehe ich wohl, sonst stimme ich mit Dir ein und sehe aus seinen Briefen, daß es ein sehr braver und guter Mensch ist.

An dem armen Heinrich arbeite ich so fleißig, als ich kann, und Du brauchst mich nicht zu treiben. Schon das bloße Anordnen, Abschreiben und Nachsehen von 37 Quartseiten eng beschrieben, als welchen Raum die Noten ausmachen, ist gar keine ganz kleine Arbeit, und Du stellst Dir die noch übrige zu gering vor, da auch alles noch zu überlegen war. Beikommend erhältst Du so bequem als möglich aufgeschrieben, wozu noch Deine Antwort und

Meinung Noth thut. Auf die früheren Anfragen werde ich ja wohl heute in dem Packet von Gottsched Antwort finden. In Deiner Abhandlung hat mir vieles außerordentlich gefallen, wiewohl ich einiges gern anders gewendet hätte, indessen gebührt Dir hier der Vorzug; nur einen Punkt werd' ich ändern oder zusetzen, nämlich wenn es freilich zerstörend und ungeschickt ist, daß nach der V[aticana] sie sich nach der Verheirathung in ein Kloster begeben, so sehe ich den Gedanken selber nicht für einen Zusatz des Überarbeiters an, sondern als erhalten aus der geistlichen Bildung der Sage, wornach die durch ein Wunder Genesenden dem irdischen Leben entrückt sind, wie dies ja so häufig ausgedrückt und tief begründet ist, z. B. wer Geister gesehen, mit ihnen gekämpft, aus dem Unterirdischen erlöst worden, wer das gelobte Land gesehen u. s. w. Also widmen sie sich in der ursprünglichen Legende gleich nach der Heilung einem geistlichen Leben. Auch die dem Opferbeil entrückte Iphigenie wird eine Priesterin.

In das zweite Heft der Wälder denke ich einige Erzählungen aus der Gothaischen Handschrift zu nehmen; ich kann dann auch bemerken, was sich aus der Handschrift für Verbesserungen für die Erzählung von zwei Kaufmann ergeben, und Du schicktest ja wohl die Bemerkung aus Bartholdy dazu, in dem Buch mußte was Merkwürdiges sein, sonst wär' es mir nicht auf eine seltsame Weise immer in Berlin entgangen und Dir in Göttingen, denn ich hörte dort schon von diesem Liede sprechen.

Göttling über das Historische im Nibelungenliede ist unbedeutend, vielleicht eine Verbesserung zu dem lateinischen Gedicht von Attila gut, das übrige leichtsinnig in Art des Bouterweck vorgetragen, wie es die angehängte freie Übersetzung von Biarkamal auch ist. Die Erklärungen von Nibelungen und die Gibellinen werden Dir auch herrlich vorkommen. Auf das Fragment des ungarischen Attila bin ich sehr neugierig, Du schreibst aber nicht einmal, zu wem sich die Erzählung von seinem Tode neigt, oder ob es wieder eine ganz neue Sage ist. Wie lieb wär' es mir, wenn Du den Nibelungencodex erhalten könntest, wir sollten diese eigenthümliche Recension dann nach unserer Art und mit Noten herausgeben. Dabei fällt mir Clemens ein und eine seltsame Erfahrung, nämlich gerade wie Du, habe ich ein Paar Tage, eh sein Brief kam, lebhaft an ihn gedacht und über sein Schicksal, so daß er mich, wie er ankam, ebenso überraschte; wahrscheinlich ist es also zu selbiger Zeit geschehen, wo der Arnim ihn an uns erinnert hat. Die Lullu ist vor kurzem in Frankfurt

angekommen, und er wird bald hierher reisen, vielleicht geht sie mit.
— Blanc hat aus Bonn geschrieben und will einige Tage hier bei
mir zubringen, ich erwarte ihn heut oder morgen, und werde dann
auch mich im Arbeiten unterbrechen müssen.

Am 5.

Gestern ist mir Dein Packet richtig zugekommen und war alles
Erwartete darin, nur nicht die Antworten über die früheren Anfragen
wegen des armen Heinrichs. In Brentanos Buch habe ich auch ge=
blättert, es ist mir dabei Arnims Meinung eingefallen, wornach die
erste verlorene Bearbeitung besser gewesen. Das Märchen ist merk=
würdig, weil es auch zeigt, wie sie überhaupt in seiner Bearbeitung
ausfallen; es ist mehr Stil darin, als in den unsrigen, lesen sich da=
gegen zu wiederholten Malen schlechter, weil man dann den Witz weg
hat oder auswendig weiß, daher eine solche Art nur aufkommen, d. h.
absichtlich gewählt werden kann, wenn man wie jetzt etwas nur ein=
mal liest.

Das Fragment aus dem Heldenbuch habe ich verglichen, es ist
im Verhältnis zum Druck viel reiner und besser, auch natürlich, da
die Reime noch nicht eingezwängt sind, sehr abweichend; dagegen bleibt
dieser Text an sich immer schlecht. Demohngeachtet halte ich bei der
inneren Wichtigkeit der Sache doch für sehr gut, wenn Du es ab=
schreiben könntest; ich glaube, daß es im Einzelnen viel Aufklärungen
gewähren und in Erläuterung der andern Gedichte nutzen würde.

Von dem Wachtelmärchen will ich das Entsprechende noch in die
Anmerkungen bringen. — Die Epildauer [?] Briefe haben mir ungemein
gefallen, bring doch, wenn etwas Besonderes wieder beschrieben wird,
die Hefte mit, es könnte mich sehr freuen, wenn Du auch einmal
darin vorkämst.

Die Diäten hab' ich nicht bekommen und Harnier gebeten, den
R[ivalier] zu erinnern, so sauer geht's einem überall. Der Eulner hat
indessen abgetragen und da hab' ich Schulden mit abgetragen, ich hoffe,
daß er schickt, indessen kommen die Neujahrsrechnungen. Karl hat
sich auch erst etwas ausgerüstet. — Meisterlins Mine ist mit ihrem
Mann, der Dienste sucht, hier; ich habe sie aber noch nicht gesehen.

Der Döring hat schon seinen dichterischen Jungen zum Registrator
sich melden lassen, wo mir doch der elende Enzeroth lieber war, auch
der Schuppert schickte gestern einen Brief auf Velin, worin er einen
Vetter Conrad Winkel stark empfiehlt.

Suabediſſen verſteht Engliſch gut, ſpricht aber ſchlecht und ängſt=
lich, wie Gerling mir ſagt und Harnier.

Nun weißt Du alles, was ſich hier zugetragen hat, als wärſt
Du ſelber da geweſen. Die Tante läßt Dich tauſendmal grüßen, ſie
fragt mich tauſend Dinge von Dir, die ich natürlich nicht weiß, und
verrath mich nur, ernſtlich gemeint, niemals wegen den Knöpfen und
der Uniform, ſonſt traut ſie mir ihr Lebtag nicht; ich habe mich ſo
beſtimmt hinein gerennt, daß gar kein Ausweg mehr iſt. Ramus
haben Dich in beſtändigem Andenken, wir ſtehen uns freundſchaftlich,
kommen aber nicht viel zuſammen, dafür hat mir der E[ngelhard?] geſtern
eine Stunde geſchenkt. Nun leb wohl und behalt mich lieb, ich ſchicke
heute den Brief ab und wünſche, daß er nicht lang liegen bleibt.

Dein treuer Wilhelm.

---

113.

Jacob an Wilhelm.

Wien, am 12. November 1814.

Lieber Wilhelm!

Dein letzter Brief iſt vom 13. October; ſollten ſpätere verloren
oder unterſchlagen worden ſein?

Um die Nibelungen geht es mir herzensſchwer und ich habe ſchon
zwanzig vergebliche Gänge gemacht. Für heut Nachmittag aber ſind
ſie mir gewiß verſprochen.

Thomas hat hierher von Körners Verlag der altdeutſchen
Wälder als einer noch nicht ganz ausgemachten Sache geſchrieben;
ich hatte aber im Sinn Deines Briefes das Inſerat an die hieſige
Literaturzeitung abgegeben, wo es ſchon gedruckt ſteht. Auch Eckſtein
lobt den Körner nicht. Ein halb Jahr kann man's freilich damit
probiren.

Wunderlich iſt es mit dem Inſerat gegen Büſching gegangen.
Collin hat es angenommen und es war ſchon geſetzt (ich habe das
Exemplar mit meinen Augen geſehen), ſo ſtreicht es der Cenſor. Nun
iſt gar nichts anders zu thun, als Du ſchickſt ſogleich die beikommende
Erklärung ins Heidelberger oder Haller Intelligenzblatt ab. Collin
iſt gewiß außer aller Schuld dabei; die Unterſchrift Wien und die
unbeſtimmte Unterſchrift hatten ihre Urſachen. Um das Drückende
und Jämmerliche der Büchercenſuren und, wie ſich das in die un=

schuldigsten Dinge bald gutmüthig, bald lächerlich mischt, recht zu spüren, muß man hier sein und darüber reden hören. Dem Collin werden oft ganze Seiten ausgestrichen, weil sie dem Censor nicht in seine logica, ars moralis und politica eingehen. Du wirst leicht sehen, daß ich den Umständen nach die nothwendige Zweideutigkeit in das Wort: o d e r legen mußte, wonach Büsching entweder gar nicht der Recensent oder der Verfasser oder der Einsender sein kann. Höchst wahrscheinlich ist er letzteres und wird auf jeden Fall erreicht. Übrigens darfst Du des hiesigen Vorgangs wegen kein Wort am Aufsatz ändern.

Mittags 5 Uhr.

Dies ist ein einfältiger Brief, aber ich kann heute nicht anders. Gott erhalte Dich gesund und denk meiner an der seligen Mutter Geburtstag. Die Geschwister grüß vielmals von mir, die gute Tante nicht zu vergessen. Leb wohl.

Dein Bruder Jacob.

Künftig die Adresse: auf der Wieden, Pannikelgasse Nr. 80, unweit der S. Karlskirche.

Mit meinen spanischen Liedern kommt's wohl doch noch zu Stande. Es heißt, der Congreß werde zu Nürnberg, nicht zu Frankfurt fort=gesetzt. Der Druck des armen Heinrich ist doch auf keinen Fall nah, denn ich habe Dir dafür zu schicken, was aber bald fertig sein kann, sobald es muß. Den Eisenhart hab' ich zufällig ganz neu gekauft, auch eine kleine Schrift von Göttling über die Nibelungen, diese aber noch nicht gelesen.

Mit Sachsen stand's vor acht Tagen günstig, seit einigen aber wieder schlecht. Gott befohlen.

Adresse wie bei Brief 111. Durch Beischluß.

---

114.

Wilhelm an Jacob.

C[assel], am 12. November 1814.

Deinen lieben Brief vom 1. November habe ich erst gestern erhalten, meinen letzten hat der Minister etwas zu dick gefunden, diesen wird er wohl ohne Anstoß nehmen.

Körner und Thomas sind rasch, die Buchstaben werden geschnitten, und dann soll gleich gedruckt werden, so daß ich in acht Tagen

Manuscript absenden muß. Ich habe Thomas geschrieben, daß sein Aufsatz noch zurück bleibe, weil Du das Deinige erst umarbeiten wollest, und werde also für dies zweite Heft die Gothaischen Manuscripte senden, kannst Du fürs dritte den Aufsatz über den Nibelungencodex fertig machen und hast Du sonst allerlei Einzelnes, z. B. aus den Glossen dort?

Der arme Heinrich wird nun auch dort gedruckt, da Körner brav und patriotisch denkt, wahrscheinlich wohlfeiler als bei Röwer. Die Correctur besorg' ich natürlich auch hier, wie bei den Wäldern.

Von der Edda sind drei Bogen fertig. — Zu den Märchen habe ich noch einiges, auch aus Deinen Briefen nachgeschickt; den französischen ist so gewiß nicht im Einzelnen zu trauen, als das Ganze echt ist, und wohl am besten gut Glück abzuwarten. Daß der Sagen-Gottschalk ist mit der Fürstin von Bernburg ein Paar Wochen unser Nachbar gewesen, habe ich erst erfahren, als er weg war, ich habe ihn auch auf der Bibliothek gesprochen, ohne an ihn zu denken, er schien ein guter, dicklicher Mann und läßt sich gelehrtes Arbeiten wahrscheinlich nicht zu nah rücken.

Meine Angelegenheit hat sich gut geendigt, wahrscheinlich hat auch Strieder sich für mich verwendet, gestern habe ich ein Rescript bekommen für 200 Thlr. Zulage; diese Hülfe kommt recht gut und thut auch Noth, da der Louis nun zurückkommt und ich nicht mit dem Eulnerschen Geld alle Schulden bezahlen kann.

X. hat mir im Vertrauen gesagt und als Merkmal seiner Freundschaft, daß jemand dem Kurfürsten bemerklich gemacht, daß Du die Zeit, die Du in Gesellschaft zubringen solltest, um so viel als möglich zu erfahren ꝛc., für Deine Arbeit auf der Bibliothek zubrächtest. Ich sagte ihm, daß Du durch diese Lebensweise wichtigere und bessere Bekanntschaften erwürbest, als durch fruchtloses Herumlaufen in den großen Gesellschaften, daß Du wahrscheinlich so viel wüßtest, als einer erfahren könnte, und daß diese Nebenarbeiten auf etwas auch Förderliches, z. B. das alte Recht, hinausgingen, und daß Dir ja die deutschen Angelegenheiten von selber schon so am Herzen lägen. Er gab mir völlig Recht und sagte nur, solche Menschen könnten es nicht begreifen, daß jemand neben seinem Amte noch für sich arbeite. Du wirst am besten wissen, wer die Bemerkung gemacht hat, ob einer vom Gefolge (Gottsched nicht, der ist schon zu brav, auch kam er neulich und sagte mir, er habe Dich auf der Bibliothek gesucht, wo Du fast immer seist, und damit hat er mir, wie X. versicherte, einen (vorsichtigen) Wink geben wollen, den ich natürlich nicht gemerkt habe; im Gegentheil glaube ich, hat er eben den X. davon benachrichtigt) oder nicht, ob sie zu achten ist (versteht sich, nenne nur nicht den X.) und der Graf gelegentlich sich darüber äußern und für Dich sprechen kann; mir ist es nur unlieb, weil der Kurfürst uns geneigt und wohlwollend ist und in solchen Privatverhältnissen etwas Natürlichgutes zeigt, das gestört zu sehen einem leid thut; ich denke dabei wahrhaftig nicht an Nutzen oder Schaden, aber er sollte doch eigentlich wissen, daß Dir unter allen die Sache vielleicht am meisten am Herzen liegt.

Hast Du das Buch gelesen von einem Anonymus über die Centralverwaltung von Stein? Es scheint ziemlich nah an der Quelle geschöpft zu sein und seine Urtheile leuchten durch. Bei Hessen ist eine Bitterkeit sichtbar und geärgert hat es mich, daß, was zuletzt mit einem nur bemerkt ist, gewiß die Hauptsache war, die schnelle und starke Aufstellung des Contingents; schlecht ist auch der Ausdruck, daß mit Roheit hier verfahren worden, was doch nie geschehen ist. Sonst ist im ganzen Buch die freie Sprache sehr zu achten und wird viel Wahres gesagt.

Savignys Buch habe ich nicht bekommen, vielleicht ist's unterwegs, die Libussa habe ich erst zur Hälfte aus oder noch nicht einmal, so wenig Zeit ist mir übrig, die schwarze Kunst darin gefällt mir bis jetzt noch besser als die weiße, die Hexe ist trefflich, auch schreitet, so wie sie kommt, die Handlung fort, die sonst leicht stockt, viel Sorgfalt ist überall sichtbar bis in jedes Einzelne. Wenn Arnim einmal schrieb, daß ihm der Stil in Brentanos Märchen nicht gefiel, so kann ich mir das wohl denken, wenn sie so sind, wie das vom schwarzen Kater im Anhang, das mir auch nicht in der Art gefällt. Hast Du bemerkt, wie die Alliteration angewendet ist, z. B. S. 47.

Nun leb wohl und vergnügt.

Dein treuer Wilhelm.

Wie ich dem Minister diesen Brief schicke, sendet er mir den ersten, den ich bald in Deinen Händen glaube, zurück, ich solle Oblaten nehmen, sie wären etwas zu dick, also sende ich Dir lieber alles mit der Post, die Nachrichten bald zu haben, wird Dir lieber sein als die Ersparnis eines Guldens.

---

115.

**Jacob an Wilhelm.**

Wien, am 23. November 1813.

Lieber Wilhelm!

Endlich ist Dein vierzehn Tage lang mit Sehnen und Schmerzen erwarteter Brief gestern angelangt, nachdem ich einen Monat ohne Nachricht geblieben war. Morgen geht ein Courier über Frankfurt und ich schreibe Dir, so viel ich kann, damit Du meine Antwort wenigstens ein Paar Tage früher bekommst.

Deine Besoldungszulage freut mich recht und, wenn ich die mir gebührenden Diäten unverweigerlich erhalte, könnten wir dies Jahr schon haushalten, in dem folgenden wird der Herr auch helfen. Ich kann unmöglich Pläne machen, wo so vieles von Zufälligkeiten abhängt. Savigny, von dem ich seither einige liebe Briefe bei Gelegenheit seines neuen Buchs und seiner Zeitschrift erhalten, spricht auch von Köln, wo vermuthlich eine Universität gebildet werden soll. Allein bei Lebzeiten der Tante, welche Gott uns erhalte, ist nun ein und für allemal kein Gedanken an eine Auswanderung, wodurch sie in ihrem Wesen und Vertrauen in uns gestört werden würde. Übrigens sei meintwegen ruhig; jene Äußerung bei dem Kurfürsten ist dumm und falsch und schadet sie mir, so thut sie's als eine solche und kann dann weder noch mag es hindern. Einmal ist jetzo gar nicht mehr die Diplomatik, wo es auf Anekdoten und dergleichen Albernheiten (wie dieser Tage der prince de Ligne sagte: le congrès danse beaucoup, mais il ne marche pas) im geringsten ankommt, und den Vortheil haben wir offenbar schon erlangt: daß wir die schlechten Sachen, die geschehen, nicht auf schlechtem Wege gut zu machen hoffen dürfen, sondern einzig auf gutem; durch und in diesem Regewerden der Verachtung aller gewöhnlichen diplomatischen Formen und Griffe schimmert aber der Tag des Bessern tröstlich hervor; Geheimnisse giebt es hier eigentlich gar keine, und was Unrechtes geschieht (leider das Meiste), das erscheint auch jedermann so, so daß die elenden Politiker rath- und trostlos dastehen, sie mögen machen und sich geberden, wie sie wollen. Zweitens und aus diesem Grund weiß ich wahrhaftig so viel als einer und, wenn es aufs bald ankommt, da ich einige sehr thätige und rührige Bekannte habe, früher als einer. Schreibereien nehme ich mehr auf mich als irgend einer meiner Collegen, ich, der ihre Unnützlichkeit und Verkehrtheit bei jeder Blattseite fühle und dieses Leben nicht in die Länge von mehrern Monaten ertragen möchte. Alle Woche berichten wir zweimal und unser letzter Bericht war achtzehn Folioseiten, der heutige gar vierundzwanzig von meiner Schrift stark und von allen Beilagen werden Copien behalten. In den letzten vierzehn Tagen habe ich wirklich nur dreimal auf die Bibliothek gehen können. Fast nie auch werden diese Arbeiten un= unterbrochen vorgenommen, sondern die Störungen, Aufenthälte und Plackereien dazwischen nehmen ebensoviel Zeit weg. Das Aller= schlimmste und Betrübendste ist das aber, daß man so deutlich sieht, wie das Rechte und Reine nicht geschieht, das ich und jeder, der die Sache recht ansieht, ohne alles Bedenken und im zehnten Theil der verschwendeten Zeit rathen, thun und schreiben wollte. In diesem Sinn hab' ich schon Aufsätze gemacht und würde es gern immer thun, allein diesen Leuten ist alles zu ungewöhnlich und sie verfallen mit dem besten Willen wieder am End' in die gangbare Mittelmäßigkeit zurück. Offenbar können die Gesandten jetzt alles oder das Meiste thun; aber selbst die wenigen, von denen man es erwartet, hängen an Eitelkeiten und Vorurtheilen. Bei Stein z. B. ist stets die un= selige Idee im Hinterhalt, daß Deutschland zuletzt in zwei Hälften, die nördliche und südliche, fallen müsse. Gagern ist historischer, aber lärmend, eitler. Unser Graf meint es herzlich gut und ist empfäng= lich, allein es fehlt ihm an Einfluß und Gewandtheit und er hat ein langes, in der alten Politik vergnügt zugebrachtes Leben hinter sich. Ich stehe mich sonst gut mit ihm und habe in solchen äußerlichen Fällen, z. B. wenn es einer Bezeugung meines Betragens bedürfte, mich auf ihn zu verlassen; weniger stehe ich mich mit Lepel, der vielleicht jene Worte gesagt haben mag. Er ist ein leibhafter, hessischer Geschäftsmann, an dem mich auch keine Seite berührt und der vielleicht meine Gleichgültigkeit übelgenommen hat, wozu sich auch noch einige äußere Umstände finden mögen.

Doch wie Noth um mich! Dies mag ergehen, wie es will, ich verlange und muß bestimmt aus diesem Leben heraus, sobald der Congreß endigt. Von ihm schreibe ich Dir nichts lieber im Be= sondern; es wird so elend und schwach unterhandelt, daß der Erfolg ein klarer Erweis der Undeutschheit und Unzulänglichkeit der Staats= männer sein und die gute Sache um so nothwendiger sich aus sich selbst helfen wird. Baiern und besonders Württemberg stellen sich am Plumpsten und Rohsten dar, verdienen aber darum mehr Dank als die Mittelmäßigen, weil sie ihren Gegensatz lebhaft anreizen, die

Mittelmäßigen aber nichts reizen, sondern alles beschwichtigen wollen. Polen ist jetzt der Hauptstreit und so schwört einmal geschehenes Unrecht gleich einer schlecht geheilten Wunde immer wieder auf. Mit Sachsen steht es eben deswegen und, so lange jenes unentschieden bleibt, zweifelhaft; ich habe seine Preußischwerdung von Anfang an für bös gehalten und bleibe dabei. Jede Sucht eines Deutschen, sich im Innern Deutschlands (außer wo herrenloses Land liegt) zu vergrößern, ist reiner Unsinn und führt zu nichts Gutem. In Preußen ist auch eine stockpreußische, darum undeutsche Partei (aus dem natürlichen Grunde, weil das Land größtentheils kein alt=, ur= und kerndeutsches Reich); gegen diese sollen sich die rechten, braven Deutschen aus dem Herz unseres Vaterlands auflehnen und stark halten und das Volk (nicht aber die schlechten Regierungen) in Baiern, Schwaben, Sachsen ꝛc. müssen das thun. Wollen Preußen (in falschem Bündnis mit Rußland) und Österreich sich bekriegen (ich glaube aber an keinen Ausbruch), so müssen wir Übrige sie beide verlassen und beide schelten, denn die leiseste Idee eines solchen Kriegs verletzt alles, was wir wollen und allein wollen dürfen; auch entstünde der Krieg nicht nach dem Willen der Völker, sondern bloß aus der Sünde der Staatsmänner. — Ich sehe mehr als eine Möglichkeit, wie es gehn kann, aber am Ende jeder den großen Trost, daß die deutsche Sache in keinem Fall verloren werden, sondern zuletzt allerwärts hervorbrechen und siegen wird. An dem wollen wir halten und somit genug von diesen Dingen für diesmal. Nur noch das: im Urtheil über das Buch von der Steinischen Centralverwaltung (von Eichhorn, wie's heißt) bin ich mit Dir einverstanden. Arndts Buch an den Wiener Congreß von X.Y.Z. enthält auch viel Braves und Gerades, mitunter in falschem Ton, und ist hier verboten. Der Rheinische Merkur ist nicht verboten, man kriegt ihn aber nicht zu sehen.

Die Nachrichten von Karl und Louis sind in der Ordnung, aber des Ferdinands Idee, hierher zu kommen, wo er am allerwenigsten Hülfe findet, macht mir zu sorgen, und die weite Reise hält ihn hoffentlich ab. Ich wollte, daß er in Baiern selbst, etwa in Landshut, Versuche machte, sich zu irgend einem Geschäft zu geben.

Den Codex hab' ich endlich auf drei Tage geliehen erhalten. Zur Hälfte ist er völlig ungedruckt und unbenutzt, die zweite hat Bodmer in seiner Chriemhilden Rache gegeben. Es geht mir durch diesen Fund die Nothwendigkeit, drei bis vier Nibelungentexte (nämlich den S. Gallener, die beiden Hohenemser und allenfalls auch den

Münchener) besonders und rein für sich abdrucken zu lassen, immer deutlicher vor. Das Zuschmelzen der Varianten ist unthunlich. Du wirst erstaunen und hören, daß in dieser Hälfte des Ganzen 48 neue Strophen zu vier Zeilen waren, worunter sehr wichtige; wahrscheinlich liefert der zweite Hohenemser Codex (der schon zu München ist) für die zweite Hälfte der Nibelungen gleichfalls Neues. Also: Hagens Ausgabe als völliger Mischmasch ist unbrauchbar, zu dem er vom Gallener Codex nur wenige Varianten hatte.

Ich durfte ehrlicher Weise den ganzen ungedruckten Theil dieses Codexes nicht abschreiben, wenn ich auch hätte machen können, ihn sechs oder acht Tage zu behalten; denn er würde durch correcte Herausgabe desselben fast allen Werth verlieren, den der Besitzer so überhoch anschlägt, daß er 1000 Dukaten in Gold fordert und behauptet, die Münchner hätten ihm 600 geboten. Zudem würde uns die Herausgabe dieser Handschrift mehr Arbeit und Sorge als Vortheil bringen; ich habe dem Benecke geschrieben, ob er nicht ein Gebot thun kann oder in Hannover auswirkt.

Aber drei ganze Abenteuer hab' ich abgeschrieben, sowie alle Strophen nachgesehn und die 48 neuen copirt, außerdem einzelne mir auffallende Stellen. Das zusammen giebt einen oder mehr wichtige Aufsätze für die Wälder, wozu mir bloß Zeit und das Heft von Hagens Sammlung gerade fehlt. Ich will aber, sobald ich kann, dazu thun. Unterdessen schreib mir sogleich wichtige Stellen auf, die Du bis zu Zeile 6584 verglichen haben willst, ich kann hingehen und das auch noch thun. Es wär' freilich gut, daß wir die ersten Hefte des neuen Versuchs so interessant als möglich machten; ich habe auch noch viel anderer Dinge vorzuschlagen. Glossen und alte Fragmente wären satt vorhanden.

Der Verzug mit dem Druck der Edda ist mir höchst zuwider; weniger kommt's darauf bei den Märchen an, wiewohl es ihnen auch schadet, daß sie so nicht auf Christtag zu Ort und Stelle sein werden. Das Märchen vom Haus, der sieben Jahre an der Riesenbrust sog, erinnert sich Eckstein (ein gar freundschaftlicher, behülflicher Mensch) aus seiner Kindheit auch noch, seine Großmutter hatte es ihm im Magdeburgischen, seinem Geburtslande, erzählt; ein anderes von einem Königssohn, welcher Stiefelstoß hieß, erinnerte ihm auch noch. Dieser ist in einen Bären verwandelt, liegt unter der Treppe, und wer ins Haus geht, stößt und tritt ihn und putzt sich die Stiefel an seinem Fell ab. Ein Deutsch-Ungar (aus dem an Steiermark grenzenden

Theil) erzählte mir, wie dort alles voll von Märchen stecke, und wußte fast ganz übereinstimmig die Geschichte vom Prinz Igel, der auf dem Baum sitzt und seinen Hahn spornstreichs reitet. Da kann man die große Ausbreitung sehn. Ich stelle jedermann zu Beiträgen für den dritten Band an, zu dem es doch auch noch kommen wird. Märchen= reich soll auch Deutschböhmen sein; einer besann sich einer wunder= baren Localsage von Seelen, die einer in Töpfen hielt und zudeckte. Zu dem halb geritten und halb gegangen kommen hätten die Schild= bürger, wie sie dem Kaiser entgegengehn, citirt werden sollen und zu dem Curdchen, das dem Gänsmädchen den Hut im Wind holen muß, Nibelungen 6631. 32.

Es freut mich auch, daß der arme Heinrich rückt, und ich will Dir heute noch, wenn's geht, oder das nächste Mal alles zusenden, was ich noch dafür habe. Die Noten aus dem Straßburger Original müssen dort auf zwei kleinen Octavblättern unter dem Übrigen liegen.

Aus dem Heldenbuch denke ich nicht weiter zu schreiben, höre auch, daß Hagen bereits lange Copie davon haben soll. So ist mir auch der Wolkensteiner zu weitläufig und einförmig; er fordert viel mehr Arbeit, als er vergelten kann, und ich lasse ihn lieber ganz liegen.

Savigny will Beiträge zu seiner Zeitschrift mit zwei Friedrichs= d'or honoriren. Vermuthlich wirst Du nun Buch und Plan selbst er= halten haben; es gehört zu unsern Zufällen, daß ich seit einem Jahr, ohne alle Gedanken hierauf, fürs alte Recht gesammelt habe; doch weiß ich noch nicht, ob ich hier zu einer Ausarbeitung kommen kann; einstweilen bestell doch Hugos Übersetzung des einen Buches aus Gibbons großem Werk (wird nur 6 gr. kosten) und Bruns Beiträge zum Rechten des Mittelalters, Helmstädt bei Fleckeisen 1799, damit ich diese beiden Bücher vorfinde.

Folgende Buchstaben sind zu schneiden [es sind ihrer vierzehn; sie sind hier ausgelassen], welche alle in verschiedenen Handschriften vorkommen können, auch å wegen des Schwedischen.

Mit Übersetzung der Eddanamen hast Du halb Recht, halb Un= recht. Jenes, weil Du die Steifheit und Macherei einiger fühlst; dieses, weil in Übersetzung eines fremden Gedichts nothwendig etwas Steifes und Fremdes bleiben muß, nicht bloß in den Namen.

Die Frage ist nach der Grenze. Wo sollen die bekannten Namen aufhören und anfangen? Welche sind in Deutschland bekannt und gangbar? Reicht es hin, sie einmal in Diplomen 2c. gefunden zu haben oder nicht? Sollen heutige Eigennamen nicht auch beweisen?

So ist Egill gewiß das altdeutsche Egel, Eichel (ein bekannter fuldischer Abt), þakrader gewiß Dankrat.

Aber Hervör Herware (nach der Analogie von Gundware, Kunneware im Parzival), Ibmunder Edmund, Svavaland Schwabenland, darum Svafnir Schwabner, Sigar Sieger, Alfr Elb, Budli Botel, Hati Hazzi, Hiorvardr Jorwart (analog Hiorundr Jorant, Jorund im Lohengrin 2c. Hiordis Jordis), Helgi Heilig oder Heiliger (so hieß in Steinau eine Familie), Hedin Heid oder Heiden, Aulrun Alrune, Hlaudwer Chlodower.

Halfr wäre gar nicht, wie Du sagst, vielleicht Halber, sondern Helfer, wie Halfrekr Helferich, Helperich, Chilperich.

Fafnir würde in der deutschen Form Fabner heißen. Der Ver= such, nach der Analogie durchzugreifen, hat etwas gegen sich, bringt aber auf der andern Seite einen nicht zu übersehenden deutschen Ton in das Ganze.

In Localsagen mögen dialektische Namen auch für Übersetzungen bleiben, in andern aber wäre mir Hilgenberg, Hilgenstadt für Heiligen= stadt so zuwider, wie in einem hochdeutschen Buch Brunswik für Braunschweig.

Kurz, es wäre meine Art, hier eher etwas zu viel als zu wenig zu thun; bei Dir ist es umgedreht, und da Du die meiste Arbeit hier thust, magst Du's nach Dir halten. Es wird in beiden Fällen eine Art Mischmasch unvermeidlich bleiben. Man kann in einem Anhang Namensuntersuchungen beifügen, die auch überall in den Commentar greifen.

Scheint es, daß wir die Wohnung auch künftig Jahr behalten? Und wie geht's mit dem Heizen im Winter? Du bist mit der Lotte jetzt wieder zwei und zwei gewesen.

Auf das Napoleonsfest habe ich Euch gefehlt, so wäre der Spaß nicht verdorben worden, denn ich hätte ihn selbst zum Feuer getragen.

Vom Minister ist die unnöthige Schwierigkeit mit den Briefen sehr unartig. Was man überhaupt an mir in Hellern spart, geht anderwärts in Thalern verloren. Wegen der Diäten warte ich nun noch auf Deinen nächsten Brief und will dann selbst darum schreiben.

Von Boifferée habe ich einen Brief, wonach er den berühmten Domriß gefunden hat. Savigny schreibt, Goethe war von den Bildern in Heidelberg so entzückt und verstaunt, daß er gesagt: „das ist doch

etwas anders, als was so ein Gedicht von einem Gemälde sagt“; will
darüber schreiben, und sein ganz System von Malerei hat einen Stoß
bekommen.

Hast Du Nyerups Kämpe Viser noch nicht? Ein gewisser ge-
bildeter Däne hier, Hr. Fürst, behauptet die Erscheinung derselben
für jeden Käufer. Erinnere bei Benecke, daß Heeren das indische
Buch herausgiebt.

Den sächsischen Breuer hab’ ich dieser Tage gesprochen. Der
Haxthausen und ich suchen uns eben nicht auf.

Genug für heute.

[Ohne Unterschrift.]

116.<br>
Wilhelm an Jacob.

Cassel, am 5. Dezember 1814.

Lieber Jacob, einen dicken Brief wirst Du mit der Post erhalten
haben und vielleicht bekomme ich schon bald Deine Antwort. Heute
benutze ich bloß die Gelegenheit, Dich zu bitten, in den drei Wiener
Manuscripten der goldenen Schmiede die bemerkten Stellen b a l d zu
vergleichen, es kann Dir nicht sehr große Mühe machen, da das
Ganze klein ist, sie also leicht zu finden sind. Vorgestern ist das
Manuscript zum ersten Heft der Wälder abgegangen, die Buchstaben
sind geschnitten und ziemlich gut. Den armen Heinrich will ich nun
auch anfangen lassen, sende mir ja bald, was Du noch dafür hast.
Die Märchen sind bis auf die letzten Blätter des Anhangs, wovon die
Correctur noch kommen muß, fertig. Von der Edda dagegen alles
Treibens ohngeachtet erst vier Bogen, ich habe nun noch einmal, d. h.
zum dritten Mal an Reimer deshalb geschrieben, es kann leicht nach-
theilig sein, wiewohl es auf der andern Seite auch sichern Nutzen hat.
Wie will ich mich freuen, wenn die Sachen erst fertig sind, damit
ich Ruhe habe und für mich und die Vollständigkeit unserer Sammlungen
arbeiten kann; das Übrige kann nun warten. Gottschalks Sagen sind
gestern gekommen, ziemlich dürftig, meist hin und her aus Zeitschriften rc.
gesammelt; das Gute darin hatten wir fast alles, und er hat auch
Dinge wie das Märchen von Goldner in Körners Taschenbuch auf-
genommen; dann ist auch der Ritterromanenstil darin bös. Einiges
ist indes aus mündlicher Überlieferung. Denk, unsere Märchenfrau
ist sehr krank gewesen und kam neulich blaß und zitternd, der Kummer

hatte sie niedergeworfen, da ihre Tochter mit sechs Kindern kam, welchen der Vater gestorben war. Ich will sehen, ob ich ein Paar zum Waisenhaus helfe, und gäbe ihr gern selber mehr. — Louis hat nun den Abschied und schreibt selbst ein Paar Worte. Arnim hat mir geschrieben, daß keine Aussicht ist, den Ferdinand bei einen Buchhändler zu bringen; dem Arnim geht's selber nicht sonderlich, wie er schreibt, Jordis sagte mir, recht schlimm und bedrängt (er ging hier durch nach Berlin ohne sie und hat Deine Bücher mitgebracht); der Clemens studirt in Berlin unter Schinkel Architektur, um damit sein Brot zu verdienen (wenn's anhält). Bauer macht ungeheuern unbeholfenenen Wortspectakel über die Libussa und ist höchst dankbar.

Görres hat der altdeutschen Literatur gedacht im Rheinischen Merkur und da sind wir auch besonders heraus gestrichen, vielleicht nach Thomas' Anleitung, es war eine Art Übersicht; die nordischen Forschungen eines S y d o w werden erwähnt? Dabei waren die Wälder angezeigt, es kann etwas helfen. Ich darf keinen dickern Brief schicken, also für heute aus.       Dein treuer Wilhelm.

Adresse: An Herrn Legations-Secretär Grimm zu Wien. praes. 15. Dezember 1814.

---

117.

### Jacob an Wilhelm.

Wien, am 10. Dezember [1814.]

Ich kann ein Paar Zeilen beischließen, aber keinen großen Brief schreiben. Ich habe ein schönes Märchen vom Krautesel bekommen, das uns gänzlich fehlt, und mehrere versprechen mir zum dritten Band zu sammeln. Auch mancherlei Stücke und Varianten sind mir erzählt worden.

Ist denn das Heft von Hagens Edda heraus? Eine Recension seiner Textausgabe steht in der Danske Literatur-Tidende (wohl zu Göttingen) Anfangs 1814. Ich sehe das flüchtig aus dem ersten Heft von Gräters Idunna 1814, die Du kaufen mußt, da mancherlei brauchbares Sammelsurium drin steckt.

Habt Ihr auf der Bibliothek Dornau oder Dornavii amphitheatrum etc. Hanoviae, Anfangs 17. Jahrhunderts, ein merkwürdiger Foliant, worin selten deutsche und lateinische Gedichte über Thiere stehen, z. B. Fischarts Flohhatz. Nimm das Buch zum Lesvertreib

mit nach Haus. — Da man die Briefe hierher freimachen muß, so
gieb Deine doch an Rivalier, ich ließe ihn um Beischluß bitten. Gott
sei mit Euch. J.

Adresse wie bei Brief 111.

---

118.

### Jacob an Wilhelm.

Wien, 16. Dezember 1814.

Lieber Wilhelm! Aus Deinem gestern eingetroffenen Briefe vom
5. sehe ich, daß Du einen dicken meinigen, den gegen den 26. oder
27. November ein holländischer Courier mitnahm, noch nicht erhalten
hattest, was mich wundert. Hoffentlich ist er seitdem angelangt; es
wäre mir nicht bloß wegen der darin enthaltenen verlangten Sachen
für den armen Heinrich ärgerlich, wenn er verloren gegangen sein
sollte. Von Dir hatte ich außer Deinem Schreiben vom 5. bis
13. November seitdem nichts empfangen. Du schreibst mir über
manche Dinge nicht; sollte auch ein früherer Brief von mir, worin
ich Dir das Inserat gegen Büsching zugesandt hatte, verkommen sein?
Dem Hänlein hatte ich gleichfalls ein Packet an Dich mitgegeben,
dessentwegen Du Dich bei ihm erkundigen mußt.

Ich dagegen kann Dir aus Mangel an Zeit nur weniges
melden. Der Congreß steht seit 10—8 Tagen in einer traurigen
Spannung Sachsens halber, worüber das Bischen Eintracht in den
deutschen Angelegenheiten völlig verschwunden ist, und man kann sagen,
daß diese zwei Monate Arbeit und Faulheit die Hauptsache, nämlich
unsre Verfassung, um nichts weiter gebracht haben und noch alles zu
thun ist. Ich habe darüber seit vierzehn Tagen an Görres umständ-
lich geschrieben und hoffe, daß er einiges davon brauchen wird, denn
ohne alle Frage ist seine Zeitung zuletzt der preußischen Centralansicht
zu sehr zugethan gewesen; ihm selber unbewußt, aber zum Nach-
theil der guten Wirkung. (Ich habe die meisten Blätter nicht gelesen,
glaube aber, daß er den ihm übersandten Artikel über das Einrücken
der Preußen in Hessen nicht eingerückt hat? Das war unrecht.) Jetzt
nur soviel: das preußische Cabinet hat gefehlt und seine Sache ver-
dorben 1) als stockpreußisches, daß es die sächsische Angelegenheit
nicht längst sicher ausgemacht; 2) als deutsches, darin, daß es ein
stockpreußisches sein wollte, nirgends Vertrauen und Liebe erregte.
Sein Schluß: Preußen muß wieder so stark sein, als es vor 1806

war, folglich, weil es in Polen verliert, deutsche Länder zu sich nehmen, ist falsch. Einmal: warum habt ihr euch Polen nehmen lassen? warum euch nicht mit Österreich und England stark gegen die russische Habsucht erklärt, welche dann sicher hätte weichen müssen? Vielmehr liegt in euerm hartnäckigen Anschließen an Rußland der ewige Grund, daß euch Österreich nicht trauen kann. Das Gute, Gerechte und allein Rechte über Polen wäre gewesen: dieses schmählich und schändlich getheilte und gekränkte Volk soll jetzt, wo wir alle auf Gerechtigkeit bringen, wieder frei und ständig werden; es liegt heilsam zwischen Deutschland und Rußland. Ein Paar Millionen Polen, worunter Fremde und Judenseelen genug, machten Preußen nie stark; durch Gerechtigkeit und Milde allein kann es stark sein in Deutschland. Was haben die Sachsen gethan, daß sie wider ihren Willen ihre Eigenthümlichkeit aufgeben sollen? Das Volk hat gelitten und gestritten. War der König schuldig, so ächtet ihn und laßt das Reich über den Erfolg des Reichsbannes entscheiden. Ein König von Württemberg, Großherzog von Baden ꝛc. scheinen mir persönlich viel sträflicher und gehen frei und belohnt aus. Wie, wenn der König von Sachsen vor der Leipziger Schlacht beigetreten und ohne Zweifel bestätigt worden wäre, was wollte Preußen dann für ein Land nehmen? Der Grund dazu wäre ebenso da. Jetzt aber ist es verrucht, daß Preußen oder im Gegensatz Baiern ꝛc. den Gedanken an Krieg in Sinn und Wort nehmen, daß sie sich gegenseitig drohen, über eine im Innern eines Vaterlands sinnlose Vergrößerungssucht die Waffen wider einander zu kehren, durch deren Gemeinschaft sie bloß den wahren Feind besiegt haben. — Zu solch einem Krieg wird es unser Geist nicht kommen lassen, sondern das Ende wird sein:

Es ist den Preußen ein Anstoß und Ärger, daß sie jetzo, nachdem sie noch öffentlichen Besitz genommen, wieder aus Sachsen weichen sollen, aber sie werden es doch thun; sie sollen bedenken, daß man Unrecht und Versehen nie mit neuem Unrecht gut machen kann, daß sie in Deutschland stärker und ehrenvoller stehen werden, wenn sie blutlos und ehrlich dastehen können, daß wir den Bürgerkrieg unter Deutschen durchaus als unmöglich und das erste Verbot betrachten und im Krieg gegen die zwei möglichen Feinde, Franzosen oder Russen, sich alle Deutsche nebeneinander stellen werden, seien sie Sachsen oder Preußen, weswegen die Meinung von der nothwendigen Rundung Preußens eine Albernheit oder Sünde, weil sie den sündlichen Gedanken schon im Herzen trägt.

Dieses Geschwür muß nun zur Heilung des ganzen Congresses bald aufbrechen, Gott gebe zum Leben, nicht zum Tod. Ein Tod wäre es auch, wenn man der Welt zum Spott auseinander ginge, ohne Krieg zu erklären und ohne Frieden zu machen. Das Volk hat ein Recht, von solchen Anstalten ein ernstliches Resultat zu begehren, und dieser Volksgeist darf durchaus nicht verletzt werden. Legt er sich, so ist es ein Verderben, regt er sich dawider, so ist es recht und nöthig, aber ein Unglück und neuer Streit statt der gehofften Ruhe. Am widersten sind mir jetzt unter allen die frechen Lügner und Spötter, z. B. die preußischen Artikel des Hamburger Correspondenten, die hier Varnhagen zusammendreht. Wollte Gott, daß die wahre deutsche Partei in Preußen, die einträchtige und gütige, hier durchgedrungen wäre, so hätte man von dieser unwiederbringlichen Zeit, den Zwistsamen zwischen Österreich und Preußen auszurotten, heilsamen Erfolg gesehn und alles wäre dann gegangen.

Du stellst Dir nicht vor, wie sie überall, allerseits gerade die feigen, krummen und linken Mittel ergreifen statt der rechten.

Hierbei sende ich noch einen merkwürdigen Beitrag zum Mythus von dem Baden in Blut. Der Zusammenhang mit dem Blaubart wird dadurch sehr bestätigt. Sollten die Sagen vom unschuldigen Kindermord nicht überhaupt zwei Seiten haben: 1) die Vertilgung des verheißenen, wahren Königs; 2) die Lebensverlängerung für den alten König. Im Evangelium wird bei Herodes' Geschichte zwar nur jenes ausgedrückt, und so auch in der indischen Fabel. Allein das zweite Motiv bricht doch nicht undeutlich durch, darin, daß Herodes alt ist und nachher wirklich aussätzig stirbt. Die altnordische Sage vom uralten König, der seine Söhne nacheinander zur Lebensfristung opfert, habe ich doch in meiner Abhandlung angeführt? Merkwürdig sind dabei die Stufen, wonach dann doch dies gewaltsame Mittel immer unkräftiger wird. Der letzte Sohn giebt dem Vater viel weniger Jahre als der erste, und so kann es wie aller Zauber bloß fristen, nie am End aushelfen. Dies Verhältnis liegt auch starken Mitteln, wie dem Opium, zu Grund, die Natur gewöhnt sich stufenweise dran und zuletzt taugt es nicht mehr; ja, es ist dasjenige aller Arzneien überhaupt, die den Tod nur aufschieben, zuletzt nicht hindern. Schlag doch in Ploucquet nach, ob er auf nichts Gelehrtes wegen der Blutheilung verweist?

Kommt nicht bei Erklärung des Wortes Aue (Gau) vor, daß dabei die Idee eines bewässerten, Insellandes vorherrscht, außer der

Verwandtschaft von eaue Wasser ist zum Beweis anzuführen, daß schon Festus v. pagi anmerkt; pagi dicti a fontibus; aquae lingua dorica παγαί, nämlich im Gemeingriechischen ist πηγή ein Brunnen. Im Lateinischen werden pagani den montanis entgegengesetzt. Da nun von pagus das französische pays (Land) kommt, so wird an diesen Beispielen die ursprüngliche Gemeinschaft der Wörter: Wasser und Land (Erde) bewiesen, wie denn auch γαία oder αία (Erde) genau unser Au und Gau sind.

Ich fürchte immer, Hagen steckt vielleicht durch Bekanntschaften mit Factoren der Realschulbuchhandlung oder in Halle hinter der fatalen Zögerung des Drucks unsrer Edda. Oder sollte der Drucker meinen, wegen seiner geschnittenen Buchstaben müsse man nun von ihm abhangen? Hat denn Welker nichts aus Kopenhagen gemeldet?

Thomas sendet mir Körners Ankündigung, worin mir auffällt, daß außer den fünf fehlenden Heften noch zwölf neue im Jahr 1815 geliefert werden sollen. War denn das Dein Wille? Sobald ich abkommen kann, will ich Dir aus der goldenen Schmiede die Stellen vergleichen; alle hiesigen Handschriften schienen mir aber schlecht.

Du schreibst nicht, ob Du dem Jordis meine Schuld bezahlt hast und er den Monat Mai meiner Besoldung gezogen hat?

Mir geht's mit dem Geld hinderlich und meine Kleider und Schuh zerreißen nach der Reise. Tausend Grüße, auch danke ich dem Louis für den Brief.     J. G.

---

## 119.
## Wilhelm an Jacob.

[Cassel], am 20. Dezember 1814.

Lieber Jacob, den 4. Januar erlebst Du auch diesmal nicht bei uns, kann ich Dir auch nichts schicken, so sollst Du doch einen Brief haben. Gott erhalte Dich gesund und geb Dir so viel vergnügte Stunden, daß Du die lästigen nicht zu schwer erträgst, das ist in wenig Worten mein großer Wunsch. Einige Zeit habe ich gedacht, Dich bald wieder hier zu sehen; nun aber verschwindet die Hoffnung gänzlich, wolle Gott, daß es dem Ganzen gedeihlich ist, daß man so zögert, die Nachrichten kommen abwechselnd gut und bös, wie Ebbe und Fluth, ich habe das Vertrauen, daß das Gute das Letzte ist und der schwarze Engel vom weißen besiegt wird. Ich glaube, ich habe

Dir in meinen vorigen Briefen schon ausgedrückt, welch ein großes Bedürfnis ich nach Ruhe fühle, in einem kurzen Zwischenraum habe ich viermal das traurige Herzklopfen gehabt, was gewiß von diesem Zustand gekommen ist. Mit dem Ferdinand ist nun gottlob so weit ein Ende, daß ich ihm bei Reimer in Berlin eine Stelle ausgemacht, er will ihn zur Correspondenz und Correctur und ihm monatlich zwanzig Thaler geben, davon kann er leben, und die Arbeiten selbst werden doch wohl von ihm geleistet werden können, sowie ihm nicht gerade zuwider sein. Dazu kommt, daß er Savignys Trost und Hülfe haben kann, wenn er sich dessen werth macht; nun wünsche ich nur, daß er es annimmt und nicht Grillen halber ausschlägt. Ob Karl eine Stelle schon hat, weiß ich nicht, doch kann's ihm nicht fehlen. Der Louis sitzt wieder neben in der Stube und Abends bei mir, sein Umgang ist mir angenehm, er denkt sehr brav und dabei sehr zart im Zusammenleben, so daß er alles meidet, was mich z. B. stören könnte. Die zwischen alles eindrängenden Correcturen haben auch geholfen, mich in aller Ordnung zu stören, die Märchen sind nun fertig, ich hörte das von Suabedissen, der sie sich vom Krieger ge= kauft, unsere Freiexemplare sind noch nicht gekommen und gestern erst die letzten Aushängebogen, so daß ich auf diese Weise nun e i n Exemplar habe. Die Zusätze zum ersten Band, wovon sie mir übrigens die Correctur nicht geschickt, machen einen ganzen Bogen aus. Von den Wäldern habe ich bis heute noch keinen Bogen gehabt, wiewohl Manuscript schon abgeschickt. Von der Edda sind erst fünf Bogen gedruckt, so langsam geht es, und hilft keine Erinnerung und Bitte. Beim armen Heinrich hält mich auf, daß Du mir nicht beantwortest, weshalb ich Dich gefragt, überhaupt ist Dein letzter Brief vom 10. Dezember so kurz, daß ich nicht einmal daraus ersehen kann, ob Du meinen dicken und einen andern mit Anfragen, die goldene Schmiede betreffend, erhalten hast, ich will es doch hoffen, oder sollte eine Ant= wort von Dir verloren gegangen sein? Ich begreife nicht, warum Du hier, wo doch Eile gut und förderlich wäre, so lang mich warten läßest.

Savignys Buch habe ich vor kurzem bekommen, es ist sehr lebendig und eindringlich. Thibaut hat in den Jahrbüchern verneinend ge= antwortet. Arnim ist noch nicht dort in Berlin, wohl aber Clemens. — — — Hagens Edda habe ich noch nicht erhalten, wegen der Recension schreibe ich an Benecke, wiewohl ich zweifle, daß sie die Dänische Literaturzeitung halten. Gottschalks Buch ist schlecht, der kleinste Theil aus mündlicher Überlieferung, unter dem aus der Badischen Wochenschrift u. dergl. Gesammelten einiges ganz ohne Kritik aufgenommen, wie Körners Märchen vom Goldner. Über alles breitet sich ein sehr widerwärtiger Romanenstil mit eingemischten spaßhaft ironischen Ausdrücken, die mir ungemein zuwider sind.

Die Diäten hab' ich aller Bemühungen ungeachtet nicht bekommen können. Einer schickt mich zum andern; Rivalier sagt, aus der Zeit wisse er nichts, also habe ich mich zum letzten noch einmal an Knatz gewendet. Schick mir doch eine Hauptquittung, zwei für beide Collegien, für 1814. Wie soll ich es mit dem Januar u. s. w. halten? Willst Du mir wieder Quittungen schicken, mit dem Dezember sind die Du mir gegeben zu Ende? — Hierbei schickt Dir die Tante einen Zinsabschnitt zum Frühstück, sieh nun, wie viel Du dafür bekommen kannst. Das Gretchen wünscht gern den Nachdruck von der Übersetzung des Tasso durch Gries zu haben; Du bringst das wohl mit.

Nun weiß ich Dir nichts mehr zu schreiben. So oft wir Westwind haben, raucht's in unserer Stube ohne Barmherzigkeit, da sitze ich also bei der Lotte im kleinen gelben, das ist auch ein Nachtheil, indessen will ich mich doch freuen, wenn ich fürs folgende Jahr wieder es behalte, was sich in acht Tagen zeigen muß. Manche meiner Blumen gehen mir leider zu Grund, Du kannst wohl leicht Samen von einigen recht schönen, wunderlichen, südlichen oder asiatischen mitbringen. Doch will ich Dir, weil Du doch mit vielem geplagt wirst, es auch nicht übel nehmen, wenn Du es vergissest. Der Malsburg hat auf einmal sehr freundschaftlich geschrieben, mich besucht und zu einem großen Essen eingeladen, von dem ich aber weggegangen bin, weil es mir zu lange dauerte. Nun leb wohl,

Dein treuer Wilhelm.

120.
### Jacob an Wilhelm.

[Wien, 27. Dezember 1814].

In Eile.

Lieber Wilhelm, mit dieser Gelegenheit sende ich Dir beifolgende neue Bemerkungen zum Hildebrandslied, welche ich Dich fleißig durchzusehn und baldigst ins nächste Heft rücken zu lassen gebeten haben will. Ich hatte den Aufsatz schon einmal vorigen Sommer in Cassel gemacht, hier aber neulich nochmal durchgearbeitet. Ist Dir der am Schluß beigegebene Versuch überhaupt nicht recht, so laß ihn ganz weg.

Nächstens mehr. Ich habe wieder lang keinen Brief von Dir und warte alle Tage. Jeden geht mir's hier schlimmer mit verfluchten Abschreibereien, so daß, wenn der Congreß noch lange anhalten will, ich ernstlich denke meinen Abschied zu nehmen.

Am 3. Christtag.                                        Jacob.

<hr>

121.

**Jacob an Wilhelm.**

Wien, 31. Dezember 1814.

Liebster Wilhelm, in diesem Augenblick empfange ich Deinen Brief vom 20., der mir mein Herz schwer und betrübt macht; nachdem ich am 15. Dezember die wenigen Zeilen vom 5. bekommen hatte und nun täglich mehr erwartet, sehe ich zu meinem Erstaunen, daß Du von der Wenigkeit und Kürze meiner Briefe schreibst, der ich Dir so viel und oft schreibe, als ich nur Zeit und Gelegenheit finden kann. Es beunruhigt mich aber sonderbar und ist den Umständen nach mir völlig unerklärbar, daß Du meinen dicken Brief vom 20.—25. November ungefähr, worin ich Dir alle meine Collectaneen über den armen Heinrich zugesandt, so daß mich Deine Vorwürfe gar nicht treffen, nicht erhalten haben solltest. Erkundige Dich nach dem Schicksal dieses Briefs, den wohl gar ein Bedienter Witzlebens verloren hat, alsogleich, wie ich Dir auf beikommendem Zettel angebe. Ich kann nicht glauben, daß sie mir in Cassel den Brief erbrochen hätten. Schreib mir lieber direct mit der Post, was liegt an den Paar Thalern Porto, daß man dafür in Gedanken und Noth sein soll? Ich könnte heute diesen Brief leicht beischließen, thue es aber mit Fleiß nicht. Über die Geldgeschichten kann ich heute weder schreiben, noch etwas thun; es ist ein Elend, daß die Leute an mir sparen wollen, was bei andern im Großen fortgeht, während ich an der Sache unseres Vaterlands und Hessens so herzliche Sorge trage, das weiß Gott, während ich Zeug schreiben muß, daß mir die Finger weh thun, und was dazu überall in der Mitte schwebt und rein nichts hilft, als vielleicht ein Paar neugierige Fragen zu stillen. Wie verkehrt ist all dieses Leben und Geschäft, taubes Stroh dreschen sie und sehen das am Ende ein, lassen sich aber augenblicks ein neu Gebund derselben Art unterlegen und arbeiten eben so tapfer drauf los. Ich habe dem Görres seit

einem Monat wenigstens dreißig bis vierzig feine Quartseiten voll zu-
gesandt, will aber nun damit aufhören.

Der Graf ist seiner Geldumstände wegen so geizig gegen mich,
daß ich mir alles selbst kaufen müssen bis auf Kaffeekasten und Brett,
geschweige den Kaffee drein, und noch nicht einmal, so lange wir hier
sind, habe ich mit ihm gegessen oder gefrühstückt. Da er nun die
meisten Tage zu essen gebeten wird, z. B. die ganze Zeit während
des Kurfürsts Anwesenheit an dessen Tafel speiste, so kann man sagen,
daß ich für meine Person viel mehr ausgebe, als er; denn ich kann
Anstands wegen nicht anderswo essen, als wo nur ordentliche Leute
hingehen, sitze jeden Mittag allein an einem Tischchen, wohin ich eine
halbe Stunde Wegs zu laufen habe, und mir allen und jeden Bissen
nach der schändlichen Restaurationsmanier erst bestellen muß, sonst
kriegt man nichts. Übrigens bin ich sonst genirt, wohne in einer
Stube, die von der des Grafen nur durch eine ganz dünne Wand
geschieden wird, so daß er alles hört, wenn mich jemand besuchen
will, oder ich von seinen Besuchen das Geräusch habe. Außerdem
stört er mich mit seiner unendlichen schlemmerischen Geschwätzigkeit
täglich vielmal, singt und dudelt vor sich ganz offiziermäßig, was
schon an sich einem alten Mann lächerlich ansteht, mich aber in eine
elendere Lage versetzt, als den Siebenkäs das Kehren und Scheuern
der Lenette. Alle solche Dinge hast Du noch gar nicht erlebt, und ich
thu es ungern, daß ich davon schreibe und Dich mitleidig mache;
allein es tröstet mich etwas. Es geht mir schlimmer und schwerer
als 1806 und 1807, da ich doch jetzt viel ungeduldiger wie damals
bin und weniger vertrage; ich verrichte eigentlich die Arbeit eines
ganz ordinären Privatsecretärs, obgleich der Minister gutmüthig ist
und ich mir nichts gefallen lasse; aber einen, zwei Monat geht das
mit, nicht in die Länge. Ich suche nur mit Ehre davon zu kommen
und möchte deshalb gern das Ende des Congresses abwarten, um mich
nicht gerade für die Zukunft aller Enden loszuschneiden. Aber nun
sprechen sie gar von bis Ende Februar, wobei man versauern könnte.

*Was ich in Paris und hier für unsere Sammlungen gewonnen
habe, ist freilich gut,* aber dagegen habe ich eine Menge von seelen-
ruhigen Arbeiten eingebüßt und ich bin nun einmal so, daß mich alle
Zerstreuungen und Störungen aus meiner ganzen Ordnung schieben.
Dafür kann ich auch leicht wieder über Schmerz und Ärger hinaus-
gehen und bin freilich ganze Tage zufrieden und hoffnungsvoll. Ich
habe endlich noch meine spanischen Lieder untergebracht, unter Be-

dingungen wie bei Vieweg, und sehe bei den Druckcorrecturen ihre Schönheit und ihren Werth neuerdings, so daß in Aufsätzen für unser Journal mancherlei drüber zu sagen gedenke. Außerdem hoffe ich etwas Gutes für die Sammlung der Volkspoesie zu thun und eine förmliche Gesellschaft, die sich allerwärts in Deutschland verbreiten soll, hier zu stiften. Von diesem allen sollst Du näher hören, vorläufig eine Probe Correctur, damit Du den Druck sehen kannst.

Es freut mich, daß es dem Ferdinand noch in Berlin gelingen kann, wenn er nur zum Briefschreiben Geschick hat, zum Corrigiren eher, aber nicht im Lateinischen und Griechischen! Ich hatte ihm zu seinem Geburtstag am 18. einen Wunsch geschickt, und weil ich in Berlin die Sache für verloren hielt, in anderm Sinn geschrieben, nun werd' ich vielleicht unmittelbar Antwort und seinen Entschluß hören. Solche Correctoren haben den ganzen Tag über zu sitzen, das wird ihm schwer ankommen. Ich weiß nicht, warum ich wünsche, er versuchte es erst an jedem andern Ort außer Berlin.

Ich wünsche Euch allen fröhlich Neujahr und danke für die drei Geburtstagswünsche herzlich, stehe jedoch nicht davor, daß den 4. Januar eine Überraschung hier abgegeben wird, weil mir die Nachricht vom noch nicht erhaltenen Märchenbuch etwas verdächtig ist, da es schon Suabedissen bei Krieger gekauft haben soll. Irr' ich mich, so ist die Schuld Euer, denn das Buch wird auch mit einem preußischen Courier aus Leipzig erwartet dieser Tage. Sollte der Körner mit den Wäldern erst auf eine gewisse Zahl Subscribenten warten? Ich hab's hier inseriren lassen. Die Hauptquittung kann ich nicht senden, bevor ich weiß, ob Jordis den Monat Mai erhoben hat. Denn sonst können sie keine Quittung darüber haben. Gott behüt' uns. Jacob.

Ich danke der Tante herzlich für den Coupon. Macht hier zehn bis elf Gulden Wiener Währung, gegen drei Thaler.

Am 27. November hat ein gräflich Bentinkscher Courier ein Packet nach Cassel mitgenommen, worin unter andern ein Schreiben des Grafen Keller an Se. Excellenz den Herrn Staatsminister von Witzleben befindlich, in diesem Schreiben aber ein dicker Brief an die Adresse des Herrn Bibliotheksecretarius Grimm zu Cassel beigeschlossen war. Dieser Courier hätte schon am 1. Dezember in Frankfurt eintreffen können, ist aber Aufenthalts halben erst den 5. daselbst, das Packet aber in Cassel zwischen dem 7. und 10. bestimmt angelangt. Da nun jener Beischluß den 20. noch nicht zu Händen der Behörde gekommen war, bittet man gehorsamst, nachforschen zu lassen, durch welches Bestellers Nachlässigkeit der Verschub, wo nicht gar der Verlust dieses Briefes verursacht worden. Grimm.

---

## 122.
## Jacob an Wilhelm.

Wien, 4. Januar 1815.

Lieber Wilhelm!

Es liegt mir beständig im Sinn, daß mein Brief vom November in Cassel selbst, wohin er ohne Zweifel gelangt ist, verloren gegangen sein sollte. Außer andern Dingen, die einem Dritten nicht zu Gesicht kommen durften, namentlich der Antwort auf Deinen Brief, daß ich meine Stelle nicht ordentlich versähe und zu viel Zeit auf Bibliotheken säße, war darin alles, was ich Dir noch zum armen Heinrich schuldig war, das Kapitel von der Sprache und die Beantwortung der mir von Dir damals übersandten zweifelhaften Stellen. Letztere kann ich gar nicht ersetzen, da ich Deine eignen Zettel zurückgesandt, und Du müßtest mir sie neuerdings senden, da die Punkte richtig waren und ich Dich durch meine Erläuterung von Deiner Meinung darüber abzubringen gehofft hatte; jenen Abschnitt könnte ich nur mühsam aus meinen Papieren zusammen bringen, da ich zu dergleichen nicht pflege ordentliche Concepte zu schreiben. Weil es mir auch schwer fallen würde, die Zeit dazu zu gewinnen, so will ich lieber abwarten, ob sich, wie ich noch immer hoffe, auf mein Dir sogleich mit der Post den 31. Dezember geschicktes Schreiben der Brief nicht noch findet, vielleicht unter Witzlebens Papieren.

Es thut mir leid, daß ich nicht von Anfang an alle Briefe beziffert habe, so wüßte man bestimmt, was verloren gegangen. Der kleinen erinnere ich mich nicht mehr, aber im Dezember habe ich Dir (außer jenem vom 31.) noch zwei bedeutendere geschrieben. Einen in der ersten Hälfte oder um die Mitte Monats, worin ein gedrucktes Volksblatt und noch andere Dinge, zum armen Heinrich gehörend. Den zweiten vom 26.—28. Dezember, worin ein Aufsatz über das Hildebrandslied.

Ich muthmaße aber, daß auch kleinere, meistens doch ins Casseler Packet beigeschlossene, abhanden gekommen sind, z. B. der mit der zurückgewiesenen Erklärung gegen Büsching, weil Du mir doch darauf geantwortet haben würdest.

26*

Ich kann mir nicht denken, daß man in Cassel meine Briefe auf=
gemacht und einbehalten habe, vermuthlich erinnert sich auch Minister
Witzleben der für Dich empfangenen Beischlüsse und man müßte seinen
Bedienten oder Besorger zur Rechenschaft ziehen: wem er sie abge=
liefert? Vielleicht solltest Du in der Zeitung den Dritten auffordern,
welchem der Brief zufällig in die Hände gerathen wäre? Aber warum
hätte der nicht von selbst so viel Ehrlichkeit gehabt?

Dieses ganze Blatt sammt allen Sorgen darüber wäre mir
schon erspart worden, wenn die Leute ordentlich und redlich wären;
so muß man außer dem Schreiben und Aufsuchen der Gelegenheit
auch noch über das Schreiben und die Sicherheit der Gelegenheit
schreiben und sich bedenken. Nun noch ein und das andere.

Von meiner heutigen Erwartung ist noch nichts (10 Uhr früh)
eingetroffen und es wird nicht gegangen sein.

Ich habe mir, weil ich täglich ein paarmal den langen Weg
über das Glacis in die Stadt thun muß, wo mich bitterkalt fror,
einen warmen Wintermantel machen lassen von sogenanntem Azor,
den ich auch auf der Rückreise im Winter nöthig hätte. Er ist theuer
und mir zu gut ausgefallen, so daß ich ihn bloß so lange tragen
und Dir mitbringen will. Denn dergleichen Zeug ist Dir besser und
reicht der englischen Mode nach bis auf die Schuhe herab, welches
gleichwohl ungemein wärmt.

Aus des Louis Brief habe ich zu spät gesehn, daß ein Maß
der gewünschten Anatomie beiliegen sollte, hat aber nicht beigelegen.

Die Lesarten zur goldenen Schmiede konnte ich nicht besorgen,
weil der Feiertage wegen über vierzehn Tag Ferien auf der Biblio=
thek waren; erst bis Montag geht sie wiederum auf. Wenn ich doch
nur dazu kommen könnte, zu den neuen Nibelungenstrophen ein Paar
Worte zu schreiben! Wenn aber die unterweges auch verloren gingen!

Sieveking ist nach Berlin gereist, um dort bei der Universität
zu bleiben. Ich höre ja, daß die Jordis nicht dahin, sondern nach
Paris zurückgegangen ist, wo sich ihr Mann beständig fest einrichten
will.

Was hörst Du von Hammerstein? (Unser erstes Heft wird ja
nur 8—10 Bogen stark, daß nur endlich einmal die Dedication an=
gebracht wird; ich denke, er schickt dann Bücher.) Ist August Hart=
hausen nach Breslau oder Göttingen? Was macht der alte kranke
Wild die ganze Zeit?

An Arnim und Clemens hab' ich vor vierzehn Tagen ganz kurz geschrieben. Die Libussa bin ich noch nicht zu Ende aus. Fouqués Corona mag ich nicht anlesen; bloß Schaumburgs Handlung hat davon in kurzer Zeit dreißig Exemplare abgesetzt, wiewohl die Verse den Österreichern lang nicht so eingehen, als die Prosa im Zauberring und der Undine, wodurch Fouqué überhaupt in Deutschland sein Leseglück gemacht hat. Die Libussa verkauft sich äußerst schlecht und fast gar nicht.

Will denn Harnier nicht nach hierher kommen und dem Congreß den Rest geben?

Hierauf nach allerhand Sammelsurium zum armen Heinrich. Bei dem Namen kann auch das Volkslied von Henneke Knecht citirt werden, wo es nicht schon geschehen. Sehr merkwürdig bleibt auch, daß im hiesigen Codex theolog. 615 VIII. D. 25 apud Denis Vol. 1, col. 2343 in einer Handschrift zwar des 15. Jahrhunderts ein psalmus sive Miserere (für miseros, elende, kranke Leute) so anhebt:

dum Henricus aegrotaret

et aegrotans cogitaret,

quod ad vitae terminum

vocaretur a potente,  (Gott? der Tod? heißt

metu mortis imminente, der Mächtige, Grausame.)

invocavit dominum.

Nun folgt das Miserere selbst. Denis vermuthet beim Henricus einen König oder Kaiser Heinrich (paßte vielleicht auf Heinrich IV., der 1106 starb), dies gründet sich auf die vor dem Manuscript stehende, damit gleichzeitige Inhaltsanzeige „Nr. 11. carmen rigmicum (sic) heinrici imperatoris invocans divinam clementiam." — Ad voc. Königskinder (si ziemte dem riche zum kinde.) Freilich hießen auch unehrliche Leute, Juden ꝛc. so, weil sie allein unter dem Schutz des Königs (Kaisers) standen. — Ad voc. Riegel vorwerfen. Die Anmerkung über obices von obiicere wird bestätigt durch Ennius, der subices pro subiectis hat. — Ad voc. Gesellen, commensales, Tischgenossen. Schon Festus v. sodales quod unā sedent. So die griechischen Wörter auf Zusammenessen: αὐτόδαιτοι, αὐτόδειπνοι und concoenae. Mir scheint damit in den Märchen der Zug bedeutend zusammen zu hangen, daß die treuen Gesellen gleiche Becher, Messer und Gabeln haben und bei sich führen. So im Pentameron ein Messer und im deutschen Märchen selbst die Namen, der eine Freund hieß Messerlein, der andere Gäbelein. Mythisch sind Becher, Tisch und Stuhl genau

verwandt (z. B. meine Recension des Lohengrin). — Zum holländischen
Lied vom Lazaruskranken. Über den wirklich bestandenen Lazarus-
orden siehe Münters Statutenbuch der Tempelherrn, S. 206.

Trag das noch hübsch ein. Eben höre zu meinem Verdruß, daß
der Courier, der meinen Brief vom 26. oder 27. Dezember hat, erst
heute abgehet. Es ist schön blau Wetter und tiefer Schnee, ich will
sehen, ob ich ein wenig spazieren gehen kann, um doch etwas Festliches
in mich zu bringen.        Dein treuer Bruder Jacob.

Kauf doch den zweiten Theil von Eichhorns Rechtsgeschichte, da-
von wir schon den ersten haben.

---

### 123.
### Wilhelm an Jacob.

Cassel, am 8. Januar 1815.

Liebster Jacob! Acht Tage, die ich mit bloßen Haushalts-
geschäften, Rechnungen und neuen Einrichtungen zubringen mußte,
und acht Tage Kränklichkeit, die mich zu allen Arbeiten untauglich
machten, haben mich abgehalten, Dir sogleich zu schreiben, daß Dein
dicker Brief endlich angelangt ist, worin so mancherlei enthalten war.
— Der Ferdinand befindet sich wahrscheinlich jetzt in Böhmen auf
der Reise nach Berlin, wo er wohl zu Ende dieses Monats ankommen
muß. Ich habe dies dorthin gemeldet, auch Savigny seinetwegen
geschrieben; wenn er sich nur ein wenig ordentlich zusammenhält, so
muß es ihm dort gut gehen. Bekannte findet er auch, denn der
Franz Engelhard ist, wie ich eben höre, Kriegs- und Domänenrath
daselbst geworden und die Lenchen mit ihrem Mann kommt auch
hin. Der Karl schreibt, daß er mit seiner Lage zufrieden sei und
sich eine Reisegelegenheit aussuche; weil er selbst Aufträge gut be-
sorgt, so hat er kein Mitleid und schreibt mir fast nicht, als wenn
er Beischlüsse zu besorgen hat, hierbei folgt auch einer, wahrscheinlich
ist aber bloß die Adresse von ihm. Der Louis hat nun eine Vor-
stellung beim Kurfürst eingereicht, um die Künstlerpension zum
Reisen zu erhalten; ich höre, daß sie der Zeiten wegen soll getheilt
und statt 200 jährlich nur 100 gegeben werden. Unterstützt ihn also
die Prinzessin nicht noch, so ist die Frage, ob er dieses, was ihn
gewissermaßen zum Reisen verpflichtet, annehmen kann? Die
hannöverische Regierung giebt jährlich 800. — Wegen der neuen

Hausmiethe noch nichts Gewisses, ich glaube, der Buderus hat den jüdischen Ausweg gefunden, die Wohnungen aussteigern zu lassen, welches sich bald zeigen muß; ich bin entschlossen, so hart es ankommt, lieber noch einmal so viel zu geben, als auszuziehen. Da endlich kein einziger Stuhl mehr ganz war und sich niemand ohne Warnung niedersetzen durfte, so habe ich in der Vergantung des Generals Thabert sechs Stühle und zwei Sessel, stark und mit schwarzem Plüsch überzogen, sehr wohlfeil gekauft, wenn Du also wiederkommst, findest Du einen schönen neuen Arbeitssessel an Deinem Tische. Die Diäten habe ich nicht bekommen, Knatz ist so unhöflich gewesen, auf meinen Brief nicht einmal zu antworten, sei also so gut zu schreiben; es fehlt mir stark an Geld, da die eingelaufenen Rechnungen zu bezahlen sind und Erdmann allein 86 Thlr. haben muß. Dieterich ist völlig herunter, ich habe für dieses Jahr mit dem alten Sünder Krieger, der sich in des Collignon Nest am Platz gesetzt hat, einen Versuch gemacht. Dem Ferdinand habe ich doch auch angeboten, sich, was er nöthig habe zur Reise, dort zu borgen, wir wollten es bezahlen, also könnte von dorther eine Forderung kommen. Jordis ließ im Herbst durch Pfeiffer das Geld einziehen, vor kurzem aber schreibt sie mir, ihr Mann habe in den Rechnungen gesehen, daß Binder dies ohne sein Wissen gethan; da es mir lieb sein könnte, das Geld noch in Händen zu behalten, so habe er Pfeiffer aufgetragen, mir es und weiter bis zu 500 Francs zu zahlen, wenn ich es verlange; dieser zeigte auch seine Bereitwilligkeit an. Ich habe bis jetzt noch keinen Gebrauch davon gemacht, ohne es abgewiesen zu haben. Meine Antwort hat sie schon nicht mehr in Frankfurt getroffen, sie ist, wie Thomas schreibt, wieder in Paris. Reimer hat mir wegen seiner politischen Zeitung: Geschichtsblatt geschrieben, welches an die Stelle des Correspondenten tritt und für dessen Äußerlichkeiten er eben den Ferdinand zu gebrauchen denkt, ob ich die Nachrichten von hier besorgen wollte; so lästig dergleichen regelmäßig ist, so würde ich es doch wohl zu unserm Besten unternommen haben, wenn nicht Rühs unter den Mitarbeitern genannt wäre. Ich habe ihm also in Rücksicht auf den Ferdinand geantwortet, daß ich ihm nur dann und wann etwas zusenden würde und fürs Erste den Steinhart vorgeschlagen, der doch mit dem Bauer und Böttger sich mit historischen und politischen Gedanken abmartert und Neuigkeiten aufpaßt. Wenn einmal der Rheinische Merkur ausbleibt, so ist alle Ruhe dahin, neulich kam einer auf die Bibliothek, um sich über das Ausbleiben zu erkundigen. Ich habe Reimer Deine Adresse geschickt, damit er Dir die Anzeige der Zeitung senden kann, schreibt er dabei und Du antwortest, so hast Du Gelegenheit, ihm eins und das andere, z. B. den Druck der Edda, ans Herz zu legen. Er will zu Ostern „ein kleines vorläufiges Honorar" für die Märchen zahlen.

Du wirst Die Märchen dort wohl gesehen haben, unsere Exemplare sind noch immer nicht gekommen und ich habe nun deshalb den Reimer erinnert. Von der Edda sind sieben Bogen fertig. Die Kämpeviser sind noch nicht zu haben, außer vielleicht in Kopenhagen, überhaupt ist es sehr schwer, dänische Bücher zu erhalten, weshalb auch die Kopenhagener Edda schwerlich in den deutschen Buchladen kommt. Nach Kopenhagen mag ich nicht schreiben, bis unsere Edda fertig ist, ohnehin schickt wohl Nyerup das Buch. Welcker hat nichts gemeldet, ein Bruder von ihm (?) ist Professor zu Kiel geworden. Von den Wäldern sind zwei Bogen fertig, ich erwarte in diesen Tagen den dritten und Papierproben für den armen Heinrich, dann soll dieser auch gleich angefangen werden. Ich wiederhole meine Bitte, daß Du mir des Thomas Aufsatz zusendest mit dem Deinigen dazu; dann auch, was Du sonst für die Wälder fertig machen kannst, sonst will ich mich auf neues Manuscript schicken. Die Lesarten zur goldenen Schmiede hätt' ich gerne bald. Einen Brief von Benecke lege ich der Vollständigkeit wegen bei, ich glaube, daß er ganz überflüssig ist.

Deinen Aufsatz über die Sprache habe ich mit Vergnügen gelesen, es ist manches gut und scharf Bemerkte darin, über die Verwandtschaft der Mundarten und weiter herabgehenden Eigenthümlichkeiten habe ich ähnlich, fast mit denselben Vergleichungen, in der Recension von Rühs' Edda einiges gesagt. In dem Leben jeder Sprache zeigt sich, wie in jeglichem etwas, das man immerhin etwas Zufälliges nennen kann, wiewohl es seine Nothwendigkeit wieder hat wie das Böse. Dieses zu finden, hat die Sprachlehre zur Absicht und hat darin einen herrlichen Grund; falsch und dagegen zu streiten ist die Anmaßung, daß aus ihr und nach ihren Gesetzen die Sprache zu bilden sei, das habe ich damals auch schon angemerkt, auch wird es wahr sein, daß sie in den feinen Übergangspunkten in den Dämmerworten nach ihrer Unwissenheit fehlt (wie oft bei Adelung), dagegen aber würden die Gründe, die Du anführst, sie fast ganz zu Boden werfen. Die Frage ist, sollen wir, was wir als zufällig erkannt, bei der Behandlung des Gedichts auswerfen? Du sagst nein, es soll z. B.,

wenn einmal wésen, genésen, súze, súze dasteht, das andermal wesen,
genesen, süze, süze 2c. auch in dem Druck wiedergegeben werden.
Daß wir hier noch einen lebendigen Grund der Verschiedenheit finden,
denkst Du selber nicht zu behaupten, man braucht auch nur natürlich
und einfach das Gedicht zu lesen, um zu fühlen, daß es bloße Zu-
fälligkeit ist, wenn bald so bald so geschrieben ist, Du fragst nur:
was schadet es, daß wir es so lassen? Hier in vielen Fällen nichts,
so wenig als wenn der Vollbrecht schreibt: libe Jungver Dante; da-
gegen stört es hier an ein Paar Stellen das augenblickliche Verstehen
sehr, daß ut manchmal daz, manchmal das geschrieben worden (ich
würde schreiben: waz ut, was quod, swaz, indem das s vornen wirkt,
und was erat). Wir hören, was gemeint ist, wenn jemand einen
falschen Ton singt oder pfeift (welches Gleichnis recht gut, wenn man
es so nehmen will, wie ich meine, die Ansicht, die ich habe, ausdrückt),
welches auch eine mundartige innere Nothwendigkeit hat, was ich aber
doch zufällig und bös nenne und ausstoßen würde. Hätte er einen
halben Ton anders gesungen, so wäre vielleicht eine lebendige Ver-
schiedenheit entsprungen. Überhaupt aber ist die ganze Frage un-
statthaft, da sie nicht nach der zufälligen Wirkung, sondern von Grund
aus muß entschieden werden. Indem Du also aus Furcht gar nichts
anrühren willst und in jeder Verschiedenheit ein Zeichen der Eigen-
thümlichkeit siehst, wirst Du nothwendig (folgerecht) darauf geführt
werden, die Handschriften mit allen Zeichen der Verkürzungen u. s. w.
wiederzugeben. Auf der andern Seite hat Dich Deine Ansicht von
Folgerichtigkeit doch zu dieser Meinung gebracht, weil nämlich, wenn
man Lebendiges und Zufälliges (Böses) sondern will, so werden
Dämmerpunkte übrig bleiben, wo nicht zu sagen ist, ob Nacht oder
Tag das Übergewicht habe (wo nämlich unsere Augen zu stumpf
sind, es zu unterscheiden, denn es muß da sein), und da werden wir
nicht nach den erlangten Grundsätzen, sondern nach andern (vielleicht
zufälligen) Bestimmungen entscheiden.

Am 11. Januar.

Ungeachtet es also meine bestimmte Meinung ist, in allen sichern
Fällen eine Schreibart anzunehmen, hier nach einer vergleichenden
Übersicht, die ich gleich anfangs von den verschieden geschriebenen
Worten gemacht, demnach allzeit úch, daz (ut) wúr, túre, zú, mút u. s. w.
so habe ich doch Dir aus Gefälligkeit und, weil in dem kleinen Gedicht
nicht viel darauf ankommt, alles nach dem Manuscript eingerichtet,
die Schärfe der Ansicht hast Du dort unter der Ausarbeitung erst

angenommen, denn Du kannst einmal hier selbst sehen, wie Du nicht
nur, gerade als stände es so im Manuscript, in der Lotte ihrer
Abschrift die tt zu einfachen ausgestrichen, ferner ss in zz verändert
und dergleichen.

Diese Folgerungen ausgenommen bin ich mit den Grundsätzen
in Deiner Abhandlung, wie ich schon bemerkt habe, einverstanden.
Vieles kann ich nicht in der Ausführung widerlegen, aber es scheint
mir doch zu gewagt hingestellt, es müßten lange Studien voraus=
gehen, um hier mit Sicherheit zu sprechen. Wie leicht in solchen
Dingen ein Irrthum ist, kannst Du daran sehen, daß Du mir bei
einer andern Gelegenheit ausführst, nuwent sei durchaus gegen die
Sprache des Gedichts, es müsse niwan heißen, während nuwent drei
bis viermal darin vorkommt. Das Ausziehen und Verkürzen ist eine
sehr schwere Sache, und ich wollte lieber selber etwas neu aufsetzen,
weil ich immer daran denke, wie leicht ich etwas, was Dir werth
und wichtig ist, auslassen könnte, so daß ich keine rechte Freiheit habe.
Die Einleitung über das Verhältnis der beiden Manuscripte hast Du
schon hier geschrieben, theils übereinstimmend, theils abweichend, bei
der Vaticana scheinst Du in Gedanken zu haben, daß sich beide gleich
nach der Genesung in ein Kloster begeben, es geschieht aber erst, nach=
dem sie schon miteinander gelebt, Kinder gezeugt, welches freilich die
unschicklichste Verbindung beider Sagen ist. Ich will es indessen so
gut machen, als ich kann, nur mit den drei letzten Blättern kann ich
nicht zu Ende kommen. Nämlich Du setzest voraus darin, daß beinah
ein halbes Alphabet mit neuen Zeichen vorhanden sei; ich bin froh,
daß Körner das ö ů ú ü é hat scheiden lassen, wie sparsam er ver=
fahren, ist daraus klar, daß er nur für einen halben Bogen an=
geschafft hat, und wenn mehr alte Sprache vorkommt, dann die Stelle
so lange gesperrt wird, bis die eine Hälfte gedruckt ist. Ich kann
ihm also nicht zumuthen, so viel Neues anzuschaffen (Thurneißen, den
ich befragte, sagte mir, daß in Frankreich jeder neue Buchstabe
6 Frank zu schneiden koste, zu gießen hernach noch viel und weniger
nach der Menge), noch dürfen wir sie aus den Geldern des armen
Heinrich schneiden lassen. Sieh also, wie Du Dich in dieser Be=
schränkung ausdrücken kannst, und schicke mir dann das Abgeänderte
so bald als möglich, denn ich will den Druck betreiben: wäre es mir
möglich, nach Frankfurt zu reisen, so würde ich es thun, denn ich
sehe, daß hier mit dem Schicken doch fast eine Woche auf den Bogen
geht. Auch den Zettel über die noch zu berührenden Partikeln lege

ich bei, ich bin nicht im Stande, etwas darüber zu sagen, was ich für sicher und wahrhaftig halte.

Noch eins wollte ich bemerken, was ich gestern vergessen hatte. Du redest von dem Landschaftlichen, weiter dem Städtischen, Häuslichen, endlich Persönlichen der Sprache und scheinst die Meinung zu haben, als müsse das alles beibehalten werden für die allgemeine Sprache, ja selbst die Verschiedenheit in der Schreibung der Buchstaben. Was Du eigentlich meinst, ließe sich leicht bei einem wirklichen Beispiel entscheiden, da Du ganz nothwendig eine Grenze annehmen mußt, so wünschte ich zu wissen, wo sie liege. Ich glaube, daß eine allgemeine Sprache sich alles dessen enthalten muß, was bloß landschaftlich sein kann, nun gar das Persönliche dürfte nie heraustreten, außer wo einer mit sich selber spräche. Die allgemeine Sprache ist so gut etwas Künstlerisches, als ein Werk der Malerei oder Bildhauerkunst, sie muß edler und tragisch=würdiger sein als die landschaftliche, und das bloß Häusliche hineinzudrängen würde als ein Flecken erscheinen oder aussehen, als wenn man sie mit einer besondern Farbe getränkt hätte. Du scheinst mir irgend eine erkannte oder besonders betrachtete Wahrheit sogleich wie aufdrängend und im Übermaß einzumischen, als müßte sie durchgesetzt werden, und erst später tritt sie in ein natürliches Verhältnis zum Übrigen zurück. So hast Du jetzt z. B. eine besondere Neigung zu den poetischen Tautologien und diese führen Dich zu den unpoetischen, Dir ehedem so widerwärtigen Hagen'schen Ein=, Aus= und Quergangswendungen. Ich weiß nicht, ob sie Schriftsteller von anerkannter Klarheit wie Goethe, Tieck, A. W. Schlegel, Savigny je einmal gebraucht, darauf käm nichts an, sie sind an ihrer Stelle gewiß gut und anzuwenden, etwa wo eine Art Auszug oder Übersicht zu geben ist (daher sind sie mir unpoetisch, in einem epischen Gedicht nicht anwendbar und schwerlich in den Nibelungenvolksliedern u. s. w.), aber zu häufig angewendet (so hast Du auf nicht einer Seite: zu= und gegeneinander, an= und auslaufend, reg= und bewegsam) reizen sie unnöthig, denn, indem sie gleichsam nicht voll ausstreichen, sondern anschlagen und wieder neu ausholen, haben sie etwas von dem Pizzicato der Violine. Auch Fügungen wie: „allein wir scheinen nach und nach in freier Zulassung der Mundarten für gedruckte Bücher, noch mehr aber der mundartig ebenfalls viel=fältig sein müssenden Schreibung der Wörter zu streng geworden sein," sind mir zu nachlässig gesucht. Was die Sache betrifft, so glaube ich, setzt man diese Ansicht streng durch, nicht halb, so geht die all=

gemeine Sprache nothwendig unter und wäre ein Band der deutschen Völker dahin. Unrecht wäre so etwas zu bemerken, wenn Du so angefangen und Du Dich herausgearbeitet, aber vergleiche einmal den Stil in der Vorrede zu dem Meistergesang, der doch völlig Deine Eigenthümlichkeit hat, mit dem späteren, so wirst Du sehen, daß Du Dich hineingearbeitet.

In dem Barlaam und Josaphat steht eine merkwürdige Stelle für den armen Heinrich, nämlich Blindheit und Aussatz kommen vor, als das menschliche Elend, das aus völliger Zerstörung der Säfte entsteht. Ich habe vergessen, aus der Gothaer Handschrift die Stelle abzuschreiben, sei so gut aus der dortigen sie zu nehmen oder genau auszuziehen. Sie steht bald vornen, als nämlich Josaphat auszieht, der Welt Herrlichkeit zu schauen, kommen ihm zwei mit dieser Krankheit Behaftete entgegen. In dem Vincentius speculum historiale kommt die Legende auch vor, (L. XVI) daselbst c. 8 das Hierhergehörige. Auf diese Blindheit finden sich noch mehr Beziehungen, wie in dem Märchen u. s. w., und muß daher erläutert werden.

Zur Vergleichung mit dem Hohenemser Codex habe ich nur zu bemerken, V. 89—92. Hagen kennt Etzels Reich 337. 4834. 4733. 6643. — Über Theilung des Horts 5692. 4509. Wünschelruthe 6110.

Der alte Wild ist am Christtagmorgen gestorben, nachdem er noch viel ausgestanden; es ist noch nicht bestimmt, wie es werden wird und wohin das Dortchen geht. Es war ganz abgemagert und ist in letzter Zeit, in vierzehn Tagen oft nicht zum Schlaf gekommen; einen Winter länger hätt' es das nicht ausgehalten. Es hat mich oft von ganzem Herzen gedauert, es ist eine gar treue redliche Seele, durchaus wahrhaftig.

Leb wohl, liebster Bruder, ich hoffe bald etwas von Dir zu hören.

Wilhelm.

Am 14. Januar.

Der Brief geht erst heute fort. Ich habe Dir noch nicht gesagt, daß wir Deinen Geburtstag ordentlich gefeiert, die Tante war da, Suabedissen und die dazu Gehörigen, und wurde Punsch getrunken und auf Deine Gesundheit angestoßen. Harnier brachte lauter Feinheiten vor. Der Hummel sprach tausendsakerlot aus, ohne die Lippen zu bewegen. Auch den Lotz hatte ich eingeladen, der hier wieder Auditor bei den Garden ist und freundschaftlich uns besuchen wollte. Zur Neujahrsnacht war ich ganz allein, der Louis mit der Lotte zu einem Ball, ich machte mir auf unserm Ofen sehr guten Glühwein, aber er schmeckte mir doch allein nicht, daß ich ihn nicht all trank. Wie hast Du ihn zugebracht, auch wohl allein, ich habe an Dich gedacht. Die Tante hatte Dir zu Ehren ihre Brillantringe angethan und die Dose mit der seligen Mutter Bild genommen. Sie freut sich gar zu sehr, daß es doch so gut mit uns allen gegangen, die Hummeln hat mir erzählt, daß sie von nichts als davon gesprochen. Mit der einstweiligen Versorgung des Ferdinand ist ihr auch ein Stein vom Herzen genommen, sie will ihm nun Hemden, Strümpfe u. s. w. schicken. Gott woll' es ihr belohnen.

Görres hat allerdings Deine Briefe eingerückt, sie haben mir durchaus gefallen und die Wahrheit und Gerechtigkeit ist klar darin, sowie ich solche Unparteilichkeit immer wünsche, für und gegen jeden kräftig.

Des Louis Platte ist gestern nach Nürnberg zum Probeabdruck.

Ich lasse den Brief Karls für den Grafen noch heraus, weil er zu viel Platz wegnimmt.

124.
## Jacob an Wilhelm.

Wien, 18. Januar 1815.

Lieber Bruder!

Meine letzten Briefe an Dich sind folgende: Am 26. oder 27. Dezember ein dicker Brief mit einem aber erst Anfang Januar abgegangenen Courier, an Witzleben beigeschlossen, enthaltend einen Aufsatz übers Hildebrandslied. — Am 31. Dezember mit der Post. Am 4. Januar durch Einschluß an Starkloff oder die Kriegskanzlei, enthaltend Nachträge zum armen Heinrich.

Von Dir höre ich seit dem 21. Dezember nichts und habe ver=geblich Nachricht, daß das verlorene Schreiben vom Ende November sich noch wiedergefunden, zu erhalten gehofft.

In einigen Tagen geht mit einem hannöverischen Courier, wie=wohl eingeschlossen in unser Gesandtschaftspacket, doch adressirt an Rivalier, ein starker Brief an Dich ab, worin Du den Anfang meiner wichtigen Excerpte aus dem Hohenemser Codex finden wirst, daran aber mancherlei durchsehen, ändern und bessern mußt, weil mir hier die Hülfsmittel dazu fehlen oder nur durch langweilige Umstände zu erhalten sehen.

Der Ferdinand hat mir kürzlich ganz vernünftig geschrieben, er wolle bald abreisen, wenn er sich einiges aus seinen verkauften Sachen zu Reisegeld gemacht; ich wollte ihm gern schicken, wenn ich selbst hätte; es begegnet mir hier öfters, daß ich nur so viel im Eigenthum habe, als ich den Tag nothwendig zum Essen brauche; und einige Mal nicht das, daß ich andre mußte für mich bezahlen lassen. Dies kommt, weil der Graf sehr vergessen ist und ich ihn höchst ärgerlicherweise zwei bis drei Mal anzusprechen habe, bis er mir vorschießt.

Docen meldet mir, daß er in einiger Zeit einen Beitrag zum Hildebrandslied mit etwas Lateinischen für die Wälder einsenden wolle, übrigens auch eine eigene Zeitschrift vorhabe, die sich vermuthlich nicht an Tageslicht bringen wird. Es scheint mir für den Erfolg wichtig, daß wir die ersten Hefte so interessant als thunlich machen. Auch Görres hatte etwas über Herzog Ernst versprochen, woran man ihn erinnern könnte. Wäre ich nur einmal zu Haus und in Ruhe.

Jetzt heißt's aber, daß es noch in März hinein dauern werde.

Mit sicherer Gelegenheit sende mir doch den Schelmuffsky. Aber im nächsten Brief entweder abgeschrieben oder ausgeschnitten Reinwalds Ankündigung der Evangelienharmonie aus der Haller Literaturzeitung, Mai Nr. 117. Ich rechne darauf.

Schreibst Du nach Heidelberg an Creuzer oder Zimmer oder Wilken, so entledige mich eines wiederholten Auftrags von Hammer, welcher letztern um die Recension der Fundgruben inständig bittet, welche er ihm zugesagt.

Neulich hab' ich bedacht, wie es um die Correctheit unserer Edda stehen werde? Du hast Dir doch Aushängebogen lassen senden und kannst es beurtheilen. Mir ist angst, daß wir unschuldig zu mehr Fehlern kommen, wie Hagen.

Die Märchen hab ich endlich erhalten. Papier und Druck sind viel schlechter, das Buch dünner und doch der dem Absatz hier sehr hinderliche hohe Preis von 1 Thlr. 18 Gr. (hier über 7 Gulden Papier). Die plattdeutschen freuen mich; im Ganzen steht der Band auch der Unneuheit wegen doch unterm ersten. In den Noten hast Du nicht ganz alles angebracht, was Du dem Raum nach aus meinen letzten Bemerkungen hättest einschalten können. Dem Stein in Frankfurt mußt Du doch deswegen ein Exemplar schicken, weil es ihn besonders freuen und sonst besonders kränken würde. Vermuthlich hast Du ihrer sonst übrig.

Ich freue mich nun auf den dritten Band, wozu ich bereits drei oder vier große und neue gute Märchen, außer mancherlei Fragmenten habe. Meine Gesellschaft ist glücklich und aufs Förmlichste zu Stand, und ich erwarte davon auf den schlechtesten Fall selbst mehr wichtige Beiträge, als wir sonst je zusammengebracht hätten. Jetzt werden Briefe gedruckt und dann an wenigstens hundert Orte und Bekannt=schaften versandt. Mit der ersten Gelegenheit sollst Du Exemplare zur Austheilung erhalten. Haxthausen seh' ich seitdem öfter und seine rege Theilnahme und Versprechungen gefallen mir doch wieder. Es sind hier sonst noch brave Leute; die Majersche Buchhandlung, welche mein spanisches Buch verlegt, hat uns neulich um Überlassung unserer Localsagen (gegen Honorar) gebeten. Steht aber noch billig im weiten Feld.

Hiermit sei schönstens gegrüßt. Jacob.

Baber will den ganzen Jacob Böhme neu lassen auflegen, ver=muthlich bei Rau in Nürnberg, einer frommen Stillingsbuchhand=lung, die Brentano große Lust hat, einmal zu kaufen. — Die ver=langten Quittungen kommen nächstens auch mit.

Ich will Dir die hiesigen Friedensblätter für die Lesegesellschaft senden, es steht ein Aufsatz von Clemens und sonst einiges darin.

Adresse wie bei Brief 111.

125.

### Wilhelm an Jacob.

Cassel, am 18. [Januar] 1815.

Lieber Jacob, Dein dicker Brief scheint ordentlich den übrigen Bahn gemacht zu haben, sie sind nachher häufig angekommen, gegen viere meist kleinere, sie wurden gebracht, während ich auf der Biblio=thek war, daher weiß ich nicht, woher sie kamen, bis auf den vom Itzig, doch schien mir jeder unversehrt. Der indessen mit der An=zeige gegen Büsching war früher angelangt, und sie ist schon ab=gedruckt; die Redaction hat eigenmächtig, ich weiß nicht aus welchem Grunde, noch Deinen Namen Jacob beigefügt; ich hatte bloß ein Wort, übrigens ganz unbedeutend, abgeändert.

Zum Theil habe ich mir Deine Lage so gedacht, wie Du mir schreibst, doch nimmermehr so schlimm, und Du kannst mir glauben, daß es mich niedergeschlagen hat; ich wünsche so herzlich, Dich nur in einer etwas zufriedenen zu sehen. Der Tante habe ich nichts davon sagen mögen, um sie nicht in ihrer Freude zu stören. Wäre der Congreß nur in Frankfurt, so könnte ich Dich einmal besuchen; hoffentlich geht er bald und gütlich auseinander, denn was man auch sagen mag, ich habe noch nicht eine Minute geglaubt, daß es wirklich zum Krieg ausbrechen werde, obgleich heute unsere Husaren, Artillerie und ein Paar Regimenter nach Hanau marschiren, um den Baiern die Lust, es zu besetzen und nicht herauszugeben, zu benehmen.

Ferdinand war nach Briefen vom Heß am 4. Januar noch nicht abgereist, was mich nicht verwundert, aber mir der Kosten wegen nicht lieb ist. Reimer hat mir wiederum sehr freundschaftlich geschrieben, daß er ihm zu einer Anstellung dort, wenn er es wünsche, behülflich sein wolle, da er schwerlich Buchhändler bleiben wolle; da er sehr viele Verbindungen hat, wird es ihm leicht fallen, wenn sich Ferdinand zu etwas Natürlichem entschließen kann. Seine Absichten, wovon er mir geschrieben, entweder Hofmeister zu werden (wozu er nichts versteht) oder aufs Theater (also ins Gemeine) zu gehen sind es gar nicht. Ich freue mich, daß dieser Platz sie abgeschnitten; er soll hauptsächlich das Äußere der politischen Zeitung (Geschichtsblatt) und Correspondenz besorgen, an lateinische Correcturen wird es nicht kommen, und griechische besorgt ein Verfasser selber, wo er nicht einen gelehrten Corrector kennt. Von Ferdinand steht ein Gedicht über Ernst Wagners Grab in Zschockes Erheiterungen, drittes Bändchen 1814, es ist ganz gewöhnlich; ich fürchte aber, nachdem es gleichsam zum Durchbruch gekommen, es erscheint nun mehr der Art. Wie Gutes hätte er in Sagen und Märchen sammeln können! Von Karl kommt nun der mir lästige dick versiegelte Brief. Über den Louis ist auf keine Weise etwas entschieden, die Ruscheweihs sind bloß bei Wenner in Frankfurt zu haben, Thomas und Stein aber haben sie, da Wenner gerade verreist ist, nicht erlangen können.

Mit dem armen Heinrich habe ich meine Noth. Wegen der Rückstände waren erst Briefe zu schreiben, dem Stein schicke ich eine vergleichende Übersicht der Frankfurter Theilnehmer, um sie zu reinigen, und aus Höflichkeit verwirrt er noch mehr und sagt nicht, was er bezahlt u. s. w. Das ließ sich beendigen, aber nun schreibt mir Körner, daß kein Papier zu haben sei, und schickt mir elendes, ob ich das brauchen könne. Statt der Handschrift, wie ich dachte, ist nun ein neu Schreiben abgegangen, ob in Offenbach, woher es alle Welt kommen läßt, nicht so viel sei, als man nur wünsche, und ich verlange solches, wie in den Heidelberger Jahrbüchern. — Von den

Wäldern ist ein Heft (die zwölf Hefte von Körner ist ein Irrthum von diesem) fertig, ins zweite sollen die fortgesetzten Hildebrands= bemerkungen und dann Thomas' Aufsatz, der eine Ehrensache ist; ich erwarte ihn daher von Dir. Von der Edda seither kein Bogen, und Reimer schreibt, ich würde nun mit Gebauer zufrieden sein! Ich habe alle Hoffnung zur Besserung aufgegeben, denn ich sehe, es liegt an den Buchstaben, er hat nur für zwei Bogen, diese folgen sich jedesmal rasch und werden hinter einander gesetzt. Bis nun beide corrigirt sind, abgedruckt, die Buchstaben gereinigt und ein neuer gesetzt, gehen die drei Wochen darauf, wo nichts ankommt. Die Märchen habe ich bis auf die Stunde noch nicht; Reimer hatte ge= meint, wie er sich entschuldigt, ich hätte sie von Vogel selbst gefordert; nun werden sie aber bald kommen.

Wegen des Kupfers zum armen Heinrich habe ich den Louis schon mehrmals erinnert, ich glaube wohl, daß er es thun wird, ich mag ihm aber nichts weiter darum sagen.

Das Buch von Bruns habe ich schon erhalten, den zweiten Theil von Eichhorn bestellt. Für die Bibliothek habe ich Beck über die Fehmgerichte gekauft, wie es scheint, ein gutes historisches Buch; auch Montag, Geschichte des deutschen Adels.

Franz Engelhart soll Kriegs = und Domänenrath in Halber= stadt geworden sein; der Procurator wird wohl am Ende auch ab= und dem Gelde nachziehen. Dazu kommt, daß man in Preußen sehr die Juristen sucht, der Wigand wird wohl auch gut in Höxter an= gestellt werden. Der Steuber ist vor etwa acht Tagen mit Abschied zurückgekommen; da der Wille, der häßliche, der Dehns Schwester hatte, plötzlich gestorben ist, so könnte er wohl an dessen Stelle Assessor werden, aber er will nicht beis Stierkollegium, wie er sich ausdrückte. Lenchen ist zwischen Silbergeschenken und Gedichten zum Altar ge= schritten.

Mit dem Haus ist es, wie ich gemeldet: es ist aufgesagt und soll neu verpachtet werden. Wenn man nur dieses etwa nicht aus= schließt oder zu spät Termin ansetzt, wo ich dies erst erfahre, dann ist alles vermiethet. Bei den hellen Wintertagen ist es auch schön hier, die weiße Erde, die schwarzen Bäume und der blaue Himmel. Dazu habe ich die Blumen in der Stube, und wenn die von der Sonne beschienen werden, ist's ordentlich wie ein Sommer. Außer unserer Montagsgesellschaft gehe ich fast zu niemand, als etwa zu Below, der ein recht braver Mann ist.

Nachmittags. Soeben kommt Bogen 8 und 9 der Edda auf einmal; nun sind noch 8 übrig außer der Übersetzung. Leb wohl, lieber Jacob, mit treuer Liebe Dein                    Wilhelm.

Die spanischen Romanzen sehen recht Wienerisch aus. Du wirst bald damit fertig sein.

———

126.

## Jacob an Wilhelm.

Wien, am 27. Januar 1815.

Ich habe nun endlich heute nach monatlangem Warten (denn Dein letzter Brief traf am 31. Dezember ein) Dein Schreiben vom 8.—14. Januar erhalten. Es fehlt aber darin durchaus eine ordentliche und gründliche Ausweisung über den Empfang meiner vielen Briefe. Der vom Ende November ist Dir nun freilich zu Hand, allein mir unbegreiflich: warum er erst so spät (und von wem?) an Dich abgegeben worden, da er bereits zwischen 7.—10. Dezember eingetroffen sein mußte? Solltest Du einen andern (aus Dezember), den ich durch ein darin eingeschlossenes Volksblatt von einer ungarischen Gräfin näher bezeichne, wiederum nicht erhalten haben? Endlich am Allerundeutlichsten ist mir, daß ein Brief, den ich am 31. Dezember unter Itzigs Couvert hier auf die Post legte, und der um den 10., 11. Januar hätte dort müssen sein, Dir offenbar noch am 14. gefehlt hat. Wogegen Du meinen vom 4. Januar scheinst richtig empfangen zu haben. Ferner, ein schon Ende Dezember geschriebenes, allein erst Anfang Januars couriersweise hier abgereistes Packet mit einem Aufsatz über das Hildebrandslied hätte Dir auch schon den 14. müssen zugestellt worden sein.

Was Du damals (den 14.) noch nicht haben konntest, sind: mein Brief vom 18.; ein Packet (mit einem Aufsatz über die Nibelungen), das Bodenhausen als hannöverscher Courier am 21. mitgenommen hat.

Ich bitte mir über alles dies zukünftig genaue Nachrichten aus. —

Wie Du mir des Thomas Aufsatz fodern kannst, verstehe ich nicht, denn er muß zu Haus im Schublädchen liegen.

Lieber Wilhelm, mit dem, was Du zu meinem Aufsatz über die Sprache im armen Heinrich sagst und einwendest, quälst Du mich recht und ohne Noth. Ich habe jetzt weder Lust noch wahrhaftig Zeit, es umzuschreiben, und muß es Dir geradeso zurückschicken, wobei ich Dir völlig und ohne alles Arg frei gebe, nach Deiner Weise das Kapitel abzuhandeln und drucken zu lassen. Zugegeben und von mir selbst gefühlt, daß ich zu gern positive Behauptungen ins Allgemeine dehne, aus Eifer, die Sache so fest ich kann zu halten; so hast Du offenbar an Dir, viel zu allgemein aufzuheben und zu verneinen. Ich kann Dir das Meiste zugestehen und glaube es selbst, was Du über Sprache und Grammatik sagst, ohne zu sehen, wie dadurch eigentlich meine Sätze angegriffen werden. Ich leugne ja nicht die Nothwendigkeit und also das Befugnis einer allgemeinen Bildungssprache, die sich aus den unterschiedenen Mundarten eines Volks mitten ein zusammengiebt, auf ähnliche Weise, wie jede Mundart ihrerseits über den Häusern und Familien schwebt, was und wie darin gesprochen werden mag. Es kam mir hier auf eine historische Untersuchung zum Behuf eines so alten Gedichts an, daß wir über die Mittelsprache seiner Zeit jetzt nicht entscheiden können, wenigstens erst nach spätern vielen fortgesetzten Studien. Was ich insgemein geschrieben habe, ist mir, wenn ich es wieder lese, oft selbst nicht recht; ohne daß ich eigentlich weiß, ob es am Stil oder an der Sache hapert. Es gehört zu einer bösen Nothwendigkeit unserer Zeit für uns, daß wir unsere meisten Arbeiten immer drucken lassen müssen, wenn sie eigentlich erst halb reif geworden sind. Dies fühlst Du so gut wie ich, und es soll mir höchst angelegen sein, was wir künftig thun wollen, langsam und still fortzupflegen. Dazu bedarf es aber auch der Ruhe und eines vergnügteren Zustandes im Leben, als mir seit zehn Jahren, wo ich mancherlei Dienst und Geschäft (sechserlei sehr Verschiedenes) thue, zum Loos gefallen ist. Den Stil soll man lassen gehen, wie er geht und kann; was thut's, wenn ich jetzo nicht mehr so schreibe, wie vor ein Paar Jahren; wenn man sich mit Sprache, Sprachgebrauch, Poesie und Erkenntnis der alten poetischen Wendungen und damit, daß ihnen die bisher versagte Gerechtigkeit widerfahren soll, abgiebt, wie wir seit der ganzen Zeit beständig und täglich thun; so scheint es mir zu entschuldigen, geschweige natürlich, daß man sich mancherlei Wörter und Formen im eigenen Stil angewöhnt, die einem geläufig werden und das Publicum, das an solchen Studien theilnimmt, auch wohl gerade da leichter ertragen kann. Ich bin meistentheils unbefangen dabei und suche selten darnach; anders zu schreiben würde mich unstreitig mehr zwängen.

Es ist nicht meine Schuld, daß Du bei dem Buchstabenschneiden in Frankfurt nicht vorbedächtig genug gewesen bist; es kann das unmöglich soviel für einen einzelnen Buchstaben zu kosten kommen, als Du meinst, (entweder gar keine Diphthongen oder alle), und wenn Körner das Journal behält, wollen wir lieber die Kleinigkeit anwenden und das Benöthigte selbst schneiden lassen auf unsere Kosten. Frag' ihn doch selbst einmal, wie viel ein solcher einzelner Buchstab kostet? Als ich hier eines ñ bedurfte für den spanischen Druck, hat es der Drucker sogleich ohne Anstand schneiden lassen.

Thut mir der Reimer einen Antrag zu seiner Zeitung, so sei versichert, daß ich ihn völlig ablehnen werde. Es ist dabei kein Vergnügen einzulegen. So gut Du meine Gedanken und Schreibart weißt, wirst Du doch im Rheinischen Merkur nicht alles herausfinden, was von mir ist; Görres hat namentlich in dem Gespräch, das durch viel Nummern geht, (ich habe die erste Hälfte vom Januar gelesen) allerhand unter einander geworfen und zersetzt; am meisten spreche ich aus dem Orla und dem Fürsten. Ich halte Sachsens Einverleibung zwar für ein Unrecht, aber der Idee mehr als der Sache nach und in dieser für gar kein großes Unglück. Vermuthlich behaupten es die Preußen auch noch am End. Nur durfte darüber kein Krieg ausbrechen und sie es nicht mit ihren Gründen fordern. Die ganze Sache ist jetzo unstreitig in ein milderes, gerechteres Licht gesetzt. Der Fehler steckt in Polen und den Russen. Deutschland ist diesen gegenüber geschwächt worden und wird dadurch nicht stärker, daß Preußen Sachsen bekommt, welches ja ohnedem deutsch war. Gute und vernünftige Preußen sehen dies zum Theil anders an; es giebt aber auch noch viel stockichte und französisch glatte und harte darunter, die mir die Fatalsten sind. Der General im Merkur redet unschuldig, aber meistens ungründlich. Kurzum, alles wird noch gut; aber ich bin müd und satt drin zu arbeiten und sehne mich darnach, ein Paar Jahre gar keine Zeitung anzurühren.

Was dort in Hessen für die Landstände geschehn ist, gefällt mir nicht vollkommen. Namentlich sollte man laut dagegen sprechen, daß den Hanauern keine landständische Verfassung eingeräumt worden ist. Ich fechte und rede für Hessen bei aller Gelegenheit (Görres hat sich mir hier einige Mal nicht so unparteiisch bewiesen, als ich wünschte; vermuthlich liegt's an seiner Censur mit) als für das beste Volk, wenn ich nicht zu Haus bin; komme ich nach Cassel, so wird mich wieder vieles ärgern. Das geht natürlich zu, in der Ferne hat man sich viel reiner lieb; daheim ist manches Kleine ein Anstoßstein und man scheut sich gleichsam, die rechte Liebe auszulassen. Gott will aber diese Sparsamkeit mit der rechten Liebe, daß sie nicht ohne Noth gezeigt werde. Also Euch ebenfalls hab' ich zwar zu Haus im Grunde eben so lieb, aber ich bin in der Ferne viel weicher gegen Euch gesinnt und gäbe Euch viel leichter alles nach; die Lotte ist mir zu Haus wie eine sich sträubende, widerspenstige Provinz; aber hier könnte ich unmöglich etwas gegen sie haben.

— — — Bei Artaria war ich, welcher versichert, ihm [Louis] die Abdrücke von Mannheim aus besorgt zu haben.

Zu Deinem Geburtstag wird etwas gewiß nicht fertig, was ich mir ausgedacht hatte; dies will ich hiermit gleich gestehen und denken, ob ich auf etwas andres verfalle. Leb wohl. Jacob.

Grüß die Dortchen von mir.

Noch allerhand unter einander: ich habe mir zwei Westen machen lassen von gelbem und grauem Kasimir mit Perlenmutterknöpfen.

Weißt Du etwa, von wem der Aufsatz über Innungen im Rheinischen Merkur war? Doch nicht von Thomas? Es war unbedeutend.

Hat Dir Clemens seither nicht geschrieben? Auf jenen ersten Brief hatte ich ihm wenige Worte, doch freundliche erwidert.

Ich denke, an Savigny bald einige versprochene Artikel, z. B. über die Poesie im Recht für seine Zeitschrift zu senden, weil es mir doch zu lange dauert, bis ich heim komme, um eins und das andere aus unsern Excerpten zu nutzen, zu vergleichen und einzuschalten.

Hastu wegen des Dornau nachgesehen? Währt Deine Lesegesellschaft noch fort? Ich habe die zwei ersten Quartanten des Mascov für etwa sechs Groschen zusammen gekauft; gewiß das gelehrteste Buch von der deutschen Geschichte. Sieveking sendet mir eine kleine Abhandlung, die er über einen auf dem Leipziger Schlachtfeld zu bauenden Dom hat drucken lassen. Ist mir in der Hauptsache eben nicht recht.

Hastu den Zinserling in den Heidelbergern recensirt? Ferdinand meint's. Ich fürchte nur, daß dieser sich in Berlin nicht zur Arbeit schickt.

An Schmerfeld schreibe ich heute der Diäten (für April 1814, betragen 360 Franken) halber. Die Besoldungsquittungen liegen im Pack von den Nibelungen.

Ich bin hier Schuld, daß Meinerts Mährische Lieder bald gedruckt werden sollen, und habe eine Subscription zur Deckung der

Kosten schnell zusammen gebracht. Haxthausen sagte, sein Bruder August wolle die plattdeutschen Volkslieder baldig herausgeben, uns aber erst über manches fragen.

Höchst sonderbar, daß weder aus Holland noch England die erwarteten Bücher kommen.

Varnhagen hat Tettenborns Feldzüge beschrieben. Auch sind bei Cotta Schenkendorfs Gedichte heraus, die Du lesen mußt; ich halte sie mit für die besten unsrer Zeit. Sie haben etwas Schillerisches, sind nur etwas schwächer, aber auch zierlicher; jedoch immer treu und brav. Nach zwei hundert Jahren wird man sie vielleicht höher achten, als wie jetzt die Opitzischen.

---

### 127.
### Wilhelm an Jacob.

Cassel, am 30. Januar 1815.

Lieber Jacob, Deinen Brief vom 18. habe ich richtig erhalten, Du kündigst darin einen großen an, der aber noch nicht gekommen ist, dagegen müssen zwei von mir, einer vom 13. Januar, der andere vom 20. bei Dir angelangt sein. — Wegen der Hausmiethe noch nichts Gewisses, doch hat's den Anschein, daß wir wohnen bleiben, aus einem lustigen Grund. Auch der Louis hat noch keine Entscheidung bekommen, seine Platte wandert nach Nürnberg und wieder zurück der vielen nöthigen Probeabdrücke halber. Ich hatte dem Ferdinand am 12. Dezember die Entscheidung Reimers gemeldet und ihn aufgefordert, in acht bis vierzehn Tagen abzureisen; sollte ihm Geld nöthig sein, könne er's ja nur bei Heß oder Harnier borgen, wie mehr geschehen, da der erstere hat es mehrmals angeboten; er antwortete auch bald und sagte, daß er nur einiges verkaufen wolle, wie er Dir auch geschrieben. Ich denke mir auf jeden Fall, daß er um Neujahr abgereist ist, und war auch darauf gefaßt, daß eine Verschreibung von ihm ankommen werde, wiewohl er schon an 600 Gulden dieses Jahr empfangen; wer thät nicht gern etwas, wenn es endlich zum Ziel käme; auch wünschte ich, daß er sich warme Kleider auf den Weg machen ließ. Wie sehr erstaune ich aber, als am 24. d. Mts. ein Brief von ihm kommt, daß er einige (Ungenannte) um Geld gebeten, die es ihm aber nicht gegeben, weshalb er ihnen auch derb geschrieben, nun möchte ich ihm doch noch 70 Gulden zukommen lassen. Ich habe gleich auf den Credit von Jordis bei Pfeiffer sie geborgt

und hingeschickt, indessen wird er nun vor Mitte Februar nicht ab=
reisen, und vierzig Thaler sind aufs Neue verschleudert; außerdem
wird es in Berlin einen schlechten Eindruck machen, denn ich habe
Reimer geschrieben, daß er Ende Januar anlangen wird. (Ich glaube,
dieser hat den Ferdinand Drömmler [Dümmler] nicht mehr, welcher dort
die Hitzig'sche Buchhandlung soll übernommen haben.) Der Ferdinand
hat aber, wie mir der Louis sagt, keine andere Absicht dabei, als den
Carneval dort noch zu genießen. —

Mit der Edda geht's im langsamen Gang fort, neun Bogen
sind heraus. Ich habe die Aushängebogen davon und erst vier un=
bedeutende Druckfehler bemerkt; da ich auf jeden Bogen vier bis fünf
Stunden wende, so scheint mir Dein Gedanke von solcher Menge
Druckfehler zu besorgt. Das fertige Heft der Wälder muß diese
Woche ankommen. Von den Märchen hat mir Vogel nur 20 Exemplare
geschickt, dagegen sind zwei auf sehr prächtigem geglättetem Velin.
Ich will dem Stein eins schicken, wiewohl keine übrig bleiben werden;
den Wigand mag ich nicht übergehen, ob er uns gleich sein neustes
politisch=historisches Werk über Franzosenthum, das Krieger verlegt
hat, vorenthalten; er schämt sich dessen immer selbst ein wenig und
hat nur ein P. W. auf den Titel gesetzt. Dem Louis hat er ein
Paar Trauerspiele aus dem Mittelalter vorgelesen; ich erinnere mich
wieder lebhaft, was er auch auf der Schule für ein Kritzler und
Alles=Schmierer war.

Beikommende Briefe hat Doctor Bunsen, ein gescheidter und wohl=
gewandter Mann, der schon im Frühjahr bei mir war, sowie die
darin angegebenen Bücher (zwei Bände Maerlant und eine Sprach=
lehre) und Dein Diplom auf Pergament mitgebracht. Er hat mir
viel von Holland, wo er fünf Monate war, erzählt. Bilderdyk hat
ungemeine Gelehrsamkeit, aber einen ängstlichen, sehr unglücklichen
und äußerlich zweideutigen Charakter, so daß Bunsen mit einem
traurigen Eindruck ihn verlassen. Bilderdyk ist eben in einer dürf=
tigen Lage, fast in Armuth, da er aus Seltsamkeit seiner Stelle ent=
sagt und man ihn nicht leicht wohin bringt, weil er überall um sich
beißt. Sehr freundschaftlich und herzlich schildert er dagegen den
Tydeman und Hoekstra; letzterer arbeite mit ungemeinem Fleiß in
der altdeutschen und holländischen Literatur. Von seinen literarischen
Nachrichten war die wichtigste, daß van Wyn, der eben die Nibelungen
gelesen, ihm gesagt, er habe sich dabei wieder erinnert, daß er vor
langer Zeit, noch in seiner Jugend, auf der Bibliothek zu Brüssel

ein altholländisches Gedicht ähnlichen Inhalts gelesen. Ist nun auch hier ein Irrthum oder Verwirrung und vielleicht nur der hörnen Siegfried oder ein anderes Gedicht aus dem Kreis, so bleibt doch die Nachricht sehr wichtig. Sieh doch, ob Du dort niemand bei der Gesandtschaft ausmachen kannst, der eine sichere Nachricht verschafft. Ich habe Tydeman den Empfang gemeldet, eine Ankündigung der Wälder geschickt und ihn dringend gebeten, sich oder uns Zugang in Brüssel zu machen. Sodann hat Bunsen gehört, Walraff in Köln selbst besitze einen Titurel, Tristan und Parzival oder ein anderer dort, der diesem bekannt sei; das würde Fr. Schlegel am besten aus= fragen können.

Die Bitte des Hammer will ich besorgen, wann ich Conradi schreibe. Reinwalds Ankündigung folgt hierbei. Carové's Adresse ist: Einnehmer der Rheinschifffahrtsgebühren zu Gernsheim im Groß= herzogthum Darmstadt.

Am 31.

Endlich hat sich noch Papier und zwar recht gutes gefunden, wenn das Ganze der Probe entspricht, die Körner heute geschickt; ich habe gleich Manuscript des armen Heinrich abgehen lassen. Thomas zeigt sich überall recht freundschaftlich und hülfreich. Er will eine juristische Zeitschrift herausgeben, doch das wirst Du von ihm selbst wissen, da er, wie ich abnehme, an Dich schreibt. Ich habe Hebel auch ein Exemplar der Märchen mit ein Paar Worten geschickt; Körner ist ein alter Bekannter von ihm und verlegt jetzt den Haus= freund. Börsch aus Hanau, welcher die Pränumeration des armen Heinrich besorgt, kommt nach Hanau, er schreibt, daß Dir Pilat ein neugriechisches Buch für ihn geben werde. — Körner möchte gern alle sechs Hefte der Wälder vor der Ostermesse fertig haben, weil das dem Absatz sehr förderlich sei; da mußt Du mich rasch unterstützen. Benecke will Bonerii gemma neu ediren (was ich eigentlich keine sehr nöthige Arbeit finde) und bittet Dich, aufzumerken, wenn sich ein altes und gutes Manuscript davon zeige; auch sagte Bunsen, daß er Nachträge zum Oberlin vorhabe.

Am 1. Februar.

Mehr weiß ich Dir jetzt nicht zu sagen und will dieses wenige nicht länger liegen lassen. Büschings Geschäftsreise ist das lang= weiligste und unbedeutendste Buch von der Welt und keinen Kreuzer werth; das Beste hat schon im Pantheon gestanden.

Nun leb wohl. Dein treuer Wilhelm.

128.

**Jacob an Wilhelm.**

Wien, 10. Februar 1815.

Lieber Wilhelm!

Es geht mir seit einiger Zeit ruhiger und zufriedener, besonders wenn sich die Aussicht auf ein baldiges Ende erhält.

Für den armen Heinrich ist mir unter der Hand noch einiges aufgefallen:

1) zur Heilung der Blindheit durch Wasser und Blut die Legende von Longinus. Vergl. Fierabras pag. 163.

2) zur Heilung des Aussatzes eine Stelle aus Carpentier v. miselli, wo aus einer Urkunde von 1408 ein tobtgeborenes Kind als bienliches leprae curandae remedium angeführt wird. Immer die Idee des Unschuldigen, Unbefleckten. Das Blut im Abendmahl, das Wasser in der Taufe erscheinen auch so.

3) Sobald ich kann, will ich die mir bemerkte Stelle aus Barlaam schreiben.

Deinen letzten Brief vom 18. Januar habe ich am 1. dieses mit herzlicher Freude empfangen und bin nur über den Schluß betroffen worden, wonach der Druck des ersten Hefts der Edda 17 Bogen· betragen soll. Ich hatte auf 11—12 Bogen gezählt!

Meine spanischen Romanzen bekommen über 300 Seiten, werden recht gut auf schön Papier und correct gedruckt; ich habe überhaupt wohl gethan, sie mitzunehmen, in Braunschweig hätte ich die Correctur nicht so genau selber besorgen können und es lassen sich bei den vielen Fremden hier vielleicht Exemplare nach England und Spanien senden. Bald hätte ich noch einen speciellen Vortheil hier erlangt, es befindet sich nämlich auf der Bibliothek ein Codex spanischer Lieder, ist aber leider alles Suchens unerachtet nicht aufzufinden gewesen.

Endlich hat auch der gedruckte Circularbrief, welcher aus der hier von mir gestifteten Gesellschaft ausgeht, die Presse verlassen und es werden dieser Wochen bereits gegen fünfzig in alle Theile des Reichs ausgesandt. Aus den beifolgenden an August Haxthausen, Bauer und Wigand (weil so etwas aus der Ferne kommend besser aussieht, bereits von mir ausgefüllten) kannst Du das Nähere sehen, mit erster Gelegenheit sollst Du dann noch mehr Exemplare zum eigenen Aussenden empfangen.

Ich bitte doch dabei überhaupt zu bedenken:

1) Das Circular ist darauf berechnet, daß jedes Mal den besonderen näheren Umständen angemessen dazu noch geschrieben werde. Jedes Mitglied unterzeichnet bloß seinen Namen, giebt dem Correspondenten Adressen an, durch welche die Beiträge an es gelegentlich gelangen.

2) In jeder Landschaft muß ein Hauptsammler sein, der die Untersammlungen einzieht und sie sodann wieder an uns gelangen läßt. Ich halte ein ordentliches Buch, worin Name, Wohnort und Zeit der Einladung eines jeden Sammlers eingetragen werden.

3) Es ist gar nicht einmal nöthig, daß entfernte Sammler den Ursprung und Zusammenhang der Gesellschaft überhaupt wissen, und dazu scheint jenes vielfältige Unterzeichnen ein treffliches Mittel. Das Ganze gewinnt dadurch allenthalben Nähe und Vertraulichkeit.

4) Bloß an einfache, thätige Menschen muß man sich wenden und nicht einmal allen darunter die Unteraustheilung der Briefe auftragen. Sie mögen in ihrem Umkreis Privatbriefe ausschreiben.

5) Es wird gut sein, in jedem Schreiben auf Muster und Beispiele zu weisen, z. B. Otmars Volkssagen, unsre Kindermärchen ꝛc. Auch kann man einen oder den andern Umstand, z. B. die überwiegende Wichtigkeit von Nr. 2, unter den sechs Punkten hervorheben. Andere kann man dadurch gewinnen, daß man auch auf Wörtersammlungen und Idiotismen dringt.

6) Ich freue mich zumal auf Beiträge aus Tyrol, Deutschböhmen, Steiermark, der Schweiz und Schwaben. Die Leute, wenn sie schwarz auf weiß gedruckt sehen, werden schon ernstlicher gesinnt. Die schöne Gelegenheit zur Ausbreitung hätten wir nirgends so erlangt, als durch meine Anwesenheit hier. Ein gewisser von Laßberg aus dem Breisgau nimmt sich der Sache gut an; er hat mir auch eine noch ganz unbekannte Handschrift Minnelieder aus Donaueschingen zugesagt. Ich habe vorgestern an Arnim einige Exemplare mit Bitte um Unterstützung versandt und Savigny gebeten, sich bei Sailer dafür zu verwenden, der durch seine ihm anhangenden Schüler gewiß viel thun kann. Auch an Thomas und Stein in Frankfurt sende ich Briefe. Du mußt Dich nun auch besinnen, unter andern dem Siebert in Treysa einen zukommen lassen. Görres wird ihrer gern in den Rheinländern anbringen und für den Elsaß sende ich an Arnold, Stöber und Engelhard in Straßburg. Könnten wir nur auch in Schweden, Norwegen und Dänemark Unterstützung erlangen. Mittlerweile erkundige Dich doch in Göttingen nach Sjöbrings gegenwärtigem

Aufenthalt; in Kopenhagen wäre mit Bech am ersten etwas auszurichten und ihm Circulare zu weiterm Gebrauch zu senden. Dem Hammerstein mußt Du auf allen Fall die Sache ans Herz legen.

Ich habe neulich Gottschalks Compilation angesehen; so ärgerlich sie im Ganzen ist und uns manche längst schon gesammelte Localsage wegnimmt (z. B. die hübsche hannöverische von der Seeburg), so können wir bei unserm künftigen Buch auch geradezu wieder Einzelnes, was sie mündlich aufgenommen hat, vortheilhaft brauchen.

Noch etwas zum armen Heinrich. Ich habe Dir schon einmal geschrieben, daß in der Volkspoesie Messer und Gabel darum zwei gleiche Freunde ausdrückt, weil diese als Zusammenessende (commensales) wie auch Zusammenwohnende und -schlafende (contubernales), -sitzende 2c. vorgestellt werden. Alle diese Namen gehen tief in Sprache ein, Tisch, Bett, Stuhl 2c. sind immer ein Wort. Ich wollte nur noch bemerken, daß die Idee von der runden Tafel ebenfalls diese Gesellschaft und Genossenschaft besagt. Nicht bloß in den Romanen von Artus, sondern auch in denen von Karl; die douze pairs (pares, gleiche Freunde und Gefährten) heißen im Altdeutschen bedeutend die zwölf Vetter (Verwandten, Brüder) und werden in den spanischen Romanzen meistens schön umschrieben: „die, welche an einem runden Tische Brot zusammen essen."

Trag dies noch ins Kapitel von den zwei gleichen Freunden ein. Neulich ist mir zum kalkar iva allerhand beigefallen. Ich vermuthe, es sind Pferdehufe, womit die Pferde, wenn es Geräusch giebt, sonderlich Nachts laut zu treten pflegen (ich höre dies hier oft in unserer Wohnung), vergl. das spanische calcañar, der untere Theil des Fußes, Ferse, lateinisch calx und calcare treten, stoßen.

Am 14. Februar. Eben trifft Dein Brief vom 30. Januar ein, der meinige geht heute mit einem Courier.

Zu Deinem Geburtstag hab' ich diesmal wahrlich nichts als herzlichen Wunsch; über ein Jahr will ich's einbringen.

---

129.

## Wilhelm an Jacob.

Cassel, am 13. Februar [1815].

Liebster Jacob! Den Empfang Deiner früheren Briefe habe ich das vorige Mal gemeldet, seitdem habe ich erhalten: den mit dem

Nibelungenaufsatz, einen zweiten mit dem zurückgeschickten aus dem armen Heinrich und heute die Recension von Göttling und den Schluß von Deinem Aufsatz über das Lied von Frau Alba. Ich danke Dir für alles herzlich, warum hast Du nicht auch den Anfang und das Lied selbst mitgeschickt, Du willst mich wohl neugierig machen? Mich hält jetzt Dein Versprechen, diese Friedensblätter zu schicken, ab, sie für die Lesegesellschaft, die noch fort besteht, zu bestellen; schreib mir das nächste Mal, ob ich darauf rechnen kann oder das andere besser wäre. Göttling ist ein feiner Mensch von einnehmender Gesichtsbildung, er hat mich dies Frühjahr, als die sächsisch-weimarischen freiwilligen Jäger durchkamen, besucht, daß er es gewesen, sagte mir Bunsen, denn ich hatte seinen Namen nicht recht verstanden und, als er von altdeutscher Literatur sprach oder anfing, gedacht, er habe nur ungefähre und allgemeine Theilnahme dafür. Er wollte, sagte Bunsen auch, als Student nach Berlin oder ist schon dort. Den Aufsatz über die Nibelungen will ich ins nächste, d. h. zehnte Heft (am neunten wird eben gedruckt) der Wälder voransetzen. Den Aufsatz von Thomas kann ich nicht finden, meinst Du unter Schublädchen das in dem kleinen Tisch, so irrst Du; ich habe sonst noch in Deinem Kasten nachgesehen, aber nichts angetroffen, als den ersten Entwurf Deiner Zusätze zu Thomas' Abhandlung. Ich dachte darum, Du hättest sie mitgenommen, weil Du von der Wiederauflebung der Wälder wußtest oder sie wenigstens zu Stand bringen wolltest, und da selbst Deine Meinung war, daß man sich dem Thomas gefällig erweisen müsse, sie für die ersten Hefte bestimmt. Sei so gut, ihm etwas darüber zu schreiben und aus Ursachen die Arbeit bis zu Deiner Rückkehr aufzuschieben, ich muß sonst etwas anderes, einen Auszug aus dem gedruckten Schaffhäuser Adolphus über Barbarossa aufnehmen, der ganz gut ist, aber nicht hierher, sondern ins Morgenblatt gehört. Der Druck des armen Heinrich muß nun anfangen, ich erwartete schon vor acht Tagen die erste Correctur.

Bei Perthes in Hamburg habe ich die Kämpeviser, das dänische Wörterbuch der Gesellschaft der Wissenschaften und alles Neuere für die Bibliothek bestellt, wir können uns hernach kaufen, was wir wollen. Mit der Edda geht es so fort, ich habe nun die Übersetzung hingeschickt, die daneben gedruckt werden soll, was wenigstens um zwei Monate hilft; so kann das Buch zur Ostermesse fertig werden. Gebauer hat mir endlich gestanden, daß er nur für zwei Bogen isländische Buchstaben hat.

Ich erinnre Dich an die Vergleichungen für die goldene Schmiede, auch wäre mir lieb, wenn Du mir im Windhagischen Manuscript der Weltchronik, auf welches nach Deiner Bemerkung in dem Dresdener verwiesen wird, die auf den Fabelkreis sich beziehenden Stellen des H[einrich] von München abschreiben oder, wo Dir das zu viel Zeit kostet, nur die Hauptsachen und Namen vergleichen wolltest. Ich gedachte das Stück in den Wäldern abdrucken zu lassen.

Nach dem Morgenblatt wird in Berlin eine ganz wohlfeile Ausgabe der Nibelungen für Schulen veranstaltet. Dort hat sich eine Gesellschaft für die Reinigung der deutschen Sprache unter Jahn, Arndt, Zeune, Heinsius gebildet.

Über die Märchengesellschaft freue ich mich sehr und dachte schon in dem letzten Brief den gedruckten zu finden; ich habe mir an verschiedenen Orten Adressen versprechen lassen. An Hammerstein habe ich unser Buch nun auch geschickt; der Siebert bloß muß es noch haben und der Wigand wird fürs Erste leer ausgehen, da mir Vogel nur zwanzig Exemplare geschickt, so geht wieder alles auf, obgleich ich hier nur fünf ausgetheilt.

Einige Fragen will ich hier gleich beantworten, damit ich nichts vergesse. Der Dornavius ist hier und schon bei uns; es ist mancherlei darin zusammengetragen, unter den Gedichten ist die erneute Flohklage gar nicht schlecht, sondern sehr gewandt und witzig. Aber Koch führt das Buch schon an. Über die Trauer der Turteltaube aus Aldrobandi, der auch auf der Bibliothek ist, u. s. w., ich habe keine Zeit gehabt, es genauer zu lesen. — Reimer wird Dir keinen Antrag thun, ich hatte ihm nur Deine Adresse gegeben, damit er Dir die gedruckte Anzeige zum Vertheilen zuschicken könne. — Der Aufsatz über die Innungen ist (wie ich glaube) vom Juden Steinhart, ich habe ihn schon früher durch Bauer bitten lassen, dergleichen auszulassen. — Clemens und Arnim haben mir nicht geschrieben. — Die Recension von Zinserling ist nicht von mir. — Haxthausen will freilich die Lieder herausgeben, doch wird's noch Zeit kosten. Theilnehmen können wir nicht gut, denn dann wäre nöthig, das Ganze zu bearbeiten und, was er hat, als bloßen Stoff zu betrachten, aber dazu haben wir jetzt keine Zeit, wiewohl es in Zukunft einmal geschehen muß.

Die Sache des Louis ist noch unentschieden, dagegen behalten wir das Haus für das zweite Jahr, was Dir so lieb sein wird, als es mir ist, vielleicht aus einem lächerlichen Grund. Ich muß der

Tante zu Lieb ein Geländer um die Altane machen lassen, denn sie hat mir noch neulich erzählt, daß sie als davon träume und in Schrecken erwache; es wäre ihr darum lieb gewesen, wenn wir hätten ausziehen müssen. Der Ferdinand hat mir vom 2. noch aus München geschrieben, ich hatte ihn nicht verstanden, er braucht noch 70 Gulden und hat sie dort auf mich bezogen, also 140. Das Geld aus den verkauften Sachen scheint daher nicht viel gewesen zu sein. Vergiß ja nicht, mir die Hauptquittung für das Jahr 1814 zu schicken, auf dem Kriegscollegium wollen sie sonst den Februar nicht auszahlen, und das brächte mich in Verlegenheit. Wegen der Diäten hat mir Schmerfeld noch nichts sagen lassen. — — —

Zu meinem Geburtstag wünschest Du mir im voraus Glück, ich danke Dir herzlich, liebster Jacob; ich hatte wohl daran gedacht, Dir zu dem Deinigen die Märchen zu schicken, hernach hielt ich's für unmöglich, daß das Buch um die Zeit nicht schon in allen Läden dort wäre, so hast Du bloß einen Brief erhalten, in dem nicht ein= mal viel stehen konnte. Das Längste wirst Du wohl ausgeblieben sein, mach nur, daß Du gesund bleibst.

Dein treuer Wilhelm.
Am 14.

Folgendes hatte ich gestern doch vergessen: Im 2. Band der Nemesis von Luden steht ein Aufsatz von Docen über Selbständigkeit der deutschen Literatur und Sprache in seiner Art. — Aus Bartholdys Reise nach Griechenland brauchst Du keine Auszüge zu machen, sie ist hier. — Bruns über deutsche Rechte und Eichhorns Rechts= Geschichte, 2. Band, sind schon gebunden aufgestellt.

Eben ist ein Brief von Arnim angekommen, worin er für die Märchen dankt, er meint einigen glücklich nachgeholfen, was ich Dir aber nicht sagen würde und hätte es öfter thun sollen. Er antwortet Dir nicht, weil er glaubt, sein Brief würde Dich nicht mehr treffen. „Grüß ihn herzlich, wenn Du schreibst, und versichere ihn dabei, daß das eigentliche Preußen, d. h. das alte ritterliche keine Polen ent= halte, sondern außer den Deutschen nur aus Litthauern bestehe, die weder in Sprache noch Sitten einige Ähnlichkeit mit Polen hätten; er spricht öfters davon, als wäre Preußen ein germanisirtes Polen." Am 9. Februar ist ihm wieder ein Söhnlein geboren worden.

Hummel bittet Dich, die Einlage abgeben zu lassen, ist der Herr nicht mehr da, sie nur zu behalten und nicht wieder zurücklaufen zu lassen.

Abends ½10 Uhr.

Heute Mittag sind wieder zwei Briefe angekommen, einer vom Karl aus Münster, wornach er auf einer Reise nach Bordeaux begriffen ist, er hat also seinen Wunsch erreicht; hoffentlich wird er des französischen Wesens, sowie des Herumziehens bald müd. Er soll dann auch in Deutschland reisen und wird wohl jetzt mit Wein zu thun haben; er sagt, daß er 2000 Francs fürs erste Jahr Gehalt habe, versteht sich Reisekosten dabei.

Sodann ein Brief von Hoekstra, den ich wegen seiner verständlichen Schrift lobe. Ich schicke ihn wegen des wichtigen Anerbietens, das er macht und welches zu überlegen ist. Einmal wird es der Sache gewiß nützen, wenn er das Holländische mit herausgiebt, hernach aber wird der holländische Überfluß seiner Anmerkungen auch drücken. Übrigens hat mir ihn Bunsen als einen sehr braven, stillen und fleißigen Mann geschildert, und daher bin ich geneigt, ihm dennoch bejahend zu antworten, man müßte nur auf deutsche Sprache in den Anmerkungen halten, und das würde schon eine Art Abfassung und kürzere Anordnung von unserer Seite zulassen; man kann nur den ganz wahren Grund anführen, daß das Buch sonst in Deutschland keinen Käufer und Leser finden werde, es auch die Gleichförmigkeit verlange. Auch Zeit muß man sich aushalten, doch habe ich ausdrücklich schon dem Tydeman geschrieben, daß wir erst in einem Jahr oder später an diese Arbeit gehen könnten. Ich bitte Dich nun, mir Deine Meinung zu schreiben, da ich diesmal selbst antworten muß. Seine Nachricht über die Brüsseler Handschriften fördert nicht weiter oder ist gar keine.


## 130.
### Jacob an Wilhelm.

Dienstag, den 21. [Februar 1815], Abends.

Lieber Wilhelm!

Ich schicke Dir hierbei:

1) die verlangten Vergleichungen aus der goldnen Schmiede. Einiges wird wohl dadurch zurecht kommen. Das ganze Gedicht ist eins der merkwürdigsten und schönsten seiner Art; ich könnte vielerlei dazu anmerken, wovon Du aber das Meiste schon selbst gefunden haben wirst. Die älteste und reinste Handschrift liegt wohl zu München

und es ist Schade, daß wir sie nicht dazu gehabt. Aus der Coloczer lege ich, so viel ich habhaft geworden, bei;

2) das schon besprochene neugriechische Lied, damit Du es bei den Zusätzen zu den zwei Kaufmännern benutzen kannst. Die Neugriechen haben echte und treffliche Volkslieder. Vielleicht erscheint eine Sammlung davon;

3) von mir für die Wälder den Aufsatz über die Turteltaube. Unter meinen Papieren fand ich von Deiner Hand das Citat: Gallische Alterthümer I, p. 12. Sieh es doch nach und trag es nöthigenfalls ein.

Mit der Zeit mehr.

Es ist hiesiger Volksglaube, daß durch Auflegung einer todten Hand bösartiges Geschwür heile. Faden aus Todtentüchern oder -hemden haben schon ähnliche Kraft.

Ich wünsche Dir auf den Freitag schönes Wetter, Spazierengehen und Kaffee oder Chocolade mit dem bekannten Kuchen. Am Sonntag und Montag war hier Maiwetter, mild und rein; gestern Abend aber brach Sturmwind ein, der noch immer fortwährt und alles unfreundlich umgekehrt hat. Ich möchte wissen, ob das bei Euch ziemlich ebenso ist?

Leb wohl.						Jacob.

An Hammerstein mußt Du Briefformular schicken. Er könnte es auch bei andern anregen. Sein Steckenpferd ist die Wiederauffindung der römischen Spuren in Deutschland.

Die Spur von den niederländischen Nibelungen ist sehr wichtig, ich werde noch selbst an Tydeman schreiben und die Sache dringend machen. Was ich Dir voriges Jahr von Paris aus meldete über den hörnen Siegfried, stimmt auch dazu.

Da mein Aufenthalt sich verzögert und ich schwerlich sobald zurückkehre, so wäre mir lieb, wenn Du den Schelmuffsky, das Heft von den Wäldern, worin die Handwerksbräuche, und Thomas' Abhandlung in einem Packet an Thomas schicktest, mit der Bitte, es mit Reisegelegenheit, die es in Frankfurt viel häufiger giebt, hierher zu senden. Leg dann auch meine Pariser Excerpte aus altfranzösischen Romanen bei. Ich brauche sie, um zu den spanischen einiges auszuarbeiten.

Adresse: bei Graf Keller auf der Wieden, Panigelgasse Nr. 80.

131.

## Wilhelm an Jacob.

Caſſel, am 28. Februar 1815.

Liebſter Jacob, Dein letzter Brief mit den gedruckten Send=
ſchreiben iſt richtig angekommen, ich habe die überſchriebenen fort=
geſendet und andere von meinetwegen abgehen laſſen an Siebert und
Hammerſtein. Ich eile mich, daß Du noch etwas bekommſt, denn in
drei Wochen machſt Du Dich vielleicht reiſefertig.

Von Brentano habe ich einen etwas ängſtlichen Brief bekommen,
er ſcheint ſich umgeändert zu haben und in völliger Reue zu leben,
doch iſt er noch in der Art, die Dinge auszuſchmücken, ſo wie im
Planmachen und Vorlegen ganz der Alte und Du und ich und der
Louis werden damit verſorgt. Er wollte eigentlich ſeine Bücher haben,
da ſich eine gute Gelegenheit ergab, ſie frei wegzuſchaffen; die Aus=
wahl in unſerer kalten Bodenkammer war mir auch keine angenehme
Arbeit. Er ſchreibt, daß ihm Deine wenigen Worte ſehr theuer ge=
weſen, und ich ſolle Dir mittheilen, „Dich mit dem Fürſt Moriz
Diedrichſtein in Wien, einem ſehr zugänglichen Mann, bekannt zu
machen, um womöglich an die altdeutſchen Handſchriften in der
Diederichſteiniſchen Bibliothek zu Nikolsburg in Mähren zu kommen.
Auch in Horſchowitz in Böhmen auf der Wrbnaſchen Bibliothek
liegt ein altes Manuſcript. In Prag den Doctor Schultes (Schuſter?)
aufzuſuchen, der alte Sachen hat. In Wien durch Eckſtein eine
ungariſche Bekanntſchaft ſuchen, um einen alten Trauergeſang der
Zigeuner zu erhalten, den ſie aus großer Trauer nicht anders, als
durch Gewalt unter heftigem Leidweſen zu ſingen bewogen werden
können. Eine gewiſſe Mademoiſelle Caspers wird vielleicht erbötig
ſein, ſich darum zu bemühen, ſie iſt halb literariſch und ſehr in
Ungarn zu Haus, auch recht gutmüthig. Er ſoll ſie grüßen. Der
Geſang ſoll eine Schlachterzählung enthalten, wie ſie ganz vernichtet
worden.“ — Gedruckte Briefe ſollſt Du ſenden: nach München an
den Oberpoſtmeiſter Baron von Pfetten und auf Ringſeis Dich be=
rufen (dieſem denk’ ich auch). Nach Weinheim bei Heidelberg an
Herrn Batt bei Herrn von Babo. Nach Innsbruck an Herrn von
Eichendorf bei Hofrath Adam Müller. —

Eine Neuigkeit iſt, daß Arendt ſich gegenwärtig zu Frankfurt
befindet. Thomas ſchreibt mir auf einmal und bittet um Nachricht
über ihn; ſie meinen alles von ihm erlangen zu können, ſo bereit=

willig zeigt er sich auch dort im Eingang. Er will nach Wien zum
Fr. Schlegel, der soll ihm zur Herausgabe seiner Grammatik und
Edda verhelfen; Du kannst ihn also benachrichtigen, was ihm bevor-
steht. Auf uns ist er dort, wie zu erwarten war, nicht wohl zu
sprechen, er bringt nach seiner Art Lügen vor; wie wir keins seiner
Anerbieten angenommen. Ich habe dem Thomas ein unverhehlendes
Urtheil geschrieben. Für halbverrückt und zwar aus Hochmuth halte
ich diesen Menschen noch immer. Mit der Edda klärt sich's allmäh-
lich auf, Hagen hat von Rask eine Übersetzung der Helgelieder be-
kommen und, um öffentlich damit Eindruck zu machen, Gräters Bruch-
stück in den Jenaer Ergänzungsblättern Nr. 32 1814 recensirt mit der
Unterschrift Rsk. und v. d. H. Ich habe dies Blatt eben erst bekommen, da
es bisher fehlte, denn es ist alles bei Dieterich in der größten Unord-
nung gewesen und die Administration arbeitet sich nur mählich heraus.
Neues ist außer einigen Kleinigkeiten nicht darin, doch einiges Un-
verstandene. Wenn nur unser Buch zu Ostern fertig wird, kaum
glaub' ich es; es kann der Text allein an achtzehn Bogen betragen.
Körner hat so etwas von einem Krautkräftigen und nun in vier Wochen
einer Vergantung wegen nichts gedruckt, weder an den Wäldern noch
am armen Heinrich; jetzt sind auch erst die von Dir verlangten ver-
schiedenen Diphthongformen zu schneiden. Ich sehe, daß nichts mehr
täuscht, als die Zeitberechnungen beim Drucken.

Was die Diäten betrifft, so hat man mir vom Kriegskollegium
einen Zettel geschickt, wonach sie vom 18.—30. April an sollen aus-
bezahlt werden, also doch erst seit Deiner Anwesenheit in Paris, ich
sollte dafür in Deinem Namen Quittung ausstellen, allein ich habe
es abgeschlagen und will erst Deinen Entschluß wissen und also auch
dieses noch nicht annehmen. Knatz hat sich durch Engelhard ent-
schuldigen lassen, daß er mir nicht geantwortet, Schmerfeld habe die
aufgestellte Rechnung verloren gehabt. Wahrscheinlich ist sie noch
verloren und dieses also nach dem ersten Entwurf wieder aufgestellt.

Villers ist sehr krank gewesen und ist noch nicht außer Gefahr,
er hat drei Tage lang ordentlich gerast. Es sollte mir leid sein,
wenn er stürbe, die Krankheit ist doch wohl eine Folge von Ärger
und Kränkung, die ihm widerfahren.

Seit vierzehn Tagen haben wir kein Holz mehr auf der Biblio-
thek, weil man uns die Hälfte weggenommen, ob wir gleich nur
anderthalb Stunde da sind, so frier' ich doch oft gar sehr und an
Arbeiten ist nicht zu denken. Wenn viele Leser kämen, hätt' ich den

Vorschlag eingereicht, daß ein jeder ein Scheit Holz mitbrächte, wie die Schuljungen. Zu meinem Geburtstag hat mir die Lotte kleine Hemden und die Tante 10 Thaler geschenkt, dafür will ich mir einen neuen Hut kaufen. Ein Unbekannter, wahrscheinlich der Itzig, hat mir eine prächtige Brodtorte und zwei schöne Blumenstöcke geschickt. — Es sind jetzt öfter schöne warme Tage. Gott sei mit Dir.

Dein treuer Wilhelm.

132.

### Jacob an Wilhelm.

Wien, am 6. März 1815.

Lieber Wilhelm, ich habe soeben Deinen Brief vom 13. und 14. v. M. empfangen, der also dort liegen geblieben sein muß. Mittlerweile wirst Du die begehrten Varianten zu der goldenen Schmiede auch erhalten haben. Ich danke Dir für mancherlei Nachrichten, doch schreibst Du über vieles nicht ordentlich, wie ich gern hätte, als z. B. was Dir von meiner Recension von Göttling recht oder unrecht ist, oder an den Bemerkungen zu den Nibelungen, was Du dabei zusetzen, weglassen oder ändern willst, denn allem, das ich hier ausarbeite, gebricht es an vielem, Bequemlichkeit und Hülfsmitteln, und Dein guter Rath sollte dazu kommen. Gerathe nur nicht immer mehr in die Meinung, die sich schon lange bei Dir angesetzt hat, daß ich Einwürfe nicht vertrüge, oder verwechsele nicht damit, wenn ich das Meinige eifrig vertheidige. Es thut mir leid, daß Du jetzt mit so vielem die Last und die Correcturen der Edda, der Wälder und des armen Heinrich allein zu tragen hast; ich denke oft daran, wie es Dir geht, und möchte Dir herzensgern helfen; so muß ich meine Zeit an die Copirfrohnden wenden und vorige Woche sind von meiner Hand 21 volle Bogen abgegangen, alles taub, eitel und nutzloses Werk. Mein spanisches Buch ist fertig und hat mich mit der doppelten Correctur genug geplagt, kommt Gelegenheit, so will ich Dir's schicken. Die Friedensblätter bring' ich wohl besser selber mit, Du mußt aber nichts als etwas ganz Gewöhnliches davon erwarten, unter andern stehen Sonette und Lieder von Sydow darin, der jetzo hier seine dummen declamatorischen Unterhaltungen vorhat. Ich habe bloß auf viele Bitten des braven Mitherausgebers Fischer einige Aufsätze dazu gegeben, mit auch in der Absicht, um die Romanzen

28*

anzuzeigen. Brentano hat seine Erzählung von der Friedenspuppe, die ich noch nicht gelesen habe, nur gegen Bezahlung eines Honorars verabfolgt, welches bei dem geringen Abwurf die Herausgeber vermuthlich aus ihrer Tasche zahlen. Von Fischer selbst rührt das Beste: eine Ankündigung seines Wiener Jdiotikons. Ich höre, daß auch Schlegels Museum scheinbar unter seinem Namen fortgesetzt werden soll, aber ohne daß er selbst dazu thun, sondern Hartmann (der mir persönlich gefällt) alles zu besorgen haben wird.

Wenn Dir des Hoekstra Antrag gefällt, so nimm ihn an auf die Weise, wie Du geschrieben hast. Der Vortheil, den ich allenfalls davon sehe, ist freundschaftliche Verbindung mit ihm, die auch zu anderm führen kann, und Aussicht, daß er zur Ausgabe des Reineke einen Theil der Kosten übernimmt; vielleicht könnte das Ganze in Holland gedruckt werden und wird sich wenigstens besser verbreiten. Mit den Fauten des Gräterschen Abdrucks übertreibt er, ich glaube die wirklichen meistens aufs Reine gebracht zu haben, auf die Orthographie und Kleinigkeitskrämerei kommt nichts an; seine Abschrift des Goudaer Drucks ist zwar gut, führt aber schwerlich zu etwas Bedeutenderm, als Suhls Abdruck des nicht viel späteren Delfter Drucks, wovon er gar nichts zu wissen scheint.

Wenn nur der arme Heinrich noch zur Messe heraus kommt (Du hast das Geld wohl längst abgeliefert zum Frauenverein?); mit Habhaftwerdung des Barlaam und Josaphat geht es mir so schwer, daß Du etwa nicht darauf warten mußt, sondern wohl das Nöthige aus dem Gedächtnis bemerken kannst. Schon ein halb Dutzend vergebene Gänge darum hab' ich mir's nicht verdrießen lassen; indessen ist's ja eine bloße Kleinigkeit. Ich freue mich drauf, diese Sachen fertig zu sehen und zu erfahren, was Du in die Hefte der Wälder von Dir hast einrücken lassen; wenn Körner soviel fertig haben will, als zum Schluß des 2. Bands nöthig ist, so muß er fleißiger drucken lassen. Ich sende Dir beifolgend noch die Abschrift der neuen Nibelungenstrophen und lasse alle Noten weg; ferner zwei Aufsätze zum Ausfüllen: 1) über Bertha mit dem Schwanenfuß; 2) über die Boten. Noch hatte ich vorige Wochen meine alte Abhandlung über die Irmenstraße und Irmensäule wieder vorgenommen und ins Reine gebracht; da sie aber sich auf 60 Seiten beläuft und ich fürchte, daß Dir ihr ganzer Inhalt fürs Journal nicht recht lieb gewesen wäre, wie ich denn selbst der Meinung bin, daß sie ihm vielleicht mehr schaden als nützen könne, so habe ich dieser Tage einen andern Plan dazu bei mir umgetragen, von dem Du, wenn er reif wird, im nächsten Schreiben hören sollst. Damit ich das Ding einmal vom Hals kriege. Für die Wälder hätte ich noch allerhand anderes auszuarbeiten. Daß sich des Thomas Abhandlung nicht finden will, begreife ich nicht und kann ihm kaum etwas zur Entschuldigung schreiben, da ich ihm sowohl mündlich als von hier aus schriftlich den Abdruck versichert hatte. Das Beste scheint mir, Du forderst von ihm, da er wohl sein Concept aufgehoben, eine nochmalige Abschrift; an meinen Zusätzen liegt nichts, die laß ganz weg. Und vielleicht bessert oder ändert er dann auch noch daran.

Schreib doch als Bibliothekar ohne Vornamen einen Brief nach Hannover an Feder (Hofrath): ob die geliehenen Handschriften durch Constant voriges Jahr abgeliefert worden? in welchem Fall man den ausgestellten Schein zurück bitte. Auch muß Thomas endlich einmal mit dem Leipziger Manuscript machen; es ist eine Schande, die Gefälligkeit der Leute so zu mißbrauchen, da sie mir im Jahre 1811 nur aus besonderer Güte die Bücher auf ein Paar Monate liehen.

Es kann mich ordentlich betrüben, daß der Arnim immer etwas mit mir vorhat. Ich habe nirgends gesagt noch geschrieben, daß das (ritterliche) Preußen polnisch wäre, und das, was er bemerkt, sind die bekanntesten Dinge. Sondern ich habe bloß die gerade, rechte und gerechte Behauptung gelegentlich gemacht, daß Preußen (überhaupt) sehr wenig kerndeutsche Stämme, sondern viele mit Slaven und Wenden vermischte Deutsche, wie offenbar in Schlesien, Pommern und selbst der Mark, begreife. In diesem Gesichtspunkt sind die Litthauer ebenfalls weder besser noch schlechter als die Slaven.

Ich habe Dir die Zeit über nichts mehr schreiben mögen von diesen politischen Dingen; Niebuhrs Abhandlung wirst Du gelesen haben; sie ist geistreich und tugendhaft, allein parteiisch; entweder sind wir alle aus der Begeisterung von 1813 herausgekommen (und daran haben die Preußen auch ihr Theil Schuld), oder wir sollen allem bösen Schein zum Trotz festhalten an dem Reinen. Das Letztere glaube ich. Alsdann sollen wir sämmtlich gegen einander mild und gerecht sein, bloß auf das gute Volk sehen, nicht einseitig auf das Bessere oder Schlechtere in der jetzigen Verwaltung. Die meisten Verhandlungen sind wie von Anfang an immer noch gemein und schlecht, über einige geheime Triebfedern selbst der besseren Menschen mag ich hier nichts sagen, weil der Brief vermuthlich wie meistentheils doch erbrochen wird. Niemand kann bestimmt sagen, wann wir von hier wegkommen, weil in allem Langsamkeit, Falschheit und Schwäche herrschen, die nur scheu auftreten; indessen fühlt man instinct= mäßig, daß man etwa noch 4—6 Wochen zusammenbleiben wird, worauf, wie es heißt, ein Ausschuß nach Frankfurt abgesandt werden soll. Das arme Hanau fechten uns die Baiern noch beständig an, sie sollen aber hoffentlich abgetrieben werden; unsere Hoffnungen sind von einer Woche zur andern eingesunken.

Die Nachricht von Ferdinand macht mich traurig und auch von des Karls Reisen hör' ich ungerne, denn das wird ihn am End nicht glücklicher machen. Zu den Geburtstagen vom 10., 14. und 18. d. richte doch meine treuen Wünsche aus. Gut, daß wir wohnen bleiben; den lustigen Grund hättest Du schreiben sollen, anstatt ihn zweimal, wie Du thust, bloß so zu nennen; mir ist das Geländer auf dem Erker fast noch ängstlicher, denn man kann sich ihm vertrauen und es hernach brechen.

Den Brief an Mutzenbecher will ich abgeben, dem Leibchirurg Mann, der ein Braver scheint, sag gelegentlich, ich hätte seinen an Greineisen zu recht bestellt. Hierbei Quittungen für März benebst der verlangten Hauptquittung.

Gott sei mit uns.				Dein treuer Jacob.

Die Formulare werden bei Dir eingetroffen sein? zu den Brief= ausschreiben.

Zu bryniur negldar folgende Stelle aus den Hohenemser Nibe= lungen Zeile 5189 [1294 1—2 C.]

    hundert vnt vier die trugen pfawen chleit
      von genagelten richen pfellen vil der schilde breit.

Ich sende an sechs Briefformulare zur Austheilung dort herum. Den Goldmann darfst Du nicht vergessen; auch nicht den Bech in Kopenhagen und den andern Norweger, den einmal Münter empfahl.

Falls bei Empfang dieses Du den Schelmuffsky ꝛc. noch nicht nach Frankfurt abgesandt, so gieb ihn sogleich direct auf den Post= wagen hierher, so wenig als möglich frankirt.

Am 7. Abends.

In diesem Augenblick trifft über Livorno Nachricht, daß der eingethane Wolf aus Elba entronnen sei und mit einer Fregatte und Soldaten nach einer Landung steure. Vermuthlich nach Neapel zu seinem saubern Schwager. Das Ganze ist zwar bedenklich, kann aber auch sehr gute Folgen haben, namentlich für den Congreß.

Hierbei in größter Eile ein interessantes Stück, das ich gestern entdeckt, sogleich copirt und flüchtig einige Noten zugesetzt habe.

Den 11. März. J.

[Auf einem abgerissenen, angeklebten Zettel.]

Napoleon ist bei Antibes abgewiesen, bei Cannes gelandet und marschirt gegen Graße und Grenoble. Hoffentlich wird er gepackt und expedirt.

---

## 133.

### Jacob an Wilhelm.

Wien, am 18. März 1815.

Liebster Wilhelm!

Zu ihrem heutigen Geburtstag wünsche ich der guten Tante tausend Segen und Freude.

Dein Brief vom 28. Februar ist erst am 7. dort abgegangen und gestern angelangt; damals wußtet ihr die Neuigkeit von Napoleon noch nicht, die uns vorige Woche in mancherlei Sorgen setzte, allein nach den guten aus Frankreich seit vorigem Mittwoch eingetroffenen Nachrichten hat man sich fast völlig beruhigt und zweifelt nicht, daß er sein Ende nehmen wird. Ich hatte mir schon wegen Karls, der auf seiner Reise mitten in den Aufruhr hätte fallen müssen, Gedanken gemacht.

Unsere Abreise von hier ist noch nicht so nahe, als Du glaubst, es kann noch sechs Wochen bis zwei Monate dauern; meiner fort= gehenden Diäten halber ist's gut, allein ein Theil meiner Kleidungs= stücke, besonders Strümpfe und Chemisetten, woran ich zu schlecht versorgt war, reißt mir beinahe ganz auf. Die Diäten vom 18. April bis zu Ende des Monats nimm nur in Empfang, denn es ist mir unmöglich, wegen der ersten Hälfte des Monats meine neuliche Vor= stellung bei Schmerfeld zu wiederholen. An mir sparen sie gern $^1/_{30}$, während sie andern $^{50}/_{30}$ ohne Weiteres zugestehen müssen.

Seit vierzehn Tagen liegt für Dich ein Exemplar meiner spanischen Lieder auf Gelegenheit bereit, dem Görres habe ich das seinige mit einem Reisenden zugesandt. Neulich hat er mir auch einen Brief geschrieben, worin jedoch nichts Bedeutendes stand. Ich wollte ihn nicht an seinen früher einmal für die Wälder verheißenen Beitrag von Herzog Ernst mahnen, weil wir doch mehr Material als er und der Verleger Zeit haben. Weil dieser so schlecht seinem eigenen An=

trag, bis zu Oſtern einen Band fertig zu liefern, entſpricht, ſo halte ich auch mit meinen Sendungen ein. Ich könnte Dir viel Merkwürdiges ſchicken, beſonders aus der hieſigen, trefflichen Handſchrift von Schwänken und Fabeln, deren Unterſuchung ich mit Unrecht aufgeſpart hatte, denn ſie verdient ganz gedruckt zu werden, jetzo kann ich bloß das Wichtigſte abſchreiben. Die verwiſchte Stelle am Schluß des Dir neulich geſandten Trinklieds habe ich an einem hellen Tage wieder näher beſehen und beſſer herausgebracht. Es muß heißen:

Ich chan wol wafen mich  
Er zog einen hirzhals (?) an ſich  
Den hiez er vaſte . . . iſen  
Darzv von gvtem iſen  
Ein veſtez banzir enge  
Er ſprach des wines gedrenge  
Lat mich nv vngelerret  
Ich han mich ſo verſperret etc.

Des Villers Tod, den Du den 28. noch nicht wußteſt, habe ich vorige Woche aus den Zeitungen geſehen und es hat mir recht leid gethan; es war ein guter Mann, der ſich's in vielem hat ſchwer und ſauer werden laſſen.

Die Adreſſen hatte Clemens theils ſchon früher geſchickt, von ſeinen Plänen iſt er auch hier für ſich und andere immer voll geweſen, am Ende hat er damit gute Leute, wie Eckſteins, aufs Ärgſte geplagt. Ringseis hält ſich ſchon lange in Berlin auf und könnte wohl einmal aus dem Katholik Proteſtant werden im Gegenſatz zu den hieſigen Bekehrungen ins Katholiſche. Dies iſt ein Grund, warum ich weniger hier zu Schlegel gehe, als er mich bittet; auch quält er einen mit politiſchen Fragen.

Gegenwärtig ſoll Jahn hier angelangt ſein, den ich aber noch nicht geſehen. Von der Berliner Sprachreinigungsgeſellſchaft, an deren Spitze Wolke, den ſie den Alten nennen, ſtehet, wirſt Du gehört haben; Docens Aufſatz in der Nemeſis hat mir ſchlecht gefallen.

Mit Arendt wollen wir nichts gemein haben. Wenn nur einmal unſere Edda zu erſcheinen anfinge, hätten wir uns ſelbſt vor drei Jahren dergleichen eingebildet? Im zweiten Theil der Märchen iſt offenbar Nr. 44 vom Soldat und Schreiner das ſchlechteſte Stück, das ich wegwünſchte, wie aus dem erſten das von den drei Schweſtern; auch 43 iſt nicht ſonderlich; Nr. 58 hätte in eine bloße Anmerkung beſſer gepaßt. Für die Folge erwarte ich vielerlei Gutes und will auch an den Schwietzer Wyß schreiben; sind denn dessen Volkssagen noch nicht zu haben?

Dieser Tage höre ich von einem traurigen Gerücht, daß Hebel gestorben wäre.

Nachmittags.

So eben treffen die leidigsten Nachrichten aus Frankreich ein, Bonaparte ist in Grenoble, Lyon; die ganze Armee nach einander fällt ihm zu; der König muß aus Paris flüchten oder ist es schon. Wellington soll gegen ihn Hauptanführer werden, also bricht es unvermeidlich los. Für Karl ist mir bang. Gott helfe aus diesem Elend. Du wirst diesen Brief bald bekommen. Wellington ist heute schon abgegangen.

## 134.
### Wilhelm an Jacob.

Cassel, 19. März 1815.

Liebster Jacob! Vorgestern habe ich Deinen schon am Mittwochabend angekommenen Brief vom 6. März erhalten und früher den vom 21. Februar, beide mit den bezeichneten Anlagen. Diese Aufsätze für die Wälder sind recht gut und angenehm; vor allem wichtig sind die über die Nibelungen, Du wirst den größten Theil davon in diesem zweiten Bande abgedruckt finden. Du irrst aber, wenn Du glaubst, die Abhandlung über die Irmenstraße sei mir etwa nicht recht, im Gegentheil ist mir das Zusammenhalten lieber und scheint mir besser, daß sie den dritten Band eröffnet (wozu Du sechs bis sieben, ja neun bis zehn Bogen Platz hast), als daß sie wo anders abgedruckt wird, falls Du nicht ein besonderes Buch damit vorhast. Körner hat jetzt erst fortgedruckt, nachdem sechs Wochen verflossen waren, und scheint mir, wie ich Dir schon gesagt, etwas ein Schwätzer, doch scheint Thomas viel auf ihn zu halten. Mit dem armen Heinrich zögert er gleichfalls und beruft sich auf die neu zu schneidenden Diphthonge; Geld kann ich, so ärgerlich es mir ist, nicht eher abliefern, bis er mir einen längst erbetenen Überschlag der Druckkosten macht. Meine Arbeiten für die Wälder sind unbedeutend, ich habe vor beständiger Ausfüllungsarbeit noch nicht recht zu etwas kommen können, ich hielt sie für gering und doch kommt man nie zu Ende. Die Bibliothek nimmt mir täglich drei Stunden weg, die nicht viel ausmachten, wo es nicht die besten des Tages wären. Auch unser Hauswesen erfordert einiges, Du hast doch nichts dagegen, daß ich die Baakischen Grundstücke zu 120 Thlr. verkaufe, wir verlieren dann etwa 100 Thlr.? Reimer hat mir den Vorschlag gethan, um die Edda zur Messe fertig zu haben, möchte ich die letzten Bogen dort corrigiren und nöthigenfalls Cartons drucken lassen; ich habe mich endlich dazu entschlossen, weil es doch sehr wichtig ist, daß das Buch nicht länger ausbleibt, etwa fünf Bogen Text werde ich also nicht durchsehen; glücklicherweise hat sich der Corrector dort eingelernt und die zwei letzten Bogen waren ziemlich fehlerfrei, während die ersten ganz davon wimmelten. Ich habe alle Vorsicht gebraucht und, so langweilig die Arbeit war, die Handschrift durchgesehen und alle Zweideutigkeiten in den Schriftzügen ausgethan.

Ar[s]endt ist von Frankfurt weggegangen, indem sie ihm ein Reisegeld gegeben, er hat denselben Geruch, wie bei uns, hinterlassen; gewärtige Dich also, ihn bald dort zu erblicken. Thomas hat den Schelmuffsky, vielleicht ist er schon auf dem Wege zu Dir. Ich habe ihn von selbst gebeten, eine Abschrift seiner Abhandlung, die er wohl besitze, mitzusenden.

Ich danke für die Vergleichungen zur goldenen Schmiede. Schade, daß die Coloczer Handschrift nicht ganz zu haben war, sie hätte am meisten Auskunft gegeben. Die Märchenbriefe habe ich bis auf zwei ausgetheilt. Goldmann ist nicht mehr in Göttingen, sondern wahrscheinlich Pfarrherr in der Nähe von Hannover, und ich habe seine Adresse noch nicht. Suabedissen hat einen Brief an Arendt in Ratzebüttel geschickt, denselben, der ein Wörterbuch und eine Grammatik zum Nibelungenlied angekündigt, er ist sein Freund und soll ein sehr sinniger und gelehrter Mann sein. Siebert zeigt sich bereitwillig, hat aber nach seiner Art geantwortet. Er verbittet sich ein Exemplar der Schrift, weil er das durch seine geringen Beiträge nicht verdiene, ihn also ein solches Geschenk betrübe.

In den Anmerkungen zu dem Nibelungentext habe ich das Bemerkte nachgesehen und was mir klar aus den hiesigen Hülfsmitteln hervorzugehen schien, abgeändert, z. B. rüre ist ein bei Oberlin vorkommender deutlicher Jägerausdruck für den zur Jagd bestimmten Platz (wo man sich rührt), demnach habe ich die Hypothese, daß mit Vögeln vielleicht gejagt worden, weggenommen; bleibst Du dennoch dabei, so kannst Du das leicht nachbemerken. Eigene Vermuthungen kann ich indessen in das Deinige nicht hineinarbeiten, Du würdest sie, so lange es anging, anfechten, was bei Vermuthungen immer angeht, während Du die Deinigen, so lang es angeht, vertheidigst. Das ist überhaupt der Unterschied beim Streiten, ob man das Ungewisse als etwas ansieht, das ein dritter, der zwischen uns steht, in Händen hat, oder ob wir es uns gegenseitig nach Kräften aus den Händen zu reißen suchen. Ich vermuthe z. B., daß ludemes hut [895, 1] auf keinen Fall Luchs heißen kann, das Thier hat weder ein schönes Fell, noch, da es kaum größer ist als eine Katze, so groß wie ein Fuchs, würde es zu einem Kleid paßlich sein. Es scheint mir loden, lodem, Tuch, loþ, darin zu liegen, es war eine zottig zubereitete Haut, wie sie Ragnar zu Beinkleidern trug und wie wir sie etwa an den Kalmücken gesehen. — Die Recension von Göttling hat mir im Lesen sehr wohl gefallen, über das Einzelne habe ich noch nicht ordentlich nachdenken können, das ist Schuld, daß ich Dir nicht darüber geschrieben, allerdings auch, weil ich glaube, daß es nicht gut mit Dir streiten ist, zumal in Briefen. Was Du mir über meine Anmerkungen über schwere Stellen im armen Heinrich und über meine gut gemeinten zu Deiner Sprachabhandlung gesagt, hat mich zuletzt noch abgehalten.

Nun noch etwas von den Brüdern: Ferdinand ist zu Anfang des Monats in Berlin angekommen und ist freundschaftlich empfangen worden. Zu Baireuth hat er den Jean Paul besucht, von Wittenberg an hat er kein Geld mehr gehabt und zu Fuß gehen müssen. Ich begreife alles nicht recht, weil er 140 Gulden baar bekommen, indessen mag er mehr Schulden, als ich wohl gedacht, in München gehabt haben. Die Tante hat ihm eben Linnenzeug aller Art, sowie 20 Thlr. Geld geschickt, so daß er sich wohl einrichten kann. Der Karl hat vom 24.—26. aus Paris geschrieben, wo er Jordis gefunden, jetzt wird er hoffentlich in Bordeaux sein und also am weitesten von den Unruhen entfernt, auch kann er leicht zu Wasser fort. Diese neue Geschichte von Bonaparte läßt vielerlei Ansichten zu, je nachdem die Umstände sind, die meisten scheinen mir vortheilhaft für uns. Bleibt man oder wird man nur dort einig; Preußen wird sich gewiß lebendig und thätig zeigen.

Der Tante haben wir zu ihrem Geburtstag den Kupferstich des Louis nach den ersten Probeplatten in einem goldenen Rahmen geschenkt, sie war nicht ganz wohl und mit Schnupfen und rothen Augen geplagt. Sie ist jetzt sehr froh über den Ferdinand; über sein Zögern habe ich allerlei aushalten müssen. „Glaubst Du denn, daß er noch hingeht,

sag? Ich glaub's nicht." Worauf dann folgte: „Ganz gewiß noch."
„Also glaubst Du's?" — Der Louise Bratfisch scheint es noch kümmer-
lich zu gehen, ich habe ihr neulich einen Haufen Kleider für ihren
Jungen geschickt und die Lotte Kleider für das Mädchen, und eigentlich
könnte sie uns geben, denn der Alte ist wenigstens an 40000 Gulden
reich. Die alte Meisterlin war neulich hier, sie wohnt beim Fritz in
Vickerhagen, sie sieht zum Erschrecken aus und wird wohl nicht lang
leben. Das kleine Friederikchen ist groß und kann vor Fett kaum
aus seinen kleinen Augen sehen. —

Villers' Tod hat mich betrübt; auch die Reinhardin zu Paris ist
gestorben und Schulze in Hanau, der den Winckelmann herausgegeben.
Er soll als Schuldirector viel Gutes gestiftet haben und ein geist-
reicher, lebendiger Mensch gewesen sein. Reinhard ist Willens gewesen,
wieder einen Gesandtschaftsposten zu übernehmen, vielleicht hättest
Du ihn wieder getroffen, jetzt wird das freilich auch müssen auf-
geschoben werden.

Am 25. März.

Ich habe den Brief liegen lassen, um Dir noch einiges schreiben
zu können. Die Bonapartische Geschichte wird doch ernsthafter und
es hängt an einem einzigen zweifelhaften Gefecht zwischen Lyon und
Paris, ob er wieder über die Bourbons die Oberhand gewinnt. Die
Armee ist ihm so gewiß geneigt, als das Volk abgeneigt, indessen
fürchte ich doch nichts, wenn er auch wieder als Kaiser sich proclamirt,
weil sein Anhang wieder in sich selbst zerfallen wird, wenn er ihn
nicht mehr durch Kriege warm, gleichsam überm Feuer kochend er-
halten kann. Görres hat herrlich und feurig geredet, und die Er-
klärung der Mächte ist auch gut, und wird sie ausgeführt, kann noch
viel Böses niedergeworfen werden. Doch ich will Dir dergleichen nicht
schreiben, Du wirst solche einfache und natürliche Gedanken selbst
haben.

Von Steinau kam ein weitläuftiger Brief vom Denhard, worin
er eine Anlage des Müllers, unseres ehemaligen Kutschers, empfiehlt,
der eine Pension von uns fordert, weil er alt und nicht mehr dienst-
fähig sei. Aber betrübt hat mich, was er nur in drei Worten meldet,
daß unsere gute Marie vor drei Wochen gestorben ist, seltsam, daß
wir hier etwa gerade um die Zeit einen Abend von ihr sprachen
und der Louis auf seiner Rückreise zeichnen wollte. Es freut mich
recht, daß sie noch im Sommer die Unterstützung erhalten.

Körner schreibt mir nun, daß sein Setzer den Heinrich nicht drucken könne, Brede es aber in Offenbach übernommen, wodurch die Arbeit zwar schöner, aber auch theurer geliefert wird. Ich soll ihm 150 Gulden vorschießen, da wird wenig abzuliefern bleiben, indessen kann ich es jetzt thun.

Perthes hat uns eben die bestellten dänischen Bücher geschickt, darunter auch die Kämpeviser und die Vatnsdæla Saga. Jene machen fünf Bände aus und, so viel ich in der Eile gesehen, ist es eine sorgfältige Arbeit und viel Neues darin, es wird sich nun zeigen, wie die innere Kritik verfahren hat. Auch Nyerups Antiquarische Reise, Müller über isländische Sprache und Grundvigs Mythologie dabei sind.

Die Diäten vom 18. bis Ende April habe ich mir doch aus=zahlen lassen, weil ich Geld brauchte und Knatz mich versicherte, das Übrige stehe auch auf einer Rechnung des Grafen, die aber verlegt worden, doch bleibe es sicher.

Thomas will Dir das Packet auf der Post senden, Du mußt aber auf die Mauth dort eine Nachricht davon abgeben, damit es keinen Aufenthalt und Aufpacken giebt, das nur Unordnung verursacht.

Der Weinsweig ist eben angekommen, Näheres kann ich noch nicht schreiben, bestätigt sich das Zeugnis, so ist's freilich wichtig.

Nun Gott befohlen.

Dein herzlich treuer Wilhelm.

Gestern Abend ¹/₄9 habe ich die durch eine Staffette geschickte Nachricht gehört, daß am 20. Bonaparte in Paris eingerückt ist. Nur nicht gezögert und rasch hinein, denn mit eigener Lust und Wuth werden seine Soldaten sich in den Krieg werfen. Ich meine, ich müsse sagen, treib dort, was Du kannst, und doch kann Deine Stimme nicht an den rechten Ort bringen. Der König von Frank=reich dauert mich allein, er scheint gut und verständig.

---

135.

**Jacob an Wilhelm.**

Wien, am 22. März [1815.]

Lieber Wilhelm!

Seit Deinem Brief vom 28. v. M. habe ich nichts weiter von Dir. Man hat heute etwas leidlichere Nachrichten aus Paris, die bis zum 14. gehen. Der König war noch dort, Bonaparte aber in Lyon mit 8000 Mann, welche andere Gerüchte schon auf 40000 erhöhen wollten. Ohne den verfluchten Militärkastengeist wär' all der Unfug nicht möglich gewesen, man muß ihn mit Stumpf und Stiel ausrotten, sonst sind die Gardisten im Stand, nach Napoleons Tod einen Davoust oder Vandamme zu wählen. Hier ist dieser Tage ein wirklicher Versuch, das Kind zu entführen, glücklich entdeckt worden.

Man hält es für möglich, daß der Congreß in Cassel fortgesetzt werde, weil Frankfurt zu geräuschvoll ist. Ich wünsche es aber nicht und aus Ursachen.

Die Frau von Grimm ist neulich in Paris verstorben, Herr Grimm aber schwedischer Botschafter in Lübeck geworden. Ich warte auf Nachricht von Karl und Ferdinand in Deinem nächsten Brief.

Jacob.

Als Probe eines Wiener Witzes von voriger Woche bei der ersten Nachricht:

Antibes.     Cannes.     Grasse.

An Dib      kan       Grace

ein Dieb     keine     Gnade.

In dergleichen sind sie hier nicht unstark. Hier ist das gemeine Volk witzig, der Adel meidet den Witz, in Preußen ist der vornehme Stand witzig, der niedrige aber nicht. Dies läßt sich noch auf viel anderes wenden. Merkwürdig lautet das Evangelium von Sonntag, dem 26. Februar: Jesus treibt einen Teufel aus.

Vermuthlich werde ich hier, wo es sich nicht bald anders ausweist, höchstens noch einen Monat bleiben.

In Eile.

Adresse: Herrn B.-S. Grimm.

* * *

136.

### Wilhelm an Jacob.

[Cassel,] Sonnabend am 15. April 1815 ½12 Uhr.

Ach Gott, liebster Jacob, in welcher Herzenstraurigkeit schreibe ich Dir! Heute Morgen nach neun Uhr, um drei Viertel auf zehn, hat der liebe Gott unsere liebste, beste Tante zu sich genommen. Drei Tage hat sie zu Bett gelegen an einem ganz unbedeutenden Katarrhfieber, noch gestern Abend sprach sie so gut mit mir und gestern

Morgen schien sie aufstehen zu können; auch die Nacht über ist sie
wohl gewesen und ließ uns heut Morgen um acht Uhr auch sagen,
es gehe gut, um sieben ist sie noch aufgewesen, aber nach acht Uhr ist
ein Stickfluß gekommen und hat sie gleich gelegen und nicht mehr ge-
hört. Eben in dem Augenblick war sie gestorben, wie ich kam, sie
war noch ganz warm und hatte die Hände auf der Decke liegen, aber
das Gesicht war schon leichenblaß. Heute Abend wird sie zu uns ge-
bracht und aus unserm Haus begraben; es ist so viel schöner. Gestern
Abend war sie noch vergnügt über uns und freute sich, daß es uns
im Ganzen doch wohl gehe und sie nur Gutes von uns höre, Gott
sei immer bei uns gewesen.                      Dein treuer Wilhelm.

Adresse: An Herrn Jacob Grimm, kurhessischen Legationssecretär
bei Sr. Excellenz des Herrn Grafen von Keller, kurhessischem Minister,
zu Wien, auf der Wieden, Pannikelgasse Nr. 80, unweit der St.
Karlskirche.

Praes. Sonntag 23. April zu Wien, Nachmittag nach sieben Uhr.

---

### 137.
### Jacob an Wilhelm.

[Wien,] Montag, den 24. April 1815.

Liebster Wilhelm!

Gestern Abend nach sieben Uhr, als ich aus der Stadt kam, fand
ich zu Haus Deine Trauerbotschaft von dem Tode der liebsten Tante.
Die weite Entfernung und, daß ich so lange über alles Erwarten hier
bleiben mußte, denn sonst hätte ich sie noch gesehen, der Gedanke,
daß seit ihrer Rückkunft nach Cassel ich unter uns eigentlich am
wenigsten um sie gewesen, selbst daß ich ihr zu ihrem neulichen letzten
Geburtstag, wie sonst immer, nicht ausdrücklich geschrieben, alles das
macht mich noch betrübter. Auf der andern Seite sind mir in der
Fremde, unter den andern Menschen, Zerstreuungen und Arbeiten
manche traurige Bilder und Vorstellungen nicht so frisch als Euch;
allein gerade das wird mich desto mehr ängstigen, sobald ich zu mir
allein komme, und mancher Trost, den Ihr habt, wird mir auch fehlen.
Ich sehne mich recht nach Deinen nächsten Briefen, Du wirst mir
noch vielerlei schreiben, wie sie zuletzt gewesen. Sie war so gut und
bestand bloß in der Liebe zu uns. Sie ist doch der seligen Mutter
zur Rechten gelegt worden? So muß es sein. Der Raum zur linken

Seite neben dem Herzen wird, so es Gott will, einem von uns Ge-
schwistern aufgehoben sein. Wir sterben immer mehr zusammen und
haben gar keine Verwandten mehr; in wie wenig Jahren können wir
alle mit all unsrer Liebe, Sorge und Mühe in ein Häufchen Erde
zusammensinken. Ich bin jetzo so hauptsächlich an Dich gebunden,
daß ich nicht aus noch ein wüßte, wenn Du mir mangeltest. Der
Himmel will uns aber vielleicht noch eine Zeit lang zusammen fristen.
Ich fühle wohl, daß ich seit einigen Jahren viel nachdenklicher und
schwermüthiger geworden bin, und diese unordentliche, verlassene, mir
auf alle Weise verleidete Lebensart würde mich am End aufreiben
und zu Grund richten, wenn sie noch lange anhielte. Ich bin also
fest Willens, mich daraus zu reißen und Gott zu vertrauen, daß er
weiter helfe. Welch ein rein wohlthätiges Leben hat die selige Tante
von Anfang bis zu Ende geführt und behauptet, ich glaube, es ist
ihr niemand jemals bös gewesen, sondern jeder hat sie lieb gehabt.
Die gute Zeise wird nun auch jammern, bietet ihr an, sie zu Euch
ins Haus zu nehmen, wenn's besser ist. Bei dem Leichengeschäft wird
Dir Gott beigestanden haben, vermuthlich heute vor acht Tagen, wo
ich noch nichts davon ahnte. Den Louis und die Lotte grüß vielmal,
ich schreibe Dir ehster Tage wieder.          Dein treuer Jacob.
Adresse: Herrn Bibliotheksecretär Grimm.

138.

## Jacob an Wilhelm.

Wien, den 2. Mai 1815.

Lieber Wilhelm!

In den zwei letzten Briefen aus Cassel war nichts von Dir
beigeschlossen, so sehr ich zu meiner Beruhigung auf weitere Nach-
richten gehofft hatte. Ich sehe nun leider voraus, daß ich nicht vor
Mitte Juni oder gar Ende nach Haus kommen werde, ich habe den
Kurfürsten in einer neulichen Bittschrift gebeten, mich meines Amtes,
sobald hier der Congreß auseinander geht, zu entbinden, denn daß
er noch einen Nachfolger für die vier oder sechs Wochen hierher ge-
sandt hätte, wäre doch nimmermehr geschehen. Wird nun die Ver-
sammlung in Frankfurt fortgesetzt, so würde ich dort zwar weniger
zu arbeiten haben, auch sonst angenehmer leben, selbst das Brief-
schreiben wäre sich näher; allein ich kann und mag durchaus nicht

länger in meinem dermaligen Verhältnis bestehen. Ob mir der Kur=
fürst die Besoldung noch eine Zeit lang lassen wird, stehet dahin, so
nöthig wir's hätten, will ich's jetzt nicht darauf ankommen lassen;
natürlich konnte ich nicht um eine bestimmte Wiederanstellung bitten,
weil ich augenblicklich keine passende weiß; die Zeit wird's ergeben.
Übrigens ist es ordentlich ein Trost für mich, daß ich mit meinem
längst mit mir herumgetragenen Gesuch vor etwa sechs Wochen, wo
es bereits fertig und geschrieben war, eines dazwischen getretenen
Umstands halben eingehalten hatte, sonst wäre gerade die selige
Tante mit neuen Sorgen um mich gestorben, da sie schwerlich die
Gründe, warum ich es thun muß, völlig anerkannt haben würde.

/ Was soll ich Dir noch schreiben? Ich schreibe mir fast die Finger
ab, so vielerlei ist des unnützen Zeugs, das mir unter die Hände
muß. / Der Oberst Engelhard soll zum anführenden General der
Hessen ernannt sein, worüber ich erstaune. Hier haben mir die bei=
nahe eine ganze Woche angehaltenen öffentlichen Bittgänge einen recht
lebhaften Eindruck gegeben von dem, was alle öffentlichen Handlungen
sein und wirken können, es ist etwas Ergreifendes und Gewaltiges
dabei und eben gerade nichts so Katholisches, daß es dem Protestantischen
widerstritte. Waren nicht vor kurzem bei den Protestanten die langen
Leichenzüge, wo singende Kinder vorausgehen und die Leidtragenden
hinterher, allgemeiner; jetzo sieht man sie fast nur in Dörfern. Jetzt
begräbt man zu ungewissen Stunden, schnell mit ein Paar Kutschen;
schon das Hinausgetragenwerden ist doch weit schöner, in allen alten
Zügen und Festen herrscht eine männliche Gemüthlichkeit, ich sage
nicht, daß man sich im Innern der Familie selbst nicht mehr so herz=
lich betrübe und freue, wie sonst, denn die Herzen bleiben noch immer
frisch und gut, aber es ist, als schäme man sich seiner Sache, weil
man Freunde, Nachbarn und die Stadt nicht mehr ordentlich Theil
nehmen läßt.

Ich erkenne auch in diesem Stück die Unseligkeit, welche in den
über einen gewissen natürlich gegebenen Umfang aufwachsenden Städten
ruht; sie vermögen sich nicht mehr zu übersehen und nicht mehr warm
zu halten; der zunächst, vielleicht auf derselben Treppe Wohnende ist
kein Nachbar mehr, sondern es wird sich alles gleichgültig. Auf dem
Land sollen auch daher diese Bittgänge viel rührender und andächtiger
sein, um wieder auf sie zu sprechen zu kommen. An jedem Tag
zogen hier nach der Reihe die verschiedenen Pfarrkirchenleute aus den
großen Vorstädten in die Stephanskirche, die im Mittelpunkt der

Stadt liegt, alles geht zwei und zwei und im Schritt langsam, voraus
die Kinder, aber Buben und Mädchen getrennt und erst die ganz
kleinen, und so immer steigend bis zu den alten Greisen; alle diese
sangen laut eine Litanei für den Segen der Waffen und gegen den
Feind und so singen sie vom Ausgang aus ihrer Gemeine bis wieder
zurück, welches drei bis vier Stunden währen konnte. Der Zug von
den meisten Gemeinden war gewiß eine viertelstundenlange Reihe
mit vielen vorgetragenen Fahnen; dieser Gang bewegte sich nun mitten
durch das gewöhnliche Getümmel und Hantieren der übrigen Stadt,
die sich meistens nicht daran zu kehren schien. Meistens gehen auch
Kinder und Erwachsene aus den verschiedensten Ständen unter einander,
wenigstens soll es so sein, allein die aus den höheren fehlten meistens,
wiewohl auch Kaiser und Kaiserin nebst dem Hof eine solche Proces=
sion gethan haben, die ich nicht sehen konnte.

So oft ich kann, besuche ich noch die Bibliothek und schreibe
mehrentheils aus dem wichtigen Fabelbuch. Die mitgetheilte Stelle von
Nordian und Ytam hat sich mir in ihrer [. . . .?] gleich auswendig
vorgestellt, dieser Tage habe ich die drei Bände der Hagen'schen Über=
setzung der Wilkinasaga für etwa 1 1/2 Thlr. zusammen gekauft und
also gesehen, daß ich mich nicht geirrt. Die Variante Iron statt
Itam (wie klar dasteht) wird bedeutend und ist an sich nur eine leise,
weil auch Iron ein undeutscher Name; englisch iron, Eisen, dänisch
jern, vielleicht also Isam, Isan die rechte deutsche Lesart, welches ein
gewöhnlicher deutscher Eigennahme, wie in den Compositis Isambert,
Isangrim 2c. — In einem andern Bispel (Fabliau) kommen auch der
Frau Helchen Söhne vor, worüber es schon mehr Citate giebt. Schreib
mir doch in Deiner nächsten Antwort die Titel und Anfangszeilen
der von Glöckle aus der vaticanischen Handschrift für uns copirten
kleinern Gedichte; ich glaube, daß viele auch hier stehen, und brauchte
entweder diese nicht vorzunehmen, oder könnte schwere Stellen ver=
gleichen.

Vorgestern ist hier Sinclair, der Homburger, plötzlich am Schlag
gestorben; noch nicht vierzig Jahr alt. —

Schreib mir ja recht ordentlich und grüß die Lotte und den
Louis, ich habe nun auch einen Gruß weniger zu bestellen.

Dein treuer Jacob.

Denk, das längst von Dir abgesandte Päckchen hat Thomas noch
nicht hierher besorgt.

139.

### Wilhelm an Jacob.

[Caffel,] am 4. Mai 1815.

Lieber Jacob! Heute erhalte ich Deinen Brief vom 24. und setze mich gleich hin, Dir, so gut ich kann, zu antworten, ein langer Brief wird mir aber bei den vielen allseitigen Arbeiten nicht möglich sein. Von der Krankheit und dem Tod der lieben Tante habe ich alles, was ich wußte, für uns aufgeschrieben, ich mag es keinem Briefe, der verloren gehen könnte, anvertrauen und Du mußt es dann, wenn Du hier bist, lesen; wiederholen kann ich es auch nicht. Die Leiche war Dienstags Morgen, um 7 Uhr wurde sie schön aus= gestellt, mit Blumen geschmückt und von einer herrlichen Morgen= sonne beleuchtet. Viele Menschen waren da, um sie noch einmal zu sehen, um halb acht wurde der Sarg zugemacht, auf welchem noch sehr schöne Kränze lagen. Ich und der Louis waren in dem ersten Wagen, auch der Münscher und Burchardi, dann kamen noch zwei andere mit dem Pfarrer Grimm, dem Hofintendant, dem Proll und dem Engelhard. Ich habe mit dem Louis die erste Erde auf ihren Sarg geworfen und habe mich dann an der Mutter Grab aus= geweint. Das Grab ist nicht weit davon, aber nicht daneben, Du hast Recht, daß es so hätte sein sollen, aber sie bleiben in der Reihe und ich habe in der Traurigkeit nicht daran gedacht. Der Hofintendant hat das Meiste bei der Feierlichkeit besorgt und die Kurfürstin hat die Kosten bezahlt. Sie hat uns oft kommen lassen und ist so gut, wie ich es nicht erwartet habe, sie hat mir gesagt, daß wir sie als unsere Tante betrachten sollen, und hat dem Louis 600 Thlr. zu seinem fernern Studium geschenkt. Sie hat auch das Bild der Tante von Hochstädt kommen lassen, wornach die Tante wirklich schön gewesen ist. Den andern Tag nach der Leiche, am Mittwochen, bekam ich einen ziemlich heftigen Anfall von dem Katarrh= fieber, es legte sich aber bald, so daß ich schon am folgenden Dienstag wieder ausgegangen bin. — — —

Der Karl hat vom 10. bis 15. April von Bordeaux geschrieben, die Hälfte des früher Geschriebenen war ausgestrichen, das Letzte nach Einzug der Bonapartisten kurz und vorsichtig. Es scheint ihm ganz wohl zu gehen, meine Antwort ist nur bis Frankfurt gekommen. Seine Adresse ist: Messieurs Derrives Guilhou et Gouilhou aîné, falls Du ihm schreiben willst; gerade als hätte er Ahnung gehabt, bittet

29*

er dringend um Nachricht von der Tante. Ich habe nun den Brief nach Hamburg geschickt, ob er vielleicht durchgebracht wird.

Der Louis denkt nun, da er doch schwerlich als Offizier wieder angestellt wird und sein Regiment nur noch in einem sehr geringen Stamm besteht, nach München zu gehen und weiter zu lernen; das Geld sollte ihm wohl, wenn er noch etwas dazu verdient und die Geschenke für das Kosackenbild, das nun fertig und versendet ist, dazu kommen, auf drei Jahre ausreichen, ein Jahr will er noch in München und zwei in Rom zubringen, dann hofft er ausgelernt zu haben. Übrigens hat er den größten und besten Eifer gehabt, wieder mitzugehen, und Du kannst denken, daß ich ihm nichts in den Weg gelegt, aber von obenher wird nicht darauf geachtet; die Tante hätte es nicht zugegeben und sagte noch einen Tag vor ihrem Ende, es sei ihr Tod, wenn er mitgehe, die Kurfürstin besteht nun auch darauf. Indes zweifle ich nicht, daß er, wenn Noth kommt, doch mit gehen wird.

Den 1. Mai habe ich unsere 26 Exemplare der Edda bekommen, vier sind an Arnim, Savigny und Ferdinand angewiesen. Ich habe noch nicht Zeit gehabt, die letzten Bogen durchzusehen, aber ich glaube, im Ganzen können wir mit dem Druck und Äußern des Buchs zufrieden sein. Von dem armen Heinrich sind erst ein Paar Bogen fertig, da giebt's alle Augenblick Aufenthalt und kostet mich so viel verlorenes Schreiben. In den Wäldern wird jetzt Dein Nibelungenaufsatz gedruckt. Der Ferdinand schreibt mir, daß die 900 Exemplare des ersten Bandes der Märchen bald vergriffen wären und dann eine neue Auflage nöthig sei, daran ist also zu denken und darüber allerlei zu besprechen, doch hoffe ich, daß Du dann hier bist. Die Kämpeviser habe ich für uns gekauft, Thorlacius hat durch Welcker den 4. Band der Heimskringla geschickt, von der Edda sind dort allerdings eine Anzahl Bogen gedruckt, doch scheint's wieder, wie Welcker meint, etwas zu stocken, er hätte sie uns mitgebracht, wenn man sie gegeben hatte. Den Tod des alten Thorlacius wirst Du in der Zeitung gelesen haben.

Deine Abhandlung über die Irmenstraße habe ich erhalten, sie ist kühn und scharfsinnig und hat mir wohlgefallen. Was ich zu bemerken habe, ist bei anderer Gelegenheit schon dagewesen, und da bei der schon viel bestimmter zusammenhängenden Mythologie Du ein Gefühl für Absonderung und eigenthümliches Leben (S. 35) hast, so kann es Dir leicht auch bei der Sprachverwandtschaft sich regen. Allerlei Einzelheiten werden sich noch zutragen oder abändern lassen.

Es ist heute an Himmelfahrtstag sehr herrlich, die Lotte ist mit der gewöhnlichen Gesellschaft, der Louis mit einer andern nach Wilhelms= höhe gegangen; ich freue mich, bald einen Brief von Dir zu erhalten, da Du mir eigentlich lang nicht geschrieben, Gott erhalte Dich gesund, liebster Jacob, mit treuer Liebe

Dein Wilhelm.

Adresse: An Herrn Grimm, kurhessischen Legations = Secretär zu Wien.

Praes. 11. Mai 1815.

140.

Jacob an Wilhelm.

Wien, den 11. Mai 1815.

Lieber Wilhelm! Deinen Brief vom vierten Mai habe ich heute schon erhalten und danke Dir für alle Nachrichten; weil die selige Tante nicht bei der Mutter begraben worden ist, so muß ihr ein eigener Grabstein gesetzt werden; die Gutthätigkeit der Hoheit hat mich gerührt und ich sollte ihr wohl meinestheils schriftlich danken, wenn Du's so meinst. Es betrübt mich nur, daß es sogleich und bald an die Theilung der Erbschaft gehen soll, ich glaubte, damit wäre noch in ein Paar Monaten Zeit, und Du thust mir leid, daß Du das alles auf Dir haben sollst. Einmal wollte die Tante einen letzten Willen hinterlegen, ich glaube, sie hat ihn aber nachher wieder zurück= genommen oder es überhaupt nicht gethan, ich weiß nicht recht mehr. — — — Was die Geräthschaften betrifft, so theilt lieber so, daß die Hochstädter im Zweifel das Bessere bekommen, damit kein Streit ent= steht, und weil doch die Tante die ganze Zeit über viel mehr an uns gethan hat. Wie traurig sind die Gedanken über das Zergehen und Zertheilen ihres Habs und Guts, woran sie ihr Lebelang so treu und haushälterisch gespart hatte, denn an sich wandte sie fast gar nichts und wir wissen, wie ihr jede Spur von Geiz fremd gewesen; alles war bei ihr reine Uneigennützigkeit und Gutmüthigkeit, zu der es keiner von uns bringen wird, weil wir nicht in diese Lage kommen können.

Die fremden Gäste werden vermuthlich auch bei Euch wohnen? Gott stehe Dir bei allen diesen Geschäften bei und auch der Lotte, die manche böse Stunde haben wird. Es ist nicht meine Schuld, daß

ich Euch nicht helfen kann. Jetzt muß mein Abschiedsgesuch dort
vorgekommen sein und ich warte begierig auf die Entscheidung. Die
Arbeiten haben in der Letzte durch vielfache Conferenzen über das Armee-
verpflegungswesen dermaßen zugenommen, daß ich täglich Etappen-
rationen und Portionensachen zu schreiben habe, die ich auf dem
Kriegscolleg doch den Expedienten auftragen konnte. Die Sorge,
Hanau zu verlieren, hat sich gottlob wieder entfernt, und Zeit gewonnen,
alles gewonnen; ich glaube also, daß der Kurfürst nichts davon ein-
büßen wird. Das hat er aber weder Österreich noch Preußen, sondern
bloß dem Drang des Kriegs zu danken.

Jn Geldnoth werdet Jhr jetzt hoffentlich nicht sein und Ferdinand
kann sich wohl selbst helfen. Jch habe mit meinem Geld hier nicht
allein eingekaufte Bücher bezahlt, sondern auch neulich einen Wechsel
von 50 fl. holländisch an Tydeman geschickt, um die alten Schulden
abzutragen, so daß nun eher noch eine Kleinigkeit für Artikel übrig
bleiben wird, die er uns zukünftig ankauft.

Die Nachricht von dem fertigen Theil der Edda freut mich und
ich möchte sie gerne sehen, welches vielleicht geht, wenn sie Schaum-
burg oder Camesina zeitig zugesandt erhalten. Nach Dänemark wären
doch baldmöglich drei Exemplare an Rask, Nyerup und Thorlacius
zu senden; nach Holland zwei oder drei an Tydeman, Bilderdyk
und's Jnstitut, oder die beiden letzten zusammen. Thomas verdient
auch eins. Die Göttinger Bibliothek darf aus Dankbarkeit nicht ver-
gessen werden, doch hat's damit länger Zeit. Thomas meldet mir,
daß er allein den armen Heinrich corrigire, ohne die Bogen nach
Cassel zu senden; ich fürchte nur mancherlei Fehler. Übrigens will
er seinen Aufsatz über die Sprache erst wieder umarbeiten. Lieb
wäre mir, wenn auch der alte Reinwald ein Exemplar der Edda be-
kommen könnte.

Bei meinem Aufsatz über die Nibelungen fällt mir zweierlei jetzt
ein: 1) die Erklärung der Varianten aus abweichender Recitation
ist doch wohl zu scharf genommen. Es muß einmal ganz eigends
untersucht werden, wodurch die verschiedenen selbst guten, alten
Manuscripte des Parzival, Tristan ꝛc. fast beständig Varianten er-
geben, beim armen Heinrich haben wir ein so auffallendes Beispiel.
Es scheint fast nöthig anzunehmen, die Merker und Schreiber haben
meistentheils leise Änderungen nach Gutdünken vorgenommen. Jn-
zwischen ist die Verschiedenheit in den Nibelungen zu bedeutend, als
daß jenes sie zu erklären ausreichte und also der Satz der mehreren

volksmäßigen Recensionen nicht eben damit umgestoßen wird; 2) zum Wort ludemes hut. Du bemerktest in einem Brief, daß darin wohl lod, Loden liege, das nordische Wort. Ich kann das unmöglich glauben, denn warum stünde dann noch Haut dabei; dies wäre unpassend. Dagegen finde ich in Höfers österreichischem Idiokon ganz willkommen: der Loder, in den Salzburger Alpen der Stier. Also glaube ich: der Loden, Lode, Loder ist der Stier und Lodemshaut Stierhaut. Luchseshaut wäre zu klein und für einen Helden viel zu schwach.

Wegen der neuen Auflage des ersten Theils der Kindermärchen ist sich erst miteinander vielfach zu besprechen. Ich denke nicht, daß er ebenso darf wieder gedruckt werden, sondern vieles ist zu bessern und zu vermehren; welches auch dem Absatz günstig sein muß, indem wenigstens viele Besitzer die zweite Auflage nochmals kaufen werden. Ich bringe allerhand gute Sammlung mit dazu von hier aus.

Hat denn der Louis kein Bild zum armen Heinrich radirt? Ich grüße ihn tausendmal, und er soll mir schreiben, ob ich ihm die bis jetzt noch nicht angekaufte Fischer'sche Anatomie noch mitbringen soll. Wenn ich nur einmal bestimmt meine Wiederkunft zu Euch absehen könnte! Gott befohlen und alle gegrüßt. Jacob.

Du hast mir den Empfang der spanischen Romanzen nicht angezeigt, die ich im März dem Legationssecretär Daiser von hier mitgegeben. Schreib mir doch auch über die neue Ausgabe der Kämpeviser.

.Den 13.

Erst heute habe ich das Packet von Thomas mit dem Schelmuffsky empfangen, er hätte aber wenigstens auch die neuen Hefte der altdeutschen Wälder beilegen sollen, die ich noch nicht gesehen. — Es kann hier noch länger dauern und ich komme im besten Fall wohl nicht früher heim, als vorig Jahr. Man glaubt, der Krieg werde den 20. Mai losbrechen, vermuthlich zuerst am heftigsten in Brabant und Flandern. Die Russen kommen erst im Lauf des Juni beim Rhein an.

---

## 141.
### Wilhelm an Jacob.

C[assel,] am 14. Mai. Ersten Pfingsttag.

Lieber Jacob, gestern Abend sind die beiden Hochstädter, die Louise und Karoline, angekommen, und da nun das Erbschaftsgeschäft anheben wird, so suche ich heute noch etwas Zeit zum Schreiben zu gewinnen, da sie mir hernach fehlen könnte. Ehe Dein letzter Brief vom 2. Mai ankam, war ich in Ungewißheit und Verwunderung, weil mir der Knatz sagte, daß Du Deinen Abschied gefordert, ich erwartete Dich demnach in wenigen Tagen hier, doch konnte ich nicht begreifen, daß Du mir in dem Brief, der mit der Vorstellung gekommen war, nichts davon gesagt. Du hast gewiß Deine Gründe dazu gehabt, und ich habe um so weniger etwas dagegen zu erinnern, als mir alles, was jemand für seine Lage will und thut, wie heilig ist; nur, da es sich so verhält, wie Du schreibst, begreife ich nicht, warum Du dort schon forderst, was sich hier von selbst bei Deiner Rückkehr ergeben hätte, und das Dir keinen weiteren Vortheil, nur ein unbequemes Verhältnis und am Ende die Reisekosten verschafft. Lieb ist mir, daß Du hier nun eine Zeit lang nach Wunsch leben und zu ordentlicher Ruhe gelangen kannst; um die Zukunft ist mir nicht bang, Gott wird da schon helfen.

Du mußt für die Wälder allerlei fertig zu machen denken, wozu Du dort Vorrath genug wirst gesammelt haben. Den Aufsatz über die Turteltaube, wozu ich einige Zusätze machte, mußte ich wieder zurücklegen, weil ich fand, daß beim Aristoteles und Aelian die Sage schon vorkommt (s. Creuzer II, 163), weshalb die ganze Einleitung verändert werden müßte. Die Anfänge aus den vaticanischen Schwänken sind folgende:

| | |
|---|---|
| Ditz buchel heizet des hundes not etc. | Ditz ist von dem wolfe ein mer etc. |
| Ditz ist von einem reiger ein mer etc. | Hie ist wie ein wolf waz |
| Ditz ist wie ein man | der einen esel vur einen krebz az etc. |
| einen wolf jagen began etc. | Ditz ist ein hubsch mere |
| Ditz ist von der katzen etc. | von einem wolfe zu lere etc. |

Vier Bogen vom armen Heinrich sind gedruckt, ich werde das Geld, weil Du es so wünschest, ganz abliefern, womit ich aus Gründen, die ich Dir mündlich sagen will, noch gezögert habe; das andere schien mir natürlicher, weil uns diese neue Ausgabe (= 80 Thlr.) schwer fällt und wir gar nicht aus den Schulden herauskommen; ich habe nie anders geglaubt, als den nachherigen allenfallsigen Erlös mitzutheilen. — In dem 10. Heft der Wälder steht Deine Nibelungenabhandlung, welche unstreitig die wichtigste im ganzen 2. Band ist. Im 11. und 12. denke ich die goldne Schmiede sammt dem Weinschwelg abdrucken zu lassen, dieses Zeugnis ist beides richtig und wichtig und ich habe das Nöthige schon dazu bemerkt.

Eben war Harnier da und sagte mir, daß man Deine Bitte als ein ordentliches Abschiedsgesuch ansehe. —

Mit dem Louis wird sich's bald entscheiden, triffst Du ihn nicht mehr hier, so gehst Du ja wohl über München.  Nun leb wohl, von Herzen                                            Dein treuer Wilhelm.

Adresse wie bei Brief 139.

Praes. 5. Juni.

142.

### Wilhelm an Jacob.

Cassel, am 2. Juni 1815.

Liebster Jacob!  Gestern um ein Uhr sind die Hochstädter nun wieder abgereist und die Erbschaftstheilung wäre beendigt.  Ich habe es so einrichten lassen, daß alles in drei Theile getheilt worden, wo= von uns sechsen zwei, ihnen einer nach dem Loos zugefallen ist, so daß unmöglich Streit entstehen konnte.  Sie machten anfangs von Hanau aus den Versuch, die Hälfte zu erhalten, ließen sich aber wahr= scheinlich von Rechtsgelehrten leicht belehren und sprachen hier nichts darüber: ich würde ihnen gern, wenn wir in einer etwas bessern Lage wären, die Hälfte geschenkt haben, da es aber der seligen Tante Wissen und Willen war, denn die Kurfürstin erzählte mir von selbst, daß sie vor nicht langem gesagt, was ich noch übrig habe, wird nun nach meinem Tode in neun Theile getheilt, außerdem die Hochstädter reich sind, so habe ich es nicht gethan. — — —

Mehreres, was wir gewünscht, ist uns zugefallen, die Bilder von Großvater und Großmutter, der schöne Kupferstich noch Claude Lorrain, das Petschaft und dergl. — Ich habe dem Proll die Dose mit den drei Monarchen, andere Tassen, Kleider ꝛc. geschenkt, damit jeder zufrieden wäre. Die Dose mit der Mutter Bildnis, die wir gegeben, hatte die Kurfürstin zu sich genommen und mir zugestellt, ich habe sie aber doch in die Theilung gebracht.

Der Louis hat die Reisepension erhalten, aber statt 200 nur 50 Thlr., also im Ganzen nur 150. Indessen mit dem, was er wohl von dem Kupferstich erhält und was ihm die Kurfürstin ge= schenkt, wird er sich drei Jahre ohne uns forthelfen können, ich mag deshalb von diesem Gelde nichts anrühren. Mit dem, was wir baar erhalten aus der Erbschaft, können wir unsere Schulden nicht bezahlen,

indessen, hoffe ich, sendet der Reimer auch etwas für die Märchen.
Auch der Baake hätte für die verkauften Grundstücke 120 Thlr. be=
zahlen müssen, er ist aber nicht gekommen, nun will ich einmal dahin
schreiben und nur suchen die Sache zu beendigen. Auch in Gudens=
berg habe ich wegen Heppe und Müller nach den Erkundigungen, die
Burchardi einzog, Klage anstellen müssen. Käme das Geld ein, so
könnten wir uns einmal rein machen. Louis gedenkt in drei Wochen
zu reisen, er wird Dir noch selbst schreiben; nur kämst Du etwa
um die Zeit hier an, so würde er Dich erst erwarten.

Ich hatte selbst schon an einen Grabstein für die Tante gedacht,
nun habe ich den Gedanken, ihr ein großes eisernes Kreuz gießen zu
lassen, worauf zugleich die Inschrift käme, es würde schöner sein und
länger dauern, als solche platte Steine. Ich habe schon mit dem
Henschel deshalb gesprochen und wollte nur nicht gern ohne Deine
Zustimmung etwas anfangen. Es ist ein glücklicher Zufall, daß der
Tante ihr Grab gerade dahin gekommen ist, wo die Boppoische Familie
sonst begraben wurde, zwei Leichensteine, die aufgehoben worden, sollen
von dem Kitz sein, von welchem die Cousine noch einen Teller hat.

Den armen Heinrich mußte ich von Thomas corrigiren lassen,
sollte nicht ein Vierteljahr über dem Druck hingehen, sieben Bogen
sind fertig und ziemlich gut. Jetzt hat der plötzliche Tod von der
Marie Brentano, wo Thomas gut bekannt war, einige Stockung her=
vorgebracht. Die Edda habe ich an Tydeman, Bilderdyk und Hoek=
stra geschickt, auch an Reinwald, nach Kopenhagen werd' ich warten,
bis der arme Heinrich fertig ist, um den auch mitgeben zu können.
Benecke hat um einen Entwurf zu einer Anzeige der Edda gebeten,
darnach er sie abfassen will; ich muß es also thun, so ungern ich
dergleichen Zeug schreibe. Die neuen Kämpeviser habe ich noch nicht
einmal ganz durchlesen können; zu viel ist aufgenommen, ob auch in
anderer Hinsicht zu wenig, habe ich noch nicht untersuchen können.
Ich habe geglaubt, Dir geschrieben zu haben, daß ich Deine spanischen
Lieder durch den Legationssecretär, der sie mir auf die Bibliothek
brachte, erhalten habe; sie sind schön gedruckt, gelesen habe ich außer
der Vorrede nichts. Ich bemühe mich immer, Dir alles zu schreiben,
und vergesse dadurch am ersten, ob ich schon etwas gesagt oder nicht.
So weiß ich nicht mehr, ob ich schon Dir Nachricht gegeben, daß Karl
vom 25. April über England geschrieben nach seiner Art kurz oder
eigentlich weiter gar nichts, als daß er gesund ist und man dort
unruhig lebt.

Das 11. und 12. Heft der Wälder wird die goldne Schmiede und noch einige Aufsätze von Dir enthalten. Ich habe seit diesen sieben Wochen nicht Zeit und Beruhigung gehabt, etwas Ordentliches zu arbeiten, ist es Dir möglich, so sorge doch für den dritten Band, welchen die weiteren Mittheilungen aus der Nibelungenhandschrift eröffnen sollen; ich setze nämlich voraus, daß Körner weiter drucken will. Ich weiß nicht, wie es kommt, daß je älter je empfindlicher ich gegen Kleinigkeiten werde und je ruhiger bei allem größeren Widerwärtigen, das ich Gott vertrauen kann. Nichts stört mich mehr im Arbeiten und Denken, als solche Dinge, die mir gleichsam in das Eingeweide schlagen, während ich äußere Störungen leicht vertrage und unmittelbar darnach fortarbeiten kann. Ich habe nur in dieser Zeit eine Recension von Gönners Schrift gegen Savigny für den Merkur geschrieben, wozu er mich aufforderte. Der erste Band von Savignys Rechtsgeschichte ist eben heraus, ich habe ihn vom Krieger gehabt, er gedenkt recht schön Deiner Hülfe, die Du ihm in Paris geleistet, daß es Dich freuen wird. Auch eine Stelle aus unserer Edda, die ich ihm einmal geschrieben, kommt darin vor.

Da ich den Brief schließen will, meine ich, ich müßte Dir von der Tante schreiben; heute Abend sind es sieben Wochen, daß ich sie zuletzt lebend gesehen, es war etwa neun Uhr und sie wollte ihre Arme unter der Decke hervorziehen, um mir die Hand zu geben, sanft ist doch ihr Tod gewesen, und wäre sie vielleicht für den Augenblick gerettet worden, hätte sie ein Jahr lang an der Wassersucht leiden müssen.

Leb wohl, lieber Jacob, ich hoffe Dich bald zu sehen und denke mit der herzlichsten Liebe an Dich als Dein treuer Bruder

Wilhelm.

Adresse: An Herrn Legations-Secretär Grimm zu Wien. Praes. 20. Juni 1815.

---

143.

**Jacob an Wilhelm.**

[Wien,] Samstag, 10. Juni 1815.

Lieber Wilhelm, nach langem Warten auf Brief von Dir hab' ich endlich am 5. Deinen vom 14. Mai erhalten; es ist mir die Zeit über schlimmer als in meinem Leben je gegangen, und wäre kein Wunder, wenn mich Ärger, Verdruß und Arbeit krank gemacht hätten,

allein ich habe mich an die Aussicht nach Erlösung gehalten, die nun
einmal bestimmt vorauszusehen ist, in Monatszeit denke ich bei Euch
zu sein. Vorgestern Abend endlich ist die Bundesacte zu Stand ge-
bracht worden, nun giebt es noch allerhand zu thun und die Meisten
reisen in einigen Tagen ab, wir aber erst in vierzehn Tagen; wenn
ich dadurch noch acht freie gewinne, soll es mir lieb sein. Auf die
Reise ungeacht der Hitze freue ich mich auch, weil ich über Salzburg
und München zu kommen hoffe, von da über Fuld seitwärts und
vermuthlich nicht über Frankfurt. Vermuthlich schreib' ich Dir aber
erst noch einmal näher von hier aus und denke auch noch einen Brief
von Dir aus der Zwischenzeit zu empfangen.

Hierbei noch Noten zum armen Heinrich, da der Druck langsam
geht, kannst Du sie wohl noch gebrauchen und wenigstens das Wich-
tigste hinten bei den Druckfehlern berühren. Stoff zu Aufsätzen
bringe ich genug mit heim, Gott gebe mir nur Ruhe und Zufriedenheit;
besonders kannst Du Dich im voraus auf sehr schöne serbische Poe-
sien freuen, wovon ich Text und Übersetzung habe. Ich glaube nicht,
daß bei Aelian oder Aristoteles (Naturgeschichte) etwas stehet, was
meine Bemerkung über die Sage von der Turteltaube aufhübe, denn
ich hatte beide längst deshalb nachgeschlagen. Im Nothfall kann
Dir Letzteres auf der Bibliothek nur wenig Mühe kosten.

Haxthausen war wohl auf der Durchreise bei Dir? Von Savigny
wirst Du bald einen Pack Bücher erhalten haben; wie steht es wohl
mit Arnim, ob er diesmal mitgeht oder nicht? Du stellst Dir nicht
vor, wie einsam und verlassen hier meine Seele war, in Deinem
letzten Brief war wenig, was ich hätte wissen mögen; nun erhalte
Dich Gott, alles dies in Eile, Dein treuer        Jacob.

Ich werde meinen Koffer schon in einigen Tagen mit dem Post-
wagen unter Deiner Adresse abgehen lassen; bezahl und merke auf,
was es kostet, daß ich es mir nachher vergüten lassen kann.

<hr>

### 144.
### Jacob an Wilhelm.

Wien, den 22. Juni 1815.

Liebster Wilhelm, vorgestern habe ich Deinen Brief vom 2.
richtig nebst dem eingeschlossenen von Louis erhalten und danke Dir
herzlich für die mitgetheilten Nachrichten. Du hast Deine ehrliche

Laſt mit der Erbſchaftstheilung ausgeſtanden, aber mir iſt's auch ſeit einigen Monaten übermaßen beſchwerlich gegangen; es wird uns beide tröſten, wenn wir, ſo Gott will, die kommenden Monate ruhig bei einander zubringen können. Was die Theilung betrifft, ſo ſcheint mir ſo alles recht. — — —

Meine Beſoldung haſt Du doch ſeit September vollſtändig für alle Monate bezogen? Ich gedenke noch einiges baares Geld mit=zubringen, bis wir zuſehen, was aus mir wird. Mein Koffer iſt am Sonntag ſchon über Prag und Dresden abgereiſt, das Porto wird hoch ſein, mir aber ſchon bezahlt werden. Eine Kiſte Bücher ſende ich mit Fuhrleuten fort. Ich ſelber reiſe erſt in acht Tagen, den 30. Juni oder 1. Juli, ab und zwar über Salzburg und München, werde alſo ſchwerlich vor dem 13.—15. k. M. eintreffen. Hat der Louis ſo lange gewartet, ſo ſoll's mich freuen; das Dümmſte aber wäre, wenn ich ihn weder mehr in Caſſel, noch ſchon in München fände, ſondern unterwegs verfehlte. Von München reiſen wir ab=ſeits über Augsburg nach Würzburg, wo ich mich vermuthlich vom Geſandten trenne, der dann nach Thüringen will. Geht's irgend, ſo nehm' ich dem Louis ſeine Akademie nach München mit, ſonſt will ich ſie, wie er geſchrieben, hier mit Adreſſe zurücklaſſen. Von nichts anderm mag ich jetzo ſchreiben.

Dein herzenstreuer Jacob.

Adreſſe: Herrn Bibliothekſſecretär Grimm zu Caſſel.

---

145.

**Wilhelm an Jacob.**

C[aſſel,] am 23. Juni 1815.

Lieber Jacob, ich habe Deinen Brief, worin Du mir die Ge=wißheit Deiner Ankunft meldeſt, richtig erhalten, ſowie geſtern ein Blättchen mit Zuſätzen für den armen Heinrich. Daß Du nicht dabei geſchrieben, kann ich mir leicht aus Deinen übermäßigen und ſchwer=laſtenden Arbeiten erklären, wovon ich von mehrern Orten gehört und wornach ich Deine Sehnſucht, davon endlich frei zu werden, recht nothwendig gefunden. Wir erwarten Dich alſo in Bälde, der Louis, der abzureiſen Willens und bereit war, wird Dich doch nun erſt ſehen wollen. Er hat von der Kurprinzeſſin für die Kupfer 50 Thaler etwa, von der Prinzeß Wilhelm aber ihre goldne Vermählungsmedaille bekommen, es ist ehrenvoll, aber Geld wär' ihm in diesem Fall doch lieber gewesen. Indessen hoffe ich doch, daß ihm für drei Jahre der Unterhalt bleibt, und es ist mir sehr lieb und ordentlich ein Trost, daß ihm das gesichert ist. Vom Karl habe ich seit nichts gehört, dem Ferdinand geht es gut.

Haxthausen hat mich eine Stunde lang bei seiner Durchreise nach Frankfurt besucht, er hat wie sonst ein leichtes und vorschnelles Urtheil über alle Dinge, an dem ich keine Freude habe. Dagegen schreibt August recht treu und hat wieder einiges eingeschickt. Hammerstein ist bei dem österreichischen Generalstab angestellt und Abends hier durchkommen, daher habe ich ihn nicht gesehen, er hat mir aber Bücher und eine für ihn wohl lobenswerthe kleine Schrift, eine Sage über die Hermannsschlacht, im Teutoburger Wald aufgenommen, zugeschickt. Gildemeister hat ein Paar deutschrechtliche Bücher von seinem Vater für Dich geschickt. Gestern war er selbst hier, und bei Suabedissen habe ich ihn gesprochen; er gefällt mir nicht sehr und hat im Äußern und seinem Wesen etwas vom Dehn-Rothfelser.

Savigny hat die Bücher durch eine Gelegenheit geschickt. Arnim ist wieder auf seinem Gut; es scheint, wie ich stets überzeugt war, an besonderen Verhältnissen zu liegen, daß er nicht mitgegangen ist, Du wirst darüber in seinen Briefen hier lesen.

Der arme Heinrich wird nun auch bald fertig sein, worüber ich mich sehr freue. Die Stelle aus dem Plinius habe ich gefunden, so wie im Cedrenus, und hingeschickt, schwerlich kommt es noch an seinen Platz, was mir leid thut, da besonders die erste wichtig ist. Sie muß dann als ein Zusatz gedruckt werden, so wenig ich das liebe; mit dem, was Du gestern geschickt, kann ich es nicht gut einrichten, da es einen allgemeinen Satz wieder aufstellt, was ich denn auch daran zu tadeln habe. Man würde sonst noch die ganze Lehre von den nicht greiflichen und materialen Heilmitteln in das kleine für sich geschlossene Buch hineinziehen können.

Dieser Brief wird kurz, ich weiß aber auch nicht, ob Du ihn noch erhältst. Seit gestern leben wir in der Freude über den großen Sieg, der aber deutsches Blut genug gekostet hat. Eben ist der Offizier mit des gebliebenen Herzogs von Braunschweig Uhr und Ring durchgekommen, drei Pferde sind ihm todtgeschossen und ihn hat eine Kugel in den Magen so getroffen, daß er schon nach einer Viertelstunde todt war. 4000 Mann sind von seinem 10 000 Mann starken Corps noch übrig und das Ziethen'sche, das mit 16 Bataillons die ganze französische Armee aufhielt, soll fast ganz aufgerieben sein. Durch einen Angriff mit 37 Regimentern Reiterei, den Wellington anordnete, ist entschieden worden. Die Nachtheile am 16. scheinen außer Zweifel, Bonaparte hatte schon Namür, was Blücher wieder mit Sturm nehmen ließ, dem auch ein Paar Pferde unter dem Leib getödtet wurden.

Doch wenn der Brief anlangt, hast Du vielleicht schon genauere Nachrichten, leb wohl, mit herzlicher Liebe

Dein treuer Wilhelm.

Adresse wie bei Brief 139.

## VI.

# Jacobs dritte Reise
# nach „dem verwünschten Ort."

### September bis Dezember 1815.

# Aus den Freundesbriefen.

„Wir hatten gedacht“, schreibt Jacob Grimm an August von Haxthausen aus Cassel am 4. September 1815, „den Werner auf seiner Rückreise wieder hierdurch zu sprechen, da er nun aber seitwärts auf Köln gegangen ist, kriegt ihn der Wilhelm vielleicht dort zu sehen, der endlich einmal vorige Woche ausgeflogen und nach Frankfurt ist, um in Gesellschaft Savignys eine Rheinreise zu machen. Du merkst diese Abwesenheit schon an seinem fehlenden Gruß, der sonst gewiß im Brief stehen würde; wie gönne ich ihm diese Freude. Ich konnte der erhaltenen Einladung leider nicht folgen, wenigstens vorerst nicht.“

„Es geht einem im Amt“, sind Wilhelms Worte an Fräulein Ludowine von Haxthausen am 15. März 1816, „wie den Gewächsen hinter dem Fenster, die wohl fortwachsen und die Sonne ziemlich durchs Glas sehen, aber doch verlernen, was der frische Athem draußen ist; oder wie den eingesperrten Vögeln, die die Flügel versuchen, aber nicht fliegen dürfen. Darum habe ich mich vorigen August ein wenig in die frische Luft gestellt oder bin ausgeflogen, so weit ich konnte. Meine Flügel waren Segel auf einem Schiffchen den Rhein hinab von Mainz bis Köln; ich weiß nicht, ob Sie diesen wunderbaren Fluß, der einen Deutschen, der ihn zum ersten Mal sieht, so eigen bewegt, schon gesehen haben, wo nicht, so wünsche ich Ihnen, wann es geschieht, auch das Glück, das mir widerfahren, den Himmel, die Luft, Berge und das smaragdgrüne Wasser in solch glänzender Pracht und Herrlichkeit vom aufbrechenden Morgen bis in die Nacht, wo Mond und Sterne noch dazu kommen, zu erblicken. In Köln, eine mächtige Stadt, in der ich wohl wohnen könnte, bin ich wieder umgekehrt und habe von dem Ufer aus den Fluß in neuer Schönheit gesehen, dann bin ich nach Heidelberg an den Neckar gegangen, wo die Nachtigall singt und der Einsiedel springt. Dort sind die herrlichsten altdeutschen Bilder, die je gemalt worden; auch Goethe war dabei und hatte seine Freude daran. Dazu habe ich den ganzen Zug in Begleitung lieber Freunde gemacht; auch mein Bruder Maler war mit, der, bevor er nach Italien geht, sein Vaterland recht sehen wollte.

Mir ist auf der Fahrt der Gedanke gekommen, daß ich die Jacht nach Wohlgefallen mir hätte vollladen dürfen; den August hätte ich dann mitten aus seinem Collegium in Göttingen herausgenommen und vor Bökendorf wär' ich auch angefahren und hätte mich mit leeren Worten und Complimenten nicht abweisen lassen. Ich weiß mir keine größere Freude, als so mit 30–40 Menschen, die einem lieber wären, als die übrigen 30 Millionen, die noch in Deutschland leben, eine solche Fahrt den Rhein hinab zu machen. Musik hätten wir mitgenommen, gesungen selbst nach alter Lust, denn die alten Lieder: Stand ich auf hohen Bergen und sah in den tiefen Rhein lauten dort viel anders, wenn die dunkle Fluth unter uns strömt und die Berge neben uns in den Himmel steigen, an denen die Winzer wie kleine Thierchen herumkriechen. Vor der Sonne hätten wir ein rothseiden Zelt aufgespannt, Hunger und Durst brauchten wir nicht zu leiden, denn dort giebt's Trauben, wovon eine allein einen Mann satt macht, und Weißbrot wie Schnee.“

# Aus Jacobs Selbstbiographie.

„Kaum war ich zu den Geschwistern heimgekehrt, als mich, und diesmal
eine Requisition der preußischen Behörde, in das zum zweiten Mal eroberte
Paris rief, ich sollte die aus einigen Gegenden Preußens geraubten Handschriften
ermitteln und zurückverlangen, nebenbei auch einige Geschäfte des Kurfürsten be-
sorgen, der in dem Augenblick keinen Bevollmächtigten dort hatte. Zwar jener
Auftrag brachte mich in ein unangenehmes Verhältnis zu den Pariser Biblio-
thekaren, die mich früher sehr gefällig behandelt hatten. Jetzt aber wurde einmal
Langlès, den ich besonders drängte, so bitter, daß er mir nicht mehr gestatten
wollte, auf der Bibliothek zu arbeiten, was ich in Nebenstunden immer zu thun
fortfuhr; nous ne devons pas souffrir ce Mr. Grimm, qui vient tous les
jours travailler ici et qui nous enlève pourtant les manuscrits, sagte er
öffentlich. Ich machte die Handschrift, die ich eben auszog, zu, gab sie zurück
und ging nicht mehr hin, um zu arbeiten, sondern nur, um zu beendigen, was
mir aufgetragen worden war. Zu Paris, wo ich diesmal ordentlicher (bei einem
Advocaten in der rue de l'université) einquartiert war und ein tägliches Kost-
geld von der Stadt bezog, erfreute ich mich besonders des näheren Umgangs mit
dem preußischen Geheimen Kammergerichtsrath Eichhorn, der gerade eine schwere
Krankheit auszustehen hatte. Erst im Dezember gingen meine Geschäfte glücklich zu
Ende und ich empfing später zu Cassel ein Schreiben des Fürsten Hardenberg
(31. August 1816), das mir Zufriedenheit mit meiner Verrichtung bezeugte.“

### 146.

## Wilhelm an Jacob.

Frankfurt, Sonntag Mittag [den 3. September 1815].

Liebster Jacob! Gestern Mittag um 10 Uhr bin ich ohne Un-
fälle und Begebenheiten glücklich hier angelangt und von allen freund-
schaftlich empfangen worden. Savigny habe ich gestern Mittag und
Abend gesehen und gesprochen, ich habe mich so gefreut, wie ich ihn
wiedergesehen, daß ich Dir's nicht beschreiben kann. Er ist gar herzlich
gegen uns und wünscht nichts mehr, als daß Du noch kommst. —
Nur der Louis macht mir Besorgnis, er ist noch nicht hier und hat
auch nichts geschrieben, ich habe also gleich den Denhard um Nach-
richt gebeten; ich hoffe indes noch immer, daß es bloß seine Nach-
lässigkeit im Schreiben ist und er mehr zu zeichnen gefunden, als er
anfangs gedacht. Steins waren denn richtig bös, heute Mittag esse
ich mit Thomas bei ihnen, obgleich ich von Guaita eingeladen war,
also macht sich's wieder. Nun leb wohl, lieber Jacob, Scharf ist
verreist und kommt erst übermorgen. In Klübers Heften ist schon
etwas abgedruckt; die verlangten Abschriften werden gemacht. Morgen
oder übermorgen davon mehr, sollte kein Brief kommen, so kommt
ein Päckchen mit jenen Heften.          Dein treuer Wilhelm.

----

### 147.

## Jacob an Wilhelm und Ludwig.

Mainz, den 13. September 1815.

Liebe Brüder!

Ihr werdet verwundert sein, von hier aus einen Brief zu er-
halten, und ich schreibe ihn gar nicht wohlgemuth. Am Samstag be-
kam ich plötzlich Befehl zufolge der noch eingetroffenen Berufung,
wovon Ihr beide wißt, woran meine Seele aber nicht mehr dachte,
schleunig nach Paris zu reisen und dort Bücher und Handschriften
aussuchen zu helfen. Da ich nun aber gar nichts Näheres weiß, was
man vorhat, nach welchem angenommenen Grundsatz man verfährt
und in wie weit ich dazu oder nicht brauchbar bin, so macht mir
das vielerlei Gedanken. Dann betrübt mich, mehr als ich's sagen
kann, daß diese Reise gerad in den Augenblick fällt, wo ich Savigny
einmal wiederzusehen und noch ein Stück von Eurer jetzigen Freude

und Vergnügtheit zu erlangen dachte; herumgetrieben worden bin ich
schon genug, aber mit solcher Behaglichkeit zu reisen, wie Ihr dies-
mal thut, ist mir noch nicht zu Theil geworden. Ein halber Trost
war mir doch, daß ich zu Frankfurt Savignys Frau und Kinder ge-
sehen und gesprochen. In Wilhelms Bett bei Thomas hab' ich
vorige Nacht geschlafen und die Steinauer Bilder betrachtet, die mich
recht freuten, es sind ihrer aber wohl mehr noch? Denn hier fehlt
vieles, was der Louis gewiß gemacht hat, z. B. das Amthaus und
der Mutter letztes Haus, sowie das Wagnerische. Auch des Louis
Uniform hab' ich auf diese Art wiedererblickt.

Ein Hauptbedenken und überlegen zu Frankfurt war: ob und
wie ich Dich, lieber Louis, mitnehmen könnte, wenn Du Lust dazu
hättest, denn es wäre prächtig angegangen, weil ich mir, stellt Euch
vor, einen Wagen gekauft habe, also die Reise gar nichts gekostet
haben würde, in Paris hätte man schon Einquartierung und Kost
ausgemacht. Über Coblenz zu reisen, wäre zu um gewesen, weil ich
mir aus der Schleunigkeit der Reise selbst ein Gewissen mache und
sie mir in Cassel nachrechnen. Dann wollte ich eine Staffette ab-
schicken und Dich hier in Mainz abwarten, allein das wäre aufs
Gerathewohl gewesen und hätte Dich, falls Du wieder auf dem Rhein
herauf zu Schiff gefahren, verfehlt, ohnedem auch aufgehalten. Also
mußte ich fort, thue Dir aber hiermit einen Vorschlag zur Güte:
willst Du mir nachreisen und auf der Diligence kommen, so will ich
das Geld dazu geben, es wird nicht viel über 100 Franken kosten.
Dort wird sich's, wie gesagt, schon machen lassen, und Du kannst her-
nach mit mir frei zurückreisen. Zweierlei bleibt jedoch zu überlegen:
1) es ist ungewiß, wie lange ich dort bleiben muß, es kann drei
Wochen oder zwei Monate währen; 2) im Museum geht es dort
drunter und drüber her, also ist an ein ruhiges Beschauen und Ar-
beiten nicht zu denken, wie ich mir vorstelle.

Entschließest Du Dich dennoch dazu, so wäre es mir eine große
Freude und ein Trost, dann aber bitte ich mir gleich zu schreiben
unter Eichhorns Adresse, die ich selbst nicht näher weiß, aber der
Brief braucht nur an Hardenbergs oder Ribbentrops Bureau gerichtet
zu werden. Berathe Dich nun mit Wilhelm und Savigny.

In unserm Haushalt zu Cassel war auch eine kleine Verwirrung,
die Lotte ist zu Hassenpflugs gezogen, die Louise heim auf Urlaub
und also alles zugemacht. Der arme Heinrich und die Besorgung
der Briefe, weil mir die Sache plötzlich auf den Hals kam, hat mir

noch zu schaffen gemacht. Ich nahm, was ich nunmehr bereue, einen Bedienten an und mit, den ich jetzt mit unnöthigen Kosten zurückgehen lassen muß, weil ich hier einen Reisegefährten an einem Hofrath Jung (dem Übersetzer des Ossian, einem Hanauer Landsmann) gefunden, was mir andrerseits auch wieder spart.

So bin ich denn wieder aus meinen ruhigen Arbeiten gezogen, ich war gerade über Savignys Buch und muß es ihm nun noch länger schuldig bleiben. Grüßt ihn doch herzlich, sowie Görres, und was ihnen beiden über Handschriften beifällt, was zu thun sei, mögen sie mir ja nicht verhalten. Ich höre, daß auch Wilken aus Heidelberg der pfälzischen Bücher halber hin ist.

Nicht zu vergessen, daß auch vom Karl ein Brief eingetroffen war, aber einer gerade zum Beunruhigen. Nämlich schon vom 11. Juni her und über England gekommen und Ende Juni waren gerade zu Bordeaux die unruhigen Auftritte. Den Tod der Tante hatte er erst einige Tage zuvor in Wilhelms Brief über England vernommen und schreibt darüber in trauriger Stimmung.

Behaltet mich lieb, ich wollt', ich wäre bei Euch und nicht hier auf der dritten Reise nach dem verwünschten Ort. Auch den Goethe habe ich im Blick noch zu Frankfurt gesehen.

Euer treuster Bruder Jacob.

Auf das angekündigte Frankfurter Packet hatte ich noch bis Sonntag Mittag in Cassel schmerzlich gewartet, es ist aber erst den Tag von Frankfurt aus Versehen abgegangen.

Das Geld kann dem Louis in Frankfurt zur Noth Scharf vorschießen, der's gerne thut.

Adresse: An die Herrn Wilhelm und Ludwig Grimm, dermalen zu Coblenz, zu fragen bei Herrn Professor Görres, der nöthigenfalls den Brief nachzuschicken gebeten wird.

### 148.
### Jacob an Wilhelm.

Paris, Samstag den 23. September [1815.]

### Lieber Wilhelm!

Ich verthue hier die schönsten Herbsttage, worauf ich mich gefreut hatte, in Zerstreuung, Unthätigkeit und stetem Abmühen, andere in Thätigkeit zu setzen, und beneide Dich recht um die Stille und ruhige Ausfüllung Deiner Zeit. Ich gäbe viel drum, man hätte mich nicht daher verlangt, und ging mit dem Gefühl der Ungewißheit über das, was man will, hierher; dies hat sich nun hier eher vermehrt, als gemindert. Was man will, ist Folgendes: die von den Franzosen aus Deutschland entführten Kunstschätze und Bücher sollen ausgemittelt und zurückgenommen, für die zu Grund gerichteten und verlorenen soll, wo möglich, Ersatz gefordert werden. Diese Sachen fallen meisten= theils auf die Gegend des linken Rheinufers und der Niederlande. Wir Hessen haben keine Manuscripte verloren, mit den uns noch fehlenden Bildern hat es seine ganz besondere Bewandtnis; folglich werde ich mit allem, was ich thue, zu Haus wenig Ehre einlegen, wie ich zwar gleich vorausgesagt. Von jenen Rheinsachen (aus Köln, Trier, Aachen) ist am Ende das Bedeutendste zurückgegeben, was übrig bleibt, zum Theil unbedeutendes Zeug, schwer anzuschlagen, und was das Allerschlimmste, man hat sich über die strenge Durchführung dieser Compensation noch zu gar nichts Ordentlichem entschließen können; diplomatisch gehe es nicht, folglich müsse man Mittelwege versuchen oder am End Gewalt brauchen. Die Vorschläge wären an sich sehr leicht; ich würde nach Maßgabe des ausgemittelten Verlustanschlags 100 oder 200 oder 300 Handschriften fordern und zwar: 1) alle alt= deutsche, sind aber blutwenig da, 2) Handschriften deutscher Geschicht= schreiber: Jornandes, Procop, Diaconus u. s. w. der spätern, von fränkischen, wie Gregor von Tours rc., wenigstens Dubletten, 3) Manu= scripte altdeutscher Gesetze, lex salica rc., 4) Dubletten altfranzösischer coutumes, 5) die altfranzösischen romans de Charlemagne, a) weil den Franzosen an diesen am wenigsten liegt; b) weil uns Deutschen als an altfränkischen Sagen und Poesien am meisten, 6) Handschriften vom Corpus Juris, zumal mit der alten Glosse, sodann von Glossatoren: Placentin, Azo, Rofred, Johannes, worüber mir aber Savigny unsere Anweisung geben müßte, 7) deutsche Urkunden, endlich Exemplare vom Prachtwerk über Aegypten und Visconti. Manuscripte von Klassikern wären wenig, außer zur Ausfüllung einer vielleicht bedungenen runden Zahl oder in subsidium, zu fordern, damit wir einmal mehr das fordern, was uns nationaler ist als ihnen; sodann den Schein bei ihnen haben, als wollten wir die Sache erleichtern.

Ich gestehe Dir inzwischen, alles das sind Schlösser in die Luft, und die Franzosen werden Schwierigkeit über Schwierigkeit machen, nament= lich die Connexität aller dieser Dinge mit denen, wofür wir sie fordern, anfechten. Das Nehmen ist wenigstens ein sehr betrübtes Geschäft und geschehen hat bisher noch gar nichts können, nicht einmal eingeleitet. Ich

habe seit sehr lange keine solche quälende Langeweile empfunden und
vermag mich gar nicht zu sammeln; vorarbeiten läßt sich eben nichts,
zumal die Bibliothek Ferien hat und alle Leute voll Mißtrauen und
Bosheit sind.  Käme nur alles heute zur Sprache und ich wieder
zum Thor hinaus! Eichhorn erweist mir die größte Freundschaft,
kann aber auch nicht helfen; viele andere Preußen, mit denen ich zu
thun habe, sind mir zu leichtsinnig, aus Bonn ist ein gewisser Grote
hier, der als Freiwilliger dient und hier in der ersten Zeit (gleich
nach dem Einzug) im Museum am wenigsten die Franzosen geschont
hat, daher bei ihnen gewaltig verschrieen ist; er hat auch altdeutsche
Manuscripte zu Haus und sie mir versprochen. Außer Sieveking
hab' ich auch Flemming gesehen, von den Preußen kennst Du wohl
Lange, Schober, D. Meyer, Schütz? Jahn kommt jeden Abend in
ein Kaffeehaus des Palais Royal, wo sich alle seine Freunde um ihn
sammeln und Bier trinken; er spricht aber fast allein und erstaunlich
viel; aber es ist gar nicht meine Art, da hin zu gehen.

Im Museum fängt es an, wüst zu werden, und die Franzosen
geberden sich jämmerlich. Zuerst nahmen die Preußen weg, dann wir,
darauf die Niederländer, denen vermuthlich die Österreicher (für
Venedig und Lombardei), hoffentlich auch der Papst folgen werden.
Da sieht man schon große Lücken, leere Rahmen, Staub und Bretter,
englische Soldaten halten Wacht, deutsche und englische Zuschauer
strömen hinzu, und die französischen Maler vergießen Thränen, nach
ihren Zeitungen. Die Aufseher lassen sich kaum blicken. Dem Papst
will man bei Rücknahme seiner Kunstwerke die Rückgabe der Heidel-
berger Bibliothek bedingen; wenn das gelänge, wäre das eine Haupt-
sache, und Wilken, der deshalb hier ist, thut das Seinige. Der Uni-
versität kann das Eigenthum wohl nicht bestritten werden, und ich will,
um hier nichts zu verwickeln noch zu stören, keinen hessischen Anspruch
auf die Heidelberger Erbschaft geltend machen, der zu dem sich bloß
aus einer späteren Zeit datirt, wie denn auch die spätere, fürstliche
Bibliothek aus Heidelberg zum Theil nach Cassel, zum Theil nach
Berlin und Paris (Orleans) gekommen ist. Das Merkwürdigste aber,
daß Thiersch, der auch hier und ein unbegreiflicher Lobredner des
Mongelas geworden ist, ebenfalls Heidelberger Handschriften aus Rom
reclamirt, da sie gerade durch die Sünde der Baiern nach Rom ver-
schenkt wurden; auch denkt er den Manesseschen Codex zu erhaschen.
Wilken erzählte mir beiläufig, daß eine weitläufige Recension der alt-
deutschen Wälder von A. W. Schlegel eingelaufen sei, auf die ich

begierig bin, denn zu tadeln und zu bessern ist an dem Buch sicher
genug, nur fürchte ich, er erkennt gerade das Beste nicht darin; wahr=
scheinlich wird er sich bei den Nibelungenzeugnissen zumeist aufhalten.
Thibaut hat eine mir doch ganz unerwartete Recension von Gönners
Schrift geliefert, dessen elender Schmeichel ihn auf solch eine Art
berücken konnte!

Savigny sag doch, Eichhorn habe mir seinen Auftrag über die
Handschrift von Boethius de communi dividundo gegeben und ich
sogleich folgende fehlgeschlagene Schritte gethan. Ungeachtet der
Vacances trieb ich den Hase auf, welcher aber voll der lächerlichsten
Furchtsamkeit ist und jetzt weder Französisch noch Deutsch reden kann;
er hat seit Dutheils Tod Anwartschaft auf die Conservatorstelle, wird
aber von Dacier auf alle Art angefeindet und als heimlicher Deutscher
geschildert, so daß er mich bat, mich an Langlès zu wenden. Das
befragte Buch stand weder im Katalog der Manuscripte noch im
Supplement, und Langlès versicherte mich hoch und theuer, dergleichen
sei nie aus Sens hergekommen, das wisse er bestimmt, Millin irre
oft in dergleichen. Weil ich aber die in dem Stück ganz gleiche
Schwätzerei Langlès' und Millins kannte, ging ich zu Millin und
bat ihn ums Jahr des Transports. Dies war 1804 und nun wurde
bei l'Epine im Journal nachgesehen und das Manuscript richtig ge=
funden als wirklich hierher geschafft. Allein es war noch nirgends
eingetragen und befand sich auf dem Speicher unter großen Haufen
anderer; l'Epine also nach einer halben Stunde Suchen versicherte,
daß man nichts finden könne. So steht's also; ich will aber doch den
Hase bitten, eifriger danach zu forschen, wenn es jetzt nur nicht ge=
rade die fatale Zeit des Mißtrauens und Unmuths wäre.

Wenn Du mir mit Gelegenheit ein Exemplar der Edda, der
spanischen Lieder und des armen Heinrich bald senden könntest, wäre
mir lieb. Du wirst bald nun nach Haus kommen und mir viel zu
schreiben haben, vor Monatszeit kann ich nicht wegreisen, das sehe
ich schon. Herzliche Grüße an Savignys, Thomas, Scharf u. s. w.

Dein treuer Jacob.

Die Alliirten hatten sich endlich auf die schlechte Basis der Integrität
und Verpfändung einzelner Festungen (Landau, Mezieres, Givel 2c.,
nicht aber Metz, Lille und Straßburg) neben kleinen Abtretungen ver=
einigt und den Franzosen den Antrag gemacht. Diese sträuben sich
aber, was uns vielleicht mehr hilft als schadet. Die Veränderung des
Ministeriums vermehrt den Wirrwarr und jedermann ist hier murrend.

149.

## Wilhelm an Jacob.

Lieber Jacob, Du kannst denken, daß mich Dein Brief zu Coblenz überrascht hat, da ich vielmehr gehofft Dich selbst dort finden [sic] und wir uns alle darauf freuten; am Anfang der Reise hatte Savigny Dir noch eine kurze Einladung geschickt, die Du aber nicht mehr wirst erhalten haben. Ich wünsche, daß etwas Gutes, auch für Dich, aus dieser Reise hervorgeht. Die unsere war sehr vergnügt und von dem herrlichsten Wetter begünstigt; mehr zu schreiben wird mir heute unmöglich, da ich noch diesen Morgen nach Heidelberg reise, wo ich Savigny wieder antreffe, der von Coblenz aus dahin geht. Dein Brief vom 17. durch schwedische Gelegenheit ist gestern an Thomas gekommen, der Ludwig hat sich nun entschlossen, die Reise dorthin anzutreten, will aber noch heute warten auf einen eigenen Brief von Dir, um zu hören, ob er auch wirklich dort noch etwas mit Ruhe und Erfolg sehen und arbeiten kann, welchen Punkt ich auch bedenklich finde. Savigny läßt Dich herzlich grüßen und Dich um zweierlei bitten, die Bekanntschaft vom Nepomuk Ringseis zu machen, der baierischer Ober= feldarzt ist und nach Paris kommen wird, Du mußt ihn bei der baierischen Gesandtschaft oder Wrede erfragen; dann Eichhorn zu er= innern, daß Savigny gern Nachricht von einer Handschrift zu haben wünscht, deren Millin in seiner Reise durchs mittägliche Frank= reich gedenkt, die er nach Paris gebracht und die überschrift führt Boethius de communi dividundo; auch bittet er Dich gleicher Weise darnach zu suchen. — Die Nachträge sind angekommen, der Druck wird erst nach der Messe anfangen. Grüß den Sieveking, ich bin sehr begierig, Näheres von Dir und Deinen eigentlichen Arbeiten zu hören.

Mit treuer Liebe Dein                    Wilhelm.

Frankfurt, am 25. September 1815.

Adresse: Monsieur Monsieur Grimm bibliothécaire à Paris, Faubourg St. Germain, rue de l'université Nr. 7.

Empfangsstempel: 30. Septembre 1815.  Praes. 30. Sept.

---

150.

## Wilhelm an Jacob.

Cassel, am 14. October 1815.  praes. 20. October 1815.

Liebster Jacob! Seit Sonntag Morgen 1 Uhr bin ich wieder hier gesund und glücklich angelangt und jeder behauptet, daß ich dicker geworden und rüstiger aussehe; es war auch eine recht vergnügte

Reise durch die herrlichen Gegenden, von dem schönsten Wetter be-
günstigt und in der Gesellschaft von Savigny, der sich vielleicht nur
darin verändert hat, daß er noch freundlicher und theilnehmender
als sonst sich äußert. Köln ist mir jetzt unter allen Städten, die
ich gesehen, allein als eine eigentliche Stadt vorgekommen, und die
Erinnerungen aus alten Zeiten, die dort auf einen einbringen, müssen
jeden, der nur Sinn hat, anregen und ergreifen. In Coblenz war
ich acht Tage bei Görres im Haus, der mit seiner ganzen Familie
so herzlich und gemüthlich ist, daß es einem recht wohl wird. Ludwig
war nur bis Coblenz mitgegangen und hat auch acht Tage bei ihm
zugebracht, sich endlich fast heimlich fort gemacht, weil sie ihn nicht
fortlassen wollten, er hat ihn gut gezeichnet und es soll seine erste
Radirarbeit werden. In Winkel, wo Franz Brentano ein schönes
Gut hat, war ich anderthalb Tage, der Rhein ist auch da reizend,
die Gundel war mit den Kindern dahin gekommen und Savigny ging
mit ihr noch einmal nach Coblenz zurück, ich aber über Frankfurt
nach Heidelberg, wo ich dann wieder mit Savigny zusammentraf.
Auch da hat mir's wohl gefallen, die Bilder der Boisserée sind über
alle Worte herrlich, und daß ich sie gesehen, ist mir unschätzbar, eine
ganz neue Welt, die niemand vermuthet hat. Goethe war auch dahin
gekommen, wohnt bei Boisserée und schreibt über die Gemälde, außer-
dem giebt er sich mit persischen Sachen ab, hat ein Päckchen Gedichte
in Hafiz' Geschmack gemacht, liest und erklärt den Haoh Kiöh Tschwen
und lernt bei Paulus Arabisch. Er war so gnädig, ein paarmal da
zu sein, als wir die Bilder besahen, kam auch einmal zu mir und
fragte nach unseren literarischen Arbeiten. Ich sagte ihm dann Ver-
schiedenes, unter anderen auch, daß das mannigfache Leben der Sagen,
ihr Hin- und Herströmen, ihre Vereinigung und Trennung ein be-
sonderes Augenmerk sei. „Ja," antwortete er, „was kann die Kritik
anders sein als, als die Beobachtung der verschiedenen Wirkungen
der Zeit, was ganz meine Meinung auch ist." Creuzer hat mir
gesagt, daß ihn (Goethe) besonders die Prosaübersetzung bei der
Edda gefreut, er redet noch immer von einer ähnlichen Arbeit beim
Homer. Ich mochte ihm nichts davon sagen, sowie überhaupt von
nichts Nahliegendem anfangen. Creuzer war sehr freundschaftlich
gegen mich, doch sein Verhältnis zu Savigny scheint nicht ganz rein,
er hat eine gewisse humoristische Scherzhaftigkeit angenommen,
während er sonst ernst war. Schwarz und seine Familie sind sehr
treuherzige Leute, die mir wohlgefallen. Die Märchen haben uns bei

aller Welt bekannt gemacht. Die Hulda ist groß geworden und scheint recht gut und sanft. Conradi, bei dem ich wohnte, war wie immer freundschaftlich. Thibaut hat mir einen widrigen Eindruck gemacht, er war gegen Savigny ängstlich und kalt höflich. Ich fuhr mit Savignys zurück, in Darmstadt besahen wir das Museum und kamen doch noch Abends in Frankfurt an. Darauf ging ich noch einen Tag nach Hanau, wo ich den Johannes Schulze besuchte, den Görres jetzt nach Coblenz berufen hat, er war ganz über die Maßen freund-schaftlich, denk, ich bin gerade bei ihm zuerst in das Zimmer gekommen, wo ich getauft wurde, welches nämlich hernach durch die Bratfisch herauskam, und habe in des seligen Vaters Arbeitsstube gesessen. Wie hat mich so manches in Hanau gerührt. Mein erster Ausgang war Morgens in die Stadt, unser Haus in der Langen Gasse stand gerade auf, ich sah die Treppe, auf der ich einmal herabgerollt bin, und das Sandhäuschen darunter, wo wir eingesperrt wurden. Dann ging ich in den Rathhaushof, da sah ich hinten die Fenster und erinnerte mich aller Stuben, unserer Schlafkammer, selbst wo das Bett gestanden. Angestrichen war noch alles, wie sonst; am Ende der Straße ein rothes Haus, wo ich sonst die Soldaten mit den blitzenden Flinten hatte vorbeiziehen sehen. In der Tante ihrem Haus wohnten viele Handwerksleute. Hinter dem Fenster, wo der Großvater gesessen, guckte eine junge Frau. Die Bratfisch habe ich in Bruchköbel besucht, es geht ihr ganz gut, sonst habe ich niemand gesehen.

Das alles wollte ich Dir ausführlich in einem großen Brief schreiben, sobald ich zur Ruhe gekommen wäre, denn Du kannst Dir denken, daß sich mancherlei, auch Hausgeschäfte, angehäuft hatte. Nun kann ich doch einen Brief nicht länger aufschieben. Nämlich Strieder ist gestern Abend ziemlich plötzlich gestorben, am Sonntag, wo ich ihn besuchte, war er noch sehr wohl und rüstig, am Mittwochen Morgen bekam er ein Bluterbrechen und das hat ihn zum Tod ent-kräftet. Es fragt sich nun, was zu thun ist; melde ich mich jetzt um die zweite Bibliothekarstelle, so kann sie mir nicht abgeschlagen werden mit einer Gehaltsvergrößerung zu 500—600 Thlr. Dir kann man, wenn Du Hofarchivar wirst, doch nicht weniger geben, auf jeden Fall wird Dir, wenn Du die zweite Bibliothekarstelle als Nebenstelle erhälst, weniger dafür gegeben, als mir, wenn sie mein Hauptamt wird. Im dritten Fall, wolltest Du Dich bloß um die zweite Bibliothekar-stelle melden, glaube ich nicht, daß das geschehen würde, sondern man würde die Archivstelle Dir dabei geben (wie Völkel es auch hatte).

Indes will ich nicht gern hier etwas allein thun, sei so gut, mir umgehend Deine Meinung zu schreiben, es kommt bloß auf das an, was uns beiden zusammen das Vortheilhafteste ist. —

Schlegels Recension der Wälder ist drei Bogen stark und enthält manches Alberne. In den Jenaer Ergänzungsblättern 70 steht eine redliche von Docen über das Hildebrandslied, die von Benecke über den armen Heinrich schicke ich Dir hier. Also werden wir jetzt genug recensirt. — Heute Abend kommt Savigny hier an und wohnt bei uns bis Sonntag Mittag, wo er nach Göttingen weiter geht. Könntest Du die Freude doch auch mit haben. Der Louis ist wohl auf der Reise zu Dir oder nach München, ich verließ ihn in Frankfurt unentschlossen. Nun leb wohl.     Dein treuer Wilhelm.

Savigny kommt erst morgen, Louis reist mit George Brentano nach Heidelberg, auch wohl mit diesem nach München, wie Savigny eben schreibt.

Die verlangten Bücher sind schon auf dem Weg oder gehen mit erster Gelegenheit nach Paris ab. Reimer hat 100 Thlr. in Anweisung geschickt und 150 sind zur Ostermesse bei ihm zu erheben.

Adresse: Monsieur Monsieur Grimm, bibliothécaire à Paris, Rue de l'université, Faubourg St. Germain, Nr. 8 chez Mr. Caille, avocat. Empfangsstempel: 20. Octobre 1815.

---

151.

**Jacob an Wilhelm.**

Paris, 21. October 1815.

**Liebster Wilhelm!**

Tausend Dank für Deinen Brief, den ich gestern Abend erhielt, und für alle mitgetheilten Nachrichten. Glaube mir, daß ich Tage und Stunden zähle, wo ich einmal hier fortreisen kann, es verschiebt sich aber ewig, und was man auf den 15. d. M. bestimmt erwartet hatte, hofft man nun Anfang November erfüllt zu sehen. Antworte mir indessen nicht mehr. Wahrscheinlich muß ich über Brüssel reisen und freue mich dann auch Köln zu sehen. Dieser höchst verdrießliche Aufenthalt hier ist es nicht nur an sich, sondern er hat mich auch um so viel Vergnügen gebracht, was dort gerade in diese Zeit fallen mußte. Der Louis ist nicht gekommen und hat wohl gethan, weil nun alles Kunstwerk eingepackt war und bei mancherlei veränderten Umständen Reise und Hiersein viel würde gekostet haben. Von Karl habe ich zwei seiner Art nach höchst unbedeutende Briefe empfangen, die ich, weil Ihr ähnliche erhalten haben müßt, darum auch nicht sende. Übrigens finde und sehe ich hier täglich Bekannte; Steuber sammt dem General Engelhard waren ein Paar Tage da, der Auditor Müller geht hier herum nebst seinem Schwager, dem vormaligen Regimentsquartiermeister Gräbe aus Marburg, der Dir noch mehr bekannt sein muß. Zur Jordis gehe ich nicht gern, um dem fatalen Varnhagen auszuweichen, der immer da steckt und den sie gern zu haben scheint. Es ist ein höchst eigensüchtiger, kalt berechnender Mensch, der um alle Dinge einen zwar gescheidten, aber doch einförmigen Witz spinnt, und ausschneidet.

Wegen der durch Strieders Tod ledigen Stelle bin ich auch völlig Deiner Meinung, nämlich daß Du Dich ungesäumt um die zweite Bibliothekarstelle meldest. Selbst meine frühere Bittschrift wird dabei nicht hinderlich sein, da sie mir im Original zurückgegeben worden ist, also in den Kanzleiacten nicht einmal etwas mehr vorliegt. Du erinnerst Dich, daß Du mir in einem nach Wien geschriebenen Brief selbst die erste Idee, mich dazu zu melden, gabst, sonst wäre ich nicht drauf verfallen; auf die Hofarchivarstelle verfiel ich erst zu Cassel selbst, anfangs, um jenem Gesuch dadurch Gewicht zu geben, seitdem aber bin ich noch einige Tage vor meiner Hierherreise durch ein Gespräch mit Hassenpflug, der mir auf der Straße begegnete und davon zu reden anfing, in der Ansicht bestärkt worden, daß man die Archivarstelle wohl als eine eigene betrachten könnte. Erlange ich sie, so muß man mir wenigstens doch 600 Thlr. geben, dann stehen wir uns zusammen über 1000 und können ruhig leben. Daß ich sie erlange, thut mir aber herzlich Noth, denn die zwei letzten Jahre haben meiner Gesundheit und Zufriedenheit nichts Gutes gebracht. Um den Gesandtschaftsposten bewarb ich mich bloß der seligen Tante zu Lieb, die, wie Du weißt, auf Verdienst und Amt trieb, ich sah voraus, wie mich das alles stören und aus mir bringen würde; mancherlei Kränkungen und Ärger, die hernach erfolgten, sah ich nicht einmal voraus. Dein Glück hat Dich vor vielerlei Sorgen, die mich betroffen, bewahrt und Dein Gemüth freier und unbedrückter erhalten; erst lasteten die vielen Arbeiten beim Kriegscollegium auf mir; hernach in der westfälischen Zeit mußte ich bei vieler Freiheit doch manche Stunde in halben Geschäften, Formen und saueren Gängen verthun, wodurch mir die eigentliche Reinheit und Stimmung ganzer Tage zu Grunde ging, mehr oder weniger. Dadurch hat sich nach und nach bei natürlichem Trieb zur Arbeit und zur Unabläſſigkeit darin, damit die verlorene Zeit sonst wieder eingebracht würde, theils eine gewisse Hastigkeit, theils eine Abneigung von aller Zerstreuung in meinem Sinn immer mehr festgesetzt; was darin Unrechtes liegt und Ihr genug gefühlt und manchmal verspottet habt, fühle ich zuweilen deutlich und bewußt und sehne mich in Ruhe und Gleichgewicht zu kommen. Das wird, so Gott will, mit der Zeit geschehen und dann meine Gesundheit sich auch wieder bessern, da ich, so sehr ich an Kopfweh und Schnupfen leide, dennoch eine feste Natur zu haben glaube. Durch meine Unstätigkeit seit zwei Jahren, wodurch ich in das Böseste, worein man gerathen kann, d. h. in persönliche unmittelbare Abhängigkeit und so zu sagen Dienstbarkeit gerieth, außerdem, daß ich von Euch, die Ihr mein einziger Trost seid, fern leben mußte, habe ich meinen Verhältnissen und meinem Schicksal ein schweres Opfer gebracht. Die Freunde, die mich, da ich kaum los geworden war, nun wieder nach Paris jagten, haben mir einen ungebetenen Dienst erwiesen und meine Seele in neues Leid gebracht. Das Geschäft, wozu ich berufen bin, ist an sich höchst schwankend und nicht auf eine treue Arbeit, sondern auf mancherlei diplomatische Wendungen von sehr ungewissem Erfolg gebaut, wie ich gleich bei der Abreise voraussah. Persönlich unangenehm wird es mir dadurch, daß, wie schon Aufspüren und Wegnehmen aus jeder bestehenden Ordnung etwas Widriges, ich noch gerade den Leuten entgegenstehe, die mir früherhin Höflichkeit und Gefälligkeit erwiesen. Wenn sie mir das nun selber vorwerfen, wie sie thun, so beruhigt sich zwar mein Gewissen, weil das, was ich thun soll, etwas Höheres ist, als die aus jenen Diensten entspringende Verbindlichkeit sein kann; aber ich wünsche doch, ich wäre nicht dazu gebraucht worden. Endlich hat mich auch des Buderus Abreise, der froh war, daß ich herkam und ihn ablöste, ganz in die diplomatische Bahn, aus der ich eben frei geworden war, wieder gebracht; ich bin so gut als hessischer Geschäftsträger und habe fünf oder sechs angeknüpfte schwierige Reclamationen und Berichte darüber auf dem Hals, die mir eigentlich mehr Mühe kosten, als das andere Geschäft. Hier hast Du nun einen Haufen Klagen über meine Noth, die aber gewiß das Längste gedauert haben muß, aller leiblichen Unbequemlichkeit und Unordnung zu geschweigen. Behalte mich herzlich lieb, ich bin Dein treuer Bruder

Jacob.

Grüße die Lotte und ich wollte ihr was mitbringen.

Wir schreiben uns jetzt mit umgekehrten Petschaften, wie zu Wien.

Adresse: Herrn Bibliothekssecretär Grimm zu Cassel.

152.

### Jacob an Wilhelm.

Paris, den 29. October 1815.

Stell Dir vor, lieber Wilhelm, daß ich soeben durch ein Schreiben von Buderus erfahren muß, der Kurfürst habe ihn zum Gesandten auf die Bundsversammlung ernannt und mich ihm beigegeben. Ich werde aus hundert Gründen und um keinen Preis länger in der diplomatischen Laufbahn bleiben und schreibe dies dem Kurfürsten heute gleich auf das Bestimmteste. Erkundige Dich also und melde mir, da mein Aufenthalt hier zu unbestimmt ist, poste restante nach Köln: ob ein anderer an meiner Stelle erwählt worden sei? damit ich wenigstens noch ein Stück der Reise in Ruhe machen kann. Es ist aber hinreichend, wenn Dein Brief erst gegen die Mitte November in Köln eintrifft.

Eichhorn ist seit einer Woche gefährlich nervenkrank und zu allen Geschäften untauglich; welches nicht nur ein für mich höchst unangenehmer Umstand, sondern auch an sich selbst eine traurige Sache ist.

Ich habe um sehr billige, so zu sagen, Spottpreise den Gregorius Turonicensis — Aimoinus — Idatius — Marcellinus — Paulus Diaconus — Jornandes — Isidorus für uns gekauft und lese darin, sobald ich mich aus der Zerstreuung sammeln kann. Unter andern bin ich nun auch gewiß worden, daß wir einen eigenen Band der manchen schönen deutschen Sagen daraus zusammen tragen müssen. Weißt Du z. B., daß das Märchen von dem blühenden Flachsfeld, das Fliehende für Wasser ansehen und die Arme zum Schwimmen ausbreiten, in der lombardischen Sage vorkommt. Paulus erzählt's und Aimoin, der ihn hier fast trocken auszieht, hat das poetische Gewicht eben dieses Zugs so gefühlt, daß er gerade ihn ausführlich abschreibt. Beweist aber nicht das merkwürdige, ungeahnte und durch die Wahrheit der Volkspoesie erfreuende Wiederfinden der kleinsten Züge für meinen alten Satz: daß man in den Volkssagen und Märchen von heute gar nichts zusetzen müsse? Die Lüge ist stets unrecht, selbst im Dichten, darum giebt's nur zweierlei Poesie: die alte, epische, deren Stoff unvertilglich im Glauben des Volkes herumzieht; sodann: wenn neue Dichter, was sie wahrhaft gelebt und gefühlt haben, aufschreiben. Die Erdichtung des Stoffes in Romanen und Liedern ist immer sündlich und führt zu nichts. Es thut mir leid, wenn ich z. B. an Clemens' Märchen denken muß, worin er aus den unschuldigen, einfachen, vorgefundenen Sätzen der Volkssage unerlaubte Progressionen und Potenzirungen ziehen wird, die noch so geistreich und gewandt sein mögen. —

Den Don Bouquet könnte ich Euch (16 Folianten) für 380 Franken schaffen und Völkel, falls er will, nur an Buderus ein Paar Worte zur Einlage an mich geben. Sonst kostet jeder Band 30 Franken. Sag' ihm, daß ich seine übrigen aufgetragenen Artikel: Bouillon, Langlès bis auf die Orangepomade gekauft hätte. Habt Ihr den letzten Band der notices et extraits? Nota bene. Die Bücher können jetzt mit den Bildern frei hingeschafft werden.

Grüß' die Lotte und bleib treu Deinem Bruder    Jacob.

———

153.

Wilhelm an Jacob.

C[assel,] den 5. November 1815. praes. Köln, den 16. Dez. 1815.

Liebster Jacob, vor etwa 14 Tagen, etwa um den 15. October, ließ mich die Kurfürstin rufen und sagte mir, der Kurfürst habe eben vertraulich mit ihr gesprochen und geäußert, er wolle den Buderus als Gesandten nach Frankfurt schicken und Dich als Legationssecretär mitgeben. Ehe ich noch etwas erwidern konnte, fuhr sie fort, sie hätte ihm gleich vorgestellt, ach der arme Grimm, das wird er nicht annehmen! der Kurfürst aber geantwortet, das wird er doch. Ich erklärte ihr nun gleich in Deinem Namen, Du würdest diese Stelle in keinem Falle annehmen, sowohl der Sache als Person wegen. Sie sagte, da es ja noch nicht bestimmt ist, so kann es noch abgewendet werden und versprach sehr freundlich und gut, das, was sie vermöge, zu thun. Mir kam die Sache sehr unerwartet, denn der Nasenbläser hatte mir, ich glaube Tags vorher, versichert, er freue sich, daß Deine Ernennung zum Hofarchivar so gut als gewiß sei, und wenn er nicht geradezu, um Dank durch eine Wahrscheinlichkeit zu erwerben, ins Blaue geredet (er sagte ausdrücklich, er habe mit andern davon gesprochen), so muß Vorsatz, wenigstens Neigung dazu dagewesen sein, und ich freute mich schon auf eine Aussicht zu endlicher Ruhe. Auch muß dann Buderus selbst Dich verlangt haben. Ich schrieb Dir sogleich alles, weil ich aber Dir nicht gern trübe Tage machen wollte, ehe es durchaus nöthig war, so schickte ich den Brief noch nicht fort. Nach ein Paar Tagen ließ mich die Kurfürstin auch wirklich, noch an einem Abend, rufen und sagte mir, sie freue

sich, die Sache sei rückgängig gemacht, sie habe durch ihren Ober=
hofmeister es ausführen lassen, wir könnten ganz ruhig sein und ich
sollte Dir nichts schreiben. Ich dankte ihr herzlich und zerriß nun
den Brief, auch ließ sie mir noch einmal sagen, Du möchtest Dich
um eine andere Stelle nun bewerben. Zwar fiel mir auf, daß ich
von keiner Ernennung eines Legations=Secretärs für Buderus hörte,
auch daß er mir vor einigen Tagen mit überhöflichen Empfehlungen
Deinen Brief schickte und sich erbot, bis Frankfurt, wohin er den
folgenden Tag abreiste, etwas für Dich mitzunehmen; doch hielt ich
mich an die Versicherung der Kurfürstin.

Es kommt nun darauf an, ob sein Brief an Dich mit der Meldung
früher oder später ist. Ich werde mich noch erkundigen, ehe dieser Brief
abgeht, und sehen, ob ich Dir nicht eine Gewißheit verschaffen kann.

Mein Gesuch um Gehaltsvermehrung und die zweite Biblio=
thekarstelle ist mit „beruhet" abgewiesen. Völkel hat nur 150 Thlr.
Zulage bekommen, wahrscheinlich wird man mich noch ein Jahr oder
länger wollen warten lassen und es dann mit 50 Thlr. bewilligen.
Ungerecht erscheint es mir, da ich klare Ansprüche auf die Stelle habe.

Ich habe Dir, glaube ich, geschrieben, daß der Rector Jochem
am Elend in Köln eine gute Handschrift des Tristan hat, aber sehr
rar damit thut. Kommst Du nach Coblenz, so bitte Görres, daß er
Dir die Glöcklische Abschrift von dem vaticanischen Rosengarten
(worin er statt truz und traz cruz und craz geschrieben hat, ich
habe sie gelesen) mitgiebt, um sie mit einer andern Handschrift ver=
gleichen zu können, welche ich von Frankfurt mitgebracht und die
überaus wichtig ist. Sie enthalten nämlich beide den sogenannten
ungedruckten Rosengarten, der eine andere Fabel hat, worin die
Hunnen, Etzel und Rüdiger vorkommen. Hagen hat das Gedicht
aus der Straßburger Handschrift, aber ich glaube, daß diese beiden
(die vaticanische und Frankfurter) auch wieder abweichen, und daher
wäre mir eine Vergleichung wichtig, ich konnte sie bei Görres nur
obenhin ansehen. Grüß sie mir auch alle aufs Herzlichste.

Am 11. Mittags.

Die Kurfürstin hatte auch wiederum gehört, daß man dennoch
daran denke, Dich nach Frankfurt zu schicken, vielleicht weil wirklich
kein anderer zu Hand war. Sie versprach jedoch, alles Mögliche zu
thun, und ich wollte Dir diesen Brief nicht eher schicken, als bis ich
etwas Entscheidendes wüßte. Sie läßt mir nun eben sagen, daß die
Sache beendigt sei, Du würdest nicht nach Frankfurt kommen und alles

gut gehen; das könnte ich Dir schreiben. So freut es mich herzlich, daß Du den Weg von Köln ohne diese Sorge machen kannst.

Es scheint mir das Beste, daß Du Dich jetzt bloß um die Hofarchivarstelle meldest; die andere muß mir doch über kurz oder lang gegeben werden, und jene Vereinigung würde Dir bloß mehr Arbeit machen und uns das immer kleine Einkommen schmälern.

Nun, Gott erhalte Dich gesund, liebster Jacob, Du glaubst nicht, wie ich mich freue, Dich wieder zu sehen. Diesmal werden wir hoffentlich Deinen Geburtstag in Ruhe zusammen feiern können.

Dein treuer Wilhelm.

Adresse: An Herrn LegationsSecretär Jacob Grimm zu Köln am Rhein. poste restante.

---

### 154.
### Wilhelm an Jacob.

C[assel], am 8. November 1815.

Lieber Jacob, ich schicke Dir hier Völkels Antwort, der an den Buderus nicht schreiben will und die Dich wahrscheinlich noch dort trifft. Deinen Brief habe ich erhalten und Du wirst ausführliche Antwort in Köln finden. Ich glaubte die Sache früherhin abgethan zu haben (da ich davon Nachricht erhielt) und wollte Dir gar nichts davon schreiben, um Dir damit keine Stunde trüb zu machen. Ich war daher erstaunt, als Dein Brief kam und ich sah, daß man den Gedanken doch nicht aufgegeben hat. Buderus ist schon vor ein Paar Tagen fort, aber ohne einen Secretär. Bis jetzt habe ich noch nichts vom Erfolge Deines Schreibens an den Kurfürsten gehört. Was aber erfolgt, gewiß ist, daß Du diese Stelle nicht annimmst, im Übrigen wird uns Gott helfen.

Kannst Du der Jordis die 500 fr. bezahlen, die wir ihr schuldig sind, so wäre das abgethan, Du mußt Dir meinen Schein oder einen andern, der diesen vernichtet, dafür ausbitten.

Kauf doch, wo Du sie gut mitbringen kannst, eine Astrallampe, Savigny hat sie mir sehr gerühmt, man hat den häßlichen Unschlittgeruch nicht, ein schönes Licht, von einem Musselinschirm gedämpft, und spart noch dabei. Sie kann nicht viel kosten. Nun Gott grüß Dich.

Dein treuer Wilhelm.

Adresse wie bei Brief 150. Empfangsstempel: 14. Novembre 1815. Praes. 14. November.

155.

Jacob an Wilhelm.

Paris, den 10. November 1815 Abends.

Lieber Wilhelm!

Ich hoffe, daß Du meine beiden Briefe, einen unmittelbar von hier mit der Post, den andern durch Einschluß über Frankfurt richtig empfangen haben wirst. Ich bitte Dich, was Du mir zu antworten hast, unmittelbar und gleich mit der dortigen Briefpost zugehen zu lassen, da ich leider allem Anschein nach noch diesen Monat hier zubringen und ausharren muß, also Gott danken will, wenn ich Christtag zu Haus sein kann nach abermals verthanem Vierteljahr. Ich muß hier jetzt auch äußerlich in der kalten Witterung unbequem wohnen, da mich die Leute, wo ich quartiert bin, gern los wären und mich nur nach Nothdurft behandeln, besonders sparsam einheizen. Doch tröste ich mich, daß es am längsten gewährt hat, was endlich wahr ist.

Ich denke, daß unsere Anstellungsgeschichten bald erledigt sind. Daß ich mich in meiner neulichen Vorstellung an den Kurfürsten ausdrücklich bloß um die Hofarchivarstelle gemeldet und des Bibliothekars gänzlich geschwiegen habe, brauche ich Dir nicht erst zu sagen.

Hab' ich Dir geschrieben oder nicht, daß ich den Steuber hier gesehen, der mitsammt dem General Engelhard (unnöthigerweise) hierher kam? Ich habe den Steuber einmal bei einem der ersten Restaurateurs gesehen; er versicherte. seine Erwartung von Paris noch weit übertroffen zu finden. Den Müller sehe ich ziemlich oft, d. h. ich begegne ihm; zu thun hat er aber außer dem Sicheinquartierenlassen gar nichts.

Drei altdeutsche Handschriften habe ich unvermuthet entdeckt und für Preußen ausgeliefert bekommen, alle pergamentern: 1) Tristan von Gottfried und Türheim, 2) Barlaam und Josaphat, 3) Wilhelm von Orlenz. Ebensogut hätte es was Unbekanntes und aus den Nibelungen sein können. An sonstiges Arbeiten auf der Bibliothek ist unter dermaligen Umständen nicht zu denken.

Seid Ihr in Köln nicht bei Grotes gewesen? Hier ist jetzo der eine Grote, ein feiner, braver und gescheidter Mensch, mit dem ich gern umgehe. Er hat nämlich in Köln auch allerhand altdeutsche Manuscripte.

Hat denn Goethe nicht von den Märchen gewußt und was dazu gesagt? Und hastu ihm nicht den armen Heinrich gegeben? Görres

hat wohl zu allem dem keine Zeit gehabt. Eine kleine solche Nach=
richt macht mir jetzt viel Vergnügen, der ich so viel dummes Ge=
schäftszeug mit mir herumtragen muß.

Eichhorn geht wieder besser und ist entschieden außer Gefahr, ich
habe einige Nächte bei ihm gewacht und dabei Marculfi formulae ge=
lesen. Mit dem anbrechenden Morgen bricht hier ein Geschrei von
crieurs an, die man sonst den Tag nicht hört. Sonst ist seit einem
Monat die Witterung hier so, daß auf zwei trübe und regnichte
Tage hernach zwei heitere folgen.

In Rühs' neustem Buch steht S. 229 eine interessante Note
über Savignys Groß= oder Urgroßvater.

Wenn Du dem Ferdinand schreibst, grüß ihn von mir und er
möge uns doch in Berlin das sogenannte Porstische Gesangbuch kaufen
und schicken. Es ist leicht zu haben und enthält auch nach der neusten
Auflage die besten, alten Lieder fast unverändert. Wir sollten es
unter uns einführen, aber keine Fremde dabei, jeden Sonntag ernst=
haft ein Kapitel aus der Bibel und Lieder laut vorzulesen. Es ist in
den protestantischen Liedern doch, wie im Evangelium, ein keuscher und
seiner Sache gewisser Ton, kräftiger und tröstlicher als die katholische
Poesie, und nun gar wie manche neue, dem ersten Anblick nach schöne
Lieder, die aber mit dem Heiligen spielen. —

Ich werde durch meinen Hausherrn, einen Advocaten, unter=
brochen, der im Nebenzimmer ganz gräßlich perorirt und wie ein
Schauspieler declamirt, daß, wenn ich nicht allein und noch jemand
bei mir wäre, ich mich einmal herzlich auslachen könnte. Leb wohl
und grüß die Lotte. Dein treuer Jacob.

Ich habe die Thorheit begangen und mir unser Petschaft stechen
lassen. Es ist aber nicht ganz so, wie ich gewollt, geworden.

Adresse: An Herrn Bibliothekar Grimm zu Cassel.

----

## 156.

### Jacob an Wilhelm.

P[aris,] am 14. November [1815.]

Liebster Wilhelm, ich habe Deinen Brief vom 8. gestern und
denselben Morgen auch einen von Buderus aus Frankfurt empfangen,
den ich noch in Cassel vermuthete, worin er mit übertriebener Höf=

lichkeit und unfehlbarer Aussichten wegen vorschlägt, es doch bei ihm
zu versuchen. An sich liegt ihm nämlich auch nichts an mir, er bildet
sich jetzt aber ein, daß ich ihm durch manche wichtige Verbindung be-
deutend werden könne. Ich habe ihm auf der Stelle abgeschrieben
und alle Gedanken benommen, allein meine Vorstellung wird nun
nicht vor dem 21., 22. in Cassel sein und er thut, als wenn er mich
jeden Augenblick bei sich in Frankfurt erwarte. Es ist mir daher
himmelangst, daß man einen Mittelweg einschlagen und z. B. resol-
viren möchte, ich solle vorläufig bis zur Ernennung eines an-
dern den Dienst versehen. Das thu' ich nun nicht, es geschehe was
da wolle, und darum ist mir eingefallen, es sei gleich besser mit einer
bestimmten Sprache herauszugehen. Geben Dir also die Umstände
dort keinen andern Rath an, so mach einliegendes Schreiben zu und
sende es an Schmerfeld, dem ich zutraue, daß er es nicht miß-
brauchen wird.

So geräth man, wenn man einmal an einem unrechten Fleck
stehet, immer ärger hinein; jetzt ist mir die so verwünschte Verzögerung
meines Hierbleibens ordentlich noch von Vortheil. Der Friede er-
scheint übermorgen oder bis Samstag, allein ich reise diesen Monat
noch nicht weg und dann über Köln, Münster und Paderborn.

Dein getreuer Bruder Jacob.

---

157.

**Wilhelm an Jacob.**

Cassel, am 20. November,
der seligen Mutter Geburtstag, 1815.

Liebster Jacob! Deine Briefe, der letzte vom 10. dieses M., sind
sämmtlich angelangt; dagegen wirst Du einen vom 9. von mir nebst
Einlage vom Völkel durch die Post empfangen haben; ein späterer
ist nach Deinem Wunsch poste restante nach Köln abgegangen. Ich
habe Dir darin ausführlich die angenehme Nachricht mitgetheilt, daß
man nicht weiter von Dir verlangen wird, die bewußte Stelle an-
zunehmen, und die Sache abgethan ist, wenigstens hat mir die Kur-
fürstin, die sich derselben noch einmal angenommen, die bestimmteste
Versicherung gegeben. Indes habe ich bis jetzt von der Ernennung
eines andern noch nichts gehört, Buderus ist längst dort. Bleibst
Du so lange dort, ist es schon nöthig, einen andern zu wählen. Daß

mein Gesuch abgewiesen ist, habe ich Dir schon gesagt; erhältst Du
die Hofarchivarstelle und vielleicht Entscheidung dorthin geschickt und
man will Dir zugleich die zweite Bibliothekarstelle geben, so nimm
sie nicht an, sondern erkläre, daß sie mir gebühre. —

Grote habe ich in Köln wohl besucht und gesehen, meine auch,
Dir davon geschrieben zu haben; er war eben mit der Correctur des
Taschenbuchs beschäftigt, worin Dein Märchen vorkommt und
vaticanische altdeutsche Lieder, die Görres' Frau aus Glöckles Hand=
schrift abgeschrieben hat. Er schien ein verständiger und braver
Mensch, der Bruder dort soll mehr Geist haben und wurde von
Görres gelobt. Was Grote an altdeutschen Handschriften besitzt, habe
ich verstanden, als habe er es an den Rector Jochem am Elend ge=
geben, und daselbst habe ich eine gute Pergamenthandschrift des
Tristan sammt der Fortsetzung des Türheim gesehen; er that aber
überrar damit und an ein Leihen war nicht zu denken. Jochem er=
zählte, daß Hagen den Tristan neu herausgeben wolle und wegen
dieser Handschrift mit ihm in Briefwechsel stehe, wovon er eben
gehört, als er mit dem Druck habe wollen anfangen lassen. Er gebe
sie aber nicht weg und Hagen müsse darum zu ihm reisen. Bunsen
erzählte auch von einem Parzival, der dort wäre, Du könntest das,
da Du Grote nun näher kennst, bei Deiner Anwesenheit in Köln
leichter ausmachen. Ich konnte, da er für Savigny meist dort sich
bemühte, nicht weitere Ansprüche machen. Es wäre kein übeles Unter=
nehmen, an der Herausgabe eines dieser ersten Gedichte nebenbei
und langsam zu arbeiten, man knüpft auch das genauere Studium
der Sprache gut daran. Die Müller'sche Sammlung ist ganz ver=
griffen und kostet schon 20—25 Thlr. Die drei Handschriften, die
Du dort gewonnen, sind doch wichtig. Wollten wir den Tristan
bearbeiten, so hätten wir diese beiden, denn man würde Dir doch
vorzugsweise den Gebrauch lassen. Der Orlenz ist auch an vielen
Stellen überaus schön, und ich habe noch eine gewisse Zuneigung zu
ihm aus alten Zeiten, wo ich die ziemlich unnöthige Abschrift machte.

Goethe habe ich weder den armen Heinrich gegeben, noch von
den Märchen etwas Näheres gesagt. Da er sich wohl bewußt sein
mag, wie leicht er an etwas Theil nimmt, so hat er eine eigene,
wunderliche Scheu, man kann sagen Ängstlichkeit, daß ihm ja nichts
zu nahe rückt, und er weicht gewiß aus oder setzt sich eiskalt hin,
wenn man von etwas mit Lebhaftigkeit und Eifer spricht, das er noch
nicht kennt. Als sein Geburtstag in Frankfurt war, hat von den

Hausleuten niemand etwas erwähnt, nur bei Tisch hat sich auf dem Main eine schöne Waldhornsmusik hören lassen, und als er gefragt: was ist das? hat bloß sein Bedienter geantwortet: „ei Herr Geheimer Rath, heut' ist ja Ihr Geburtstag.“  Während der Zeit haben sie ihm in sein Zimmer eine Schüssel mit köstlichem Obst, wie Ananas u. s. w. schön geordnet aufgestellt, daneben echt persisches Zeug (weil er gerade mit den orientalischen Sachen beschäftigt ist), wo ich nicht irre, auch einen Dolch hingelegt, und wie er hinein getreten ist, beobachtet. Anfangs, wie er es gesehen, ist er ganz ängstlich gewesen, hat hin und her geblickt und gemeint, es sei jemand versteckt, der nun glück= wünschen werde, dann ins Nebenzimmer gesehen, ob etwa da Leute sich dazu versammelt hätten, und als dann endlich alles leer und still gewesen, hat ihn diese Aufmerksamkeit bis zu Thränen gerührt.  Ich habe ihm daher kein Wort von der altdeutschen Poesie gesagt, bis er in Heidelberg von selbst zu mir kam und mich fragte, mit welcher literarischen Arbeit wir uns jetzt beschäftigten; ich erzählte es ihm ganz einfach und sagte da auch unter anderm, daß wir nach Art der Märchen die deutschen Sagen zusammenzustellen dächten.  Als die Rede auf ihre lebendige Verschiedenheit kam, sagte er: „ja, was ist die Kritik anderes als das Beobachten, wie dasselbe in den ver= schiedenen Zeiten immer eigenthümlich auf den Menschen gewirkt und von ihm gefaßt worden.“  Was mir natürlich sehr willkommen war. Der Louis hat es aus natürlichem Gefühl ebenso gemacht, und zu dem ist er auch gekommen, hat ihn über die Rheinreise gefragt und dergleichen recht liebreich.

Was er über die Edda gesagt, weiß ich von Creuzer, der sich, weil er auch nordische Mythologie vorgetragen, das Buch gekauft hatte.  Er schien die Einrichtung sehr zu billigen und sagte mir auch, daß er Deine Abhandlung über die Mordsühne mit viel Theil= nahme gelesen, auch, wo ich nicht irre, er ein ähnliches Beispiel in den Alten kenne; ich habe ihn dann noch aufmerksam gemacht auf Deine Abhandlung über die Irmenstraße. Wenn Du hier erst in Ruhe bist, mußt Du sie ihm schicken und ihm schreiben. Schelling hat eine kleine Schrift in Quart über den Gottesdienst zu Samothrake geschrieben, also über die Kabiren, die scharfsinnig, aber scharf und etwas vornehm schneidend ist; wie doch so manches Eingang findet! Darin ist schon von Othin, den deutschen Kobolden, ja den Niblungen die Rede.  Diejenigen, welche so ohne Umstände eins zu allem und alles aus einem etymologisiren, werden hart angefahren; Du kannst

Dich dessen annehmen, so viel Du willst, es ist wohl gegen Kanne gesagt. Dieser aber hat sein großes Glossarium verbrannt, nachdem ihm der russische Kaiser auf einen Brief, in dem er ihn gebeten, es auf seine Kosten drucken zu lassen, nicht geantwortet, und hat die Leben erweckter Protestanten mit Bekenntnissen herausgegeben. Ich habe das Buch bestellt, Savigny hat schon davon erzählt, es soll sehr merkwürdig sein.

Von Holland hat der preußische General, der die Garde befehligt, ein großes Bund mitgebracht, Briefe und ein langweiliges politisches Buch von Scheltema, ich habe es wieder zugebunden und so soll es auf Dich warten. An Körner schreibe ich in diesen Tagen, damit die Wälder zu Neujahr anfangen, der Mann stellt sich zu biederhaft an und thut wenig in der Sache, als daß er mir recht gefallen sollte. Doch muß hierin nun fortgefahren werden.

Dem Dieterich habe ich den ersten Band der Sagen, den Bogen zu zwei Louisd'or, halb in Büchern zu nehmen, angeboten? Die Entscheidung sollte in die Zeit Deiner Ankunft fallen, hast Du etwas zu erinnern, so schreibe mir hierher, den Anfang des Drucks will ich ohnehin zurückhalten, bis Du wieder da bist.

Der Steuber soll in diesen Tagen hier anlangen und Assessor beim Steuercollegium sein, welches mit der Kammer gleichen Rang erhalten hat. Wir erhalten ganz Fulda, der Kurfürst wird es nächstens bekannt machen und den Titel eines Großherzogs von Fulda noch annehmen, wenigstens heißt's allgemein. Die Kurprinzessin ist zu Hanau, man glaubt, daß sie zu Frühjahr rückkehrt. — Die Sauern war hier und hat sich so ziemlich ihre Pension ausgewirkt, die Reise hat sie aber angegriffen, so daß sie dort nicht wohl sein soll. Ich habe ihr und der Vollbrechtin ein neues Kattunkleid gekauft und in unserm Namen verehrt. Die Burchardi ist wieder mit einem Mädchen niedergekommen.

Vom 21.

Du schreibst mir nichts von der Pariser Nibelungenhandschrift, ist sie wirklich vorhanden und schon abgeliefert? Mach doch für die Wälder ein Verzeichnis der altdeutschen Handschriften, die auf diese Weise an den Tag und nach Deutschland zurückkommen.

Die Teutoburg wird nun doch fortgesetzt, wie Schlichtegroll an Völkel geschrieben. Von Docen habe ich lange nichts gehört. Louis

ist den 4. d. M. in München wieder angelangt; leider ist seine Brust
noch nicht ganz hergestellt. Der Ferdinand ist mir noch eine Antwort
schuldig schon seit ein Paar Monaten. — — —

Sorg ja dafür, daß mein Brief zu Köln nicht liegen bleibt.
Solltest Du selbst nicht hinkommen, so laß ihn durch Grote ein-
fordern, ich glaube, der Kölner ist gerade bei der Post angestellt.

Nun Gott erhalte Dich gesund, liebster Bruder, Du wirst mir
jetzt noch einmal wenigstens von dort aus schreiben müssen.

Dein treuer Wilhelm.

Du bringst doch die neue französische Literatur für unser Fach
mit, des Roqueforts Buch und dergleichen.

------

158.

### Jacob an Wilhelm.

Paris, 24. November 1815.

Liebster Bruder!

Der Friede ist gerade auf den Geburtstag der seligen Mutter
abgeschlossen worden und doch nun der zweite, welcher die Franzosen
beschimpft. Den dritten künftigen, der unser deutsches Vaterland völlig
zu Ehren bringen soll, sehen schon die meisten nach einigen Jahren voraus.

Vorgestern empfing ich ein Schreiben Starkloffs, der mir meldet,
daß die Hoheit sich für mich verwendet hat und ich eine andre An-
stellung erhalten würde. Dann wäre meine neuliche Maßregel über-
flüssig geworden. Hört also jene Furcht auf, so brauchst Du, selbst
wenn die Wiederanstellung vorerst liegen gelassen würde, nichts zu
thun. Mir ist aber aufs Herz gefallen, der Kurfürst möchte mich
neben dem Archivariat noch zu seiner Privatbibliothek (z. B. neben
und unter Gottsched) anordnen wollen. Dies müßtest Du auch zu
hindern suchen, weil ich es doch wieder nicht annehmen könnte. Er
hat gerade um mehrerer Gründe willen jetzt Ursache, zufrieden mit
mir zu sein. Gott schaffe mir endlich Ruhe, ich lebe jetzt im
größten Gegentheil. Ich hoffe diese Woche ein Schreiben von Dir
und reise vermuthlich zwischen 4. bis 6. Dezember ab, vielleicht
schreib’ ich vorher noch einmal. Ewig Dein treuer Bruder　Jacob.

Meine Besoldung ist doch für alle Monate seit September richtig
an Euch ausgezahlt worden?

Die Astrallampe ist gekauft nebst noch anderen Dingen.

Adresse: Herrn Bibliothekar Grimm zu Cassel. D. g. E.

------

159.
## Jacob an Wilhelm.

Paris, 7. Dezember 1815 um 10 Uhr Abends.

Liebster Wilhelm!

Ich danke Dir herzlich für Deine beiden letzten Briefe und bitte Dich nun, meinen an Schmerfeld nicht abzugeben. Von dort aus habe ich meiner Anstellung halben nichts vernommen und bin sehr verwundert, daß man Dir die Bibliothekarstelle abgeschlagen hat. Der Himmel wird schon helfen. Morgen früh ½6 Uhr reise ich mit dem Postwagen nach Brüssel. Wie freut es mich, mit jedem Schritt Euch näher zu kommen. Ich bringe die Astrallampe auch mit.

Ringseis habe ich endlich ausgefunden und seit den letzten vierzehn Tagen beinah täglich gesehen. Er ist ein durchbraver, frommer Mensch, den man gleich lieb hat. Im Januar will er durch Cassel kommen und dann bei uns wohnen.

Den Bouquet hab' ich für Euch (16 Bände) gekauft für 350 Franken und denk ihn frei als Gemälde hinzuschaffen. Völkel schrieb es mir, ich könnt' es, wenn die Bezahlung bis Februar warten dürfte. Der Buchhändler wollte das eingehen, allein ich hab' das Geld vorgeschossen; Eure Casse braucht es doch erst den Februar wieder zu erstatten. Dafür war mir's völlig unmöglich, wie Du gemeint hattest, die Jordis mit 500 Francs zu bezahlen, welches auch besser durch Pfeiffer geschehn kann. Stets Dein treuer

Jacob.

In größter Eile.

Adresse: Herrn Bibliotheks-Secretär Grimm zu Cassel. Empfangsstempel: 16. Dec. 1815.

# Aus Wilhelms Selbstbiographie.

„Nach Strieders Tod, der schon im Jahre 1815 erfolgte, würde ich vor-
gerückt sein, aber mehr werth als eine Beförderung war mir die Hoffnung, daß
mein Bruder, der die diplomatische Laufbahn aus mehr als einem Grunde zu
verlassen sehnlich wünschte, die Stelle erhalten könnte. Wir waren bisher nie
getrennt gewesen und entschlossen, so lange es in unsern Kräften stehe, beisammen
zu bleiben, aber ein solches gemeinschaftliches Amt erfüllte unsern liebsten Wunsch.
Fast gegen Erwartung wurde die Bitte gewährt. Dankbar haben wir die glück-
liche Zeit genossen, wo wir eine willkommene und belehrende Beschäftigung in
dem pünktlich verwalteten Amte fanden, daneben Muße zum Studiren und zur
Ausführung mancher literarischer Pläne."

# Aus Jacobs Selbstbiographie.

„Von jetzt an beginnt die ruhigste, arbeitsamste und vielleicht auch die
fruchtbarste Zeit meines Lebens. Nach Strieders erfolgtem Tode hatte ich endlich
den früher gewünschten Platz bei der Casseler Bibliothek erlangt, an der auch nun
Wilhelm ein Jahr lang früher arbeitete. Eine Anstellung bei dem Bundestag
zu Frankfurt als Gesandtschaftssecretär hatte ich entschieden abgelehnt. Ich wurde
also zweiter Bibliothekar (16. April 1816) und behielt den bisherigen Gehalt von
600 Thalern. Völkel war zum ersten Bibliothekar befördert worden. Die Biblio-
thek ist jeden Tag drei Stunden geöffnet, alle übrige Zeit konnte ich nach Lust
studiren und wurde nur durch kleine Nebenämter, wie das mir größtentheils
aufgebürdete censorische, aber nicht bedeutend gestört. Mit meinem Collegen
Völkel lebte ich auf freundschaftlichem Fuß, nichts hätte gefehlt, als eine mäßige
und gerechte Gehaltszulage für mich und meinen Bruder, und es würden uns in
dieser Hinsicht wenig Wünsche übrig geblieben sein. Schnell verflossen die
Jahre!"

# Anmerkungen und Register.

# Anmerkungen.

Nr. Seite

— 2 Frau Vollbrecht.] Bei dem herrschaftlichen Mundkoch Vollbrecht waren die Grimm'schen Brüder unter Aufsicht der Tante Zimmer in Pension.

Frau Sauer.] Vollbrechts Schwägerin und Haushälterin.

Die Brüder und die gute Pänny.] Ich gebe hier folgende Übersicht aus Grimms Familienbibel: Den 23. Februar 1783 heirathet der Stadtschreiber Philipp Wilhelm Grimm zu Alt-Hanau Dorothea Zimmer. Kinder: 2) Jacob Ludwig Karl, 4. Januar 1785, † 20. September 1863. 3) Wilhelm Karl, 24. Februar 1786, † 16. Dezember 1859. 4) Karl Friedrich, 24. April 1787, † 25. Mai 1852. 5) Philipp Ferdinand, 18. Dezember 1788, † 6. Januar 1845. 6) Ludwig Emil, 14. März 1790, † 4. April 1863. 8) Charlotte Amalie, 10. März 1793, † 15. Juni 1833. Drei Brüder waren im ersten Lebensjahre gestorben. — Statt Pänny ist vielleicht Fanny zu lesen; damit muß die Schwester gemeint sein.

— 4 Weis] Phil. Friedr. W., Prof. der Rechte in Marburg, † am 23. November 1808. Grimms Lehrer.

Savigny] Friedrich Karl von, geboren 21. Februar 1779 zu Frankfurt a./M., seit 1800 Docent der Rechte in Marburg. Er war verheirathet mit Kunigunde (Gundel) Brentano, Bettinas älterer Schwester.

2 6 Wigand] Paul W. aus Cassel war mit den Brüdern auf dem Lyceum befreundet und ihr Studiengenosse in Marburg. Er starb als Landgerichtsassessor und Archivar in Höxter. Der Briefwechsel ist vorhanden.

Heyer.] Hofbuchhändler in Gießen.

Spazier.] Karl Spazier redigirte seit 1801,*) August Mahlmann bis 1816 die Zeitung für die elegante Welt. Leipzig bei Georg Voß. Vgl. die Todesanzeige in Nr. 10, Dienstag 22. Januar 1805. S. 80.

Anton.] Anton Bauer, Prof. der Rechte in Marburg. Er las den Kriminalproceß.

2 8 Tempe.] Tempe von F. J. Erster Band. Leipzig bey G. J. Göschen. 1803. Mit Titelvignette. XII und 464 S. kl. 8°. Zweyter Band. 1803. 364 S. 3 Thlr. Wiener Nachdruck 1804. Eine Sammlung auserwählter Epigramme der griechischen Anthologie in Übersetzung von Friedrich Jacobs.

Er.] Ein Student Bentheim kaufte die Hefte. S. S. 13.

Goethes Werke.] Erste Cotta'sche Ausgabe (Tübingen 1806 ff.) 12 Bde. 8.

---

*) Die litterarhistorischen Angaben sind aus Gödekes Grundriß zur Geschichte der Deutschen Dichtung genommen.

Nr. Seite

Charakteristiken.] Charakteristiken und Kritiken. Von August Wilhelm Schlegel und Friedrich Schlegel. 2 Bände. Königsberg, Nicolovius. 1801. 8.

Poetisches Journal.] Poetisches Journal. Herausgegeben von Ludwig Tieck. Erster Jahrgang erstes Stück. Jena, bei Friedrich Frommann. 1800. Zweites Stück. 1800. 8.

Benvenuto.] Leben. Übersetzt von Goethe. 1803.

Heinrich von Ofterdingen.] Vgl. Schriften Friedrichs von Hardenberg. Hgg. von F. Schlegel und L. Tieck. I. Band, Berlin. 1802. 8.

Calderon.] Schauspiele. Übersetzt von A. W. Schlegel = Spanisches Theater. Berlin, 1803. Realschulbuchhandlung. S. zu S. 97. 117.

Garves Briefe.] Briefe von Christian Garve an Christian Felix Weiße und einige andere Freunde. Breslau 1803. Die Briefe reichen bis October 1798; über Schlegels s. II, 275.

2   9  Athenaeum.] Eine Zeitschrift von A. W. Schlegel und F. Schlegel. Berlin, Frölich. 1798—1800. 8. S. Band III. 1800. S. 129—139. V. Notizen. Garves letzte noch von ihm selbst herausgegebene Schriften. Vgl. auch die „Fragmente" Bd. I, 2. S. 89.

Prorector.] Robert, Prof. der Rechte in Marburg.

Wachler] Joh. Friedr. Ludw. W., geb. 15. Apr. 1767 zu Gotha, seit 1801 bis 1815 Prof. der Philosophie und Theologie in Marburg.

Wigands Vater.] Hofarchivar in Cassel und Redacteur der hessischen Zeitung. S. S. 53.

2   10  Fr. Schlegel.] Über die Sprache und Weisheit der Indier. Heidelberg, bei Mohr und Zimmer. 1808. 8.

Kanonikum und Eherecht.] Gelesen von Prof. Erxleben.

Malsburg.] Ernst Friedrich Georg Otto Freiherr von der Malsburg, geb. zu Hanau 23. Juni 1786, Schul- und Studienfreund der Brüder. 1805 begleitete er als Regierungsassessor seinen Onkel, den Geh.-Rath und hessischen Minister v. d. M., nach Paris. Vgl. K. Justi, Hessische Gelehrten- 2c. Geschichte, 1831. S. 437—441 und J. Grimm bei Justi S. 150. 151 = Kl. Schriften I², 4. 5.

2   11  Nouvelle.] Neuville? S. Noville. S. 45.

3   12  Caesar.] Gemeint ist wohl der von Jacob in der Selbstbiographie Kl. Schr. I, 3 erwähnte Lyceumslehrer Collaborator Caesar, später Rector und Professor.

Brentano.] Seit 1804 in Heidelberg; in Marburg durch seinen Schwager Savigny mit Grimms bekannt geworden.

Rudolphs.] Vgl. S. 43, vermuthlich der Hauswirth in Marburg.

3   13  Bentheim.] S. zu S. 8.

4   14  Krieger.] Johann Conrad Christian Kr., seit 1783 Universitätsbuchhändler und Buchdrucker in Marburg. (Justi S. 370—372.)

Bucher.] Dr Johann Peter Bucher, ord. Prof. der Rechte in Marburg. (Justi S. 848).

Erbprinz] Karl Friedrich von Sachsen-Weimar, vermählt mit Maria Paulowna, Großfürstin von Rußland, am 3. August 1804. Huldigung der Künste s. S. 48.

Kotzebue.] Der Freimüthige und Scherz und Ernst. 1803—1806. Herausgegeben von A. v. Kotzebue und G. Merkel. Berlin, bei Heinrich Frölich. 4. „Dritter Jahrgang der beiden Zeitschriften" 1805 enthält „Fragmente aus der Schreibtafel eines Reisenden": Pompeji Nr. 1. 3. 5. Herculanum Nr. 7. Besuv Nr. 10. 11. 12. Spazierfahrt nach Puzzuoli Nr. 15. 16. Ciceros Villa Nr. 17. Spaziergang in Rom Nr. 20. 22. 24. 25. 30. 31.

Nr.  Seite
4    15  Spazier.] Spaziers Biographie. (Eine Skizze.) Von — a — r in ZfdeW.
         Nr. 15 und 16, 2. und 5. Februar 1805, S. 113—116. 121—124. S. zu S. 6.

         Jon.] Ein Schauspiel von A. W. Schlegel. Hamburg. 1803. 161 S. 8.
         ist anonym rec. in der Allg. Litt.-Zeitung vom Jahre 1805. Halle. (HALZ)
         Nr. 12. 13, 14. und 15. Januar, S. 89—104.

         Florian.] Jean Pierre Claris de Florian, französischer Schriftsteller,
         1755—1794.

         Stöhr.] Pagenhofmeister Dietmar Stöhr in Cassel, welcher den Brüdern
         Privatstunden gegeben hatte. (Justi 151 = J. Gr. Kl. Schr. I, 4.)

         Münscher.] Prof. der Theologie in Marburg.

5    16  5 Wochen.] Wilhelms Briefe wurden durch die Tante und dann durch
         gesandtschaftliche Vermittlung nach Paris besorgt. S. S. 39. 45.

5    19  Europa.] Eine Zeitschrift. Herausg. von Fr. Schlegel. Frankfurt a./M.
         bei Fr. Wilmans. 1803. 2 Bde. 8.

         Laokoon.] Vgl. die Propyläen. S. zu S. 8.

5    20  Zerbino.] Ein Spiel in 6 Acten von L. Tieck. Jena. 1799.

5    21  Unger.] Joh. Friedr. U., Verleger in Berlin.

         Göschen] G. J. G. in Leipzig.

5    22  Glosse 2c.] Über die glossae, unglossirte Ausgaben, z. B. des D. Gothofredus
         Genev. 1583. 4. s. Teuffels Gesch. der röm. Litt. § 480. 12. S. 1117².

         S. Bernhardi.] Sophie Tieck, Schwester von Ludwig und Friedrich, dem
         Bildhauer, geb. 1775 in Berlin, (geschieden 1805) † 1836 in Esthland.

5    23  Merkel.] Garlieb Merkel, geb. 21. October 1769 zu Lodiger in Lisland,
         Gegner der romantischen Schule, gab mit A. v. Kotzebue 1803—1806
         den Freimüthigen heraus, s. zu S. 14.

         Itzig.] Ein Jude Namens Rinald, welcher mit den Brüdern von früh
         auf bekannt war und ihnen gelegentlich Geldgeschäfte besorgte. Er hing
         mit Verehrung an ihnen.

         Hummel.] Ludwig H., Maler in C., † daselbst als Akademiedirector.

5    24  Minnelieder.] Minnelieder aus dem schwäbischen Zeitalter, neu bearbeitet
         von Ludwig Tieck. Berlin 1803. 8.

6    25  Poetisches Journal.] S. zu S. 8. Heft 1 enthält: III. Briefe über
         W. Shakespeare S. 18—80. IV. Der neue Herkules am Scheidewege,
         eine Parodie S. 81—164. V. Über die mythologischen Dichtungen der
         Indier S. 165—216. VI. An Ritter, von Friedrich Schlegel S. 217—220.
         VII. Das jüngste Gericht. Eine Vision S. 221—246; Heft 2: I. Epicoene
         oder Das stumme Mädchen. Ein Lustspiel des Ben Jonson S. 259—458.
         II. Briefe über W. Shakespeare S. 459—472. III. Erinnerung und
         Ermunterung S. 473—492. Der Umschlag ist von grünem Papier.

6    26  Shakespeare.] Dramatische Werke, übersetzt von A. W. Schlegel. Berlin
         1797 ff. Bis 1801 erschienen 8 Bände, ihnen folgte erst 1810 der
         neunte mit Richard III.

         Reichsgeschichte.] Heft nach Roberts Colleg. S. zu S. 8.

         Schellings.] Vgl. Bemerkungen aus Würzburg. Fragment eines Schreibens
         an den Herausgeber, ZfdeW. Nr. 7. Dienstag, den 7. Januar 1805.
         S. 53—55; S. 54: seine Philosophie sei „eitel Wortkram und
         Phantastenwerk".

6    27  Herder.] Die drei Abtheilungen waren: I. Zur Religion und Theologie.
         II. Zur Philosophie und Geschichte. III. Zur schönen Literatur und
         Kunst. S. den Subscriptionsnachtrag der J. G. Cotta'schen Buchhandlung
         im Intelligenzblatt der Jenaer Allgemeinen Litteraturzeitung (JALZ)
         Nr. 3, 7. Januar 1805, S. 27.

Gabrièle.] Anonym: Gabrièle d'Estrées, Trauerspiel in 5 A. Dresden. 1805. Im Freimüthigen 1805. Nr. 119. S. 473/474 sehr getadelt.

Recensionen.] Über des Legationsraths Johann Friedrich Reitemeier in Frankfurt an der Oder Allgemeines deutsches Gesetzbuch und dessen darauf bezügliche Schriften s. JALZ Nr. 4—6, 4. bis 7. Januar 1805, S. 25—48, unterzeichnet: Str. — Voyage etc. par Bonstetten: Nr. 15, 17. Januar 1805, S. 114—120. — Charlotte Corday, Hamburg bei Hoffmann: Nr. 17, 19. Januar 1805, S. 134—136, unterz.: Aqo. — Die Recension von A. Kl. in der E. Zeitung kann ich nicht nachweisen. — Joh. Joach. Spaldings Lebensbeschreibung, von ihm selbst aufgesetzt und herausgegeben mit einem Zusatze von dessen Sohne G. L. Spalding. 1804. XIV und 210 S. 8 (20 Gr.): Nr. 18, 21. Januar 1805, S. 137—144, unterz.: C. F. Z. — Über Bewaffnung von Seume: Nr. 23, 26. Januar 1805, S. 181—184, unterz.: Kf.

Flaxmann.] Vgl. A. W. Schlegel im Athenäum II, 193—246.

Salomon Geßner.] Gouachegemälde und Laviszeichnungen, radirt durch C. W. Kolbe. (Hofkupferstecher in Dessau.) I. Heft. Zürich, K. Geßner, 1805. Vgl. die Ankündigung im Intelligenzblatt der JALZ. Nr. 62, 8. Juni 1805, S. 531—534.

6 28 Am Epigramm.] Das Epigramm, Lustspiel in vier A. von A. Kotzebue. Leipzig 1801.

Die Indianer in England.] Lustspiel von A. Kotzebue. Leipzig 1790. Darin die Gurli.

Christian Brentano.] Geb. 24. Jan. 1784 zu Frankfurt, † 27. Oct. 1851. Bettinas Bruder.

6 29 Mönch.] Memoriam Conradi Moench, Med. Dr etc. etc. commendat Christoph Rommel, Phil. Dr etc. Marburg, bey Krieger. 1805. M., seit 1786 Prof. der Botanik und Chemie und Hofrath in Marburg, † 2. Jan. 1805. (Justi 565 N.)

Philologie.] Über Philologie und philologische Erklärung der griechischen und lateinischen Klassiker. Ein Paar Worte an seine akadem. Mitbürger zur Ankündigung seiner Vorlesungen im Sommer 1805 vom Professor Rommel in Marburg. Marburg, gedr. mit Beyerhoffer'schen Schriften. 24. S. II. 8. R. wurde später Staatsarchivdirector in Cassel, 1828 geadelt und 1829 zum Director der Bibliothek und des Museums ernannt, vergl. J. Grimm bei Justi 160 = Kl. Schr. I², 15 f.

Kant.] Äußerungen über Kant, seinen Charakter, seine Meinungen von einem billigen Verehrer seiner Verdienste, 1804 anonym. S. 30 lies Wasianski.

6 30 Sternbald.] Sternbalds Wanderungen von L. Tieck. 1798.

Münchhausen] Probe von Minneliedern in ZfdW. Nr. 18, 9. Febr. 1805, S. 144.: „Nach Eberhard von Sax I, 28." Die Bemerkung über Tieck ist von M(ahlmann). Schon vorher war im Freimüthigen Nr. 7, 10. Jan. 1805, S. 27 mit einer Probe „Nach Rudolf von Rotenburg" die Sammlung altdeutscher Gedichte angekündigt.

Rüde.] Georg Wilh. R., Hofapotheker in Cassel. (Justi 565. 574. 833.)

7 32 Bucher.] Sohn des Prof. Bucher in Marburg, später Prof. in Halle. S.S. 77.

Eschemaier.] Christoph Adam v. E., Arzt zu Kirchheim, dann Prof. der Philosophie in Tübingen. 1771—1852.

Mehmel] redigirte zuerst mit Mensel, später mit Langsdorf die von 1799 bis 1802 bestehende Erlanger Litteraturzeitung (Koberstein Gesch. der Deutschen Nationallitt. IV⁵, 651. 55.)

7 33 Justi.] Karl Wilhelm Justi, geb. 14. Jan. 1767 zu Marburg, Prof. der Theologie und Consistorialrath, † 7. Aug. 1847. (Justi 320—331.)

Nr. Seite

Ries.] Georg Franz Hugo Rieß, Sohn des Geh. Raths Franz Benj. Rieß, Regierungsassessor in Marburg. (Justi 540.)

7   34  Karl.] Der vierte Bruder.

Goth.] Die aus der Taufe Hebende und Gehobene. S. Weigand Deutsches Wörterbuch I³, 714.

8   35  Voß.] Joh. Heinr. V. lebte 1802—1805 in Jena und ging mit einer Pension von 1000 G. 1805 nach Heidelberg.

Jung.] Franz Wilhelm Jung, geb. Dez. 1757 in Hanau, Hofrath zu Mainz, legte in der franzöl. Zeit seine Ämter nieder und lebte amtlos zu Frankfurt, † 25. Aug. 1833 in Mainz. S. S. 470.

Wachlers Compendium.] Handbuch der allgemeinen Geschichte der litterarischen Cultur. Marburg, 1804—1805. 2 Bde.

Meusel.] Gelehrtes Deutschland.

9   39  Jungfer Zeise.] Sie war im Dienst der Tante Zimmer.

9   40  Wetzel] Jurist. S. S. 61.

Merlise] vielleicht, wenn der Name richtig gelesen ist, das Dienstmädchen bei Vollbrechts, die S. 45 genannte Marielies.

10  40  Kramer.] Buchhändler in Cassel.

Gesetzbuch für Hessen.] S. S. 57. Vgl. den Artikel F. B. Rieß bei Justi 540—542.

Clemens' Tochter.] Brentano hatte sich 1804 mit Sophie Mereau vermählt. Das Kind starb bald, s. S. 60.

Heise.] Arnold Heise, Prof. der Rechte in Heidelberg.

11  43  Denhard.] Verwandter in Steinau.

Zimmermann.] Dr. Christian Z., Creuzers Schwiegersohn, 1809 in Clausthal im Bergdepartement des Harzes als Bergrath angestellt, s. Görresbriefe II, 61.

11  44  Villers.] Charles François Dominique de Villers, geboren 4. November 1765 zu Boulay in Lothringen, † in Göttingen 26. Februar 1815, war Offizier in Toul, Metz und Straßburg, lebte später als Student in Göttingen und beschäftigte sich nachher in Lübeck besonders mit deutscher Litteratur und Kantischer Philosophie. Seine Schrift: Essai sur l'esprit et l'influence de la Réformation de Luther hatte 1803 den Preis des Institut de France erhalten. Sie erschien in deutscher Übersetzung: V. über die Reformation Luthers. Mit Abhandlung von Henke. Hamburg. Hofmann 1805. 1809 ernannte ihn Napoleon zum Prof. der französischen Litteratur in Göttingen, er wurde jedoch später von der hannöverischen Regierung nicht bestätigt. Vgl. Briefe aus dem handschriftlichen Nachlasse des Ch. de V., hgg. von M. Isler. Hamburg, 1879.

12  45  Noville.] ? S. 2 zu S. 11. Marielies ist das Dienstmädchen.

12  46  Voß.] Lehr-Plan für alle kurpfalzbaierischen Mittel-Schulen oder für die sogenannten Real-Klassen (Prinzipien), Gymnasien und Lyceen. Vom Kurf. General-Schulen- und Studien-Directorium entworfen und von Sr. Kurf. Durchlaucht gnädigst bestätigt 27. August 1804. München. 30 S. 4. rec. in der JALZ. Nr. 77—79, 1.—3. April 1805, S. 1—23 von Johann Heinrich Voß. S. S. 65.

12  47  Intelligenz.] Intelligenzblatt der JALZ. Nr. 43, 17. April 1805, S 359. 360 mit der Überschrift: Die wegeweisenden Hermen. Voß.

Hallische L.-Z.] Hebels alemann. Gedichte sind anonym rec. Nr. 84, 1. April 1805, S. 1—7.

Ariost.] R. Roland, übersetzt von Gries. I. Jena 1804. HALZ. Nr. 111. 112, 29. April 1805, S. 217—223. 225—231 anonym; vgl. JALZ. Nr. 27—29, 1.—4. Febr. 1805, S. 209—228 unterz. F[ernow?]

Schlegel.] Athenäum II (1799), 247—284.

Christian Schreiber.] Geboren in Eisenach 15. April 1781, lebte 1803—1806 daselbst, dann Oberpfarrer in Lengsfeld, 1815 Superintendent und Kirchenrath (Justi 833—847). Er war Mitarbeiter am Freimüthigen. Grimm spielt auf die früheren Fehden zwischen Spazier und Merkel an.

Die lustigen Musikanten.] Singspiel von Clemens Brentano. Frankfurt 1803. 8, s. ZfdeW. Nr. 51, 27. April 1805, S. 405—407.

Heinse.] Wilhelm H. † 22. Juni 1803 in Aschaffenburg als Hofrath und Bibliothekar des Kurfürsten von Mainz.

Romanenliteratur.] HALZ. Nr. 103—106, 22.—24. April 1805, S. 153 bis 159. 161—165. 169—173. 177—184.

Dillingen.] Die 250 Jahr alte baierische Universität zu D. an der Donau wurde in ein Lyceum verwandelt, vgl. Intelligenzblatt der JALZ. Nr. 43, 17. April 1805, S. 353.

12    48 Prof. Wurzer.] Ferd. W., Prof. in Bonn, wurde 1805 zum Nachfolger des Prof. Conr. Mönch als Prof. der Chemie und Pharmacie mit dem Hofrathstitel nach Marburg berufen. S. Intelligenzblatt der JALZ. Nr. 58, 29. Mai 1805, S. 497; vgl. Justi 816—820.

12    49 Leipziger L.-Z.] Neue Leipziger Litteraturzeitung. 1805. 56. Stück, 30. April 1805, S. 881—888: Vermischte Aufsätze über Gegenstände des Teutschen und Römischen Privatrechts. Von B. W. Pfeiffer, Doctor der Rechte. Marburg, in der akad. Buchh. 1803. 407. S. in 8 (1 Thlr. 8 gr.). 47. Stück, 10. April 1805, S. 737—740: Brinkmann (geboren 24. Februar 1764 zu Bräunkirka in Schweden, † 25. Dezember 1847 in Stockholm.) 53. Stück, 24. April 1805, S. 842—843: Versuch einer Theorie. 55. Stück, 29. April 1805, S. 865—869: Versuch über die E. d. U. Von D. Friedrich Benedikt Weber, ordentl. Prof. der Ökonomie und Cameralwissenschaft auf der Universität zu Frankfurt an der Oder u. s. w.

13    51 Dillenburger Recht.] D. ist Amtsstadt an der Dill im Reg.-Bez. Wiesbaden, Kr. Dill.

ΚΥΛΛΗΝΙΟΝ.] KYΛΛHNION oder ein Jahr in Arkadien. Gotha, Ettinger 1805. 124 S. in gr. 8. Dieser Herzog von Gotha war Emil Leopold August, geboren 23. November 1772, reg. seit 1804, † 17. Mai 1822.

Lobende Recensionen.] Vgl. z. B. den Freimüthigen.

13    53 Im Freimüthigen.] Nr. 104, den 25. May 1805, S. 413/414. G. M[erkel.]

13    54 Goethes Winckelmann.] Rec. in JALZ. Nr. 128. 129, 30. 31. Mai 1805, S. 409—420.

Brede.] Im Freimüthigen Nr. 9, 12. Januar 1805, S. 36 und in der ZfdeW. Nr. 16, 5. Februar 1805, S. 128 wird berichtet, daß ein kenntnißreicher junger Gelehrter, Hr. Dr Brede in Cassel, das Lesemuseum gegründet hat.

13    55 Duysing.] Später Oberappellationsgerichtsrath in Cassel (Justi X).

Engelhard.] Wilhelm Gotthelf E., 1785 in Cassel geboren, stud. in Marburg, dann Regierungsprocurator in Cassel (Justi 101—102).

Grolmann.] Karl Ludwig Wilhelm von Gr., geboren 23. Juli 1773 zu Gießen, † 14. Februar 1829, 1800 ord. Prof. der Rechte, 1819 Staatsminister.

Schelling.] Vgl. Nr. 48, 6. Mai 1805, S. 417—422: An das Publikum von F. W. J. Schelling, Würzburg, Ende März 1805.

Snabediffen.] David Theodor August S., geboren 14. April 1773 zu Melsungen, 1800 Prof. der Philosophie an der Landesschule zu Hanau, ging 1805 nach Lübeck, 1812 als Director des Lyceums nach Cassel, 1815 Instructor des Prinzen, 1822 Prof. in Marburg, † 14. Mai 1835 (Justi 651—659. Gerland, Fortf. von Justi, I. 1863. 307).

13  56  Studien.] Studien. Herausgegeben von Karl Daub und Friedrich Creuzer, Professoren in Heidelberg. Frankfurt und Heidelberg bei J. C. B. Mohr, 1805—1810. 6 Bde. 8. Creuzer, geboren 10. März 1771 zu Marburg, 1802 Prof. der Philologie in Marburg, 1804 in Heidelberg, 1809 in Leiden, 1810 in Heidelberg, † 16. Februar 1859, vgl. seine Autobiographie in den Deutschen Lehr- und Wanderjahren, II Berlin, Fr. Vahlen 1874. Daub, geboren 20. März 1765 zu Cassel, 1794 Prof. in Hanau, 1795 Prof. der Theologie in Heidelberg, † 22. November 1836.

Tian.] Karoline von Günderode, geboren 1779 zu Frankfurt a./M., liebte Creuzer und erdolchte sich 1806 am Main. Vgl. Studien I, 361—401: Udohla in zwei Acten, 403—461: Magie und Schicksal in drei Acten.

Thibaut.] Anton Friedr. Justus Th., Prof. der Rechte, 1802 in Jena, 1805 in Heidelberg, Haupt der nichthistorischen Schule Savigny gegenüber, vgl. Intelligenzblatt der JALZ. Nr. 58, 29. Mai 1805, S. 497.

15  59  Winckelmannische Briefe.] W.s Briefe an seine Freunde, mit literarischen Anmerkungen herausgegeben von K. W. Daßdorf. Dresden 1777—1780. 2 Bde.

15  60  Tiedemann.] Sohn des Marburger Prof. der Philosophie Dietrich T., welcher am 23. Mai 1803 †.

Sömmering.] Samuel Thomas von S., geboren 1755 zu Thorn, Mitgl. der Akademie zu München, Begründer der vergleichenden Anatomie, † in Frankfurt 2. März 1840.

16  62  Almendingen.] Deutscher Rechtsgelehrter 1766—1827.

16  63  Delille.] Abbé Jacques D., französischer Dichter, 1738—1813.

Ramdohr.] F. W. B. v. R., geboren 1752, 1787 OAGR. in Celle, 1806 Kammerherr, 1816 Gesandter in Neapel, † 1822, auch Kunstschriftsteller (s. Koberstein IV, 583. 75. 712. 51).

Wolf.] Friedrich August Wolf, geb. 15. Febr. 1759 zu Haynrode bei Nordhausen, † 8. August 1824 zu Marseille.

17  64  Ob die Mutter schon dort.] „Den 5ten August ist die liebe Mutter mit dem Marktschiff von Hersfeld nach Cassel gekommen 1805." Zettel von Wilhelms Hand.

Mecklar.] Dorf im Reg.-Bez. Cassel, Kreis Hersfeld.

17  65  Voß' Recension.] Johann Heinrich Voß' Beurtheilung des neuen Lehrplans für die sämmtlichen kurpfalzbair. Mittelschulen u. s. w. Mit einer Vorerinnerung und Anmerkungen von J. A. B. München 1805.

17  67  Freimüthige.] Nr. 140, 15. Juli 1805, S. 44: „Berichtigung eines drolligen Fehlers in Goethes Übersetzung von Rameaus Neffe", widerrufen in der Erklärung: Nr. 142, 18. Juli 1805, S. 52. Ferner Nr. 141, 16. Juli 1805, S. 48: „Von dem kürzlich verstorbenen Arthur Murphy giebt eine Londoner Zeitung biographische Notizen, die ein weimarischer Kunstfreund allenfalls zu einem dicken Buche verarbeiten könnte, etwa unter dem Titel: Murphy und sein Jahrhundert. Einige Dutzend Gedanken, seicht und tief, witzig und trocken, vernünftig und überspannt, wie sie aus dem Ermel fallen wollen, hinzugefügt, und eine Vorrede in einem gravitätischen Strohbasse über Brust oder Achsel vornehm herabdocirt, und — das Zeitalter müßte es bewundern." Murphy war englischer Rechtsgelehrter und Schriftsteller (um 1730—1805).

Isis.] Isis. Eine Monatsschrift von deutschen und schweizerischen Gelehrten. Zürich, Orell, Füßli und Compagnie. 1805—1807. 6 Bände. Vgl. Erster Band. 1805. S. 49—61: Deutschlands Lieblingsschriftsteller.

(Ein Wort für Humanität und Toleranz). S. 51 heißt es: „Keine Nation hat heutiges Tages einen Mann aufzustellen, dessen Schauspiele an den Ufern des Ladoga-Sees und Mittelmeers, der Donau und der Themse in hohem Preise gelten." Die andere Stelle findet sich nicht, wo von den Ständen bei den Hindus die Rede ist.

18 69 Malchen.] Charlotte Amalie Grimm, nachher Lotte genannt. S. zu S. 2.

Anfang October.] „Von Paris kam ich im October 1805 in Cassel Abends an, die Mutter war ausgegangen zur Tante, in der Stube war aber die alte bekannte Uhr und warm; wir giengen ihr heimlich entgegen und begegneten ihr auf dem Marställerplatz mit einer Laterne." Notiz Jacobs auf einem Zettel, s. Kl. Schr. I, 22.

72 Tod der Mutter.] „Die Mutter phantasirte und träumte in ihrer Sterbens- nacht, daß die Franzosen verlören und die Hessen siegreich auf einer Wolke himmelan stiegen. Sie sprach alles laut aus." Notiz Jacobs auf einem Zettel, s. Kl. Schr. I, 22.

19 76 Steffens.] Henrich St., geb. 2. Mai 1773 in Stavanger, † als Geh. Reg.-Rath in Berlin 13. Febr. 1845. 1804 wurde er Prof. der Mineralo- gie in Halle, hielt sich 1807—1809 in Holstein, Hamburg und Lübeck auf, ging 1811 nach Breslau und machte 1813/14 als freiwilliger Secondelieutenant den Feldzug mit. Über Wilhelm Grimms Aufenthalt in Halle s. Steffens, Was ich erlebte, VI, 116—117.

Reichardt.] Johann Friedrich R., geb. 25. Nov. 1751 in Königsberg, † in Giebichenstein 27. Juni 1814, Componist und Publicist. Er war vor- her Capellmeister in Cassel.

Müller.] Johannes von Müller war Generaldirector des öffentlichen Unter- richts im Königreich Westfalen.

Reil.] Johann Christian R., geb. 20. Febr. 1758 in Ostfriesland, seit 1787 Prof. der Medicin in Halle, † 22. Nov. 1814.

20 79 Über die Idee der deutschen Universitäten.] Vorlesungen von H. Steffens. Berlin, Realschulb. 1809.

Schleiermacher.] Gedanken über Univerfitäten im deutschen Sinne. Von Fr. Schl. Berlin, 1808.

Vom Genialen.] Reichardt.

Collin.] Matthias von C., Bruder des Dichters Heinrich Joseph, seit 1812 Prof. der Geschichte und Philosophie in Wien und 1814 Redacteur der Wiener Litt.-Zeitung.

Hormayr]. Joseph Freiherr v. H. leitete 1809 den Tiroler Aufstand.

Louise] Reichardt, R.'s älteste Tochter, Componistin.

21 81 Meine Recension von Hagen.] Der Nibelungen Lied, herausgegeben durch Friedrich Heinrich von der Hagen. Berlin bey Unger. 1807. 598 S. gr. 8. rec. in den Heidelbergischen Jahrbüchern der Literatur. (HJb.) Fünfte Abtheilung. Philologie, Historie, schöne Literatur und Kunst. 8. Jahrgang II (1809), I. Bd, Heft 4 (11). 5 (15) S. 179—189. 238 bis 252. = Kl. Schr. I, 61—91.

Prof. Voß—Zeiten.] Die Zeiten oder Archiv für die neueste Staatenge- schichte und Politik. Herausgegeben von C. D. Voß, Professor in Halle. Weimar, im Verlage des Landes-Industrie-Comptoirs 1805 ff.

Jericho.] Diener und Abschreiber der Brüder in Cassel. S. S. 104.

22 82 Recension.] S. zu S. 181.

22 83 Wilken] Friedr. W., 1805 Prof. der Geschichte in Heidelberg, 1817 in Berlin.

Deine Abhandlung in die Studien.] Über die Entstehung der altdeutschen Poesie und ihr Verhältnis zu der nordischen. = Studien. Band IV. Heidel- berg. 1808. S. 75—121. 216—288, wiederholt in den Kl. Schr. I, 92—170.

Nr. Seite

Nibelungenrecension.] S. zu S. 81.

22  84  Suhm.] Peter Friedrich Suhm, dänischer Geschichtsforscher, 1728—7. Sept. 1798. (Raumer, Geschichte der Germanischen Philologie. S. 195.) S. S. 102. 171.

Grimm.] Albert Ludwig Grimm (kein Verwandter der Brüder) gab zu Heidelberg 1809 Kindermärchen heraus.

Murhards.] Friedrich und Karl (?) M., Stifter der Murhard'schen Bibliothek zu Cassel.

23  85  Bartels.] Pächter der Domäne Giebichenstein.

24  88  Von den hiesigen Unruhen.] Am 23. April unternahm der westfälische Oberst der Chasseurgarde von Dörnberg den verunglückten Aufstand. Vgl. Fr. Müller, Kassel seit siebzig Jahren, I (1876), 21 ff.

Wilds.] W., Apotheker in Cassel, der Nachbar der Brüder, wurde später Wilhelms Schwiegervater. S. zu S. 108. Lisette Wild verheirathete sich mit dem Oberförster von Eschwege.

Roquefort.] Jean Baptiste Bonaventura de R., geboren in Mons in Belgien 15. October 1777, † in Guadeloupe am 17. Juni 1834, französischer Philolog und Alterthumsforscher. S. Nouvelle biographie générale, publiée par Mm. Firmin Didot frères sous la direction de Mr. le Dr Hoefer. vol. XLII. Paris 1866. S. 613.

25  89  Görres' Recension des Wunderhorns.] HJbb. V. Abth. II. Jahrg. 1809. Bd I. Heft 5, S. 222—237. Forts. III. Jahrg. 1810. Bd II, S. 30—52.

Arnims von Wagner.] Wilibalds Ansichten des Lebens. Ein Roman in 4 Abth. von Ernst Wagner. 2. Aufl. Meiningen und Hildburghausen. 1808. 2 Bde. 8. Die reisenden Maler. Ein Roman von E. W. Leipzig bei Göschen. 1807. 2 Bde. 8. Reisen aus der Fremde in die Heimath. Herausgegeben von E. W. I. Th. Hildburgh. 1808. 8. sind in den HJbb. II. Jahrg. 1809. Bd I. Heft 4. S. 169—179 von Arnim anonym recensirt.

Docen.] Bernhard Joseph D., geboren 1. October 1782, seit 1803 in München an der Bibliothek, † 21. November 1828 (Raumer 343—345). Miscellaneen zur Geschichte der deutschen Literatur, neuaufgefundene Denkmäler der Sprache, Poesie und Philosophie unserer Vorfahren enthaltend. Herausg. von Bernh. Jos. Docen. Erster Band in 2 Abth. München. 1807. Zweite Aufl. 1809.

26  90  Stilling.] Theorie der Geister-Kunde ꝛc. Von Dr J. H. Jung, gen. Stilling, Nürnberg, Raw'sche Buchh. 1808.

26  91  Wilhelmine Denhardin.] S. zu S. 43.

Aus Allendorf von Mannels.] Allendorf a. d. Werra, Stadt im Reg.-Bez. Cassel. Beim Pfarrer, später Kirchenrath Dr Mannel (Justi XI) hielt sich Clemens Brentanos Frau zeitweise auf. S. S. 93.

26  92  Klopstock.] Victor Ludwig Klopstock, Bruder des Dichters, übernahm 1790 die beiden 1766 privilegirten Zeitungen: Hamburgische Neue Zeitung und Die Hamburgischen Addreß-Comtoir-Nachrichten. Erstere ist von 1771 bis 1811, die andere vollständig auf der Hamburger Stadtbibliothek, vgl. J. M. Lappenberg, Zur Geschichte der Buchdruckerkunst in Hamburg am 24. Juni 1840. Hamburg. 1840. S. LXXXII. Hier handelt es sich wohl um die erstgenannte. Nachforschungen nach Grimm'schen Beiträgen, welche Herr Dr Walther in Hamburg freundlichst angestellt hat, sind bisher ohne Resultat geblieben.

Dürerische Handzeichnungen.] Albrecht Dürers christlich-mythologische Handzeichnungen, I. nebst Titel, Vorrede und A. Dürers Bildnis, zusammen 23 Blätter, in lithograpischer Manier gearbeitet von N(epomuk) Strixner.

München. 1808. angez. in der JALZ. Nr. 67, 19. März 1808, S. 529 bis 534 und II. Sieben Hefte, zusammen 46 Blätter nebst dem gedruckten Inhaltsverzeichnis. Fol. München, bei Senefelder, Gleißner und Comp. Nr. 91, 18. April 1809, S. 113—118 von W. K. F. Vgl. Goethes Werke XXVIII, 818—831. ed. Hempel.

27 92 Die Proklamation des Königs] Jeromes, abgedruckt bei Fr. Müller, Kassel seit siebzig Jahren I, 9—11.

27 93 Auguste.] Auguste Busmann, Nichte des Frankfurter Banquiers Bethmann, Clemens Brentanos zweite Frau, von der er getrennt lebte.

Trages.] Savignys Gut.

28 94 Wintergarten.] Der Wintergarten. Novellen. Von Achim von Arnim. Berlin. 1809.

28 95 Jungs Buch], s. Stilling S. 90.

29 96 Nordiska Kämpa Dater.] Volumen historicum, continens variorum in orbe Hyperboreo antiquo regum, heroum et pugilum res praeclare et mirabiliter gestas etc. (Edidit E. J. Björner.) Stockholm. 1737. fol. Vgl. Th. Möbius, Catalogus librorum Islandicorum et Norvegicorum. Leipzig 1856. S. 38.

Gräter.] Friedrich David Gräter, 22. April 1768—2. August 1830, Rector und Prof. zu Hall in Wirtemberg, nordischer Alterthumsforscher. (Raumer 284 f.) Vgl. Briefwechsel zwischen J. Grimm und Gr., hgg. von H. Fischer. Heilbronn 1877.

29 97 Morgenblatt.] Morgenblatt für gebildete Stände. Dritter Jahrgang. 1809. Tübingen, J. G. Cotta'sche Buchh. 4., Nr. 112—114, 11—13 Mai 1809, S. 447. 450 f. 454 f.: Über Sammlungen deutscher Volkslieder. (Ein Wort zu seiner Zeit.) B. J. Docen. Vgl. die Ankündigung S. 447 unten.

Schlegels Calderone] = Spanisches Theater. Herausgegeben von A. W. S. Zweiter Band. Berlin. 1809. Bei Julius Eduard Hitzig. Gemeint ist: Die Brücke von Mantible (La puente de Mantible) S. 163—342. Vgl. zu S. 8. 117.

Fierabras.] Buch der Liebe. Enthaltend 1) Tristan. 2) Fierabras. 3) Pontus. Herausgegeben von Dr Büsching und Dr von der Hagen. Berlin, bey Hitzig. 1809. Erster Band. LII und 488 S. gr. 8. (2 Thlr. 12 Gr.)

Meistersängeraufsatz.] Über den Unterschied und die gegenseitigen Verhältnisse der Minne- und Meistersänger. Ein Beitrag zur Charakteristik der früheren Zeitalter der Deutschen Poesie. Von J. B. Docen. (München, 23. Januar 1808) im Museum für Altdeutsche Literatur und Kunst, herausgegeben von Dr F. H. v. d. Hagen, B. J. Docen und Dr J. G. Büsching, Band I, Heft 1. Mit Kupfern. Berlin 1809, bei Joh. Friedr. Unger. S. 73—125 und Heft 2. Berlin 1810. S. 445—490.

Clemens Goldfaden.] Der Goldfaden, eine schöne alte Geschichte, wieder herausgegeben von Clemens Brentano. Mit Vignetten. Heidelberg bey Mohr und Zimmer. 1809. 371 S. 8. (3 fl.)

Landrés.] Alexandrine L. heirathete den Apotheker Rudolf Wild, Dorothea Wilds Bruder.

Vatern.] S. zu S. 101.

Lafontaine.] August L., geboren 20. October 1758 zu Braunschweig, 1789 Feldprediger in Halle, privatisirte seit 1801 als Canonicus bei Halle, † 20. April 1831. Seine Romane füllen 150 Bände.

Wolfin.] Wilhelmine Wolf, Tochter des Philologen.

Körte.] Wilhelm Körte, Herausgeber der Briefe zwischen Gleim, Wilhelm Heinse und Johann v. Müller. I. Zürich, H. Geßner. 1806. Wolfs Schwiegersohn und Biograph.

Streit mit Voß.] Voß hatte im Morgenblatt 1808 Nr. 283. 284 das Wunderhorn aufs Heftigste angegriffen. Vgl. Arnims Sendschreiben an Herrn Hofrath Voß in Heidelberg aus Cassel. 8. Dezember 1808, Görresbr. II, 40—43.

29 98 Glossar.] Glossaire de la langue Romane, par J. B. de Roquefort. Paris. 1808. S. S. 88.

Steffens.] Grundzüge der philosophischen Naturwissenschaft. In Aphorismen, zum Behuf seiner Vorlesungen. Berlin. 1806.

Schleiermacher] wurde 1809 Prediger an der Dreifaltigkeitskirche in Berlin.

30 101 Dem alten Meisterlin] in Hanau.

Mithridates] oder allgemeine Sprachenkunde mit dem Vater-Unser als Sprachprobe, in beynahe fünfhundert Sprachen und Mundarten, von Joh. Christ. Adelung, Kurf. Sächsischem Hofrath und Oberbibliothekar. Erster Theil. Berlin, in der Voss. Buchhandlung. 1806. Zweyter Theil. Größtentheils aus Adelungs Papieren fortgesetzt und bearbeitet von Dr Joh. Severin Vater, Prof. und Bibliothekar der Universität zu Halle. eb. 1809. 8.

Von Villers ein neues Buch.] Coup d'oeil sur l'état actuel de la litterature ancienne et de l'histoire en Allemagne. Rapport fait à la 3me classe de l'institut de France par Charles Villers etc. etc. Amsterdam et Paris. 1809. Vgl. „blinzeln“ zum Titel.

Perthes.] Friedrich Perthes.

Die Realschulbuchhandlung Reimer.] Georg Andreas Reimer, geboren 27. August 1776 zu Greifswald, † 26. April 1842, übernahm 1800 die Realschulbuchhandlung, welche er seit 1819 unter der Firma: G. Reimer weiterführte. Vgl. Eckstein Nomenclator philologorum, Leipzig. 1871. 621[2].

Hagen — Urtext der Nibelungen, — Bearbeitung.] Der Nibelungen Lied in der Ursprache mit den Lesarten der verschiedenen Handschriften herausgegeben durch F. H. v. d. H. Zu Vorlesungen. Berlin, Hitzig. 1810. 8. Die Bearbeitung (s. zu S. 81) erschien bei Unger.

Fortsetzung der Sammlung.] Deutsche Gedichte des Mittelalters I. 1808, s. zu S. 181. Ein zweiter Band ist nicht erschienen.

Tiecks altenglisches Theater.] Alt-Engl. Th. oder Supplement zum Shakespear, übersetzt und herausgegeben v. L. Tieck. Berlin. 1811. 2 Bde. 8.

30 102 Heimskringla] s. zu S. 143.

32 104 Moniteur.] Der Westfälische Moniteur war das Regierungsblatt in Cassel.

Müllers Bruder.] Johann Georg Müller, Prof. in Schaffhausen; über die Herausgabe der sämmtlichen Schriften vgl. die Erklärungen vom 1. 5. August und 28. October 1809 im Int.-Bl. zum Mfg St. Nr. 17 S. 68, Nr. 18 S. 69, Nr. 26 S. 101 f.

Godwi] oder das steinerne Bild der Mutter. Ein verwilderter Roman von Maria. Bremen. 1801—1802. 2 Bde.

32 105 Cathrine.] Grimms Dienstmädchen.

Jordissin.] Louise Jordis-Brentano, Lullu genannt. S. S. 108.

Anmerkungen zum Ernst.] HJbL. V. Abth. II. Bd 13 Heft, S. 210 bis 222 ist ein Theil einer größeren bisher Jacob allein zugeschriebenen Recension der Deutschen Gedichte des Mittelalters (s. zu S. 181), wiederholt in Jacobs Kl. Schr. IV, 34—43.

Creuzer Dionysus.] Friderici Creuzeri etc. Dionysus sive Commentationes academicae de Rerum Bacchicarum Orphicarumque Originibus et Caussis. Volumen prius cum figuris aeneis. Heidel-

Sindbad.] Die arabische Erzählung von Sindbads Meerfahrten nennt Hagen a. a. O. S. 287 eine Mischung orientalischer und griechischer Sagen, z. Th. aus der Odyssee.

Hartmanns Buch.] Dr Anton Theodor Hartmanns Aufklärungen über Asien für Bibelforscher, Freunde der Culturgeschichte und Verehrer der morgenländischen Litteratur. Oldenburg bei Schulze. I 1806. II 1807. rec. in der JALZ. 1809. Nr. 140—141. S. 504—510. 513—518 von Lq.

Beckmann.] Litteratur der älteren Reisebeschreibungen. Nachrichten u. s. w. Von Johann Beckmann, Hofrath und ord. Prof. der ökonomischen Wissenschaften. Göttingen, bey Johann Friedrich Röwer. 1807—1809. 2 Bde. 8.

Buttmann.] Älteste Erdkunde des Morgenländers. Ein biblisch-philologischer Versuch von Philipp Buttmann. Berlin in der Myliussischen Buchhandlung 1803.

Schlegels Calderone.] = Spanisches Theater u. s. w. I. Berlin. 1803: Die Andacht zum Kreuze S. 1—152, Über aller Zauber Liebe S. 153 bis 346 und Die Schärpe und die Blume S. 347—534; Bd II 1809. enthält außer der Brücke von Mantible (s. zu S. 97) nur Der standhafte Prinz S. 1—162.

Fernows Leben.] Leben Lodovico Ariosto's des Göttlichen nach den besten Quellen verfaßt von C. L. Fernow. Zürich, bei Heinrich Geßner. 1809.

36  118  Rother—Recension.] HJbL. V. Abth. II. Bd 12 (39) Heft, S. 156—164. (Kl. Schr. IV, 28—34), Theil der großen Recension. S. S. 181.

37  120  Runge] hatte die beiden plattdeutschen Märchen vom Fischer und seiner Frau und dem Machandelboom (Trösteinsamkeit Nr. 29. 30, 9. 12. Juli 1808, S. 229—237) aufgezeichnet.

Raumer] war 1809 Rath bei der Regierung in Potsdam und arbeitete 1810 in Berlin in einem Ministerium. S. S. 132 und zu S. 219.

38  121  Wolfsanger.] Dorf bei Cassel.

Scherze.] Der Brief hat hier ein Loch; von dem Wort und der Zahl 5—6000 auf S. 122 sind nur wenige Reste sichtbar. Für Scherze scheint ein längeres Wort gestanden zu haben.

38  123  Recension in den Heidelbergern.] HJbL. V. Abth. II. Jahrg. 1809, Bd I, Heft 7, S. 301—307 (anonym): Aladdin oder die Wunderlampe. Ein dramatisches Gedicht in zwey Spielen von Adam Öhlenschläger. Amsterdam. 1808.

Kopp.] Glossaire de la Langue Romane etc. etc. Par J. B. B. Roquefort in der HJbL. II. Jahrg. 1809. Bd I. Heft 7, S. 307—325 rec. von Ulrich Friedrich Kopp, Geheimer Cabinets-Rath.

Prof. Tennemann.] Wilhelm Gottlieb T., Prof. der Philosophie und Universitätsbibliothekar in Marburg (Justi 898).

39  126  Drei Pfarrer der Stadt.] Blanc und die beiden reformirten Prediger Rienäcker und Dohlhof, s. Steffens, Was ich erlebte VI, 120 f.

39  127  Werner.] Werner von Haxthausen studirte in Halle, s. Steffens VI, 122—125, Alex. Reifferscheid, Freundesbriefe S. 193—195.

40  129  Der Italiener.] Kaufmann Predari in Lauchstädt. S. S. 155. 189.

41  131  Aventin.] Johann Thurnmayer aus Abensberg in Baiern, gen. Aventinus, 1477—1534, schrieb eine baierische Chronik (Koberstein I⁵, 412. 16).

42  131  Der Rachen.] Vermuthlich Spitzname für Reichardt.

42  132  Schlegel.] S. zu S. 10.

Nr. Seite

43  136 Kanne.] Erste Urkunden der Geschichte oder allgemeine Mythologie. Mit einer Vorrede von Jean Paul. Baireuth 1808. 2 Bde.

Kotzebues Geschichte von Preußen.] Pr. ältere Geschichte. Riga 1809. 4 Bde.

43  137 Bratfisch.] Mann der Cousine Louise Br. in Bruchköbel. S. S. 293.

Stickel (statt Nickel)] in Steinau? s. J. Kl. Schr. I, 23.

44  138 Fortsetzung von Wilhelm Meister.] S. S. 175 und Anm.

Erasmus Rotterodamus] s. zu S. 141. Im Einsiedler?

45  139 Hagen—Recension.] JALZ. Nr. 172—175, 25—29. Juli 1809, S. 161 bis 192. v. d. H.

45  140 Glöckle.] Ferdinand G., Freund von J. Görres, verglich für ihn in Rom altdeutsche Handschriften; doch s. das Urtheil Görresbr. II, 510.

Raßmann.] S. Museum für altd. Litt. I. 1810. S. 313—444: VII. Berichtigungen und Nachträge zu Bodmers Ausgabe der Manessischen Sammlung von Minnesingern, nach der Urschrift in der Kaiserlichen Bibliothek zu Paris. G. W. Raßmann.

45  141 Das Gespräch über Wirthshäuser.] Schilderung der deutschen W. zu Anfange des 16. Jahrhunderts. (Aus dem Lat. des E. v. Rotterdam). Awe. vgl. MfgSt. Nr. 117, 17. Mai 1809, S. 465—466. S. S. 138.

46  143 Karoline Engelhard.] 1786 in Cassel geb., als Schriftstellerin unter dem Namen Julie. (Justi 99 f.)

Snorro Sturleson.] Heimskringla edr Noregs Konunga-Sögor af Snorra Sturlusyni. Snorre Sturlesons Norske Kongers Historie. Historia regum Norvegicorum conscripta a Snorrio Sturlae filio. — opera Gerhard. Schöning (1722—1780, Geheimarchivar zu Kopenhagen). Tom. I. II. Havniae 1777. 1778. fol. Tom. III. 1783 ed. Sk. Thorlacius.

46  144 Schleiermachers Platon.] I. Theil. I. Band. Berlin 1804.

Voß' Mythologische Briefe.] Königsberg 1794. 2 Bde.

46  145 RAnzeiger.] Der Reichsanzeiger 1809 war mir nicht zugänglich.

47  147 Sigurd von Fouquet.] Sigurd der Schlangentödter. Ein Heldenspiel in sechs Abentheuern von Friedrich Baron de la Motte Fouqué. Berlin, Ed. Hitzig 1808, rec. in HJbL. V. Abth. II. Jahrg. 1809. Bd II. Heft 11. S. 121—129 = Kl. Schr. I, 237—244.

49  150 Clemens — Sammlung von Kindermärchen.] Sie erschienen erst spät: Die Märchen des Cl. Br. Hgg. von Guido Görres. Stuttgart und Tübingen 1847. 2 Bde.

49  151 Atlantis.] Platon Krit. p. 108 E. ff. Tim. p. 24 E. ff.

Görres' Buch.] Die deutschen Volksbücher. Heidelberg 1807.

Wormius.] Ole Worm, 1588—1654, berühmter Arzt und Alterthumsforscher zu Kopenhagen (Raumer 102).

Hickes.] George H., 1642—1715 zu London (Raumer 129—131).

49  152 Buchhändleranzeige.] Vgl. Int.-Blatt zum MfgSt. 1809. Nr. 15. S. 58.

49  153 Görres' Recension des Wunderhorns.] S. zu S. 89. Vgl. Görresbr. II, 60. 107. 116.

50  154 Prof. Schütz.] Fried. Karl Julius Sch., Sohn des Redacteurs der HALZ.

Bogs.] Des Uhrmachers BOGS wunderbare Geschichte, wie er zwar das menschliche Leben längst verlassen, nun aber doch nach vielen musikalischen Leiden zu Wasser und zu Lande in die bürgerliche Schützengesellschaft aufgenommen zu werden Hoffnung hat. Nebst des Herrn Bogs wohl-

Nr. Seite

getroffenem Bildniß und einem medizinischen Gutachten über deffen Gehirnzustand. Heidelberg 1807. 8. Von B(rentan)o (und) G(örre)s. Büsching.] Wo, habe ich nicht gefunden.

51 155 Von seiner Frau geschieden.] Vgl. Görresbr. II, 72 f.

52 157 Recension des Hagen über Fouquets Sigurd.] HALZ.?

Eunomia.] Eine Zeitschrift des neunz. Jahrh. Hgg. von Prof. Dr. Feßler und Hofrath Fischer. Berlin 1801—1805. 10 Bde. 8.

52 158 Nyerup.] Rasmus Nyerup 1756—1829 26 Juni, seit 1796 Prof. der Litteraturgeschichte und Universitätsbibliothekar zu Kopenhagen (Raumer 196).

52 159 Floamanna.] Fl. saga. Historia Floamannorum. En nordisk Helt Thorgils Historie overs. med en Indledning af B. Thorlacius. Kjöbenh. 1809. 144. S. 8. — Jarlmanns saga ok Hermanns: hist. Jarlmanni et Hermanni. — Blomstrvalla saga: hist. de campo florido.

Elskov Viiser] (Liebeslieder) oder Tragica. Kopenhagen 1657, Sammlung wie die Kämpe Viser, s. W. Grimm Altdän. Heldenlieder IX A. = Kl. Schr. I, 179.

52 160 Schelmuffsky.] Sch. wahrhafte, kuriose und sehr gefährliche Reisebeschreibung zu Wasser und zu Lande. 1696.

Naturdichter Hiller.] Joh. Adam Hiller, 1728—1804, Componist.

53 161 Haffenpflugs.] Lotte Grimm verheirathete sich am 2. Juli 1822 mit Hans Daniel Ludwig Friedr. H., späterem kurheffischen Minister.

54 166 Recension von Jean Paul.] HJbb. V. Abth. II. Jahrg. 1809. Bd II. Heft 10. S. 52—55.

54 168 Über den persischen oder armenischen Roman.] Giaffer: kurtzweilige Historien, in welchem Giaffers deß Königs Senendrippe dreyer Söhnen Keyß gantz artlich vnd lieblich beschrieben, vgl. Bibliotheca librorum Germanicorum Classica: Das ist Verzeichnuß aller vnd jeder Bücher — in Teutscher Spraach. Durch M. Georgium Draudium. Getruckt zu Franckfurt am Mayn — in Verlegung Peter Kopffen. MDCXI. 4. S. 494. Die Lesung Cleß ist unsicher, da etwas abgeriffen ist.

55 169 Von Nierup — ein Programm.] Axel Thordsen og Skjön Valborg, en norsk Ballade, med. Anmärkninger af R. Nyerup; som Pröve paa den ny Skikkelse, hvori Abrahamson, Rahbek og Nyerup agte at udgive den saa kaldte Kjempe Visebog. Kiöbenhavn 1809. 63. S. 8.

Zusätze zur Maneffischen Sammlung] s. zu S. 140. Raßmann.

Bartholdys Reise nach Griechenland.] Bruchstücke zur Kenntniß Griechenlands von Salomo Bartholdy. Berlin. 1805. Die neugriechische Romanze ist abgedruckt in den Altdeutschen Wäldern II, 181—184.

Maler Bury.] Friedrich B. aus Hanau, 1763—1823 (Justi 55—59).

Hitzig.] Eduard H.

Hirt.] Hofrath Aloys H., Kunsthistoriker.

55 171 Von Clemens den Neidhart.] Vgl. Haupt, Neidhart von Reuenthal, S. VII.

Koch.] Erduin Julius Koch, 1764—1834, Herausgeber des Compendiums der deutschen Literaturgeschichte I. 1790 und 1795, II. 1798; damals Prediger an der Marienkirche in Berlin (Raumer 288.)

Suhmische Edition.] Suhm (s. zu S. 84) ließ viele wichtige Werke der altnordischen Litteratur auf seine Kosten herausgeben (Raumer 1856.)

Eyrbyggia Saga.] Eyrbyggia-saga sive Eyranorum historia quam mandante et impensas faciente P. F. Suhm. versione, lectionum varietate ac indice rerum auxit G. J. Thorkelin. Hafniae 1787. 4°.

Nr. Seite

Dresdner Codex.] K. Dresdner Hdsch. des Heldenbuchs 103, abgedruckt durch v. d. Hagen und A. Primisser 1820. Vgl. A. Amelung, Deutsches Heldenbuch III. Berlin. 1871. S. IV.

Straßburger] Hdf. der Seminarbibliothek, pap. fol. von Diebolt von Hagenau um 1450 geschrieben, vgl. Amelung, S. VII.

57 172 Doctor Zimmermann.] S. zu S. 43.

57 173 Oberlin.] Jeremias Jacob O., geboren 7. August 1735, † 10. October 1806, Prof. in Straßburg (Raumer 363/4).

57 174 Legrand.] Contes et fabliaux du douzième et treizième siècle traduits ou extraits d'après les manuscrits. Paris 1779. 3 Vol. IV. Bd. = Contes dévots, Fables et Romans anciens. Paris 1781. 8. S. zu S. 307.

Goethes Wahlverwandtschaften.] Cotta kündigte ihr Erscheinen zu Michaelis im MfgSt. Nr. 211, 4. September 1809, S. 844 an.

57 175 Eschenburg.] Johann Joachim E., 1743—1820, gab 1810 Boners Edelstein Berlin bey Unger heraus; rec. von Wilh. Grimm in der LLZ. 1812. Bd II Nr. 311. Sp. 2485—2487.

Judith.] J. Schauspiel von Heinrich von Itzenloe, Hofpoet bei Kaiser Rudolph II., aus einer alten Handschrift. (Verfaßt von dem Züricher Bildhauer Heinrich Keller 1771—1832, s. Goedeke Grundriß III, 158.) Zürich, bei Orell, Füßli und Comp. 1809.

Schlegels Shakespeare.] S. zu S. 26.

Reichardts vertraute Briefe über Wien.] Vertraute Briefe geschrieben auf einer Reise nach Wien und den Österreichischen Staaten 1808—1809. Amsterdam. 1810. 2 Bde.

Edda Saemundina.] E. Saemundar hins froda. E. rhythmica seu antiquior vulgo S. dicta. I. Pars. Hafniae sumptibus legati Magnaeani. 1787. 4.

Cottaer Taschenbuch.] T. für Damen auf das Jahr 1810. Mit Kupfern. Tübingen bey Cotta enthält die vier ersten Capitel von Wilhelm Meisters Wanderjahren von G.: Flucht nach Ägypten, Sanct Joseph der Zweite, die Heimsuchung und der Lilienstengel.

58 176 Adam Müller] war 1809 aus Dresden nach Berlin übergesiedelt.

Kleist.] Cl. Brentano schreibt Anfang 1810 an Görres: „Der Phöbus Kleist, der von Müller für todt gehalten wurde, ist von Prag wieder hier angekommen" Görresbr. II, 49.

58 177 Franz Horn] hatte 1809 in Bremen seinen Abschied als Lehrer am Lyceum genommen und privatisirte seitdem in Berlin.

Karls Hindernisse.] Die Versuche und Hindernisse Karls, eine deutsche Geschichte aus der gegenwärtigen Zeit. Erster Band. Berlin und Leipzig. 1808. 8. (Von Varnhagen, W. Neumann, Fouqué, Bernhardi.) Cl. Brentanos Brief an Görres, II, 83—84.

Wolfhart aus Hanau.] Karl Wolfart, geb. 1778, seit 1807 Arzt in Berlin, 1810 Docent der Medicin, Verfechter der Lehre vom thierischen Magnetismus. Guntha, ein altdeutsches Mährlein. Hanau 1809.

Buttmann.] Philipp B.

Sagan ꝛc.] Sagan af Gunnlaugi Ormstunga ok Skalld-Rafni, sive Gunnlaugi Vermilingvis et Rafnis Poetae vita. Ex Manuscriptis legati Magnaeani etc. Hafniae 1775. 4. Orkneyinga saga sive Historia Orcadensium a prima Orcadum per Norvegos occupatione ad exitium seculi duodecimi. Ex mss. legati Arna-Magnaeani etc. ed. J. Jonaeus. Hafniae 1780. Sumptib. P. F. Suhm. 4. Islands Landnamabok. Hoc est: Liber Originum Islandiae. Ex mss. I. M. (ed. J. Finsen). Havniae 1774. 4.

Camoens Lusiade. Gesang 3. Stanze 118. von Fichte S. 3 - 8. 4. Die Legende von der heiligen Lanze zu Antiochien. v. R. S. 53—56.

Büsching.] Anton Friedrich B.

Hagen — Recension des Wunderhorns.]   ?

Arnim.] Halle und Jerusalem. Studentenspiel und Pilgerabentheuer. Heidelberg. 1811.

65   192 Brummer.] Friedrich B., Verleger in Kopenhagen.

66   192/3 Von meiner Übersetzung.] Altdänische Heldenlieder, Balladen und Märchen, übersetzt von Wilhelm Carl Grimm, Heidelberg bey Mohr und Zimmer 1811.

Tolle Ankündigung.] Vgl. HJdL. V. Abth. III. Jahrg. 1810. Intelligenzbl. III, 9—11 = W. Kl. Schr. I, 173—175.

66   195 Seine Symbolae.] S. ad litteraturam Teutonicam ed. Rasmus Nyerup. Sumptibus P. F. Suhmi, Hafniae 1787.

66   196 Die Stelle — von den Greifen.] HJdL. 1809 a. a. O. S. 213/214.

67   198 Eine Recension, die ich Clemens versprochen.] Der Goldfaden, eine schöne alte Geschichte. Wieder herausgegeben von Cl. Br. Heidelberg 1809, vgl. HJdL. V. Abth. III. Jahrg. 1810. II. Bd Heft 14. S. 285—290 = W. Kl. Schr. I, 261—265.

68   200 Geschichte Wilibalds.] Über den alten Roman von Lotarius und Wilibald, dem unsaubern Knaben, s. die Recension S. 287 = Kl. Schr. I, 263.

Judith.] Die Entlehnung aus einer alten Hs. ist nur vorgegeben, s. zu S. 174. Anonym besprochen von J. Gr. in den HJdL. III. Jahrg. 1810. V. Abth. I. Bd 2. Heft. S. 89—92.

Recension von Kopp.] S. zu S. 123.

68   202 Die Jenaer.] Heidelberg und seine Umgebungen im Sommer 1807, in Briefen von G(eorg) Reinbeck. Tübingen, bei Cotta 1808, rec. in Nr. 264. 265, 13. 14. Nov. 1809, S. 289—299 von S.+a÷P. — Der Wintergarten ꝛc. Nr. 276, 27. Nov. 1809, S. 390/1 von Ha. Ha.

69   202 Die Verfasserin der deutschen Volksmärchen.] Benedicte Naubert, 1756 bis 1819, ließ alle Bücher anonym erscheinen. Hermann von Unna, eine Geschichte aus den Zeiten der Behmgerichte. Leipzig. 1788. Elisabeth Erbin von Poppenburg oder Geschichte der Frau von Sargans in der Schweiz. Leipzig. 1789. 1809.

Milbiller.] J. M., Verf. einer Geschichte des Königreichs Baiern ꝛc.

69   203 Schopenhauer.] Johanna Sch. lebte seit Sept. 1806 in Weimar.

Isländer Arendt.] Martin Friedrich Ar., nordischer Alterthumsforscher aus Altona, durch seine Reisen in Deutschland, Scandinavien, Lappland, Frankreich und Italien bekannt.

71   212 Die Reise.] Um eine Feder hat Wilhelm einen Zettel gelegt, welcher folgende Worte enthält: „Mit dieser Feder hat mein lieber Bruder Jacob in der Nacht vom 30. 31. Dez. zuletzt hier an Savigny geschrieben und reiste an dem Morgen um $\frac{1}{2}$6 ab."

Sieveking.] G. A. S., Senator aus Hamburg.

Thomas.] Joh. Gerh. Christ. Th., Archivar, später Senator zu Frankfurt a./M.

Pränumeration.] Der arme Heinrich von Hartmann v. d. Aue. Berlin, 1815. Realschulb. erschien zum Besten der hessischen Freiwilligen, vgl. den Aufruf zur Pränumeration. Cassel, am 20. Dezember (1813) im Intelligenzblatt des HJdL. VI. Jahrg. 1813. Nr. XII. S. 105/106.

72   215 Wagner.] Friedrich Ludwig W., 1764—1835, seit 1803 Hofbibliothekar in Darmstadt.

<table>
<tr><td>Nr.</td><td>Seite</td><td></td></tr>
<tr><td>72</td><td>216</td><td>Musen von Neumann.] Die Musen. Eine norddeutsche Zeitschrift. Hgg. von Fr. Baron de la Motte und Wilh. Neumann. I. Jahrg. Berlin, Salfeld. 1812. Viertes Quartal, S. 101—155. Proben aus altfranzösischen Gedichten. Aus dem Heldenbuch von Viane. S. 200—203. Ankündigung. Berlin im Dezember 1812. Fr. Rühs. W. Grimm hatte Rühs' Buch Die Edda in den HJbL. 1812 Bd II, Nr. 61. 62. S. 961—981 recensirt, worauf dieser mit einer Antikritik in der HALZ. 1812. Nr. 318 antwortete; Grimms Epikritik steht im Int.-Bl. der HJbL. 1813. II, S. 10—13. Chr. Friedr. R. war Prof. und preuß. Historiograph in Berlin, 1780—1820. 3. Januar.</td></tr>
</table>

Broschüre über isländische Poesie.] Über den Ursprung der isl. P. aus der angelsächsischen. Von Fr. Rühs. 1813, rec. von W. Grimm in den HJbL. VII. Jahrg. 1814. Bd I. Nr. 14. 15. S. 209—223. 225—228.

Deiner altschottischen Lieder.] Drei altsch. L. in Original und Übersetzung. Nebst einem Sendschreiben an Gräter von W. C. Grimm. Heidelb. 1813, vgl. HALZ. Nr. 258, Oct. 1813, S. 391 f.

72   217   Mit Deiner Zeitung] s. S. 238. 248. 325. Fr. Murhard redigierte, s. S. 201.

73   218   Senkler.] John Freih. v. Sinclair, Freund Hölderlins, 1776—1815.

Rhoden]-Rohden. Johann Martin v. R., Maler in Cassel.

73   219   Dümge.] Karl Georg D., 1811 Univ.-Bibliothekar in Heidelberg, seit 1814 Assessor am General-Landesarchiv zu Karlsruhe, veröffentlichte 1812: Symbolik germanischer Völker in einigen Rechtsgewohnheiten, s. v. Weech, Bad. Biographien I, 196.

Unser Fragment aus dem altfranzösischen Reinhart.] Die Begebenheit von R. dem Fuchs, Lüning dem Sperling und Morholt dem Rüden (roman du renart 21453—22071) in Fr. Schlegels Deutschem Museum I. 1812. S. 399—412 = Kl. Schr. IV, 56—64.

Museum.] Am 26. April 1813 hatte das Museum zu Frankfurt J. Grimm zum Ehrenmitglied gewählt.

Raumer] seit 1811 Prof. der Geschichte in Breslau, 1819 in Berlin.

73   220   Piantaz.] Joseph Maria P., Sohn eines Kaufmanns von spanischer Abstammung, der nach Frankfurt a. M. gezogen war, seit Mai 1813 Präfect in Cassel.

Quida der Edda aus der Hagen'schen Ausgabe.] Berlin 1812. S. zu S. 393.

74   222   Below.] Der preuß. Oberst von Below war als Militärgouverneur des hess. Prinzen Friedrich Wilhelm 1813 von Berlin mit nach Cassel gekommen.

74   223   Die Edda.] Ursprünglich hatte Cotta den Verlag „auf anständige Bedingungen" angenommen, und Frommann in Jena sollte drucken, aber es zerschlug sich, ebenso mit Perthes, (s. Görresbr. II, 266 f. 272—274. 285. 298). Die Lieder der alten Edda erschienen in einem Bande ohne Glossar und Commentar Berlin 1815 im B. der Realschulbuchhandlung.

Röwer] Johann Friedrich, Verleger in Göttingen.

Wille.] Kaufmann Simon W. in der Johannesstraße, bei welchem Grimms wohnten.

Sababurg.] Schloß in R.-B. Cassel, Kr. Hofgeismar.

Koppen.] Verwandte von Grimms, s. S. 250. 294.

74   225   Dieterich.] Verlagsbuchhändler in Göttingen.

Docen.] Allgemeine Zeitschrift von Deutschen für Deutsche, hgg. von Schelling. Nürnberg 1813. I, S. 446—461: Des von Ruge lyrisches Gedicht von dem heiligen Grabe; aus dem Ende des 12. Jh. Aus einer gleichzeitigen Hd. hgg. und commentirt von B. J. Docen. Vgl.

erst Caen 1834. 3 vol., angekündigt durch Mémoire sur les Bardes armoricains 1815.

Legrand.] Pierre Jean Baptiste L. d'Auffy, 1737—1800, franz. Litterar-historiker.

van Wyn.] Avondstonden I, 273: 1477, so steht in Jacobs holländischem Brief (s. zu S. 252) S. 330. S. oben S. 318.

D. Julius.] Nicol. Heinr. J., Hamburger Arzt und Gelehrter.

Maltebrun.] Malte Conrad Brunn, geb. in Thisted in Jütland, 1775—1826, bedeutender Geograph in Paris.

94 309 Marais] du Temple == Pariser Stadtviertel im Norden der Seine.

94 311 Fauriel.] Claude F., franz. Kritiker und Historiker, 1772—1844.

94 312 Henry Weber] schottischer Litteraturforscher (Raumer 468).

Legonidec.] Jean François Marie Le Gonidec, franz. Philolog, 1775—1838. Grammaire Celto-Bretonne. Paris 1807.

Pougens.] Marie Charles Joseph de P., franz. Litterator, 1755—1833.

Kinson.] König Jerome hatte den Porträtmaler Kingson aus Paris nach Cassel berufen. S. Fr. Müller, Kassel seit siebzig Jahren I, 43.

Rittmeister Malsburg], Bruder des Jugendfreundes, S. 324.

Raßmann.] S. zu S. 140.

Villers' Entlassung] s. S. 362 und zu S. 44.

Reinhard.] Karl Friedr. R., Graf, Freund Goethes, 1808 westfälischer Minister, seit 1. Dez. Minister beim deutschen Bunde in Frankfurt, † in Paris 25. Dez. 1835.

95 314 Blanc] aus Halle, s. zu S. 126.

Mahnen.] Korb mit oder ohne Ohren. Wetterauisch. Weigand D. Wb. II³, 10.

95 316 Karoline Hopf], Schwester der Louise Bratfisch, geb. Höhne.

Weltchronik nach unserm Manuscript] s. Altd. Wälder II (1815), 115—134. III (1816), 278—283.

95 317 Buch des Rühs] s. zu S. 260. HJbL. VII. Jahrg. 1814. Nr. 14. 15. S. 209—223. 225—228.

Anzeiger der Idunna] und Hermode. Den 12. Juny — Nr. 10 — 1813. S. 29. 30: über Herrn C. W. Grimms Isländische Sprachkenntnis (Studien IV, s. zu S. 83). Berlin, den 15. April 1813. Fr. Rühs.

95 318 Mützenberger] == Mutzenbecher S. 325.

Docen — über Hagens Nibelungen] von 1810 (s. zu S. 101) vgl. JALZ. 1814 März. Nr. 51. 52. S. 401—414.

Ritson] Joseph, 1752—1803, englischer Kritiker und Alterthumsforscher.

Peringskiöld] Johann, 1654—1720, schwedischer Historiker.

Muratori]. Lodovico Antonio M., 1672—1750, italienischer Archäolog und Historiker.

95 319 Uhland Abent.] Vgl. die Musen 1812. IV, 101—155. S. zu S. 216.

96 322 Heimonskinder — Görres] s. Görresbr. II, 106. 121. 346. 524.

Heimskringla] s. zu S. 143. Der IV. Tom. erschien 1813: Noregs Konunga. Sögor etc. Historia regum Norvegicorum. Quam sumptibus.... Friderici (VI) auctius et emendatius edendam post G. Schöning et Sk. Th. Thorlacium curarunt B. Thorlacius et E. C. Werlauff. Hauniae.

96 323 Nyerups Kämpe Viser.] Udvalgte Danske Viser fra Middelalderen; efter Vedels og Syvs trykte Udgaver og efter haandskrevne Sam-

linger udgivne paa ny af Abrahamson, Nyerup og Rahbek. Kjöbenh.
I. II. 1812. III. IV. 1813. V. 1814.

2. Theil der Edda] (f. zu S. 175), erſchien erſt 1818. S. S. 352.

An die Haxthauſen] Frl. Ludowine, ſ. Freundesbriefe Nr. 13. S. 21—22.
Caſſel 14. Mai 1814.

Proclamation Napoleons an die Völker Europas] vor ſeinem Abzug auf
die Inſel Elba im Rhein. Merkur Nr. 52. 54. 56. 61, 5. 9. 13.
23. May 1815.

97 325 Clemens' projectirter Zeitung.] Die Friedensblätter. Wien. 1814. 1815.
Ich habe ſie hier nicht bekommen können.

97 326 Lombardiſch-deutſches Gloſſenverzeichnis.] Pariſer Hds. Nr. 10, ſ. C. Meyer,
Sprache und Sprachdenkmäler der Langobarden, 1877, S. 8.

Sjöborg.] Nicolas Henrik S., Prof. und Vorſtand der Sammlung der
Alterthümer zu Stockholm, † um 1830.

97 327 Renner] von Hugo von Trimberg.

Mönch von Settimello] „Namens Henricus, der eine Elegie de diversi-
tate fortunae et philosophiae consolatione dichtete" (Ende des
12. Jahrh.), ſ. Grimm Armer Heinrich S. 212 und A. 12.

Amicus und Amilius.] „Aus Alberichs von Dreibrunn Auszug der lateini-
ſchen Proſa der Legende von A. und A. ſind entſprungen: a) ein lateini-
ſches . . . b) ein franzöſiſches . . . d) ein altengliſches ausgezeichnetes Gedicht."
Grimm Armer Heinrich S. 188 und A. 14. Vgl. oben S. 318.

Prunelle.] Clemens François Victor Gabriel P., franz. Arzt, ſeit 1803
Bibliothekar an der Ecole zu Montpellier, 1777—1853.

Dacier.] Baron Jon Joſeph D., 1. Apr. 1742—4. Febr. 1833, franz.
Philolog und Schriftſteller.

98 330 Jahn — Runenblätter] Frankfurt a. M. bei Eichenberg 1814. Vgl.
Jahns Leben v. Pröhle, 1855. S. 125.

99 331 Die Nibelungen von Zeune]. Berlin, 1815. 16°. S. zu S. 429.

100 332 Sjöborgs Erichslied] == Rigsmal S. 333. Rigs-Mal, carmen gothicum
antiquissimum Scaniae historiam illustrans. Praes. N. H. Sj. (Diss.
acad.) Lundae 1801. 28 p. 4.

Walter Scotts Triſtrem.] Sir Tr. a metrical Romance of the thir
tenth century by Thomas of Erceldoune called the Rhymer.
Edited from the Auchinleck M. S. by Walter Scott. III. ed. Edin-
burgh 1811.

101 333 Caſſel.] Ich füge hier folgende Notiz bei, die Wilhelm zu einer getrockneten
Blume geſchrieben hat: „Von der lieben Mutter ihrem Grab am
27. Mai 1814. Es war ein kältlicher Tag und ich nicht wohl, ich ſetzte
einen Roſenſtock darauf, als ich weg ging, ſchien gerade die Abend-
ſonne heraus und auf die eine Roſe, ſo daß es recht ſchön ausſah.
Ich habe auch alles Unkraut oben ausgejätet und ſpaniſche Wicken gelegt."

Helgelied] ſ. S. 295.

102 335 Von der Jordis.] Der Brief vom 31. Mai 1814 iſt vorhanden. Darin
heißt es zum Schluß: „Grüßen Sie die Fanny", ſ. zu S. 2.

103 337 Börde]. Sich hinziehende fruchtbare Ebene, beſonders an einem Fluß,
eine Flußebene. Weigand D. Wb. I, 246.

103 338 Die Zeugniſſe in den altdeutſchen Wäldern.] Z. über die deutſche Helden-
ſage, I, 195—323.

Brief von Scott] vom 29. April 1814 in Macmillans Magazine 1868.
Januar S. 268 f. (Raumer 468. A).

Das Helgilied] f. S. 295.

107 355 Ausfälle Büschings] gegen Grimms. S. Folg. Die Wiener Litteratur-
zeitung ist mir hier nicht zugänglich.

Erklärung.] Diese spielt in den nächsten Briefen eine Rolle, ich gebe sie
daher hier ganz: Int.-Blatt der H.Id.L. 1814. Nr. IX: S. 86/87.

### Verrufung eines Recensenten.

Eine im Januar der Wiener Lit.-Z. abgedruckte Rec. der Rühs-
schen Brochüre über den Ursprung der Isländischen Poesie rührt aus
bösem Willen her, wie sich alsobald mit dem Namen des Recensenten
ergeben würde, wenn diesen die Redaction, was sie ihren Gesetzen
gemäß ablehnt, bekannt machen dürfte. Mehr braucht ehrlicher- und
rechtlicherweise zu einer solchen Recension, so wie auch zu verschiedenen
Anzeigen und Herbeyziehungen, die Herr Büsching aus Breslau in
die hiesige L.-Z. einliefert, (ohne daß er damit als Verfasser oder
Einsender obiger Recension bestimmt wäre) nicht gesagt, geschweige
etwas darauf erwidert zu werden.

Wien, am 2. October 1814.

Jakob Grimm.

Vorstehende Erklärung, welche die Redaction der A.L.-Z., wie sich von
selbst versteht, annahm, wurde von der östr. Polizeycensur nicht zugelassen
und erscheint darum hier. S. S. 363. 382. 394. 415.

107 356 Wyß.] S. S. 441. Vgl. L. Hirzel über J. Grimms Beziehungen zu W.
im Anzeiger für Deutsches Alterthum III (1877), 204 ff.

Zum Büschingischen.] Volkssagen, Märchen und Legenden gesammelt
von Joh. Gust. B. 2 Abth. Leipzig 1812.

108 359 Koreff.] Joh. Ferdinand K., 1783—1851.

Baudissin.] Wolf Heinrich Friedrich Graf v. B., 1789—1879, damals
Legationssecretär in Wien, Mitarbeiter am Schlegel-Tieck'schen Shake-
speare.

108 360 Pichler.] Karoline P., geb. v. Greiner, 1769—1843.

Dietrichsteinischen] f. S. 433.

Werner] war am 14. Juni 1814 in Aschaffenburg zum Priester geweiht
worden und ging im August nach Wien.

109 361 Von der Rübe] vgl. K.H.M. Nr. 60. II¹, XXXIV f. = Nr. 146. III², 229.

109 362 Körner.] Bernh. K., Verleger in Frankfurt. Bei ihm erschienen Bd II und III.

Anzeige in die Litteraturzeitung] f. zu S. 355.

Tiedemann] = Tydeman.

Kohlrausch.] Dr Fr. K., Prof. der alten Literatur und Geschichte am
Gymnasium. 1780—1867.

109 363 Artaria] und Fontaine, Kunsthandlung in Mannheim, verlegten eine
Sammlung radirter Blätter von L. Grimm.

110 365 Fabliaux] = Schwänke und Fabeln, f. S. 440.

Das zweite verlorene Hohenemser Manuscript der Nibelungen] C. Hagen
in der Sammlung f. Altd. L. 1812 (f. zu 389) I, 9. 12 hielt es für
verloren. Der Franzose hieß Frickart, vgl. J. Grimm Altd. Wälder
II, 145.

Mit dem andern Hohenemser] A, seit 1810 in München, vorher in Besitz
des Prof. Dr Schuster zu Prag. S. J. Grimm, a. a. O. und Zarncke, das
Nibelungenlied⁵, XI. XXI.

Höfer.] Etymologisches Wörterbuch der in Oberdeutschland, vorzüglich
aber in Österreich üblichen Mundart von Matthias H. 1815.

Nr. Seite

X.] Der Name ist dick mit Tinte überstrichen; man sieht an letzter Stelle: Str.

114 385 Das Buch.] Die Centralverwaltung der Verbündeten unter dem Freiherrn vom Stein. Teutschland 1814.

115 387 Arndts Buch.] Die Regenten und die Regierten, dem Congresse zu Wien gewidmet. Frankfurt. 1815.

115 389 Heft von Hagens Sammlung.] S. für Altdeutsche Litteratur und Kunst. Hgg. von Hagen und Büsching. I. Breslau. 1812. S. 1—14: Aufklärung über den Myllerischen Text des Nib.-L. und die neulich wieder aufgefundene Hohen-Emser H. desselben, F. H. v. d. Hagen.

115 390 Wolkensteiner.] Oswald von Wolkenstein, 1367—1445.

115 392 Goethe.] Vgl. über Kunst und Alterthum I. 2. (1817), 198 f. IV. 1. 160 f. 2. 139 f.

Heeren.] Etwas über meine Studien des alten Indiens. Göttingen. 1827.

116 392 Märchen vom Goldner aus Körners Taschenbuch.] Gemeint ist vielmehr Justinus Kerner. Vgl. Deutscher Dichterwald von Justinus Kerner, Friedrich Baron de la Motte Fouqué, Ludwig Uhland u. a. Tübingen, J. F. Heerbrandt, 1813. S. 227 ff.

Märchenfrau.] Viehmännin aus Zwehrn bei Cassel. Vgl. Vorrede zu den KHM. S. VI[17]; ihr von Louis Grimm radirtes Portrait f. vor dem II. Band der II. Aufl. 1819.

116 393 Görres hat der altdeutschen Literatur gedacht.] Vgl. Rh. Merk. Nr. 154, 26. Nov. 1814.

117 393 Hagens Edda.] Lieder der älteren oder Sämundinischen Edda. Zum ersten Mal hgg. durch F. H. v. d. H. Berlin. 1812. 98 S.

Dornau.] Dr Caspar Dornau, Mediciner und Philolog, geboren 11. October 1577 in Ziegenrück, seit 1608 Director des Gymnasiums zu Görlitz, seit 1617 zu Beuthen a./O., 1621 Leibarzt des Herzogs zu Brieg, gab 1619 eine Sammlung von allerlei kleinen Abhandlungen heraus: Amphitheatrum sapientiae Socraticae iocoseriae, fol. S. ADB. V, 351 f.

118 394 Hänlein], preußischer Gesandter in Cassel.

An Görres] f. zu S. 400/1.

Artikel über das Einrücken der Preußen in Hessen.] Ich finde ihn nicht.

118 396 Ploucquet.] Wilh. Gottfr. Pl., 1744—1814, Arzt zu Tübingen, Initia bibliothecae medico-practicae et chirurgicae realis, Tüb. 1793—1800. 10 Bde. 4. = Literatura medica digesta 1808, 4 Bde. 4.

118 397 Welcker.] Verleger in Kopenhagen.

119 398 Thibaut in den Jahrbüchern.] HJbl. VII. Jahrg. 1814. Bd II, Nr. 59. S. 929—944. A. F. J. Thibaut.

120 399 Neue Bemerkungen zum Hildebrandslied.] Altd. Wälder II, 97—115: Zur ferneren Erläuterung des H.; die früheren Berichtigungen zum H. I, 324—330.

121 400 Dem Görres] vgl. den Brief Jacobs vom 3. Dezember 1814. Görresbr. II, 442—446.

121 402 Märchenbuch.] Der zweite Band der KHM. erschien Berlin in der Realschulbibliothek 1815; der erste war 1812 erschienen.

122 403 Das Kapitel von der Sprache.] S. S. 408. Vgl. Armer Heinrich. 1815. S. 142—153.

122 404 Die Dedication.] Die Lieder der alten Edda I (Berlin 1815) sind „Dem Freiherrn Hans von Hammerstein dankbar zugeeignet."

In Hessen für die Landstände.] Vgl. Rh. Merkur Nr. 205. 206,
9. und 11. März 1815. Die Ständeversammlung in Hessen. Der
Aufsatz ist jedenfalls von Jacob Grimm.

126 421 Aufsatz über Innungen.] Die Zünfte und Innungen. Rh. Merk. Nr. 173,
4. Januar 1815. S. S. 429.

Mascov.] Johann Jacob Mascou aus Danzig, 1689—1761, seit 1714
Docent in Leipzig, gab eine „Geschichte der Deutschen bis zu Anfang
der fränkischen Monarchie". Leipzig 1726. 4. und eine Fortsetzung „bis
zu Abgang der merovingischen Könige" Lpz. 1737. 4. heraus.

Zinserling.] Westphälische Denkwürdigkeiten von A. E. Zinserling.
La verité; rien que la verité; toute la verité. Berlin (!), bey
Friedrich Mezger. 1814. VI. und 322 S. rec. in HJbL. VII. Jahrg. 1814.
Bd II, Nr. 48. S. 753—759. Die Schrift schmeichelt Napoleon.

Meinert] in Prag (S. 371) gab Volkslieder aus dem Kuhländchen in
Wien 1817 heraus.

126 422 Harthausen — die plattdeutschen Volkslieder.] „Plattdeutsche wollen die
H. schon seit sechs Jahren herausgeben, aber es kommt nicht dazu"
schreibt W. Grimm an Görres am 7. November 1817. Sie wurden
zuerst unter dem Titel: Westfälische Volkslieder in Wort und Weise u. s. w.
Heilbronn 1879 von Alex. Reifferscheid veröffentlicht; vgl. dessen Freun-
desbriefe von W. und J. Grimm S. 203—205.

127 423 Ferdinand Dümmler], später Schwiegersohn von G. A. Reimer, kaufte im
Jahre 1816 die Buchhandlung von Julius Eduard Hitzig.

Maerlant.] Jacob von M., mittelniederländischer Dichter des 13. Jahr-
hunderts.

Bilderdyk.] Willem B., 1756—1831, holländischer Germanist (Raumer 468).

127 424 Ein altholländisches Gedicht.] Von einer Übersetzung der Nibelungen ins
Niederländische besitzen wir Bruchstücke einer Pergamenthandschrift des
13. Jahrh., vgl. Zarncke S. LXVIII.

Wallraf.] Prof. in Köln.

Börsch aus Hanau.] Friedrich August B., geb. 9. April 1781 zu Eckarts-
berga, 1811 Privatdocent in Heidelberg, seit 1812 Prof. am Gym-
nasium in Hanau, wurde 1815 Prof. der Philologie in Marburg, † zu
Cassel 20. Juli 1844. (Gerlands Forts. von Justi I (1863), 265.)
Also ist oben zu lesen: „kommt nach Marburg."

Benecke will Bonerii gemma neu ediren.] Der edelstein getihtet von
Bonerius. Aus Handschriften berichtiget und mit einem Wörterbuche
versehen von George Friedrich B. Berlin. 1816.

Büschings Geschäftsreise.] Bruchstücke einer G. durch Schlesien, unter-
nommen in den Jahren 1810. 1811. 1812 von Dr Joh. Gust. B.,
Königl. Archivar zu Breslau. I. Breslau. 1813. Vgl. Pantheon I. 2,
274—317: Bruchstücke einer Reise durch Schlesien und die Grafschaft
Glatz im Sommer 1809.

128 425 Carpentier.] Pierre C., Alterthumsforscher und Paläograph, 1696—1767,
besorgte: Glossarium ad Scriptores mediae et infimae latinitatis,
auctore Carolo Dufresne domino du Cange, editio nova et locu-
pletior et auctior Paris 1733—1736 in 6 Bänden.

Der gedruckte Circularbrief.] Ich habe kein Exemplar bekommen können.
Wie mir Herr Dr R. Köhler freundlichst mittheilte, soll sich im Nachlaß
von P. Wigand, welcher ihm von Dresden aus zugänglich gewesen war,
ein solches befinden.

128 426 Otmars Volkssagen.] B., nacherzählt von Otmar. Bremen. 1800.
Otmar ist Pseudonym für Joh. Karl Christoph Nachtigal, 1753—1819,

Rector und Consistorialrath zu Magdeburg. Vgl. Grimm Sagen I,
S. XXI.

von Laßberg.] Joseph Freiherr von L. auf Eppishausen im Thurgau,
1770—1855, der bekannte Freund der altdeutschen Litteratur.

Sailer.] Johann Michael S., kath. Priester zu Landshut, Freund von
Görres.

Stöber.] Daniel Ehrenfried St., elsässischer Dichter, 1779—1835.

129  428  Nibelungenauffatz.] Über die Nibelungen, Altd. Wälder II, 145—180.

Recension von Göttling.] Über das Geschichtliche im Nibelungenliede
in der Wiener Allg. Litteraturzeitung 1814. Dezember. Nr. 101. S. 1601
bis 1608 = Kl. Schr. IV, 85—91.

Auffatz über Das Lied von Frau Alda.] Aus dem Altspanischen. [Silva
de romances viejos IX p. 108—110.] (Dabei von Übersetzung, Inhalt
und Sprache) in den Friedensblättern 1815. Nr. 11. 12. S. 41—43.
45—47. = Kl. Schr. IV, 422—427.

129  429  Heinrich von München] setzte Rudolfs von Ems Weltchronik fort; er lebte
zu Anfang 14. Jahrhunderts unter König Ludwig dem Baier. Vgl.
Altd. Wälder II, 115. Die deutsche Heldensage aus der Weltchronik
(von J. und W.) 115—134.

Nibelungen.] Das Nibelungenlied .... mit Einleitungen und Wort-
buch zum Gebrauch für Schulen versehen von August Zeune. Berlin. 1815.

Heinsius.] Theodor H., Grammatiker, Prof. am Köllnischen Gymnasium
in Berlin.

Aldrobandi.] Ulysses Aldrovandus, Ornithologia, Altd. Wälder III, 40.

129  430  Nemesis von Luden.] N., Zeitschrift für Politik und Geschichte, hgg. von
Heinrich Luden, Hofr. und Prof. der Geschichte zu Jena. Weimar,
Landesindustriecomptoir 1814. II. Band, S. 273—302. 401—421:
Über die Selbständigkeit' und Reinerhaltung unserer Litteratur und
Sprache. Rückerinnerungen und Wünsche von B. J. Docen. (München,
20. Februar 1814.)

130  431  Aus der goldnen Schmiede.] Die goldene Schmiede von Conrad von
Würzburg. Hgg. von W. Grimm in den Altd. II, 193—288, daraus
Separatdruck: Frankfurt a. M., Körner. 1816.

130  432  Zu den zwei Kaufmännern.] Nachtrag zu dem Gedicht von zwei Kauf-
mann (I, 35—71). Altd. Wälder II, 181—184.

Auffatz über die Turteltaube.] Die Sage v. d. T. Altd. Wälder III,
34—43.

Handwerksbräuche.] Gesellenleben. Altd. Wälder I, 83—122. (Von den
Schmiedegesellen 88—99. Bötticher-Gesellen 100—122.)

131  433  Diederichsteinischen Bibliothek.] Franz Fürst von Dietrichstein, geboren
zu Madrid 22. August 1570, † 1636, Cardinal und seit 1599 Bischof
von Olmütz. „Die werthvolle Bibliothek, die er zu Nicolsburg gegründet,
wurde 1645 von den Schweden vollständig ausgeplündert." ADB.
V, 199. 202.

Doctor Schuster] f. zu S. 366.

Ringseis.] Nepomuk von R.

Batt.] Hofmeister des jungen Babo in Heidelberg, Freund von Creuzer,
Görres und Glöckle, f. Görresbr. II, 239. 259. 407/8.

131  434  Gräters Bruchstück in den Jenaer E.] S. 249—254: Helga-Quida
Haddingia Scata: hoc est Carmen de Helgio, Haddingorum Heroe.
Sectio I. Specimen Eddicum Codicis Vidaliani — — edidit Friedr.
Dav. Gräter. Hall in Schwaben. 1811. 12 Bog. Fol.

Krautkräftigen.] Im 4. Briefe vom 20. Februar 1805 schreibt Wilhelm
an einer oben gestrichenen Stelle: „Por Blixen aus dem Krautkräftigen,
(der, im Vorbeigehen gesagt, wieder schreibt, sein neuster Roman ist:
Ritter Euros und seine Knappen.)" Ich weiß nicht, worauf das geht.

132 435 Einige Aufsätze.] S. zu S. 428: Frau Alba. Er sollte die spanischen
Romanzen ankündigen. Außerdem Nr. 24. 25. S. 94—95. 97—99.
Das Mährlein von der ausschleichenden Maus und Nr. 41. S. 161—163.
Sendschreiben an Herrn Hofrath —r. Vgl. Kl. Schr. V, 488.

132 436 Des Gräterschen Abdrucks.] Des mittelniederländischen Gedichts Van
den vos Reinaerde nach der Comburger Hdschr. in Odina und
Teutona I. 1812.

Neue Nibelungenstrophen.] Acht und vierzig neue Lieder aus den Nibe-
lungen nach der Hohenemser Handschrift B nebst unterschiedlichen wich-
tigeren Lesarten. Altd. Wälder III, 1—13.

Bertha mit dem Schwanenfuß.] Über die Kerlingische Ahnmutter Berta.
Altd. Wälder III, 43—48.

Über die Boten.] Vom Singen und Springen der Boten (dabei Er-
klärung des Todtentanzes). Altd. Wälder III, 238—240.

132 437 Niebuhrs Abhandlung.] Preußens Recht gegen den sächsischen Hof. Berlin.
1814. 1815.

132 438 Das arme Hanau] s. S. 416. Gegen Hanaus Abtretung an Baiern
ist der Artikel im Rhein. Merkur 195, 17. Februar 1815, gerichtet:
Über Ländertausch in Deutschland (Eingesandt von einem Hanauer),
höchstwahrscheinlich von J. Grimm.

Münter] s. S. 406.

133 439 Görres.] Die spanischen Romanzen haben folgende Widmung; al señor
Jacobo [sic] Görres Director de los estudios generales en la provincia
del Reno medio dedica este libro el editor para testificar le su
buena voluntad.

133 440 Trinklied.] B. 403—410. Der Weinschwelg nebst Zeugniß zur Wilkinasaga,
hgg. von J. Grimm. Altd. Wälder III, 13—34.

Villers' Tod] am 26. Februar 1815. Vgl. Görres' Nachruf im Rhein.
Merkur Nr. 206, den 11. März 1815.

Wolke.] Christian Hinrich W. aus Jever, 1741—1825, Sprachforscher,
zuletzt in Berlin (Raumer 489).

133 441 Hebel.] † 22. September 1826.

133 444 Reinhardin in Paris] s. zu S. 312.

Schulze in Hanau.] Die Todesnachricht ist falsch, s. S. 476. Prof. Dr
Johannes Sch., geboren 15. Januar 1786, war Großh. Frankfurt. Ober-
schulrath und Director des Gymnasiums zu Hanau, wurde durch Görres
1816 Consistorial- und Schulrath in Coblenz und kam 1818 als vor-
tragender Rath nach Berlin, wo er 1859 †. Vgl. Görresbr. II, 464.
472—474.

Winckelmann.] W's. Geschichte der Kunst des Alterthums, hgg. von Hein-
rich Meyer und Johannes Schulze. Dresden. 1809—1815. 4 Bde.

Görres.] Napoleon in Frankreich, Rh. Merkur Nr. 208. 210. 213, den
15. 19. 25. März 1815.

134 445 Kämpeviser] s. zu S. 323.

Vatnsdœla saga] ol saga af Finnboga hinum rama. Vatnsdölernes
Historie og Finnboge hiin Stœrkes Levnet. Bekostnede af Jac.
Aall. Udgivne af. Er. Chr. Werlauff. Kjöbenh. 1812. 4.

Das sogenannte Porstische Gesangbuch.] Geistliche und Liebliche Lieder,
welche der Geist des Glaubens durch Doctor Martin Luthern, Johann
Hermann, Paul Gerhard und andere Werkzeuge in den vorigen und
jetzigen Zeiten gedichtet u. s. w. Nebst einigen Gebeten und einer Vor-
rede [d. d. Berlin, den 1. August 1727] von Johann Porst, Königl.
Preußischen Consistorial-Rath, Propst und Inspectore in Berlin. Berlin,
verlegt von sel. Josua David Schatz, Buchbinders an der langen Brücke,
Erben und gedruckt bey Benj. Chr. Schatz, privil. Buchdrucker. 1780.

157  487  Taschenbuch.] T. für Freunde altdeutscher Zeit und Kunst auf das Jahr
1816. Köln = Zeit und Kunst, Altteutsche. Hgg. von E. v. Groote,
Carové, v. d. Hagen, Görres, v. Schenkendorf, v. Hornthal, Grimm
und Professor Wallraf. Frankfurt a. M. Körner 1822.

Dein Märchen.] Ein Märchen S. 321—331. (Aus G. Basile Penta-
merone II. 5, in Liebrechts Uebersetzung I, 191—205.)

Vaticanische altdeutsche Lieder.] S. 119—140: Altdeutsche Minnelieder,
eingesandt von J. Görres.

Der Bruder] in Köln an der Post (S. 490). Am 20. Nov. 1817 schreibt
Groote an Görres: „Mein Bruder ist in Commission des Consistorii,
vielleicht auf lange Zeit in Düsseldorf." (Görresbr. II, 547.)

Hagen den Tristan.] Hagen machte Groote im Juni 1816 den Vor-
schlag zu gemeinsamer Bearbeitung, aber dieser ging nicht darauf ein,
s. bei Pick I, 32. 33. 141. 147. 151. 154. Hagens Anzeige im Meß-
katalog 1817, s. 161. 163.

157  488  Deine Abhandlung über die Mordsühne] s. zu S. 372.

Schelling — über den Gottesdienst zu Samothrake.] Über die Gottheiten
von Samothrake. Stuttgart und Tübingen. 1815.

157  489  Kanne — Glossarium.] Arnold Kanne (1773—1824) hatte ein Pan-
glossum geschrieben. — Leben und aus dem Leben merkwürdiger und
erweckter Christen von J. A. Kanne. I. Bamberg und Leipzig. 1816.

Ersten Band der Sagen] s. zu S. 415.

Pariser Nibelungenhandschrift.] Zeune schreibt an Görres am 28. Januar
1816: „Die Nibelungenhandschrift, die ich durch Blücher rückfordern ließ,
hat sich in Paris nicht gefunden" (Görresbr. II, 485, vgl. 488) und
v. d. Hagen an E. v. Groote am 12. Juni 1816: „In Ansehung der
Pariser Handschriften hat man sich freilich mehr geträumt als gefunden.
Die Nibelungen hat Zeune geträumt, der immer nur halb oder gerade
das Gegentheil hört". (Pick I, 146.)

Teutoburg.] Zeitschrift für die Geschichte, Läuterung und Fortbildung
der deutschen Sprache. (Hgg. von Director von Schlichtegroll, General-
sekretär der Kgl. Akademie der Wissenschaften, und Scherer, k. Biblio-
thekar.) München 1815, bey Joseph Lindauer.

# Register.

Folgende unbezeichnete Ergänzungen oder Berichtigungen sind vorgenommen:

Seite 157 Zeile 14 v. o. war(en). S. 178 Z. 14 v. o. zu schreiben, Z. 15 v. o. erstes und. S. 183 Z. 12 v. o. des, Z. 13 v. o. denken, Z. 3 v. u. (eh)er, Z. 2 v. u. (gewünf)cht. S. 184 Z. 16 v. o. hier. S. 197 Z. 10 v. u. (ge)schwinde. S. 198 Z. 11 v. u. ärg(er)licher. S. 213 Z. 14 v. u. mißlung(en)stes. S. 217 Z. 2 v. o. N(ach einem G), Z. 4 v. o. sein. S. 220 Z. 18 v. o. mich. S. 227 Z. 13 v. o. Bot(en). S. 235 Z. 6 v. u. Fenstern st. Häusern. S. 251 Z. 14 v. u. (er)sten. S. 252 Z. 12 v. u. erläutert st. erlauert. S. 267, Z. 18 v. u. Jahr st. Tag. S. 270 Z. 8 v. o. ausgehoben vor ausgebrannt ist gestrichen. S. 284 Z. 2 v. o. erklärt haben st. erklärt werden, Z. 3 v. u. veranlaßt sind st. veranlassen. S. 289 Z. 11 v. u. klasch(t)en. S. 305 Z. 5 v. u. von. S. 310 Z. 7 v. u. von. S. 356 Z. 12 v. u. mag st. man. S. 367 Z. 2 v. o. Thüre auf st. Thüre ein. S. 376 Z. 11 v. u. (be)erbte. S. 377 Z. 1 v. u. Untersuch(ung)en. S. 384 Z. 16 v. o. an. S. 405 Z. 12 v. u. uneh(r)liche. S. 456 Z. 18 v. o. gesammelt haben st. gesammelt werden. S. 479 Z. 15 v. o. ungebeten(en). S. 484 Z. 15 v. u. gesehen st. gesetzt. S. 488 Z. 3. v. u. von.

---

## Druckfehler.

Seite 6 Zeile 7 v. o. l. Welt, am
„ 11 „ 11 v. o. l. rücken, in C. bei R.
„ 12 „ 10 v. u. l. ihnen.
„ 25 „ 12 v. o. l. denn st. wenn
„ 26 „ 10 v. o. l. Novalis, S—z st. S. 3.
„ 27 „ 13 v. u. l. Énéide.
„ 27 „ 12 v. u. l. Genève.
„ 27 „ 10 v. u. und S. 355 Z. 1 v. u. tilge [?]
„ 30 „ 6 v. o. l. Wassiansky.
„ 42 „ 11 v. o. Komma vor ob.
„ 43 „ 12 v. u. l. Freiberg.
„ 45 „ 5 v. o. l. Schrift.
„ 47 „ 5 v. o. l. scheu'n.
„ 49 „ 12 v. u. Komma vor weil.
„ 53 „ 15 v. o. l. hessische.
„ 55 „ 10 v. o. l. Letzteres.
„ 66 „ 7 v. u. l. Papier.
„ 69 Col. l. September.
„ 70 Zeile 2 v. u. l. électorat.

Seite 75 Zeile 3 v. u. l. Äußerste.
„ 85 „ 20 v. u. l. Reichardts.
„ 90 „ 3 v. u. l. Bellovac.
„ 132 „ 1 v. o. l. Über.
„ 137 „ 12 v. o. l. Stickel.
„ 169 „ 10 v. o. Komma vor und.
„ 170 „ 16 v. u. l. Jean.
„ 275 „ 1 v. u. l. Westen.
„ 276 „ 15 v. o. l. worden.
„ 280 „ 5 v. o. l. Toulouse.
„ 302 „ 10 v. o. l. Ärzte.
„ 303 „ 14 v. o. l. Verhältnis.
„ 305 „ 3 v. o. l. französischen.
„ 316 „ 9 v. o., S. 320 Z. 5 v. u. und S. 451 Z. 11 v. u. l. Hochstadt.
„ 333 „ 15 v. o. l. Übersetzung.
„ 334 „ 10 v. u. l. morgen.
„ 457 „ 11 v. o. l. Juni.
„ 481 „ 13 v. u. Komma nach werden.